本教材获暨南大学研究生教材
建设项目资助（立项编号：2023YJC001）

# 社会研究方法与论文写作

SHEHUI YANJIU FANGFA
YU LUNWEN XIEZUO

任英杰 编著

暨南大学出版社
JINAN UNIVERSITY PRESS

中国·广州

**图书在版编目（CIP）数据**

社会研究方法与论文写作 / 任英杰编著. -- 广州：
暨南大学出版社，2024. 12. -- ISBN 978-7-5668-3981-7

Ⅰ. C91-03；H052

中国国家版本馆 CIP 数据核字第 2024CH4145 号

社会研究方法与论文写作
SHEHUI YANJIU FANGFA YU LUNWEN XIEZUO

编著者：任英杰

---

出 版 人：阳　翼

责任编辑：付有明　梁安儿　曾小利　张　钊　梁念慈

责任校对：林　琼　陈慧妍　何江琳　黄子聪　许碧雅

责任印制：周一丹　郑玉婷

出版发行：暨南大学出版社（511434）

电　　话：总编室（8620）31105261
　　　　　营销部（8620）37331682　37331689

传　　真：（8620）31105289（办公室）　37331684（营销部）

网　　址：http：//www. jnupress. com

排　　版：广州市新晨文化发展有限公司

印　　刷：佛山市浩文彩色印刷有限公司

开　　本：787mm×1092mm　1/16

印　　张：24. 75

字　　数：550 千

版　　次：2024 年 12 月第 1 版

印　　次：2024 年 12 月第 1 次

定　　价：98. 00 元

（暨大版图书如有印装质量问题，请与出版社总编室联系调换）

# 序　言

　　社会作为复杂的关系和组织形式的集合体，是人类历史发展的产物，集中体现了人类的互动、组织和文化。自古以来，社会研究一直是备受重视的领域，我国古人向来注重社会研究的方法，史书记载，原始社会末期的尧、舜、禹就经常深入民间调查，西周时期更是形成了"采风之制"，其目的就是让帝王"不窥牖户而知天下"，并从中"观风俗，知得失，自考正也"①。西汉史学家刘向在《说苑·政理》里强调"耳闻之不如目见之，目见之不如足践之，足践之不如手辨之"②，这实则就是现代社会学调查研究方法对客观实践的阐述，明确社会调查不但要注意耳听为虚眼见为实，还要亲力亲为地实地考察。

　　西方社会学将现代性奉为社会学理论的逻辑起点，提出现代社会学中社会化、社会互动、社会角色、社会群体、社会组织、社会分层、社会设置、社区、社会控制、社会变迁等议题，揭示社会研究的方向。自19世纪始，欧洲掀起启蒙运动，其所崇尚的科学、理性的思想，深刻影响了西方的社会研究方法，社会科学家们吸收了自然科学中实证、量化等研究标准和方法体系，将自然科学的研究方法引入社会学，在社会研究中确立了实证精神。尽管这开创了社会学中科学研究的先河，但在社会研究实践中也出现照搬或滥用自然科学研究方法的乱象，以至于有些社会研究往往表面看起来很"科学"，但实际研究方法并不合理甚至存在严重的谬误。

　　马克思以唯物辩证法作为分析手段，在具体的社会过程和社会联系中探求社会发展规律的研究方法，为推动科学的社会研究带来深远的影响。

　　进入21世纪，研究者们对"社会"的理解更为深刻，社会在研究者眼里，不是一个简单的抽象概念，而是呈现出一种嵌入个体意识和个体间特定互动行动所表现出的群体行为的变化着的多维度复杂形态，有着它自身的属性与发展方式，对"社会"内涵的阐释也最终决定了社会研究的性质及采取的基本方法。越来越多的研究者意识到，这种由人类关系驱动并发展的社会科学，尽管有别于自然科学，且体现了人文主义方法论倾向的实地研究日渐受到重视，但仍需要严谨的研究程序和操作方式；于是，他们不再纠结于两种方法论的批判和比较，而是在认真审视定量和定性两种研究方式之后，开始巧妙地将二者的优势融入社会研究实践中，出现"混合研究"的趋势。

　　作为社会研究者，无论是实证主义者、人文主义者，还是对二者择优的"混合研究"方式的拥趸，他们大多认同社会研究应当是经验性的（empirical），这意味着社会研究不能脱离实际的社会现象和人类行为，在研究方法上体现为：不仅通过抽象概念或理论分析

---

① 班固. 汉书 [M]. 北京：中华书局，1962：1780.
② 刘向. 说苑校证·政理 [M]. 向宗鲁，校注. 北京：中华书局，1987：158.

来解释社会现象，还注重通过实际的社会调查、现场观察和访谈来搜集资料，并通过分析多元、多样的实际数据，对社会现象进行考察，强调研究的客观性和可验证性。这种理念明确了社会研究的基本立场和出发点，融入方法论、研究方式和具体方法与技术三个层次之中，也就形成了当前不同社会研究方法倡导者之间可对话的认识论基础。

因此，本书从这种共识出发，撇开定量方法与定性方法之间的争论，接受马克斯·韦伯对社会研究方法论中的"价值无涉"原则，以客观、包容的姿态，尽量全面地梳理社会研究的原理、研究过程的逻辑和方法体系，为广大社会学的研究者和学习者提供有益的参考、指导以及研究论文写作所认同的规范。

本书在编写过程中，特别注重理论和实践的结合，通过丰富的案例分析与实践指导，帮助读者将抽象的理论知识转化为具体的研究操作与写作技能。同时，本书也鼓励读者在掌握基本方法的基础上，勇于探索新的社会研究路径与写作方式，以创新的思维推动社会研究的不断前行。

本书的编写力求与时俱进，广泛参考了国内外社会学领域的经典著作与最新研究成果，力求保持内容的时效性与前沿性；同时，认真分析了当前社会学领域的发展及出现的新型研究方法，特别是随着研究对象范围的扩展，文本、图像、声音等多样态的对象在社会统计学的分析范畴的出现，以扎根理论和民族志为代表的各种定性研究方法的合理应用，以更全面和立体的角度来观察和理解社会问题的"混合研究方法"的选用等，这些都成为本书中特别关注和阐述的议题。

本书共 17 章，暨南大学社会学相关研究领域的教师、研究生和本科生积极参与到本书的编写之中，做了大量细致的工作，具体按所参与章节顺序列出：

第一章：王一帆、曹晓朝、赖德棋、李健锐；第二章：余芸倩、李佳彤、黄嘉莉；第三章：王之攀、胡政安、王裕凯、谢叶毅；第四章：吴昊、郑伊然、林亚轩、刘启轩；第五章：张翰林、谢琳、吴艳欣；第六章：周子越、洪浩、况宇翔、梁炳文；第七章：叶碧华、冯梓荣、王鑫；第八章：张依依、邓永威、黎同炜、黄建荣；第九章：李遨、杨蕊绮、王满鑫、刘迪；第十章：黄昊、高原、覃海涛、王程灏；第十一章：黎焰欣、陈雨歌、沈秀敏、张可璇；第十二章：陈荣、王邢璐、刘忠巧、胡可欣；第十三章：罗宇嫦、陈泽敏、黄倩怡、王柳茜；第十四章：万星、陈珍丽、叶思颖；第十五章：马效玉、周怡雯、吴晚情；第十六章：黄嘉玲、陈虹桦、张宇彤、刘皓凡；第十七章：冯沅楠、许炫佳、高紫豪。另有梁詠岚、王丹参与了本书的校对工作。

最后，感谢暨南大学研究生院对本书编写与出版提供的资助，感谢所有为本书编写提供过支持与帮助的人，特别感谢我的同事在本书编写过程中的无私分享与宝贵建议，感谢暨南大学出版社的编校老师在书稿审校与出版过程中所付出的辛勤劳动。

任英杰
2024 年 9 月于暨南大学日月湖畔

# 目　录

# 第一章 社会研究导论

正如美国学者纽曼所说，"无论我们是否意识到，我们总是被社会研究包围着"①。社会学、政治学、传播学、管理学、文化人类学、人口学、教育学等社会科学的研究者，以及各级政府的工作人员，企业市场调查部门职员，提供服务的人和卫生保健的专业人员等在自己的工作中经常使用社会研究的规则和方法。社会科学的不同学科、不同的社会研究领域在研究的基本逻辑、原理、程序和伦理要求上都是类似的，只是所侧重的具体方法和技术略有不同。本章将对社会研究的概念与特征、类型、逻辑、原理、方法体系、过程和伦理进行介绍。

## 第一节 社会研究的概念与特征

### 一、社会研究的概念

一般认为，社会研究（social research）的目的在于认识客观社会，解决社会中的各种问题，探讨社会发展的客观规律，推动社会的发展。社会研究的概念比较宽泛，袁方（1997）认为它既包括社会科学中各个学科的研究，也包括不同社会部门的研究。一般来说，社会研究者并不对这一概念作严格的定义。纽曼（2007）认为，社会研究是由社会学家、社会科学家以及其他寻找有关社会世界问题答案的人进行的研究。只是在一些专业的语境中，社会研究者才明确将其限定为社会科学各学科的科学研究。本书采用风笑天（2018）对社会研究的定义：一种以经验的方式，对社会世界中人们的行为、态度、关系，以及由此所形成的各种社会现象、社会产物所进行的科学的探究活动。

### 二、社会研究的特征

社会研究具有以下几个方面的基本特征：

#### （一）社会研究的主题是社会的，而非自然的

研究主题指研究所涉及的对象或领域。社会研究的主题必须是有关社会的。这一特征意味着社会研究必须面向社会中现实的人、人的社会行为，以及与人有关的各种社会现

---

① 纽曼. 社会研究方法：定性和定量的取向 ［M］. 5 版. 郝大海，译. 北京：中国人民大学出版社，2007：3.

象。它涉及人如何看待自己、如何与他人交往；涉及由人组成的各种群体、组织和社区；涉及人与人、人与群体、人与社会、群体与群体、群体与社会之间的各种关系；涉及社会的整体变革等。总的来说，社会研究涉及社会生活的各个方面。

**（二）社会研究的方式是经验的，而非思辨的**

所谓"经验的"，是指社会研究必须依据能够为研究者所感知到的经验资料，即社会研究只对能够听到、看到、感觉到的东西感兴趣。社会研究者所收集的大量相似的经验资料，反映了规模更大的社会现象整体中的某些部分，将所有这些资料结合起来，研究者就可以"经验地"认识社会现象。这正如涂尔干①（2009）所言，社会事实的客观实在性是社会学的基本原则。例如，研究者倘若想要探究"生活环境如何影响中学生的学业表现"的问题，便可以去观察中学生的生活环境，去查找他们的成绩单，以系统的方式去进行这种观察和查找并对其原因作出解释。

**（三）社会研究的问题是科学的，而非价值判断的**

社会研究的问题必须是能够用科学来回答的。亦即是说，某一现象"是否应该如此"的问题不是社会研究者应该关注的，而某一现象"现状究竟如何"或"为何如此"的问题才是应该为社会研究者所重视的。比如，对于社会研究者来说，提出下列问题是比较合适的："人们为什么会自杀？""社会中哪些群体的自杀率更高？""为什么随着社会的发展，家庭的功能被削弱了？"而另一些问题就超出了社会研究的范围，比如："自杀是否应该被谴责？""家庭应该存在吗？"

**（四）社会研究的现象是异质的，而非同质的**

自然科学家可以通过对一个物体或一种元素的研究得出普遍的结论，而社会研究者则不能简单地通过对一个人或一个群体的研究就得到具有普适性的结论。这是因为，影响社会现象的因素不仅包括客观的外部环境，而且包括个人的主观心理以及人与人之间的互动，这使得社会现象十分复杂，看似相同的社会现象之间可能存在着很强的异质性。这意味着，社会研究需要抽取更大规模的样本，研究结论的适用性要限制在一定的范围内。

# 第二节　社会研究的类型

在社会研究过程中，研究者往往会针对不同的研究问题，选取不同的研究对象，运用不同的方法和技术，收集和分析不同的资料，得到不同的结论，因此也形成了各不相同的社会研究类型。袁方（1997）指出，只有根据不同的研究类型，才能有效地选择研究方法或研究途径。根据研究的不同要素（即研究目的、研究性质、时间维度、研究范围、分析单位），社会研究可以分为不同的类型。

因此，本书认为：社会研究类型，就是研究者在社会研究过程中依据不同的研究目的、性质、时间维度、研究范围、分析单位而形成的具有不同特征的社会研究。

---

① 涂尔干也译作"迪尔凯姆"。

## 一、按研究目的分类

巴比（2018）认为，社会研究要满足许多目的，三个基本的目的为探究、描述和解释。尽管某项研究可能不止一个目的，但是正如纽曼（2007）所指出的，总会有一个目标是主要目的。同时，分别讨论这三个目的仍是有益的，因为每一个目的都可应用于研究设计的其他方面。

### （一）探究性研究

所谓"探究性研究"，是指研究者在想要研究某个新议题，但对议题的概念和范围不太清楚，对议题所要研究的对象之间的内在关联了解很少，不能确定假设和研究方向，或鲜有做过这方面研究的人的情况下所用的一种研究方法。例如，邢朝国、西科拉、曾黎（2023）在探讨我国社会工作者遭受服务对象暴力状况时就进行了探究性研究，因为目前我国社会工作者遭受服务对象暴力情况缺乏基础数据，研究者对这类现象了解甚少，在这种情况下，研究者需要采用探究性研究的方法，对其进行了解。

探究性研究可以满足研究的三个目的：首先，引发研究者的探索欲，让研究者想要更好地了解某事物；其次，深入地分析某种新议题能否进行细致研究；最后，为后续研究提供理论支持。探究性研究可能取得的直接成果有：其一，就研究者所要研究的社会现象或问题形成原始的命题或假设，为后续研究者提供明确的研究主题；其二，为研究探索新的研究方法和技术，有利于后续研究者进行更为深入的探讨；其三，对展开更为周密、系统的研究的可能性进行了探讨，为后续研究者提供了前车之鉴。

探索性研究也存在一定的缺陷，主要在于其很少圆满地解决研究问题。它可以为获得确切答案的研究方法提供相应的线索，但它不能提供确切的答案，仅指点了获得答案的方向。纽曼（2007）也认为探究性研究很少会得到确定的答案，它未对研究的步骤作出清楚的定义，因而探究的方向也在随时发生改变。风笑天（2018）指出探究性研究在方法上的要求相对来说比较简单，也不太严格，其所研究的对象的规模通常都比较小。因此，探索性研究一般只作为更进一步的研究的先导部分。

### （二）描述性研究

描述性研究是指对某一总体或社会现象的特征进行精确、系统的叙述和测量，进而形成相关命题和假设的研究类型。描述性研究的主要目的是回答"是什么"或"怎么样"的问题。描述情况和事件是社会研究的主要目的之一，描述性研究关注的重点并不是新话题的探索，而是在于描述事件的全貌。例如，周扬、於嘉、谢宇（2023）针对中国人择偶偏好中的性别差异和社会阶层异质性开展了描述性研究，他们测量了人们在教育、收入、房产、家庭背景、年龄和长相六个维度上的择偶偏好，比较其性别、阶层差异，这一研究为深入理解当前中国的婚姻匹配模式及其对社会流动与分层的影响提供了基础。

描述性研究和探究性研究具有共同点，即它们都没有明确的假设。这两种研究较为相似，都是研究者先观察到某一种社会现象，再着手调查该现象来了解和说明其感兴趣的议题。

但是，风笑天（2018）指出，描述性研究与探究性研究也存在着较大的差别。对这两种研究类型进行异质性分析后，他发现描述性研究相较于探究性研究具有某些特征——系统性、结构性和全面性。描述性研究通常需要采用严格的随机抽样方法来抽取研究对象的样本，且样本的规模要比探究性研究中的规模大很多，描述性研究使用来自样本的资料去描绘总体的样貌。此外，虽然描述性研究也没有明晰的假设，但是研究者在进入观察阶段之前必须有一些初步的设想，以避免观察的盲目性，这也是开始一项描述性研究的前置条件。这些设想主要包含以下几个方面：①研究的时间性：即在横剖和纵贯研究中进行选择。②研究的空间范围：是了解几个地区的情况还是了解整个国家乃至世界的状况？不同的地区之间、整体和部分之间是否存在异质性？只有规定了研究的空间范围，才能够明确观察的地点和对象。③研究的主题和内容：虽然研究课题已提出了所要研究的问题，但还是需要进一步具体化，以明确本次研究到底是要描述什么。

### （三）解释性研究

此类研究立足于探究性研究和描述性研究的基础之上，是指研究者通过各种方法和手段对调查搜集来的关于特定社会现象的各种资料进行整理分析，解释社会现象的原因，预测其变化趋势或后果，探究现象之间存在的因果关系，并试图阐明形成某一种社会现象的原因或其为何发生变化的研究。例如，李忠路、邱泽奇（2016）的一项典型的解释性研究考察了家庭社会经济地位以及家长的教育参与和行为支持对义务教育阶段儿童学业成就的影响。

解释性研究开始的前置条件是，研究者所要研究的议题必须是明确的。解释性研究的基本逻辑是假设检验，它要求在研究开始之前建立起理论框架，即提出一系列明确的研究假设，再将这些假设结合起来，构建成一个因果模型。

因果模型的构建方法主要包括以下三种：

1. 列出现象的原因或结果

研究者可根据某些理论和现实经验初步筛选出几种最主要的原因，建立多因一果模型。同理，研究者也可以通过这种方式建立一因多果模型（见图 1-1）。这两种模型还可以结合起来，同时探索现象可能的原因与结果。

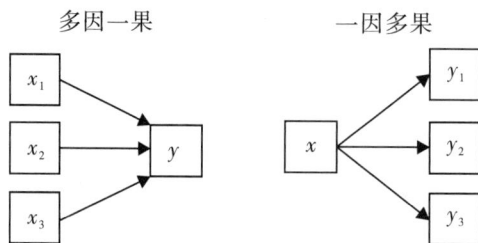

图 1-1　多因一果与一因多果模型

2. 详析变量间的关系

这种方式不同于上一种，它不是在研究开始之前就列出各种原因或结果，而是只选取其中一个最主要的自变量来建立假设，然后借助研究收集的资料来检验这一假设，并深入详细地分析这两个变量与其他变量之间的关系，随后再建立因果模型（见图 1-2）。

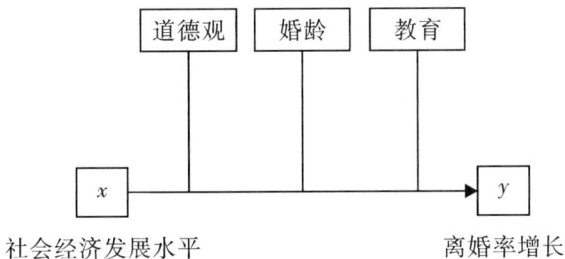

图 1 - 2　详析变量间的关系

3. 深入分析变量间的作用机制

社会现象之间的关联十分复杂，不同的社会现象交织在一起，相互联系、相互作用。因而即使两种现象之间存在着明显的因果关系，它们之间的关联也可能是通过各种其他的社会因素起作用的，要有效地解释现象，就必须对社会现象之间不同的作用机制进行探讨。

## 二、按研究性质分类

从性质上来分类，可以将社会研究类型分为基础研究和应用研究两类，也有其他学者将它们称为"理论性研究"和"应用性研究"。从本质上来说，这两类研究的差别之处在于如何运用社会研究。简言之，基础研究关注运用研究来增进有关社会世界的基本知识，而应用研究则关注提供政策建议，以实现某一目标。

### （一）基础研究

基础研究并不是以纯粹的思辨和逻辑推理为基础的纯理论研究，其重点在于丰富人们关于社会世界的基本知识，尤其是建立或检验各种理论假设。基础研究是大部分新科学概念的源泉，很多新科学的概念都来自基础研究。基础研究提供的知识与理解的基础，是可以类推到许多社会政策、社会问题研究领域的，因此基础研究能够不断完善、积累社会世界的基础知识。例如，姚东旻、崔琳、张鹏远等（2021）根据"中央政府（委托方）—中间政府（管理方）—基层政府（代理方）"三层级委托代理模型构造的政府治理的"控制权"理论，为中国政府治理过程这一研究领域提供了统一的理论框架。

基础研究的特点在于：第一，知识的应用具有长期性，即基础研究产生的知识在短期内缺乏实用性，无法直接作用于问题的解决。第二，基础研究所涉及的问题看似不切实际，但其所产生的知识在未来或许会成为构成新科学的基本概念。第三，基础研究能够引发对某一种社会现象新的思考方式，而这些新的思考方式具有引发变革的潜力。

### （二）应用研究

所谓"应用研究"，是指那些侧重于发现现实社会中存在的各种问题，并基于特定的目的提供有针对性的政策建议的经验性研究。应用研究所关注的重点是社会问题，即在系统了解某种社会问题的基本状况或特征后，有针对性地提出相应的社会政策，并达成既定的目标，这就是应用研究的作用。例如，许丹红、桂勇（2023）在他们的研究中考察了不同家庭教养方式对获得优质高等教育的影响，发现宽容型家庭教养方式更有助于子女进入精英高校，这一结论为家庭教育的实践提供了重要的现实启示，具有较强的应用价值。目前，国内社会学以及相关社会科学领域内的研究大多是这类应用研究。

应用研究与基础研究最大的不同之处在于研究目的不同。应用研究主要是对已有知识的新应用，针对某一社会现象，基于已有的知识提供政策建议，以达成某种目标，而基础研究的目的是不断丰富和完善社会世界的基本知识，更关注如何发展出具有普遍性的社会认知。

## 三、按时间维度分类

从时间的维度出发，研究者既可以在某一具体的时间节点对所要研究的对象进行横向的截面研究，也可以在不同的时间节点或较长的一定时期内收集资料，借助这些资料，描述社会现象的发展进程。根据研究的时间维度，可以将研究类型划分为横剖研究和纵贯研究。

### （一）横剖研究

横剖研究也称为"截面研究"，它是指在某个特定的时间点上对某个具有代表性的人口总体或社会现象进行横向的截面剖析，观察并描述横断面在这一时间点上的状况、特征，或者探讨不同变量之间在这一时间点上的关系。例如，陈满琪（2022）采用"2017年中国社会心态调查"的横截面数据，考察了这一时期相貌价值观与婚姻质量的基本情况以及两者之间的关系。需要特别注意的是，这里所说的"时间点"并不是一天中的具体时刻，比如12点01分，也不是某一天，而是相对来说较短的一个连续时期，比如一个星期、一个月、半年等。

### （二）纵贯研究

纵贯研究，也称"纵向研究"，主要用于描述一段时期内某一社会现象的发展变化。研究者通常在若干个不同的时间节点收集资料，并对收集来的资料加以分析，试图得到关于该社会现象产生和发展的原因。大体来说，可以把纵贯研究分成三种不同的研究类型：按时间序列进行的趋向研究，通过对同一组别或团体追踪、调查而开展的定组研究，以及对某种同样的特殊群体开展的同期群研究。

1. 趋向研究

趋向研究针对的是某一个特定的总体，由于其内部会随着时间推移而发生变化，趋向研究的研究者可以观察总体内部的演变并对不同时间节点上的内部情况进行比较，从而解释某一社会现象产生和变化的原因，揭示和预测该社会现象变化的趋向。需要注意的是，虽然总体内部会随着时间的推移而呈现不同的情况，但是在不同时间节点上分别进行的多次截面研究必须具有同样的研究内容，并且必须采用同样的测量方法开展趋向研究。

2. 定组研究

定组研究每次都对同一样本进行调查和研究，记录这个样本在不同时间节点的变化。这里需要注意的是，定组研究的研究样本必须是同一个样本，样本里的元素缺一不可，研究者必须在不同的时间节点观察完全相同的一群人、一个群体或一个组织。例如，Simons 和 Burt（2011）运用收集自两个州的 897 名非裔美国青少年及其监护人的四期定组数据，考察了持续暴露于不利的生活环境对非裔美国青少年的犯罪社会图式的形成以及实际犯罪行为的影响。定组研究是一种难以开展的调查研究。它的开展条件苛刻，需要研究者在不同的时间节点观察完全相同的样本，但是事实上很难保证每次研究的样本完全相同。随着时间的推移，样本本身会发生许多变化，这些变化常常是难以预测和控制的，越是到后期，越难找全初始的研究样本，往往需要研究者耗费大量的时间和精力。

3. 同期群研究

同期群研究与定组研究具有相似之处，都是对同一类群体开展的调查研究。可以说定组研究是同期群研究的特例，同期群研究包含定组研究，两者是包含与被包含的关系。与定组研究不同的是，同期群研究并不要求研究样本完全一致，换句话说，同期群研究的具体对象可以不同，但是研究样本必须是同一类特殊群体，而不是某一个具体的人。同期群研究的重点是同一个同期群或同一个类型的特殊群体，而不是某一个具体的人。同期群研究的特殊群体大多数与某一段相同的时间、某一个具体的年代有关。

## 四、按研究范围分类

### （一）普查研究

普查研究要求对某一个范围或地区内的所有研究对象进行调查研究，这种研究的工作量大，收集的资料、数据繁多，需要耗费大量的时间和精力，对研究者的工作能力有较高的要求，因此研究者不会轻易开展普查研究。最典型的普查研究是我国的全国人口普查，此外还有工业普查、农业普查等普查研究。

### （二）抽样研究

在抽样研究中，研究者会从研究对象的总体中选择一些个体构成研究的样本，从而通过了解样本的状况来推断总体的状况。抽样研究在一定程度上弥补了普查研究的不足，具有节省时间、资金和研究者的精力，收集的资料更加标准化等优势。但是抽样研究自身也有缺陷：抽样研究仅抽取部分个体进行调查，在某些特定的情况下难以全面概括和总结总体的情况，调查内容不如普查研究全面。除此之外，抽取的样本可能存在偶然性，无法代表总体的真实情况，研究可能产生偏差。

## 五、按分析单位分类

### （一）个人研究

在社会研究中，最常见的研究类型是个人研究。这里的"个人"并不是专指一个特定的人，而是指研究以个人为分析单位，研究资料直接描述每一个人的相关特征。例如，在郝明松（2022）对父母外出模式与留守儿童学习成绩的关系的研究中，研究者所使用的分析单位就是留守儿童个人。总的来说，任何个人都可以成为社会研究中的一个分析单位。

研究者主要关注个人的民族、性别、年龄、社会经济地位、教育水平等特征。

### （二）群体研究

在社会科学中，存在着由个体组成的各种社会群体，这些社会群体与个人一样，都可以成为社会调查研究中的分析单位。例如，刘汶蓉（2016）在其研究中以家庭这一群体为分析单位，考察了"啃老"家庭基于自反性关系的代价情感与团结状况。需要注意的是，群体中存在着许多个体，而个体的属性可能与群体的属性有关联，因为个体是构成群体的一部分，群体自然拥有个体的某些属性。

### （三）组织研究

在社会中存在着各种各样的社会组织，研究者同样可以以这些正式的社会组织为分析单位展开调查研究，这种研究类型被称为"组织研究"。常见的正式社会组织有工厂、医院、企业、商场、政府部门、市场、社会机构等。例如，郑广怀和张政（2021）的研究即以社会工作机构这类组织为分析单位，考察其组织形式的转变。

组织研究与群体研究具有相似性，因为组织和群体一样，都是由若干个个体构成的，所以组织的属性在一定程度上与构成组织的个体有关系。

### （四）社区研究

社区是指按照地理区域划分的特定研究对象。常见的社区单位有城市、农村、城镇等。研究者通过对社区的描述和解释来理解社会现象及其互动过程。如果研究者的研究目标是了解某个特定社区的社会结构、文化特征或居民的生活质量，那么研究的对象就是该社区。例如，清华大学社会学系教授李强（2021）以北京市清河街道的社区作为分析单位，开展了涉及基层社区组织改革、社区空间规划、物业管理、社会组织以及社区民生保障与改善等多个方面的实验。选择社区作为研究对象时，研究者应该考虑社区的人口、地理位置、经济状况、文化背景等特性。

### （五）社会产品研究

社会产品是社会活动产生的各种物质和非物质的产物，如社会关系、社会制度、各种类型的社会活动和社会产品等。例如，在李林容和李茜茜（2018）的研究《"大妈"媒介形象的嬗变（2007—2017）——以〈人民日报〉〈南方都市报〉和〈中国妇女报〉相关报道为例》中，其分析单位并不是"大妈"群体本身，而是报纸上的"大妈"形象这一社会产品。


# 第三节　社会研究的逻辑


社会研究的目的在于形成和产生有关社会世界的系统的知识，增进人类对自身以及所生存的社会世界的理解。社会科学的传统模式有三大要素：理论、操作化和观察。社会研究的过程实际上是这三个要素互相转化的过程，社会研究的逻辑就是三个要素互相转化的方式和路径。

## 一、社会研究的逻辑思维

谢宇（2012）认为，在社会研究中，存在着类型逻辑思维和总体逻辑思维两种不同的逻辑思维方式。类型逻辑思维是把观察到的现象抽象为典型，然后通过典型去认识世界；总体逻辑思维并不追求典型，而是关注所有个体的个性，不认为个体都是一个固定典型的个例。

类型逻辑思维和总体逻辑思维的区别对社会研究影响重大。前者将偏离于平均值的偏差视为误差，于是通过大量重复得到最接近现实的平均值，并认为这个平均值就是真理；而后者则认为个体之间的差异都是有现实意义的，不是偶然性导致的误差，因此致力于探索差异的分布规律。

类型逻辑思维源于古希腊哲学家柏拉图的理念论。柏拉图认为，人们所生活的经验世界是"形成的世界"，并不是"本质的世界"，前者只是表象，后者才是真理。柏拉图对真理的定义是普适的，它不是形成的世界中具体存在的事物或现象，而是超越可以观察、感受的经验世界，存在于本质世界的理念。比如说，柏拉图认为，要理解圆的本质属性，不能依靠于研究现实中存在的圆，原因在于它们都不是精准无缺的圆，它们和本质的世界中的理想的圆一定存在偏差。但是精确的圆又能够存在于人的头脑里，人可以形成对于圆的"理念"。通过理解理想的圆，就能理解所有圆的本质属性。这种理想化的"理念"是现代科学的显著特征，要求人们在建构模型和定律时必须忽略偶然因素。

受柏拉图影响，西方近代哲学和自然科学将本质世界看作真正的现实，即使人们从未实际观察到过，却仍假设它独立于形成的世界而存在着，本质世界由不连续的、抽象的思想或形式构成，这就是类型逻辑思维。这种思维认为，科学应该重点关注的是那些典型的现象，如典型的抛物线、典型的猫科动物。自然科学普遍认为，只要深入了解了典型现象，就可以将其概括并推广到许多经验世界的问题中。自然科学因遵循柏拉图的类型逻辑思维而取得了巨大的成功，社会科学在成立之初也照搬自然科学的类型逻辑思维。

总体逻辑思维从提出进化论的达尔文开始兴起。在总体逻辑思维中，偏差不是非现实、非预测的。相反，个体的变异是现实，而不是缺少意义的误差。在达尔文看来，同一父母的子女之间存在差异，正是这种变异的代代相传形成了进化，每一代都会产生大量的基因变异，但只有相对少数的个体可以存活并继续繁衍。

将总体逻辑思维引入社会科学的是达尔文的表亲弗朗西斯·加尔顿。加尔顿关注个体之间的差异，而不关注能代表所有个体的典型，他借助生物学的总体逻辑思维以及数学统计工具来研究社会。加尔顿关注的是"属性是如何分布的"，将传统术语中的"概率误差"改成"概率偏差"。误差是偶然的，不能反映任何必然的客观真理。而偏差是分布的一种属性，本身就是客观规律。加尔顿改变了变异的含义，使变异成为客观现实的一部分。

社会科学关注的是差异个体的完整分布，总体思维逻辑能满足社会科学的需要。不同个体间的行为、态度、情感差异很大，社会研究者的工作正是寻求这些变异中的规律性。

## 二、社会研究的逻辑过程

### （一）"科学环"

"科学环"（scientific cycle）是美国社会学家华莱士于 1971 年在其著作《社会学中的科学逻辑》中提出的一种社会研究的逻辑模型，他借助这一模型系统阐述了理论与研究相互作用的过程。

如图 1-3 所示，在"科学环"中，矩形代表信息成分，椭圆代表方法，箭头则表示信息成分的转换。这一模型首先着眼于理论、观察、经验概括与假设四个基础部分。"科学环"的左半部分代表通过对观察结果进行归纳，从而建构理论的过程；右半部分代表通过理论进行演绎，从而应用理论的过程；上半部分代表理论化过程，包括归纳和演绎两个部分；下半部分代表运用研究方法所从事的经验研究过程。"科学环"认为，一般的研究有两个切入点：或从观察入手，通过对观察结果的整理与分析，形成经验概括并上升为理论，然后通过理论作出假设，再由观察检验假设；或从理论出发，由理论产生假设，再由假设推导观察，而后通过观察形成经验概括，以此验证假设，决定接受或拒绝假设，从而支持、修改、否定或提出新的理论。

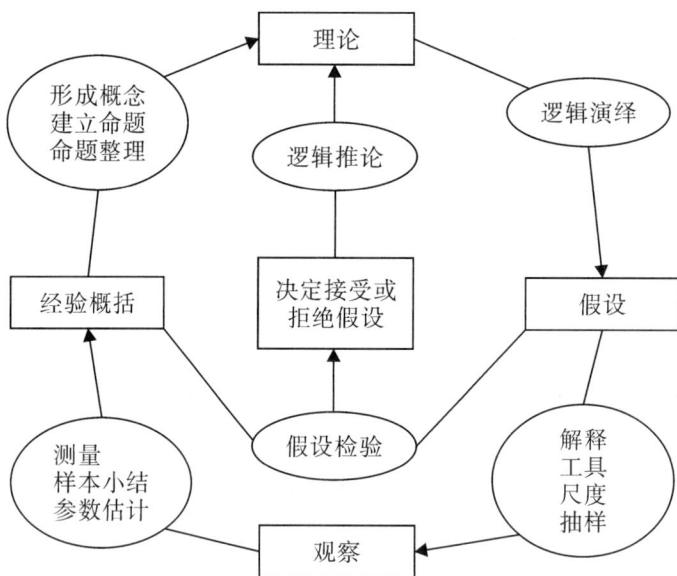

图 1-3　华莱士的"科学环"

### （二）归纳与演绎

科学的逻辑有归纳逻辑、演绎逻辑两种。归纳逻辑是从经验观察出发，通过观察经验事实，概括形成一般的理论；而演绎逻辑则是从公理出发，推导假设，而后通过逻辑推理方式得出结论。前者的弊端在于由个别实例得出的一般结论并非可靠的、普遍的，而后者的弊端在于大前提有可能是错误的。

波普尔（2013）提出的假设检验逻辑则是将上述两种逻辑结合起来，形成假设检验法，其流程与简单归纳法的流程可见图1-4与图1-5。

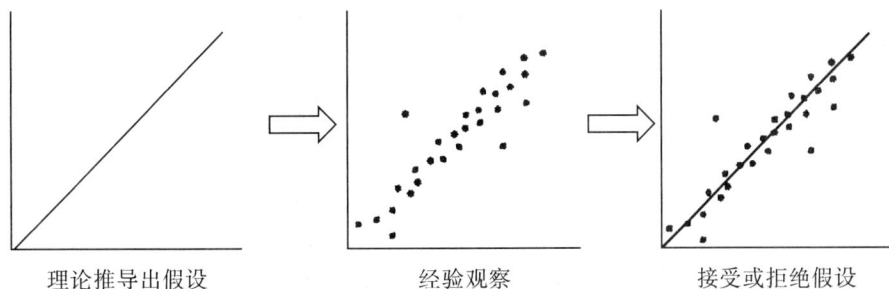

理论推导出假设　　　　　　经验观察　　　　　　接受或拒绝假设

**图1-4　假设检验法**

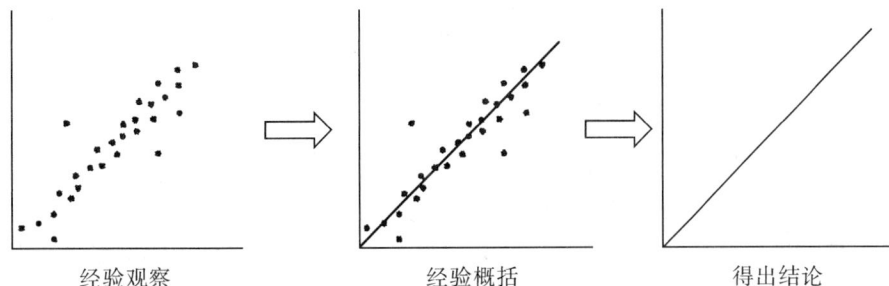

经验观察　　　　　　经验概括　　　　　　得出结论

**图1-5　简单归纳法**

对比图1-4假设检验法和图1-5简单归纳法可以看到，假设检验法相比简单归纳法多了一个理论推导出假设的过程，这是波普尔对科学程序的一个重要修正。它的优点在于：第一，若没有理论假设的指导，经验观察就有可能是盲目且缺乏系统性的；第二，简单归纳法只能形成经验概括，而不能检验其真伪，假设检验法则可以通过比较经验概括与假设来检验理论的真伪。

在当前的社会研究中，假设检验法已经得到了普遍的应用，华莱士的逻辑模型正是依据这一逻辑建立的。

**（三）理论建构过程**

理论建构的过程就是经验观察→经验概括→理论的过程。

1. 经验资料的归纳

经验资料分为案例资料和统计资料，对前者的归纳主要有列举归纳和排除归纳两种。简单来说，列举归纳就是通过简单的列举建立经验概括，排除归纳则是探寻因果联系。对于统计资料的归纳则称为"统计归纳"，在统计归纳中形成的统计规律还不是理论。

2. 理论建构

理论建构的方法可以简单分为两种，一是思维抽象，二是践行扎根理论。

（1）思维抽象。思维抽象表现为：建立解释项→建立被解释项→建立解释项与被解释项直接联系的命题→建立多个包含解释项和被解释项的命题的过程，构成一个逻辑上相互联系的理论体系。

（2）践行扎根理论。践行扎根理论的过程就是前面提到的简单归纳法的过程，即经验观察→经验概括→得出结论。

### （四）理论检验过程

理论检验指的是理论→假设→经验观察→经验概括→检验→接受或拒绝假设的过程。

1. 理论→假设

从理论到假设也即推演假设，推演的方法主要有逻辑推演和经验推演。

逻辑推演可以分为命题逻辑推演和定义逻辑推演，命题逻辑推演是指从一个或几个公理推导出定理，而定义逻辑推演则是从定义出发，举例如下：①理论陈述：如果实行单选区制，则必然导致两党制。②条件陈述：美国实行单选区制度。③推导出命题：美国必然出现两党制。

经验推演则是将假设中的概念、变量、指标联系起来建立工作假设，其中概念可以理解为抽象的定义，变量可以理解为概念的具体化，指标可以理解为变量的具体事例，建立工作假设的过程就是抽象程度不断具体化的过程。

2. 经验观察→经验概括→检验→接受或拒绝假设

由经验观察到经验概括的过程类似前面的理论构建过程，这里不再重复，主要讨论检验的方法。理论检验的方法有两种：一种是直接检验，即收集大量的经验资料去验证研究假设；另一种则是间接验证，即通过验证虚无假设来验证研究假设，如果虚无假设成立则说明研究假设不成立，反之成立。

总之，将上述的理论建构和理论检验过程结合起来就是华莱士的"科学环"的全过程，从中也可以看到社会研究过程一般包括以下具体步骤：确定问题，设计研究方案，收集资料，整理和分析资料，得出结论或作出解释。

# 第四节　社会研究的原理

如前文所述，社会研究强调总体逻辑思维。这一思维的基本立场是：个体是存在差异的，而社会研究所做的一切都是为了了解差异、解释差异从何而来。基于这一基本立场，谢宇（2012）提出了社会研究的三个原理。

## 一、变异性原理

变异性是社会研究的真正本质。社会科学不是研究类型的，而是研究变异和差异的。例如，社会研究之所以会探讨性别、种族、受教育程度等对收入的影响，是因为在这些条件上不同的群体在收入上存在显著的差别。假设不同性别、不同种族、不同受教育程度的社会成员的收入并没有差异的话，就没有研究的必要了。

## 二、社会分组原理

社会分组原理强调在实际社会研究过程中从了解组间差异开始而逐步获得对于社会世界的理解。不同个体之间存在多方面的差异，由于研究者的认识能力、研究资源有限，不可能对每一个个体的变异性都进行详尽的研究。作为一种妥协，研究者常常利用社会分组的办法，依照特定的标准将不同个体分为不同的组别，先概括组间差异，再进一步分析组间差异，最终得到对个体差异的深入理解。分组的前提是承认不同的个体之间具有共同性，因为如果一个组内部没有共同性的话，那组间也就没有差异性可言了。如果城市居民没有任何共同性的话，那么就不可能有城镇居民和农村居民的差异性。

由于社会分组的目的是解释社会结果的差异，所以社会分组的标准要根据研究主题来确定。在社会研究中，研究者所使用的分组标准通常包括民族、性别、社会阶层、家庭经济地位、政治面貌等，这些标准在不同的研究主题下具有不同的意义。例如，生育率与政治面貌的关系不大，因而在研究影响生育意愿的因素时，就不会根据政治面貌进行分组。

然而，个体是高度复杂且充满异质性的，社会分组内部的差异是永远存在的，没有任何社会研究者可以将组内差异解释穷尽。这也意味着社会研究者对组内差异的暂时忽略会有代价，这主要体现为误差。社会研究中的误差与自然科学中的测量误差不同，这种误差是一种真实的误差，代表知识上的缺陷。尽管存在这种可能永远无法避免的误差，但是社会分组仍然是有意义的，通过逐步在分析中增加复杂性，随着时间的推移，社会科学家必能提升他们对世界的理解。

## 三、社会情境原理

群体变异的模式常常会随着社会情境的变化而变化。也就是说，在不同的时空状态下，群体的变异性不同。例如，教育对收入的影响已经被许多研究证实，但是由于社会情境的不同，这种影响也会有不同。我国改革开放初期，接受过高等教育的人才较为稀缺，因而受教育程度对收入的影响很大。而随着高校的扩招和人们对高等教育的逐渐重视，人才数量饱和，教育的回报率就有所下降。

这一原理告诉社会研究者，个体和社会分组都不是脱离具体时空的存在，而是受一定社会情境制约的，做研究时要注意特定的社会文化背景之间的差异。

# 第五节　社会研究的方法体系

社会研究所使用的各种方法，合称为"社会研究方法"。社会研究方法是一个有着不同部分和层次的综合体系，各部分之间的内在联系较为紧密。社会研究的方法体系被划分为三个部分或层次：方法论、研究方式、具体研究方法与技术。这三个部分之间存在着紧密的关系，采取不同方法论取向的研究者会倾向于不同的研究方式，而采用不同研究方式的研究者也会使用不同的具体研究方法与技术。

## 一、方法论

方法论包括规范一门学科的价值观、原理和方法的体系。纽曼（2007）认为社会研究的方法论通常涉及对以下问题的回答：为何要进行社会研究？社会现实的基本特征是什么？社会研究对象即人类的基本特征是什么？科学与常识之间的关系是什么？哪些因素构成了对社会现实的理论解释？如何判断一个解释是对还是错？什么样的证据才算是好的证据？事实信息是什么样的？不同的社会价值从哪一方面介入了科学？

社会研究中存在着三种基本的方法论取向：实证主义、诠释主义和批判主义。其中，实证主义方法论使用得最为广泛。实证主义认为，社会研究的最终目标是得到有关社会现象的普遍法则；在研究方式上，定量研究是实证主义这一取向的典型特征。与实证主义取向形成鲜明对照的是诠释主义。诠释主义认为，社会研究的目的是形成对社会生活的理解，发现人们如何建构出意义；诠释主义通常与定性研究方式联系在一起。批判主义是社会研究方法论的第三种重要取向。它原则上同意诠释主义对实证主义的诸多批评，但也对诠释主义提出了不同意见。批判主义认为，社会研究的目的是改变世界；持批判主义取向的研究者倾向于采用历史比较法进行研究（详见本书第二章第三节）。

## 二、研究方式

研究方式指的是研究所采取的具体方式。它一般被分为定量研究方式和定性研究方式两大类，每一大类中又包含了相关具体类型。定量研究方式主要包括调查、实验、内容分析、二次分析、现存统计资料分析等（详见本书第十一章）。而定性研究方式则主要包括实地研究、历史比较研究、扎根理论、行动研究等（详见本书第十三章）。除此之外，近年来，将上述两大类方法结合起来的混合研究也逐渐兴起（详见本书第十五章）。

## 三、具体研究方法与技术

具体研究方法与技术是指研究过程中所使用的各种资料收集、分析的方法与工具，以及各种特定的分析程序。社会研究中常见的资料收集方法有自填问卷法、结构访谈法、深度访谈法、参与观察法、结构观察法等；常用的资料分析方法则包括数据统计分析、话语分析、文本分析等（详见本书第十二、十四章）。

# 第六节 社会研究的过程

## 一、社会研究过程

作为一种科学的、系统的研究活动，社会研究需要遵循一套完整的研究程序。这个过程包括一系列的工作步骤，这些步骤根据不同的研究方式而有所不同。不过，一般来说，大部分社会研究过程都会包含以下几个步骤（见图1-6）：

1. 选择研究主题

研究过程开始于研究者选择一个主题，这个主题通常是一个广泛的研究领域或议题，如农村经济、人口流动、犯罪率或失业率。在选择主题的过程中，研究者会根据个人兴趣、研究的需要与动机来选定一个具体的研究主题。这个选择过程需要研究者具备敏锐的洞察力和判断力，以便从现实社会中存在的众多现象、问题中筛选出一个具有研究价值、研究意义和可操作性的主题。

2. 概念化研究问题

一般来说，研究者上一步选的主题会过于宽泛，不适合直接展开研究。因此在选定主题后，研究者通常需要对研究问题进行概念化，即要将这个主题缩小或聚焦到他在研究中能够处理的一个特定的研究问题上，把复杂问题转为可操作化的概念。例如，对于"农村经济"这个主题，可以将其概念化为"农村经济的转型升级""农村电商的发展及其对农村经济的影响"等具体的研究问题。

图1-6 社会研究的一般过程

```
选择研究主题
    ↓
概念化研究问题
    ↓
聚集相关研究
    ↓
研究设计
    ↓
操作化
    ↓
分析资料
    ↓
解释发现
    ↓
撰写研究报告
```

3. 聚焦相关研究

当选定主题、概念化问题之后，研究者会回顾过去对这个主题或问题所做过的相关研究或者文献，以此来寻找自己的创新之处，即思维焦点，同时研究者基于自己的实践经验也可能会发展出一些可能的答案，或称为"假设"。

4. 研究设计

在研究设计阶段，研究者需要明确陈述研究问题，并计划如何开展这个特定的研究，根据研究的目的和内容，确定该研究需要采用什么样的研究方式和方法（如是定性研究还是定量研究或是混合方法研究），做好相应的工具选择与准备。要保证一项社会研究工作的顺利进行、保证研究目标的完美实现，必须要做好周密的研究设计，研究者需要考虑到研究的伦理、安全和可行性等问题，并做好相应的措施（详见本书第五章）。

5. 操作化

操作化阶段是研究工作中至关重要的一步，它涉及如何将抽象的概念转化为可衡量的

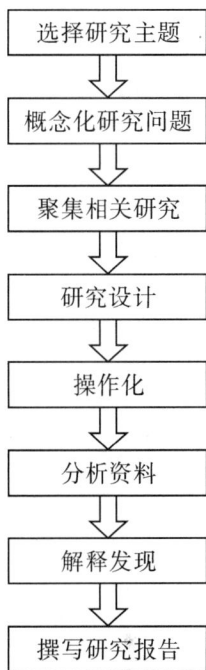

指标。在厘清了概念、确定了研究方法之后，就需要确定测量方法或进行操作化。一个研究中不同变量的意义，一定程度上是由测量方法决定的。在这一阶段，研究者需要决定如何收集研究所要的资料，如是通过直接观察、阅览官方档案、使用问卷来收集，还是采用其他的方法或技术。比如说，在研究人们对堕胎权的态度时，研究者需要将这一概念操作化为具体的调查问题，如询问被调查者在各种情况下对堕胎的态度，包括乱伦、遭到强暴或胎儿会对孕妇造成生命危险等情况，随后让受访者回答在这些情况下赞成还是反对堕胎。

### 6. 分析资料

一旦研究者搜集好资料，下一步就是处理或分析这些资料。这个过程可以帮助研究者发现模式，验证初始的兴趣、想法和理论假设。需要注意的是，分析结果要对初始兴趣、想法和理论进行反馈，这有可能引发另一项研究。如果在分析资料时发现新的问题或结果，那么研究者需要根据这个结果重新审视研究假设，或者提出新的理论来解释这一现象。

### 7. 解释发现

在这个阶段，研究者需要将所观察到的模式转化为对资料的深入解释。例如，他们可能会观察到"都市中早婚者有较高的离婚率，但是在乡下则无此现象"这一模式。为了解释这一现象，研究者可能会考虑文化差异、社会经济状况等变量。他们需要利用这些变量来具体解释为什么在都市中早婚者会有较高的离婚率，而在乡下却不存在这一现象。

研究者需要根据先前的分析结果来构建一个详细的解释框架。这个框架需要包括各种可能的解释因素，如文化价值观、社会规范、经济条件等，并需要将这些因素与早婚和离婚之间的关系进行详细的联结。

### 8. 撰写研究报告

撰写研究报告是对整个社会研究工作的全面总结，它是一项非常重要的任务，在研究报告中，研究者需要详细阐述研究的目的、方式，以及资料的收集和分析方法。此外，研究报告还需要准确地反映研究得出的结论和研究成果的质量。撰写研究报告时，研究者需要清楚地阐述研究的目的和意义，这不仅可以帮助读者更好地理解研究的背景和前提，还可以使研究更具说服力和可信度。同时，研究的方式和方法也需要详细说明，以便读者了解研究的科学性和可靠性。此外，社会研究的成果需要以不同的形式应用到社会实践中，这不仅可以验证研究的准确性和可靠性，还可以为社会实践提供有益的指导和支持。例如，可以通过制定政策、制订计划、改进工作等方式，将研究成果转化为实际效益，真正发挥社会研究在认识社会现象、探索社会规律中的巨大作用。

上述八个步骤是社会研究的一般过程，但现实情况是，研究者并不是严格按照顺序一个步骤接一个步骤地进行研究。研究是一个互动的过程，各个步骤之间相互包含，后一个步骤可能会影响对前一个步骤的更深层次的思考。因此，这个过程并不是完全线性的，而是存在很多不同的流动方向。此外，研究也并不会在完成第八个步骤后就突然结束。实际上，研究是一个持续不断的过程，一项研究的完成往往会引发新的思考和研究问题。这个过程需要研究者不断反思和深化，以不断推进科学的发展和进步。因此，这八个步骤应该被视为一个不断循环和不断深化的过程，而不是一个固定的程序。

## 二、社会研究过程的案例

冯军旗的研究《中县干部》[①] 呈现出社会研究的一般步骤。

1. 选择研究主题

研究者的选题灵感源于其在中县（文章依学术惯例对人名地名做了处理）挂职锻炼的经历。研究者在与中县干部的朝夕相处中，产生了研究这一群体的想法。研究者的社会学专业背景以及挂职经历使他意识到，随着中国县乡社会的转型，县乡干部的状况越来越成为一个焦点问题。因而，研究者希望能够通过该研究对县乡干部如何治理基层社会、他们能否承担社会转型的重任等问题进行全面而深入的剖析。

2. 概念化研究问题

在确定研究主题后，研究者进一步对其进行概念化，将县乡干部这一较为宽泛的研究主题进一步聚焦为中县干部的政治生涯历程与晋升机制。

3. 聚焦相关研究

为了深入研究上述问题，研究者回顾了有关政治精英特征，机构、职位与晋升，政绩与晋升，关系与晋升以及县乡政治精英等相关研究的文献，发现以往的有关中国政治精英的研究较少将政治精英整体特征与个体政治精英的完整生涯历程结合起来分析。因而，研究者将焦点置于上述两者的结合。

4. 研究设计

在这一部分，研究者选择了1978—2009年中县副科级以上领导干部为研究对象，分为三个层次：一是2009年在任的副科级领导干部；二是1998—2009年曾在中县任职的副处级以上干部；三是1978—2009年曾在中县任职的离退休老干部。研究者解释了选择这些干部的原因，如有现成的档案材料等。研究者采用多种数据获取的方式，包括深度访谈法、文献资料分析法、参与观察法等。

5. 操作化

研究者以挂职锻炼的身份来展开研究，较好地解决了研究者身份的问题。在资料收集方面，研究者对相关干部进行深度访谈，了解了中县干部的政治生涯历程；查阅、收集中县的相关档案材料，与访谈资料相互验证、补充；同时，采用参与观察法，通过工作、开会、交谈等各种方式与相关领导干部近距离接触。通过上述方式，构建了中县干部完整而翔实的政治生涯历程。

6. 分析资料

研究者通过对访谈、观察获取的资料以及文献资料的分析，细致地描述了中县干部的构成、来源、发展轨迹等方面的特征，并考察了影响中县干部仕途的各方面因素。

7. 解释发现

通过对上述特征、影响因素的分析，研究者勾勒了中县干部的整体图像，发现了机构、岗位、政绩、关系等对干部仕途的重要影响。研究者还提出了一系列概念和模式，包

---

① 冯军旗. 中县干部 [D]. 北京：北京大学，2010.

括精英集群概念、政－党螺旋晋升模式以及关系与规则的双环模型。此外，研究者还发现了中县干部仕途中体现的制度化困境，即干部晋升制度设计的初衷与其实施、运行和演化存在一定偏差，造成干部晋升制度的失灵与异化。

8. 撰写研究报告

在该次研究中，研究者对自己的干部政治生涯与晋升机制的研究工作进行了全面的总结。从说明选题原因，形成具体研究问题与概念化，到研究设计中选择研究对象、方法，再到实施具体研究，整理与分析资料，最后得出研究结论，这些都在研究者的论文中有详细的报告与总结。

# 第七节　社会研究的伦理

社会研究不是在真空中进行的，而是深深扎根于现实社会中，社会研究者也是社会的一员，这些都意味着社会研究必须受到伦理道德的限制。并且，由于研究对象的特殊性，社会研究相对于自然科学所面临的道德限制更多、更严格。在社会研究中，存在一些普遍的伦理要求，主要包括自愿参与、对参与者无害、匿名与保密、公开研究者身份等。

## 一、自愿参与

无论采取何种方式，社会研究总是会对研究对象的生活产生影响。同时，社会研究往往要求研究对象透露其隐私。这些都意味着，一旦研究开始，一项让研究对象费时费力且存在风险的活动就开始了。因此，在研究开始前，社会研究者必须征得研究对象的同意，任何人都不能被强制要求参与。

然而，这个要求说起来容易做起来难。社会研究的对象是具有主观能动性的人，当人意识到自己正在受到观察、研究时，他们就会做出不自然的行为，从而影响研究的结果。因此，许多学者为了追求研究的准确性，往往不会征求研究对象的同意。例如，汉弗莱斯（1975）对男同性恋者在"茶室"（即公共厕所）中的行为的开创性研究是在没有告知被试者的情况下进行的，虽然这项研究较为准确地描述了男同性恋者的行为，但也面临较大的伦理争议。

## 二、对参与者无害

社会研究另一个重要的伦理要求是绝对不能伤害研究对象。一般来说，在研究过程中，研究对象容易受到心理伤害甚至是生理伤害。在研究中，研究对象经常被要求回答一些隐私问题，比如家庭收入、婚姻状况等，透露这些资料多少会让研究对象感到为难。同时，社会研究也常常触及一些尖锐话题，会要求研究对象透露他的反常行为、越轨倾向等，这些问题给研究对象造成的心理压力更大。例如，在哈尼和津巴多（1974）开展的囚犯实验中，研究者将研究对象分为两组，让他们分别扮演狱卒和囚犯，表现出符合角色的行为。实验给两组对象均造成了极大的心理伤害，"囚犯"变得被动失常，而"狱卒"则变得具有攻击性、缺乏人性。这一实验引起了巨大的争议，使得对参与者无害成为一个公认的研究伦理要求。

但是，社会研究又常常不可避免地会询问上述问题，所以任何研究或多或少都会有伤害到研究对象的危险。因而在实际研究过程中，研究者也无法确保能遵守这一伦理要求。但是，研究者应该尽量避免不必要的伤害，如果一些研究可能对研究对象的心理产生影响，研究者必须有足够的理由说明这种研究设计是必要的。

## 三、匿名与保密

除了少数例外（如对公众人物的调查），社会研究对于研究对象的身份一定要保密。正如前文所述，对研究对象隐私的询问本来就会伤害到他们，如果不能得到保密的承诺，可能会使他们承受更大的压力。

为了实现保密并使研究对象相信研究是保密的，也许在研究时进行匿名处理会比较好。但是，匿名处理也存在问题，比如使自填式调查问卷的回收率得不到保证、无法用于追踪研究等。

## 四、公开研究者身份

除了研究对象的身份外，对研究者身份的处理也是一个十分重要的伦理问题。在许多情况下，研究者向研究对象公开自己的身份是必要且有用的。有时候，研究者却需要刻意隐瞒甚至伪造身份。例如，上文提到的汉弗莱斯在进行"茶室"研究时就伪装成一位把风者，观察了大约100位男同性恋者的行为，显然这种观察无法在公开其研究者身份的情况下进行。

尽管这一要求在许多研究中往往难以实现，但研究者已经找到了一个折中的解决方法，即在研究完成后向研究对象报告自己的身份和研究的目的，并征得其对被作为研究对象的同意。

上述伦理要求贯穿整个研究过程，无论是进入研究场所与研究对象的接触过程，还是退出研究场所后对访谈资料的处理，研究者都应树立正确的伦理准则以引导和约束自己的行动。在研究的不同阶段呈现的不同伦理要求见表 1 - 1。

表 1 - 1  社会研究各阶段的伦理要求

| 研究阶段 | 伦理要求 |
| --- | --- |
| 研究开始 | 知情同意：在进行研究前，向研究对象充分介绍研究的相关细节并获得他们的批准。 |
| 资料搜集 | 隐私与保密：尊重研究对象的个人隐私，并承诺为其保密。<br>避免伤害、无礼与勉强：应当以一种彬彬有礼的态度对待研究对象，切忌施加任何形式的强迫。<br>诚信：与研究对象坦诚相待、相互信任。<br>报酬：给予研究对象一定的物质回报。 |

（续上表）

| 研究阶段 | 伦理要求 |
| --- | --- |
| 撰写报告 | 匿名：研究报告不能出现能识别研究对象身份的信息资料。<br>公正：对研究对象的描述持客观公正的态度。<br>诚信与质量：保证研究资料与描述是真实可信的，保证研究是科学严谨的。 |
| 研究结束 | 合理使用：确保研究成果得到恰当的应用，并用于合理的目的。<br>回报反馈：给予研究对象反馈，并为其提供一定的精神或物质回报。 |

# 思维导图

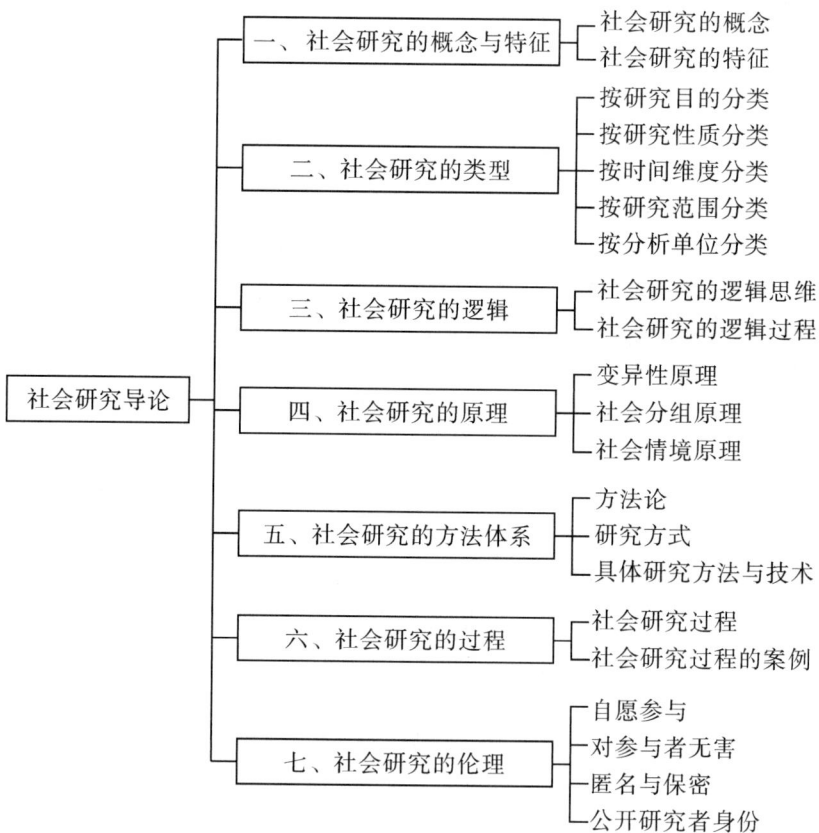

# 第二章 社会研究范式及方法论

由于社会研究所具有的宽泛性，自社会科学诞生之日起，关于社会科学学科与研究的种种基础性的重要问题在过去两个世纪里曾被轮番叩问，并经历了一段充满争议和交锋的漫长历史，直到今天可能还使许多人感到困惑不解，这些问题包括但不限于：社会科学是科学吗？社会科学及其研究的科学性何在，具体指什么？研究者怎样进行研究？实际上，孔德、涂尔干、马克思以及韦伯等著名古典社会理论家都曾仔细思索过这些问题，显然这些并不是能够以一个简单答案来回答的问题。美国社会学家米尔斯（2017）曾经指出："社会科学的复杂性和困扰性——现在我们应该清楚地看到，这个问题长期以来一直被掩盖在对科学本质的争论之中。"

要发掘社会科学的科学性，可诉诸研究者所使用的研究方法——正是方法论使社会科学成为科学，但社会研究方法论并不唯一，其背后反映的是不同的研究取向或范式。尽管不同的研究范式很少在研究报告中被明确说明，甚至许多研究者对其了解也仅止于模糊的概念。但毋庸置疑，研究取向在社会科学各领域中始终扮演着举足轻重的角色，指出好的社会研究所含特征、为何做研究、为何将价值和研究相联系并引导研究行为合乎伦理——作为研究者用于研究的宽泛框架，其踪迹处处可见。

有学者认为，研究范式的不同主张在本体论和认识论的立场上构成了当代社会学上几个激烈争论的基础，各方都主张他们所提倡的思考框架提供了获取有关社会现象知识的工具，且认为对方的努力是有误导性的。他们的区别在于应该注意什么社会现象、如何接触以及分析这些现象。关于社会科学是不是科学的争论，来自对科学非常严格的定义，但现代科学哲学并没有摧毁社会学的科学性，反而给出关于"科学是什么"的一个更加灵活的图像。

可见，研究范式将哲学抽象议题与具体研究技术相结合，其背后的哲学假设与原则各不相同，对于如何做研究亦立场各异，折射出社会科学对"科学的"所作出的不同界定和阐释。不同研究范式及其方法论对上述问题的不同答案，凸显出人类社会区别于自然世界的特殊性与复杂性，显现出社会科学区别于自然科学的鲜明特征，也意味着社会科学的研究者拥有选择不同科学研究取向的能动空间。

据此，本章首先阐述了社会科学哲学中重要的几个概念及其关系，随后说明了社会研究范式的重要意义，追溯社会研究范式和方法论的源流并梳理其分野与演进。在此基础上，本章挑选了九种主要的社会研究范式及方法论流派进行深入阐述，期望研究者能从社会研究的多元范式与方法论脉络梳理中更好地把握其所蕴含的内在精神与理念。

# 第一节　社会研究范式及方法论概述

## 一、本体论、认识论与方法论

在探讨范式与方法论的关系之前，需要先分别梳理与方法论相关的几个哲学范畴，方便对比理解。在此将简要介绍几个概念：本体论、认识论和方法论。

本体论问题即"实在的性质是什么"或"世界是如何被组织的"。举例而言，法国的社会学家涂尔干认为的"社会事实"实际上便是在本体论上采取"人类社会应被视为一种客观实在"的观点；而韦伯意义上的由"个体互动与行为意义的理解"所形成的人类社会，则反映了"人类社会应被视为主观建构与诠释的结果"的本体论观点。需要注意的是，此处举的两种取向仅仅为了帮助研究者理解本体论的概念，并不意味着本体论的立场只有这两种。

认识论问题即"什么是可知的"及"认知者与认知对象是什么关系"，也就是"我们何以认识世界"的问题。从上述不同的本体论立场能够导出不同的认识论立场，具体而言，社会现象可以在实证主义或后实证主义、建构主义或批判主义等不同视角与范式下，通过不同的研究方法来认识。对于社会研究范式，学界有许多不同的分类主张，本章后文将论及。

方法论问题即"如何获得认知"或"用何方法能获得认知"。从上述本体论与认识论的不同立场又可导出不同的方法论立场。本体论、认识论和方法论三者紧密关联、环环相扣，本章通过对社会研究范式和方法论的详细论述，使研究者能够在其中体会到这三个哲学核心范畴在社会科学中的彼此互动与影响。

## 二、从"范式"到"社会研究范式"

范式（paradigm，可引申出"模型""模式""范例"等含义）是库恩首先使用的概念，在他关于范式的经典著作《科学革命的结构》出版后逐渐广为人知。按照库恩的说法，科学的发展不是以进化的方式而是以一系列革命的方式实现的，在阐释这种革命的过程时，他使用了"范式"这一概念。库恩认为"它指的是一个共同体成员所共享的信仰、价值、技术等的集合"[①]，其在科学中扮演着相当根本性的角色，反映着一些基本的观点，如分别蕴含在哥白尼的太阳中心说、达尔文的进化论、牛顿的力学和爱因斯坦的相对论中的世界观就属于不同的范式，这些理论各自具备的突出性取决于科学家所坚持的不同范式。由此，库恩将科学的发展分为两个阶段：常规科学时期和科学革命时期。在前一个时期，科学的一致性很高，科学家共同体成员将自己学科流行的范式

---

[①]　KUHN T S. The structure of scientific revolutions [M]. 3rd ed. Chicago：University of Chicago Press，1996：53 – 54.

视为真实与正确的，范式变得稳固且抗拒实质改变，理论与研究就此奠定其根本趋向；而在后一个时期，如经典力学向量子力学转变的时期，旧范式的缺陷愈发凸显，在经历革命之后，一个新范式就会出现并取代旧范式，这种视角的革命性转变又将从根本上改变理论和研究的方向。

　　库恩的"范式"理论在影响自然科学研究的同时，在社会科学界与社会学领域也引起了积极的回应。但是，社会学家对库恩理论的借用是有所改进的，其中最为重要的改进有：第一，在库恩那里，相互竞争和对立的范式是不可通约的，但是，不同于自然科学家所相信的范式更替意味着观念从错误到正确的转变，社会科学家们基本上都认为不同的社会研究范式不是非此即彼的。范式并无对错之分，只有用处大小之分，每一种都有独特的关于社会事实的假定，每一种范式都能提供新的理解，带来不同的理论类型，激发不同类型的研究。第二，瑞泽尔（1996）提出了三个层面的范式变式，使范式的概念在社会学中更灵活地被使用：①用以区分科学家共同体或干脆用以区别不同学科，如心理学和社会学；②用以代表同一学科的不同发展阶段，如 18 世纪的物理学与 20 世纪的物理学；③用以代表同时期、同领域内的科学家共同体，如心理学中的精神分析，同一时期内存在弗洛伊德、荣格、阿德勒和霍妮等不同的范式。瑞泽尔认为这三个层面的范式变式里，第三种是最普遍且有效的。由此，他归纳道："范式是存在于某一科学领域内关于研究对象的基本意向。它可以用来界定什么应该被研究、什么问题应该被提出、如何对问题进行质疑，以及在解释我们获得的答案时该遵循什么样的规则。范式是某一科学领域内获得最广泛共识的单位，我们可以用其来区分不同的科学家共同体或亚共同体。它能够将存在于某一科学中的不同范例、理论、方法和工具加以归纳、定义并相互联系起来。"①

　　纽曼（2007）综合了包括瑞泽尔在内的学者观点，得出了他对范式的定义。他认为一个科学范式是指一整套思想体系，其中包括基本假设、想要回答的重要问题或是想要解答的难题、使用的研究技术，以及体现"什么是可靠的科学研究"的范例。此外，克雷斯威尔（2007）还以"知识观"这一概念指代范式，他将知识观定义为研究者着手一个研究项目时所带有的关于要获得什么知识以及如何获得知识的某种假设，是在进行研究时所采用的基本理论框架或研究取向。根据哲学化的表述，研究者将知识观界定为本体论（什么是知识）、认识论（如何认识知识）、价值论（知识的价值）、修辞学（如何表达知识），以及方法论（研究知识的程序和方法）。巴比（2002）则认为，范式是社会理论和研究的基础，潜藏于不同解释或理论背后并为寻找解释提供方法，是用以指导、组织研究者的观察和理解，并在此基础上产生理论的基础模型或逻辑框架。范式常常相当含蓄而难以辨认，是假定的、想当然的，其本身不解释任何事情，也并非众多观点中的一个，但它不仅形塑了研究者看到的事物，还影响着研究者对它们的理解，即研究者的观念和感觉是其所内化的范式所致，他们是在这些范式内思考的。同样的社会行为，在不同范式指引下会得出不同的解释方式。袁方（1997）则从库恩的基本思想中得出，范式是某一个学科的科学家所共有的基本世界观，由特有的观察角度、基本假

---

① RITZER G. Sociological theory［M］. New York：McGraw-Hill, 1996：75－76.

设、概念体系和研究方法构成，表示科学家看待与解释世界的基本方式。任何一门学科都是在一定范式指导下观察对象、收集并分析资料、检验假设、发展知识的过程。因此，范式首先表现为研究者的一种理论立场，范式并不等于理论本身，而是科学发现的逻辑。江怡（1998）认为，范式即"某些重大科学成就演变成科学发展中的某种模式，因而形成一定的观点的方法的框架"。文军指出，"社会学范式是社会学家对他们的研究主题所表现出来的基本意向和潜在的知识假设"[1]。在他看来，社会学范式往往表现在社会学家阐释社会现象的价值预设、所选择的概念、分析工具和研究方法的不同。张英英和赵定东（2018）在指出"范式"一词由于被过度滥用而几乎失去本意的同时，回归库恩对其作出的定义，认为范式是不同信念系统的假设集合，是关乎"对于世界我们知道什么、我们如何了解世界的"。

因此，从上述对于范式概念的梳理可以得出对于社会研究范式的常见定义：社会研究范式是对社会现象进行科学研究时所采用的参考框架和特定取向。它是涵盖社会研究方法论的一个更为广义的范畴。

## 三、范式与方法论的关系

鉴于范式与方法论二者之间存在密切联系，但又并不等同，故此处着重对二者的概念和关系进行阐明和辨析。主流观点将社会研究方法的体系分为方法论、研究方法以及具体方法和技术三个层次，而从上述诸多学者对于社会学或社会研究范式概念的梳理和界定可以得出，方法论和方法应是内嵌于不同的范式框架之中的。具体而言，袁方（1997）认为，社会研究方法背后必定隐含着某种科学精神或方法论，不懂方法论而运用方法只能流于机械，无法做到有效挖掘社会事实的本质。方法论是指导研究的一般思想方法或哲学，主要探讨研究的基本假设、逻辑、原则、规则、程序等问题。方法论并非一堆抽象的原则，它实际上是对社会研究实践的总结概括。他强调，方法论并非统一的，不同的理论学派有不同的方法论；他还对比了实证主义学派的实证方法、人文主义学派的诠释方法，以及马克思主义学派的辩证法和唯物史观。可见，他将方法论与一定的哲学观点和学科理论相联系，且方法论很大程度上又由后者决定；同时，结合他对于范式的定义，学科理论与方法论均可由范式囊括。风笑天（2018）认为社会研究的方法论所涉及的主要是社会研究过程的逻辑和研究的哲学基础，或是涉及规范一门学科的原理、原则和方法的体系。他将社会研究方法体系中的方法论分为共存但相对立的两种倾向：一种是实证主义方法论，另一种是人文主义方法论。因此可以推知，他是将方法置于范式范畴之下的。方法论和范式的相似之处在于，它们通常都不会被明确写在报告里，却实实在在对社会研究的全过程产生影响。它们形成研究者关于社会现实性质的各种假设，并形成他们收集、选择、分析资料以及解释结果的方式。

不同的社会研究范式在方法论的选择上虽然不是非此即彼的，但可以说在某种程度上是存在偏好和惯性的。当然，经过社会科学的不断发展，今时今日的社会研究无论是范式

---

① 文军. 西方社会学理论：当代转向 [M]. 北京：北京大学出版社，2017：43 – 44.

还是方法论都在不断地相互作用和整合，但是，无论是在学习并掌握社会研究方法的层面，还是在培养理解社会现象的多元视角意识的层面，对不同社会研究范式进行系统的梳理和回顾依然是十分有必要的。

# 第二节　社会研究范式的多重意义

在对社会研究范式进行系统阐述前，认识其所具备的重要意义是进一步深入学习和掌握不同范式及方法论流派的前提。研究范式作为一种理论框架，可以被看作一种共同的思维方式和研究流程，它包括对研究问题、研究方法和研究结果的基本观点和假设的总结归纳，对研究的目标、方法和结果都有一定的指导性。具体而言，研究范式对于社会研究实践具有提供理论指导、方法论支持，促进知识积累和提升研究价值等多重作用，对于推动社会科学的发展和应用具有重要意义。

## 一、提供社会研究理论指导

研究范式为社会研究者提供了理论框架，可帮助研究者在研究问题时进行概念化和理论化，从而更好地理解和解释社会现象。同时，它能够指导研究者在社会研究过程中确定研究问题、选择研究方法、收集和分析数据等。研究范式还可以帮助研究者建立起系统的思维方式和研究流程，确保社会研究的科学性和可靠性。另外，虽然研究者常常依赖于某种研究范式，但是这种取向很少会直接在研究报告中被指出，对不同的研究范式有所把握和了解，将会对研究者和读者明晰一些隐藏于文字和资料背后的共享预设和思维有所帮助，便于其更好地理解研究所立足的理论立场。

## 二、提供社会研究方法论支持

社会是一个多层次的整体，社会研究可以从不同的层次和角度切入，如宏观层次和微观层次、整体角度和个体角度或不同研究范式的角度。研究范式作为研究者看待与解释社会的基本方式，为研究者提供了一套科学的研究方法和技术，能够帮助研究者有效地收集、分析和解释数据。不同的范式强调不同的研究方法和技术，研究者可以根据具体问题和具体目的选择合适的方法，提高研究的准确性和有效性。换言之，不同的特定研究方法以不同的一般性研究取向为基础，不同的特定研究技术（如实验、参与观察、抽样、访问等）又以不同的逻辑和假设为依据。举例来说，精确的测量工具与实验研究的逻辑直接源于实证主义的研究范式，而实地研究则建立在诠释主义范式之上。在充分了解不同研究取向的前提下，研究者不仅有机会对某个研究技术所根据的原则和背景有更好的了解，可以更好地学习和掌握研究技术，而且能检视自己想要开展的研究类型是否更适合采用某种研究范式或取向。

### 三、促进社会科学知识积累

研究范式为社会研究提供了一种共同的语言和思维方式，促进了研究者之间的交流和合作。它们的存在使得研究者能够共享社会研究经验和成果，加速关于人类社会知识的积累和发展。同时，研究范式可以帮助研究者将自己的研究成果与已有的研究成果进行对比和整合，形成更全面和深入的理论体系。此外，不同的研究范式有助于研究者在阅读社会研究成果时使用多元视角进行知识理解，并从跨越熟悉范式之边界的尝试中有意外收获；而对于刚刚接触社会研究的初学者而言，范式意识则能使其更好地理解采取不同范式的研究者所提出的看似奇异的观点、所做出的看似费解的行为。相反，若错将范式视作现实本身，则不可能做到这一点。

### 四、提升社会研究价值

研究范式的选择和运用能够使研究更具有科学性和可信度，提升研究的价值和影响力。合适的研究范式通过帮助研究者提出有针对性的研究问题、选择合适的研究方法和技术来得出更准确和可靠的研究结论。不同的研究范式还能够使研究者更好地解释和理解社会现象，为社会问题的解决提供科学依据和政策建议。此外，社会研究的特征正是由范式体现出来的，它们提供的问题界定和解决方式、积累知识的步骤都是公开的，并乐于接受质疑与挑战。换言之，不同范式的并存促使研究者对已接受的知识保持批判态度，对自己的评价标准秉持科学的态度，在认识到研究背后的主导范式后，对证据作出谨慎评价，为推动社会研究的不断发展各自发力，于批判中进步。

## 第三节 社会研究范式及方法论的流派

### 一、源流、分野与演进

#### （一）实证精神的引入

在社会学作为一门学科从哲学中独立出来之前，社会研究的任务一直是由社会哲学或历史哲学承担的，但正如赖欣巴哈指出的"哲学是在找出科学答案的手段尚未具备时对问题的回答"①，哲学并不能提供真实可靠的知识，当时学者们对社会的解释多停留在"神学"或"形而上学"阶段，各种社会状况一般被视作神之意旨的反映，他们将理论大厦建立在直观或想当然而非实证的基础上。因而，当古典理论家主张应以科学来

---

① 赖欣巴哈. 科学哲学的兴起 [M]. 伯尼，译. 北京：商务印书馆，1966：7-8.

研究人类社会世界，对社会进行系统严谨的观察，并辅以谨慎的逻辑思考，进而获得关于人与人之间关系的一套有价值的新知识时，他们无疑挑战了旧有的学术传统，为现代社会文明作出了极为重要的贡献。这些学者受到已被广为接受的自然科学（医学、生物学、化学）的启发，基于自然科学之合法性源于其科学方法的共识，主张社会科学家应当将研究自然的科学方法用于社会研究，并由此寻求有关社会世界的答案，正如孔德提出的"观察优于想象"这一命题。根据通常的说法，社会学逐渐成为一门独立的社会科学学科始于孔德对实证精神的引入，孔德之名也因此常与实证主义并提，从他的社会学奠基著作《实证哲学》不难看出社会学学科早期鲜明的实证性。在早期社会研究者看来，社会学将社会哲学实证化，以有关社会整体的性质问题（如社会秩序、结构、关系形成及变迁的原因和规律等）为其主要研究领域，亦使社会学尝试用各种科学方法解释过去由社会哲学或历史哲学回答的问题，用科学的客观替代宗教与哲学，社会研究方法论自此真正确立。因此可以说，实证精神是社会研究之精髓所在，不仅使社会学独立为一门科学，也为其研究手段提供了科学的方法论前提，在社会及社会研究中具有特殊的意义。

### （二）多元范式的衍生

在许多研究者接受实证主义范式和方法论移植的同时，有一些研究者指出人类在性质上与自然科学研究的物体之间有显著差异性。人类具有思维、意识、学习能力、动机与理智，对人类社会生活的研究需要区别于自然科学实证主义的研究范式与方法论。科学哲学上的争论并未阻滞社会研究者们探索和实践的脚步，他们根据各自对科学所持的非正式概念发展了研究的方法，形成了各种各样的理论。

科学哲学及社会研究范式逐步发展，社会学理论及方法亦日趋丰富，二者在社会科学史上始终是相互形塑与影响的，沿着库恩的思路，许多社会学家提出社会学是一门多重范式的科学。瑞泽尔（1996）将社会学中流行的各种理论划分为三种不同的基本范式：社会事实范式、社会释义范式、社会行为范式，它们在范例、主题、方法和理论上都各有不同。这种划分表明社会学家对社会现象的不同观察角度与学理上的通常认识一致，也和社会学中的现实相符，因而在提出后获得了相当程度的认可。尽管如此，瑞泽尔的这种分类的弱点之一就在于：忽视了由马克思开创，后由德国法兰克福学派及哲学家哈贝马斯推进的社会批判范式同样具有作为社会学范式的资质。因为瑞泽尔分类的基础是不同的社会学理论在有关社会现实性质的基本假设方面之差异，而社会批判取向恰恰在这方面体现了与上述三大范式的区别——它强调对社会现实的否定与批判。受黑格尔影响，这一范式的社会学家认为，事物的本质存在于对现实的否定或批判之中。实际上，将社会批判作为一种社会学范式的构想早在瑞泽尔之前就由哈贝马斯提出过，他的范式构想与瑞泽尔略有不同。哈贝马斯认为，人类社会的生活世界具有劳动、互动（沟通）和权力（支配）三种基本构成要素，并相对应地形成了技术的、实践的和解放的三种基本旨趣，在此基础上进一步发展出经验—分析的知识、历史—解释的知识、批判的知识三种知识类型。不难看出，经验—分析的知识类似于社会事实范式，历史—解释的知识类似于社会释义范式，而批判的知识即社会批判范式。如此在瑞泽尔和哈贝马斯之间，差异不在于前两者，而在于瑞泽尔强调了社会行为范式，哈贝马斯强调了社会批判范式。学者周晓虹（2002）根据瑞泽尔和哈贝马斯两种范式类型各自的差异与合理性，以宏观—微观和自然主义—人文主义这两对互相交织的理想类型为建构基础，提出新的社会学理论基本范式分类模式：社会事实范式、社会行为（心理）范式、社会释义范式、社会批判范式。

社会事实范式强调外在社会事实和存在的外在性特征，认为对待社会事实的研究应像对待"物"一样，从而发展出奠基于自然科学原则的实证主义方法（如问卷调查法和历史比较法），古典社会学家涂尔干是该范式的突出主张者，现代的功能理论和冲突理论在强调社会外在因素对于人的制约和影响上具有很高的一致性。社会行为（心理）范式同样强调以经验或实证的方式进行社会研究，但不同于社会事实范式的宏观取向，其强调从个人外部行为的客观精确观察出发，认识并解释社会现象的因果关系。这种行为科学方法论实际上是实证主义方法在微观层面的运用，试图从个体心理与行为层面解释社会现象，该范式主要代表有斯金纳和霍曼斯等人，在方法上强调实验室实验。因此，社会行为（心理）范式和社会事实范式在方法论上都可以统归为实证主义。社会释义范式因强调社会现象的主观性质及其与个人动机、态度和行为的密不可分而发展出诠释主义（或解释主义）方法，隶属于该范式的有行动理论、符号互动论、现象社会学和民族学方法论等。社会批判范式则因强调对社会现实及其结构性权力不平等的否定与批判、鲜明的实践变革取向而发展出经典时代以马克思与恩格斯为代表的历史唯物主义和辩证唯物主义，以及现代的法兰克福学派批判理论。

### （三）经典范式的形成

依据方法论即研究方法的底层逻辑，上述四种社会学理论范式实际上可以进一步整合为三种社会研究范式，它们与纽曼总结的三种社会研究取向基本吻合。纽曼（2007）基于20世纪60年代开始的一项针对社会科学的重新评估，从许多特定争论的复杂论点中提取出核心思想，形成了三种理想化的简化模型：实证主义社会科学、诠释的社会科学和批判的社会科学。有学者认为可以从实证主义、解释主义和批判理论三个方面探讨社会科学研究的理论渊源。文军（2017）亦采取相近的主张，认为实证主义研究范式、人文主义研究范式和批判主义研究范式是社会学理论研究传统的三种范式。实证主义研究范式主张从经验出发，偏向借用自然科学方法以及精确数据来说明问题。人文主义研究范式强调人的特殊性，而批判主义研究范式则侧重于以批判、反思的思维方式来观察和分析社会现象和问题。张明波（2013）认为，从方法论角度审视社会学范式，其更多的是对于社会学家研究旨趣与偏好的反映。

### （四）范式分类的拓展

除了上述经典划分方式以外，学界对于社会研究范式还有如下分类主张。沃特斯（2000）主张划分为建构主义、功利主义、功能主义、批判结构主义这四种类别。蒋建忠（2017）认为，哲学思辨、质性分析和定量研究是社会科学领域中的三种研究范式。哲学思辨主要通过运用直觉判断和洞察力来获得对客观世界的认识，理念研究多属此范畴。质性分析和定量研究是社会科学中最重要但分野最大的两种方法。克雷斯威尔（2007）则将研究范式分为四大流派：后实证主义、建构主义、辩护或参与主义和实用主义。巴比

（2002）将社会研究范式划分为八种：宏观理论和微观理论、早期实证主义、社会达尔文主义、冲突范式、符号互动主义、常人方法论、结构功能主义和女性主义范式。有学者将研究范式划分为实证主义、后实证主义、建构主义、批判理论与女性主义、后结构主义五种类型。实证主义认为，实在外在于人，有待人们去研究、捕获与理解；后实证主义则认为，实在是存在的，但永远不能被完全理解，只能被接近地理解；建构主义认为，多元的实在是被建构出来的；批判理论与女性主义认为，被理解的世界因种族、性别、阶级的不同而呈现出实质的不同；后结构主义认为，秩序由个人心灵所创，并把意义赋予无意义的宇宙。特纳（2006）则将范式划分为七种：功能主义、生物进化论、冲突理论、交换理论、互动理论、结构理论和批判理论。

**（五）范式整合及本土化的努力**

近年来国内许多学者致力于研究社会学范式整合的问题，但由于范式概念本身的模糊性、理论整合的复杂性和风险性等，这方面的发展一直比较困难。或许正如张明波（2013）所言，社会学范式的差异本质上是社会学在研究对象、方法论、方法及使用的概念、研究程序上始终存在较大差异性的一种折射。针对实证社会学在后实证主义时代所受到的挑战，吴小英（1999）认为这将使社会学发展暗藏危机，但也有学者认为这恰恰为社会学发展的多元化提供了新的契机。

随着社会学和社会研究范式的不断丰富和发展，结合中国独特的历史、文化特点和国情构建具有中国本土特色的社会研究范式，也逐渐成为中国社会科学家的一致倡议。自中国社会学恢复以来，具有"范式"意义的社会学本土化、特色化的贡献主要有：郑杭生的"社会运行论"、刘少杰等人的"理性选择（与社会交换）学派"、张静等人的"结构—制度分析"视角、孙立平等人主张的"过程—事件"分析、翟学伟的"脸面观"等，它们为理解中国社会历史与现实提供了新的分析框架与视角。

费孝通晚年对社会学的发展进行了深刻的思考，他点出社会学兼具"科学"与"人文"的双重性格、"工具性"与"文化性"的双重属性，在承认实证方法存在一定局限性的同时，他主张"我们在探讨某些新的论题和领域的时候，也需要进行方法论和方法上的再探索"[①]。

## 二、从实证主义到后实证主义

### （一）实证主义：早期科学方法论

自法国哲学家、社会学家孔德提出社会研究"观察优于想象"这一命题开始，"观察"和"事实"及其背后的实证精神便为"科学的社会研究"拉开了时代帷幕。尤其是他所提出的实证主义理论，成为西方哲学从近代向现代转变的显著标志之一。

自然科学领域内的科学家们根据对观察、实验等经验科学方式的应用和丰富想象力的发挥，建立了古典力学的理论大厦，与此同时社会哲学（尚不能称作"社会学"）领域里

---

① 费孝通. 试谈扩展社会学的传统界限 [J]. 北京大学学报（哲学社会科学版），2003（3）：1－2.

却充斥着关乎门派之别的难休争执，只知道引经据典而不知实证检验，一些社会教育家和实践者对于此事早已不满，并着手利用自然科学法则修建社会科学大厦的基础。他们认为，适用于自然界的规则也同样适用于社会中属于自然的部分。在这种观念的指导下，产生了许多关于宇宙和人类命运的理论学说。在 17、18 世纪，基于天体运动法则的"社会物理学"、基于数学法则的"政治算术"以及基于生物学规律的"社会生物学"等充满创新思维的"新学科"逐渐形成了一个从自然科学向社会科学转变的趋势。直到 19 世纪，孔德提出了"实证主义"这一命题，标志着社会科学史上的一个显著转变。在科学和实证研究的推动下，批判性的社会哲学得以分化，目前流行的社会科学开始逐步独立，其中社会学就是一个重要的分支。

当时孔德对"实证"这一概念的具体解读可以归纳为以下几个方面：①它基于现实，而不是虚构；②它是有价值的；③它是可信的；④它是确切无误的，而不是含糊不清的。同时，在他的观点中，研究人的本性和社会应该与研究动物甚至是原子相提并论——即实证研究。尽管从现在的角度来看，孔德对"实证"的定义可能显得过于机械和片面，但不可否认的是，他确实提出了建立社会学这一学科的科学原则，将社会视为一个可以通过科学方法进行研究的领域，赋予了它独特的方法论和研究手段，并将这个学科命名为"社会学"，其作为"社会学之父"名副其实。

倘若说孔德为社会学的开创提供了科学标准，那么社会学的另一位创始人——马克思则以其卓越的研究实践为科学的社会研究提供了范例，马克思主义理论具有一定程度上的实证主义和客观主义色彩与倾向，主要体现在其对于社会诸多事实的科学分析，如生产力与生产关系之间的基本矛盾、社会变迁的一般规律等。这种基于实际经验、以唯物辩证法为分析手段、在特定的社会过程和社会联系中寻找历史发展规律的研究方法，在包括《资本论》在内的多项研究中都得到了体现，对社会学的进步产生了深远的影响。

社会学的创始人成功地将科学的核心思想从自然科学领域引入社会研究，使社会科学从社会哲学中独立出来，形成了一个独特的学科领域。之后涂尔干对社会研究方法论进行了深入分析，他认为社会学必须建立一套严格而完整的理论框架，才能揭示出人类行为背后隐藏的规律，并据此作出正确决策。在其著作《社会学方法的规则》中，涂尔干首次为社会研究方法论确立明确指导原则，他进一步拓展了孔德的实证主义，其研究方法和原则逐渐成为 20 世纪西方社会研究的主导思想。

实证主义方法论意在获取和社会事实相关的、精确的经验性资料，强调通过观察和实证研究来获取客观事实和普遍规律，追求科学性和客观性。实证主义者在研究方法上追求严谨的测量工具和数据收集方法，注重收集和分析大量的经验数据，通过统计分析等方法来验证或推翻假设，检视其是否符合实际数据，该收集数据进而论证理论的过程即为实证研究；研究者也可以通过收集不同的数据，验证他人的理论所推得的结果。

实证主义主要应用于定量研究，如调查研究和实验研究等，注重对数据和资料的量化处理和分析，如"问卷—访谈"法和"历史—比较"法。实证主义的优点是能够提供可靠的数据和客观的结论，并且具备可重复性。若后人通过实证研究发现无法验证前人的推理，或者在实证过程中得出不同的结论，前人的理论将会受到质疑而去芜存菁，使理论得以演进，真理得以更新，科学得以继续进步。实证主义范式的预设和核心理念包括：①经验主义和实证性。实证主义范式认为，唯有通过观察和实证，才能获取关于现实世界的知识。它强调基于经验和事实的研究方法，通过观察、实验和测量来验证假设和理论。②可观察性和客观性。实证主义范式强调研究对象和现象应该是可观察和可测量的，以便进行客观的研究。它强调研究者应该遵循科学方法，使用客观的观察和测量工具来收集和分析数据。③因果关系和定量研究。实证主义范式认为，现象之间存在因果关系，可以通过定量研究方法来揭示这些关系。它强调使用统计分析和实证验证来确定变量之间的关系和影响。④独立性和价值中立。实证主义范式强调研究应该是独立和价值中立的，即研究者的个人偏见和价值观不应该影响研究的结果。它强调研究者应该尽可能客观地进行研究，避免主观性的干扰。总之，实证主义范式强调基于经验和实证的研究方法，强调可观察性和客观性，关注因果关系和定量研究，以及保持独立性和价值中立。

但该范式也有局限性，如无法解释个体的行为动机和意图、无法验证一些非经验事实（如道德、伦理等）、不能通过纯粹的科学方法得到问题的答案、研究过程受到理论假设和理论框架的限制。有些批评者指责实证主义把人还原为数字，并且抨击实证主义对抽象法则或公式的关心，而这些与人类的真实生活毫不相干。下文是基于实证主义范式开展社会研究的实例：

学者聂伟和风笑天开展了一项基于 CLDS 数据的实证分析研究，主题为"996 在职青年的超时工作及社会心理后果"①。

该研究利用大规模问卷调查数据对青年群体的超时工作及其社会心理后果进行系统分析。这项研究是基于中山大学社会科学调查中心主导的"2016 年中国劳动力动态调查"中的个体数据（也被称为"CLDS2016"）进行的，从中确定了研究的最终样本数量为 2 171 个。接着，该研究设定了两个主要变量：一是超时工作变量，通过问卷调查，确定被调查者的客观加班、主观加班、自愿加班、无偿加班情况；二是社会心理后果变量，通过询问被调查者的生活幸福程度、工作满意度以及自身身心健康状况来分别对幸福感、获得感、安全感进行测量。另外，除了主要变量外，研究还考虑了其他一些变量，如经济效用变量、组织管理变量、工作特征变量以及个体特征变量。通过分析这些变量，研究可以探究在职青年的加班现状、影响在职青年加班的因素以及加班给在职青年带来的社会心理后果。

这种实证主义范式的应用，以数据为基础，通过统计分析、回归分析等方法，可以得出比较准确的结论，帮助研究者更为直观地理解社会现象，并为政策制定提供科学依据。

## （二）反实证主义：极端与折中

在 19 世纪中叶，随着实证主义产生的影响日益扩大，其所展现出的众多不足也导致

---

① 聂伟，风笑天 . 996 在职青年的超时工作及社会心理后果研究：基于 CLDS 数据的实证分析 [J]. 中国青年研究，2020（5）：76－84，99.

人们对其观点的质疑和反对。从孔德的视角来看，社会学家有能力像自然科学家那样，以"客观"的方式去观察和测量社会现象。这一观念实际上是建立在一个前提之上，那就是影响自然界的各种规则也将对人类社会产生相似的效应。但是问题就在于：人类社会存在着独特的差异性，这与自然界不同。第一，每个人都有自己的意识；第二，每个人都有其独特之处——人与人之间存在差异。这些问题被早期的实证主义者忽略。

德国社会学家狄尔泰对实证主义提出了关于社会现象独特性的批评，他坚信人类拥有自由的意志，其行为是不固定且难以预测的。另外，社会并没有一个普遍适用的历史规律，每一个社会历史事件都具有其独特性和偶然性。这种特殊性使得人们在认识世界时只能从自己出发，以"我"为中心，而不是把整个社会作为整体看待。因此，在研究人类和社会时，研究者不能依赖自然科学的方法，而应该采用人文学科的主观方法来解释和阐述具体的个体和事件。

在 20 世纪，社会学的现象学派也对实证主义的众多前提进行了反驳。他们指出，涂尔干所描述的"客观的社会事实"并不存在。社会是由众多个体的行为组成的，包含了大量的个体的主观意图和驱动力。社会事件的出现或转变并不是基于因果关系，而是基于个体的实际情况。因此，他们主张在社会研究中应更多地关注个体的感知、体验和意识。通过对社会环境和个人境遇的现场考察，深入了解行为者的动机领域，揭示指导人们行动的内在逻辑。他们认为社会学就应该具体地描述实际的社会生活，"还原世界的原貌"，而不是去探索实际上并不存在的社会规律。

上面提到的看法从根本上否定了社会固有规律和社会事实的存在，坚决反对使用自然科学手段来研究社会事件。这些观点在对实证主义的缺陷进行批判的同时又转向了另一个极端——人文学科的主观研究方法。

实际上，绝大多数社会学家都处于实证主义与主观主义中间。以德国社会学家韦伯为例，他既抵制实证主义，也抵制主观主义。在他看来，自然现象和社会状况在本质上存在显著差异，社会状况涵盖了社会成员对自身及他人行为的主观解读。换句话说，社会事实最终会被转化为可被理解的事实。在社会学的研究中，首先是对行动者的主观思维状态进行观察，并依赖研究者的直觉或"认识"来对个体行为的价值进行区分。这一观念与实证主义大相径庭。同时韦伯强调，由于人们的社会行为具有更高的意义和计划性，因此它们遵循一定的规律（而人文主义对此主张社会行为无规律性且难以预测），对这样具有规律性的举动能够采用自然科学的方法开展研究。可是，社会研究在阐释人的行为的因果关联时，不能仅仅着眼于外部状态与外界影响，还必须深入考量人的行为动机，如此才能完整地表述其中的因果逻辑（实证主义在此忽视了人的特殊性和能动性）。韦伯将社会学定义为一门科学，其目的是对社会行为进行解释性的解读，以便更好地说明行为的起因、过程和结果。目前，韦伯的研究方法已被众多社会学家认同。

在 20 世纪，受到韦伯思想的启发，历史社会学家们从一个不同的视角对实证主义的理论进行了深入的批判，特别强调了社会学与历史学之间的密切关联。以美国社会学家米尔斯为例，他明确表示，所有的社会研究都应当基于真实的历史事实和历史观点。他进一步指出，模仿自然科学的实证研究往往具有统计学的特点，并且主要集中在静态研究上，而忽略了事物之间的历史联系。这种过于抽象、只注重形式的实证主义在理解人类和社会方面上的影响并不显著。他主张采用批判性思考和比较分析等多种手段，以激发历史与哲学在社会研究中的创造性思维。

反实证主义学派对实证主义的批判动摇了孔德的实证体系，但社会学的实证传统并未因此而改变。因为，要使社会学成为一门科学，就必须以实证为依据，即建立在经验事实的根据上。实际上，大多数对实证主义持怀疑和反对态度的社会学家只是反对复制自然科学的方法或滥用数量分析的方法，并不反对建立和检验理论这一基于经验事实的实证原理。

### （三）后实证主义：科学方法论的发展

从 19 世纪末到 20 世纪上半叶，科学界涌现出了许多新的科学思想和创新发明，社会研究方法论也随着科学发展取得了相当重大的突破。其中波普尔的"证伪理论"对孔德实证主义的研究逻辑进行了修正和改进。

孔德的实证体系建立在经验实证主义的基础之上，强调"知识是从观察和归纳中产生的"。波普尔对经验实证主义的修正正是始于此。他认为，科学知识并不是基于经验实证主义的观察和总结而产生的，而是起源于各种特定的问题。问题促使人们去思考和提出假设，然后通过对事实的验证来累积知识。波普尔特别强调了自由想象的价值，并认为在科学创新中，自由想象是不可缺少的非理性元素。以"想象优于观察"否定了孔德的"观察优于想象"。

但是，要建构科学理论，仅仅依赖自由想象是不够的。科学理论还必须以事实为依据，才能获得可靠的证据，从而使它成为正确的结论。因此，波普尔提出了他独特的"证伪理论"，他对实证主义的观点进行了批判，认为它过于强调理论的实证性，而忽视了否定的例证。他的核心观点是：科学理论应该具有可证伪性。现代学者提出自己的学说，并不是期望其被证实，而是希望其被证伪，以达到修正旧学说或提出新学说的目的。因此，在进行论证时，必须采用一种新方法，即运用反例来证明原理论，这就是波普尔所提出的假设检验法（也称"试错法"），是对假设演绎方法的进一步完善和拓展，是波普尔思想的精髓。

在波普尔之后，库恩、拉卡托斯和费耶尔阿本德也为科学方法论的进步作出了显著的贡献。他们都提出了自己独到而新颖的理论观点，尤其是库恩提出的"范式"理念和"科学发展阶段论"，对社会研究的方法具有启发作用。

在库恩以前，传统的科学方法论都接受逻辑性实证主义的假设，即现实世界是统一的，并遵循严格的因果规律运行，科学研究的方法与规则都是统一且永恒不变的。然而，库恩通过对波普尔的假设检验法的研究发现，不同的研究者在其研究的最初阶段可能有不同的想象或假设，这是由于他们在知识结构、社会背景和历史背景等方面存在差异。这种差异决定了研究结果会出现一定程度的偏差，甚至得出截然相反的结论。库恩采用了"范式"这一术语来描述这种现象。范式由一整套的概念和假设构成，它反映了科学家如何看待世界和回答问题，为研究问题提供了一个独特的视角和参考结构。不同的科学家群体在不同的历史时期使用不同的研究范式，所以科学研究的方法论规则不是统一规范的，而是因人而异、因时而变的。库恩运用"范式"的概念分析了科学的历史发展过程，发现各学科的发展都要经历前科学阶段、常规科学阶段、科学革命阶段和新的常规科学阶段。

不同的研究范式在前科学阶段是互相竞争、互相批判的。当一门学科进入常规科学阶段时，科学家们会统一在一个研究范式中，共享概念体系、假设和方法论原则。然而，当面临难以解决的新挑战时，传统的研究方法将不再适用，此时学科将步入科学革命时期；同时，研究者开始对已有的研究成果进行批判性反思和再创造。在这个研究阶段，科学家们各自独立行动，依赖于哲学的批判性思考和理论上的创新，以追求更大的突破。如果不能找到解决这些问题的新思路，那么他们就很难获得突破性进展。只有当出现重大的理论或方法突破时，科学家才能在新的范式下重新统一，进入新的常规科学阶段。

库恩方法论思想的启示在于：①他融入了社会历史观和非理性因素，挑战了传统的"科学万能论"，并进一步完善了波普尔的科学发展观点。②他的"科学发展阶段论"阐述了存在着众多的研究方法和范式。只有当某一学科领域的所有新问题都能得到有效解决时，这种范式才会得到大多数科学家的认可。

后实证主义在思想上源于实证主义，但在知识的客观性与积累性上挑战传统实证主义知识观，认为科学研究不可能完全客观和中立，研究者的主体性和社会背景会影响研究的过程和结果，提醒研究者要反思自己的主观偏见和社会背景对研究的影响。李亚和宋宇（2017）在探讨政策评估的主要模式时，指出传统的实证主义政策评估忽略了价值、文化、情境等政策要素，而后实证主义政策评估则强调事实与价值的结合，尊重对政策的多元解释与批判以及评估者的角色转换，这既是对实证主义政策评估的重要补充，也为社会多元利益和价值的理解与调和提供了可能。

## 三、诠释主义

诠释主义范式与诠释学（一种源于 19 世纪的关于意义的理论）有关，诠释学多见于人文学科（哲学、艺术、历史、宗教研究、语言学和文学评论）。诠释主义（解释主义）范式是一种更具有人文主义色彩的参考框架，主张社会研究的目的在于理解和解释个人行动或社会现象的意义和内涵。其关注点在于作为意识主体的个体与群体的互动及其动机与意图，而不只是外在的、可观察的人类行为或普遍的规律或真理。该范式反对实证主义的方法论，具有鲜明的反自然主义和反实证主义倾向，反对简单地将互动视为刺激—反应、本能—反射的简单结果，认为互动是有意义的，并且主张对行为或互动意义的主观解释会直接影响现实社会中个人的进一步行动。因此，社会现实是由有意义的社会行为构建而成的。

总的来说，诠释主义范式的拥护者注重深入的质性研究，提倡以生活史、自传、个案研究、日记、信件、非结构访谈方法、参与观察法等具体方法进行社会研究，通过探寻文本、话语及行为背后的主观意义来理解社会现象、指导社会实践。实证主义者会精确地测量从成千上万人身上筛选出来的定量细节，并使用统计分析；而诠释主义者则可能与十多个人一起生活大约一年的时间，使用细致的方法来搜集大量详尽的定性资料，以便深刻地理解这些人是如何创造日常生活中的意义的。

与实证主义的工具性取向形成鲜明对比的是，诠释主义更倾向于实践导向。诠释主义者强调的不是一种理论或某种方法的简单应用，而是将其视为一种研究人类生活和行为的方式，并以之为出发点来探讨人类自身的发展问题。它深入探讨了普罗大众如何应对日常生活中的各种实际挑战，或者他们是如何高效地处理日常事务的，它主要关注的是人们之间的互动方式和如何与他人和谐相处。研究者对生活在自然环境中的人们进行直接而深入的观察，并对那些具有社会价值的行为进行系统性的分析。

与实证主义、批判主义所共享的唯实论看法——社会生活在"那儿"，独立于人类的意识之外——形成对照的是，诠释主义主张社会现实并不是等着被发现的；相反，它在很大程度上是人们所感知到的形象，是流动的、短暂的。通过与他人不断交流、商谈过程中的持续互动，人们得以建构起社会生活。

当社会现象较为复杂、不适用一般的逻辑推理和实证时，能够深入理解社会现象复杂性和多样性的诠释主义范式就能派上用场，这种方法按照事情实际发生的过程与相关的变量来解释其发生原因，如个案研究、基于情境的解释方法。但诠释主义范式也有局限性，如其得出的洞见难以推广到整个群体或社会。

多年以来，诠释学的研究方法一直坚决地反对实证主义。尽管部分实证主义的社会学者觉得诠释学研究方法在探索性研究中很有价值，但实际上很少有实证主义者坚信诠释学研究方法是科学的。诠释主义的社会研究技术，如敏感地捕捉各种情境和采用多种方式来理解他人的世界，更倾向于获得基于情感的理解，而不是仅仅检验人类的行为模式。

## 四、现象学

社会研究中的现象学范式由舒茨开创，其代表人物还包括舒茨的学生托马斯·卢克曼、彼得·伯格等人。这一范式的核心思想为：①对社会世界的研究必须考虑人对意义的理解以及社会世界的意义建构；②对社会世界应采取现象学的研究方法。现象学社会研究对社会现象的意义的强调来自韦伯的解释主义，但在舒茨看来，韦伯对人的行动的意义的解释还相当初步，社会研究还需要以胡塞尔的现象学方法作为补充，进一步探讨行动者意义建立的过程及意义阐释的过程。

张庆熊（2022）对现象学社会研究方法论的基本思路作出了以下概括：

（1）意向分析。意向性是现象学的一个核心概念。胡塞尔认为，人的意识活动具有指向性：意识总是指向一定的对象，同时以一种自反的方式指向自身，正是在这种指向过程中，对象被赋予了意义。韦伯在一定程度上注意到了意向性问题，他将人的行为区分为"行动"和"反应"，"反应"指无意识的行为，而"行动"则具有"意愿性"。舒茨认为，在韦伯这一观点的基础上，还应该考虑人对意义的理解是否可能以及如何可能的问题。舒茨试图借助现象学的方法探讨这一问题。如前所述，意识活动既指向对象也指向社会行动者自身，因而在对行动意义的理解中，行动者自身的理解就占据了基础位置，这要比任何外在的、旁观的研究更重要。因此，现象学社会研究主张采用意向性学说探讨社会行动的意义，结合生活情境考察个体的意向活动，了解个体在体验中赋予现象的意义。

（2）意义的社会建构。胡塞尔认为，意义的建构是立足于最初始的意识体验的基底、分层次进行的。不同的是，舒茨强调意义建构的社会性，认为意识体验必定是日常生活世界中的人的意识体验，意义是在与他人、社会的互动中建构的；在这一过程中，意义按照一定层次由浅入深，从最初始的意义体验发展为复杂的意义认知的结构图式。因而，现象学的社会研究除了关注个体的意识活动外，也关注社会结构、互动、文化等对意义建构的影响。

（3）日常生活世界。在研究途径方面，舒茨、卢克曼等人认为社会研究应立足于日常生活世界，以日常生活世界中人际交往为起点，由具体到抽象地建构社会世界中的人与人之间的关系的形态及其意义。现象学强调在以人类行为为研究对象的同时，在日常生活中还与其保持一种"生活的"关系，即要求研究者深入所研究的群体，了解他们如何用自己的语言来解释其行动的意义。

总的来说，现象学对社会研究具有重要的价值，其意向分析、层次化建构意义的方法、立足日常生活世界的途径有助于社会研究者更深入地理解和解释社会行动、社会现象的意义，从而更好地描述与解释社会。更重要的是，现象学主张直接深入所研究的经验世界中，考察社会活动参与者的价值观念和意义理解的发生过程，这就在一定程度上突破了自然科学以及实证主义的主观和客观的二元对立模式，使得社会研究越来越明确地从自然科学中走出来。然而，现象学社会研究也面临一些困难：其一，胡塞尔的现象学的核心是超验性，舒茨以及后续的现象学社会研究者虽然对胡塞尔的观点进行了一系列修正，却未能较好地处理超验性的问题，这使得现象学在社会研究中的应用进展有限；其二，由于现象学强调对研究对象生活世界的参与，现象学社会研究也面临如何保证研究客观性的难题。下文是基于现象学范式开展社会研究的实例：

在一项关于中小学家长教育焦虑的研究中，邓林园、王婧怡、唐逸文等研究者采用现象学分析方法，对八位正处于教育焦虑状态且能清晰表达自身关于教育焦虑的体验的家长进行了半结构化访谈[①]。研究遵照解释现象学分析的步骤，揭示了家长教育焦虑的共性心理特征，包括四个高级主题，即失败的家长角色、高度的亲子一体化、僵化的思维模式、脆弱的应对机制，以及对应的十个初级主题。相较于其他方法，现象学方法有助于深入考察处于教育焦虑的家长的共同体验以及共性心理特征，进而理解家长教育焦虑的根本原因，并寻找缓解家长教育焦虑的有效途径。

## 五、建构主义

建构主义与科学知识社会学（sociology of scientific knowledge，SSK）研究的兴起密切相关，它们之间的联系源于英国的爱丁堡学派和受欧洲大陆传统影响的一些思想家，如拉图尔等。20世纪70年代后，建构主义（又称为"构造主义"）作为一种新的研究取向或

---

① 邓林园，王婧怡，唐逸文，等. 中小学家长教育焦虑的解释现象学分析［J］. 北京师范大学学报（社会科学版），2023（6）：141–151.

范式，完全改变了传统实证主义的科学观——科学知识不受社会因素影响故而具有客观性和普遍性。建构主义主张科学知识与其他知识形态如宗教、意识形态等并无本质区别，同样也是社会建构的产物，必然受到社会历史、文化和环境因素的影响。科学家在解释材料时常常受到社会因素和个人利益的影响，因此研究发现实际上是社会共识的产物，而普遍的科学方法只是一种理想化的概念。

建构主义强调现实世界意义与理解的社会建构性，即社会和文化因素对个体和群体行为、认知和意义具有塑造的作用，个体和群体的行为和意义是通过社会互动和文化背景的协商形成的。建构主义者反对仅把科学看作理性活动的传统科学观，而采取相对主义认识论的视角，完全否定经验世界在限定科学知识发展方面的重要性，并认为自然科学的实际认识内容由社会发展的结果决定，受社会变量影响。建构主义观点不仅用于解释科学成果是建构而成的，还强调了所有社会知识和实质都是社会文化的产物。

建构主义强调语言和符号对于现实的构建和解释的重要性。通过语言和符号的使用，人们共同创造和传递意义，形成共享的社会建构。米德强调一个符号的意义必须处于非符号的事物中，即某种可共享的实践中。简言之，意义与理解产生于个体在世界中的实践。米德强调了语言符号的两个功能：交流的社会语言功能和自我的个体社会化功能。一方面，代表抽象概念的语言符号令人们能够超越知觉经验的束缚，实现更高层次的（解释过去或预测未来）的信息交流；另一方面，语言的出现令人们能够使自己成为自己的对象，从而成为具有自我意识的人。总结起来，建构主义认为语言和符号的使用是人类理解和塑造现实的关键，它们不仅用于交流和传递信息，还帮助人们构建个体和社会的意义和认同。

有学者指出，建构主义反对客观性和中立性的观点，认为知识和真理是头脑创造的，而不是头脑发现的，即建构主义强调知识和真理是如何通过人类的思想和社会过程创造或构建的，而不是作为固有的客观实体被发现的。知识的产生和传播受到社会关系和权力结构的影响，因此建构主义质疑那些声称具有绝对真理和客观性的知识主张。同时，研究者的身份、经验和背景等因素会影响他们对社会现象的观察和解释。中立性往往暗示研究者应该摒弃主观偏见，但根据建构主义的观点，研究者无法完全抛开自身观点和利益，中立性可能难以实现。

建构主义的优点在于鼓励对多元文化的交流和理解、有助于推动社会正义和社会变革等。其局限性在于缺乏客观性和中立性、研究结果的可靠性和有效性难以保证等。建构主义范式主要应用于定性研究，定性研究方法包括深入访谈、观察、文本分析等，更适合用于探索社会建构的多样性和复杂性，研究者可以深入理解社会建构的过程、权力关系和社会不平等。下文是基于建构主义范式开展社会研究的实例：

陈昫开展了一项基于建构主义范式的研究，针对城市老年人对机构养老模式的拒斥问题进行分析，探讨了老年人对机构养老模式的态度和选择背后的社会建构因素①。研究者通过深度访谈调查的方式，让老年人自主地陈述对养老问题的看法和态度，随后对老年人

---

① 陈昫. 城市老年人对机构养老模式的拒斥问题分析：基于建构主义的老龄视角研究［J］. 湖北社会科学，2014（7）：55－60.

的回答进行分析。研究者发现，大部分老年人对机构养老存在着消极的认知和态度，这些认知和态度往往来自与家人、朋友、媒体等的社会互动和话语交流中。由此可见，老年人的认知和态度是在社会互动和话语交流中被建构的，符合社会建构主义的基本假设。另外，该研究还采用了意义建构的方法，探讨老年人身份自我建构和机构养老模式认同度之间的关系。调查发现，老年人对机构养老适合自己与否的判断，与他们对自身身份的建构密切相关。如果老年人认为自己不符合养老院照顾对象的标准，就会产生对机构养老的抵触和不信任，这再次印证了社会建构主义的核心理论。该研究揭示了老年人认知中机构养老模式的消极形象建构、自我身份认同以及家庭成员态度等社会建构因素对老年人养老模式的选择所产生的影响。

## 六、批判主义

批判主义范式与 20 世纪 30 年代由法兰克福学派发展起来的社会批判理论流派有关，它最初研究马克思主义学说和现代工业社会，主要代表人物有霍克海默、阿多诺、马尔库塞、弗洛姆和哈贝马斯等，他们深受马克思主义的影响，故也属新马克思主义学派。

批判主义同意诠释主义对实证主义的部分批评：忽略社会情境，无法处理人所持的意义、感觉和思想能力，把不符合边缘个体或群体，或者并不足以表达社会正义诉求的那些结构法则和理论强加在研究中，使用的理性方式过于狭隘、反民主与反人性。批判主义假设社会现实总是不断变化，变迁源于社会关系或制度间的紧张、冲突或矛盾，反对实证主义为现状辩护所基于的"社会秩序亘古不变"之假设。但是，批判主义拒绝诠释主义的唯意志论，认为其过于主观和相对主义，与道德无关且过于被动，不采取一个强烈的价值立场，也不主动帮助人们辨别错觉以改善生活。批判主义主张社会研究应当是反思性和政治性的；同时，批判主义认为建构主义的观点在建立帮助边缘群体的行动议程上难以发挥足够作用。

大体上，批判主义把社会科学界定为一个批判性调查过程，旨在揭示物质世界的真实结构、改变现状并建设一个更美好的世界。批判研究的目的是揭开被隐藏着的、有关社会关系基本来源的真相，赋予人们（尤其是弱势群体）力量以改变社会。批判主义否定现存世界的合理性，为社会变革提供行动方案，具有强烈的行动导向。

批判主义主张研究者与研究对象建立合作平等的关系，研究者通过积极参与研究对象的实践活动和生活环境，与之互动、合作，尊重他们的知识、经验和观点，并将他们的声音纳入研究过程和结果。同时，需将研究与政治联系在一起，研究应包括一个可能会改变参与者的生存、生活和工作环境以及研究者的人生等内容的改革行动议程，为边缘化的个体或群体提供支持和援助。该范式的优点在于能揭示社会的不公正和压迫问题、提供对复杂社会问题的深入解释、产生具体和丰富的研究结果、具有鲜明实践导向性，但是存在诸如研究结果代表性有限、信度不高、受主观因素影响大等局限性。

批判主义的方法论具有鲜明的人文色彩，与孔德所倡导的实证主义相对峙，常见的有历史—社会的分析方法，包括我国学者较熟悉的阶级分析方法，强调变迁且有助于揭露深层结构。但批判研究者可能使用任何一种研究技术，他们与其他取向的研究者的区别不在于研究技术，而在于如何选择研究问题的切入口、所追问的问题类型以及他们的研究目的。虽然很少有研究者只进行批判研究，这类研究也很少出现在学术期刊中，但该范式常常被社区的行动团体、政治组织与社会运动广泛采用。下文是基于批判主义范式开展社会研究的实例：

陈伟和黄洪的一项有关老年社会工作的研究从批判视域出发，对社区居家养老服务进行了反思，批判主义范式使研究者深入关注社会问题的根源和结构性因素①。通过批判性文本分析，研究者对社区中的公共政策、健康与社会服务供给进行了深入剖析，揭示了背后的结构性问题和利益关系，有助于更全面地理解老年人面临的问题和挑战。随后，该研究进一步关注老年人面临的歧视和不公正待遇问题，通过政治经济学分析，研究者揭示了老年歧视和代际公平的问题，呼吁加强老年人权益保护。这种批判性的观察有助于推动社会的公平与正义，为老年人争取应有的权益。

该研究指出，社会问题的解决需要从多个角度入手，包括关注社会政策和服务供给问题，同时应关注被调查者的生活经历和意见，以获取关于服务现状的真实反馈。在研究老年人时，研究者采用定性研究方法深入了解老年人的生活经验和意见，发现了他们所具有的内在优势和资源，据此主张推动居家养老服务的改进和老年人生活品质的提升，展现了批判主义范式在老年学研究中的应用潜力。

## 七、女性主义

女性主义作为一种新兴范式和看待历史、社会、文化甚至知识传统的全新视角，从 20 世纪 60 年代开始萌芽，到 20 世纪 80 年代后期才获得社会的注意。最初，妇女受压迫状况及性别不平等根源是女性主义社会研究的主要内容，控诉传统社会研究对女性相关议题和女性经验的普遍边缘化、无形化。后来，女性主义的关注点不再局限于妇女或性别问题，转而对西方整个学术传统与知识模式进行重新审视。

对社会科学更激进的批判来源于女性主义对社会科学范式和方法论的挑战。女性主义批判以实证主义为代表的主流社会学方法论，排斥传统的价值中立原则为父权制文化的男性中心主义典范，这种批判很大程度上得益于后库恩时代科学哲学界以及社会科学界对实证主义的清理。女性主义认为，实证主义将研究对象视作可被操作的物，而非有主体意识的人，将自己的目的与意愿强加给研究对象，掩盖了他们的真实境况，研究成果遂成为研究者的主观构造，这种量化方法所声称的"客观性"与"准确性"是值得怀疑的。

同时，像现象学、批判理论、常人方法学、建构论等也都为女性主义方法论提供了学

---

① 陈伟，黄洪. 批判视域下的老年社会工作：对社区居家养老服务的反思 [J]. 南京社会科学，2012（1）：70 - 77.

术资源，使其根据诠释主义和批判主义提出了具有反思性、参与性特征的独特女性主义方法论规则或研究视角，这构成了女性主义研究区别于非女性主义研究的基础，也成了女性主义范式的与众不同之处。具体而言，女性主义将"社会性别"这一概念引入社会科学研究中，指出性别的建构性会影响个体的行为选择与价值取向，其所包含的文化含义构成了女性主义社会研究的出发点以及社会科学知识的来源。

女性主义在方法论问题上的阐述各具特色，刘军（2002）将其分为"方法论的分离主义""女性主义立场论"和"社会位置论"等观点，但总体而言，其根本观点是基本相通的，均强调在女性主义视角和立场的前提下坚持方法多元化，具有包容性。在此基础上，大多数女性主义者认为，没有女性主义研究方法，只有独特的女性主义方法论和认识论，其成就了女性主义的知识传统。

女性主义者并不完全反对社会科学中的定量研究，但许多女性主义者更加推崇定性研究的方法，如参与观察、深度访谈、口述史的方法等。究其原因，这些方法更倾向于将研究者和研究对象视作地位平等、共同参与研究全过程的双方，研究者和研究对象构成共同体，而非被割裂开，研究结果则是双方互动的产物。女性主义试图给女性发言权，并且据此纠正长期以来一直主导社会科学发展的男性观点，为社会学中缺席的主体与经验创造空间，因此这类研究总是体现着反思性，是关于既作为研究者又作为研究对象的女性自己的。

与强调价值中立原则的传统取向不同，女性主义者并不否认研究过程的价值导向，认为偏爱问卷调查、统计分析等"硬方法"的传统正反映了西方认识论中主体与客体、理性与情感、事实与价值、文化与自然、公共与私人、男性与女性相分离的二元论特征，体现的不过是异性化的"客观性"。相应地，女性主义所提倡的价值有：拒绝存在于假设、概念以及研究问题之中的男性至上主义，对于性别联系与权力如何渗透社会生活各领域具有敏感性，在选择研究技术和跨越学术领域界限方面具有灵活性等。下文是基于女性主义范式开展社会研究的实例：

李洪涛在关于单亲母亲现状的一项研究中指出[①]，当时国内外对单亲家庭的研究以负面评价为主，国内散见的评论亦多给单亲母亲贴上"婚姻能力低""心态调整不良"的负面标签，这类评价无非沿用了父权制文化与传统婚姻家庭模式的标准去衡量单亲母亲。而她从社会性别视角对单亲母亲的身份处境、需求和困境作出了新的解释，从两性公平角度出发提倡尊重接纳女性自己的生活体验，将位于边缘的女性重新纳入主体文化，呼吁社会理解单亲母亲的生活与家庭价值观，认可她们为此所付出的努力，帮助她们走向多元发展的道路，并使她们获得精神、物质和情感上的支持。

李洪涛研究中的观点来源之一是她多年来对单亲母亲的深入访谈研究，通过运用这种定性研究方法观察、分析她们的生活经历和变化，她归纳出了单亲母亲独特的社会处境、多重压力、人格蜕变过程等方面的结论。同时，她点出了人们应当意识到传统父系道德观对单亲母亲的规训与污名化，为单亲母亲营造更为公正、宽容和积极的氛围和生存环境，协助她们融入社会生活。

---

① 李洪涛. 社会性别视角的解析：单亲母亲现状研究 [J]. 妇女研究论丛，2000（2）：18－22.

## 八、后现代主义

自 17 世纪至 20 世纪中叶，对客观事实的信仰在科学中占据支配地位，客观事实一度成为真理的代名词，内含人们可以认识理性秩序的信念。20 世纪下半叶后逐渐兴起的后现代主义，从诞生之日起就对现代主义信奉的启蒙传统——理性与人类自由的必然联系——发起了挑战，并主张人类正面临现代主义创造力和思想统治的尾声。

张广利（2001）认为，现今意义上的后现代主义形成于 20 世纪 60 年代，是一种以西方发达国家"二战"后的社会为背景，以反思、批判或否定近现代主义文化、理论基础和思维方式为基本特征，以新话语、新形式解释世界为特点的文化思潮。张世平（1995）认为，尽管后现代主义社会学能否成为一种新的范式尚在争论之中，但它确实构成了与自经典时期起到现代时期止的全部西方社会学迥然不同的基本倾向。

与上述经典和现代时期的研究范式相比，后现代主义接续了批判主义去除社会神秘面纱的目标，试图解构表象以揭露隐藏在内部的结构。同时，像极端形式的诠释主义那般，后现代主义并不信任抽象解释，摒弃社会学及社会科学中的整体化倾向——在解释社会现象时寻求宏观历史规律和模式化关系，并主张研究最多只能做到描述，所有的描述都具有相同价值，研究者个人的经验没有高明与低劣之分；后现代主义超越诠释主义与批判主义的地方在于，其试图彻底转变或拆解社会科学，以至于常被描述成对社会科学可能性的否定。极端的后现代主义者不信任所有系统化经验观察，质疑知识的可概括、可累积性，他们认为知识有不同的形式，有属于个人或地域的特性。直至今日，越来越多后现代主义者主张探寻各类人群生活意义的自在逻辑。

后现代主义者反对在自己的研究领域中寻找所谓"普遍性"的特征或者"真理"，否认建立寻求客观规律的社会科学的可能性，质疑以理性化为基础的人类进步宏大叙事，反对以中立方式呈现研究结果，拒绝把实证主义科学用于预测和制定政策、强化权力关系和控制人民的科层制。他们认为任何社会科学知识都来自特定历史文化环境，反映了知识创造者的态度与价值观，更是他们特定利益的代表，不可能反映客观的社会规律。后现代主义者指出，客观性理想所隐藏的就如同所揭露的一样多，如早期许多所谓的建立客观性基础上的共识，实际上主要是欧洲中产阶级白人男性的共识，女性、少数民族、非西方文化或穷人的普遍主观经验未必被囊括于其中。故社会学家应该革除"客观性"和"科学方法"等传统观念，即那种越来越荒谬地认为自己在讲述真理、自己在认识论上享有话语特权的断言，并学会聆听人们多彩各异的生活故事，而不是去发现放之四海而皆准的真理。可见，除了摧毁、解构和否定性的一面，后现代主义也蕴含着积极、肯定和建设性的因素，其不等同于否定主义，而是一种辩证的否定，目的是解放思想、拓宽视野和争取自由，建立一种多向度、多视角、辩证批判的社会研究方法。

童敏（2003）曾在后现代主义思潮的影响和挑战下提出多向价值视角的社会工作辅导模式——以日常生活对话为基础，把辅导过程视为辅导者与受助者不同价值的碰撞和交流，以及如何将他人的不同价值视角纳入自己的视野，并与之沟通交流的展开过程。这一讨论从后现代主义方法论的角度重新审视社会工作辅导过程，为社会工作提供了不同于传统辅导模式的新视野。

## 九、实用主义

实用主义作为混合研究的研究范式与方法论基础，强调研究方法的"实用性"，关注什么方法对回答问题有用，以及如何用各种方法解决问题。实用主义凸显了在社会研究中着重关注并回答研究问题本身的重要性。换句话说，相对于方法，问题更为重要，这也是为什么一些实用主义者认为应当停止关于实在和自然法则的追问，实用主义通过引导研究者明确研究需要"混合"的目的，进一步帮助他们根据研究的预期结果，倒推具体需要研究什么，以及如何进行研究。

实用主义方法论具有鲜明的研究问题导向性，即方法的选取目的是解决提出的问题，为回答问题提供任何具备实用性的方法和技术。这是由实用主义的本体论与认识论立场所决定的，在实用主义范式下人类社会并非绝对的统一体，关于社会的真理性认识既不是纯粹精神属性的，也不是纯粹物质属性的。为了更好地理解社会现象和问题，实用主义鼓励研究者在着手研究时自由选择定性或定量的研究假设，同时自由选择最符合研究需要和目标的研究方法、技术和步骤，通过不同的资料数据收集和分析方法，为解决研究问题提供翔实丰富的材料支撑和证据素材。

实用主义主要应用于混合研究，对于混合研究者而言，这种研究范式及方法论为多种研究方法、不同的世界观、迥异的研究假设、多样的资料收集与分析方法提供了并存的可能性。在混合研究中，实用主义方法论主张结合定量与定性方法，通过整合不同类型的数据与资料，提供更多维度的分析和解释，以获得更全面和综合的研究结果，并进一步为推动社会实践发展变革提供更加多样化与建设性的政策建议。下文是基于实用主义范式开展社会研究的实例：

在由吴清军、李贞开展的关于分享经济下网约车司机劳动控制与工作自主性的混合研究中[1]，研究者采用了案例分析方法来研究 W 移动出行平台上的网约车司机工作情况。通过观察和分析平台的工作规则、管理方式以及劳动者的工作认同，研究者揭示了平台对劳动者的碎片化控制，并提出了工作自主性机制、计薪与激励机制以及星级评分机制等核心机制。同时，在这个研究中，研究者采集了 15 484 名网约车司机的样本数据，并对这些数据进行了定量分析。通过定量分析，研究者验证了司机对工作的认同能否转化为超额劳动，并研究了身份差异的影响。这种定量分析方法可以提供更客观、直观的结果，帮助研究者更好地理解问题，并为实践提供指导。

在分享经济下的劳动控制与工作自主性研究中，研究者采用了案例分析和数据统计这两种研究方法来揭示网约车司机工作的实际情况，体现了典型的实用主义范式与理念，为相关研究和实践提供了重要的参考。

---

① 吴清军，李贞. 分享经济下的劳动控制与工作自主性：关于网约车司机工作的混合研究 [J]. 社会学研究，2018，33（4）：137－162，244－245.

近年来，由于研究者们逐渐在社会的多面性与多层次属性上形成共识，能够融合各式材料证据、整合多元研究视角的研究方法在社会研究领域的重要性也日益凸显，定量和定性相结合的研究方法在社会研究中逐渐得到广泛应用，混合研究也更多地进入社会研究的视野。跟随着这股潮流，混合研究所蕴含的方法论含义也逐渐受到一些学者的关注和探讨。例如，朱迪（2012）在探讨混合研究方法中定性与定量的结合时就提到，二者结合并不会导致研究方法的无效，因为研究方法通常比研究者认为的更具有"流动性"，关于定量与定性方法的传统分工以及在此基础上的混合研究方法前提均应被抛弃。而张英英和赵定东（2018）则从理论、逻辑和方法上探讨了定量研究与定性研究如何融合，以形成一种融合的社会研究方法论视野。

总之，社会研究综合化、理论观点取向多元化已成当代大势，传统社会研究思维正发生变革，过去宏观与微观研究、定量和定性研究的对立等限制了学科发展，如今人们逐渐认识到它们本是同一研究问题不可分割的两个方面。同时，科学的模式和目标也是多元的，社会学既可以是科学取向的，也可以是人文取向的，普遍性与特殊性可以并存。

## 思维导图

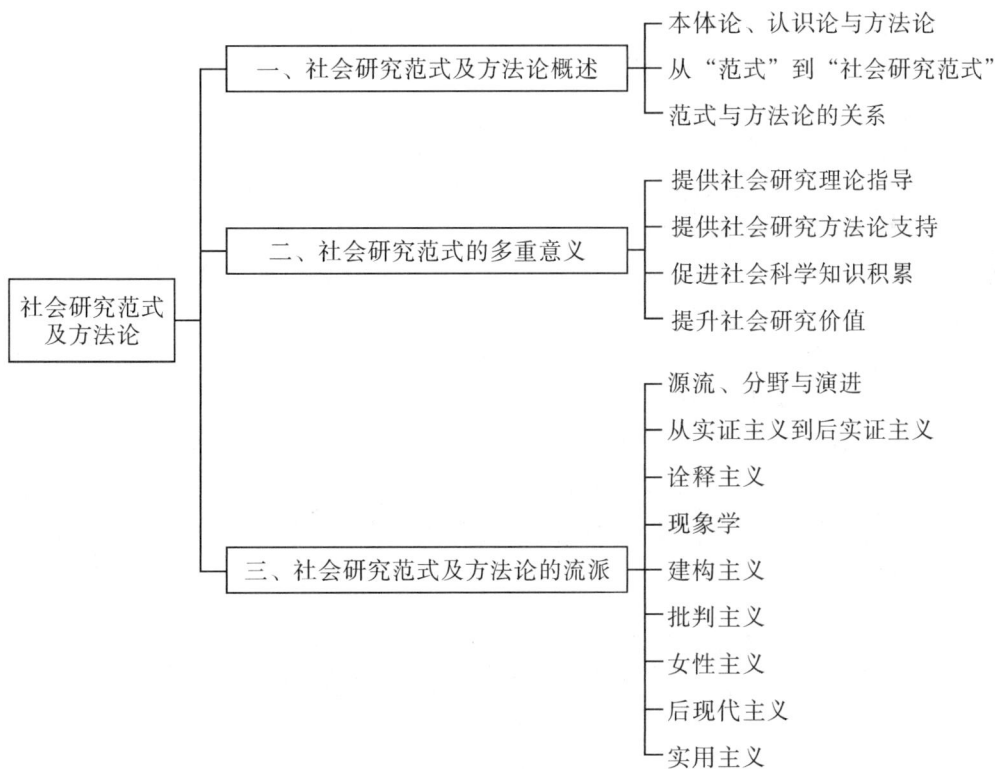

# 第三章　理论与研究

社会理论与研究是社会研究中密切相关的两个概念，它们的关系可以通过华莱士的"科学环"来说明。华莱士认为社会研究的逻辑有归纳逻辑和演绎逻辑两种：归纳逻辑是从经验观察出发，通过观察经验事实，概括形成一般的理论；而演绎逻辑则是从公理（或理论）出发，推导假设，而后通过逻辑推理方式得出结论。前者弊端在于由个别实例得出的一般结论并非可靠的、普遍的，而后者弊端在于大前提有可能是错误的。美国社会学家波普尔在20世纪中期将上述两种逻辑结合起来，形成假设检验法。目前在社会研究中，假设检验法已经成为普遍运用的研究逻辑，华莱士的逻辑模型正是依据这一逻辑建立的。其中理论建构的过程就是"经验观察—经验概括—理论"的过程，理论检验的过程是"理论—假设—经验观察—经验概括—接受或拒绝假设"的过程。

社会研究是一种系统追求知识的过程。研究通过采集、分析和解释数据来测试或发展理论，以回答问题、验证假设或推动学科的发展，是一个提出问题、寻找答案的过程。其主要的环节包括"问题—设计—实施—结果"，这一环节流程在整个研究中具有普遍性框架的意义。社会理论是对现象、事实或现实的系统性解释和组织，它是一种关于事物之间关系的抽象构建，目的是提供一种更深刻的理解，指导研究和实践。社会理论是在不断发展的，在整个结构框架体系中具有重要作用。

社会理论是社会科学的理论基础，为解释和理解社会现象提供了思考方式，为研究提供基础，指导实践，并促进知识体系的不断完善。社会研究旨在深入探索社会现象，以及验证和发展理论，以期解决实际问题，并为政策的制定和实施提供有力支撑。这种认识和理解需要基于对现象的准确描述。这种准确性描述，经过理论化的过程，将上升为社会理论，从而指引我们获得对社会的认识和理解。社会理论作用于经验世界，并对社会研究实践有一定的启示和运用功能。理论和研究之间是一个动态的循环过程：研究产生新的数据和观察，这些可以用来验证、修改或拓展理论。优化后的理论又可以指导未来的研究，形成一个不断迭代的过程。

本章将具体阐述理论的构造、理论的作用与解释类型、理论与研究的关系等内容，并对理论建构的应用进行举例。

## 第一节　理论的构造

在探索复杂的社会现象时，单一的个案研究往往难以揭示其全貌。为了更深入、更全面地理解社会现象，研究者需要超越个案的限制，寻求更宏大、更系统的知识体系。在此背景下，科学的理论和规律显得尤为重要，它们提供了更广阔的视野和更严谨的方法。

理论的构建是一个富有挑战性的过程，需要对数据进行精细的分析，同时发挥逻辑推理能力和想象力。此外，理论的层次和框架也是理论研究中不可忽视的元素，它们有助于人们更好地理解和评估理论的有效性和适用范围，同时还需要关注理论和意识形态之间的关系。理论并非存在于真空中，而是受到社会和文化环境的塑造和影响。理解这一点，可以帮助人们更好地理解理论的产生和发展，以及它在社会研究中的角色和影响。

通过深入探讨理论构造的要素、层次、框架及其与意识形态的关系，可以为后续的社会现象研究奠定更为全面和深入的理论基础。

## 一、理论构造

理论构造的要素包括：

### （一）概念

概念是理论的基础，是人们对同一种现象的概括性描述，是人们为研究同一种事物的共同属性而取得的共识的成果。在表现形式上，概念一般用字、词或词组表达，比如"凳子""集会"等。类似的社会学概念有"文化""角色""社区"等。

### （二）概念丛

概念丛是由概念形成的互相关联的概念集合。若要探究一个较大的主题，比如城镇化的发展，就必须涉及一组互相关联的概念（包括城镇扩张、经济增长、城镇化、郊区、中心城镇、城镇复兴、公共交通、少数民族等）。有些概念有一定范围内的值、量、数，如总收入、温度、人口等。

### （三）自变量

自变量是作为引起其他变量变化的一种原因的变量，该变量在分析中是被给定的，常用 $x$ 来表示。例如，在马喜芳、钟根元、颜世富（2018）关于组织激励与领导风格协同对组织创造力影响机制的研究中，组织激励与领导风格就是自变量。

### （四）因变量

因变量是随着自变量的变化而变化的变量，常用 $y$ 来表示。自变量和因变量被用来描述变量之间的因果关系，它们可以通过"表示"的方式呈现出来，$x$ 和 $y$ 之间存在着一种相互影响的因果关系。例如，在汪斌和朱涛（2024）的研究中，性别观念就是因变量。

### （五）分类

分类是指按照种类、等级或性质分别归类，它是简单的单一概念与理论的中点。纽曼（2021）指出，分类旨在探索多个维度的概念，并将它们归纳为一个新的类别。它能够清晰地展示出不同简单概念之间的复杂联系，从而使人们更好地理解和预测未来的发展趋势。

### （六）命题

命题可以被视为一种描述概念特征与它们自身之间关系的表达方式，是关于事物的一个或多个概念及其关系的表述，通过这种表述，可以把各种社会现象和事物联系起来。社会研究中的命题一般表现为观点或逻辑上的判断，它可以分为公理、定理、经验概括、假设等多种类型。

### （七）假设

假设是在开展社会研究前提出的一种有关变量特征或变量间关系的尝试性陈述，假设由理论演绎或经验观察得到，可以被经验事实检验。假设有三种陈述方式，即函数式陈述、条件式陈述、差异式陈述。假设是命题的特殊形式，特殊性表现在两个方面：一是命题中的基本元素是抽象的概念，而假设中的基本元素是相对具体的变量；二是假设中的变量关系可以通过经验观察被检验。假设具有指导研究、发展理论、逻辑推导的作用。假设是社会研究中最为普遍的一种表达方式。通过假设产生的实证研究，可以推断出有关现象的逻辑和经验性结论，从而更好地理解和解释它们。

只讨论一个变量的假设并不是研究假设，比如"今晚美股会跌停"这句表述中只有美股这一个变量，不符合研究假设的基本定义。讨论两个或多个变量，但变量间没有关联性，也不是研究假设，研究者应该具体描述两变量之间存在怎样的关联，比如"用户对在线课程的满意度与他们持续使用在线教育的意愿呈正比"。假设通常来源于理论，如基于场域理论自上而下提出假设："通过构建共同体可以提升绩效。"

## 二、理论层次

理论是逻辑上相互联系的一组命题，从这些命题可以推导出经验的一致性，为分析和解释社会现象奠定基础，社会学理论体系（一个综合性的概念框架）体现为不同层次。在社会学领域，一般把理论按照其应用范围、对社会现象的解释和理解的不同侧重点等进行区分，以便更好地指导、理解当下的社会状况。具体划分为：

### （一）根据社会理论处理现实的层次区分

1. 宏观层次

宏观理论会提供一种高度概括性的解释框架，它针对的对象往往是整体社会行为或社会现象。

例如，周宝砚和曹宽（2016），运用宏观视角来分析问题。他们分别从体制的结构、资源配置的结构、权力配置的结构、制度规则的结构四个方面分析了全面深化改革进程中腐败机会的产生。从宏观角度来看，腐败的形成主要是由于经济制度的某些不足以及相关治理体系和治理能力的落后，"缺口"指标的缺乏使得相关部门无法有效地抑制和阻止腐败的发生。

2. 中观层次

中观理论（中层理论）是一种用来分析社会现象和社会行为的分析框架。中观层次的理论旨在将微观和宏观的概念融为一体，它可以应用于中介、组织、社会活动和社区等不同领域，以实现更加深入的认识和洞察。默顿（2015）认为中层理论有如下特点：

（1）中层理论由有限假设组成，是可被调查证实的具体假设。

（2）中层理论并非互不相关，而是综合于更宏大的理论网络。

（3）中层理论超越了纯粹描述或纯粹经验概括范围。

（4）通过对微观和宏观社会学问题的分析，中层理论明确了它们的边界。

（5）许多中层理论和社会学思想有着密切的联系，彼此互相促进。

（6）中层理论通常是传统理论研究的直接继续。

例如，周望和阳姗姗（2023）在关于改革机制的试点的研究中采用了中层理论，"试点先行、逐步推广"被认定为中国实施改革的重要指导原则，它旨在通过实施多样化的、有针对性的、可持续的、全面的、可控的政策，来检验和评估中国的发展水平，从而促进中国经济的可持续发展。

3. 微观层次

微观理论旨在揭示概念之间的复杂关系，并且通过逻辑推导来建立它们之间的联系。在微观层面，理论可以用来解释一些特定的时间、地点或个体。它有三个重要特征：第一，它是由一组命题组成的；第二，这些命题在逻辑上是相互联系的；第三，这些命题中的一部分是可以通过经验来检验的。

例如，陈启斐和张为付（2017）在相关研究中采用了微观理论，通过采取多种观点，如不完全合同、分权、异质性等，来深入探讨企业外包的行为。

**（二）根据对社会现象的解释和理解的侧重点区分**

这种区分将理论分为实质理论和形式理论。实质理论是一种以社会关注为基础的理论，它探讨了许多不同的社会现象，比如犯罪活动、劳资冲突、离异和种族歧视。形式理论可以被视为一种发展的理论，主要关注一般理论中的广泛概念领域，例如越轨、社会化或权力。在具体的社会研究中，实质理论和形式理论可以合而为一。

**（三）根据研究者和研究对象的参与程度来划分**

这种区分将理论划分为主观层次和客观层次。

主观层次，即研究者作为观察者对研究对象产生的主观经验和感受，以及在此基础上形成的理论观点和解释。这种层次的研究者没有直接参与研究对象置身的事件和过程，而是从外部观察和分析。研究者的观点和解释可能会受到多种外部因素的影响，包括文化背景、社会地位、社会期望以及研究者个人的经历等。

客观层次，即研究者作为参与者、实践者与研究对象共同进行社会实践并获得体验，在此基础上形成的理论观点和解释。这种层次的研究者直接参与研究对象置身的事件和过程，从而获得包含体验的第一手资料。在这种层次上，研究者的观点和解释可能会受到研究对象的实际情况、变化和发展等因素的影响。

# 三、理论框架

社会学理论框架是指社会研究所遵循的基本理论体系和理论框架，也称作"理论体系"。这些理论框架可以用来归纳和分类各种不同的社会学理论和研究方法。索罗金[①](2017)首次把社会学分成了不同的流派，艾弗雷特则进一步把这些流派划分成了"马克思主义""弗洛伊德主义"和"涂尔干主义"（谢立中，2022），促进了社会研究理论框架的深入探讨，这些理论框架对于理解社会学的历史发展和当代社会研究有着重要的意义。

在具体的社会研究中，理论框架的选择和使用是非常重要的，一个合格的社会学者需要具备扎实的理论素养和广阔的理论视野，能够灵活运用不同的理论框架来指导自己的研究实践，并不断完善和发展这些理论框架。

对于理论框架，社会研究者划分出如下的社会学理论分类模式：

### （一）亚历山大的社会学理论分类模式

亚历山大（2008）建构了"两维度—四范畴"的社会学理论分类模式，详见表3-1。

亚历山大指出，社会科学认识论中有两大核心争议：第一个争议是观察人类行为方式的主观或客观性，以及意识等因素在解释行为中的作用；第二个争议是自由意志与决定论的辩论，即行为是否出于自愿或受外部限制。对这两个问题的争论常陷入僵局，如将行为视为意识产物则易认为其出于自愿，客观主义常与决定论相连。但在社会学中，这两个预设立场在个体与集体层面得到应用，亚历山大称之为"调制"。个体层面需预设行动及其手段与目的关系，集体层面则需预设行动者间的秩序关联方式。表3-1列出了由这些两分法的交叉所产生的各种预设取向，亚历山大划分了"行动—秩序"与"主观的—客观的"两个维度，并在此基础上构建了一个四维空间框架。

**表3-1　亚历山大的社会学理论分类模式**

关于社会性质的理论预设

| | 主观的 | 客观的 |
|---|---|---|
| 行动 | 规范行动论（非理性） | 工具行动论（理性） |
| 秩序 | 社会学唯心论 | 社会学唯物论 |

行动理论的核心在于理性与非理性的界定。亚历山大认为理性行动是工具性的，追求效能并计算目标，受技术而非道德指引。非理性行动则受规范和观念内容影响，强调行动的自愿性且需探究主观内容。亚历山大重视秩序问题，认为秩序是个体如何被安排在非随机社会模式中的核心问题。关于秩序的预设包括规范论、工具论和集体主义论等。规范论和工具论将秩序化约为个体行动，而集体主义论认为秩序是整体性的，由权力结构决定。社会学观念论则将秩序内化为主观意识。亚历山大认为这些立场均不充分，需要更深入的探讨。而在他看来，唯意愿论和集体两个方面应被赋予优先地位，他试图保留"自愿追寻观念"的见解，与帕森斯的思想相近，但他并不满足于重复前人，认为社会学理论的失败在于只选择了一极而忽略了另一极。因此，他试图提出多维路径，涵盖表3-1指明的各种立场，特别是关于秩序的唯物论和唯心论预设。

——————————

① 索罗金也译作"素罗金"。

#### （二）沃特斯的社会学理论动态分类模式

从社会学理论动态演进的角度阐释主要流派，沃特斯（2000）将之分为建构主义、功能主义、功利主义、批判结构主义四种类型，详见表3-2。

表3-2　沃特斯的社会学理论动态分类模式

| 核心主张 | 理论类型 | 代表人物 | 经典流派 | 理论发展 |
|---|---|---|---|---|
| 行动 | 建构主义 | 齐美尔、韦伯 | 符号互动论<br>现象学社会学<br>常人方法学 | 结构化理论 |
| 系统 | 功能主义 | 斯宾塞、涂尔干 | 结构功能主义 | 新功能主义 |
| 理性 | 功利主义 | 马歇尔、帕累托 | 交换理论 | 理性选择理论 |
| 结构 | 批判结构主义 | 马克思、恩格斯 | 批判理论<br>结构主义马克思主义 | 沟通理论<br>后结构主义 |

沃特斯基于他所提出的社会学分类模式，构建了一个动态的划分框架。他将西方社会学自孔德以来的演进历程精妙地划分为古典、现代和当代这三个显著阶段。沃特斯认为，他界定的四种主要社会学理论类型——建构主义、功能主义、功利主义和批判结构主义，均历经了这三个历史阶段，并在每个阶段中各自衍生出独特的类型。

1. 建构主义

社会学理论建构中的建构主义寻求的是理解个人的和主体间的意义和动机，它的脉络可以追溯到齐美尔（2002）和韦伯（2020），他们奠定了建构主义社会学的基础。齐美尔对20世纪早期美国社会学思想产生了深远影响，尤其体现在米德（2018）所发展的建构主义传统中，源于米德的思想流派被称为"符号互动论"。该理论的核心思想在于强调个体通过符号与他人的互动来构建自我和社会现实，认为行动者之间的关系是在语言沟通的不同模式中逐渐构建和形成的。进入20世纪中叶，舒茨（2012）受韦伯的影响，创立了一种现象学社会学，这种理论主张对社会现象进行直接观察和解读，将感觉材料转化为不同类型的心智图像或类型化，从而实现对社会世界的解释和理解。到了20世纪70年代，常人方法学在美国出现，它认为以科学的方式完全类型化社会世界是不切实际的，因此社会学家必须以与行动者日常行事方式相契合的视角来解读和阐释社会世界。而在当代或后现代时期，吉登斯（1998）从结构出发，提出结构化理论，它强调社会结构的稳定性以及社会行为的复杂性，并试图揭示二者之间存在的关联，认为社会结构是社会变化的重要驱动因素。

2. 功能主义

功能主义起源于斯宾塞，他提出社会是一个有机体，这个有机体中的各个部分都对社会的生存发挥着正面作用。涂尔干（2000）对斯宾塞的观点加以分析，提出社会的各个部分通过一套共享意识整合在一起，人们能够通过分析社会行动对这种共享意识起到的作用，来解释这些社会行动。功能主义在20世纪中叶的显著发展就是结构功能主义，由帕森斯（2003）提出，他认为社会作为一个整体系统若要持续存在，必然依赖于特定类型的结构来履行其功能性角色，而结构的变迁方向则由社会的共同规范体系，即文化内涵主导和决定。帕森斯于1979年离世后，结构功能主义在实证主义的猛烈批判下逐渐消失，实证主义者认为总体图式在经验研究中毫无用处。但在20世纪80年代末，亚历山大为结构功能主义带来了新的活力，他的重新解读被称为"追求多维度社会理论的新功能主义"。

### 3. 功利主义

在19世纪的英国古典经济学中，马歇尔的理论深刻地体现了功利主义社会学思想的基础。他从"需求""个人欲望"或"目标"的角度，详细剖析了人的活动，并引入了"效用"这一核心概念，用以揭示行动者在追求不同社会对象时的相对价值。与此同时，帕累托（2001）也为功利主义赋予了更加浓厚的社会学色彩，他首次具体探讨了个人追求满足能否促成集体性的安排这一重要问题。这些观念在交换理论中得到了更具社会学意味的发展，这一理论与霍曼斯的研究紧密相连（特纳，2001）。霍曼斯的研究致力于证明，从寻求各自目标的行动者之间的互动中可以形成稳定的、制度化的关系。他指出，行动者若与其他人隔绝，其需求的满足是无法实现的。近年来，人们更多地聚焦于帕累托所提出的问题，并称之为"理性选择理论"。这一理论分为两个分支：一是博弈论马克思主义，以埃尔斯特和罗默为代表，他们关注工人阶级的个体成员是否总是认为投身革命符合他们的利益（齐艳红，2023）；二是公共选择理论，它探讨的是国家如何从个人利益中产生，以及国家行动者如何行动以使自身利益最大化。而这两个分支共同关注的核心问题是：如何说服理性的个人投身于可能需要他们个人付出代价的集体事业。

### 4. 批判结构主义

批判结构主义起源于马克思主义。相关研究认为，20世纪中叶，"以阿尔都塞和普兰查斯为代表，进一步发展了结构主义马克思主义，该学派认为，历史的变革是经济基础、国家结构和意识形态等多个方面矛盾积累和爆发的结果"[①]。在相关学者看来，个体行动者就像是被历史操纵的木偶，缺乏自主性和自由意志。而在两次世界大战期间，葛兰西、卢卡奇以及法兰克福学派主要关注意识形态的建构方式、意识形态如何支配意识，以及人们如何抵抗意识形态的影响。在当代，结构主义马克思主义的影响力已经逐渐减弱，被激进的后结构主义取代。后结构主义通过对逻各斯中心主义的全面批判，完成了对结构的消解，认为结构不存在终极意义。因此，后结构主义意味着突破原有的封闭结构，消解本原和中心，它在激进和批判的方向上重新塑造了建构主义。与此同时，批判理论传统也在哈贝马斯的沟通理论中得到了高度发展（穆勒－多姆，2019）。在他看来，目的理性主要关注社会行为中如何以手段满足目的，这种理解方式忽视了人的交往存在和存在结构，因此他提出了沟通理性的概念，试图重新把握人的存在结构，尤其是人的交往存在。哈贝马斯试图融合马克思、韦伯、米德、舒茨和帕森斯的观点，强调

---

① 王文轩. "无主体"的悖论：阿尔都塞结构主义马克思主义观的一个审视［J］. 中南大学学报（社会科学版），2019，25（6）：58－64，117.

由主体间性和解释所构成的社会领域正在受到商业活动和科层制领域的压迫和侵蚀。

### （三）周晓虹的社会学理论动态分类模式

受沃特斯（2000）与瑞泽尔（2018）的启发，周晓虹（2002）也提出了一个类似的社会学理论动态分类模式，详见表3－3。

表3－3　周晓虹的社会学理论动态分类模式

| 模式 | 代表人物 | 经典流派 | 理论发展 | 相近学科的同派观点 |
|---|---|---|---|---|
| 社会事实 | 斯宾塞、涂尔干 | 结构功能主义<br>冲突论 | 新功能主义 | 达尔文生物学<br>生态学 |
| 社会行为 | 马歇尔、帕累托、塔尔德、弗洛伊德 | 交换理论 | 理性选择<br>公共选择 | 新古典经济学<br>行为心理学<br>精神分析心理学<br>临床精神病学 |
| 社会批判 | 马克思、恩格斯 | 批判理论结构主义<br>马克思主义 | 沟通理论<br>后结构主义 | 结构主义语言学<br>政治经济学<br>文化研究 |
| 社会释义 | 滕尼斯、韦伯、齐美尔 | 符号互动论<br>现象学社会学<br>常人方法学 | 结构化理论 | 文化人类学<br>历史学 |

## 四、理论与意识形态的关系

社会科学理论和社会政治意识形态之间的关系不但充满争议，而且令人困惑。除科学共同体之外，只有少数人会去检验社会科学的理论，但是大部分人在大众媒体和各种不同观点拥护者的言论中，都可见到各种不同的意识形态。之所以引起争论，是因为科学共同体认为理论是澄清和建立科学知识的根本，从而谴责意识形态违反科学，并造成不适当的混淆。之所以引起混淆，是因为理论与意识形态的定义繁多，再加上两者都在解释这个世界上相类似的事件，以致有不少重叠的情况。

对于社会政治意识形态，不同的学者给出了不同的界定。特拉西指出，意识形态是一种"观念的科学"，即研究意识、观念如何生成的科学，可以凭借"观念的科学"来重建理性的社会（哈贝马斯，1999）。也有学者认为意识形态是在现实的基础上产生的"维护现实的保守态度"，既包括个人为了自己的利益故意歪曲而产生的某种观念，也包括一个特定时代的民族文化和观念结构。

意识形态与理论的异同详见表3－4。

表 3 - 4　意识形态与理论的异同

| 异同 | 意识形态 | 理论 |
|---|---|---|
| 相似处 | 包括一组假设或一个起点<br>解释社会世界的本质及其变化的原因和方式<br>提供一套概念/思想体系<br>说明概念间的关系，并解释哪个是因、哪个是果<br>提供一套相互关联的思想体系 | |
| 差异处 | 提供绝对肯定的答案 | 条件性的、经斟酌后的解释 |
| | 有所有问题的答案 | 不完全的、意识到不确定性的存在 |
| | 固定的、封闭的、完成的 | 成长的、开放的、延续的、扩大的 |
| | 回避检验不一致的发现 | 乐意接受正面与负面证据的考验 |
| | 无视反面的证据 | 根据证据做修订 |
| | 陷入某种特殊的道德信念 | 与强烈的道德立场保持距离 |
| | 极为偏颇的看法 | 以中立的态度考察所有层面的因素 |
| | 充满矛盾和不一致 | 积极寻求逻辑上的一致性、连贯性 |
| | 根植于某个特定的立场 | 超越/横跨社会立场 |

# 第二节　理论的作用与解释类型

社会学理论在社会研究中起着重要的作用，也表现为多种解释类型。

## 一、理论的作用

社会学理论帮助解释社会现象、洞察社会结构和变化的规律。其作用表现为：

（1）解释社会现象。社会学理论提供了一种解释社会现象的框架，帮助人们理解社会中发生的各种现象，如社会结构、社会不平等、社会变迁等。不同理论范式提供了不同的视角，能够帮助人们深入了解社会的多样性。

（2）预测社会变化。社会学理论不仅解释已有的社会现象，还试图预测社会的未来发展。通过理论的构建，社会学家可以提出对社会变迁和发展的假设，为未来的社会变化提供一种理论上的基础。

（3）指导社会研究。社会学理论为研究者提供了指导，帮助他们选择研究主题、提出研究问题、设计研究方法，以及解释研究结果。理论的存在有助于研究具有系统性和逻辑性，使研究更加有针对性和科学性。

（4）促进社会学理论创新。社会学理论不断发展演变，理论创新推动了学科的进步。

通过对现有理论的批判和发展，学者们能够提出新的理论观点，推动社会学领域不断前进。

（5）指导社会问题解决。社会学理论为解决社会问题提供了理论基础。例如，社会学家可以利用社会学理论来分析社会不平等、犯罪、教育差异等问题，并提出解决方案。

（6）塑造公共政策。社会学理论对于制定和评估公共政策也具有重要作用。政策制定者可以借鉴社会学理论，了解社会问题的深层次原因，从而更有效地制定政策和改革措施。

（7）培养批判性思维。社会学理论有助于培养人们对社会问题的批判性思维能力。通过理论的学习和应用，个体能够更深刻地理解社会的结构和运作方式，培养对社会现象的敏感性。

## 二、理论的解释类型

### （一）因果解释

因果解释是理论解释的一种类型，它强调某一事件或行为的结果是由某种原因引起的，即原因与结果之间的因果关系。按照变量出现的时间顺序，影响因素 $x$ 在前，结果因素 $y$ 在后，两个变量必须具有共变关系和方向性，$x$ 变了 $y$ 也要变。必须将其他可能的干扰因素剔除。因果解释通常包括两个要素：①因素。描述引起某种行为或事件发生的原因。②结果。描述由此产生的结果或后果。

因果解释的基本思想是通过对某种事件或行为背后的原因进行分析，来预测和解释其可能产生的结果。因果解释并不意味着原因与结果之间存在必然关系，只是描述了两者之间的关联。在社会研究中，很难完全控制所有变量，一个原因引起的结果并不一定是绝对的。同时，可能会有其他因素对结果产生影响，这使得因果解释可能具有一定的主观性。

因此，在理论解释中使用因果解释时，需要注意提出深入的假设或模型，能够在尽可能多的变量下进行检验，同时要考虑尽可能多的潜在影响因素，以便得出更准确、更具说服力的理论解释。在社会研究中，因果解释试图揭示社会现象之间的因果关系，帮助人们理解事件之间的因果连锁，并提供对社会问题的解释和干预的依据。

因果解释的研究案例如：①教育对收入的影响。根据人力资本理论，受教育水平与个体的收入水平正相关。研究者可以使用这个理论来解释为什么受教育程度较高的人通常拥有较高的收入。②收入不平等对社会的影响。根据社会不平等理论，高度不平等的社会可能产生动荡和不稳定。研究者可以运用这个理论来解释收入不平等与社会动荡之间的关系，通过比较不同国家或地区的收入不平等水平和社会动荡程度来验证这一因果关系。

### （二）结构性解释

结构性解释关注社会现象和问题背后的结构性因素和机制，探索社会结构如何塑造和影响个人和群体行为，其核心思想是社会行为和现象是由社会结构中的各种规则、组织和机制决定的，这些社会结构包括制度、组织、角色、规范等，它们构成了社会系统的基本框架。

在结构性解释中，重要的概念包括：①制度。指社会中约定俗成的规范、价值观和权力结构，如法律制度、政治制度等。制度对个体和群体行为产生重要影响，并塑造了社会的发展和变革。②组织。指社会中的各种组织形式，如政府机构、企业、学校等。组织内部的结构和规则对个体行为和组织绩效产生影响，并对社会整体产生影响。③角色。指社会中的各种角色定位和期望，如父母、老师、医生等。角色对个体行为和社会互动产生影响，同时受到社会结构和制度的制约。

通过结构性解释，社会学家可以揭示社会结构和个体行为之间的关系，解释社会行为和现象是如何受到社会框架和机制的制约与塑造的。这有助于理解社会变革、社会不平等、社会集体行动等重要问题，为社会问题的解决提供理论基础和指导。结构性解释关注社会结构对个体和群体行为的影响，通过研究社会结构的模式和机制，揭示社会现象的根源和发展，并为理解社会关系和改善社会问题提供理论基础。

结构性解释的研究案例如：①贫困与社会结构。结构性贫困理论解释了贫困问题不仅是个体能力或选择的结果，而且受社会结构和制度等深层次原因的影响。贫困与社会中的机会不平等、经济结构和就业机会分配等因素密切相关。②社会阶级与教育机会。结构性社会学解释了社会阶级对教育机会的影响。社会阶级地位会影响家庭资源、文化资本和社会资本，从而影响个体的教育机会和成果。③性别和职业选择。结构性性别理论解释了性别对职业选择和性别不平等的影响。社会性别角色、性别差异的分工以及性别刻板印象等社会结构因素塑造了个体的职业选择和机会。

### （三）诠释性解释

诠释性解释是理论解释的一种类型，它强调人类意义和主观认知对个体行为和社会现象的影响，关注人类行为和现象的内在含义、意义和价值，以及人类对其的主观感受和认知。诠释性解释的核心思想是人类行为和现象是由个体对其自身、他人和环境产生的意义和价值决定的。人们的意义和价值观决定了他们的行为和态度，同时受到社会和文化背景的影响。此外，诠释性解释又是社会研究中一种重要的方法论，它通过对符号、象征和意义的解读，揭示社会行为的动机和目的。它强调个体和群体的观念、信念和文化传统对社会行为的影响，旨在深入理解社会现象的多样性和复杂性。

在诠释性解释中，重要的概念包括：①文化，指人类创造和传承的各种思想、艺术、习俗和制度等。文化塑造了人们的意义和价值观，影响了人们的行为和态度。②语言，指人类沟通和表达思想的符号系统。语言不仅是交流工具，也反映了个体和社会的意义和价值观。③主观意义，指人类对自身、他人和环境产生的意义和价值。主观意义不仅影响个体行为和态度，也是社会现象和文化背景的产物。

通过诠释性解释，社会学家可以揭示人类行为和现象的内在含义、意义和价值，理解不同文化和社会背景下人们的行为和态度的差异，探索人类心灵的深层结构和动力。这有助于加深人们对人类社会的理解，为人类社会的和谐发展和进步提供指导。

诠释性解释的研究案例如：①个体主义与集体主义。诠释性心理学解释了不同文化中个体主义和集体主义价值观的差异。这种解释关注个体与群体之间的关系、个体自主性与社会互依之间的平衡，并探讨了这些差异对个体行为和决策的影响。②文化相对主义与价值观差异。诠释性文化人类学解释了不同文化背景下的价值观差异。这种解释认为，个体的行为和观念受到其所属文化的影响，各种文化系统都有自己独特的意义和解释框架。

# 第三节　理论与研究的关系

## 一、理论与研究的内在联系

理论可以是一项研究的先驱性指引，也可能在研究中逐渐被建构与修正。社会研究离不开研究者的经验知识，这分为相对容易测量、可以实证的经验知识以及相对较难测量、未知能否实证的经验知识。

通过应用相关的理论，研究者可以更好地应用和解释某一地区或时期的经验现实，或者利用这些经验知识来深入思考。如果一种理论能够准确地解释某种特定的经验知识，那么它就提供了一个可靠的参考。然而，如果这种理论不能够应用于当前的经验解释，那么它的逻辑体系可能存在缺陷，因此需要通过结合实际情况来反思和改进它，以便更好地解释现状，并使之符合预期的目标。

理论与研究相辅相成、互为表里，理论可以用来指导研究，反过来，研究也可以用来建构与修改理论。理论与研究的适切性是社会研究需要思考与关注的重要问题。在价值中立的前提下，一项好的研究是基于对实际环境、条件的把控与对社会研究理论的深刻理解，在进行综合性与系统性思考后进行的最科学的判断与选择，这个判断与选择的过程并不是一蹴而就的，是需要在以往经验研究的基础上加入自己的理解并进行反复的操作实验后选取的。

## 二、判断理论支持研究的标准

理论与研究呈现出相互作用、相互成全的关系，简单来说，理论为研究提供解释框架和论据支撑，而研究则进一步丰富理论。传统的社会研究大多以探索性、描述性和解释性三种类型为主，这使得理论的阐释和检验成为社会研究的一个重要领域，而研究视野也从建立新理论转向了将理论应用于实践，比如应用于"当代青年在职场中的跳槽率为何越来越高""为何适婚人群的结婚率呈下降趋势"等社会问题。

然而这种检验仅仅是将视角局限在了研究的具体应用层面，而忽略了从观念层面对判断标准进行界定。本章将在对过往观点进行总结的基础上，补充提出一些观念上的界定标准。判断理论支持研究的标准，可以进行如下检验：

### （一）检验的步骤

（1）明确需研究的课题，确定用于解释或支持社会研究的理论。这一步是检验的基础环节。

（2）通过逻辑推演得到原理论的理论假设。通常认为，一个理论可以推导出的理论假设越多，其解释与支持社会研究的能力就越强；同时，被检验为真的理论假设越多，其真实性和可信度越高。

（3）通过经验推演将得到的理论假设转述为工作假设。这一步是理论检验的关键环节，需要将理论中的抽象概念具化为可观测的指标和变量，并以此重新对理论进行表述，建立新的研究假设，并制订相应的设计方案。

（4）收集相关资料。在上一步中确定了需要的研究类型、调查方法、抽样方案、测量工具，此时便只需要收集与研究假设相关的案例资料和数据统计。

（5）整理与分析资料。完成对资料的整合，对比所提出的研究假设，通过资料分析验证：①资料是否对研究假设起支持作用；②资料、研究假设是否对理论假设起支持作用；③资料、研究假设、理论假设是否对研究问题的解决起支持作用。

（6）检验与评判理论。尽管大多数研究结果表明，一般理论可以被认为是正确的，但也有一些研究结果可能会出乎意料，甚至无法解释，因此必须对这些结果进行深入探讨，以便更好地评估一般理论的适用性和有效性。通过深入思考，可以构建出新的理论假设，从而为进一步的理论检验研究奠定基础。

**（二）检验的推演分类**

1. 逻辑推演

（1）定义。研究者将其称为"命题逻辑推演"，它指的是从一般到特殊，从概括的理论出发，通过运用具体的材料来检验理论，从而得出具有逻辑性的结论的过程。通过对未经证实的事实进行分析，能够提炼出有效的、经得起考验的观点。

（2）特点。逻辑推演的特点表现为：第一，原理论与推演假设同属一个抽象范畴，具有概念一致性；第二，逻辑推演要求研究具有严密的逻辑和规范的推理。

（3）缺点。逻辑推演的缺点表现为：第一，由于概念的定义与概念的测量具有非一致性，在实际研究过程中无法做到真正意义上的严格推理；第二，囿于实际问题的复杂性与不可预见性，逻辑推演的结果可能会受到影响。

2. 经验推演

（1）定义。经验推演是一种基于已有经验进行推导和演绎的过程，通常用于从已知的事实或观察结果中推导出新的结论或假设。这种方法依赖于对实际经验的深入理解和分析，以便能够准确地预测或解释现象。风笑天（2009）将其称为"从特殊到一般"，即通过观察一种现象或一组完整的事件，并对其结果进行概括，试图形成一种能够解释该现象的理论。

（2）特点。经验推演的特点表现为：第一，可以将抽象的理论概念具象化，形成可测量的具象指标；第二，具有良好的指导意义，可以明确所需的数据资料，方便调查研究。

（3）缺点。经验推演的缺点表现为：第一，从抽象层次上说，概念、变量、指标的非一致性导致三者之间的关系具有主观性；第二，变量对概念的界定不够全面、不够精准，可能无法清晰地界定概念的本质属性；第三，一定程度上受实际的各种复杂因素影响，无法直接证明理论的有效性和真实性。

#### （三）检验的方法

**1. 直接检验法**

直接检验法就是收集大量经验资料去直接验证假设，由此检验出原理论的应用具有普遍性、代表性、可持续性的检验方法。例如，王学旺和边燕杰（2022）根据中国综合社会调查 2010 年数据和社会资本理论提出假设，考察民众积累法律知识的过程机制与差异性。实证分析发现"社会资本是民众积累法律知识、实现普法效果的重要社会机制"。

**2. 间接检验法**

在间接检验法中，研究者提出一个与原假设相反的虚无假设，根据统计检验的原理，研究者可以依据由样本计算出的统计量在总体的范围内证明虚无假设是不成立的，从而拒绝或否定虚无假设，并接受与之相反的研究假设。间接检验能够证实研究假设，但不能完全否定研究假设。通过间接检验，可以推翻原有的假设，从而获得新的见解。应当强调的是，间接检验的运用必须基于以下前提：调查样本必须是从全局范围内随机抽取的，以确保准确性和可靠性。而间接检验的作用主要体现在：一方面，证明了研究假设的普遍性，确保其可以应用在总体中；另一方面，为研究假设的适用范围划定了有效区间。

**3. 简单证伪法**

其核心思想在于寻求否定研究假设的经验证据，从而说明在什么条件下研究假设不成立，并揭示理论解释的局限和缺点。通过简单证伪法，可以从实际经验中获得反驳研究假设的证据，从而更好地确定哪些条件下的假设是错误的，并且能够更加准确地指出理论解释的局限性或者缺陷。

**4. 理论证伪法**

该方法的核心在于寻求能够否定或反驳理论的经验事实，即试图证明某个理论是错误的或不成立的。具体来说，理论证伪法遵循以下原则：一个理论或命题被认为是科学的，仅当它是可证伪的，即其推导出的结论在逻辑上或在原则上有可能与一个或一组观察陈述发生抵触。这意味着，如果经验证据与理论的预测不符，那么该理论就面临被证伪的风险。通过理论证伪法，可以比较多种理论解释，从而确定一种更具说服力的解释方式。

### 三、理论与社会研究的关系特点

**1. 适用性**

理论与研究之间的适用性体现在，适用的理论作为社会研究的基础可以为研究提供特定的范式和概念框架，这使得研究者能够在统一的逻辑和概念体系下确保研究的连贯性和一致性。同时，适用的理论可以为研究者提供解释社会现象和问题的工具和手段，使研究更具深度和广度。适配的研究也可以验证理论的适用性和有效性，发现理论的不足之处，从而推动理论的修正和完善。理论与研究的适用性是相辅相成的。

**2. 精准性**

理论框架与实践研究的贴合度高低、是否存在"两张皮"的现象是衡量理论适切于研究精准性高低的集中体现。提高理论适切于研究的精确度，就离不开从研究中应用，并把研究的结果反馈到理论中进行验证，这样才能完成理论与经验的对话。

3．同一性

所谓"同一性"，是指理论有对应的内涵，理论框架有对应的适用范围，理论视角与现实问题及研究内容应处于同一范畴。

4．工具性

要定义一个理论是否具有工具性，离不开结合文献综述去考察其在什么意义上接续之前的理论而有所发展，并解释和支持研究者问题的解决。具体体现在以下几个方面：

（1）指导研究的方向与目标。理论可以帮助研究者明确研究的目标、确定研究的方向，从而使研究具有明确的问题意识和科学性。

（2）提供框架和指导理念。理论提供了科学研究的解释框架和指导理念，使得研究者能够更好地分析和理解社会现象，掌握研究对象的本质特征。

（3）解释和预测社会现象。理论可以提供对社会现象的解释和理解，同时能够帮助研究者对未来社会的发展进行预测。

（4）确立概念和假设。理论可以帮助研究者明确研究的概念和假设，从而使得研究更具体、明确。

（5）促进理论的发展和修正。通过社会研究的实践，理论自身可以得到不断的发展和修正，进一步增强科学性和实用性。

## 思维导图

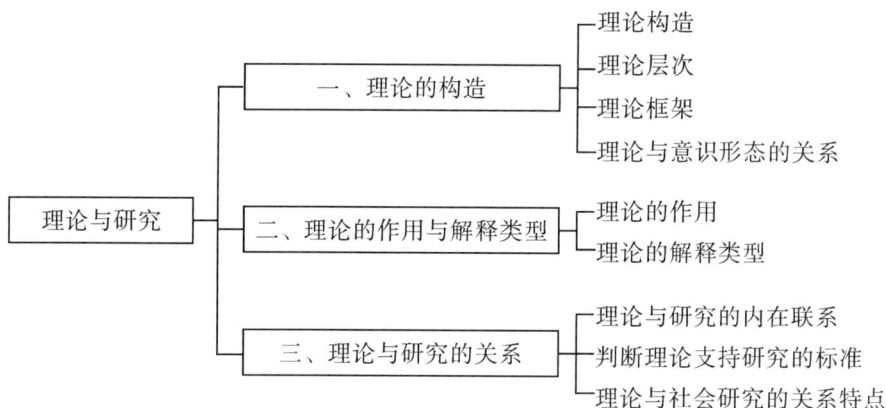

# 第四章　研究问题的发现与界定

## 第一节　从研究主题到研究问题

确定研究主题并在其范围内定义明确的研究问题是整个研究过程的起点。然而，由于从研究选题到研究问题的形成通常需要经历反复推敲的过程，因此研究者在选择恰当的主题并确立可行的研究问题上可能需要花费数天甚至数周的时间。这个阶段的耗时是必要的，以确保研究的深入和全面，并保证研究问题的科学性和实用性。

一个选题是否出色直接影响着所提出的研究问题的价值和意义。这个过程不仅仅是简单地选择一个主题，而是需要经过精心思考和反复调整，以确保所选主题与最终确定的研究问题相互契合、有机统一。因此，在选题和研究问题的确立上投入时间和精力，是确保整个研究过程成功的关键一步。通过深入的思考和周密的筛选，研究者能够更准确地把握研究的方向，从而为后续的研究工作打下坚实的基础。这种耐心和深思熟虑的过程有助于确保研究的质量和价值，为最终的学术研究成果建立稳固的基础。

### 一、研究主题

#### （一）研究主题的概念

研究主题在社会研究中扮演着不可或缺的角色，它聚焦于特定的现象或问题领域，包括研究的核心内容、方法、技术路线，以及期望达到的效果和意义。研究主题不仅仅是研究的焦点，更是对研究的全面考量，涵盖了研究者所希望深入了解的人、事件、行为、过程，以及研究所涉及领域的整体概况。研究者在研究中所选定的主题是对特定领域范围的有序总结，是对研究内容、方法和预期成果的集中表达，为整个研究提供了明晰的指引。相关例子包括社会学领域对社会结构、社会文化和社会变迁的研究，政治学领域对政治制度、政治行为和国际关系的研究，经济学领域对资源分配、生产和消费等的研究。

#### （二）确定研究主题

1. 确定研究主题的前提

在开始一项研究之前，研究者首先必须明确定义研究的主题，并对其可操作性和代表研究意图的有效性进行反思。随后，通过用几个短语或短句来清晰地描述这一主题，研究者将其确立为研究中需要认识或探索的核心问题。这一过程是研究设计中至关重要的一步，它为文献的筛选和整合提供了明确的指导，确保选取的文献与研究的核心问题相契合，为研究的深入展开打下坚实基础。这种有意识的主题设定不仅有助于研究的聚焦，而且增强了整个研究过程的方向性和目标性。

2. 确定研究主题的策略

（1）拟出研究的简要标题。在研究设计的这个阶段，提出的研究问题应当隐含着一种答案，以便于其他学者把握该研究计划的意义。有学者为拟定标题提供了有用的建议：用词简洁，力避赘余。减少诸如"关于……的方法"或"关于……的研究"等不必要的句式。在拟稿时，可以用单一的标题，也可以用双标题，比如"一项人种志研究：解读孩子的战争观"。除了这一主张之外，还要注意一个标题一般不要超过 12 个单词，要尽量减少使用冠词和介词，并确保能概括研究的焦点和主题。

（2）用简略的问题提出主题。在构建一个研究时，研究者需要回答一系列关键问题，这些问题有助于明确研究的目的和范围。例如，研究者可能会提出以下问题："什么治疗对情绪压抑最为有效？""成为当今美国社会中的阿拉伯人意味着什么？""是什么因素促使人们选择中西部作为旅游目的地？"这些问题不仅是研究的起点，也是在整个研究过程中引导思考和行动的关键。在拟定这些问题时，研究者应特别关注作为研究路标的核心主题，并思考如何在随后的研究中扩展这些问题，以更好地反映研究的目的。这包括深入思考问题的背后逻辑、可能的变量和因素，以及如何使问题与整个研究的框架和目标相互关联。通过这一过程，研究者能够确保问题的提出是有针对性、有深度的，有助于在研究中形成清晰的方向和焦点。有意识的问题设计不仅能够指导研究的具体展开，还能够确保研究在解决实际问题或产生有益见解方面更为有效。

## 二、研究问题

### （一）研究问题

研究问题是研究者在进行研究时所要解决或探讨的核心问题。研究问题与人们日常所提及的"问题"或"现象"在某种程度上相似，但又存在差异。社会研究中的很多"问题"实际上常常指的是现实生活中的某种社会现象或社会问题，这是它们相似的一面。然而，相较于某种社会现象或社会问题，社会研究中的问题通常更具体、更集中、更明确，这是它们的不同之处。

### （二）研究问题的类型

1. 定量研究的研究问题

在定量研究中，研究目标的形成与确定是由研究者针对他们所提出的问题和假设而进行的。一方面，这些研究问题通常是对某些现象的质疑或寻求答案的探索，它们在社会科学领域，特别是在调查研究中扮演着关键角色。另一方面，假设是研究者对变量之间关系的一种预设，它们是一种以来自样本的数据为基础的关于总体数值的估计。通过运用统计步骤对假设进行检验，研究者根据对样本的研究得出关于总体的推论。

（1）实验研究的研究问题。实验方法是处理因果关系的有效手段，尤其适用于强调实证研究核心法则的情境。然而，适合采用实验方法的研究问题需要综合考虑其基本逻辑和操作上的局限性、研究范围的狭窄性及其分析原因的能力和研究的经验。首先，在选择适用实验方法的研究问题时，研究者应确保问题的设计既能够充分发挥实验方法的长处，又能够避免其潜在的弱点。这包括思考实验的基本逻辑是否符合研究目标，以及在实际操作中是否存在一定的限制。研究问题的范围也需要仔细考虑，以确保其既能够在实验框架内进行深入研究，又能够获得具有代表性的结论。其次，实验方法的局限性还涉及其在分析原因和解释现象方面的能力。研究者需要在设计实验时充分考虑各种可能的影响因素，以确保实验结果的可信度和解释的有效性。最后，研究者的经验也在实验方法的运用中发挥着关键作用，他们需要灵活运用实验设计，以最大限度地发挥实验方法的优势，同时应当对其限制保持警觉。

"斯坦福监狱实验"是津巴多于1971年进行的一项著名研究。在实验中，参与者被随机分配为"守卫"和"囚犯"两组，然后被放置在一个模拟监狱中，随后研究人员分别对两组的行为表现进行观察和记录。该实验旨在通过模拟监狱环境，研究人们在权力和控制下的行为反应，以及个体行为和态度如何受到影响和塑造。

（2）调查研究的研究问题。调查研究是在社会科学的实证主义影响下发展出的研究方式，正如格罗夫斯、福勒、库珀等（2017）所言："调查产生关于自然本质的统计信息。"调查法适用于对很多人进行询问的情况，通常这些人被称为"被访者"（respondents），该法主要调查他们的信仰、意见、特征以及过去或现在的行为。

调查法适用的研究问题是有关于自我回答（self-reported）的信念或行为。当人们的回答可以通过变量来测量时，调查法能发挥最强大的功效。研究者经常在一次单独调查的同时询问许多事情、测量许多变量（常用多指标）、检验数个假设。

科尔曼于1964年进行的关于教育机会的研究具有典型的调查研究取向。该研究在全美范围内开展学校资源调查，分析统计六个不同人种的学生在种族隔离、设施、师资等方面的现状及差异情况，旨在研究造成不同社会出身的学生学业成绩差异的主要原因及是否可归之于学校质量差别，以创造一个机会更加均等的社会（王艳玲，2013）。

2. 定性研究的研究问题

在定性研究中，研究者强调需要研究的问题，而不是明确目的（即研究的具体目标）或者提出假设（即对变量和统计测试的预测）。这些研究问题通常分为两种形式：一个中心问题以及若干相关的辅助问题。中心问题在定性研究中充当核心的、主导性的问题，它引导整个研究的方向和焦点。中心问题通常较为宽泛，旨在探讨研究的主题或现象的本质，提供研究的整体框架。辅助问题则在一定程度上细化和扩展了中心问题，有助于更全面地理解研究对象。这些辅助问题通常围绕着中心问题展开，为研究者提供更为具体的研究方向，促使他们深入挖掘研究主题的各个方面。在定性研究中，问题的形式化通常更加灵活，允许研究者在研究的过程中根据收集到的数据和不断深入的理解对问题进行调整和细化。这样的方法有助于确保研究问题与实际调查和发现相契合，使得研究在理论和实践之间取得更好的平衡。

（1）民族志取向：关注社会和文化。民族志源自人类学和质性社会学，专注于对人群的研究，努力理解一群人如何共同形成并维持一种独特文化。这一取向通过深入参与和观察，以及记录口述历史等方法，致力于揭示社群内的文化动态和成员之间的关系。玛格丽特·米德在南太平洋土著社区生活的研究属于民族志取向。她关注南太平洋某一特定土著社区的生活方式、社会结构和文化传统，主要探讨了该社区的家庭组织、权力结构、宗教仪式等，并试图理解土著社区在全球化影响下的变化和适应过程。

（2）现象学取向：关注个人生活经历。现象学取向致力于探究、描述和分析个体的生活经历及其所具有的意义。通过深入的个别案例研究，这一取向试图捕捉和理解个体在不同情境中的经验，并强调个体在构建意义和理解世界方面的独特性。有学者致力于探究城市环境中个体的日常感知和体验，其研究问题主要在于城市居民在日常生活中如何感知和理解周围环境，以及城市空间对于个体经验的影响。

（3）社会语言学取向：关注讲述和文本。社会语言学取向关注沟通行为，特别是讲述和文本的形成与表达。研究者倾向于记录并分析自然产生的讲述，从而揭示社会中的语言使用模式、符号和象征意义。这一取向通过语言的分析，揭露文本中潜在的社会和文化内涵。拉波夫探索社会阶层对语言使用的影响属于社会语言学取向。他选择了纽约市中代表高、中、低三个社会阶层的三家百货商店，通过询问员工楼层信息（如"第四层在哪里"）来观察和记录他们在回答中"r"的发音频率。该研究发现，在社会阶层较高的商店，员工在说"fourth floor"时倾向于发音"r"；而在社会阶层较低的商店，员工在说相同词汇时则较少发音"r"。这一发现揭示了语言使用与社会阶层之间的关系，表明语言行为反映了社会阶层的差异。

（4）批判立场的研究取向。多元的批判视角融合了各类研究方法，涉及故事性研究、实践探究、主动参与式研究、文化分析、网络社会学以及批判性人类学研究、女性主义取向、批判种族理论和分析，以及酷儿理论和分析。这些研究类型强调对社会不平等、权力关系和文化批判性的关注，旨在揭示和挑战社会结构中的不公正和歧视现象。福柯对现代社会中权力与知识的关系研究属于批判立场取向。他对权力通过知识机构、学术界、专家系统等途径来行使和维持的过程进行了深入的批判性分析，揭示了它们之间的交织关系和相互作用模式，激发了社会大众对现代社会权力结构和知识体系的重新思考和探索。另外，考虑到定性研究中会出现效度、信度、推广度和伦理道德等问题，需谨慎作出选择。

3. 混合研究的研究问题

混合研究中既包含定量又包含定性的元素，因此在提出混合研究问题时，需要同时明确定量研究以及定性研究的假设或问题。从方法取向来看，六种不同的设计方案（并行设计、解释性顺序设计、探索性顺序设计、干预设计、社会正义设计、多阶段评估设计）与不同的混合研究问题相关。例如，研究者可以提出既涉及定量又涉及定性的问题："在并行设计中，我们将如何结合定量数据和定性数据以更全面地理解某现象？"从内容取向来看，可以这样陈述混合方法研究问题，比如："男性青少年的世界观如何支持他们在中学阶段对自尊的看法？"在这个案例中，"世界观"这个词说明了研究的定性部分，而"对自尊的看法"表明了研究的定量部分。这种问题的设计有助于在研究中充分发挥混合研究的优势，同时考虑到定量和定性研究的特点，确保研究问题既具体又全面。

王琳、李云婧、施茜（2024）的研究具有典型的混合研究方法取向。该研究以大学生健康焦虑群体为例，探讨其作为社交网络用户的健康焦虑自我披露意愿影响因素。该研究先采用质性研究法，对 20 名患有健康焦虑的大学生社交网络用户进行半结构化访谈，使用扎根理论对访谈资料进行分析，将提炼出的意愿影响因素与文献调研结果相结合，构建出概念模型，然后采用问卷调查法收集数据，使用层次回归分析检验模型。

## 三、研究问题的层次

马歇尔和罗斯曼（2015）认为，寻找研究的问题是一个不断聚焦的过程，从一个比较宽泛的视野，逐步缩小关注的范围，最后集中在自己认为最重要的一个或数个问题上。但是提出研究问题的程序并没有固定的步骤规范。作为一种研究技能，"提出研究问题"更多地依赖于个人的感觉。同时，在"怎样解决问题"方面已经有不少回答，而"怎样提出问题"却没有科学的标准和清晰可见的流程。在这里，总结前人的经验，本书介绍一种可供参考的三层次提出研究问题的思考模式，即研究问题可以分为三个层次：首先是宏观层面，包括对一般现象的观察，涵盖广泛的主题；其次是中观层面，聚焦一个重点观察场所，更具体地界定问题范围；最后是微观层面，明确具体的研究焦点。这种层次分明的问题提出方式有助于从整体到具体逐步引导研究方向，确保问题明确且具有深度。

在马歇尔和罗斯曼（2015）的著作《设计质性研究：有效研究计划的全程指导》中，用"漏斗"这个比喻形象地描绘了研究问题逐步聚焦和具体化的过程（见图 4 - 1），范围越来越小，问题越来越具体。在这个过程中，研究问题越来越明确，越来越可研究。

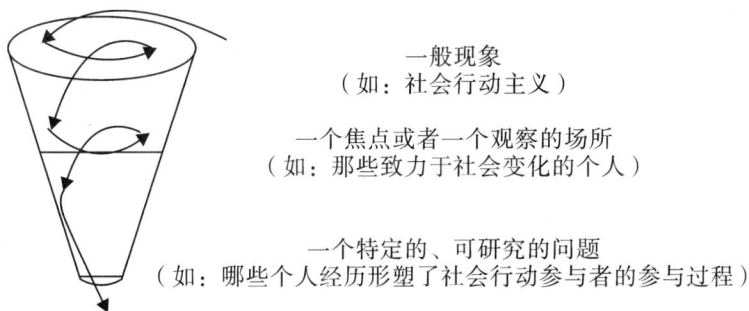

一般现象
（如：社会行动主义）

一个焦点或者一个观察的场所
（如：那些致力于社会变化的个人）

一个特定的、可研究的问题
（如：哪些个人经历形塑了社会行动参与者的参与过程）

图 4 - 1　"漏斗"示意图

大量研究表明，初学者在进行或从事研究过程中，由于受到知识水平和能力经验的束缚，在钻研重大主题、写作长篇论文时往往觉得力不从心，易出现好高骛远、盲目行事、思维空洞等不良现象。因此通过逐步聚焦和具体化，逐渐确定研究问题非常关键。例如，当人们面临着某个广泛的研究问题，比如青少年犯罪的相关问题时，立即展开研究可能会觉得无从下手。因此，研究者需要采取一种策略，通过调整聚焦问题范围，将其转化为更具体、更可操作的研究问题。首先，可以选择问题领域中的一个方面进行深入研究，如"青少年犯罪与学校的关系"或"青少年犯罪的原因"，这样可以将问题范围逐步缩小，突出基本变量，为后续的研究提供更加明确的导向。进一步地，研究者可以通过聚焦，得出更为详细明确的研究问题，如"学校法制教育与青少年犯罪"或"青少年多次犯罪的原因研究"等。这些问题更具有针对性，可以更好地指导研究工作。将广泛的问题细化为狭窄的问题、将一般问题转换为特定问题，有助于研究者持续聚焦，确定最终的研究问题。这种方法可以使研究更加深入、具体，增强研究的针对性和实效性。

研究问题的层次通常与研究的层次具有内在一致性，不同研究问题的层次对应不同研究的层次。

### （一）宏观层次

宏观层次的研究问题关注整个社会系统的结构和功能。在宏观层面上，研究者关注针对某社会现象的研究内容与主题，以及在此基础之上的各种研究问题的总和。由于这种宽泛的内容范围中涵盖了广泛的主题，直接进行研究可能会非常困难，因此需要研究者向具体方向延伸，如研究农民工问题时，可以延伸的方向有工资水平、子女教育、医疗保障、人口迁移等方面。

### （二）中观层次

中观层次介于宏观和微观之间，主要关注社会组织、机构和群体等中等规模的结构。研究问题可能涉及特定行业的组织结构、社会群体的形成与变迁、组织内部的决策过程等。这一层次旨在深入理解组织和群体层面的社会现象。在中观层面上，研究者关注特定场所或环境下的研究问题，通过限制和缩小研究问题的内容范围，更深入地了解特定现象。例如，在前文提到的农民工问题研究中，研究者可以选择感兴趣的方向，如农民工的社会适应问题或子女教育问题等。这样的做法有助于更具体地了解问题的实际情况，提高研究的针对性和实用性。

### （三）微观层次

微观层次关注个体、小组、家庭等微小单位的行为和互动。研究问题可能包括个体的决策过程、家庭内部的亲密关系、小组中的合作与冲突等。微观层次的研究致力于深入挖掘个体层面的社会经验和互动过程。微观层面的研究针对某个专门的、详尽的、清晰的研究问题，其具备真正的问题的特质，即它应该是关于某种社会事实或关系的某种"疑问"，而不仅仅是对某种现象的简单概括。只有这样，问题才具备深入研究的价值。比如前文提到的农民工问题，可以聚焦为一个或者多个准确的研究问题，如"城市排斥现象与农民工社会适应的关系问题""农民工子女小学如何入学问题"等。

## 第二节　选题的来源与步骤

科学研究的起点，即一个研究问题在大脑中如何形成，可能是一个极其复杂的隐性过程。尽管这样，作为科学探索的初始步骤，选题的过程实际上是有迹可循的。比如，题目的选择往往与研究者自身的经验、兴趣或关注的事物有一定的联系。然而，在社会上仍存在许多待解决的难题，因此选题本身就应具有可开发性和创新性。选题的过程类似于一个漫长而有序的筛选过程，研究主题经过不断地筛选、过滤然后再聚焦，最终形成所要研究的具体范围。这个过程可能涉及对已有研究的回顾、对潜在问题的观察与发现，以及对所研究范围的深入思考。研究者可能会不断地调整和精炼选题，以确保最终的选择既具有学术研究深度，又能够解决社会上存在的真实问题。在这一过程中，选题的创新性和可开发性是至关重要的，要确保研究的方向与前沿问题保持一致，同时能够引起学术界和社会的关注。

## 一、选题的来源

### （一）现实社会生活

社会研究的对象和目标启示研究者：社会生活的多样性是研究问题的重要、丰富且常见的来源。人们周围总是充斥着各式各样可以成为研究主题的社会现象、行为、问题和事件。它们之所以有时不易被察觉，主要是因为人们日复一日地生活在这样的环境中，对这些情况习以为常，从而经常忽略它们的存在。例如，在当前社会中，社交媒体在青少年群体中的普及程度不断加深，与此同时，青少年的人际关系与心理健康问题也日益受到关注，社交媒体对青少年产生了哪些方面的影响？影响机制又是什么？不同社交媒体平台和使用方式是否对这种影响产生异质性？这些都是可以研究的选题。

### （二）个人经历

人们通过个人的体验和经验来记录和参与社会生活，这些体验和经验积累成人们理解社会生活的感知和思考。这些经历成了人们在观察和解释各种现象时的基础视角和起点，因此，在社会研究中，旨在观察和理解社会现象的过程也同样依赖于个人的经验和体验。例如，在城市的贫困社区中，孩子往往面临着较低的家庭收入、不良的居住环境和不完善的教育资源，进而导致教育不平等的现象，而一名居住于贫困社区却考入发达地区院校的学生可能对此有着更为深刻的体会，研究者据此可以更好地开展相关研究。

### （三）相关文献

学术作品、教科书、新闻文章、标题，以及学习笔记和对话记录，这些都是研究思想、灵感和创意的丰富源泉。特别是在社会科学领域，文献往往是获取创新思维的关键场所。很多研究议题实际上就是在研究者阅读相关资料后形成的。这些文献不仅提供了理论框架，也为研究者提供了对社会现象深入思考的启示。例如，研究者对社会网络分析感兴趣，想要在其中找到一个选题，他可以查阅相关文献了解当前网络分析领域的研究趋势，并发现一篇关于在线社交网络信息传播的研究，但大多数研究集中于信息在网络中的扩散路径、影响力等方面，而较少关注信息的内容特征，他就可以向该方向进行深入挖掘找到自己的选题。

### （四）研究团队或导师

选题还可以来自研究者所在的研究团队及其导师，他们都能根据其研究方向、兴趣和经验提供一些可能的研究选题或建议。如果加入的研究团队已经有研究方向或主题，则可以从团队的研究方向中选择一个相关的研究选题。导师则通常会关注学术界的研究趋势和热点问题，他们可以根据当前的研究动态向学生提供一些可能的研究选题和建议。

## 二、选题的步骤

### （一）做好充分的准备

研究问题通常源于特定的研究现象。一开始，研究者应该给自己预留一段较长的时间来思考，这期间可以与有意愿的同事、朋友或家庭成员进行交流，在这一过程中，保持开放和灵活的思维态度很重要。在研究初期，对现象的界定要广泛些，以免错过其他可能性，随着研究的深入，可以逐渐收窄研究的范围。探究社会问题是一个逐步聚焦的过程，在这个过程中，应避免将未经验证的假设混入对现象的描述中。

例如，张高评提出选题需要"厚积薄发，提炼萃取"①，即累积自己所在领域的学识，并将其价值融合到其他方面的知识，才能得心应手。此外，论文题目要由研究者自己定夺，决定权掌握在自己手里，养成独立研究和思考的习惯。

### （二）寻找研究问题

1. 广泛提问

在寻找和发展研究问题的过程中，尤其是在最初的阶段，研究者要学会广泛地提问题，尽管这些问题并不一定就是最终的研究问题。对于任何一个研究领域，或是一个研究主题，或是一种社会现象，或是一个社会群体，研究者都可以从不同的方面去提问。比如，可以按照"涉及谁—以什么方式—在什么时候—在什么地方—有什么行为—有什么态度（差别、趋势、特征）—由于什么原因—有什么后果—具有什么关系—内在机制是什么"等类似方式，提出一系列的问题。

2. 充分利用个人生活背景和知识结构

个人的特定生活背景和生活经历也会在一定程度上成为研究者选题的基础。比如关于女性问题的研究题目，大部分都是由女性研究者提出和进行研究的；来自农村的研究者往往会更多地关注和选择有关农村和农民问题的研究题目；信仰宗教的研究者可能更关注与宗教现象有关的问题；而在学校中的研究者则会更多地关注学生、青少年、教育方面的问题。

3. 与同学以及指导老师多交流

对于经验不足的研究者来说，选题往往是他们开展研究工作的过程中最感困难的一步。实际的情形往往是，他们每天去图书馆查阅资料，头脑中整天思考着这样或那样的问题，却总是无法得到清晰明确的结果和肯定的答案，就像在一个时而清晰、时而模糊的地方寻找方向和探索道路一样。因此，本书的一个建议是：与同学以及指导老师多交流。

---

① 张高评. 论文选题与治学方法（一）：论选题来源与文献评鉴（上）[J]. 古典文学知识，2010（2）：11–17.

4. 将自己的研究问题正式讲出来

经过一段时间的查阅文献、反复思考，以及交流讨论，很多研究者往往觉得已经把研究问题想得差不多了，自己心里似乎是想清楚了，也明确了。但实际上，他们头脑中的研究问题可能仍是不够清晰和明确的。这种不清晰和不明确往往会给他们今后实际的研究留下许多潜在的障碍和困难。因此，研究者最好将自己的研究问题（包括问题的内涵、背景、意义等）以某种相对正式的形式讲出来，就像做正式的开题报告那样。

### （三）选题的标准

1. 客观标准

（1）"大背景"中的"小问题"。研究问题应是一个"大背景"中的"小问题"。不难理解的是，越是具有重要性的现实问题往往也越容易形成大的研究题目。但是这种大的题目往往是普通研究者难以把握、难以实际开展研究的。因此，对于经验不足的研究者来说，在选择自己的研究问题，特别是选择一个好的问题方面，应努力朝着"大背景"中的"小问题"的方向思考，努力去选择一个"大背景"中的"小问题"。例如，在城市化（大背景）的变迁中，专注于研究如何通过社区文化活动增强在城市中生活的农民工的本土文化认同感（小问题）。

（2）可以清楚明确地表达。这一条标准十分具体，也更具有操作性。它不仅要求研究问题可以用清楚明确的语言陈述出来，还特别要求研究问题陈述中的概念和术语都应有清楚明确的定义，只有当这些概念和术语有明确定义时，在经验层面操作才具有现实性。而一旦研究问题不能清楚明确地陈述出来，则一方面说明研究者并没有把问题想得很清楚，另一方面也会给实际的研究带来困难和障碍。例如，"社交媒体在城镇化变迁中如何塑造农村青少年的社会身份认同"这个研究问题清楚地界定了研究对象（社交媒体、农村青少年）、目的（社会身份认同的塑造）以及研究背景（城镇化）。

（3）具有理论或现实意义。研究选题要具有一定的价值，可以是理论的价值，可以是实践的价值，或兼而有之的，而理论源于实践，又指导实践。理论的价值主要体现在其对学科发展、理论建构或验证、社会规律的理解和社会现象解释方面的贡献。科学进展遵循特定的逻辑、传统、特性和规律，因此在选择研究主题和论文题目时，需基于专业学科的建设和发展需求，对其在学科体系中的位置及对学科发展的影响深思熟虑，努力挖掘具有高学术价值和意义的重大问题。学术论文的核心在于其学术性，研究主题和论文标题的学术价值决定了论文的学术价值。实践价值则显现于为现实社会所提出的众多具体问题提供科学回答和合理解决方案的能力上。根本上，所有学术研究都旨在通过探索和解决学科发展中的问题，促进该学科的建设和学术文化的兴盛，提升民族的科学文化素养和思维能力。最终，这些研究对社会文化的积累、继承以及社会文明的进步和经济发展都会产生影响，尽管影响的程度各不相同。例如，研究现代远程工作模式对员工工作满意度和生产效率的影响，旨在从理论上丰富远程工作领域的研究，并为实际企业提供调整远程工作政策的依据。

（4）具有可操作性。这里体现的是能不能做的问题。是否具有可操作性体现在问题研究所需要的主、客观条件限制上，在许多情况下，越有价值和创新性的研究受限越多。比如，个人的限制有很多方面，一是自身条件方面，包括生活经历、知识结构、研究经验、组织能力和操作技术等。此外，性别、年龄、语言和体力等纯生理因素也会对个人产生限制。二是客观限制，主要是来自研究时间和研究经费的限制。还有一些限制包括无法获取相关文献资料，或者所涉及的对象、单位和部门无法给予必要的支持和合作。另外，研究问题是否违反国家有关政策法令，是否违反社会伦理道德，或者是否与研究对象的生活习俗、宗教信仰相违背，也会对研究产生限制。例如，一个年轻的男性大学生研究者如果选择"离婚妇女的心理冲突与调适研究"这样的研究问题，那么从可操作方面来考察，无论是从他的年龄、性别、社会生活经历等个体因素来看，还是从他对这一领域的相关背景知识的熟悉程度来看，都与这一研究问题的特点和要求相差较大，他往往很难圆满地完成这一研究。

（5）得到相关专家的肯定。得到相关专家的肯定指的是研究问题是否征询过指导老师或者有相关经验的研究者的看法。在对学术领域的了解、对前沿问题的把握和对研究方向的判断方面，专家占有明显的优势。如果研究问题得到了指导老师（专家）的肯定甚至赞许，那么选题成功的把握就更大了。例如，一位社会学研究生提出了"社交媒体使用对老年人幸福感的影响"这一选题。然而，在与几位社会学和老年学领域的专家讨论后，研究者发现该研究没有考虑到研究所需数据的获取难度和老年人使用社交媒体的实际情况，且未能充分考虑到老年人幸福感的多维度因素。

2. 主观标准

（1）与研究者的兴趣相接近。与研究者的兴趣相接近即研究问题是研究者的研究兴趣所在。如果研究者对某一现象或问题特别感兴趣，那么这个动机就会成为他做好这项研究的有利条件。对于任何一个具体的研究者来说，选择研究哪种现象或事物，虽然有许多其他因素的考虑，但他对这一现象或事物的兴趣是最基本的动力。例如，同样是研究青年人的婚姻恋爱问题，对于大学生研究者来说，相比于选择"目前青年工人的婚姻观"或"目前青年军人的婚姻观"等问题，他可能对"目前大学生的婚姻观"这样的问题更感兴趣，研究起来也更为顺利。

（2）与研究者的水平相接近。选择恰当的研究课题反映了研究者的能力水平。这一过程不仅依赖于研究者掌握的专业理论和方法学知识，还要求他们拥有广阔的视野、敏锐的洞察力、强大的判断力以及丰富的社会生活经验。研究问题的选择是一项复杂而关键的任务，它直接影响到研究的深度和广度。研究者需要对自己所研究领域的专业知识十分熟悉，理解相关理论框架，并能够灵活运用研究方法来解决问题。此外，拥有开阔的视野能够让研究者看到问题的多面性，洞察力则有助于发现问题的实质，而判断力则是在复杂信息中作出明智决策的重要素养。社会生活经验也是研究问题选择中的一项重要来源。通过参与和观察社会生活，研究者能够更好地理解实际问题，并将理论知识与实践活动相结合，从而更有力地回应社会需求。因此，一个出色的研究者应当在专业知识、方法技能、视野、洞察力、判断力以及社会生活经验等方面都保持相对均衡的发展，以更好地选择并解决有实际意义的研究问题。例如，一位刚开始探索社会研究的硕士研究生对城市化进程中的社会变迁感兴趣。基于她目前对社会学理论的理解和研究方法的掌握水平，她选择了一个具体而有限的研究领域——城市化对小城镇家庭结构变化的影响。这个题目既符合她的兴趣，又与她的能力相匹配，因为它需要的数据收集和分析在她的能力范围之内，而且她可以使用已经熟悉的定性研究方法来进行研究。

（3）体现研究者的创造力。在选择研究问题时，是否具有创新性至关重要。这一考虑因素除了包括对全新的、前人未曾探讨的问题的"填补空白"，还涉及研究的领域、主体、对象、方法、内容、思路、角度、理论等某一方面或某几方面，是否对前人的研究有所创新。例如，吴银涛（2007）对家庭关系感兴趣，过去的研究可能主要聚焦在传统家庭结构下的亲子关系上，而这位研究者想要关注现代城市背景下非传统家庭形式下的亲子关系。在这种情况下，问题的创新性在于关注点的迁移，将研究重心从传统转移到了当代社会中较为新颖且少有人深入研究的方向。另外，创新也可以体现在研究方法的选择上。例如，在心理学领域，有人可能已经研究过青少年的社交焦虑问题，有研究者采用虚拟现实技术作为研究工具，以更深入地探讨社交焦虑对青少年心理健康的影响，这就是在方法上的创新。例如，一个对青年人的离婚问题感兴趣的研究者在看到前人做过大城市青年离婚原因研究后，选择做中小城市青年离婚原因研究，或者选择做农村青年离婚原因研究，这就在研究的对象上有了创新性。

因此，研究问题的选择不仅要关注是否有人做过，还需要从多角度思考能否在前人已有的研究基础上进行创新，从而使研究更进一步和具有意义。这种创新不仅是发现未知领域的问题，还可以体现在对已有问题的全新视角和深入思考上。

### （四）问题陈述

研究问题的陈述是指明确提出要解决的难题或者找出问题的根源所在。研究问题的表述有助于研究者阐明研究的目的、方法、重要性和创新性，也可以帮助读者理解研究的背景、动机和贡献。

1. 定量研究问题的陈述

在定量研究中，研究者根据研究的问题和假设来形成和确定研究的目标。陈述定量研究问题的方法有：①研究问题或者假设中变量的使用通常局限于三种基本形式：其一，研究者可能比较只有一项自变量的变量组以弄清它对因变量的影响；其二，研究者可能把一项或更多项自变量和因变量联系起来；其三，研究者可能描述自变量、中介变量和因变量的变化。②遵循一定的测量理论并对理论中所包含的问题与假设进行具体说明。③自变量和因变量必须分别测量。④删除冗余，除非假设是建立在研究问题之上，否则只写出研究的问题或者假设，而不必两个都写。⑤如果使用假设则有两种形式：零假设和备择假设。⑥问题或者假设所使用的语言形式要前后一致，方便读者识别主要变量。

例如，在一项关于在线教学对学生学习效果的影响的研究中，研究者设定了以下研究问题："在线教学环境（自变量）与传统面对面教学环境相比，对大学生的学业成绩（因变量）有何影响？"这个问题明确了自变量（在线教学环境）和因变量（大学生的学业成绩），并试图通过比较两种不同的教学模式来探索其对学业成绩的潜在影响。

2. 定性研究问题的陈述

在定性研究里，研究者陈述需要研究的问题而不是目的（即研究的具体目标）或者假设（即对变量和统计测试的预测）。这些研究问题有两种形式：一个中心问题及若干相关辅助问题。陈述定性研究问题的方法有：①提出中心问题和辅助问题。②将中心问题与具体的定性研究策略相结合。③用"是什么"和"怎么样"来提出研究问题。④集中于单个的现象或者概念。⑤使用探索性动词以表达新研究设计的语言风格。⑥使用非定向语言。⑦保持研究的问题在研究期间的发展变化与定性研究的假设风格一致。⑧除非出于定性研究策略的需要，否则应尽量使用没有参考文献或理论的开放式问题。⑨如果目标陈述的信息并不冗长，则对研究的场所和参与者予以具体描述。

例如，在一项关于农民工家庭子女的城市社区文化适应的研究中，研究者提出了中心问题："农民工家庭的子女是如何在新的城市社区文化环境中寻找自我认同的？"辅助问题包括："哪些社会因素对其文化适应过程产生了影响？""家庭环境如何影响子女的适应？"这些问题聚焦于个体经验和社会环境的互动，典型地运用了定性研究中的"是什么"和"怎么样"问题形式。

3. 混合研究问题的陈述

混合研究问题的陈述相对较难。混合研究通常进行目标陈述而不是明确研究问题。陈述混合研究问题的方法有：①混合研究应包括定性和定量研究问题（或者假设），以此来窄化并聚焦于目标陈述。②混合研究中的问题和假设的提出，需要包含定量和定性方法里的问题和假设的可取之处。③注意连续的、有两个阶段的研究计划和单独研究计划在陈述研究问题时的区别，注意研究问题或假设的顺序问题。④在连续的混合研究里，每个阶段开始提出的研究问题是有阶段性变化的。例如，假定研究是从定量研究开始，研究者可能会提出假设。当到了定性研究阶段时，定性研究的问题就会随之出现。

例如，一项关于社交媒体使用对青少年心理健康影响的研究中，混合研究问题可以是"社交媒体使用频率（定量自变量）、青少年的心理健康状态（定量因变量）与社交支持的角色（定性变量）：一项混合研究"。这个问题结合了定量的比较分析（使用频率与心理健康状态的关系）和定性的深入探究（社交支持的角色），体现了混合研究方法的优势，即能够同时探讨变量之间的关系和深入理解现象的本质。

# 第三节　选题的误区及解决

在选题中研究者通常会不小心掉入"思维陷阱"，认为只要选择一个研究对象对其进行分析与研究就是研究问题，从而忽略了研究问题所在的层次以及研究所带来的价值意义。另外，盲目的选题也会导致所做出的研究缺乏参考价值以及理论支撑。因此，在选题时需避免以下几点：

## 一、选题过于宽泛或模糊

当选题过于宽泛或模糊时，可能导致研究的方向不明确，难以有针对性地进行深入研究。这样的情况常常阻碍研究者准确定义研究问题，使得研究失去了焦点和目标。举例而言，假设一个社会研究的初始题目是"城市生活对人的影响"，这个选题就过于宽泛，因为城市生活涉及众多方面，包括社交、文化、经济等。在这种情况下，研究者可能面临难以确定具体研究内容和方法的困扰。为了使选题更具针对性，研究者可以缩小范围，比如将题目明确为"日常生活中的协商治理：理解民主中'参与'价值的新视角——基于某市×社区协商实践研究"。这样一来，研究方向更加清晰，研究者能够有目标地深入探讨协商治理在城市生活中的具体影响，而不至于在过于广泛的主题中迷失方向。

以下是这个问题的一些解决方法：

（1）问题界定与焦点明确。需要对研究主题进行更具体的问题界定，这可以通过深入文献综述和初步研究来实现，以找到与已有研究相关的特定问题或空白领域。

（2）明晰研究目标。明确研究的目标和预期结果。这有助于确保研究具有明确的方向，并且有助于在整个研究过程中保持焦点。

（3）缩小范围。如果研究主题过于宽泛，可以考虑缩小研究的范围，集中在特定方面或方向上。这样可以更深入地探究特定问题，而不至于被广泛的主题淹没。

（4）明确假设和研究问题。确保研究问题具有清晰的假设，并能够在研究中进行验证。这将有助于明确研究的目的和方法。

（5）定量和定性方法的结合。有时采用混合研究方法，结合定量和定性研究，可以帮助研究者更好地理解广泛主题下的各个方面。

（6）与导师或同事讨论。与导师或同事讨论研究方向和问题，获取他们的建议和反馈，有助于确定一个更具针对性和可行性的研究方向。

## 二、缺乏创新

如果某个研究领域一直使用传统的调查方法来研究特定现象，而无研究视角或方法上的创新，这种情况可能导致后续的研究者只是在重复以往的研究。这种缺乏创新的趋势可能限制了对领域内问题的全面理解，以及对新思想和解决方案的探索。因此，研究者在选题和方法的选择上应注重创新性，通过引入新的理论框架、采用先进的研究技术，或者挑战领域内的传统观点来为研究注入新的元素。这样的创新不仅能够为研究带来独特性，还有助于推动学科领域的进步和发展。

以下是这个问题的一些解决方法：

（1）进行文献综述。资料是学术研究的重要基础，社会研究大多依靠文献资料，能否积累和掌握较丰富的文献资料，在某种意义上决定着社会研究能否成功。因此，在选题阶段，要进行彻底的文献综述，以确定已有研究的现状，这有助于识别前人已经解决的问题以及可能的空白研究领域。

（2）探索新研究领域。寻找尚未被广泛研究或涉足的新领域，这些领域可能会提供机会，以新的方式解决问题或提出新的研究问题。

（3）采用跨学科方法。将不同学科的观点和方法结合在一起，以寻找新的研究视角。这可以促进跨界思考和催生解决问题的新方式。

（4）研究方法创新。现代科技和数据分析工具不断发展，提供了许多新的研究途径，因而可以尝试采用前人未使用或鲜有使用的研究方法和技术。

（5）跟踪前沿研究。只有知道某一学科当前在讨论什么问题、哪些问题已经解决或基本解决、还有哪些问题有待解决、攻克什么问题能对学科建设起到积极推动作用并产生突破性影响，才能明确自己的研究方向。密切关注研究领域的最新进展，以及前沿领域的研究，这有助于确定当前热门话题和未来的研究方向。

（6）勇于质疑。怀疑是发现问题、提出问题的前提，也是科学研究的起点；批判是突破思维定式与思维惯性的关键，也是引发学术新见的重要方法。科学发展的历史就是一个学习、创造、否定、再创造的不断演进的过程。因此，进行科学研究和写作学术论文，首先应认真学习、研究和继承已有成果，吸取其精华，同时又不能就此满足。要发现前人、他人研究的不完善甚至疏漏错误之处，就要破除迷信、解放思想，以大胆怀疑、批判的眼光看待前人的成果。不要害怕质疑传统观点和方法，尝试提出不同的研究假设和解释。创新通常来自对已有的思维方式的挑战。

## 三、主观与客观限制

在研究过程中，研究者有时会忽视可能遇到的主观和客观限制，包括时间、经费、资料等客观限制，以及自身的知识结构、研究经验等主观限制。

具体而言，客观限制可能涉及研究所需的资源，如有限的时间、有限的经费、难以获取的资料等。若研究者未充分考虑这些限制，可能会导致研究计划过于庞大或不切实际，影响研究的顺利进行。例如，在一项关于新兴技术对商业模式影响的研究中，若未考虑到获取相关数据可能需要巨大的成本和时间，研究者可能在后期面临数据不足的问题。

主观限制涉及研究者自身的局限性，包括知识结构的局限、研究经验的不足等。如果研究者未对自身的局限性有清醒认识，可能会导致研究设计不够全面或者无法深入挖掘问题。以社会学领域为例，如果一位研究者对于某一族群的文化和背景了解不足，可能会在研究中忽略了关键的文化因素，影响研究结果的全面性和准确性。因此，在研究的初期阶段，研究者应当审慎考虑主观和客观限制，并在研究设计中作出合理的规划和调整，以确保研究的可行性和有效性。

以下是这个问题的一些解决方法：

（1）客观限制是社会研究中无法回避的现实问题。时间限制意味着研究者需要在有限的时间内完成研究，因此要合理安排时间，确保研究进度的顺利进行。经费限制可能会影响到开展研究的范围和方法，在经费有限时，研究者需要善于利用各种资源，寻找合适的解决方案。同时，缺乏充足的资料也会对研究造成一定的困难，研究者需要广泛收集、分析和利用现有的资料，或者通过实地调查等方法获取所需信息。

（2）主观限制主要涉及研究者自身的知识结构和研究经验。知识结构的差异会影响研究者对问题的理解和分析，因此在选择研究主题时，研究者应该尽量选择与自身知识结构相匹配的主题。同时，研究经验的不足也可能导致研究方法和技巧上的不完善，这时候研究者可以通过学习和咨询他人的经验来提高自己的能力。

## 四、案例分析

### （一）正面案例

案例1：

研究问题：叶毓琪、朱爱勇、王欣国等探究使用虚拟现实技术改善老年人认知功能的效果[①]

分析：这个研究问题的优点在于具有创新性。虚拟现实技术在老年人认知功能改善方面的应用相对较新，目前还没有太多相关研究。该问题创新地将虚拟现实技术引入老年人认知功能改善的研究，试图开辟一种新的干预手段。问题具有具体性，明确了研究对象（老年人）和干预手段（虚拟现实技术），有助于研究者有针对性地进行深入研究。由于虚拟现实技术的可行性较高，这个研究问题也在可行性方面表现出优势。

案例2：

研究问题：樊宇航探究社交媒体对大学生心理健康的影响[②]

分析：这个研究问题的优点在于创新性和实际意义。随着社交媒体的普及和大学生心理健康问题的凸显，研究社交媒体对大学生心理健康的影响具有一定的创新性，有助于深入了解这种影响的机制和效果。问题具备明确性和具体性，通过将研究对象限定为大学生和关注媒体对心理健康的影响，研究者可以更好地进行问题的研究设计和数据收集。而且，这个研究的可行性较强，因为社交媒体的数据相对容易获取，同时大学生作为普遍存在的群体，也为研究提供了较为广泛的样本。

### （二）反面案例

案例1：

研究问题：探究人们的幸福感

分析：这个研究问题的局限性在于太过模糊和宽泛。人们的幸福感是一个抽象的概念，难以具体定义和操作化，因此可能难以对其进行准确的研究。该问题没有明确指明研究对象、测量指标和具体的研究目的，缺乏具体性，使得研究者很难在实践过程中得出有意义的结论。

案例2：

研究问题：分析某个品牌的竞争力

分析：这个研究问题的局限性在于缺乏创新。分析某个品牌的竞争力是一个常见和常

---

①　叶毓琪，朱爱勇，王欣国，等. 虚拟现实技术在轻中度认知障碍老年人群中的应用进展［J］. 护士进修杂志，2023，38（16）：1462 – 1465.

②　樊宇航. 社交媒体信息超载对某高校大学生心理健康的影响：社交媒体倦怠的中介作用［J］. 中国校医，2022，36（10）：739 – 741，756.

用的研究方向，已经有很多类似的研究。对于这个问题来说，缺乏新的研究角度或者创新方法，可能导致研究结果的普遍性和应用价值受到一定的限制。此外，这个问题也可能会面临实施上的困难，因为研究者可能无法获得所需的数据和信息，或者在竞争保密性较高的行业中难以开展实地调查等研究方法。

## 思维导图

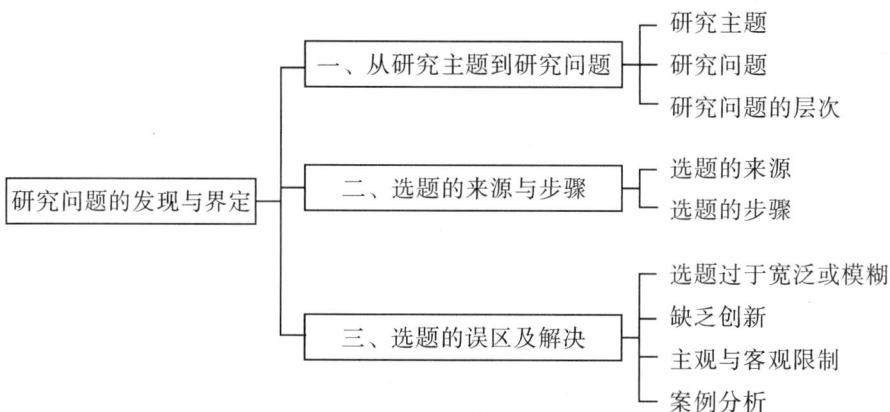

# 第五章　研究设计

现代科学研究的一个鲜明特点是对方法论的高度自觉，因而具有指导性的研究设计在现代社会研究中是必不可少的。

研究设计是指研究者根据研究实际情况而制订行动规划，它为社会研究提供了一个统领性的指导。克罗蒂（1998）认为，基于认识论和方法论，以及理论视角和具体的研究方法的研究设计才是完整的，明确研究问题和理论支撑是研究开展的关键，而研究方法的适切性则是科学地开展研究实践的重要保证。总体来看，一个相对完整的研究设计应该涵盖研究选题、研究目的、研究内容、研究方式、研究对象和研究方案的设计等几个方面。在社会研究中，在研究者正式开始一项研究之前必须为研究课题设计一个系统、全面的研究方案，以保证研究的顺利进行，并达成自己的研究目的。

## 第一节　研究对象与条件

在研究设计中，研究者应该对研究对象（或分析单位）、研究内容以及具体调查对象有清楚的认知。研究对象是指研究所要调查和描述的对象，它是研究的基本单位。研究内容则是研究对象的属性和特征，它是研究者所要调查和描述的具体指标。调查对象是研究者收集资料时所直接询问的对象。例如，做一项关于家庭中亲子关系的研究，研究对象是"家庭"，研究内容是"亲子关系"，调查对象则是家庭中的"父亲、母亲以及子女"。需要注意的是，有时研究对象和调查对象相同，这通常发生在以个人为研究对象的基本单位的情况中。此外，要想社会研究顺利进行下去，需要具备一定的研究条件和保障措施，这样才能完成高质量的研究工作。

### 一、研究对象

研究对象即社会研究中的分析单位，是指研究中被调查、描述、分析和解释的对象，研究对象是研究的基本单位。社会研究中的研究对象通常分为个人、群体、组织、社区和社会产品五类（详见第一章第二节）。研究对象的特征与属性包括三个方面：

#### （一）状态

状态指的是一些客观指标，通常被用来描述研究对象的基本特征，如一个人的身高、体重、年龄、性别、职业等，企业的组织结构、规模、产量、利润等。研究者可以根据自己的研究假设，选择其中某一些指标。例如，要研究某个群体的政治价值观受到哪些因素的影响，可以选择个人的年龄、性别、职业、文化程度、收入等状态作为主要的影响因素。状态变量在一项社会研究中一般是作为自变量存在的，它对其他变量和社会现象都可能有重要的影响。

### （二）意向性

意向性是研究对象的内在属性，它是一种主观变量，如三观、偏好、思想观念。值得一提的是，不仅个人和群体存在意向性，组织、社区、社会产品也同样具有意向性。比如，不同的组织，如营利性组织和非营利性组织，在从事某项社会活动时，各自的首要价值取向是不同的：营利性组织是以经济效益为第一位的，而非营利性组织则是以社会效益为首要价值取向。

### （三）行为

行为是一种外显变量，它是研究者可以直接观察到的社会行动和社会活动，如上学、就业、参军、结婚等。群体、组织等研究对象也有其特殊的行为。同时，社会行为之间还会相互影响，如一个人的某项行为活动会影响其他人的行为，而其他人的行为又会反过来影响该个人的行为。

## 二、研究条件

社会研究是一项重要的学术工作，为了保证研究工作的顺利进行，需要具备一定的条件和保障措施。

### （一）条件

（1）知识背景。进行社会研究需要有相应的知识背景，掌握社会学等相关学科的基本理论和方法。研究者应该具备扎实的学科知识，以便准确分析和解读社会现象。

（2）研究对象。社会研究需要有明确的研究对象，可以是社会群体、社会事件、社会问题等。明确的研究对象有助于研究者深入研究，并得出准确的结论。

（3）资源支持。进行社会研究需要一定的资源支持，包括时间、经费、人力等。研究者需要有足够的时间来收集数据、分析资料，并进行实地调研。同时，适当的经费和人力支持可以保障研究工作的顺利进行。

### （二）保障措施

（1）伦理审查。在进行社会研究时，需要进行伦理审查，确保在研究过程中不伤害研究对象的利益和权益。研究者应遵循伦理原则，尊重研究对象的隐私和保密要求，确保研究行为的合法性和道德性。

（2）数据保护。社会研究离不开数据的收集和分析，保护数据的安全和隐私至关重要。研究者应采取措施确保数据的机密性和完整性，避免数据泄漏和滥用。

（3）知情同意。在进行社会研究时，研究者应与研究对象进行沟通，征得其知情同意，研究对象应明确知晓研究目的、方法和可能的风险，有权选择参与或退出研究。

总之，为了保证研究工作的质量和效果，需要具备一定的条件和保障措施。只有在具备充足的知识背景、明确的研究对象和一定的资源支持的条件下，同时采取伦理审查、数据保护和知情同意等保障措施，才能开展高质量的研究工作。

# 第二节 研究目的与内容

## 一、研究目的

研究目的是指在进行科学研究或学术探索时所期望达到的最终目标和意图。它是研究工作的出发点和归宿，决定了研究的方向、内容和方法。研究目的通常是获取新的知识、解决特定的问题、改进现有理论和实践，或者推动某一领域的进步和发展。社会研究所要满足的是各种各样不同的目的，而不一样的研究目的又会导致研究内容、研究方式和具体的操作程序的差异。研究目标的陈述对数据收集过程的形成、相关数据特征的确定、关系的探索、研究技术的选择以及最终研究报告结构的确定起着关键作用。从研究设计的角度来看，确定研究目的在研究设计中是不可或缺的。研究设计的类型依据研究目的的不同可分为三种，分别是探究性研究、描述性研究和解释性研究（详见第一章第二节）。

## 二、研究内容

研究内容是社会研究中对特定社会现象、问题或议题进行系统性探索和分析的总称。它涵盖了研究的各个方面，包括研究问题的提出与界定，理论框架的建立与应用，研究方法的选择与实施，数据的收集、处理与分析，研究结果的解释与讨论，以及研究成果的传播与应用。研究内容是研究项目成功与否的关键，它决定了研究的深度、广度和质量。在社会学领域，研究内容不仅仅是对现象的描述，更是对现象背后社会机制的揭示和解释。它要求研究者具备深厚的理论基础、严谨的实证分析能力，以及对社会现象的敏锐洞察力。研究内容的丰富性体现在能够综合运用多种研究方法，包括定性研究、定量研究以及混合研究方法，以确保研究结果的全面性和准确性。具体来说，研究内容应该包括但不局限于以下几点：

1. 研究问题的提出与界定

研究工作始终围绕研究问题展开。研究问题的提出是研究内容的起点，它要求研究者对研究领域进行深入的文献回顾和理论探讨，以识别和界定具有研究价值的问题。这一过程不仅需要明确问题的具体内容，还需要阐明问题的研究范围和预期目标。研究问题的界定应当具有明确的社会学意义，能够反映社会现象的复杂性和多样性，并且能够通过实证研究得到检验和解答。

2. 理论框架的建立与应用

理论框架是研究内容的支撑，它为研究问题提供了概念和理论的基础。研究者需要根据研究问题的特点，选择或构建合适的社会学理论框架。这一框架不仅包括对相关概念的定义和分类，还包括对理论假设的明确表述。理论框架的建立要求研究者具备扎实的理论基础和批判性思维能力，能够将理论与实际社会现象相结合，为研究提供强大的解释力。

3. 研究方法的选择与实施

研究方法的选择与实施是研究内容的核心部分，它直接关系到研究结果的有效性和可靠性。研究者需要根据研究问题的性质和理论框架的要求，选择最合适的研究方法。这可能包括定量研究的统计分析、定性研究的案例分析、参与观察、深度访谈等。研究方法的实施要求研究者具备出色的操作技能和分析能力，确保数据的准确收集和科学分析。

4. 数据的收集、处理与分析

数据的收集、处理与分析是研究工作的关键任务。研究者需要设计合理的数据收集计划，包括样本的选择、调查工具的设计、数据来源的确定等。在数据收集过程中，研究者必须遵守科研伦理，确保信息的真实性和保障参与者的隐私权。收集到的数据需要用科学的处理和分析方法来整理和解读，以验证研究假设或回答研究问题。

5. 研究结果的解释与讨论

研究结果的解释与讨论是对研究内容的深入挖掘和理论提升。研究者需要将数据分析的结果与理论框架相结合，对研究结果进行系统的解释和讨论。这一过程不仅要求研究者对数据进行准确的解读，还要求其能够对研究结果进行批判性的思考，探讨研究结果对现有理论和实践的意义，以及可能存在的局限性。

6. 研究成果的传播与应用

研究成果的传播与应用是研究工作的最终目的。研究者需要将研究成果以学术论文、报告、专著等形式传播给学术界和公众，促进知识的积累和交流。同时，还应当考虑研究成果在政策制定和社会实践中的潜在应用，为解决实际社会问题提供理论依据和实践指导。

通过对以上六个方面的详细阐述，研究内容的解释将更加丰富和深入，有助于读者全面理解社会研究所涉及的工作和任务，以及研究过程的复杂性和多维性。

# 第三节　研究问题、方法与理论支撑

## 一、研究问题

研究问题是研究者在进行研究时所要解决和探讨的核心问题。研究的第一步是界定研究问题，它既可以是某个关注领域的问题，也可以是现有知识未解决的问题，还可以是有待进一步研究的问题。研究问题通常是研究者在研读文献的基础上，从理论、实践应用和研究方法等角度提出的具体问题。

研究问题的界定可以通过两个步骤来实现：

（1）通过与该领域的同事或专家讨论，全面了解问题。在学术环境中，相关研究者可以提供宝贵的指导，帮助缩小问题的范围并将其具体化；在组织环境中，行政机构可能会指定问题，并对问题的起源和可能的解决方案提出见解。与此同时，研究者会对现有文献进行广泛查阅，主要包括两类文献：综述类文献（阐述相关概念和理论）和研究实践类文献（特别是与拟定研究相类似的研究）。通过查阅文献，研究者可以深入了解可用的数据和材料，从而在有意义的背景下明确研究问题。

（2）用分析或操作术语表述研究问题，使其尽可能具体。这项任务意义重大，因为它有助于明确研究的边界。必须核实与问题相关的背景事实的客观性和有效性（详见第五章第一节）。

## 二、研究方式

社会研究常见的几种研究方式为：调查研究、实验研究、扎根研究、田野研究、文献研究（见表5-1）。不同的研究方式在研究社会现象时所具有的优点和局限性各不相同，因此在应用时也要有所选择。

**表5-1　五种研究方式分类表**

| 研究方法 | 调查研究 | 实验研究 | 扎根研究 | 田野研究 | 文献研究 |
|---|---|---|---|---|---|
| 定义 | 通过问卷、访谈等方式收集数据，对某一现象或问题进行调查和分析的研究方式 | 在控制变量的情况下，通过实验操作来观察和测量因果关系的研究方式 | 通过对原始数据的深入分析和解释，揭示现象背后的意义和结构的研究方式 | 在自然环境中对现象进行观察和记录，以获取第一手资料的研究方式 | 通过阅读、分析和评价已有的文献资料，对某一问题进行研究和探讨的研究方式 |
| 特点 | 数据来源多样，包括问卷、访谈等。适用于各种研究领域和问题。可以快速收集大量数据。可能存在主观性或误差 | 控制变量，确保因果关系的可靠性。可以观察和测量现象的变化。适用于因果关系的研究。可能存在实验条件的限制 | 深入分析原始数据，揭示现象背后的意义和结构。适用于复杂现象的研究。需要对数据进行深入处理和分析。可能存在主观性和误差 | 在自然环境中进行观察和记录。获取第一手资料，具有较高的可靠性。适用于实地研究。可能存在时间和空间的限制 | 利用已有的文献资料进行研究和探讨。适用于历史、文化等领域的研究。可以节省时间和成本。可能存在信息不完整和过时的问题 |
| 应用场景 | 市场调查、民意调查、教育评估等 | 药物试验、心理学实验、社会行为实验等 | 社会学、心理学、人类学等领域的深度研究 | 社会学、人类学、地理学等领域的实地研究 | 历史研究、文化研究、文献综述等领域的研究 |

## （一）调查研究

调查研究具有明确的目的性和计划性，研究者通过有目的地设计和发放调查问卷、进行访谈等方式，系统地搜集和分析数据，以了解研究对象的真实情况。调查研究通常采取自填式问卷或者结构式访谈的方法从某一研究对象那里收集资料，并通过对资料进行分析得出有关某种社会现象的认知和规律。具体来说，调查研究有以下几种特征：

（1）研究对象的广泛性。研究对象可以是某一特定的人、企业或者行业，也可以是某一特定的城市、省市或者国家。

（2）调查手段的多样性。研究者可以根据实际需要选择一种或多种方法和手段收集数据，有时甚至需要综合运用多种方法来收集材料。调查记录格式统一标准，可以汇总统计。

（3）调查研究是在自然而然状态下进行的，并不需要干预或者控制改变研究对象，因此它能够更真实、客观地反映研究对象的实际情况。

基于数据的性质和研究目标，研究者通常在调查研究中选择定性和定量两种方式中的一种或两者结合。定性调查是从定性的角度对研究对象进行描述分析，而不对研究对象进行量的测定。与之相反，定量调查则主要通过问卷访问方法收集有关研究对象的各种特征，然后对收集到的数据进行整理，录入相关软件进行分析、归纳、概括，并撰写报告。

定性调查注重的是事物的属性，而定量调查注重的是调查对象抽取的量化数据。定性调查通常采用无结构的非统计的方法获取理解，共同形成决策方案。相反，定量调查将数据定量表示，并将有代表性的结果从样本推广到由所有个案组成的大的研究总体。在一个研究中，研究者往往结合两种方法来更全面地了解研究对象。

## （二）实验研究

实验研究，也被称为"实验性研究"，是一种收集直接数据的研究方式。在这种方式中，研究者会选择一个适当的群体，创设一定的情景，并通过不同的手段来控制可能影响结果的相关因素，然后检验不同群体间反应的差别，通过一个或多个变量的变化来评估它对一个或多个变量产生的效应。实验研究的主要目标是显示相关因素与结果间的直接因果关系，这种研究方式可以提供对特定问题的深入理解，通常用于心理和教育科学研究领域。

在进行实验研究时，研究者需要设计一个详细的实验方案，包括拟采取的研究方法、研究手段、技术路线等。此外，还需要进行可行性分析，以确保研究的有效性和可行性。

实验研究的结果通常以数字或图表形式表示，需要运用数学与统计工具去分析研究对象的数量或数值，通过建立各种数据模型或数据对比的形式，得到客观结论，从数据层面证明研究理论，所获得的结果具有较高的可靠性，得到的结论也可以在相同的条件下由其他研究者重复进行，以资证明。

## （三）扎根研究

扎根研究是通过运用系统化的程序，归纳出理论的一种定性研究方式，它强调从数据中归纳出概念和理论，而不是事先设定假设或理论。扎根研究通常包括以下几个步骤：

（1）确定研究领域和问题。研究者需要明确自己想要研究的领域和问题，并收集相关的文献资料。

（2）选择研究对象。研究者需要选择一个或多个研究对象，这些对象可以是个人、组织、事件等。

（3）收集数据。研究者需要通过访谈、观察、记录等方式收集数据，以了解研究对象的情况和行为。

（4）分析数据。研究者需要对收集到的数据进行逐级编码和主题分析，以发现其中的模式和规律。

（5）归纳概念和理论。基于数据分析的结果，研究者需要归纳出概念和理论，并进行验证和修正。

扎根研究的优点在于可以深入了解研究对象的实际情况和行为，发现新的问题和解决方案；缺点在于需要耗费大量的时间和精力，且结果难以量化和推广。

### （四）田野研究

田野研究，又被称为"田野工作""民族志研究"，这种表述最初来源于自然科学，指的是在人为控制的实验室环境以外的自然场景中收集研究资料的研究方式。在社会科学领域，如社会学、人类学、语言学等，田野调查被视为一种重要的调查研究方式。

田野研究的主要特征是研究者深入研究对象的生活环境，在与研究对象共同生活中，对研究对象进行观察、访谈与记录；研究者将自己作为研究工具，所收集到的资料以定性资料为主。通过对这些资料进行分析，研究者得以理解和解释研究对象。此外，田野研究也被视作人类学学科的基本方法论，以及最早的人类学方法论，它体现了直接观察法的实践与应用。

田野研究注重对研究对象进行深入、全面且详细的理解和解释，尤其适用于对社会现象和文化现象的研究。例如，恩格斯的《英国工人阶级状况》就是定性田野研究的佳作。定性的田野调查往往需要直觉，与技术性的定量工作有很大差别。

总的来说，田野研究是一种强调现在时、在场感的研究方式。其目标是通过对特定情境的深入理解和细致描绘，发现具有规律性、机制性和普遍性的问题，进一步积累和发展知识。

### （五）文献研究

文献研究是一种主要依赖于搜集、鉴别和整理相关文献资料，通过对文献的深入分析以形成对事实的科学认识的研究方式。这种方式的使用通常开始于确定研究课题后，对相关文献进行搜索、筛选和整理，然后对这些材料进行详细的分析和解读以得出结论。

在实施文献研究时，全面性和客观性是至关重要的原则。全面性要求研究者尽可能多地收集与研究主题相关的文献，以确保研究的广度和深度；客观性则要求研究者在分析和解释文献时要尽量避免个人的主观偏见，力求对事实的准确理解和公正评价。

文献研究对特定主题或问题进行深入理解和解释，这种研究方式主要依赖于对文献资料的考察和分析，通常包括文献检索、筛选、评估以及数据提取和整理等步骤。

首先，研究者需要通过各种途径（如图书馆、数据库等）查找并获取相关的研究文献；然后，根据预先设定的标准（如研究主题、质量、相关性等）对文献进行筛选和评估，确定哪些文献是高质量且与研究主题紧密相关的；接着，从选定的文献中提取出对研究有用的信息或数据，这些信息或数据可能是以文字、数字、符号、画面等形式出现的；最后，基于收集到的数据，采用适当的定性分析方法（如编码、分类、主题分析等）对数据进行解读和理解，揭示研究对象的本质特征及内在规律。

文献研究的结果通常以文字的形式来呈现，旨在形成对世界的理解，而不仅仅关注具体的行为细节。这是一种强调"为什么"，而非仅回答"是什么""在哪里"以及"何时"的问题的研究方法。

这种方法的优点包括无反应性，即研究对象不会受到研究者的影响；适于作纵贯分析，可以对同一研究对象进行长期跟踪研究；保险系数相对比较高，因为研究过程中不会对研究对象产生任何影响。

然而，利用文献的定量研究也存在一些缺点。其一，许多文献的质量往往难以保证，可能会影响研究结果的准确性。其二，由于无法接触研究对象，可能会存在一定的偏差。

根据具体收集资料的方法或者具体操作方式以及所依赖的文献类型的不同，利用文献的定量研究又可以细分为内容分析、二次分析和现存统计资料分析三种类型。内容分析是对各种信息传播形式的显性内容进行客观的、系统的和定量的描述与分析。二次分析则是对那些由其他人原先为别的目的收集和分析过的资料所进行的新的分析，在当前主要是对某种数据库中的资料进行分析。现存统计资料分析是对各种以频数、百分比等形式出现的聚合资料进行分析。

## 三、研究方法的选择

研究方法是实现研究目的的工具和途径，如"桥"似"船"。只有依据课题研究目的、结合研究条件、追求方法互补，才能确定适切的研究方法。研究方法的选择与研究者的研究问题、研究对象、研究目标、研究条件等都密切相关。同时，对于同一个研究问题，研究者也可以采用不同的研究方法。此外，研究者在研究某一个特定的现象时，也可以采用多种不同的研究方法。

案例1：一位科学家正在研究一种新型药物的功效，他使用了标准的实验研究法，但结果并不如他所预期的那样，于是他决定寻找其他的研究方法。他开始寻找相关文献并与其他研究者交流，最终发现了一个新的实验方法。在使用这种新方法时，他得到了新的结果，这为他的研究带来了巨大的突破。

案例2：一位历史学家正在研究古代文化。他发现许多历史事件的记录并不完全准确，因此他决定寻找其他的证据来证明这些事件的真实性。他开始研究当时的艺术品、建筑和其他文化遗产，并与当地的居民交流。通过这些研究方法，他能够得到更准确的历史记录，并更好地理解过去的文化。

案例3：一位社会学家正在研究某个社会问题。他使用了标准的问卷调查方法，但发现许多参与者没有给出真实的答案。他决定采用其他方法，如深度访谈和观察。通过这些方法，他能够更好地理解参与者的真实想法和行为，并得出更准确的结论。

案例4：一位工程师正在研究一种新型机器人的设计。他使用了计算机模拟和实验室测试等标准方法，但发现机器人在实际环境中的表现并不理想。于是他开始观察机器人在真实环境中的表现，并与用户交流，以此了解他们的需求和反馈。通过这些方法，他能够设计出更符合用户需求的机器人。

这些案例展示了用多种方法研究问题的重要性，以及如何在使用不同方法时获得更准确和全面的结果。无论是科学、历史、社会学还是工程学，都需要使用多种方法来研究问题并得出最佳的解决方案。

## 四、研究理论的选择

研究者在进行研究时，应选择合适的理论来指导研究的方法。这涉及对不同理论的认识和评估，并根据研究问题、研究目的和研究对象等因素进行选择（详见第三章第三节）。以下是一些常见的研究理论选择的原则和方法：

（1）研究问题与理论的契合度。研究者首先要确定研究的问题和目的，然后评估不同理论与研究问题之间的契合度。选择与研究问题相关的理论，可以提供更有效的研究框架和解释模型。

（2）理论的可验证性。研究者应该考虑所选择理论的可验证性，即该理论是否具有明确的假设和预测、是否可以通过研究设计和方法进行实证研究。选择可验证的理论可以帮助研究者进行科学推理和验证研究假设。

（3）研究领域中的主流理论。研究者应在研究领域中了解主流理论，并考虑选择其中一个或多个作为研究的指导。主流理论通常经过了广泛研究和验证，有较高的可信度和可操作性。

（4）研究的范式和方法论。不同的研究范式和方法论对应不同的理论选择。例如，定量研究通常会选择以实证分析为基础的理论，而定性研究可能更侧重于解释性理论。研究者需要根据研究范式和方法论来确定合适的理论。

（5）理论的完整性和可操作性。选择理论框架时，需要考虑理论的完整性和可操作性。理论框架应能够整合各种相关变量，并提供清晰的操作性定义和测量方法，以保证研究的科学性和可操作性。

总之，一项研究源于一个好的研究问题，而好的研究问题通常来源于现实生活。无论是否从事研究，人们均应当关注现实生活中的问题。而从理论的视角对现实问题进行解释分析，则体现了研究者独特的理性思考能力，这是研究中与人的主观精神世界相联系的部分，发挥人的主观能动性可以加速问题的解决；将研究问题与理论相连接，则是将现实与理性相连接，将客观世界与人的主观世界相连接。

# 第四节 研究计划

研究计划是在科学领域中，为了解决某一特定问题而制定的一系列相关实验、调查和数据分析的计划和实施方法。其目的是获取对问题的深入理解，并得出可靠的结论。

## 一、研究路线图

研究路线图是一项关键的研究计划工具，用来指导研究项目的规划和实施。它将研究任务、方法和时间表清晰地呈现在一个图表中，帮助研究者更好地理解研究目标并安排研究工作。

研究路线图一般以研究思路为导向，并使用箭头符号连接各个部分的逻辑关系。

最常见的逻辑结构是三纵列的方式，纵向上以研究思路、研究内容、研究方法划分，横向上展开各部分的具体内容，并且方法和内容要能一一对应上。例如，李思萦（2019）在《"全面二孩"政策下人口老龄化对中国养老保险支出的影响研究》中，将研究思路、研究内容、研究方法以研究路线图（见图 5 - 1）的方式呈现，有助于读者清晰把握该研究的过程以及思路。

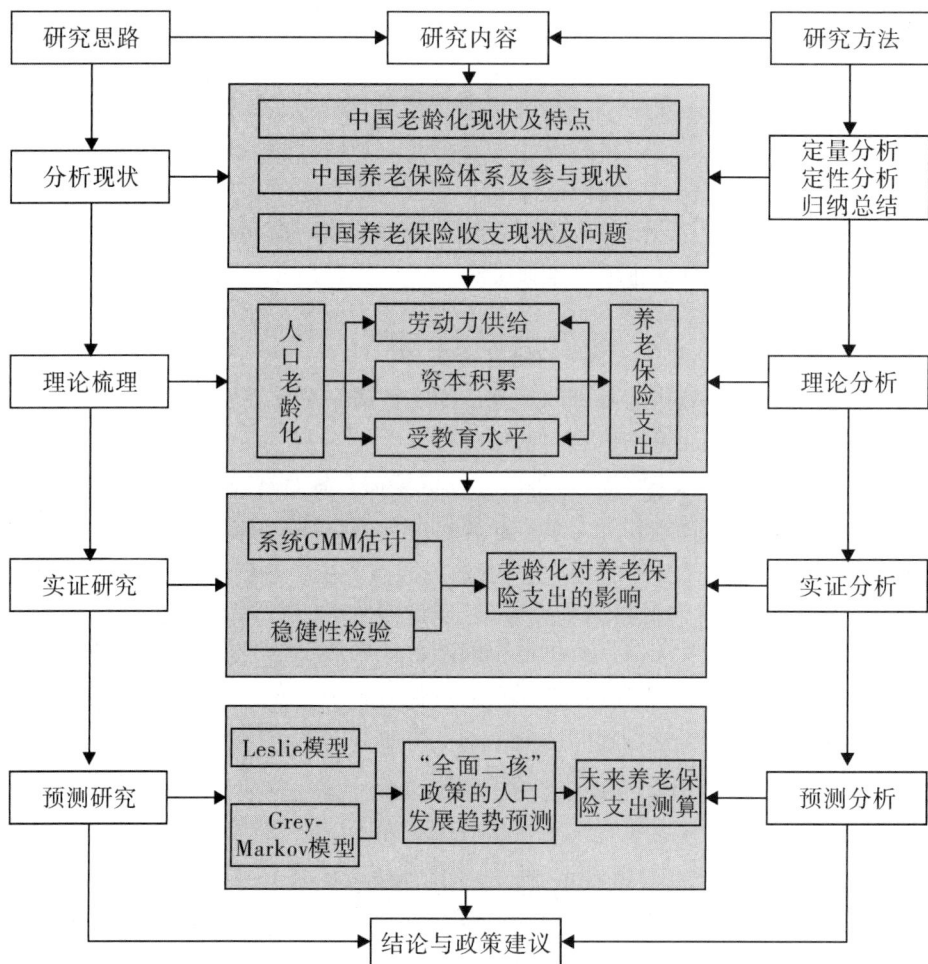

图 5 - 1　"全面二孩"政策下人口老龄化对中国养老保险支出的影响研究

## 二、时间与研究经费的使用

一项社会研究从定下题目到完成报告，往往有时间上的限定或要求。为了在规定的时间范围内保质保量地完成研究任务，顺利达到预定的研究目标，研究者应该在研究开始之前，对整个研究工作的时间分配和进度进行安排。每个阶段所分配的时间要合适，还要留有一点余地。特别要注意给研究的设计和准备阶段多安排一些时间，不要匆匆忙忙地开始收集资料的工作。此外，对于研究经费的使用，也应该有大致的考虑和合理的分配，以保证各个阶段的研究工作都能顺利进行。

## 三、人力、物力安排

对于一项规模较大且持续时间较长的研究，往往需要多个研究者的共同努力才能完成，同时还可能涉及挑选、培训调查员的问题。因此，在研究设计中，必须要对研究课题的组成人员及其在研究中所承担的任务进行说明，明确分工，制定相应的组织管理办法。对于调查员的挑选、培训工作也要事先规划，制订出切实可行的培训方案，以保证研究工作的顺利进行。

# 第五节　研究者需要注意的问题

## 一、区群谬误和简化论

### （一）区群谬误

区群谬误，亦称"层次谬误"，是一种在社会研究中分析统计资料时容易出现的一类错误。如果仅基于群体的统计数据就对其下属的个体性质作出推论，就是犯了区群谬误的错误。

案例1：某研究者发现，富裕国家的生育率低于非富裕国家，于是他得出结论：富人比穷人更不愿意生孩子。这样研究者就犯了区群谬误的错误，因为他收集到的资料只是国家层面的，而得出的结论却是国家中人群层面的。出现这种现象，也可能是因为富裕国家中穷人不愿意生孩子，所以拉低了富裕国家的生育率。

案例2：某研究者在收集资料的过程中发现，甲城的受教育程度整体高于乙城，由此他得出在甲城生活的A的受教育程度绝对高于在乙城生活的B，如此他就犯了区群谬误。

从以上两个案例中可以发现，研究者之所以犯区群谬误，其根本原因在于研究者收集到的资料是某个层次的，而得出的结论却是另一个层次的，研究者本人并没有明确自己收集到的资料属于哪个层次。

（二）简化论

简化论，也被称为"简约论"或"还原论"，是一种社会调查方法，它用个体层次的资料来揭示宏观层次的现象。在社会研究中，这种理论倾向于使用某类特征来解释各种复杂的社会现象。

例如，当解释某种社会现象时，经济学家可能只考虑经济方面的原因，而社会学家可能只考虑社会学特征。然而，这种方法可能会忽视那些在较低层次上不可观察但在较高层次上有重要影响的因素，从而可能导致对研究结果的误解。

类似的研究还有很多。比如，当研究者发现越穷的人的犯罪率越高时，研究者不能立即推论出越穷的地区犯罪率也就越高；当研究者发现越穷的人生育率越高时，研究者不能立马推论出越穷的地区生育率也就越高。

简化论产生的一个主要原因在于，研究者很容易搜集到个体层面的资料，而宏观层面的资料往往不易获得且较为含糊不清。要避免犯简化论和区群谬误这两种错误，关键在于研究者要始终牢记自己收集到的是个体层面的资料还是集体层面的资料，要保证得出结论时所使用的分析单位就是资料收集时候的分析单位。这也提醒研究者，在做一项社会研究时，必须要对研究对象、研究内容和调查对象有一个清晰的认知。

## 二、伦理问题和政治问题

在以定性为主的研究中，研究者还应该说明研究中需要注意的伦理和政治问题，必要情况下，应该在研究计划书中给出解决方案，它包括但不局限于以下几点：第一，保护参与者的隐私。研究者应尊重参与者的隐私，并确保在研究过程中采取适当的措施来保护他们的个人信息。第二，获取知情同意。在设计涉及人或动物的实验方案时，研究者必须获得参与者的知情同意或按照"实验动物管理原则"执行。第三，避免科研行为不当。研究者应避免任何可能损害参与者利益的行为，包括但不限于欺诈、剽窃、篡改数据等。在进行研究时，研究者应遵守所有相关的环境和安全规则。第四，尊重著作权和知识产权。在引用他人的研究成果时，研究者应尊重著作权和知识产权。第五，保持政治敏锐性。在涉及政治问题的研究中，研究者需要注意避免引发政治争议。研究者应保持中立，尽量避免在报告中表达个人的政治立场。

以上只是一些基本的指导原则，具体的伦理问题和政治问题可能会根据研究的具体内容和背景而有所不同。因此，在进行定性研究时，研究者应始终保持警惕，并确保自己的行为符合相关的伦理准则和法律规定。

以下是研究计划书的案例：

亲子关系对青少年偏差行为的影响——基于 CEPS 数据的潜在类别分析[①]

1. 研究目的和研究意义

该研究基于全国代表性抽样调查数据，从亲子关系这一微观视角考察其对青少年偏差行为的影响，以期为培养青少年良好社会行为提供更多家庭关系方面的经验启示。

2. 研究内容

亲子关系对青少年偏差行为的影响。

3. 文献综述

研究者查阅相关文献，进行文献综述，以了解该领域的研究现状以及为自身的研究提供思路与方法。研究者发现过往的研究大多以个体在量表上的总分为标准，将学生的偏差行为简单地划分为高、中、低组，或是直接将偏差行为程度作为一个整体进行考察，忽视了不同偏差行为指标之间的组合倾向和潜在关系，此外，由于纳入的样本数量有限，已有的实证研究缺乏代表性，限制了研究结论的进一步推广。鉴于此，该研究试图突破已有研究的不足，基于以个体为中心的视角，借助潜在类别分析识别青少年偏差行为类型分布，并探讨亲子关系的预测作用。

4. 研究的理论基础和研究假设

该研究以阿格纽提出的一般紧张理论为理论基础。该理论认为，个体偏差行为除了受社会环境因素的影响，还与个体所处的紧张情境有关。他将个体紧张的来源分为以下三种类型：一是未能达到期望的目标，即理想或期望与现实结果有落差。对于青少年而言，他们树立的通常是一些立即性目标，如考试取得好成绩、在比赛中获胜、获得异性青睐、获得父母表扬等。当青少年的预期目标与实际结果出现落差时，他们会产生紧张情绪和压力感，进而容易导致偏差行为的出现。二是失去正向的刺激，即个体生活中所喜欢的对象消失、离开或被破坏。对于青少年而言，生活中正向刺激的失去包括父母因关系不和而分居或离异、与父母或好友关系决裂等。三是生活中负面刺激的出现，即生活中发生令人焦虑不安的事情，如亲子冲突、学业压力、同伴排斥等。在这种情况下，如果个体的紧张和愤怒情绪得不到纾解，就容易发生冲动的攻击或消极的逃避行为。

研究者提出了两个研究假设：非亲密型父子关系会显著增加青少年的偏差行为；非亲密型母子关系会显著增加青少年的偏差行为。

5. 资料收集和资料分析的方法

该研究是解释性研究。该研究的研究方法是以现有统计资料为基础，进行二次分析。该研究所采用的数据来自中国人民大学中国调查与数据中心设计与实施的大型调查项目"中国教育追踪调查"（CEPS）2014—2015 学年的数据。纳入分析的样本数为 7 304 人，涉及 28 个区县的 112 所学校。

6. 变量说明

该研究的自变量是亲子关系，包括父子关系和母子关系。问卷将选项设置为"不亲近""一般""很亲近"三类，并将其转化为二分类变量："不亲近""一般"赋值为 0，

---

① 郑莹，马皓苓. 亲子关系对青少年偏差行为的影响：基于 CEPS 数据的潜在类别分析 [J]. 教育科学探索，2023，41（4）：82 – 90.

表示亲子关系不亲密；"很亲近"赋值为 1，表示亲密型亲子关系。

该研究的因变量是青少年偏差行为。根据受访者在过去一年是否存在"骂人""说脏话""打架""欺负同学""逃学""旷课""喝酒""上网吧"等 10 个行为（记作"Y1—Y10"），选项分别赋值为：从不 = 1、偶尔 = 2、有时 = 3、经常 = 4、总是 = 5。将各项分数加总可得到一个取值范围为 10~50 的连续变量，数值越大表明青少年偏差行为越严重。

本研究的控制变量包括家庭社会经济状况、父母关系、年龄、性别等。

# 第六节　研究计划书

研究者在进行某一研究之前，通常要将自己的研究计划写出来以形成一种书面报告，这就是研究计划书。研究设计的最终目的也是要制作一份完整、清晰的研究计划书。它是对研究的具体过程的规划，研究计划书相当于一个工程的图纸，如果事先有比较周密的规划，那么研究就会比较容易实施。

总体来说，研究计划书应该包括如下几个方面：

## 一、研究目的和研究意义

研究目的和意义即研究者为什么从事该项研究、此研究的实际价值和理论价值在哪里。研究目的说明可以帮助研究者明确研究的方向和焦点，避免在研究过程中偏离主题，而研究意义的说明可以帮助评估这项研究的价值和影响，比如它能否填补现有知识的空白，或者对实践有何贡献。通常，清晰明确的研究目的和意义可以使读者（包括同行、评审人员或资助机构）对研究者的研究产生兴趣。

在对研究目的和意义进行说明时，应该简洁明了地陈述研究者希望通过这项研究实现什么，详细地解释这项研究为何重要，以及它可能产生的影响，其中应该包括但不局限于：想解决什么问题？想验证或推翻什么理论？这项研究能如何填补现有知识的空白？这项研究如何推动研究者所在领域的发展？这项研究对实践有何贡献？

当然，准确说明研究目的和意义的前提是研究者对自己的研究非常了解并有明确的认知，这种认知包括研究者对于该研究课题的理解，研究要解决的问题是什么，该课题对于人们认识社会、改造社会有哪些作用。如果研究者本人都说不清楚研究课题的目的和意义，那么该课题是否值得去做、是否值得深入了解，显然就值得怀疑了。因此，研究者本人必须对自己的研究目的和意义有一个非常明确的理解和认知。

## 二、研究内容

研究内容是对研究问题的具体分解和细化。只有详细说明研究内容，研究者才能继续深入自己的研究，才能知道应该去收集怎样的资料。详细的研究内容可以帮助研究者明确自己的任务，理解需要做什么以达到研究目的。同时，通过列出研究内容，研究者可以规划和组织研究的步骤和过程，使得研究更加有条理。此外，清晰的研究内容可以帮助评审人员或资助机构评估这项研究的可行性和实施计划。

那么，如何去说明研究内容呢？首先，研究者应该详细描述他打算进行的每一项任务或实验。这可能包括将使用的方法、技术、数据或资源，以及预计会遇到的挑战和问题。其次，研究者应该按照逻辑顺序列出研究内容。这可以帮助读者理解研究者的思路，让其看到研究是如何一步步推进的。最后，对于每一项任务或实验，研究者都应该说明期望得到什么结果，以及这些结果如何帮助自己达到研究目的。

## 三、文献综述

文献综述是指对到目前为止与某一研究问题密切相关的各种文献进行系统的查阅和分析，以了解该领域的研究现状。通过文献综述，研究者可以发现对于某一研究主题哪些人曾经做过什么样的研究，他们取得了哪些成果，哪些成果是本次研究可以借鉴的，同时这些研究又存在哪些不足（正是这些不足才引发了本次的研究）。

## 四、研究的理论基础和概念界定

虽然不是每一类的研究都必须有研究假设，但是对于那些必须有研究假设的研究来说，研究者则应该在研究计划书中对研究假设进行一番陈述和说明。只有在以解释为目的的研究中，才必须建立起研究的研究假设。在以解释性为主的研究计划书中，研究者必须对研究假设进行陈述和说明。

之所以要在研究计划中说明研究的理论基础，是因为理论基础为研究提供了指导，帮助研究者确定研究的方向和方法。没有理论基础，研究可能会变得混乱和无目标。理论基础可以帮助研究者解释和理解在研究中观察到的现象。通过理论，读者可以更好地理解研究者的发现，并将其放入更大的知识框架中。理论基础可以帮助研究者预测研究的结果。如果预测与实际结果一致，那么这将进一步证实理论；如果不一致，那么这可能意味着需要修改或发展新的理论。对于读者（包括同行、评审人员或资助机构）来说，一个坚实的理论基础可以增加他们对研究结果的信任。如果研究者的研究建立在已经被广泛接受和验证的理论基础上，那么读者就更有可能接受研究者的发现。

此外，在研究计划书中，概念界定是一个至关重要的环节，它涉及对研究中使用的关键术语和概念进行明确和精确的定义。这一步骤对于确保研究的清晰性、准确性和可重复性至关重要。概念界定有助于避免研究过程中的误解和混淆，确保研究者和读者对研究对象和研究问题有共同的理解。

概念界定通常包括以下几个步骤：

（1）识别关键概念。研究者需要识别出研究中将要使用的所有关键概念和术语。这些概念可能包括研究主题、研究问题、理论框架、研究方法等。

（2）文献回顾。通过查阅相关文献，研究者可以了解这些概念在学术界是如何被定义和使用的。这一步骤有助于确保概念的定义与学术界的共识相一致，同时能够发现可能存在的不同理解和使用方式。

（3）明确定义。在了解了学术界的通用定义之后，研究者需要根据自己的研究目的和研究问题，给出每个关键概念的明确定义。这些定义应当尽可能地清晰、具体，避免模糊和歧义。

（4）考虑概念的层次和范围。在定义概念时，研究者需要考虑概念的层次和范围。例如，一个概念可能有不同的层次，从广泛的意义到更具体的意义，研究者需要明确自己的研究将关注哪一个层次。

（5）关联理论和实证研究。概念的定义应当与研究的理论框架和实证研究紧密相关。研究者需要确保概念的定义不仅在理论上是合理的，而且在实证研究中也是可行的。

（6）使用操作性定义。在实证研究中，概念往往需要转化为可测量的变量。因此，研究者需要提供操作性定义，即如何通过具体的研究方法来测量和评估这些概念。

通过以上步骤，研究者可以确保研究计划书中的概念界定既准确又具有操作性，为后续的研究实施和数据分析打下坚实的基础。

## 五、研究地点和研究对象的选择

说明研究地点在研究计划书中的重要性在于：①地点的特殊性。如果正在研究特定的生态系统，可能需要选择一个具有这种生态系统的地点。②可获得的资源。如果需要特定的设备或数据，可能需要选择一个可以提供这些资源的地点。③实施研究的可行性。如果进行长期观察，可能需要选择一个可以长期居住和工作的地点。

说明研究对象在研究计划书中的重要性在于：①对象的代表性。如果正在研究一个更大群体的特性，可能需要选择一个能代表这个群体的对象。②对象的可获得性。如果需要大量的数据或样本，可能需要选择一个容易获得或操作的对象。③对象的相关性。如果正在研究一个特定的问题或现象，可能需要选择一个与这个问题或现象密切相关的对象。

## 六、研究方法及研究者的角色

研究方法是指为了达到研究目的而采取的具体操作步骤和技巧。它是研究过程中的核心部分，直接关系到研究的有效性和可靠性。一个清晰、合理的研究方法说明可以帮助评审人员、指导老师或未来的研究参与者理解研究是如何进行的，以及如何通过科学的方式去验证研究假设或解决研究问题。

对于研究方法的说明应该包括以下几点：

（1）明确研究问题和目标。在描述研究方法之前，首先要明确研究问题和目标。这将帮助读者理解选用的研究方法是为了解决什么问题或达到什么目的。

（2）选择合适的研究设计。根据研究问题和目标，选择最适合的研究设计。研究设计可以是实验性研究、观察性研究、案例研究、调查研究等。每种设计都有其特定的方法和步骤。

（3）描述数据收集方法。详细说明如何收集数据。这可能包括调查问卷、访谈、观察、文献回顾、实验等。对于每种收集数据的方法，研究者都需要说明其操作步骤、所需工具和材料、参与者的选择标准等。

（4）阐述数据分析计划。描述如何分析收集到的数据。这可能包括定性分析、定量分析或两者的结合。研究者需要说明分析的具体方法，如统计分析、内容分析、主题分析等，并解释为什么这些方法适合此项研究。

（5）讨论研究的局限性和偏差。任何研究都有可能存在局限性和偏差。在研究方法部分，研究者应该识别并讨论这些潜在的问题，并说明将如何尽量减少它们对研究结果的影响。

（6）预期结果。虽然这不是必需的，但有时在研究方法说明中提出预期结果可以帮助读者理解研究目标和方向。

通过上述步骤，研究者可以在研究计划书中清晰、系统地说明研究方法，使读者能够理解研究过程，并评估其可行性和科学性。一个好的研究方法不仅能够指导研究者研究实践，还能够展示研究者本人的研究能力和对研究领域的深刻理解。

此外，在定性研究中，研究者进入场景的方式以及研究者的角色是非常关键的。研究者可能会选择不同的方式来进入他们的研究场景。这可能包括：直接观察，即研究者直接进入场景进行观察，但不参与场景中的活动；参与观察，即研究者既参与场景中的活动，又进行观察；全面参与，即研究者完全融入场景，成为场景的一部分。

在定性研究中，研究者的角色可能会根据他们选择的进入场景的方式而变化。如果研究者选择直接观察，他们可能会扮演一个"外部"的角色，从边缘观察场景中的活动，即观察者。如果研究者选择参与观察，他们可能会扮演一个"内部—外部"的角色，既参与场景中的活动，又保持一定的距离以进行观察，即参与者和观察者。如果研究者选择全面参与，他们可能会扮演一个"内部"的角色，完全融入场景，即全面参与者。

无论选择哪种方式和角色，重要的是要确保研究的有效性和可靠性。这可能需要研究者在保持客观性和保护研究对象权益之间找到平衡。

## 七、资料收集和资料分析的方法

不同的研究方法对应不同的资料收集方法，而每一种具体的资料收集方法都有着各自的优点和缺点。研究者的任务就是根据自己的研究，找到适合本次研究的具体的研究方法，以达到最好的研究效果。同时，根据研究类型的不同，资料的分析方法也有一定的差别。例如，探索性研究主要依赖于定性的分析方法，实验研究和调查研究主要依赖于定量的分析方法。对具体分析方法的选择必须结合研究课题的目标、内容和要求来进行。

# 思维导图

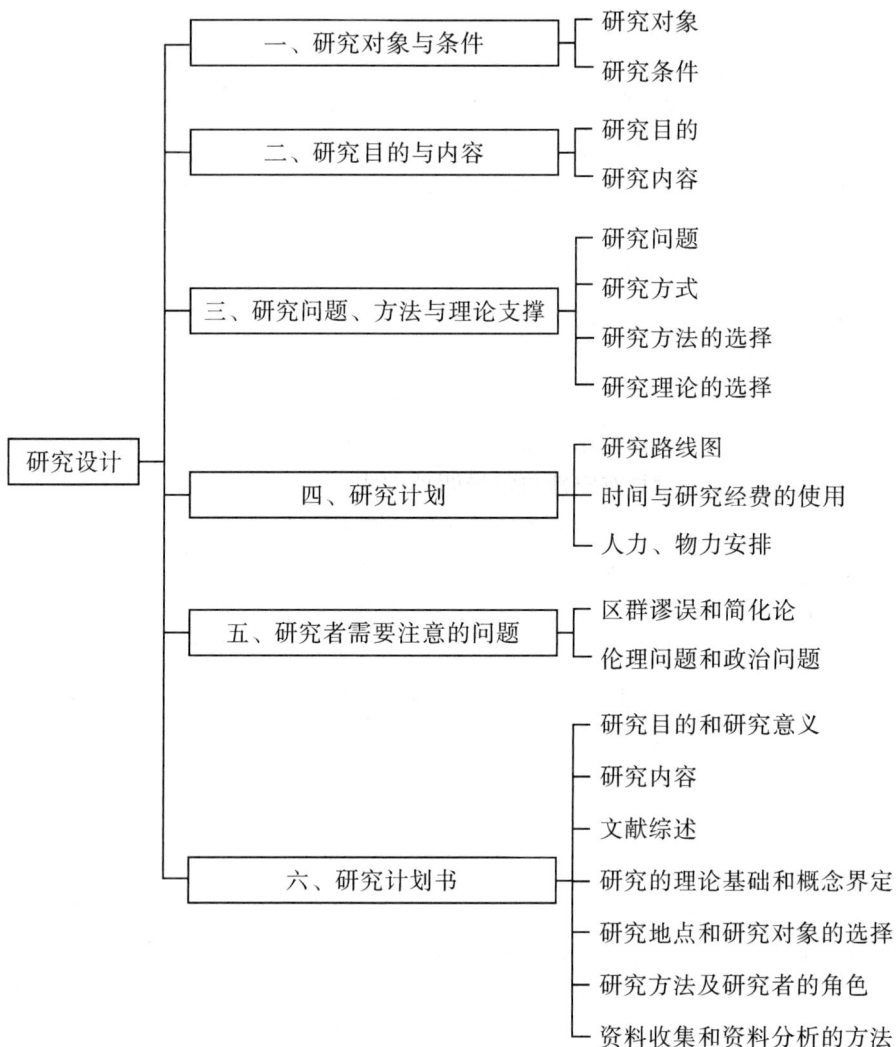

# 第六章　文献研究

文献的概念有广义和狭义之分。从广义上说，"文献"这一概念的外延极为丰富，文字、图像、符号、视频、音频等各种记录知识和信息的载体都可以被称为"文献"。而从狭义上说，"文献"概念专指已经发布和传播的关于特定研究主题或问题的学术研究成果。这些成果可以通过不同的渠道发布，如专著、学术期刊、会议论文集、网站等。简言之，文献是某一研究领域内已经公开发表的学术知识和研究成果。

文献研究是一种系统的、科学的、完整的研究方式。有些学者也将其称为"非接触性研究"，因为这种方式不会直接接触研究对象，研究者不会与研究对象发生反应。袁方（2013）指出，在研究过程中，文献获取与资料分析是互相联系的，研究者往往不是基于某种类型的文献资料开展搜索工作，而是在确定了资料分析方法之后，再回过头搜索特定类别的文献。文献研究同时具有定性与定量两种方式。

本章将具体介绍文献综述、技术支持下的文献综述、文献研究的定量和定性研究方法。

## 第一节　文献综述

### 一、概述

#### （一）定义

风笑天（2018）认为，文献回顾指的是对到现在为止的、与某一个研究问题相关的各种文献进行系统性查阅和分析，以了解该领域研究状况的过程。换言之，这就是一个系统性地寻找、识别、考察和总结那些与研究有关的文献的过程。

文献综述是研究或学术论文中的一个重要部分，它涉及对已有文献、研究和学术著作的全面回顾和分析。姚荣（2011）认为文献综述是对文献资料的综合评述，是作者在收集大量有关文献的基础上，通过综合分析与评价，整理概括而成的专题性学术论文。

在研究实践中，文献综述分为两种类型，即非正式的叙述性文献综述与正式的系统性文献综述。两者区别详见表 6-1。

表6-1 文献综述的分类

| 特征 | 叙述性文献综述 | 系统性文献综述 |
|---|---|---|
| 研究问题 | 涉及的范畴常较广泛 | 常集中于某个具体的问题 |
| 文献来源 | 常不予说明/收集不全面 | 来源明确,常为多渠道收集 |
| 文献检索方法 | 常未说明 | 有明确的检索策略 |
| 文献选择标准 | 常不作说明,易导致偏倚 | 有明确的选择标准 |
| 文献评价 | 评价方法不统一 | 有系统、严格的评价方法 |
| 结果合成 | 多采用定性的方法 | 多采用定量的方法(用工具) |
| 结论推断 | 有时遵循研究证据 | 大多遵循研究证据 |
| 结果更新 | 无定期更新 | 依据新的试验结果定期更新 |

### (二)目的

结合克雷斯威尔(2007)和陈立宏、李旭、吴永康等(2022)的研究,学术研究中的文献综述有以下几个基本目的:一是让研究建立在现有知识的基础上,将研究结果与他人发现相关联;二是通过批判前人研究,发现问题;三是在为确定研究的重要性提供了一个框架的同时,为与其他相关研究成果的比较提供了一个基准。

克雷斯威尔(2007)还提出了文献综述在三种不同研究中的用法:定量研究在研究之始就包括了数目可观的文献,方便研究者在文献综述部分通过较为详细地讲述既有文献来介绍研究问题等内容;在定性研究中,研究者运用文献的方式要与参与者的认识的假设一致,并且不能站在研究者立场指定需要回答的问题;混合研究则主张将定性研究和定量研究相结合,综合两种方式的优势,但由于各种因素限制,特别是巨额研究经费和高要求的操作化技术,往往不能得到预期结果。

## 二、步骤

文献综述并无一个统一的方法,但是许多学者都按搜集文献、评价文献和总结文献这样的步骤进行,如克雷斯威尔(2007)提出的详细的操作步骤:

①确定关键词。确定主题,根据主题在图书馆进行初步阅读等情况都有可能产生关键词。②记住关键词。早期研究者普遍去图书馆搜寻馆藏图书目录(如报纸杂志和图书),现在直接在数据库搜索即可。③在图书馆或数据库中,找到足量的(约50篇)与所研究主题契合的文献。④认真阅读在上一步骤中获得的文献,并把与所研究主题高度契合的文献影印下来。在此期间,可通过阅读文献的摘要、浏览含有关键词的章节等方法,来判断获得的文献能否让自己更好地理解已有研究。⑤确定有用文献之后,进行文献视图的设计。⑥在把文献放入文献视图时,还要简要概括其中最相关的文献。⑦在对文献进行简要概括之后,形成文献综述并按文献的主题、结构或在研究中找到的重要概念等进行分类。⑧用以文献中的主要主题为内容形成的概述来结束文献综述。

为了抓住这八个步骤中的关键之处，可以首先考虑通过查询数据库来迅速存取文献。除此之外，张丽华（2008）还采用了更为简洁的方式对文献综述的步骤做出概括。①概括归纳。收集文献的方法主要有两种：一是通过各种检索工具，如利用文献索引、文摘杂志检索，也可利用光盘或网络进行检索；二是从综述性文章、专著、教科书等参考文献中，摘录出有关的文献目录。②摘要。文献综述的摘要部分需要在对以往文献进行整体回顾的基础上，理清文献研究逻辑、概念、争论等，进一步提出研究问题。③批判。批判主要是对文献综述价值的批判，不仅要看文献综述蕴含的新信息、新知识的多与少，还要看自己对文献作者的观点有什么看法。④建议。在整体回顾和具体分析的基础上，对研究问题提出建议。

## 三、写作模式

文献综述的写作要根据研究的类型和实际需要展开。定量研究中的文献综述通常由五个部分构成：序言、第一部分（关于自变量的）、第二部分（关于因变量的）、第三部分（对自变量和因变量关系的阐述）和总结。每一个部分的详述如下：①序言是关于章节构成的陈述。②第一部分提出关于自变量或多个自变量的学术文献。③第二部分融合了与因变量或多个因变量有关的学术文献。④第三部分涵盖了关于自变量与因变量关系的学术文献。该部分的文献应尽量与所研究的主题接近。⑤总结部分强调研究主题的意义所在。

该模式以文献综述为核心，与研究问题及假设中的自变量（包括单一自变量与多个自变量）、因变量（涵盖单一因变量与多个因变量）以及自变量与因变量之间的关系紧密相连。这不仅有效地界定并阐明了整个研究，还为后续方法部分确立了逻辑起点。

## 四、案例

在邵亦文、徐江有关城市韧性的一篇前沿研究论文中[①]，文献综述大概分为两个独立部分。第一部分：首先搜集国外韧性概念源起和演变、韧性认知的三种观点及其发展转型相关文献资料，随后评价和总结文献；在分析和比较三种韧性观点后，进而阐述韧性城市研究的内容框架，并提出与此对应的特征和评价标准。第二部分：先以"规划理论""韧性城市"为搜索关键词，搜索文献；再将文献分为三类，得出"传统的规划理论体现出韧性思想"的结论；最后总结韧性城市是实现可持续发展目标的创新途径。两个独立的文献综述通过对城市韧性的概念、框架、标准的分析，引出当今时代提高城市的适应能力的主题，很有研究意义。

---

① 邵亦文，徐江. 城市韧性：基于国际文献综述的概念解析［J］. 国际城市规划，2015，30（2）：48-54.

# 第二节　技术支持下的文献综述

文献计量法与研究整合法是文献综述常用的技术手段。

## 一、文献计量法

### （一）定义

朱亮和孟宪学（2013）认为，文献计量是指运用数学和统计学等方法对研究所涉及文献进行总结、归纳与可视化分析的一种文献回顾技术，其主要操作思路是通过对所需研究领域相关文献的作者、关键词、刊登杂志、出版年份等外部特征进行定量分析，从而产出量化的信息内容。

文献计量学是以文献计量法为核心、对文献进行定量化研究的一门学科。它最早是由普里查德于1969年提出的，后与20世纪50年代新兴的科学计量学交叉融合形成自身独特的研究体系和研究方法。邱均平、段宇锋、陈敬全等（2003）的回顾发现，内地文献计量学相关论文最早出现在1964年，在20世纪70年代后期兴起和传播，并逐渐成为图书情报与科学评价领域中一个重要的分支学科。

### （二）应用方式：科学知识图谱

研究者在对研究所涉及文献进行计量后，往往会运用可视化技术将所获得的文献数据进行进一步的处理与整合，以揭示文献与文献之间、文献与作者之间、文献与发表时间之间等可能蕴含着的内在逻辑与规律，这种经过处理后所产生的图形便被称为"科学知识图谱"。科学知识图谱是文献计量的主要应用方式之一，其主要特征有动态性、多维性和多元性。

（1）科学知识图谱的动态性是其有别于传统图表的一个关键特征。陈悦和刘则渊（2005）认为科学知识图谱是在一定时间范畴内知识实体以特定的空间形式所呈现和变化的整合，是一个复杂的系统概念，并随着新研究的发表和作者、论文、引文等信息的变化而不断更新和发展，在长期的发展过程中不断完善与进步。动态性保证了科学知识图谱的准确性与可靠性，使得它能够实时反映领域的发展和变化，针对当前研究构建出新的思路与方向。

（2）多维性是科学知识图谱的另一大特征，它是指科学知识图谱观测空间和方式的多维化。陈悦、刘则渊、陈劲等（2008）指出，科学知识图谱起源于科学计量学，而随着现代科学计量学的发展，科学知识图谱也从传统的二维知识地图向更直观的三维立体图像演变。科学知识图谱的多维性使得研究者能够以一种更为全面的视角来探讨问题，理解和解析各个变量之间的逻辑关系和相互联系，并对整体的知识结构有一个更清晰、更深入的认识，有助于研究的发展。

（3）科学知识图谱多种多样，这反映了它内在的多元性特征。梁秀娟（2009）归纳了科学知识图谱的主要样式，除了散点图、节点链接图等传统构图外，利用算法自动布局节点和边的自组织图谱、突显前沿研究方向的前景图、以时间为维度展示知识的变化发展的时间序列图谱、3D 显示图等新型研究图表都是科学知识图谱在可视化形式的创新与发展，而将这些不同类型的图谱结合起来使用，可以实现多维度、多层次的知识展示，从而帮助研究者更有效地探索和理解复杂的知识结构。科学知识图谱针对研究者不同的需求提供了不同的结果，帮助研究者从复杂抽象的概念关系提取出关键信息点，从而对整个学科领域有一个更为清晰的认识，常用软件是 CiteSpace，将在下文作详细介绍。

### （三）来自文献计量学的支持

文献计量学三大定律是文献计量学的重要科学基础，即布拉德福定律、洛特卡定律、齐普夫定律。相关研究者认为，无论研究者运用哪种计量工具、哪种计量方法，在进行文献计量时都会遵循这三种定律。邱均平（2000a、2000b、2000c）对三大定律作出了以下阐述：

#### 1. 布拉德福定律

1948 年，布拉德福提出了一个旨在归纳论文在期刊中分布规律的定律，后来人们称其为"布拉德福定律"。它指的是当把所有关于某主题的文献按照期刊数量排列时，会在期刊总数中形成一个特定的比例分布，其文字表述为："如果将期刊按其刊载某领域论文的数量以从多到少的顺序排列，则可分出一个载文率最高的核心区和相继的几个区域（每区所刊载的论文量均相等），此时核心区期刊和后续区域期刊的数量比例成 $1 : n : n^2 \cdots\cdots$ 的关系。"[①] 布拉德福定律在文献的收集和评价方面有十分重要的地位，其主要应用于识别核心期刊、优化文献搜集策略、分析相关著作分布情况、衡量信息搜集工作进程、比较不同学科的研究范围和影响力、协助图书馆和有关信息机构整理资料等。

#### 2. 洛特卡定律

洛特卡定律又称"科学论文作者分布定律"，其主要目的是解释论文作者数量与所写论文数量之间存在的关系。具体来说，洛特卡定律阐述了以下关系式：

在某个特定的研究领域中，将论文作者以发表论文数量为依据进行统计和比较，则发表 2 篇论文的作者数约等于发表 1 篇论文的作者数的 1/4，发表 3 篇论文的作者数约等于发表 1 篇论文的作者数的 1/9……以此类推，发表 $n$ 篇论文的作者数则大约是发表 1 篇论文的作者数的 $1/n^2$。而将所有发表 1 篇论文的作者统计出来，其数量占该领域论文作者的大部分，比例大约是 60%。这些比例关系反映了研究领域中作者生产力分布的特点，即大多数研究者只发表少数几篇文章，而只有极少数的专家会发表大量的文章。

在洛特卡定律的指导下，可以通过定量分析研究者的论文数量和质量，评估他们的科研生产力和影响力，并指引其向该领域核心方向进行深入研究。此外，洛特卡定律也可以帮助研究者了解到知识是如何在科研社群中传播和扩散的，找出各论文作者之间隐藏着的内在联系，从而揭示可能被大多数人所忽视的隐藏信息，加强研究的针对性。

#### 3. 齐普夫定律

齐普夫定律是由美国语言学家齐普夫于 1949 年提出的，用于描述论文中的词频分布的定律。它的具体内容是：若将一篇论文中的每一个词都按照其出现频率从高到低进行排序，并给每个词分配一个等级序号 $r$，出现次数最多的词为 1，次之为 2，以此类推，那么这个词的频率 $f$ 和它的等级序号 $r$ 之间存在 $f(r) = C$（C 为常数）的关系。

---

① Bradford S C. Sources of information on specific subjects ［J］. Journal of information science, 1985, 10 （4）：173 – 180.

齐普夫定律认为，一个词的出现频率和它的排名次序成正比，即词越常见，它出现的次数越多。齐普夫定律在多个图书情报管理和信息检索领域有着广泛的应用和理论指导意义，通过了解哪些词出现频率高，可以确定哪些词汇应该被优先考虑用于索引或词表，将这些高频词汇作为关键词或主题词还可以提高检索效率和准确性，从而识别关键信息，减少冗余，为文本摘要和信息提取提供依据。

### （四）工具介绍

在进行文献计量时，如果单纯采用人工方法对文献进行总结归纳，不仅会使统计工作变得复杂而烦琐，还会造成大量的疏漏错误。因此研究者常常利用文献计量工具来进行文献的统计与分析。下面将介绍社会研究中主要采用的计量工具。

1. CiteSpace

CiteSpace 是一款信息可视化软件，它是由美国华人教授陈超美所研发的。CiteSpace 可以对科学文献数据进行初步量化归纳，绘制研究领域文献演变与发展的科学知识图谱，构建知识领域的整体信息架构，从繁多的信息中甄别出特定领域的核心文献、热门研究议题以及未来的研究趋势（侯剑华，胡志刚，2013）。其主要特点是将复杂的文献数据转化为多元、分时、动态的科学知识图谱，因其简便的操作方式及直观的展现形式受到了广泛的认可，是目前我国文献计量领域非常热门的工具。

与其他计量工具相比，CiteSpace 软件的操作方法较为简单，即使是新手也能在较短的时间内上手。研究者首先需要在该软件中输入所需的文献数据，以便进行后续的处理。这些文献需要研究者个人进行搜集，赵丹群（2012）指出，目前主流的搜集手段有关键词检索和基于领域核心期刊定位检索。关键词检索需要研究者先对所研究的领域进行大体分析，总结出能代表这一研究领域研究热点的一组或几组关键词，接着在相关引文数据库检索确定好的关键词得出相关文献数据。在某些情况下，可能会出现检索得到的数据过少的问题，此时研究者可以第一次检索的结果为起点，对一次检索中关键文献的引用和被引用情况进行分析，从而进行二次检索，逐渐找到与最初检索到的文献相关联的其他文献，从而扩大文献数据集，这样可以获得更加完整的信息集合，产出的科学知识图谱的可视化程度与可信度也会更高。另外一种搜索方式是基于领域核心期刊定位检索。核心期刊是指那些高质量、高水平、可以代表某一领域发展情况的重要刊物，基于领域核心期刊定位的数据收集方法需要研究者通过查阅权威机构颁布的核心期刊名录、互联网搜索、咨询相关领域专家等多种方法找到能代表这一领域研究成果的核心期刊，以在这些核心期刊发表的文献作为统计源进行统计分析。关键词搜索与基于领域核心期刊定位检索并不互斥，研究者可以根据实际需要对两者进行单独或综合使用。同时，研究者需要根据实际情况不断调整搜索方法，不能过度依赖数据库，在部分情况下也需要独立进行数据收集。

在数据输入完毕后，CiteSpace 便需要对文献数据作进一步加工处理。在这个阶段，研究者需要根据具体研究方向和研究需求选择合适的节点对数据进行分类处理，不同的节点定义了不同的分析目标和功能，具体包括揭示不同作者、机构或国家之间的合作关系的合作网络分析，分析主题、关键词共同出现现象的共现分析，揭示文献、作者以及期刊影响力的共被引分析，探索文献间潜在联系的耦合分析和分析资助来源的共同资助分析等。节点选择不同，最后产出的结果也会不同。

在对文献的加工处理结束后，CiteSpace 所输出的便是可视化的科学知识图谱。陈悦、陈超美、刘则渊等（2015）认为科学知识图谱主要有三种类型：聚类视图、时间线视图和时区视图。这三种视图的侧重点和展现方式不同，具体区分如下：

（1）聚类视图。这种视图强调了聚类间的组成结构、关键节点以及内部存在的联系。通过聚类视图，研究者可以快速识别知识领域中的核心主题和重要参与者（见图6-1）。

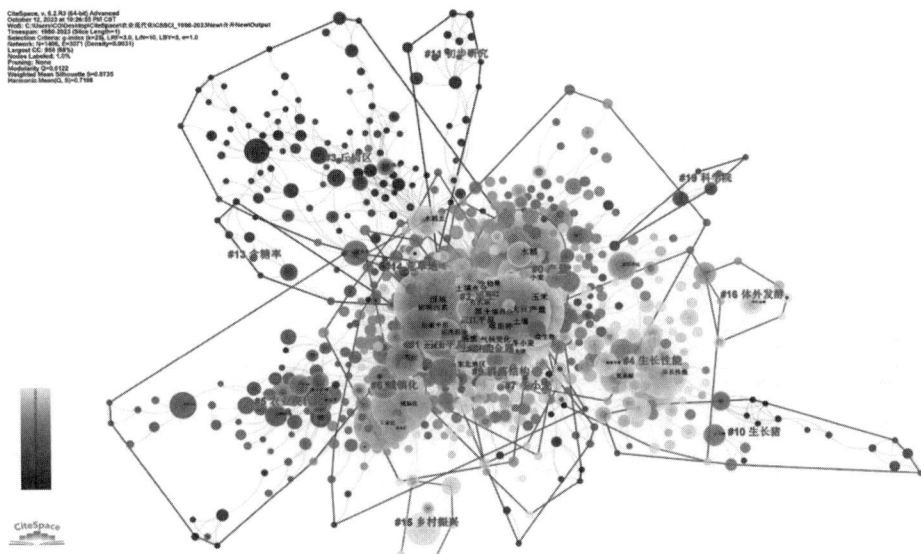

图6-1　聚类视图（陈贵、范巧红、苏凯等，2024）

（2）时间线视图。这种视图着眼于描绘聚类间的内在关系以及其中文献的时间跨度，有助于研究者理解不同主题或研究方向之间的时间演变关系，以及特定主题在不同时期的研究重点和趋势（见图6-2）。

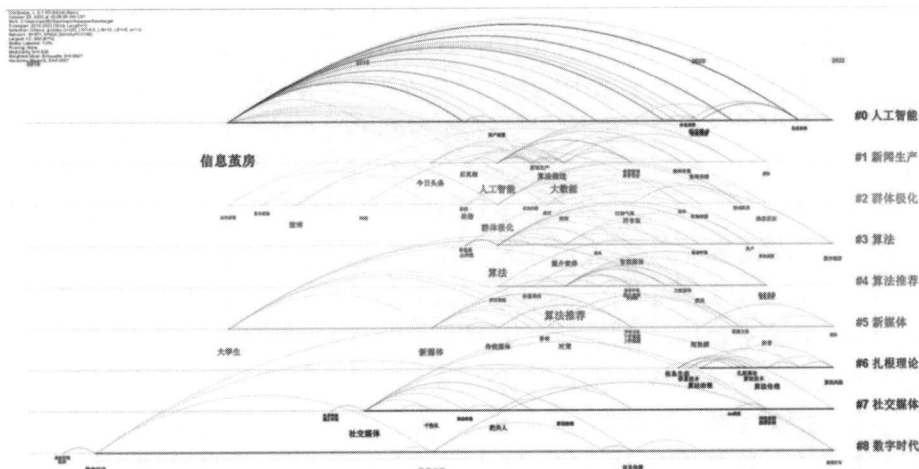

图6-2　时间线视图（杨芳芳、宋雪雁、张伟民，2024）

（3）时区视图。以时间维度为基准，这种视图展现在一定时间范围内知识变化与发展的过程。通过时区视图，研究者可以更好地追踪某一主题或研究问题随着时间的变化，并了解它们是如何相互影响和更新发展的（见图 6 - 3）。

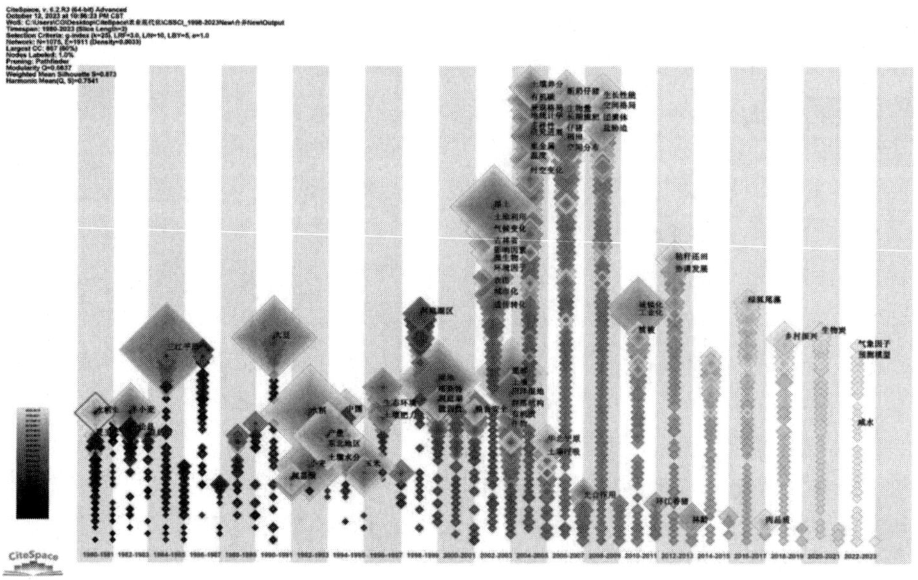

**图 6 - 3　时区视图**（陈贵、范巧红、苏凯等，2024）

**2. HistCite**

HistCite 是由美国 Thomson Reuters 公司开发的一款引文分析软件。它可以帮助研究者可视化某个领域内的文献之间的关系，并且可以通过绘制出的引文网络图来发现高影响力的研究者、期刊、论文等。董克、刘德洪、江洪等（2011）指出，引文编年图是本软件区别于其他可视化工具的特点之一，其主要内容为引文时序分析，即以时间线为基点，对文献与文献间的引用关系进行分析，并以引文时序关系图的形式展现某个研究主题的历史演变过程。将引文时序分析的结果以网状图的形式呈现，便得到了引文编年图。李运景、侯汉清、裴新涌（2006）指出，引文编年图不仅能帮助研究者对特定学科领域的演变与传承过程进行分析，还可以发掘这一研究领域在特定时间段的发展水平。

**3. RefViz**

RefViz 是由 Thomson ISI ResearchSoft 和 OmniViz 公司合作推出的一款用于可视化学术文献引用关系和影响程度的工具。该工具能够通过对文献之间的引用关系的分析，将该研究领域的热点与未来发展方向以直观的科学知识图谱形式展现，从而帮助研究者更好地理解学科领域的发展趋势和热点话题。

王颖和戎文慧（2006）概括了这一软件的主要作用：

（1）文献关系可视化。RefViz 2.0 能够以可视化的形式展示数据库中各文献之间的内在逻辑与相互关系。研究者可以依此有选择地检索与查阅文献，而不必在繁多的参考文献面前感到无所适从。

（2）学科发展动态发现。借助 RefViz 2.0，研究者可以了解某研究领域的发展趋势和动态过程。这有助于研究者追踪最新的研究进展，发现新的学科生长点以及可能的研究机会。

（3）跨库检索便利性。工具 Reference Retriever 使得研究者可以在多个数据库之间跨越检索，这意味着他们不再需要在多个库之间来回切换，从而节省了大量的时间和精力。

### （五）案例

秦晓楠、卢小丽、武春友所著《国内生态安全研究知识图谱——基于 CiteSpace 的计量分析》① 是利用 CiteSpace 进行文献计量、构建科学知识图谱的典型案例，对于研究者使用计量工具进行文献综述具有很大的参考意义与借鉴价值。该研究利用 CiteSpace 工具对生态安全的主要知识群组和核心路径进行深入分析，并以科学知识图谱的形式呈现其背后规律与发展趋势。其主要步骤如下：

研究者提取了"生态安全"这一关键词，在中文社会科学引文索引中进行检索，共获得从 2000 年到 2011 年的 299 篇文献、1 034 条施引文献，并在此基础上对其进行初步的分析和统计，确立了对该研究领域的初步认识，同时找出了目前存在的问题，从而辅助研究的进行。

在图谱绘制方面，研究者主要关注共被引分析，以文献共被引网络为基础，绘制了生态安全研究领域的科学知识图谱（见图 6-4）。根据科学知识图谱中节点所形成的聚类及研究网络之间的联系，该研究将生态安全研究领域划分为 5 个知识群组，通过对每一个知识群组的解析来说明该领域的现状及存在的问题，这就将原先复杂的研究问题简单化了。

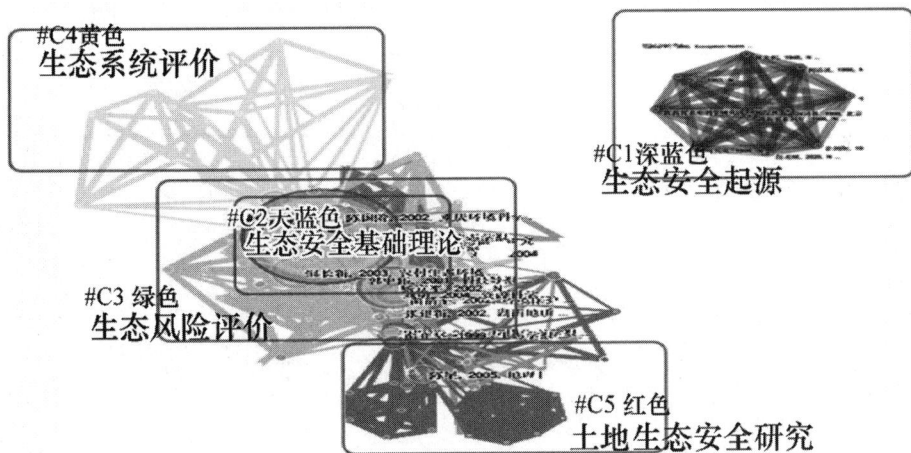

图 6-4　生态安全研究领域的科学知识图谱

基于上述生态安全文献共被引网络分析，该研究对生态安全研究领域的演进脉络进行深入探讨，识别出知识群组之间的理论发展与知识演进路径，并绘制相关图谱进行解释（见图 6-5）。

---

① 秦晓楠，卢小丽，武春友. 国内生态安全研究知识图谱：基于 CiteSpace 的计量分析 [J]. 生态学报，2014，34（13）：3693-3703.

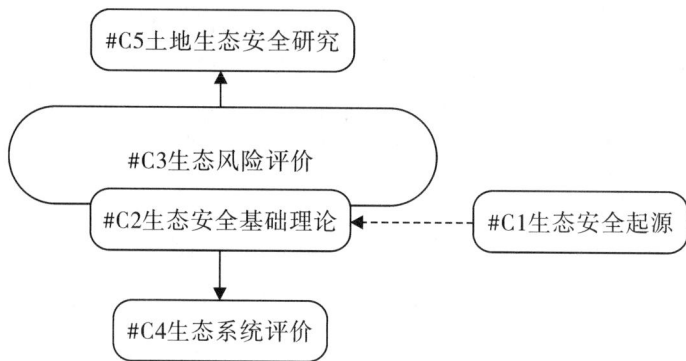

图 6-5　生态安全研究领域的演进脉络

此外，该研究还使用关键词共现分析来研究生态安全领域的主题结构和发展变化。在这个研究中，研究者首先将时间切割设置为 1 年（1a），然后选择了关键词作为节点类型，并设置了 Top 25 作为阈值，利用 CiteSpace Ⅱ 软件进行分析，生成了关键词共现网络图谱。为了使图谱更清晰、更具解释性，研究者采用了 Path Finder 算法对网络进行了修剪和合并，由此得到了生态安全研究领域的研究主题演化路径（见图 6-6）。

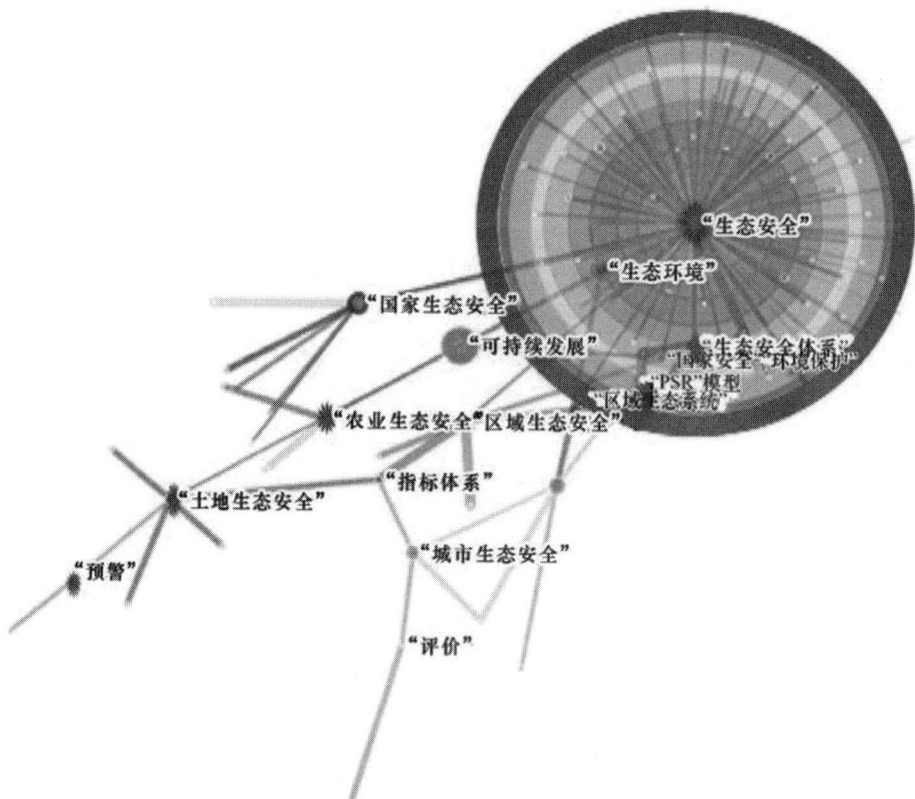

图 6-6　生态安全研究领域的研究主题演化路径

## 二、研究整合法

### （一）简介

研究整合法是基于文献资料，通过回顾和综合分析以往的调研报告，以产出新的认识或理解的研究方法。Sheble（2014）指出，研究整合法是一种涵盖多个学科领域和研究方法的实证调研方式，该方法包括确定研究问题、搜寻相关文献、评估、分析、整合数据资料，以及阐述研究成果等环节。

### （二）优点和不足

研究整合法对分析已有研究文献具有重要作用，它不是一个简单的文献收集过程，而是一个综合考虑多项研究成果并将它们有机结合形成一个完整结论的过程。姚计海（2017）指出，研究整合法能帮助研究者以全面、完整的视角研究以往文献，串联新旧知识，从而提高对以往研究的理解，扩展研究的范围和深度。同时，崔智敏和宁泽逵（2010）指出，研究整合法还融入了对文献数据的统计综合分析（即元分析），这种统计学分析方法提供了一套客观的、可重复的文献分析讨论框架。

但姚计海（2017）认为研究整合法也有不足之处。其一，研究整合法很大程度上依赖于研究者对问题的把握情况与知识面水平，如果研究者的能力不足，则很难发挥研究整合法的有效作用。其二，研究整合法需要研究者花费大量的时间处理文献资料，这样的研究通常涉及烦琐的文献检索、筛选、分析等工作。其三，研究整合法的具体方法在技术上可能较为复杂，无论是对于研究者本身还是调查报告的读者来说都可能存在一定的障碍。因此，研究者需要对研究整合法有深入的理解和掌握，并能够将其准确地应用到实际的研究中，才能确保研究成果的质量和可靠性。

### （三）具体研究方法及其步骤

1. 元分析

在运用研究整合法时，最常用的方法是元分析法。夏凌翔（2005）指出，元分析是一种统计学方法，它基于对多个独立的研究结果的整合，以得出总体性的结论为目的，以定量定性的手段对以往研究进行总体的系统性分析。元分析法是一种新型的文献综述方法，对于整合已有的研究结果、消除误差影响、提高研究可信度等方面具有重要作用。

2. 基本步骤

（1）确定实验问题与研究目的。在开始任何研究之前，研究者都需要清楚地明确研究目标和研究问题。研究者首先需要弄清当前的研究背景和研究领域，以便深入了解和定位要解决的问题。此外，研究者还需要查阅该领域的重要文献，对研究对象有一个初步认识与了解，以便确立清晰明确的研究目的。

（2）对相关领域文献进行系统、全面的搜集。文献搜集是进行元分析的基础与前提，搜集到的文献必须是系统且全面的，不能仅局限于单一的数据库。因此，为保证搜集数据的可靠性，研究者需要制定一个明确且适用的检索策略。通常来说，研究者会先进行一次预检索，以便确定大致的检索范围，再根据预检索的结果对检索策略进行适当的调整和优化。在检索时，研究者可以根据研究实际需求，如研究内容、语言、地区、出版年限、刊登杂志等缩小检索结果范围，选择符合研究框架的资料。

（3）文献编码与纳入标准的筛选。为了进行研究整合分析，研究者需要对多种类型的数据进行分类与整理，这一过程也被称为"文献的编码过程"。研究者需要整理文献中能表现区别的相关研究特征，包括作者信息、发表时间、研究样本的数量、研究的参考文献、特殊变量、是否采用了特殊的统计手段等，将这些外部特征编码后以表格的方式呈现，方便后续研究。元分析的文献往往需要经过多次筛选。研究者首先需要根据已有研究和研究主题制定文献选取标准，在一次筛选中，通过浏览文献名称、概要等方式排除与研究主题明确无关的文献；然后阅读全文，在接下来的筛选中不断根据选取标准仔细地排查，缩小范围，保证所得到的文献与研究主题密切相关。

（4）研究的质量评定。进行一项研究时，控制和降低系统性错误（偏倚）和随机性误差的程度被称为"研究的质量"。每个研究的质量都直接关系到元分析结果是否可靠，因此对纳入的研究的质量进行全面评估并详尽地报告评估结果是至关重要的。不同文献的学术质量不同，对元分析研究的帮助也就不同，研究者可以制定一个简单的评价框架，通过对文献的质量做一个大致的评估，为每一篇文献打分，以此直观地表现出文献的实用度。

（5）数据的提取与输入。在质量评定结束后，研究者需要根据文献的编码提取出关键的数据信息。一般而言，为确保研究的方便，往往以表格的形式统计数据。数据提取完毕后，研究者就可以将其输入相关的元分析软件进行操作，作进一步处理。

（6）数据的检查。在进行复杂的元分析之前，研究者应该对数据进行基础的检查，以确保数据质量。其主要方法有检查数据是否完整以及通过绘制频次分布图和散点图来检测异常数据，如发现异常数据，则需要处理或剔除等。总之，在进行元分析前，必须确保数据质量，以保证后续研究的可靠性。

（7）对数据进行元分析。根据不同的研究主题，研究者可以使用不同的元分析手段对数据进行处理，主要有以下方法：敏感性分析，即评估当变量发生变化时，结果是否也相应地发生改变；异质性检验，即检查纳入的研究之间的异质性，了解其差异是否可以由随机误差解释；合并效应量，即将多个独立研究的结果进行整合和量化以得出总体的效应大小；偏倚检验，即评估研究结果是否受到某些非随机因素影响。在一次元分析中往往运用多种手段来确保研究的可靠性。

（8）对元分析结果的分析和讨论。元分析的目的在于解决实际问题，因此在元分析完成后，研究者需要对结果进行详细的分析和讨论。研究者需要以元分析所得到的实际结果为准，从多个维度讨论，并注意结果的有效性和实用性，根据研究结果，提出进一步的研究建议和未来发展的可能性。

## 三、两者区别

文献计量法与研究整合法虽然都是进行文献综述的重要手段，但在定义、工具选择及适用环境上不尽相同，因此研究者需要根据研究对象选择适合的方法进行回顾与综述。下面将介绍两者的具体差异。

相比于文献计量法，研究整合法的步骤更加烦琐，要求更高的对细节的把握程度，因此对研究者个人的科研素养与知识水平有更高的要求。这一方面提高了研究整合法的严谨性，另一方面又提高了研究整合法对研究者和读者的门槛，这也就注定了研究整合法无法像文献计量法那样易于传播。

文献计量法缺乏对所研究内容的原始资料的筛选与整合过程，往往只是对已有研究结果的简单统计，其主观性较强。同时文献计量法无法对文献进行甄选与分离，导致大量无用、重复、实用价值不高的文献被统计，可能会产生对研究领域发展情况的错估，对研究的深入、问题的解决等帮助有限。相比之下，研究整合法有明确的、对数据进行整合的步骤，它以已有研究成果为研究对象，能够系统、全面地搜集文献，并通过清晰的甄选与纳入标准对文献的质量进行评估，在很大程度上排除无用文献的影响。

文献计量法以描述既有文献研究成果为主，它无法实现定量的综合研究，也无法对造成同一问题有不同研究结论这一情况的真正原因作出明确解释，进而无法构建清晰的研究思路和研究路线。研究整合法则需要对文献进行系统化综述，即先通过一定的标准筛选得到大量的实用性研究结果，再将零落的研究结果整合起来，以统计分析的方式得到该研究的主要结论。

# 第三节　文献研究的定量研究方法

美国社会学家巴比（2002）认为，非介入性研究是指在不影响研究对象的情况下研究社会行为的方法。这种研究可以是定性的也可以是定量的，而风笑天（2018）认为，利用文献的定量研究就是一种定量的非介入性研究。这种研究方法通过定量地收集和分析现存的，以文字、数字、符号、画面等信息形式出现的文献资料，来探讨和分析各种社会行为、社会关系及其他社会现象的研究方式。

风笑天（2018）和纽曼（2007）都将文献研究的定量研究方法划分为内容分析法、二次分析和现存统计资料分析。本书遵从学界共识，在此基础上补充了定量研究方式的新进展——计算社会科学中的文本分析法。

## 一、内容分析法

关于内容分析法的概念，贝雷尔森（1952）认为，内容分析法是一种对传播所显示出来的内容进行客观、系统和定量描述的研究方法。巴比（2002）将内容分析法定义为对被记载下来的人类传播媒介的研究。袁方（2013）认为，内容分析法是对各种信息交流形式的明显内容进行客观、系统和定量描述的研究技术。其中，贝雷尔森的观点是最为学界广泛接受和使用的定义，该定义最贴切地指出了内容分析法的研究对象、研究特点和研究方法。

根据以上定义，内容分析法就是通过统计和剖析传播媒介的词义信息，包括文献、报纸、书籍、电影台本、歌曲歌词以及现代的互联网信息等各种媒介内容，来揭示文献中的隐性内容、推断事物的发展趋势或公众关注的热点的方法。

### （一）内容分析法的发展历程

1. 起源萌芽阶段

内容分析法起源于传播学。20世纪初，西方政党报刊逐渐被商业报刊取代，规模化的商业报刊生产出大量的信息，导致传播活动急剧增加。随着大众传播媒介的发展，开始出现定性与定量相结合的实践分析，通过统计新闻报纸中某一类话题的出现次数和频率及其变化趋势来判断新闻界关注的社会重点议题。本时期的内容分析法还停留在零散的试验性研究，并未形成完整的研究方法。

2. 实际探索阶段

"二战"期间，战争中对敌军动向跟踪情报的需求急速增加，促使情报研究者通过各种公开的文献挖掘军事情报。在传播学领域专家拉斯韦尔等人的组织下，美国开始对德国出版的报纸进行定量的分析以获取情报。这一研究取得重大成果，其可行性得到验证，奠定了内容分析法的基础。

3. 理论研究阶段

相关学者与情报单位合作，构建起内容分析法的基本框架。主要奠基人贝雷尔森（1952）在其著作中首次明确提出内容分析法的定义，指明内容分析法的研究目的和主要用途。其他学者也规范地提出内容分析的实施步骤，为其他想要应用内容分析法的研究者提供指导参考，为后来的社会研究方法发展提供启示。在理论研究阶段，还有学者反思内容分析法的局限和弊端，如编码设计、样本选取方面的挑战。

4. 应用推广阶段

20世纪60年代初，内容分析法最早在美国情报人员培训工作中推行，随后被引入美国高等院校的传播学、社会学专业的教学方案。在之后的十年中，内容分析法因其方法的优越性，受到的重视程度越来越高，图书馆情报学科后来也将内容分析法纳入其学科研究范围领域。到了20世纪70年代，人们发现内容分析法不仅可以应用在情报收集上，还可以推广应用到整个社会科学中。北美和西欧学者进行试行实践后发现，这一方法更加贴合社会学和比较政治学的研究需要。

5. 完善发展阶段

从20世纪80年代开始，随着科学的飞速发展，内容分析法结合其他领域的新研究成果不断完善自身的方法论。符号学、语义学、统计学等新兴学科的兴起为内容分析法的发展提供其他的学科视角，使得内容分析法演变成多学科融合的综合研究方法。在社会发展和国际政治等领域中，内容分析法受到研究者们的高度推崇。随着计算机科学和网络技术的发展，如今内容分析法的研究对象扩展到各种多媒体，研究手段可以更多地借助计算机技术，使用数据收集和分析软件工具可以极大地提高研究效率和结果的客观性、准确性，减轻研究者的负担。近几年兴起的大数据分析和人工智能技术也能为内容分析法的发展提供新的技术助力，不断优化迭代这一研究方法的使用途径。

### （二）内容分析法的分类

内容分析法作为一个复杂的概念，本身具有各种不同的研究手段。按照研究手段，内容分析法可分为解读式内容分析法、实验式内容分析法、计算机化内容分析法三种类型。值得注意的是，内容分析法本身也有定量与定性两种范式，本章主要谈论其定量范式。

#### 1. 解读式内容分析法

解读式内容分析法（hermeneutic content analysis）是一种定性的内容分析法，通过精读、理解和阐释文本内容来传达作者的意图。解读式内容分析法要求研究者深入理解文本内容，以探究文本内容的深层含义和隐含信息。与定量的内容分析法相比，解读式内容分析法更加注重对文本的语境、情感、语义和象征意义等方面的分析，要求研究者先仔细地阅读研究文本，深入思考并理解文本其中的含义。例如，搜集不同类型的媒体对同一个社会事件的报道，解读出其对该事件的不同态度，利用类型划分的依据分析不同类型媒体态度相异的原因。

#### 2. 实验式内容分析法

实验式内容分析法（experimental content analysis）将定性内容分析与定量内容分析相结合。在 20 世纪 20 年代末，新闻界工作者首次将定量的方法与内容分析法相结合，其具有三个基本要素：系统性、定量性和客观性。定量的内容分析法将文本内容根据研究者的判断划分出类目，对各类关键词出现的次数和频率进行统计，分析文本内容呈现出来的特征的含义。定性的内容分析法主要是对文本中各概念要素之间的联系及组织结构进行描述和推理性分析。定性方法与直接明显的数据化定量方法的差异在于定性方法强调研究者需拥有完整深入的理解和严谨缜密的逻辑推理来传达文本含义。例如，外国教育学领域学者 Jeremy（2002）运用内容分析法对学术考试文章的文本内容进行编码，统计出历年考试文章中各种类型词汇的数量和占比，通过词汇出现频率变化趋势证明学生的认知能力发生改变。

#### 3. 计算机化内容分析法

计算机化内容分析法（computerized content analysis）是指利用计算机技术进行内容分析的方法。它结合了传统内容分析法的方法步骤，使用计算机作为分析工具，以处理大量的文本类型数据。无论是定性方法还是定量方法都有其优势和局限，计算机技术将两者结合起来，广泛采纳各自的长处，弥补缺陷，使得内容分析法在社会学界得以良好推广和发展。另外，计算机化内容分析法也存在局限性，主要体现为在处理语义信息方面存在困难。正如邱均平和邹菲（2004）所指出的，由于语言具有复杂性和多义性，计算机在理解和解析语义信息时可能会遇到困难，这对研究者编码内容的选取提出更高的要求，即编码的完整性和合理性。例如，仝冲和赵宇翔（2019）利用 Python 语言编写网站数据抓取程序作为计算机辅助工具，抓取网站弹幕，快速获得弹幕文本信息，参考已有研究将弹幕动机分成三个维度并对弹幕文本进行编码，根据编码结果分析视频网站弹幕发表者的行为动机，为以亚文化青年为目标对象的数字产品设计思路提供参考。

### （三）内容分析法的实施步骤

（1）提出研究问题。这一步骤包括选择研究的主题，明确研究领域、研究目的，对研究工作的方向作出规划，制定研究大纲以指导后续工作。研究问题包括网络舆论、政策风向、社会问题、研究趋势。

（2）选定研究范围。即划分所分析内容的界限，包括研究主题的范围和文本对象的载体、时间的范围，如 2010—2020 年教育领域的政策文件、2020 年主流视频平台的视频文本。

（3）抽样。即对所选取研究范围内的内容抽样，在不能研究文本总体信息内容的情况下，采用抽样调查。

（4）确定编码体系。依据研究目的和样本特征设计编码类目，各类目之间应具有互斥性、完备性和信度。

（5）编码和统计。按照编码类目对文献进行编码和统计记录，若选用手工编码则应配备两名及以上的编码员，互相验证来保证编码的信度。也可以选用计算机编码，好处是能提高编码准确性，减少编码所耗费的时间。

（6）分析数据和解释数据。获取编码数据结果后，对样本数据进行指标计算，最常用的是百分比这一指标，此外还可以借助计算机软件导入数据生成词云图。然后依据研究假设和理论基础，针对数据分析结果作出相应的特征分析和理论解释，解释变量之间的关系或研究结果的含义。

（7）信度和效度的检验。这一步是验证研究数据可靠性、真实性的关键。

### （四）案例

以付业勤、王新建、郑向敏的内容分析法研究为例[①]，其主要内容如下：

1. 案例的研究目的

研究在评价网站上评论的游客对鼓浪屿的旅游形象的感知程度。选取具有代表性的游客评价网站，整理和归纳评价文本，使用内容挖掘软件对收集到的文本进行词频分析。探究游客对鼓浪屿旅游形象的认知，了解在游客眼中鼓浪屿各种旅游形象的评价等级，为鼓浪屿旅游行业未来发展和改进方针提供科学依据。

2. 数据来源

选取专业旅游评论网站驴评网作为样本的数据来源，收集从 2008 年到 2011 年的游客评价文本，使用软件提取鼓浪屿旅游评价中出现频次最高的特征词。

3. 方法应用和编码体系设计

使用内容分析法对研究样本进行分析。使用文本分析软件 ROST CM6 得出游客评价中出现频率最高的描述词，结合衡量旅游景点情况常用的评价类目和指标，依据鼓浪屿的现实形象设计出编码体系。建构由两级编码类目组成的鼓浪屿旅游形象属性内容分析类目。安排三位编码员互相独立编码，经交互判别信度检验后保证编码结果真实可信。

---

① 付业勤，王新建，郑向敏．基于网络文本分析的旅游形象研究：以鼓浪屿为例［J］．旅游论坛，2012，5（4）：59－66.

4. 编码统计结果

编码统计结果见表 6 – 2。

表 6 – 2　编码统计结果

| 旅游形象属性 | | 频次/百分比 | | 旅游形象属性 | | 频次/百分比 | |
|---|---|---|---|---|---|---|---|
| 主类目 | 次类目 | 主类目 | 次类目 | 主类目 | 次类目 | 主类目 | 次类目 |
| 景观 | 1 整体景观 | 133/75.6% | 46/26.1% | 餐饮 | 14 餐饮整体 | 60/34.1% | 35/19.9% |
| | 2 建筑景观 | | 53/30.1% | | 15 小吃美食 | | 170/96.6% |
| | 3 街巷景观 | | 47/26.7% | 住宿 | 16 住宿设施 | 32/18.2% | 45/25.6% |
| | 4 小店景观 | | 19/10.8% | 交通 | 17 进岛交通 | 35/19.9% | 43/24.4% |
| | 5 滨海景观 | | 58/33.0% | | 18 岛内交通 | | 44/25.0% |
| | 6 植物景观 | | 18/10.2% | 游览 | 19 景点整体 | 77/43.8% | 23/13.1% |
| 环境 | 7 整体氛围 | 133/75.6% | 177/100.6% | | 20 各个景点 | | 100/56.8% |
| | 8 物价水平 | | 5/2.8% | | 21 岛上散步 | | 28/15.9% |
| | 9 当地居民 | | 7/4.0% | | 22 滨海游憩 | | 11/6.3% |
| | 10 基础设施 | | 11/6.3% | 购物 | 23 购物商品 | 13/7.4% | 22/12.5% |
| | 11 气候条件 | | 15/8.5% | | | | |
| | 12 空气质量 | | 5/2.8% | | | | |
| | 13 环境卫生 | | 20/11.4% | | | | |

5. 研究结论

研究结果说明鼓浪屿的景观、环境、游览和餐饮等形象属性给游客的印象最深,是鼓浪屿最突出的旅游形象要素。其中鼓浪屿整体氛围给游客的印象最深刻,小吃美食也是鼓浪屿让游客印象较为深刻的内容,而鼓浪屿的各个景点、滨海景观和游憩以及建筑景观都是游客形象感知中较突出的内容。建议应在留存印象较深、评价较好的旅游形象类目上加大发展力度,突出景点特色优势,提高游客的满意度,吸引更多的游客。

## 二、二次分析和现存统计资料分析

### (一) 二次分析

二次分析(secondary analysis)也称"第二手分析",指的是对那些由其他人原先为别的目的收集和分析过的资料进行的新的分析。风笑天(2018)指出,二次分析根据不同的研究目的可分为两种:一是以他人的研究资料来研究不同问题的分析;二是用新的分析方法处理同一资料,看是否得出同样结论的分析。例如,巴比(2002)通过老师购买的数据资料检验了格洛克关于美国圣公会教徒参与教会活动的相关观点。

二次分析的优势在于省时省钱省力，可以大幅度减轻研究者收集资料的重担，从而更好地完成分析资料的任务。同时，这种方法更适合于比较研究和趋势研究：可通过对比不同地区、不同群体进行比较研究；通过分析同一问题在不同时期的资料来完成趋势研究。二次分析的主要缺点在于其所用资料的准确性或适用性不足。

### （二）现存统计资料分析

风笑天（2018）指出，现存统计资料分析是一种运用现存的、可作为研究本身的数据与资料来源的统计资料的研究方法。巴比（2002）认为，现存统计资料分析指通常使用官方或准官方统计资料来从事社会研究的研究方法。涂尔干在他的著作《自杀论》中，开创性地使用了现存的统计资料来分析自杀现象。涂尔干收集了不同国家、不同地区和不同时间段的自杀率统计数据，其中包括了欧洲多个国家的官方统计资料，从而能够比较不同社会条件下的自杀率。

### （三）二次分析与现存统计资料分析对比

二次分析与现存统计资料分析对比见表6－3。

表6－3　二次分析与现存统计资料分析对比

| 分析方法 | 二次分析 | 现存统计资料分析 |
| --- | --- | --- |
| 对象 | 主要是其他研究者先前所收集的原始数据资料 | 主要是那些由国家和各级政府部门所编制的统计数据 |
| 步骤 | 1. 选择研究的主题<br>2. 寻找合适的资料<br>3. 对资料的再创造<br>4. 分析资料 | 1. 选择合适资料<br>2. 比较和分析资料<br>3. 说明资料来源 |
| 应用特点 | 应用前提是现实社会中应存在大量的原始数据，并且研究者可以找到和获得它们 | 在社会学、人口学、经济学等学科中应用比较普遍 |
| 经典案例 | 巴比通过老师购买的数据资料检验了格洛克关于宗教参与的相关观点 | 1. 涂尔干对自杀的研究<br>2. 美国西伊利诺伊大学唐盛明教授关于青少年离家自立门户的研究 |

## 三、计算社会科学中的文本分析法

### （一）概述

随着大数据与人工智能的蓬勃发展，计算社会科学逐渐成为学术重要领域。文本分析法（text analysis）正是其中一种重要研究方式。区别于基于大规模调查的定量研究，文本分析法关注的是大数据的挖掘与应用，其核心在于通过算法来理解、解释和量化文本中的信息，依赖以自然语言处理（natural language processing，NLP）为核心的计算机化文本分析（computerized text analysis）技术得出对于大数据文本的分析结果。

在政治学中，文本分析法可以用来研究政治话语、选民的态度和意见，以及政策文件的内容。在传播学领域，它可以用于分析新闻报道的偏见、广告的语言策略，甚至社交媒体上的舆论动态。而在社会学中，它可以用于分析大众媒体中与性别有关的术语和刻板印象的使用情况，探索在线媒体中讨论的与某一领域相关的最普遍的问题和趋势。

（二）文本分析技术

应用文本分析法时，数据收集、数据预处理、数据分析、结果解释是常见的几个步骤。首先，数据收集涉及确定研究的文本来源和范围，可能需要用到网络数据爬取技术（web crawler，即爬虫）。其次，数据提取出来后，一般被存储于不同文件夹的不同文件中，再通过分词、剔除停止词、词干化和构建词频矩阵等方式清洗数据、去除无关信息、标准化文本格式。这就是数据预处理过程。最后，结果解释是对分析结果的阐述和解释，这通常依赖于研究者的专业素养和背景知识。

数据分析需要通过计算机自然语言（如 Python 等）实现，情感分析、文本分类、主题建模、命名实体识别、命名实体消歧、文本聚类、文本摘要、文本挖掘、词频分析、可视化是较为常用的集中分析技术[①]。

（1）情感分析。情感分析（sentiment analysis）是指利用自然语言处理技术从文本中提取主观信息，如观点和情绪，常用于分析社交媒体帖子和用户评论。情感分析技术不是简单的积极、消极判断，它能够识别和分类文本中表达的复杂情绪，如快乐、惊讶、恐惧、悲伤等。

（2）文本分类。文本分类（text classification）是指根据文本内容对文本数据进行分类，一般是将数据归类到一些预定义的类别，如用于垃圾邮件过滤、主题识别和情感分类。它有助于处理和组织大规模文本数据，提高信息检索的效率和准确性。

（3）主题建模。主题建模（topic modeling）是一种发现文本集合中隐含主题的统计方法。这种方法不需要事先定义主题，而是通过算法（如潜在狄利克雷分配，LDA）从文本中自动提取主题。它利用统计方法识别文本内容中的主题，达到揭示文本数据中的隐藏模式和关系的目的，被广泛应用于社会科学和人文学科。

（4）命名实体识别。在自然语言处理中，命名实体识别（named entity recognition）拥有至关重要的技术地位。该技术的主要功能是从文本数据中自动辨识并抽取出特定种类的实体，如人名、地名、机构名称等。通过命名实体识别，研究者可以从新闻评论、社交媒体帖子、学术文献等文本中提取结构化信息，为深入的数据分析和知识发现奠定基础。

（5）命名实体消歧。命名实体消歧（named entity disambiguation）是解决文本中命名实体（如人名、地点、机构名称）混淆问题的过程。例如，当文本提到"苹果"时，它可能指的是水果或是公司。这一技术通过上下文信息和外部知识库来确定实体的确切含义。

（6）文本聚类。文本聚类（text clustering）是一种无监督机器学习技术，核心目的是

---

① 宾夕法尼亚大学图书馆提供的文本分析法指南可以作为学习参考。该指南介绍了有关文本分析的关键概念、术语以及基础操作方式，详情参见 https：//guides. library. upenn. edu/penntdm/method。

将内容相似的文本自动归类为不同的组。这种方法注重分析诸如词频、主题等特征，以识别文本之间的相似性，并据此将其归纳到相应的群组中。它主要用于识别大型数据集的内在模式和相似性。

（7）文本摘要。文本摘要（text summarization）可以基于长文本创建简洁的摘要，帮助研究者快速理解大量文档的主要观点和主题。

（8）文本挖掘。文本挖掘（text mining）即使用自然语言处理、机器学习和信息检索技术从非结构化文本数据中提取有用信息，发现大型文本数据集中的模式、关系和趋势。

（9）词频分析。词频分析（word frequencies）是指计算文本或语料库中每个字词出现的次数，从而识别总体中的常见词汇和短语，揭示文本的主要主题和风格。这是文本分析中最基础的技术之一。

（10）可视化。可视化（visualization）即创建文本数据的视觉图像，如词云、主题模型和图表，识别数据中的模式、趋势和关系，并以直观、清晰、简洁的方式传达这种内在关系。

**（三）案例**

郭云娇、陈斐、罗秋菊结合文本分析法与访谈法，研究了新时代下国庆阅兵仪式如何作为一种重要媒介在网络聚合的环境下影响青年群体的集体记忆建构[①]。通过对豆瓣网络社群"豆瓣鹅组"的分析，研究揭示了国庆阅兵仪式如何在青年群体中唤醒个体记忆，进而促进集体记忆的形成，以及这一过程如何加深青年对国家的认同感与爱国主义情感。

1. 分析方法

研究主要采用了网络文本数据爬取和半结构化访谈相结合的方法。首先，通过 Python 程序爬取了"豆瓣鹅组"在国庆阅兵仪式当天的全部讨论内容，进行词频和情感倾向分析，以获取青年群体在国庆阅兵仪式观看过程中的关注点及情感反应。然后，选取 15 名用户进行深入访谈，探讨国庆节期间的体验、对国家历史文化记忆和爱国情感的感受，进一步阐释集体记忆的建构过程。

2. 结论

研究发现，国庆阅兵仪式作为一种重要的国家庆典活动，通过网络社群平台的传播，有效地在青年群体中激发了对国家的认同感和爱国主义情感。仪式中的各种符号和内容，如方阵、彩车、英雄形象等，被青年群体广泛讨论和传播，促进了个体记忆的唤醒和集体记忆的形成。这一过程不仅加深了青年对国家历史和文化的了解，也增强了他们的国家归属感和社会责任感。此外，网络社群作为一个新时代的社交平台，为青年群体提供了一个共享记忆、表达情感和观点的空间，进一步加强了集体记忆的构建和情感的共鸣。

通过这项研究，可以看出国庆阅兵仪式在网络时代下对于青年群体爱国主义情感培育和集体记忆建构方面的重要作用，同时体现了网络社群在现代社会中传播文化记忆和促进社会凝聚力方面的潜在力量。

---

① 郭云娇，陈斐，罗秋菊. 网络聚合与集体欢腾：国庆阅兵仪式如何影响青年群体集体记忆建构［J］. 旅游学刊，2021，36（8）：127－139.

#### （四）文本分析法与内容分析法

文本分析法和内容分析法都是基于文献内容尤其是文本的分析方法，两种说法较为容易混淆，但其实两者在分析技术、分析内容上有着极其明显的区别，详见表6-4。

在分析技术上，内容分析法是一种传统的定量研究方法，它通过编码和计数文本中的某些元素（如单词、短语、主题）来量化文本内容。相比之下，文本分析法特别强调利用计算技术来处理和分析文本数据。它通常涉及更复杂的数据处理技术，如自然语言处理和机器学习。

而在分析内容上，内容分析法侧重于对文本表面内容的描述性统计和解释，通常需要研究者事先定义编码方案和分类标准。而文本分析法既可以结合理论进行，也可以在计算机文本中进行扎根研究，也就是学界所说的"计算扎根"。综合而言，文本分析法不仅能够处理更大量级的数据集，而且能够揭示文本中更深层次的模式和关系。此外，文本分析法在处理不确定性和模糊性方面更加灵活，能够适应文本数据的多样性和复杂性。

表6-4　文本分析法与内容分析法对比

| 特征 | 文本分析法 | 内容分析法 |
| --- | --- | --- |
| 研究方法 | 定量研究方法 | 既有定量范式，也有定性范式 |
| 分析技术 | 利用计算技术，包括自然语言处理和机器学习等 | 依赖于编码和计数 |
| 数据处理 | 复杂 | 较为简单 |
| 分析内容 | 除了描述性分析外，还能进行深入的模式识别和理论构建 | 侧重于文本表面内容的描述性统计和解释 |
| 适用性 | 适用于结构化的文本数据 | 需要研究者定义清晰的编码方案 |
| 数据规模 | 能够处理和分析大量级的数据集 | 适合较小规模的数据集 |

## 四、工具介绍

二次分析与现存统计资料分析主要使用 SPSS 及 STATA（详见第十二章第四节）。此处主要介绍内容分析法与文本分析法的常用工具。

#### （一）内容分析法常用工具

内容分析法是一种常用的研究方法，广泛应用于社会科学领域，如传播学、心理学、政治学等。随着计算机技术的不断发展，内容分析法软件的出现大大提高了研究效率和精度。常见的内容分析软件包括以下几种：

1. MAXQDA

MAXQDA 是德国公司开发的一款内容分析法软件，被广泛应用于社会科学领域。它具有强大的数据管理和分析功能，支持多种数据类型，如文字、图片、音频和视频等。此外，MAXQDA 还拥有独特的网络分析工具，可用于分析社交网络和关系。MAXQDA 的优点在于易于使用，支持中文界面和中文文档，支持多种数据类型。

2. NVivo

NVivo 是澳大利亚公司开发的一款内容分析法软件，适用于定性和定量研究。它支持各种数据类型，如文本、图片、音频和视频等，并具有强大的数据管理和分析功能。NVivo 还拥有独特的文本分析工具，可帮助研究者深入了解文本中的主题、情感和意见等信息。NVivo 易于使用，支持各种数据类型，支持中文界面和中文文档。

3. ATLAS. ti

ATLAS. ti 是德国公司开发的一款内容分析法软件，适用于定性和定量研究。它支持各种数据类型，如文本、图片、音频和视频等，并具有强大的数据管理和分析功能。ATLAS. ti 还拥有独特的图像分析工具，可用于分析图像中的主题和情感等信息。ATLAS. ti 易于使用，支持各种数据类型，支持中文界面和中文文档。

4. QDA Miner

QDA Miner 是加拿大公司开发的一款内容分析法软件，适用于定性和定量研究。它支持各种数据类型，如文本、图片、音频和视频等，并具有强大的数据管理和分析功能。QDA Miner 还拥有独特的地图分析工具，可用于分析地理信息和空间数据。QDA Miner 易于使用，支持各种数据类型，支持中文界面和中文文档。

5. HyperRESEARCH

HyperRESEARCH 是美国公司开发的一款内容分析法软件，适用于定性和定量研究。它支持各种数据类型，如文本、图片、音频和视频等，并具有强大的数据管理和分析功能。HyperRESEARCH 还拥有独特的注释工具，可用于对文本进行深入分析和标记。HyperRESEARCH 易于使用，支持各种数据类型，支持中文界面和中文文档。

MAXQDA、NVivo、ATLAS. ti、QDA Miner 和 HyperRESEARCH 是比较热门的内容分析法软件，它们都具有强大的数据管理和分析功能，支持各种数据类型，并且易于使用。此外，它们还拥有独特的分析工具，如网络分析、文本分析、图像分析、地图分析和注释工具等。尽管价格都相对较高，但它们在内容分析研究中的地位是不可替代的。

（二）文本分析法常用工具

文本分析法可以使用 DICTION，ATLAS. ti 等多种工具。但在所有工具中，计算机编程语言 Python 是功能最强大、应用最全面，也最常被使用的一种。这得益于它较低的学习成本与相对强大的应用功能。作为一种编程语言，Python 与 C 语言、Java 语言等相比更为简单易懂。同时，由于 Python 作为计算机语言得到广泛普及，相比其他分析软件，自学者入门门槛较低且能轻易找到丰富的学习资料①。Python 自身丰富的包（模块）可以帮助实现数据分析功能，如读入数据的 CSV 包、请求并获取网页数据的 requests 包等。通过编写 Python 代码，人们可以在计算机上自由实现所需要的功能。

其一，Python 能够帮助完成数据收集，这往往是通过爬虫实现的。爬虫指的是在互联网中自动采集与整理数据信息。常见的数据爬取来源有社交媒体、论坛、门户网站、某类

---

① 用户可以在官方网站 http：//www. python. org/downloads/中找到相应的下载安装说明，以及详细的使用手册。

特定信息网站等，其中豆瓣、微博、小红书等社交媒体是最较为常见的数据来源。其二，计算机能做的文本分析 Python 都能做到，包括上文所提到的情感分析、文本分类、主题建模、命名实体识别、命名实体消歧、文本聚类、文本摘要、文术挖掘、词频分析、可视化。

# 第四节　文献研究的定性研究方法

## 一、概述

定性文献研究法与定量文献研究法的区别集中在资料分析的操作程序上。与前一节对定量文献研究法的定义相对应，定性文献研究法主要涉及通过定性的方式收集和分析已有的文献资料，这些资料可能包括文字、数字、符号、图像等多种信息形式。袁方（2013）认为定性文献研究法就是通过深入探究和分析这些资料，以对各类社会行为、社会关系以及其他社会现象进行研究和解读。

本节将介绍历史—比较研究、定性内容分析、基于文献的扎根研究三种具体方法。

## 二、具体方法

### （一）历史—比较研究

1. 概述

历史—比较研究又称为"比较—历史研究""比较历史研究"。2003 年，马洪尼和鲁施迈耶在合著的《社会科学中的比较历史分析》一书中，第一次正式提出这一专业术语。历史—比较研究作为一种研究方法正式确立并在社会研究中占据重要地位，正是由这本书的发行开始的。不过，尽管历史—比较研究这一概念在学术界的正式提出相对较晚，但它作为一种研究传统在社会科学领域有着深厚的根基。历史—比较研究是一种理论分析方法，其核心在于通过对不同国家和社会的历史事件或进程进行比较分析，揭示社会发展的普遍模式。这种方法往往不仅关注单一事件或社会的历史轨迹，而且试图通过跨文化和跨时期的比较，发掘出影响社会变迁和发展的共同因素。与实证主义采取的范式不同，历史—比较研究更多依赖于研究者的想象力和思辨能力。随着研究方法的不断演化和进步，历史—比较研究也在不断地完善和发展其分析框架和体系。

纽曼（2007）指出，在传统研究中，历史—比较研究有三大应用方向：第一个应用方向是探讨宏观的重大问题。例如，主要的社会变迁如何发生？绝大多数的社会有哪些共同的基本特征？第二个应用方向是探讨特定社会现象的成因，如分析哪些社会因素共同导致内战的发生。研究者可以从多个角度和层面进行综合考察。第三个应用方向是比较不同社会体系，以识别它们之间的共性和独特性，并探究长期的社会变迁问题。通过这种方法，研究者不仅能够比较不同社会结构和过程中的相似点和差异，还能够将特定的理论应用于具体案例中，从而验证该理论的有效性和适用性。总之，如巴比（2002）所言，在历史—比较研究中，研究者通常会揭示不同社会因素或群体之间的关联，并比较不同文化或历史背景下相同的过程和概念。这样的比较不仅增加了人们对特定现象的理解，而且有助于构建更加全面和深入的社会理论。

一个典型的案例是韦伯对资本主义和新教伦理的研究。在解释资本主义起源时，韦伯研究了早期新教徒教会的官方文件，研读了加尔文以及其他教会领导者的讲道，并且解释了许多相关的历史定义。韦伯认为，加尔文主义的教义和伦理观念，特别是其对勤奋工作和节俭生活的强调，为资本主义精神的形成和发展提供了关键的文化和宗教基础。这种宗教信仰促使信徒们在经济活动中追求成功，并将这种成功视为上帝恩赐的标志。

不过，叶成城（2022）指出，随着三代理论的发展和演变，历史—比较研究的议题已经转向中短时间段的比较研究，与最初的"大历史、大过程、大比较"视野有所区别。研究目标也从追求普遍性解释或描述广泛的历史趋势，到追求历史制度主义和机制性解释，即理解特定历史事件和社会变迁。

2. 资料来源

巴比（2002）认为，按照资料归属这一标准，可以将历史—比较研究所用文献分为私人资料和公共资料。

私人资料通常包含了个人的主观视角和个人经验，能够为研究者提供深入个体层面的见解，如信件、日记或者互联网足迹等其他形式的生活记录。私人信件和日记能够揭示个人的内心世界、情感状态和个人生活的细节。宗教布道等生活记录不仅反映了个人的生活细节，还可能揭示了特定时期的社会文化观点。然而，使用这些私人资料时，研究者需要考虑到隐私保护的伦理问题，以及这些资料的主观性和可能存在的偏见。

相比之下，公共资料通常被视为更加客观和权威的信息源，如组织文件、媒体、政府文件等。当以组织为研究对象时，组织文件是重要的资料来源，包括正式文件、证照、政策、演讲文本等。媒体不仅可以从地方观点提供教育、法律、娱乐等方面的资料，而且能反映社会的一般化模式。在新媒体发展的背景下，它还拥有来源丰富、形式多样的特点。来源既包括资料也包括评论，形式囊括图像、声音、视频等。

历史—比较研究可以使用的资料十分多样，重要的是其能否满足研究者的需求。实际上，在提高研究信度与效度方面，私人资料和公共资料相互印证也是一种很好的策略。另外需要注意的是，研究者应该批判看待资料本身的来源、偏见。

3. 步骤

随着社会科学中方法和实证研究的完善，历史—比较研究的分析手段越来越丰富，体系越来越完备。其中，基于案例进行比较分析是一种常见的方式（许多著作也会将不同的方式结合，进行混合研究）。其具体步骤，根据叶成城（2022）的描述，可以概括如下：

（1）选择因变量（$Y$）。这一步骤涉及议题和案例的选择。研究者需要选取一个有意义的历史—比较研究的研究议题。同时，对因变量的选取还需明确研究对象的时空范围，如选择特定时期的特定国家或地区进行比较分析，或选择1700—1789年两个国家的现代化历程进行比较。

（2）选取自变量（$X$）并构建理论。这一步骤旨在识别和选择能够解释因变量的自变量，通常需要研究者从文献回顾和对历史背景的理解中选择变量，并构建理论框架。理论构建应包括影响结果的因素组合及其作用机制，并且需要进行概念化。

（3）外部效度与基于因素的假设检验。在确定了基本理论假设后，研究需要在更广泛的层面上验证这些假设的有效性，也就是需要在因素层面确保外部效度。这一步骤通常是通过布尔代数[①]或类型学方法进行，来展示因素或因素组合与因变量之间的关系。通过外部效应检验，研究者可以确定理论假设的适用范围。

表 6-5 采用基于变量的类型学区分，使用布尔代数来呈现不同变量组合的结果，使得研究者能够直观地看到各种变量组合对研究结果的影响。通过这样的呈现，可以帮助简化和合并某些类型。相比之下，表 6-6 则基于案例的类型学区分，更注重描述和分析单个案例的特定特征。研究者可以深入探讨案例的独特性，而不仅仅是将它们归入特定的类型中。

表 6-5 基于变量的类型学区分

| | $X_0 = 1$ | | $X_0 = 0$ | |
|---|---|---|---|---|
| | $X_1 = 1$ | $X_1 = 0$ | $X_1 = 1$ | $X_1 = 0$ |
| $X_2 = 1$ | $Y = 1$（案例1） | $Y = 0.5$（案例2） | $Y = 0$ | |
| $X_2 = 0$ | $Y = 0.5$（案例3） | $Y = 0$（案例4） | （案例5和案例6） | |

表 6-6 基于案例的类型学区分

| 案例 | 变量 | | | |
|---|---|---|---|---|
| | $X_0$ | $X_1$ | $X_2$ | $Y$ |
| 案例1 | 1 | 1 | 1 | 1 |
| 案例2 | 1 | 0 | 1 | 0.5 |
| 案例3 | 1 | 1 | 0 | 0.5 |
| 案例4 | 1 | 0 | 0 | 0 |
| 案例5 | 0 | 0 | 1 | 0 |
| 案例6 | 0 | 1 | 0 | 0 |

（4）内部效度与基于机制的假设检验。在这一步骤，研究者需要关注已建立的理论框架，在其内部进一步探究和验证特定案例中的因果机制，包括研究包含完整因果路径的正面案例，以及寻找半负面案例以进一步检验机制。

---

① 布尔代数（Boolean Algebra）是由英国数学家布尔在 19 世纪中叶提出的一套代数体系。布尔代数的基本思想是使用二元变量进行逻辑运算，这些变量只能取两个值，通常是 0 和 1，代表假和真。在布尔代数中，主要有三种基本运算：与运算（AND）：如果两个变量都为真，则结果为真；否则为假。或运算（OR）：如果至少有一个变量为真，则结果为真；否则为假。非运算（NOT）：如果变量为真，则结果为假；如果变量为假，则结果为真。

（5）理论的外延和适用性问题的思考与完善。在进行了内外部效度的检验后，研究者还需要进一步考虑理论的广泛适用性和推广可能性。研究者需要考虑如何将理论应用于更广泛的情境，如去评估理论能否适应不同的历史和社会背景，并思考可以如何调整理论从而使其更加全面和适用。

4. 评价

在进行历史—比较研究时，还存在一些需要特别关注的缺陷，如黄杰（2020）和赵鼎新（2006）所指出的：

（1）依因变量选择案例。历史—比较研究容易在方法论上陷入选择性偏误。如果研究者仅选择展现特定因变量值的案例而忽略其他案例，那么就可能导致选择性偏误，影响研究结论的普遍性。因为研究的目的是解释因变量的变化，忽视某些案例可能会遗漏重要的数据，从而影响结果的准确性和可靠性。

（2）比较对象间虚假的历史相似性。历史—比较研究的核心是基于控制比较原则，即通过排除各案例中不变的因素，分析变化因素的效应。在这一逻辑下，为了有效进行比较，案例就需要有很高的相似性。如果案例之间存在许多不同点，就难以确定是哪个差异影响了历史发展轨迹。然而，这里存在一个潜在的问题：在许多历史—比较研究中，案例的选择可能仅基于一种合成性概念，而这些被比较的对象可能处于完全不同的时间和空间背景。这种情况下，所谓的"相似性"可能只是由于对概念的不恰当延伸而产生的，导致了一种"虚假的历史相似"，即案例间的可比性仅仅建立在不恰当或过度延伸的概念基础之上。因此，在进行历史—比较研究时，选择案例的过程需要格外谨慎。

在这一方面，韦伯的问题"为什么资本主义兴起在19世纪的欧洲而不是同时期的中国和其他文明"把不同案例放在同一时间背景下，至少在时间这一点上对不同案例进行了控制。

（3）问题具有单一性。纵观大部分研究，在历史—比较研究中，提出的问题通常具有单一性。其中一个原因是，对于复杂的或多重的问题，研究者往往难以找到一个合适的、对称的案例。同时，需要进行解释的现象越多，研究者就越难提出能同时解释这些现象的理论。因为对于单一的问题，往往有许多不同的解答，甚至是与经验事实毫不相干的解答。

（4）要求强烈的叙述时空感。历史叙事的关键在于对时空的感知，既包括历史事件发生的时间、地点、场合，也包括事件在时空中的发展方式。研究者只有具备强烈的时空意识，才能从挖掘、理解甚至解释历史动态中的意义深远的规律。

5. 案例

本案例选自孙砚菲发表的政治社会学研究①。在该研究中，研究者将研究重点放在了前现代帝国的宗教政策上，特别强调了政教关系在塑造这些帝国宗教政策差异中的作用，为理解前现代帝国的宗教政策提供了重要的历史和政治背景。前现代帝国的国教特征（如零和性和扩张性）与教权对政权的制约程度密切相关。在那些具有强烈零和性和扩张倾向

① 孙砚菲. 零和扩张思维与前现代帝国的宗教政策：一个以政教关系为中心的分析框架［J］. 社会学研究，2019，34（2）：96-122，244.

的帝国中，教权对政权的制约更为显著。这种情况下，帝国更难以实行宽容多元、灵活的宗教政策，于是更加倾向于对被视为"异端"或"异教徒"的群体进行迫害。通过对历史资料的比较分析，研究作出了两个重要贡献：其一，它根据对非国教的容忍度将 23 个前现代帝国的宗教政策分为六个梯队；其二，它为这些容忍度的差异提供了社会学理论解释，核心就在于"零和扩张"理论。

整个逻辑过程是通过历史—比较研究实现的，具体来说可以拆解为以下步骤：

（1）选取研究对象。研究者选取了 23 个前现代帝国作为研究对象。这些帝国被认为在不同的历史时期和地理位置上有代表性，提供了一个广泛的样本来进行比较。

（2）定义评估标准。为了量化和比较不同帝国的宗教政策，研究者定义了一套评估标准。这包括四个标准：帝国允许或压制的宗教范围、对被许可宗教的歧视和限制程度、对不被许可宗教的压制程度、帝国是否强迫改变信仰。这为后续比较工作提供了一个共同的基础。

（3）数据收集和整理。研究者收集关于这些帝国的详细历史数据，特别是关于其宗教政策、国家制度的规制。

（4）进行比较分析。基于收集的数据和定义的标准，研究者比较了这些帝国的宗教政策。通过这种比较，研究者根据宗教容忍度将这些帝国分为六个梯队。

（5）理论框架建构。研究者提出"零和扩张"理论来解释这些差异。延续着前面对这些帝国宗教政策所作的描述和比较，研究者试图通过比较分析来构建一个理论框架，解释到底是什么因素导致帝国在宗教政策上的取向分化。

## （二）定性内容分析

### 1. 简介

定性内容分析（qualitative content analysis）主要指解读式内容分析法，也称为"内容分析中的定性范式"。这种方法强调对文本进行逐字逐句的精读，并且着重于理解并阐释文本内容，以传达研究者的深层意图。定性内容分析并不只是对事实的简单描述，它需要研究者从更宽广和更深层次的视角去理解文本。研究者不仅需要关注文本的显性内容，还要深入到文本内容的复杂背景和思想结构中，从整体上把握和解读文本。邱均平和邹菲（2004）指出，通过这种方式，研究者能够挖掘出文本内容的深层含义和隐含的意识形态、价值观念或社会文化背景。它注重主题和背景并强调变化，如文本各部分之间的相似点和差异，提供了分析明显的描述性内容以及潜在的解释性内容的机会。

定性内容分析采用的是一种非线性、循环的高层次理解方式。只有在整体背景和环境下才能恰当地理解单个元素或内容。而从反向上说，对整体内容的理解又是对各个单独元素理解的汇总。这种方法在分析文本时强调真实、客观和全面地反映文本内容的本质意义，且具有深度，特别适用于以描述和解释事实为目的的个案研究。然而，正如邱均平和邹菲（2004）指出的，这种分析方法也存在一定局限性。由于解读过程中不可避免地包含了研究者的主观性，且往往专注于独特的研究对象，其结果可能是偶然的或难以证实的。这种主观性和独特性限制了结论的普遍性和可迁移性，即其结论可能不易在其他情境或案例中得到验证。

2. 定性内容分析的解释框架

瑞典学者 Graneheim、Lindgren 和 Lundman（2017）发表的一篇讨论文章对定性内容分析进行了广泛的探索，按照三大推理层次——归纳、演绎、溯因，描绘了定性内容分析中常见的模式框架。

（1）归纳模式（inductive approach），又可以被称为"数据驱动"或"文本驱动"，指的是在文献中寻找一种模式。研究者从具体和特定的数据出发，逐步发展到抽象和一般的理论理解。例如，研究孤独感时，研究者可能从个体访谈文本中划分出意义单位，然后进行浓缩和编码。之后，研究者对这些代码进行解释，比较差异和相似性，并将之分为不同的子主题和最终主题。这种逻辑分析能够避免表面描述和一般性总结，确保分析深入并且具有理论意义。

（2）演绎模式（deductive approach），又可以被称为"概念驱动"，强调探究现有理论或解释模型与收集的数据之间的关联。研究者往往从理论出发再深入到数据当中，从抽象和一般的层次到更具体和特定的层次。例如，在研究老年妇女的内在效能感时，研究者可能基于一个关于内在效能的理论模型来分析焦点小组讨论的文本。通过建立有关内在效能感的四个维度，研究者基于这些定义来进行编码和解释。使用演绎模式时，如何处理不符合所选理论或解释模型的剩余数据可能成为问题。实际操作当中，处理方式取决于研究者选择理论模型时的意图，即是为了验证模型、发展模型的现有维度，还是为了添加新维度。

（3）溯因模式（abductive approach）处于归纳和演绎之间的层次。研究者可能在定性内容分析的不同阶段从溯因模式分别转向归纳和演绎模式。其分析逻辑在归纳和演绎之间迁移，试图通过更复杂的逻辑联结获得更完整的解读。例如，在研究关于痴呆症护理中的互动时，研究者可能先使用归纳模式从意义单位抽象出代码，形成子主题，然后转变为演绎模式，在分析的最后阶段对相关理论进行文献综述，以形成主题。通过这种模式，研究者可以尝试整合表层和深层结构。

归纳、演绎和溯因模式在定性内容分析中各有特点和步骤，同时面临各自的挑战。归纳模式侧重于从数据中发现模式和主题，演绎模式侧重于根据理论来解释数据，而溯因模式则尝试对两种模式进行综合。

Graneheim 和 Lundman（2010）使用定性内容分析探讨了特殊老年人群体中的孤独感体验。以个体访谈获取的数据为内容分析文本，浓缩并编码出一系列意义概念。通过比较编码间的差异和相似性，研究者进一步将其分类为多个子主题。使用归纳方法，研究者形成了四个表征孤独感多样性的主题："生活中的损失""被抛弃的感觉""自信中的生活"和"感觉自由"。这些主题深刻揭示了特殊老年人群体孤独感的复杂性及其对个人生活的深远影响，展示了定性内容分析在揭示个体深层次感受和体验方面的强大能力。

**（三）基于文献的扎根研究**

基于文献的扎根研究的数据来源非常广泛，除了深度访谈、焦点小组讨论、观察法外，文档和档案分析、日记法、案例研究、社交媒体和网络数据也是可利用的分析资料，具体而言囊括杂志报纸、文件、备忘录、照片、问卷、开放式问卷的回答、学术文献、艺术作品、音频、网站和邮件回复等。与研究相关的文献，都可以作为它的资料来源。这种研究方法节省了时间、金钱和其他资源，同时减少了对研究对象的干扰，减轻了受访者的负担。

1. 操作步骤

使用基于文献的扎根研究进行文献研究与传统上用这一方法分析访谈和观察内容在操作步骤上基本相似，都需要进行开放编码、主轴编码、选择性编码等。但具体操作步骤存在一些差异：

（1）数据的性质和来源。文献研究可能分析多种书面材料，如书籍、文章、报告、社交媒体帖子等。传统访谈和观察分析则主要采用口头或行为数据，如访谈录音、视频记录、现场笔记等。

（2）数据处理。文献研究可能需要额外的步骤来组织和准备文本数据，如文本清理、分段、标注等。传统访谈和观察分析可能涉及将口头数据转录为文本，以及对非语言行为的解读。

（3）对上下文的考虑。文献研究要特别注意文本的上下文和作者的意图。传统访谈和观察分析则更关注参与者的互动、反应以及研究场景的具体细节。

（4）数据解释。文献研究可能更侧重于作者的言外之意、语境解读和文化分析。传统访谈和观察分析则更侧重于参与者的直接表达、非言语交流和个人经历的解读。

2. 案例

彭小兵和彭洋的研究聚焦于地方政府如何通过政策工具差异性地参与乡村振兴，揭示了不同地方政府在乡村振兴过程中的策略和重点差异[①]。该研究基于410份政策文本，运用基于文献的扎根研究和内容分析法，探索了时间、空间和使用策略上的注意力配置差异，并尝试解释地方政府的治理逻辑。

该研究选择了2017年1月1日至2021年9月30日期间，各省级地方政府关于乡村振兴的政策文本作为研究对象。通过在"北大法宝"数据库和农业农村部相关政府网站上进行关键词匹配检索，研究者最终筛选得到410份有效政策文本。

通过对政策文本进行内容提炼、整合和归类，研究者形成系列概念范畴，进而量化研究地方政府的注意力配置差异和治理逻辑。此过程涵盖了开放式编码、核心关键词提取、主轴编码等步骤，以建立从政策文本中抽取的概念范畴。

研究发现，地方政府在实施乡村振兴战略时的注意力配置具有同步性、分层化和交叉化的演变特征，空间区位上表现出由大西南综合经济区向东北综合经济区递减的趋势。在政策工具使用中，地方政府显示出对供给型和环境型选择的偏好。注意力竞争是政策创新扩散的内在驱动力。地方政府在中央信号机制的影响下表现出纵向适应和横向吸收的逻辑判断与价值选择。经济偏好属性展现了政策影响力的"溯源—合流"循环。

---

[①]　彭小兵，彭洋. 乡村振兴中地方政府的注意力配置差异与治理逻辑研究：基于410份政策文本的扎根分析 [J]. 中国行政管理，2022（9）：80-88.

# 思维导图

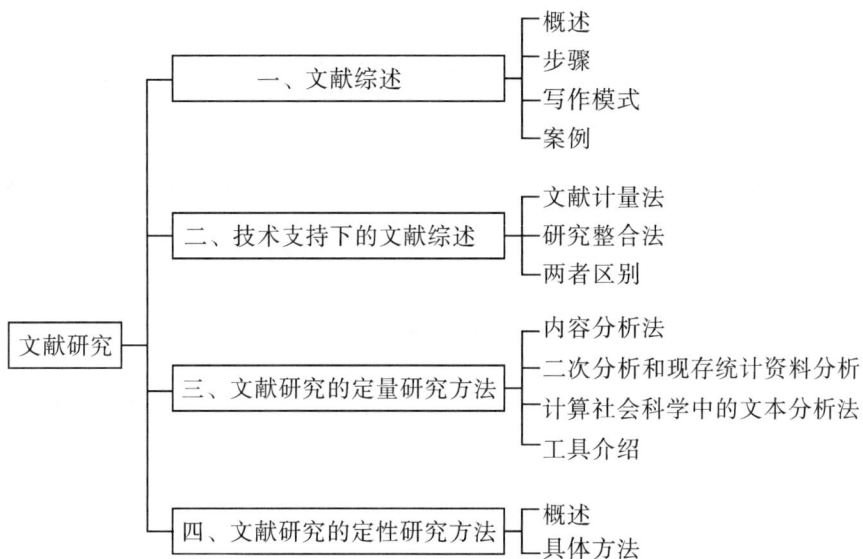

# 第七章　调查研究

袁方指出"社会调查研究是社会研究的一种类型和方式",同时它又"不是社会研究的唯一方式"①。风笑天（2018）与袁方观点类似,认为不能将社会调查方法等同于社会研究方法,将它们等同起来的做法明显是失之偏颇的。文献研究、实验研究、实地研究和调查研究同属于社会研究方法。表7-1简单地介绍了四种研究方法的区别。本书与上述两位学者持相同的观点,认为调查研究与实验研究、实地研究和文献研究一样,是社会研究之树的一个分支。本章将介绍什么是调查研究、调查研究的三个关键步骤（概念测量与概念操作化、抽样设计、问卷设计）、调查研究资料收集方法、调查研究的展开与过程管理以及调查研究的优缺点。

表7-1　研究方法分类

| 研究方式 | 子类型 | 资料收集方法 | 资料分析方式 | 研究的性质 |
|---|---|---|---|---|
| 调查研究 | 普遍调查<br>抽样调查 | 统计量表<br>自填式问卷<br>结构式访问 | 结构式访问 | 定量 |
| 实验研究 | 实地实验<br>实验室实验 | 自填式问卷<br>结构式访问<br>结构式观察<br>量表测量 | 统计分析 | 定量 |
| 实地研究 | 参与观察<br>个案研究 | 无结构观察<br>无结构访问 | 定性分析 | 定性 |
| 文献研究 | 现存统计资料分析<br>二次分析<br>内容分析 | 官方统计资料<br>他人原始数据<br>文字声像文献 | 统计分析 | 定量 |

---

① 袁方. 社会研究方法教程［M］. 北京：北京大学出版社,1997：25-26.

# 第一节　调查研究概述

调查研究一般以结构式问卷为工具，需要从总体中抽取样本并通过样本填答或回答问卷问题的方式来收集资料，同时借助一定的统计工具让样本的结果能够推论至总体，以便了解总体的相关信息。

关于调查研究的举例如下：

"富士康事件"后，学界开始对外来工精神健康状况进行广泛研究。刘林平、郑广怀、孙中伟就外来工精神状况的话题对珠三角和长三角4 000余位外来工进行了问卷调查①。由于缺乏外来工总体的抽样框，研究者无法完全遵循随机抽样原则开展研究，同时考虑到外来工地理位置的聚集性，因此选择了非概率抽样中的配额抽样。他们根据城市外来人口的相对比例进行样本分配，并参考各省市政府部门公布的统计数据中的性别、产业和地区分布作为参数。这样的抽样方式有助于克服调查对象的地理集中性以及调查者的选择偏见。研究采用了一种被称为"一般健康量表"（GHO－1）的国际常用测量工具，对外来工的精神健康状况进行了专项测量，最终在两地区19个城市共3 264家企业中获得有效样本4 152份。在计算机的辅助下，研究者对这些样本数据进行了多种统计资料分析，结果显示，超时加班、有害的工作环境和强迫劳动会对外来工的精神健康状况产生负面影响，而社会网络在调节外来工精神健康方面的作用相对较小。这进一步验证了马克思关于异化劳动对工人精神健康的损害观点在中国现实中的适用性。研究结果也强调了精神健康是劳动权益的重要组成部分。

上述例子呈现出调查研究的几个重要特征：①在选取研究对象时需要从总体中抽取一定规模的样本。研究者需要根据研究目的、样本性质和所具备的资源来选择合适的抽样方案。②在收集资料的过程中研究者需要使用特定的工具——问卷。问卷要有严格的设计程序并能够接受信度、效度等的检验。③在资料分析的过程中研究者往往需要对收集来的大量量化资料进行统计分析。

同时可以看出，调查研究方法在某些情况下是比较适用的：

（1）当某些特定的目标群体不容易或是不可能召集起来时，通常使用调查研究的方法。例如，研究者对网民感兴趣，但几乎不可能把这些人都邀请到某一个地方进行实验研究，这时候调查方法的优势就凸显了，同时严格的概率抽样程序能够较大程度地确保样本的代表性。

（2）当研究者需要对所研究的社会现象进行描述或是探究现象之间的关系时，通常使用调查研究的方法。通过问卷法或是访问法等收集研究对象的自我报告，研究者可以获得研究对象的各类特征信息，如某些人口学特征、家庭社会经济地位、邻里关系、学习情况

---

① 刘林平，郑广怀，孙中伟. 劳动权益与精神健康：基于对长三角和珠三角外来工的问卷调查［J］. 社会学研究，2011，26（4）：164－184，245－246.

等，以便对其展开系统、全方位的了解。此外，调查研究是在对单个研究个案作分类的基础上进行资料收集与分析的，这便于研究者发现不同现象间的关系。值得注意的是，在探究变量间关系时，与实验研究重视自变量不同的是，调查研究通常把关注点放在因变量上，即要检验哪些因素能够（或是在多大程度上）影响因变量，因此在模型构建时研究者要注意因变量的数量不宜太多。

（3）调查研究在测量态度和倾向性方面也具有广泛的应用。最典型的就是各种民意调查。调查研究的私密性与匿名性有利于受访者对敏感话题或个人观点作出坦诚回答。此外，调查研究通常使用多项题目来测量受访者的态度和倾向，同时还可实现长期的追踪，这使得研究者能够获得更全面、多角度甚至是变化的数据，对受访者的态度有更深入的理解。

常见的调查研究的应用领域包括社会生活状况调查与社会行为、态度研究，市场调研和消费者行为研究，政策评估和社会问题研究，以及学术性研究。

# 第二节 概念测量与概念操作化

## 一、测量的概念与方式

### （一）测量的概念

在社会学中，测量是指根据某些规则将研究对象的某些特征（研究变量）用数字或符号表示，从而使与研究对象相关的某些社会现象呈现出数量化的过程。测量是一种用数量方式来描述和分析社会现象的方法。当研究者想要观察、描述或解释某个社会现象时，需要通过收集相关数据并对其进行分析。

为了实现测量，研究者需要使用量表或问卷等工具来收集数据。这些工具可以用来直接提问被调查者的态度、看法或行动，或者要求他们做出特定的行为来表达他们的看法或态度。例如，一个量表可能会问被调查者对某个政治领袖的满意度，或者关于某个社会问题的看法。测量时得到的一定数值可以是对某一属性或特征的描述，也可作为某一现象的代表符号。

定性取向的研究者与定量取向的研究者对于概念的测量都注重细致与系统的方法，但两者在测量内容以及测量方法上有很大的不同。定量测量侧重于收集和分析数值化的数据，因此定量取向的研究者在研究设计阶段要考虑如何把变量转化为可以由技术产生的数字信息，或主要关注对社会现象的数量描述和分析。研究者使用问卷调查、实验设计、统计分析等方式来收集和分析数据。定量测量可以计算频率、比例、平均值等指标，通过数值和统计分析来探索因果关系、预测趋势和验证理论。这也是调查研究最常用的测量方式。

定性测量侧重于收集和分析非数值化的数据。它主要关注对社会现象的质性描述和解释，因此对变量的测量内容与方式等信息都是在具体情景中也就是在研究过程中决定的。研究者通过观察、访谈、文本分析等方式来收集定性数据，然后运用主题分析、内容分析等方法来解释和理解数据。因此，定性测量通常涉及抽象概念、主观解释和深度理解，用于揭示社会现象的含义、动机和背后的原因。

### （二）测量的方式

通常来说，测量包括四类：名义测量、序数测量、间隔测量和比率测量。

（1）名义测量。这种测量方式仅仅用来对样本进行分类，没有任何数值含义，例如性别、宗教信仰、种族等。

（2）序数测量。这种测量方式给予样本的数值以排序意义，但是没有具体的量化标准，例如社会阶层、排名、评分等。

（3）间隔测量。这种测量方式与序数测量相似，但它具有量化标准和等距的性质，例如温度、时间等。

（4）比率测量。这种测量方式是最高级别的测量方式，它具有量化标准、等距和绝对零点的特征，例如身高、重量、年龄等。

## 二、概念化与操作化

### （一）概念化与操作化的含义

根据测量的定义，在研究中测量的内容并不是研究对象本身，而是研究对象的某些特征。而这些特征往往是一些较为抽象的概念，如同情心、生活方式等。那么这些词具体的定义是什么呢？这就涉及概念化了。概念化是指赋予某些词以一个概念或理论定义来进行解释。而好的定义是具有清楚、明确含义的，能够与其他事物区分开来。例如"自我意识"，通过查阅各种资料，研究者初步地认识到"自我意识"是指人们自我概念的形成，也就是回答"我是怎样的人"这个问题。同时要注意某些复杂抽象的词内部又有许多个次级概念，即"自我概念"包括人们对自己特点的认识和自我形象的评价等多个方面。由此可见概念化是厘清概念、构思意义的过程。当知道了研究者所要测量的事物的概念后，就应该更进一步地思考如何在现实中实施，也就是操作化。还是以"自我意识"为例，不同的概念定义就会有不同的操作化结果。根据上面的定义，研究者可以测量人们对自身外貌特征、性格特点的认识，或者对父母、老师、同伴等"他人"眼中的印象的认识，又或者对自己的价值观、行为方式、学习能力以及社会交际等方面的主观评价。研究者把抽象的概念转化为这些具体测量指标的过程就称为"操作化"。

### （二）操作化的过程以及实例

1. 操作化的过程

操作化的过程分为以下三个阶段：

（1）概念的形成与界定。在日常交往中，人们对概念有一定的了解，但通常并不清楚其含义，而是根据自身经验和观察来理解，因此，每个人对同一概念的理解可能会有所不同。在研究中，重新界定概念是必要的。研究者可以凭借个人经验和知识形成新的概念，也可以借鉴参考已有概念的经典定义。同时，使用抽象定义可以帮助将概念所指的现象与其他现象进行区分，从不同角度或维度对概念所表示的现象进行分类，进一步加深对概念的理解。通过这种方式，可以更准确地理解和应用各种概念，提高研究的准确性和深度。比如，马广海在对社会心态进行分析时，综合了从民族心理学到 20 世纪 80 年代社会心理学对于社会心理的研究，发现社会心态是社会心理的构成部分，反映的是人们对于当前社会现实的直接认知与情感。因此他将社会心态与社会心理区分开来，将其定义为"广泛地存在于各类社会群体内的情绪、情感、社会认知、行为意向和价值取向的总和，而这种总和与特定的社会运行状况或重大的社会变迁过程密切相关，并在特定的时间段内持续存在"[①]。

（2）选择测量指标。这一阶段的任务是确定分析维度、如何测量变量和选用哪些指标来测量。如果说涉及的概念较为抽象，其中就包含多个维度的变量。以"社会心态"为例，从定义中可以看出它包括了社会情绪、社会认知、社会价值观和社会行为意图等方面。指标被定义为概念内涵的指示标志，用以直接表示经验层次现象。例如，在衡量社会心态中的社会认知时，应该考虑那些能够反映人们对某些社会现象了解和认识程度的指标。比如，人们是否认为存在腐败问题？人们觉得腐败的情况有多严重？人们对腐败的评价可信度如何？人们认为腐败的原因是什么？人们是否认为腐败是不可避免的？这些指标的选择应该符合概念定义并体现出经验事实，以确保对概念的衡量更加准确。

（3）编制综合指标。对简单的概念可以用一两个指标来测量，如一个人的"文化程度"可用上学的年数或取得毕业证书的等级来表示。在实际研究中，往往会遇到一些复杂的概念和现象，如"社会心态""幸福感"等，这些概念无法用一个简单的指标测量。因此，研究者需要设计多个指标来反映这些概念的不同维度，从而更全面地了解相关现象。例如，对于"幸福感"这一复杂概念，研究者可以考虑从心理健康水平、社交支持、经济状况和自我实现水平等进行测量。而为了将多个指标的量度统一表示，研究者可以使用一些综合指标，如心理学中的"幸福指数"，该指数将以上指标进行加权得出一个综合分数，反映出被调查者的幸福感水平。

因此，在社会研究中，使用多个指标来测量复杂概念是必要的。而为了将多个指标的结果综合，需要采用一些标准化的方法，建立一个综合指标，以便更好地了解相关现象。

2. 操作化实例

（1）获得感的测量。吕小康、黄妍在对获得感进行测量时[②]，认为获得感作为一种社会心理现象，其测量需要建立在一定的理论框架下，以便将其概念操作化。第一，与物理现象或经济指标不同，获得感的测量需要寻求相对合理的参照点，因为根据实际情况，其测量既缺少实际的绝对参照点，也缺乏绝对零点，因此这一过程需要通过社会比较来实现。第二，在确定参照点时，需要考虑到社会心态和社会标准的影响。获得感测量中的参照点选择应当遵循社会标准原则而非个体标准原则，即参照点的选取需要考虑整个社会的情境和标准，而非仅仅依赖于个体的主观感受。这种社会标准下的参照点选取需要通过社会比较来实现。这种比较可以分为纵向时间比较和横向水平比较两个基本方向。纵向时间比较是指个体根据自身实际情况对目前的社会状况的感知与过去社会状况的比较，而横向水平比较则是个体与其他人对目前社会状况的感知的比较。通过这种社会比较，可以更

---

① 马广海. 论社会心态：概念辨析及其操作化 [J]. 社会科学，2008（10）：66 - 73，189.

② 吕小康，黄妍. 如何测量"获得感"？：以中国社会状况综合调查（CSS）数据为例 [J]. 西北师大学报（社会科学版），2018，55（5）：46 - 52.

好地确定相对合理的参照点，从而进行获得感的测量和分析。

两位研究者使用的"中国社会状况综合调查"（Chinese Social Survey，简称 CSS）数据较少涉及群体比较也就是横向水平比较维度，但关于时间比较也就是纵向时间比较维度较多，因此对于获得感的测量采用纵向时间比较维度。此外由于此前的研究多将涉及生活水平、安全感、公平正义等内容作为衡量获得感的维度，因此在选择指标时多与此类主题相关。最后基于纵向时间比较维度，将获得感归结为"个人发展感""社会安全感""社会公正感"和"政府工作满意度"四个维度。该研究列举了个人发展感与社会安全感两个维度及指标。对应指标见表 7-2。

表 7-2　个人发展感和社会安全感维度及对应指标

| 维度 | 指标 |
|---|---|
| 个人发展感 | 与五年前相比，您的生活水平 |
| | 本人在本地的经济地位 |
| 社会安全感 | 财产安全 |
| | 人身安全 |
| | 交通安全 |
| | 医疗安全 |
| | 食品安全 |
| | 劳动安全 |
| | 个人信息与隐私安全 |

（2）社会资本。科尔曼（1988）对于社会资本的功能分析、林南和俞弘强（2003）对于社会资本的模型设定以及边燕杰（2004）对于社会资本的分析，都将社会资本界定为社会关系网络中行动主体与他人、社会的联系，以及通过社会网络来获取相对稀缺的资源的能力。将社会资本操作化为社会资本的占有、社会资本运作、社会资本回报三个维度。根据林南和俞弘强（2003）的模型，社会资本的占有主要从横向广泛性、纵向异质性、达高性以及强弱性四个角度考虑；社会资本运用主要是以找工作为例；社会资本回报借鉴了林南和俞弘强（2003）关于行动的分类（工具性行动与表达性行动）。工具性行动回报包括政治、经济和社会三方面，表达性行动回报包括心理健康、身体健康和生活满意。

## 三、信度与效度

在使用某种测量工具或测量方式时，研究者总会考虑这样一些问题：当环境改变时，测量结果是否也会发生改变？这种测量方式能够准确地测出研究中想要测量的东西吗？这涉及测量的信度和效度问题。

### （一）信度

信度指的是测量方法的质量，即用同一个测量工具去进行重复测量时，其结果的一致性程度。当谈论信度时，一个经典的例子就是体重秤的信度。测量一个人的体重时，为了保证测量的结果是可信的，需要使用一个稳定且准确的体重秤。如果连续多次在同一个体重秤上称量同一个人，得到的结果非常接近，那么这个体重秤就被认为具有较高的信度。相反，如果同样的体重秤在不同时间称量同一个人得到的结果差异很大，那么这个体重秤就被认为信度较低。

在社会研究中，通常会遇到类似于上面的"结果差异很大"也就是信度的问题。假设一个研究者对某一社会议题持有强烈的个人观点，比如在性别平等议题上持有鲜明立场。当这位研究者进行调查和分析时，他可能会无意识地有选择性地采纳符合他个人观点的证据进行编码，而忽略了其他可能存在的解释或证据。这种个人倾向可能会导致研究结果的信度受到质疑，因为研究者的主观态度可能影响了研究的客观性和中立性。又或者有些被访者可能倾向于给出符合社会期望或者研究者期望的答案，而不是真实的态度或行为。例如，如果一个被访者知道环保是当前社会关注的话题，他们可能会倾向于体现自己更加环保主义的态度，即使在实际生活中他们并没有采取相应的环保行动。

信度多以相关系数表示，主要有再测信度、折半信度和复本信度三种类型。用同一种测量方法对同一样本前后测量两次计算的相关系数称为"再测信度"；将两个复本的问题穿插排列，在统计结果时再按两个复本分别计分并计算两者的相关系数称为"折半信度"；用两个相同功能的量表（即复本）对同一样本进行连续测量，计算出两种复本测量结果的相关系数称为"复本信度"。信度分析的方法主要有三种：前测—后测方法、对分法、复本法。

1. 前测—后测方法

该方法即在不同的两个时间点用同一种测量方法前后测量两次。这是一种最常用的信度检查方法，根据两次测量结果所得的系数称为"再测信度"。常用的再测信度是Cronbach's α 系数[①]。使用前测—后测方法要求两次测量使用的工具和测量的方式都必须完全一样，并且前后两次测量中间不能出现可能影响后一次测量结果的重大事件。如果不遵循以上条件，可能就会出现两次测量结果差异较大、信度较低的情况。

2. 对分法

对分法即是将同一个测量工具所包括的测量项目平均分成两份，分别去测量同一组研究对象，而根据两次测量结果所得的系数称为"折半信度"。折半信度的计算公式涉及皮尔逊—布朗相关系数（Pearson-Brown Prophecy Formula）[②]。使用对分法时要注意两组测量项目要在内容上是重复的，只是表面形式不同。这种方法对测量工具的分半方式比较敏感，并且在样本较小的情况下可能会导致评估结果不稳定。因此，在使用对分法进行信度评估时，需要谨慎对待分半的方式以及样本量的大小。

---

① Cronbach's α 系数是一种常用的内部一致性信度检验方法，用于衡量一个测量工具（例如问卷调查）中各个题目之间的一致性。它的计算公式如下：$\alpha = \frac{k}{k-1}\left(1 - \frac{\sum_{i=1}^{k}\sigma_i^2}{\sigma_X^2}\right)$。其中，$k$ 代表题目数量，$\sigma_i^2$ 代表第 $i$ 个题目的方差，$\sigma_X^2$ 代表总体得分的方差。

② 公式为 $r_{corrected} = \frac{2r}{1+r}$。其中，$r$ 为两部分总分的皮尔逊相关系数，$r_{corrected}$ 为修正后的折半信度。

### 3. 复本法

复本法要求研究对象在同一时间内接受两种测量方式的测量，而一种方式是另一种方式的复本，则研究者可以通过两次测量的结果来进行复本信度的计算。复本信度的计算通常使用皮尔逊相关系数（Pearson Correlation Coefficient）。

## （二）效度

效度指的是测量工具或结果准确反映所要测量的概念的程度。当一项测量得到的结果正是研究者想要测量的事物时，研究者就说这一测量具有效度。例如，在用某一项智力测试来测量初中某班学生的智商时，如果采用了英语量表，测出来的结果能否反映学生们的智商呢？结果是否定的，因为这样一来测量的就不是学生们对于题目的反应力和创造力而是英语水平了，这种测量方式的效度就会受到质疑。通常有以下几种检验效度的方式。

### 1. 表面效度

表面效度，又称为"内容效度"或"逻辑效度"，指的是测量内容与测量目标之间是否存在逻辑上的一致或者说与大众的共识相一致。例如一个人是否好学，可以通过其借书卡的记录进行测量。这种方式无需解释就会让人们觉得是合理的。

### 2. 标准关联效度

标准关联效度，有时也被称为"实用效度""预测效度"或是"经验效度"，指的是测量方法与作为标准的测量准则之间的相关程度。通过用不同的方式对某一概念进行测量，将原来的方法及结果作为准则，比较新的测量方法及其结果，例如刚提到的借书卡记录与好学程度、投票给女性候选人与支持男女平等。

### 3. 结构效度

结构效度，有时候也称"建构效度"，指的是测量工具或操作方法在多大程度上准确有效地反映测量目标的基本结构，即测量结果与所研究概念的理论意义和概念化的吻合程度。当很难找到某些测量方式的准则时，研究者可以考虑在某个理论框架下建立不同变量之间的关系来作为大致的标准。以婚姻满意度为研究内容并构建满意度测量的效度，就需要测量婚姻满意度与其他变量之间的关系，例如婚姻满意度与吵架频率。假设对婚姻满意度较高的夫妻吵架频率低，如果研究结果验证了此假设，就证明了本次测量具有较高的结构效度。

## （三）信度与效度的关系

在研究中通常会存在信度与效度之间的张力，两者相互联系又相互制约。在追求信度的同时可能会舍弃效度。例如，通过问卷中的问题得到的定量数据可以反映较高的信度，尽管用该问卷反复测量得到的结果一致性程度较高，但是研究者的研究问题能否通过问卷上简单的几个问题就有效、准确地测量出来呢？因此效度就难以保证。然而在追求效度的同时可能会降低信度。如果研究者舍弃问卷调查的方式而采用实地访谈的方法来研究某一现象，那么得到的数据效度就会比较高，因为这些定性数据都是来自研究对象的现实情况而不带其他先入为主的预设。但是，由于研究者访问能力、理解能力的不同以及研究对象实际情况的不同，对同一现象的观察结果也会不同。此时，测量结果的一致性程度就降低了。此外，信度是效度的基础，必须要有信度才有效度。信度低，效度不可能高，但信度高效度不一定高。

# 第三节　抽样设计

本节将从抽样以及相关概念引入，详细地介绍关于抽样的知识、抽样设计的原则、几种比较具有代表性的和常见的抽样方法，以及一些较新的抽样方法，并在最后介绍随机抽样的挑战性，帮助读者更进一步地了解抽样，并更好地运用抽样。

## 一、抽样及其相关概念

抽样是多种相关概念组合进阶而来的概念。抽样一般是指从一个由多种元素组合而成的总体中，按照某种方式方法选择或抽取出样本的过程。例如，一个有着 2 000 只羊的农场就是一个总体，现在从这个农场中随机选取出 200 只羊，这个随机抽取的过程就叫作"抽样"。

抽样包括下面几种概念：

1. 总体

总体是由构成它的每一个元素或部分来共同定义的。总体是构成它的所有元素和部分的集合体，元素就是组成总体这一集合的基本单位。例如，一所高中是由几千名学生和教职工组成的，这所高中就被称为"总体"，而每一个学生和教职工就是组成总体的最基本单位——元素。

2. 样本

样本是以某种方式或者方法从总体之中挑选出其中一些元素的集合。例如，从一家拥有 5 000 名工人的工厂中按某种方式方法选出 100 名工人，那么被选出的这 100 名工人就是构成这拥有 5 000 名工人的总体的一个样本。

3. 抽样单位

抽样单位是指直接进行抽样活动时所使用的最基本的单位。

4. 抽样框

抽样框，也就是抽样范围，指在进行一次直接的抽样时从总体中抽取出来的样本的范围。比如，要从一所学校中抽取出 300 名学生，那么这所学校中的学生就成为抽样框。在抽样程序的目标发生变化时，抽样框也会随之改变。

5. 参数值

参数值，也被称作"总体值"，是对总体包含的其中某个变量的描述，也可以说是对总体中所含有的全部元素的某一个特征的综合数量体现。其中最为常见的统计指标就是平均值。比如某公司的平均收入，就是对公司中所有员工这一总体在收入这一变量上的综合数量表现。

6. 统计值

统计值是对样本中所含的其中某个变量的描述，也可以说是对样本中所存在的所有单位的某种特征的综合数量体现。

## 二、抽样设计的原则

抽样设计的原则就是要解决有关抽样的几个基本问题，包括以下几点：

（1）选择合适的抽样对象。选择合适的抽样对象才能让研究事半功倍，更好地进行调查研究。例如，假设要调查运动水平，在抽样设计时就要考虑调查的目标群体的年龄、职业等因素。

（2）框定合适的抽样范围。抽样范围对抽样的结果的影响十分显著，过大的抽样范围虽然会使抽样的结果更具有代表性和准确性，但会提高抽样的难度，同时对时间、人力、物力的要求也很高。过小的抽样范围虽然省时省力、节约成本，但抽样所得出的结论会存在较大的误差，并且不具有广泛的代表性。

（3）贴合调查项目的目的。抽样所得出的结果最终还是要符合调查项目的目的和出发点。因此在抽样设计的时候，要牢记课题研究的总体方案和目标，在抽样设计的过程中，以课题问题为导向、以研究目的为出发点来设计抽样过程。

（4）抽样设计要具有可行性。在抽样设计的过程中，不仅要考虑纸面上的数据和方案，还要考虑抽样方案在实践中的可行性。在实践中，抽样的过程会面临许多困难，比如抽样对象不配合、抽样效率太低等。在设计抽样方案时，要尽可能地考虑到这些问题，做出提前应对和临时调整，确保研究方案的正常进行。

## 三、抽样方法

### （一）概率抽样

下面是几种常见的概率抽样方法。

1. 简单随机抽样

简单随机抽样是最基础的抽样方法。假定抽样群体的数量有限并且可以被一一罗列，其中的每一个样本都有相同的概率被单独地抽中，这就是简单随机抽样的概念。具体操作如下：假设要从一个300人的年级中使用简单随机抽样抽取50名学生进行研究，那么先根据年级的学生名单给每一个学生编上序号，然后将这些序号打乱，再进行随机抽取。抽取出50名学生后，这些被抽取出来的学生就构成了样本。简单随机抽样的优点就是抽样过程一目了然，简单又易于理解，一般也不会遇到操作上的问题，容易施行。但总体数量过大时，从中抽取样本所花费的人力、物力、财力会十分庞大，从而导致成本难以控制。在抽样过程中要确保每一个元素被抽中的概率都是相等的，即保证随机性。

2. 分层抽样

分层抽样是指按照样本所具有的不同特征将总体分为各不相同的若干个层级或类别，然后在这些被划分出来的层次和类别中，通过随机抽样的方法从中各抽取一个样本，再组合这些被抽取出来的样本，构成样本总体。具体操作如下：比如要在一所学校进行分层抽样，先将这所学校中的人员分为学生、教师和职工三大类，然后通过随机抽样分别从这三大类中抽取三个样本，最后组合成样本总体。分层抽样的一个优点就是可以在不扩大样本规模的前提下降低抽样的误差，提高样本的准确性和代表性；另一个优点是在分层抽样的过程中，研究者可以更好地了解结构复杂的总体的内部情况和各层次的具体特征，为调查研究提供更多更全面的资料。缺点则是如果研究者对总体的了解程度不足的话，在分层的过程中将举步维艰，甚至错误分层，使得抽样的过程变得复杂、难以操作，从而影响抽样结果的准确性和代表性。需要注意的是，分层要注重合理性和科学性，各层次之间要存在明显的差异和特征，同时层次内的每一个要素也要有其共同的特征。

3. 系统抽样

系统抽样就是等距抽样。将总体中的要素进行序号编排，然后选定一个间隔距离，按照这个间隔距离来抽取样本组成总体。具体操作如下：①给总体的每一个要素编上序号，进行排列；②确定一个距离间隔（通过总体的规模除以样本的规模进行计算），按照距离间隔将总体分成 $n$ 组，从第一组中随机抽取一个要素记为初始单位；③按照一开始计算出来的距离间隔，从每 $n$ 个小组中选出 $n$ 个要素；④将这 $n$ 个要素组合起来形成样本总体。系统抽样的优点包括易于操作、工作量较小，并且因为是有规律地选择要素，所以在最后组合而成的样本总体中进行研究调查时误差会更小。缺点是对总体有一定的要求，因为如果总体本身的排列就存在一定规律性的话，得出的结果就不那么具有代表性。因此，注意事项是在选取总体时要多注意总体的特性，并且在抽取样本时每个样本单位的数量差距不能太大。

4. 整群抽样

整群抽样是指从总体之中随机地抽选出几个不同的群体，接着将这几个被随机抽取出来的群体中所包含的所有元素组合起来构成一个总体。具体操作如下：假设一间工厂有50个车间，每个车间有20名工人，现在要从这间工厂中抽取300名工人，那么只需要从这50个车间中随机抽取15个车间，将这15个车间中的所有工人组合起来就构成总体的样本。整群抽样的优点就是方便调查研究的拓展和转换。当研究者想要研究更大的抽样范围对结果的影响时，只需要再重新抽取群体即可；此外，整群抽样的工作量相比其他抽样方法要小，并且节约成本。缺点就是样本的分布不均匀，分布面不广，代表性不够，抽样误差较大。

5. 多阶段抽样

多阶段抽样指按照样本的分层关系，将抽样划分为几个阶段进行。具体操作如下：假设要调查某市的青年人身体情况，则将全市的青年人视作一个总体，将抽样的过程分为几个阶段：第一阶段，以年龄为单位抽样，从中抽取几个年龄段的青年；第二阶段，从这几个年龄段的青年当中再抽取一个年龄段的青年；第三阶段，最后再从这一年龄段中抽取一定数量的青年。在上述各阶段的抽样过程中，往往会使用不同的抽样方法使抽样结果更具有随机性。多阶段抽样的优点是能综合多种抽样方法的优点，并且因为其适用于范围大、层次多的总体研究，所以得出的结果范围更大、层次更多、更具有代表性。其缺点也很明显：实施起来比较复杂，且抽样周期相对其他抽样方法更长，在转向下一阶段的过程中可能会产生误差。

**（二）非概率抽样**

不按照均等概率原则而是根据主观判断或其他方式来抽取样本的方法叫作"非概率抽样"。

1. 偶遇抽样

偶遇抽样又叫作"方便抽样"，指抽样者根据抽样的具体情况，把随机遇见的人作为抽样的对象。比如常见的街头采访就是经典的偶遇抽样。具体操作如下：假设要调查某地居民的幸福感，那就直接去往当地的某街头，在路上遇到人就对其进行采访和调查，从而得出结果。偶遇抽样的优点就是方便又省力；缺点也很明显：由于抽样太过随意，误差会很大，而且不太具有代表性。需要注意的是抽样的过程中要考虑抽样对象的态度，抽样过程中可能会因遇到不配合的抽样对象而碰壁。

2. 判断抽样

判断抽样指研究者依靠自身的主观判断来选择抽样对象的方法。具体操作如下：假设要调查人们的上网时间，研究者根据主观经验认为一般是年轻人上网较多，于是直接选取年轻人作为抽样对象。判断抽样的好处在于研究者可以自由发挥主观能动性，使抽样的结果更符合研究者的主观意志，并且省时省力。缺点在于不够客观，误差往往随着主观性的增强而增大。注意事项是这种抽样方法基本只适用于研究范围较小的调查研究的初期阶段。

3. 定额抽样

定额抽样指的是根据不同元素在总体中所占的比例，通过非概率抽样的方式选择元素，使得这些元素中具有不同特征的元素所占的比例与总体中具有这些特征的元素的比例一致。

4. 滚雪球抽样

滚雪球抽样是指随机选择一个或多个抽样对象作为初始抽样对象，然后通过他们的关系网进行拓展抽样，从而得到含量更大的样本。具体操作如下：假设要研究工作时间，首先选择一位抽样对象，在了解他的工作时间后，通过其关系网找到他的亲友，再了解他们的工作时间，又从其亲友的亲友那里了解工作时间，最后组合起来成为样本的总体。优点是抽样范围可控，且调查时间短；缺点则在于样本的质量难以控制。

（三）抽样方法的新发展

目前学术界也出现了一些新的抽样方法。

1. 受访者驱动抽样（respondent-driven sampling，RDS）

受访者驱动抽样，就是将滚雪球抽样与一个赋予样本权重的数学模型相结合，以弥补非随机抽样缺陷的抽样方法。目前国内的受访者驱动抽样主要用于艾滋病患者、同性恋性行为、吸毒人员等。在社会研究中，它多用于调查移民和农民工问题。

接下来以农民工问题调查为例，简单介绍受访者驱动抽样的过程：

（1）选取2~3个来自不同城市的农民工，将他们记为第0批被访者。

（2）在调查他们后给予他们报酬，同时要求他们推荐2~3个自己熟识的农民工作为第1批被访者。推荐人要告知研究者被推荐人的相关资料；确定被推荐人适合接受调查后，推荐人与被推荐人联系；被推荐人确定接受调查后研究者给予推荐人一定奖励。

（3）后续招募依上述方式形成第2、第3、第4等批次的被访者。

（4）研究者将每个接受调查的被访者的信息做成一个受访者驱动抽样卡片，卡片的内容包括抽样编号和与推荐人的关系。

（5）当样本量达到原定的规模时抽样结束。

2. 地图—地址抽样与KISH入户抽样

地图—地址抽样以建筑为基本单位，将各种各样的建筑物绘制在图纸上，将空户筛除后对剩下的住户进行编号作为抽样的范围。我国使用地图—地址抽样法的官方调查有国家统计局的农村住户调查,大型社会调查包括中国社会状况综合调查(CSS)、中国综合社会调查(CGSS)、中国家庭追踪调查(CFPS)、中国劳动力动态调查(CLDS)、中国健康与养老追踪调查(CHARLS)以及中国家庭金融调查(CHFS)等。随着地理信息技术和计算机技术的发展,通过纸版的作业方法描绘调查区域的地图并写出地址清单这种工作量大、容易出错的做法已经逐渐被计算机辅助地图—地址抽样的方法替代。

入户调查是使用地图—地址抽样进行抽样的最终调查形式,入户访谈首先必须明确抽样的范围,在抽样范围内进行抽样并且对所抽取的样本进行访问。KISH 入户抽样是由调查方法学家和统计学家基什发明的一种简单随机抽样方法,它的核心是 KISH 表(见表 7-3)。具体的操作方法就是先对该户所有符合调查资格的人进行登记,然后按照年龄顺序排列,最后按照事前定好的规则选择抽样对象。这种方法的优点就是选取对象的概率是同等的,这确保了研究结果的准确性,同时这种方法可以使研究者从个人的样本中窥见这一地区所有要素组成的总体,并且避免了抽样过程中的重复。

表 7-3 KISH 表

| 选择表的类型 | 所占总体的比例 | 家庭中合格的成员数 | | | | | |
|---|---|---|---|---|---|---|---|
| | | 1 | 2 | 3 | 4 | 5 | 6 及以上 |
| | | 被访者号码 | | | | | |
| A | 1/6 | 1 | 1 | 1 | 1 | 1 | 1 |
| B1 | 1/12 | 1 | 1 | 1 | 1 | 2 | 2 |
| B2 | 1/12 | 1 | 1 | 1 | 2 | 2 | 2 |
| C | 1/6 | 1 | 1 | 2 | 2 | 3 | 3 |
| D | 1/6 | 1 | 2 | 2 | 3 | 4 | 4 |
| E1 | 1/12 | 1 | 2 | 3 | 3 | 3 | 5 |
| E2 | 1/12 | 1 | 2 | 3 | 4 | 5 | 5 |
| F | 1/6 | 1 | 2 | 3 | 4 | 5 | 6 |

3. PPS 抽样

PPS 抽样即概率与元素的规模大小成比例的抽样。其原理是用抽样过程中的不准确性来换取最终结果的准确性。具体操作如下:在多阶段抽样的第一阶段,每个群体按照其元素的含量赋予不同的抽取概率,含量越高概率越高;第二阶段则在被抽取的群体中按不等概率抽取同样数量的元素。这种方法平衡了由群体的规模差异带来的概率差异,在复杂的多阶段抽样过程中,可以帮助研究者更好地进行抽样。可以用下列公式来说明 PPS 抽样的原理:

$$每一个元素被抽中的概率 = 所抽取的群体数 \times \frac{群体的规模}{总体的规模} \times \frac{平均每个群体中所要抽取的元素}{群体的规模}$$

PPS 抽样的具体操作方法,可以下例来说明:

要从全市 100 家企业、总共 20 万名职工中,抽取 1 000 名职工进行调查。研究者可采取多阶段抽样的方法,先从 100 家企业中随机抽取若干家企业,比如抽取 20 家;然后再从这 20 家企业中分别抽取 50 名职工(50×20 = 1 000)构成样本。需要注意的是,这 100 家企业的规模是不同的：最大的企业有多达 16 000 名职工，而最小的企业只有 200 名职工。

在进行 PPS 抽样的具体操作时，先将各个元素（即企业）排列起来，然后写出它们的规模、计算它们的规模在总体规模中所占的比例，将它们的比例累计起来，并根据比例的累计数依次写出每一元素所对应的选择号码范围（该范围的大小等于元素规模所占的比例，见表 7-4 中第一、二、三、四、五列）；再采用随机数表的方法或系统抽样的方法选择号码，号码所对应的元素入选第一阶段样本（见表 7-4 中第六、七列）；最后再从所选样本中进行第二阶段抽样（即从每个被抽中的元素中抽取 50 名职工）。由于规模大的企业所对应的选择号码的范围大，而选择号码的范围大时，被抽中的概率也大。有些特别大的企业还可能抽到不止一个号码，比如企业 3 就抽到两个号码，那么在第二阶段抽样中，就要从企业 3 中抽取 100 名职工（50×2＝100）。由于规模大的企业在第一阶段抽样时被抽中的概率大于规模小的企业，这样就补偿了第二阶段抽样时规模大的企业的每个职工被抽中的概率小的情况，使得无论在规模大还是规模小的企业中每个职工总的被抽中的概率是相等的。因此，以这种方法最终抽出的样本对总体而言具有较强的代表性。

表 7-4　用 PPS 抽样法抽取第一阶段样本

| 序号 | 规模 | 所占比例（%） | 累计（%） | 选择号码范围 | 所选号码 | 入选元素 |
|---|---|---|---|---|---|---|
| 企业 1 | 3 000 | 1.5 | 1.5 | 000—014 | 12 | 元素 1 |
| 企业 2 | 2 000 | 1 | 2.5 | 015—024 | — | — |
| 企业 3 | 16 000 | 8 | 10.5 | 025—104 | 048、095 | 元素 2、3 |
| 企业 4 | 200 | 0.1 | 10.6 | 105 | — | — |
| 企业 5 | 1 200 | 0.6 | 11.2 | 106—111 | — | — |
| 企业 6 | 6 000 | 3 | 14.2 | 112—141 | 133 | 元素 4 |
| 企业 7 | 800 | 0.4 | 14.6 | 142—145 | — | — |
| 企业 8 | 600 | 0.3 | 14.9 | 146—148 | 148 | 元素 5 |
| 企业 9 | 1 400 | 0.7 | 15.6 | 149—155 | — | — |
| 企业 10 | 4 200 | 2.1 | 17.7 | 156—176 | 171 | 元素 6 |
| … | … | … | … | … | … | … |
| 企业 98 | 400 | 0.2 | 98.8 | 986—987 | — | — |
| 企业 99 | 1 800 | 0.9 | 99.7 | 988—996 | 995 | 元素 20 |
| 企业 100 | 600 | 0.3 | 100 | 997—999 | — | — |

## 四、随机抽样的挑战性

（1）调查研究本身。调查研究的主题往往都是具有学术性的，涉及很多专业的知识点。因而在进行抽样时，最具有挑战性的就是将调查研究中那些学术的、专业的知识点转换为可操作的具体内容。抽样的过程不仅要符合主题，能够实现调查研究的目的，为研究者带来分析研究的资料，还要具体可行，能够真正地解决实际问题。

（2）研究者。抽样的过程是对研究者自身素质的巨大考验。在设计抽样的过程中，研究者要综合考量多方面因素，设计出合理科学的抽样过程，并且提前制定应对可预见困难的措施。在抽样的实操过程中，研究者还要时刻关注抽样的进程，面对抽样过程中发生的突发情况，要及时应对；面对误差和偏移，要及时纠正。在得到抽样的结果时，研究者还要进行分析与统计，得出自己想要的资料。所以说，抽样是对研究者自身素质的一场考验。

（3）抽样对象。抽样对象是抽样必不可少的部分，对于抽样对象来说，理解抽样的目的和意义也是一个巨大的挑战，因为研究者的研究目的往往是专业而深奥的，抽样对象想要理解其中的内涵和深意是十分困难的。不仅如此，抽样对象要配合抽样的进行，这样才能保证抽样的正常运作，保证抽样的效率。

（4）外界环境。外界环境对抽样的挑战是多种多样的，既包括物质条件，比如时间、空间、人力、物力的成本，又包括外界的舆论、社会的大环境。值得一提的是，在当今这个大数据时代，抽样往往是机遇和挑战并存的。机遇在于大数据提供的海量资源库、数据库可以为研究者的调查研究和抽样提供更多的支撑和保障，拓宽了调查研究和抽样收集信息的渠道，提高了统计分析的效率。挑战在于繁多复杂的数据可能会使研究者难以抉择，难以提取其中正常的、有帮助的信息，从而增加工作量；同时，由于大数据动态实时的特点，调查研究的对象和数据也会动态改变，保证时效性成为巨大的挑战。

# 第四节　问卷设计

问卷是调查研究最为常用的一种工具，本节将重点介绍如何设计和构建一份问卷来协助调查研究，并解决一些在设计问卷的过程中常见的问题。

## 一、问卷的含义及结构

### 1. 问卷的含义

问卷是一种常见的社会调查方法，也被称为"调查表"或"调查问卷"。它是一种非常灵活且经济高效的数据收集方式，可以用来收集大量的定量和定性数据。问卷通常由一系列问题组成，这些问题可以是开放式的，也可以是封闭式的。开放式问题能够使被调查者按照他的主观意愿自由地填写问题的答案，而封闭式问题则需要被调查者在给定的选项中选择一个或多个答案。开放式问卷和结构式问卷是两种常见的问卷设计形式，它们在调查研究中有着不同的特点和应用场景。

开放式问卷也称为"自由回答式问卷"，其特点是问题具有开放性，被调查者可以用自己的话语回答，而非仅仅从给定的选项中作出选择。开放式问卷能够深入了解被调查者的真实想法和观点，提供了更加丰富和细致的信息，有利于发现新的问题和观点。但回答开放式问卷需要较强的主观性和表达能力，分析和整理回答也较为烦琐，不利于统计和比较。

结构式问卷也称为"封闭式问卷"，其特点是问题具有预先设计好的结构和选项，被调查者需要从给定的选项中作出选择。结构式问卷便于数据的整理、统计和比较分析，能够快速获取量化的结果，并且易于进行不同样本之间的比较。但是这种问卷可能会限制被调查者的回答范围，无法深入了解被调查者的具体想法，有时候可能会忽略一些重要信息。

2. 问卷的结构

问卷通常包括封面信、说明和指导语、编码信息、人口统计学信息、主体问题及选项、结束语和感谢六部分（见图7-1）。

（1）封面信。封面信通常包括了调查的目的、进行调查的机构、调查的时间范围以及调查的重要性。同时，封面信中会说明被调查者的权利，比如自愿参加调查、保密等。

（2）说明和指导语。在问卷的开始部分，通常会包括一些说明和指导语，帮助被调查者理解如何填写问卷、保证数据的真实性和准确性。

（3）编码信息。大型社会调查通常需要对被调查者进行编号，以便后续的数据整理和分析。因此，问卷中会包括一部分用于记录被调查者编码信息的区域。

（4）人口统计学信息。这一部分通常用于收集被调查者的基本信息，如年龄、性别、教育水平、职业、家庭情况等，这些信息对于分析和解释数据必不可少。

（5）主体问题及选项。主体问题部分是问卷的核心，用于收集关于研究主题的数据。问题可以是开放式的，要求被调查者自己回答；或者是封闭式的，提供给定的选项供被调查者选择。问题的设计应该清晰、简洁，并确保能够涵盖研究所关注的方面。

（6）结束语和感谢。问卷的最后可以加入一段结束语，对被调查者的参与表示感谢，并提供联系方式以便他们提出任何问题或反馈。

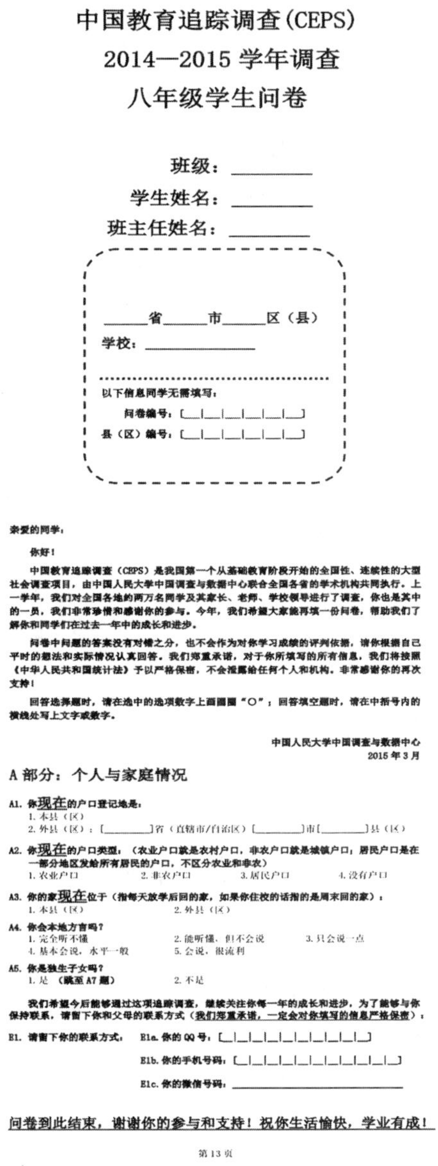
中国教育追踪调查(CEPS)
2014—2015 学年调查
八年级学生问卷

班级：________
学生姓名：________
班主任姓名：________

____省____市____区（县）
学校：____________

以下信息同学无需填写：
问卷编号：[__|__|__|__|__|__]
县（区）编号：[__|__|__|__|__|__]

亲爱的同学：

你好！

中国教育追踪调查（CEPS）是我国第一个从基础教育阶段开始的全国性、连续性的大型社会调查项目，由中国人民大学中国调查与数据中心联合全国各省的学术机构共同执行。上一学年，我们对全国各地的两万名同学及其家长、老师、学校领导进行了调查，你也是其中的一员，我们非常珍惜和感谢你的参与。今年，我们希望大家能再填一份问卷，帮助我们了解你和同学们在过去一年中的成长和进步。

问卷中问题的答案没有对错之分，也不会作为对你学习成绩的评判依据，请你根据自己平时的想法和实际情况认真回答。我们郑重承诺，对于你所填写的所有信息，我们将按照《中华人民共和国统计法》予以严格保密，不会泄露给任何个人和机构。非常感谢你的再次支持！

回答选择题时，请在选中的选项数字上画圆圈“○”；回答填空题时，请在中括号内的横线处写上文字或数字。

中国人民大学中国调查与数据中心
2015 年 3 月

A 部分：个人与家庭情况

A1. 你现在的户口登记地是：
1. 本县（区）
2. 外县（区）：[________]省（直辖市/自治区）[________]市[________]县（区）

A2. 你现在的户口类型：（农业户口就是农村户口，非农户口就是城镇户口；居民户口是在一部分地区发给所有居民的户口，不区分农业和非农）
1. 农业户口　2. 非农户口　3. 居民户口　4. 没有户口

A3. 你的家现在位于（指每天放学后回的家，如果你住校的话指的是周末回的家）：
1. 本县（区）　2. 外县（区）

A4. 你会本地方言吗？
1. 完全听不懂　2. 能听懂，但不会说　3. 只会说一点
4. 基本会说，水平一般　5. 会说，很流利

A5. 你是独生子女吗？
1. 是　（跳至 A7 题）　2. 不是

我们希望今后能够通过这项追踪调查，继续关注你每一年的成长和进步，为了能够与你保持联系，请留下你和父母的联系方式（我们郑重承诺，一定会对你填写的信息严格保密）：

B1. 请留下你的联系方式：　B1a. 你的 QQ 号：[__|__|__|__|__|__|__|__|__|__]
B1b. 你的手机号码：[__|__|__|__|__|__|__|__|__|__|__]
B1c. 你的微信号码：____________

问卷到此结束，谢谢你的参与和支持！祝你生活愉快，学业有成！

第 13 页

图 7-1　问卷示例

## 二、问卷编制过程

1. 明确问卷的编制原则

（1）目的性。编制的问卷要符合调查研究的目的。问卷是调查研究的工具，其最终的目的还是帮研究者得到相关资料，达成调查研究的目的，所以问卷一定要贴合主题。比如研究者的调查研究目的是探究运动的时间，就不能设计一个问卷去问调查对象的薪酬水平，这样就达不到调查研究的目的了。

（2）一般性。问卷要具有普遍性、代表性。问卷的编制、设计要考虑到研究对象的特点。比如研究者要调查工薪族的薪酬水平，不能设计一个只询问"月薪几万以上"的题项，这样往往会得到具有较大偏差的结果，影响调查研究的普遍性和代表性。

（3）科学性。包括逻辑性、准确性。问卷编制的过程中，问题的设计以及排版都要符合逻辑顺序，这样填问卷的人能有更好的体验，激发他们填写问卷的热情。比如问卷的主题是统计运动状况，上一个题项是"你一般做什么运动"，下一个题项却是"你的年龄"，这样割裂的设计没有逻辑性，会严重影响填答者的体验。

（4）高效性。包括三个方面，一是设计的问题直观易懂，二是得到的结果易于分析，三是问卷易于投放和回收。高效的问卷设计不仅便于被调查者填写问卷，也可以节约问卷投放和回收的成本，在分析问卷结果的时候更便捷。此外研究者会偏向自己感兴趣的方面，但限于被调查者的立场、环境、水平等因素，有些资料是无法通过问卷调查得到的，这时就要求问卷设计要贴合被调查者的实际，减少误差。

2. 探索性工作

研究者在设计问卷之前，往往会进行探索性的工作。探索性的工作就是为设计问卷进行铺垫和准备，通过随机、随性的方式进行非结构式的访谈，围绕调查研究的主题和问题与不同的调查对象交流，从交流中获取有关主题的初步印象和客观经验，让设计问卷的过程不再是"摸着石头过河"，获取编制问卷的第一手资料，这有助于提高问卷的合理性、科学性，节约问卷的试错成本，更好地解决编制问卷过程中遇到的困难。

3. 设计问卷初稿

（1）问题与答案。问题和答案是问卷的主体，也是问卷设计的核心内容。一般来说，问题可以分为两种，一种是开放式问题：只提出问题不提供答案，答案由填答者自己填写，如询问"你对此有什么其他看法"，然后设置一个方框让填答者畅所欲言。另一种是封闭式问题：提出问题后设计出几个具体的选项让填答者选择，如询问"你喜欢踢球吗"，预留答案为"是"或"不是"。

在设计答案的时候，往往也要遵循下面这几点：

①穷尽性与互斥性。穷尽性是指设计出来的答案对问题的回答要全面覆盖，要穷尽问题所能获得的答案。比如问题是"一周有多少天在运动"，那么答案就要包含0~7，这样才算穷尽。互斥性则是指答案之间要相互排斥，就是答案不能重复啰唆。比如问题是"喜欢什么运动"，就不能设计一个答案是"喜欢踢足球"，另一个答案是"喜欢球类运动"，这样往往会使填答者产生困惑，影响结果的准确性。

②减少主观性，增加客观性。这一点主要针对封闭式的问题，在设置答案时，研究者不能只考虑自我的主观经验，要更全面地考虑每个人的情况，尽可能给出更全面、更客观的答案设置。

③设置其他选项。在设计答案时往往会遇到一些问题难以全面地设置选项，或者说要穷尽选项会使问卷变得冗长，这时候可以设置一个"其他"选项让填答者发挥自己的主观能动性，更好地表达自己的思想，从而得到更具体的答案。比如问题是"你喜欢玩的游戏有哪些"，可以挑选几款热门的游戏作为选项，再设置一个"其他"选项让填答者自己填写。

（2）问题的语言与提问。语言是问卷设计的基石，一份合格的问卷的问题要含义清晰、简单易懂，语言表达要简单明了、生动形象、朴实无华，要将最清晰、最准确的概念呈现给填答者。在具体的设计中，应注意以下几点：

①问题要准确具体、简单易懂，不要过于抽象。设置准确具体的问题能够让填答者更好地理解问题、更好地理解研究者的核心思想，这样他们才能准确回答问题，让研究者收集到更准确的资料。不要使用太多专业术语比如"公共经济""财政转移支付"等，这样会使填答者不明所以，影响回答的质量。

②问题和答案的陈述要简短。问题和答案的陈述越长，往往越容易产生偏差，误导填答者。另外，太长的问题和答案会消磨填答者的耐心，引起填答者的反感，最终可能会影响问卷的回收率。

③避免判断性的问题。所谓"判断性的问题"，就是研究者下意识地判断填答者做过某种事或是具有某种身份而让填答者回答相关的问题。比如问卷没有问填答者是不是学生就直接问他一天学习多长时间，这种情况就是下意识地判断填答者是学生，这会影响回答的准确性。

④不要设置双重问题。所谓"双重问题"就是那些有双重或多重含义的问题，即会产生歧义的问题。比如问题"你的父母在哪工作"，而父亲和母亲双方很可能不会在同一个地方工作，这就有了双重含义，填答者往往只能填写其中之一，这就使回答失真，准确性下降，所以问卷的设置一定要准确。

⑤不要询问隐私和敏感的问题。填答者对隐私和敏感的问题往往会具有防备性，当问卷触及这个禁区的时候，填答者会下意识地抵触，这样会影响填答者的积极性，降低问卷的回收率。因此，诸如性取向、性经验这些问题不要出现在问卷中。

（3）问题的排序。问题的排序也是问卷设计中重要的一环。问卷问题的排序和问题之间的联系，不仅影响填答者的回答，还会影响问卷回收后研究者对答案的分析和统计。一般来说问题的排序应遵循以下原则：

①由简单到复杂。由简单到复杂的问题排序可以更好地引导填答者思考，让他们填写出更加符合问卷主题的答案。如果把太难的问题放在开头，那么填答者往往会产生畏难情绪，从而停止填写问卷，影响问卷的回收率。

②从熟悉到陌生。从熟悉到陌生的问题排序可以让问卷的填写得到保证，因为填答者对熟悉的问题往往会有自己的理解和答案，就算后面的问题太过陌生，填答者无法回答，那么至少前面问题的答案能得到保障。

③将填答者感兴趣的问题放在前面。比如面向的填答者是学生群体，研究者可以将学生群体感兴趣的如运动、游戏、音乐、偶像等问题放在前面，调动他们回答的积极性，这样他们在后面回答一些复杂问题时也不会有太多抵触心理。

④按照行为、态度的先后排序。行为是客观的，态度是主观的，在回答客观问题时，填答者更容易表达自己的思想。如果先回答主观问题，填答者很可能会产生抵触心理，提高拒答率。

⑤与背景资料相关的问题放问卷开头。一般问卷开头都是询问填答者的相关信息，比如出生年月、所在地等，这是为了让研究者更好地筛选信息，方便问卷回收后的统计和分析。

⑥封闭式问题放前面，开放式问题放后面。封闭式问题回答的时间较短，易于思考，填答者一般更愿意回答这种问题。而开放式问题需要更多的填写时间和思考时间，所以将它们放在后面，可以确保前面问题的回答率。

4. 试用与修改问卷

预调查是在正式进行调查研究之前，对研究设计、问卷或实验操作等进行试验性的小规模测试。具体操作如下：确定预调查的目标和内容，明确需要测试的方面，如问卷的清晰度、问题的理解度、选项的合理性等；通过非随机抽样选择小规模的代表性样本进行预调查。样本的数量通常较少，一般为 10～30 人。收集被调查者的回答或观察数据，在预调查的结果中需要重点关注问卷回收率、有效回收率、填写错误或是填答不完全四种情况。并根据以上信息对问卷或实验操作等进行修订和改进，以提高调查研究的可靠性和有效性。除了预调查之外，还可以将问卷寄送给该领域的专家和典型的被调查者，请他们根据自己的经验以及填写问卷时的实际感受对问卷发表评论，参考他们的意见。

## 三、量表

### （一）量表概述

量表是一种测量工具，一般用来确定某种抽象的概念的量化数据，旨在衡量那些难以直接测量的概念的水平。在进行社会研究的过程中，研究者往往会需要测量一些比较抽象的概念，面对这些概念时，一般使用单一的指标进行测量是不可能的，这时候往往需要运用到量表。量表在生活中也有常见的运用，例如患者用药依从性评估量表（见图 7-2）。

---

患者用药依从性评估量表

（1）您是否有时忘记服药？　　□是　□否

（2）在过去的 2 周内，您是否有一天或几天忘记服药？　　□是　□否

（3）治疗期间，当您觉得症状加重或出现其他症状时，您是否未告知医生而自行减少药量或停止服药？　　□是　□否

（4）当您外出旅行或长时间离家时，您是否有时忘记随身携带药物？　　□是　□否

---

**图 7-2　患者用药依从性评估量表**

### （二）量表类型

1. 总加量表

总加量表是由一系列表达人们对某种事物的看法或态度的陈述句所构成的，量表的填答者需要对这些陈述句表达自己的看法，主要是同意或不同意该观点，每个回答都会被记上分数。在答题完成后，将这些分数累加得到的总分就是填答者的态度得分。总加量表中值得一提的是李克特量表，这是总加量表的形式之一，它在总加量表的基础上将回答分成五大类，使得填答者的态度更加清晰（见表 7-5）。

表 7 – 5　李克特量表示例

| | 非常同意 | 比较同意 | 一般 | 不同意 | 非常不同意 |
|---|---|---|---|---|---|
| 食堂饭菜好吃 | 5 | 4 | 3 | 2 | 1 |
| 食堂的饭菜新鲜 | 5 | 4 | 3 | 2 | 1 |
| 食堂的饭菜干净 | 5 | 4 | 3 | 2 | 1 |
| 食堂饭菜保温程度好 | 5 | 4 | 3 | 2 | 1 |
| 食堂饭菜的价格合理 | 5 | 4 | 3 | 2 | 1 |
| 食堂送外卖的速度慢 | 1 | 2 | 3 | 4 | 5 |
| 食堂外卖食物的分量不足 | 1 | 2 | 3 | 4 | 5 |
| 食堂外卖食物的保温不好 | 1 | 2 | 3 | 4 | 5 |
| 食堂收餐台清理速度慢 | 1 | 2 | 3 | 4 | 5 |
| 食堂的桌面不干净 | 1 | 2 | 3 | 4 | 5 |
| 食堂饭菜的种类更新快 | 5 | 4 | 3 | 2 | 1 |
| 食堂饭菜的种类丰富 | 5 | 4 | 3 | 2 | 1 |
| 食堂饭菜的营养搭配合理 | 5 | 4 | 3 | 2 | 1 |
| 食堂饭菜的出餐速度快 | 5 | 4 | 3 | 2 | 1 |
| 食堂饭菜的分量足 | 5 | 4 | 3 | 2 | 1 |
| 食堂的地面不干净 | 1 | 2 | 3 | 4 | 5 |
| 食堂的餐具不干净 | 1 | 2 | 3 | 4 | 5 |
| 食堂的卫生间不干净 | 1 | 2 | 3 | 4 | 5 |

如表 7 – 5 所示，要研究食堂的水平，直接测量是做不到的，但可以借助量表进行测量。研究者首先根据自身对食堂的了解，列出有关于能够描述食堂水平的陈述语句，比如"食堂饭菜好吃""食堂饭菜的价格合理"等。在把自己能够想到的所有陈述语句列举出来后，研究者在每个陈述语句的右边设置打分栏（或者用"非常赞同、赞同、中立、不赞同、非常不赞同"），然后让填答者根据自身情况回答，最后将量表回收，统计分数即可。

2. 累计量表

累计量表又叫"格特曼量表"。这种量表由各种陈述性语句排列而成，这些语句会按照填答者的态度由弱到强排序。一般来说，如果填答者同意排序较后的陈述句，那他一般也同意前面几个陈述句；当他同意的陈述语句越多，他的分数就越高，由此累计分数来反映他的态度。具体操作如下：假设要调查学生对于体育课的态度，研究者首先设计一个强度较低的陈述句，比如"学校应该设置体育课"。接下来，研究者要以一定的梯度来设置陈述句，使得态度由弱到强，比如"学校应该设置一周一节体育课""学校应该设置一周两节体育课""学校老师不应该占用体育课""学校应该禁止老师占用体育课"……这样设置完毕以后，填答者就可以根据自身的态度回答（见表 7 – 6）。

表 7 - 6　累计量表示例 1

| 填答者 | 问句 | | | | | | | | |
|---|---|---|---|---|---|---|---|---|---|
| | 1 | 2 | 3 | 4 | 5 | 6 | 7 | 8 | 分数 |
| 1 | 1 | 1 | 1 | 1 | 1 | — | 1 | — | 6 |
| 2 | 1 | — | — | — | 1 | — | 1 | 1 | 4 |
| 3 | 1 | 1 | — | — | 1 | — | 1 | 1 | 5 |
| 4 | — | — | — | — | 1 | — | 1 | — | 2 |
| 5 | 1 | — | — | — | 1 | — | 1 | 1 | 4 |
| 6 | 1 | — | — | 1 | 1 | — | 1 | — | 4 |
| 7 | 1 | 1 | — | 1 | 1 | 1 | 1 | 1 | 7 |
| 8 | 1 | 1 | — | 1 | 1 | — | 1 | 1 | 6 |
| 9 | — | — | — | — | — | — | 1 | — | 1 |
| 10 | 1 | 1 | — | 1 | 1 | — | 1 | 1 | 6 |
| 11 | 1 | — | — | — | 1 | — | 1 | 1 | 4 |

将表 7 - 6 的资料依据各填答者所得分数的高低重新排序，然后按答案"是"的数目多少将各问句从左至右排序，得到重新整理的表格（见表 7 - 7）。

表 7 - 7　累计量表示例 2

| 填答者 | 问句 | | | | | | | | |
|---|---|---|---|---|---|---|---|---|---|
| | 7 | 5 | 1 | 8 | 2 | 4 | 6 | 3 | 分数 |
| 7 | 1 | 1 | 1 | 1 | 1 | 1 | 1 | — | 7 |
| 10 | 1 | 1 | 1 | 1 | 1 | 1 | — | — | 6 |
| 8 | 1 | 1 | 1 | 1 | 1 | 1 | — | — | 6 |
| 1 | 1 | 1 | 1 | — | 1 | 1 | — | 1 | 6 |
| 3 | 1 | 1 | 1 | 1 | 1 | — | — | — | 5 |
| 5 | 1 | 1 | 1 | 1 | — | — | — | — | 4 |
| 2 | 1 | 1 | 1 | 1 | — | — | — | — | 4 |
| 11 | 1 | 1 | 1 | 1 | — | — | — | — | 4 |
| 6 | 1 | 1 | 1 | — | — | 1 | — | — | 4 |
| 4 | 1 | 1 | — | — | — | — | — | — | 2 |
| 9 | 1 | — | — | — | — | — | — | — | 1 |

经过以上的排列，所有的答案就构成了一个三角形态。累计量表就是将这一三角形态作为判断语句和量表的基础。凡是答案"是"落在三角形态以外的都被当作误差。也就是说，凡是有答案"是"落在三角形态以外的语句都被认为是易被误解的语句，因而就不适宜作为整个量表的组成部分。研究者再将这些准确性欠佳的语句剔除，重新整理一个三角形态。

### 3. 等级顺序量表

等级顺序量表是一种比较简单的量表。将研究者想要调查的对象分类，并将它们同时放入量表之中，让填答者根据自身的态度排序或分级。具体操作如下：假设要调查学生喜欢的球类项目，设置"篮球""足球""乒乓球""羽毛球""排球"5个选项，由填答者根据自身的态度排序，设定一个评分，如用"1"表示最喜欢，由此递推，最终得到填答者对于这些球类运动的态度（见图7-3）。

以下是几种球类运动，请将它们按你所喜好的程度排序（其中1表示你最喜欢，5表示你最不喜欢）。

篮球（　　）　　足球（　　）　　乒乓球（　　）　　羽毛球（　　）　　排球（　　）

**图7-3　等级顺序量表示例**

### 4. 语义差异量表

语义差异量表用来研究不同的人对某种概念的不同看法。语义差异量表由两部分构成，一是一系列关于某种事物的形容词及其反义词，二是这些词中间用于表达填答者态度的的打分区间（见图7-4）。

| 橙子 | | | | | |
|---|---|---|---|---|---|
| 健康 | — | — | — | — | — | 不健康 |
| 好吃 | — | — | — | — | — | 不好吃 |
| 昂贵的 | — | — | — | — | — | 便宜的 |
| 甜 | — | — | — | — | — | 不甜 |
| 脏乱的 | — | — | — | — | — | 干净的 |

**图7-4　语义差异量表示例**

如图7-4所示，假设要探索不同的填答者对于"橙子"这一概念的态度，研究者先设置几组关于橙子的形容词，如"好吃"与"不好吃"，然后在这些形容词中间设置一个打分区间。填答者根据自己的态度打分，打分越靠近哪个词就表示哪个词越符合填答者的态度。

## 第五节　调查研究资料收集方法

本节的主要内容是介绍调查研究资料收集方法的两种基本类型：自填问卷法和结构访谈法。以下将依照具体实施方法分别介绍这两种类型各有哪些形式以及各自的特点，并在最后进行对比分析。

# 一、自填问卷法

## （一）类型

### 1. 送发问卷法

调查者或其他人将问卷送到被调查者的手中，被调查者填答完后由调查员收回。送发问卷法的特点为：①节省人力、经费和时间；②保证较高的问卷回收率；③被调查者有充分且自由的时间思考并回答问卷；④调查范围受限较大；⑤不能充分保证调查质量。

### 2. 邮寄问卷法

问卷通过邮局寄给被调查者，被调查者填答完后再寄回。邮寄问卷法的特点为：①对比送发问卷法节省了人力投入；②调查范围较广，不受空间距离限制；③回收率难以保证。

### 3. 报刊问卷法

将问卷刊登在定期刊物（报纸、杂志）上收集资料。报刊问卷法的特点为：①简便快捷，可以在短时间内进行大范围调查；②调查对象仅有订阅该刊物并对问卷问题感兴趣的读者，代表性差，回收率低。

### 4. 网络调查法

网络调查法指调查者通过互联网向被调查者发送问卷并利用网络回收问卷的调查方法，主要包括以下几种类型：

（1）网站浏览法。调查者将问卷直接链接到网站上，任何浏览者进入网站后，问卷就会弹出。

（2）E-mail 调查法。调查者确定好调查对象后直接将问卷以电子邮件的形式发送给调查对象。

（3）定向弹出窗口调查。将问卷链接到特定的网站上，通过定向发送链接引导调查对象进入网站填答问卷。常见的问卷发布网站有"问卷星""问卷网"等。

网络调查法作为一种新的资料收集方式，大致具有以下优点：

（1）网络调查法可以突破时空限制，在更广的范围内，对更多的调查对象进行资料收集，还保证了调查全天 24 小时不停接受信息资料反馈，同时能够通过指定网站或者问卷中的问题来作出限制。

（2）网络调查法面向全网感兴趣的网民，由于是自愿参与，他们的配合会更积极，问卷回收的信息也更可靠，研究得出的结果也更为客观。

（3）可以大幅度节约调查成本，提高调查效率。网络调查法只需要把按程序设计好的问卷发布到相应的网站上就可以随时查看结果，不必像传统调查方式那样安排大量的工作人员去发放和回收问卷并汇总调查结果。因此，这种调查方法的效率比传统印刷问卷有了显著的提高，同时大大节约了成本。

（4）可以确保调查结果的准确性和客观性。网络调查法可以避免传统调查中的人为因素所导致的调查结论的偏差，调查对象可以在独立思考的基础上完成调查，能最大限度地保证研究结果的客观性。

（5）具有较强的交互性。调查对象可以及时就问卷的问题提出自己的建议，可减少因问卷设计不合理而出现的偏差。

网络调查法也具有以下缺陷：①虽然范围广泛，但只局限于网民，抽样存在误差，可能不利于对某些人群的调查。②个人信息资料的泄漏风险较大。③网络技术的发展状况也是制约因素之一，比如存在电脑病毒等多方面的隐患。④受访对象难以限制，任何有意愿的网民都可以参加，被试样本缺乏代表性，针对性不强。

传统调查法与网络调查法的过程对比如图 7-5 和图 7-6 所示。

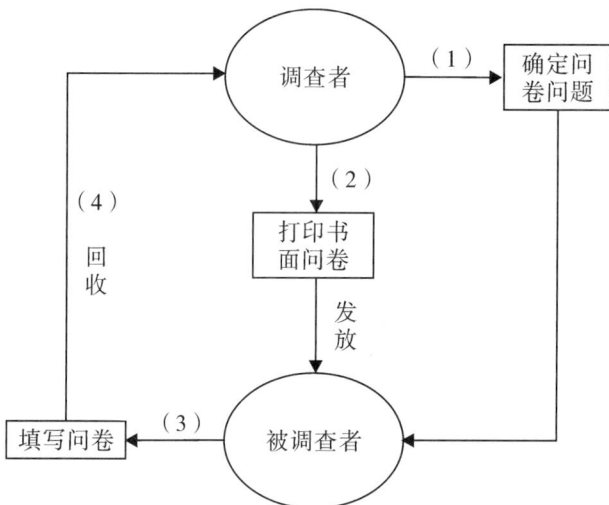

图 7-5　传统调查法过程

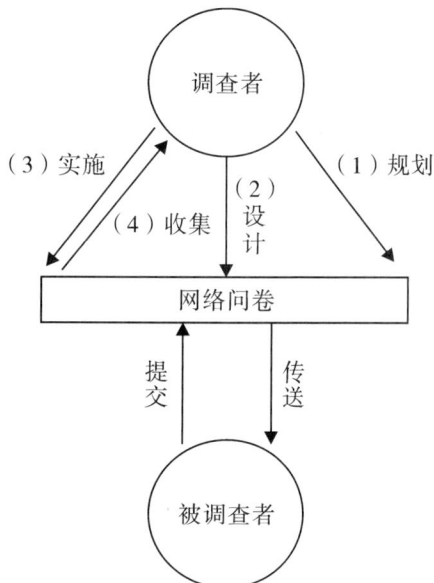

图 7-6　网络调查法过程

### （二）自填问卷法的优缺点

1. 优点

①节省人力、经费、时间，相较于结构访谈法来说，自填问卷法需要的人力、经费、时间投入较少。②具有较强的匿名性，被调查者接受问卷调查时并没有他人在场，心理压力小，也更容易回答一些敏感的问题。③便于被调查者思考，不会受干扰，而且有充足自由的时间，有条件进行认真思考。④定量的调查结果更加容易整理分析，而且可以利用计算机进行高效处理分析。

2. 缺点

①被调查者的具体情况对问卷调查结果影响较大，在客观上受被调查者的阅读与理解能力、文化教育程度、认知水平等多方面影响。②问卷回收率难以保证，受被调查者主观上的配合程度、兴趣和情绪等方面的影响。③问卷回答的质量难以保证，被调查者可能托人代答，也可能被他人的意见左右，当对问卷产生疑惑时也无法向调查者或调查员询问，会出现空题、错选等情况。

## 二、结构访谈法

结构访谈又称"标准化访谈",即访问的过程是高度标准化的,对所有被访者提出的问题、提问的次序和方式,以及对被访者回答的记录方式等是完全统一的。它是一种对访谈过程高度控制的访问。

为确保这种统一性,通常采用事先统一设计、有一定结构的问卷进行访问。通常这种类型的访问都有一份访问指南,其中对问卷中有可能引发误解的地方都有说明。

1. 当面访谈法

当面访谈法是指调查员向被调查者当面提问,并记录其回答。其优点在于:调查员当面提出问题并听取回答,可以向被调查者亲自解释,减轻了被调查者理解和阅读能力的影响,提高了调查的准确性和真实性。但这种方法也存在一定的局限性。其一,匿名性差,可能会影响被调查者回答的真实性甚至出现拒访现象。其二,调查员与被调查者之间的互动也会影响回答的准确性。

2. 电话访谈法

电话访谈法指调查员通过打电话对被调查者进行调查访问的方式。这种方法比较便捷,且节省经费投入,同时调查者对调查员的控制力也更强,保证了调查效率。但电话访问一般时间较短,不适合问题多且复杂的调查;被调查者的选取也是一个难题,代表性不易控制。

## 三、调查研究资料收集方法对比

自填问卷法的人力要求不高,花费低,匿名性强,便于收集更为真实的资料。而结构访谈法相较于自填问卷法更容易得到填答完整的问卷,对于比较细化且复杂的问题也更容易沟通,得到的反馈比自填问卷法更为翔实。此外,网络调查法随着网络技术的发展和互联网的普及,其便捷高效的优点越来越为众人所欢迎,正在逐渐取代其他方法。表7-8是对各种调查研究资料收集方法的对比。

表 7-8　各种调查研究资料收集方法的对比

| 类型 | 送发问卷法 | 邮寄问卷法 | 报刊问卷法 | 当面访谈法 | 电话访谈法 | 网络调查法 |
|---|---|---|---|---|---|---|
| 调查范围 | 窄 | 较广 | 广 | 较窄 | 可广可窄 | 很广 |
| 调查对象 | 可控制和选择,但过于集中 | 有一定控制和选择,代表性难以估计 | 难控制和选择,代表性差 | 可控制和选择,代表性较强 | 可控制和选择,代表性较强 | 难控制和选择,代表性难以估计 |
| 回复率 | 高 | 较低 | 很低 | 高 | 较高 | 高 |
| 回答质量 | 较低 | 较高 | 较高 | 不稳定 | 不稳定 | 高 |
| 人力投入 | 较少 | 较少 | 较少 | 多 | 较多 | 少 |
| 经费投入 | 较低 | 较高 | 较低 | 高 | 较高 | 低 |
| 时间投入 | 短 | 较长 | 较长 | 较短 | 较短 | 短 |

# 第六节　调查研究的展开与过程管理

## 一、调查前的准备

### （一）明确调查周期

为了避免收集数据时间的不一致而导致的调查误差，任何一项调查都应有调查时间的限制。社会调查的对象在短时间发生较大变化的可能性不大，所以研究者不会特定设定一个固定的时间，而是将整个研究限定在某一个时间段，即调查周期。从调查所需条件来看，调查周期的设置主要考虑两点：①调查的时效性。时效性是指调查工具和调查结果在特定范围内的有效性与适用性。这就要求在调查周期内不出现会严重影响研究对象与研究地点的重大事件。②调查经费与人力资源。调查周期内的花费必须在经费允许范围内。根据队伍的人数，研究者可以妥善安排调查小组的规模及数量，以指定合适的调查周期。

### （二）调查员的挑选与培训

调查结果的质量取决于调查员的素质，调查员是调查实施的具体执行者，因此调查员自身素质较高是调查能够成功实施的最重要的保证。首先应当考虑的是访问对象的人口特征和社会经济特征，要尽量选择能与之相匹配的调查员。其次应当考虑的是调查员完成调查工作的有效性和可靠性。调查员对调查研究要热心、有兴趣，愿意接触与了解社会；有高度的责任心，有不怕困难、坚韧不拔、吃苦耐劳的精神；有较高的文化素养和必要的抽样调查知识；为人诚实、客观、公正；仪表大方端正，态度亲切、平易近人。最后要挑选对调查业务比较熟悉、对实地调查有经验的调查员。

### （三）合理组建调查队伍与制定监督管理的办法和规定

在挑选好调查员以后，要建立起相应的调查小组，小组的规模以 4~6 人为宜，并根据调查点的人口特征来注意男女比例的搭配。每个小组指定一名小组长，调查任务的布置和实施最好以小组为单位。在组建调查队伍的同时，要制定好并向调查员宣布调查工作的各种程序规定和管理制度，这种程序规定和管理制度包括调查进度控制措施、调查小组管理办法、调查指导和监督措施、资料复核与检查措施、调查小结与交流制度等。

## 二、进入现场

进入现场包括联系被调查者与取得信任两个方面。可以通过某种正式机构，如当地政府及有关部门的认可来进入现场，但并不是每个研究者都有相应的资源和条件得到正式组织的支持，那么可以采用私人关系，如各种熟人、亲戚、朋友，甚至是朋友的朋友；另外也可以带着证件和介绍信直接表明身份。在联系被调查者的过程中，调查员应该告知其自己的身份以及单位的性质，同时应表现得礼貌、友善，以取得被调查者的信任。

### 三、具体开展研究

在具体研究的过程中，实地抽样与实地访问是两个重要的步骤。根据抽样方法、研究对象的性质以及抽样框能否提前获得来判断某些抽样是否必须实地进行。通常来说第一阶段的抽样比较容易实现，第二阶段的抽样需要实地进行。例如，研究者在进行入户抽样时，从居委会抽取居民这一步骤通常并不能直接完成，这是由于社区内的居民户口登记表是非公开文件，需要实地获得居委会的帮助才能获取。另外，在实地抽样的过程中也要处理"册在人不在"的问题，即部分居民虽然被登记在册，但是实际上已经搬离所在地。这时候可以直接剔除该样本，根据已确定的抽样方法继续抽取下一个样本。

在实地访问的过程中，要注意以下事项：一是现场环境的维护。这主要是针对结构访谈法。现场环境包括访问室内和访问室外，要注意保持安静，禁止一切不必要的打扰。二是调查员操作的规范。无论是自填式问卷法还是结构访谈法，调查员与被调查者之间的互动都会对数据回收质量和数量产生影响。在开始调查前，调查员必须详尽地向被调查者说明调查内容与调查目的或问卷的回答方式等。同时要注意调查员的行为举止、穿着打扮等对于被调查者的暗示；在调查结束后，调查员应礼貌地向被调查者表示感谢并送上小礼物或提醒其领取报酬。

### 四、问卷回收与审核

为了确保问卷调查的准确性和可靠性，及时管理与监控是非常重要的。

首先，在问卷回收的当天进行审核可以确保数据及时被检查，减少时间上的延误。调查员在收回或完成问卷后，应立即查看填写情况，以便及时发现和纠正可能存在的错误或疏漏。如果发现问题，调查员还需要进行回访核实，以确保数据的准确性和完整性。在检查合格的问卷上签署调查员的姓名和时间，这样不仅可以对调查员的工作质量进行评估，还可以追溯数据来源，提高数据的可信度。

其次，组长的参与和审核也至关重要。组长作为小组的负责人，应再次对问卷进行清理和检查。这样可以进行双重审核，减少可能的疏漏和错误。组长需要在问卷上签署自己的名字和时间，以对问卷的审核负责，并为整个小组的工作承担责任。

最后，研究者本人也需要随时抽查收回的问卷。这样可以确保研究者对数据的质量有直接的了解，及时发现填写或访谈中存在的问题，并进行实地回访以补救。研究者的抽查可以进一步提高数据的准确性和可信度。

## 第七节　调查研究的优缺点

本节结合前面所讲的调查研究方法，总结出调查研究的优缺点，以及调查研究方法所面临的挑战，目的在于阐明何种情况适合采用调查研究、调查研究对比其他方法的优势何在以及调查研究方法中一些固有的缺点和挑战。

## 一、调查研究的优点

（1）适合大样本调查，可以广泛覆盖大量调查对象。通过调查研究可以收集大量的资料，使得大样本的调查具有可行性，有助于描述总体的状况。

（2）可以在实际的观察中发展操作化定义。与实验法必须在实验前将概念操作化相比，调查研究允许研究者在实际的观察中对概念进行操作化定义。

（3）标准化有利于量化和测量，有较高的信度。调查研究向被调查者提出相同的问题，同时假定选择相同答案的被调查者抱有相同的想法，这就让原本模糊的概念变得更容易测量和分析。标准化让调查研究避免了调查员自身观察方面的信度问题，而较为严谨缜密的问题也在一定程度上减少了被调查者可能产生的信度问题。

（4）耗费人力、物力、时间较少。对比实验法来说，调查研究的人力、经费和时间投入更少，是一种比较经济的研究方法。

（5）多种方式结合，在一定程度上保证了结果的准确性。多种类型的调查研究方法相结合，再加上各类新技术技术的辅助，让调查研究得出较为准确的结果。

## 二、调查研究的缺点

（1）标准化使得调查研究无法适用于部分被调查者，故而有时显得流于表面。一套标准化的问题可能无法实际贴合每一位被调查者的具体情况，这会使得被调查者削足适履，从而影响结果的准确性，面对较为复杂的问题时会显得流于表面。

（2）受主观因素影响，研究者在设计问卷、选择样本分析数据等工作中容易抱有主观偏见，影响结果准确性。在设计问卷、选择样本和分析数据的工作中，研究者不可避免地向着自己既定的假设方向努力，从而对客观的现象调查得不够全面、分析得不够深入，最后影响研究结果的准确性。

（3）缺乏弹性，无法应对实际中出现的新变量。相比于实地观察可以根据实际情况及时调整，调查研究弹性不足的特点尤为明显，无法察觉实际中出现的新变量并作出应对。

（4）受被调查者影响，研究效度较低，获得信息不完全、不可靠。调查资料的质量受到被调查者兴趣态度、认知水平等因素的影响，可能会出现错答、漏答、乱答等情况，使得研究效度相对较低。

## 三、调查研究的挑战

（1）抽样的随机性受到挑战。抽样过程中受客观条件限制，很难做到真正的随机。例如，理论上样本规模越大，调查研究的结果准确性越高，但扩大样本规模又受人力、经费、时间等客观条件的限制。

（2）自我报告方式受到挑战。自我报告即通过被调查者的回答来总结调查结果，一方面被调查者可能主动隐瞒真实情况，另一方面被调查者对问题的理解也会干扰结果的准确性，尤其是在涉及一些情境假设的问题上，比如"在这种情形下，你会怎么做"，被调查者所回答的是尚未做过的设想，而在实际中是否会像所说的那样做，调查员无法得知。

（3）因果分析薄弱。调查研究所收集的资料大多是某一社会现象在单个时间点的资料，从而不能较好地联系原因与结果，只是解释了变量之间的相关性。

（4）对于社会生活难以把握。调查研究中的调查员对于被调查者的生活情境把握得不够充分，很难了解被调查者在实际生活中的所做所思。

## 思维导图

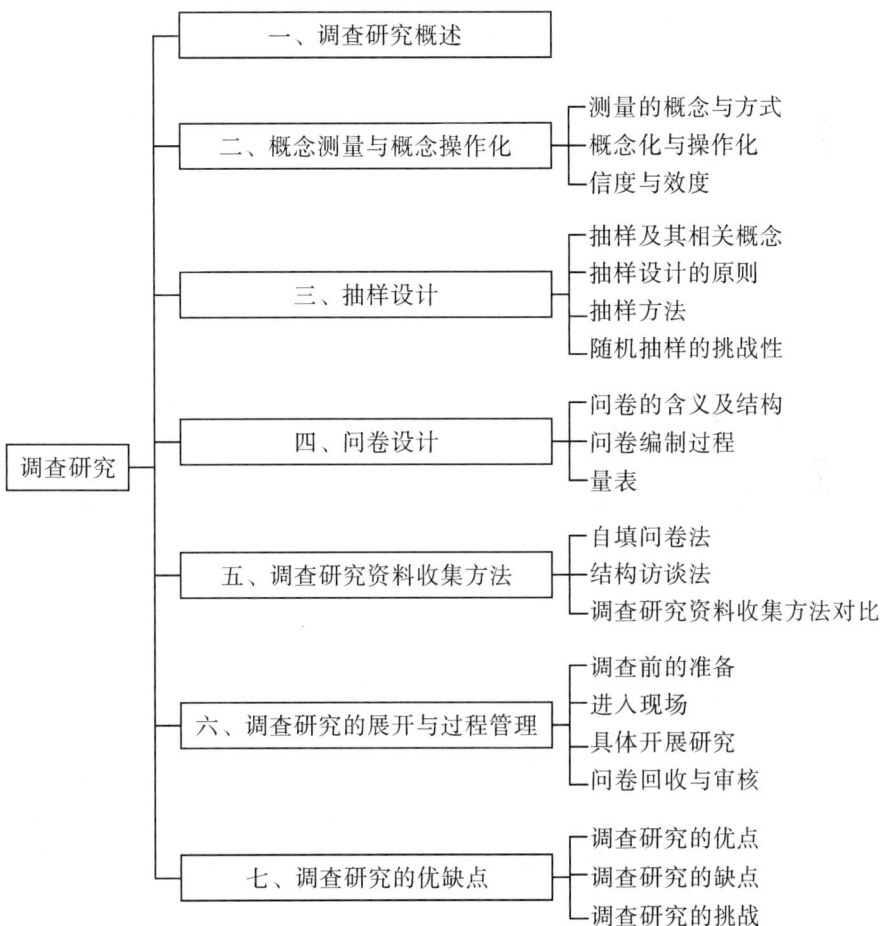

# 第八章　实验研究

社会科学是以人类社会为研究对象的系统知识体系，社会研究与自然科学研究一样，都是对研究对象的因果关系进行研究。在因果关系研究中，实验方法通常被认为是了解社会发展规律、解释社会以预测社会发展趋势的主要方法之一。实验法已成为社会科学中研究和检验因果关系的最重要工具。随着时代的进步和人文科学的渗透与融合加强，社会科学家越来越意识到调查社会科学问题的重要性，以及自然科学中实验方法探索这些工作可行性方面的适用性。社会科学实验是自然科学研究方法向社会科学渗透而产生的一种实证科学研究。社会科学实验，是以社会研究对象为基础，在一定的人为设计条件下，以一定数量的人为研究对象，对一定的社会条件进行实验和模拟，以研究某些社会现象的变化和演进的一种实证研究方法。

## 第一节　社会科学实验研究概述

### 一、社会科学实验的概念

正如 C. 亚茨克维奇和杨振福（1987）指出，社会科学实验是一种社会研究方法，通常在受控的环境中进行，但与自然科学实验不同的是，它更注重研究人类的行为和互动，而不是自然现象和物质的变化。

### 二、社会科学实验研究的适用学科与领域

实验研究适用于多个学科和领域，包括但不限于心理学、社会学、政治学、教育学等，它通常用于研究人类行为和社会现象，如人类决策、社会互动、政治选举、教育效果等。通过社会科学实验，研究人员可以控制和操纵某些变量，以揭示变量之间的关系和影响，从而更好地理解人类行为和社会现象的本质。

#### （一）政治学

政治学实验主要服务于政治目的，早期主要用于舆论预测以及选票预测。臧雷振（2016）指出，在政治学中引入实验方法的意义在于：首先，研究者可以通过计算软件来模拟政治实验，比如人们的舆论偏向以及一些复杂的政治实践。其次，实验方法的使用为政治学研究人员提供了干预数据收集和生成过程的机会，并避免了因盲目依赖自我评估数

据（如严重依赖受访者答案的传统问卷）而导致的研究失误。最后，实验方法提高了"理论、假设和研究结论"三者之间的匹配度，在增加研究过程透明度和可复制性的同时，使研究的因果推断更具系统性。

### （二）心理学

社会科学实验在心理学领域扮演着至关重要的角色。它通过人为地创建实验条件，控制变量，并对参与者的行为进行操作和观察，揭示人类思维、情感和行为背后的规律和原因。

### （三）社会学

受其创始人孔德的实证主义思想的影响，社会学从诞生之初就具有较强的实证属性。在当今社会研究中，有许多学者使用社会科学实验方法来解释社会现象和进行社会治理，比如李强所主持的"新清河实验"①，该实验在社区层面进行基层社会治理实践，以探索社会学学科实践与应用的新途径，是对政府、市场和社会三方面关系的思考。

## 三、社会科学实验的基本要素

### （一）自变量与因变量

在实验设计中，自变量是关键因素，通常被视为实验刺激。这是实验中用以测试的变量，它能够激发因变量的改变。自变量的主要特征是它能引发特定的变化，这使得在实验环境中对其进行测量和观察成为可能。同时，因变量在实验中也起着关键的作用，它是需要被解释的现象或状况。因变量的变化往往受到自变量的影响，通过对因变量的观察和测量，可以推断自变量对其产生的影响。

在实验中，应使自变量和因变量尽可能地保持一种自然的状态。这意味着在实验设计中，应当模拟或控制自然环境中的条件，使得研究对象能够在相对真实的情境下进行观察和测量。通过这样的设计，可以更好地理解自变量与因变量之间的关系，并将实验结果推广到实际应用中。为了确保实验的可操作性以及测量的可靠性、准确性，在实验设计中，还需对自变量和因变量进行操作化处理。操作化是指将抽象的概念或观念转化为具体的、可观察的指标的过程。通过操作化，可以准确地度量和记录自变量和因变量的变化程度，从而使实验结果更可靠、可比较和可解释。

总之，在实验设计中，自变量和因变量的定义、操作化和控制是非常重要的。合理的自变量选择和操作化处理可以确保实验的科学性和可靠性，同时深入解释自变量与因变量之间的关系，为研究者提供有力的科学证据和结论。

### （二）前测与后测

在实验设计中，实验者的目标是研究因变量在刺激前后的变化。为了达到这个目的，需要在实施实验刺激之前和之后对实验对象进行测量。在施加实验刺激之前的测量被称为前测。前测可以采用多种形式，如自填式问卷调查、态度测验、结构式观察或结构式访谈等。通过前测，可以获取实验对象在被刺激前的状态、观点或行为，并为后续的实验结果

---

① 李强. 实验社会科学：以实验政治学的应用为例［J］. 清华大学学报（哲学社会科学版），2016，31（4）：41-42.

提供参考。实验刺激施加后的测量过程称为后测。后测的主要目的是跟踪和记录实验对象在接受刺激后的反应和变化。同样，后测可以采用各种测量方法，如自填式问卷调查、态度测验、结构式观察或结构式访谈等。通过后测，可以比较刺激前后实验对象的差异，进一步理解因变量在实验刺激下的变化情况。

这种前测和后测的设计可以帮助实验者观察到因变量受到实验刺激的影响程度，从而得出相关结论。同时，通过对前测和后测数据的比较分析，可以排除其他因素对因变量变化的可能影响，提高实验的准确性和可信度。

总之，前测和后测在实验设计中起着重要作用，它们能够帮助实验者了解因变量在被刺激前后的变化情况。通过采用合适的测量方法，可以获得对实验对象认知、态度或行为状态的全面了解，为实验结果的解释和结论提供有力支持。

### （三）实验组与控制组

实验组是接受实验刺激的一组对象。在实验研究中，为了确保实验结果的可靠性和有效性，常常需要设置控制组。控制组也称对照组，是不接受实验刺激的一组对象，其他各方面与实验组相同。控制组与实验组一起构成了实验设计的基础框架，两者在实验环境、操作流程和数据采集等方面存在差异，从而使得实验结果的有效性得到了保障。控制组通过分离实验组的刺激效应与其他因素，以便更好地理解实验刺激（自变量）对因变量的影响。在实验设计中，通过比较实验组和控制组之间因变量的测量结果，可以消除其他可能干扰实验结果的因素，从而更准确地衡量自变量的影响效应。

为了确保控制组的有效性，实验者需要在实验开始前进行严格的前期准备工作，重要的是确保实验组和对照组的成员在各个方面的条件和状态大致相同。这些条件和状况包括年龄、性别、受教育水平、文化背景、健康状况等因素。通过这种方法，可以使实验者更清晰地区分出自变量刺激和其他可能干扰实验结果的因素，并衡量刺激的实际效应。

确保控制组的有效性对于实验结果的可靠性和实践意义具有重要影响。只有通过科学合理的实验设计、严格的测试标准和有效的随机分组，才能够更好地利用控制组得出更加准确、可信的研究结果，为实践提供有力的支持。

## 四、社会科学实验研究的优点与局限性

社会科学实验研究是一种广泛应用于社会科学领域的研究方法，其主要包括实验设计、数据收集和分析。这种方法因其具有控制性强、针对性强、数据可靠性高等优点而备受青睐。然而，社会科学实验研究也存在一些局限性，如伦理问题、执行难度大和样本代表性不足等。本节将对这些优点和局限性进行深入剖析。

### （一）优点

（1）控制性强。社会科学实验研究通过严谨的实验设计，对实验变量进行精确控制，从而有效减少其他因素的干扰，更好地揭示因果关系。俞鼎（2022）指出，这种控制性使得研究者能够更加精确地研究社会现象，避免外部因素的干扰，从而更准确地解释和预测社会现象。

（2）针对性强。社会科学实验研究针对具体的社会现象或问题设计实验方案，能够更好地探索和解决实际问题，提高研究的实用价值。薛君、魏雷东（2023）认为，这种针对性使得研究更加贴近实际，能够为政策制定和实践操作提供科学依据，促进社会进步和发展。

（3）数据可靠性高。社会科学实验研究采用标准化、量化的数据收集方法，能够获得更为可靠和客观的数据，从而保证研究的科学性和准确性。这种数据可靠性使得研究结果更加可信，能够为学术界和社会各界提供可靠的参考信息。

（4）可重复性强。风笑天（2018）指出，社会科学实验研究遵循严格的实验设计原则和程序，使得研究过程和结果具有可重复性，增强了研究的可信度和可靠性。这种可重复性使得其他研究者能够根据相同的实验设计和程序重复进行实验，验证研究结果是否可靠，从而促进科学研究的进步和发展。

综上所述，社会科学实验研究具有控制性强、针对性强、数据可靠性和可重复性强的优点。这些优点使得社会科学实验研究成为一种非常重要的社会研究方法，能够揭示社会现象的本质和规律，为政策制定和实践操作提供科学依据，促进社会的进步和发展。

**（二）局限性**

（1）伦理问题。社会科学实验研究可能涉及人权、隐私等问题，因此需要遵循严格的伦理原则和规范。在实验过程中，研究者需要对被试者进行充分的知情同意告知，并采取必要的保护措施。同时，研究者也需要对实验过程中可能出现的问题和风险进行充分的评估和应对，以确保实验的顺利进行和被试者的安全。

（2）执行难度大。社会科学实验研究需要投入大量的人力、物力和财力，同时需要研究者的专业知识和技能。由于社会现象的复杂性和不确定性，实验设计的难度和执行难度也较大。刘海明、吴氏垂心（2023）指出，为了确保实验的准确性和可靠性，研究者需要进行深入的前期调研和实验设计，同时需要进行严格的实验操作和管理。这需要研究者具备较高的专业素养和较丰富的研究经验，同时也需要耗费大量的时间和精力。

（3）样本代表性不足。社会科学实验研究的样本往往具有局限性，可能无法充分代表整个群体或社会。由于社会现象的复杂性和多样性，难以找到一个完全符合实验要求的样本群体，这使得研究的普适性和代表性受到一定的影响。胡桂华、迟璐婕（2021）指出，为了避免这种问题，研究者需要在实验设计和样本选择过程中，尽可能地扩大样本范围，采用多种方法和渠道获取样本数据，以增强样本的代表性和普适性。同时，需要对样本差异进行充分讨论和分析，以避免因样本代表性不足而导致的结论偏颇或偏差。

综上所述，社会科学实验研究虽然具有一些局限性，如伦理问题、执行难度大和样本代表性不足等，但是，通过科学的设计和实施严格的伦理原则和规范、充分的前期调研和实验操作管理以及扩大样本范围和增强样本代表性等措施，可以有效地克服这些局限性。研究者需要在实践中根据具体情况权衡利弊，选择合适的研究方法和策略。

# 五、社会科学实验新发展

## （一）推动社会科学实验研究发展的因素

（1）科技的进步。最初，仅有少数几个大学设立了社会科学实验室。伴随社会与技术的持续进步，众多企业纷纷设立了自己的实验室。新型实验室的成立促进了几项高科技技术的进步，其中包括用于记录讨论小组编码的技术；用于监控和管理研究人员与实验参与者之间的交互的单向镜，同时用于后续的电视和计算机设备，录音机、录像机以及其他相关的实验设计都经历了飞速的进步；随着计算机技术和数字网络的进步，基于互联网的实验研究也得以建立。

（2）社会议题的变化。在 20 世纪的初期，社会学家们主要集中于研究社会的各种类型以及城市领域的发展和拓展。随着第二次世界大战的爆发，众多社会学者对于在社会科学领域采用实验手段展现出了浓厚的兴趣。在第二次世界大战之前，社会中的专制与压迫是社会学与社会心理学的核心议题。然而，在第二次世界大战结束后，人们开始更加关注人际关系的影响、价值观的判断以及社会整合等多方面的问题，这些问题逐渐成为主导议题。伴随着新问题的涌现，各种新的理论不断涌现，其中大部分都是基于实验的。例如，经济学家们开始对战略博弈进行概念化处理，并对行为经济学进行深入研究；政治学家们提出了关于选举的理性选择的理论；传播学领域的专家开始探索影响的过程；社会学家们提出了一种创新的社会交换观点。他们采用了实验性的手段来探究这些特定领域。心理学家在他们的研究领域刚开始时，就已经采用了实验性的研究手段，他们不仅研究社会因素对研究的影响，还将研究范围扩展到了个体，甚至是单一的研究对象。简言之，新的研究主题和理论都是与社会科学实验同步发展的。

**（二）互联网社会科学实验**

计算社会科学从 20 世纪 90 年代诞生至今，已经有了显著的发展。罗俊（2020）指出，计算社会科学形成了三种新的研究方法：社会数据计算、社会模拟和互联网社会科学实验。计算社会研究方法创新的主要方向之一是将实验方法与互联网技术相结合。互联网实验是在网络空间中进行随机控制实验的一种研究方法。它在研究设计、实验操作、被试者获取和分组等方面表现出一定的优越性，同时遵循了实验方法的基本逻辑和研究过程。后文还将具体介绍互联网社会科学实验。

# 第二节　基本实验设计

## 一、经典实验设计

经典实验设计又称古典实验设计，是最标准的实验设计。经典实验包含了实验设计的所有元素：实验组、控制组、前测、自变量（实验刺激）、因变量、随机分配。经典实验设计包括以下几个步骤：

（1）随机指派。将参与实验的对象随机分配到实验组和控制组中，通过使用随机数生成器或类似方法来实现，以确保对象分组过程的随机性和无偏性。

（2）前测。前测是实验开始前的第一次测量。前测的目的是获取参与者在实验干预之前的基准数据，以确定参与者在实验之前的初始状态。

（3）实验刺激。针对实验组，给予特定的实验刺激或干预，比如给予某种新药物、教育训练等。而控制组则不接受任何实验刺激，保持原样作为对照组。

（4）后测。在实验刺激施加后，对实验组和控制组的对象进行第二次测量，也称为后测。后测的目的是获取实验刺激后的数据，以便比较和分析实验组与对照组在测量结果上的差异。

（5）比较和分析。研究者对两个组前后两次测量结果之间的差别进行比较和分析。可以使用统计方法，如 $t$ 检验、方差分析等，来确定实验刺激对因变量的影响是否显著。

通过上述步骤，经典实验设计能够控制潜在干扰因素，比较实验组和对照组的结果差异，并推断实验刺激对因变量的影响。这种设计方法有助于建立因果关系，并提供实证支持来回答研究问题或验证研究假设。

## 二、复杂的实验设计

### （一）所罗门三组设计

除实验刺激外，前测也是一种刺激，在经典实验设计中对实验对象也有一定的影响。此外，前测与实验刺激之间除了前测本身对实验对象的影响外，还会产生"互动效应"，也就是两者相互影响所产生的另一种附加效应。

所罗门三组设计可以解决前测刺激对实验结果的影响，得到更精确的实验结果，它是在经典实验设计基础上，再增加一个没有前测，只有实验刺激和后测的控制组形成的。因为第二个控制组有实验刺激而没有前置性的测量，所以这个组中任何因为变量而发生的变化，都只能归结为实验刺激。

通过排除前测刺激，所罗门三组设计得出的实验结果更为精确。

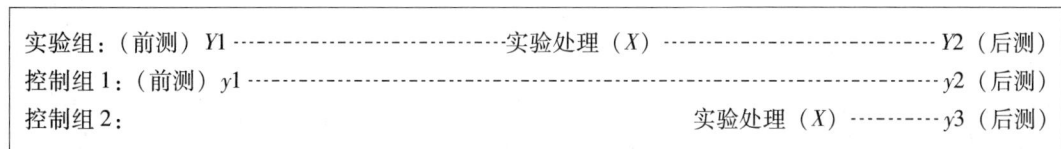

```
实验组：（前测）Y1 —————————————————实验处理（X）————————————————— Y2（后测）
控制组1：（前测）y1 ————————————————————————————————————————————— y2（后测）
控制组2：                                    实验处理（X）————————— y3（后测）
```

图 8-1　所罗门三组设计示意图

杨文山（2019）为了研究不同的篮球对学生的篮球基本技术以及学生成绩的影响，研究的分组采用所罗门三组设计，通过测量全场运球往返投篮的成绩与 40s 隔区投篮的成绩，这两项成绩相加，按照排名采用"蛇形分组法"分组，将研究对象分为实验组1、实验组2、对照组三个小组，实验组1采用重球进行干预教学，实验组2采用轻球进行干预教学，对照组则以传统的标准教学为主，不进行任何干预。

### （二）所罗门四组设计

所罗门设计了更为复杂的四组设计，可以将外部因素的影响进一步排除在实验组的总体差值之外。这是在三组设计的基础上，再加上一个既无前测也无实验刺激的第三个控制组。可以通过这第三个控制组有效地排除前测刺激对第一个控制组的影响，帮助研究者确定仅由前测效应导致的结果差异，并将其排除在总体实验组差异之外，从而对实验刺激的影响进行更精确的评估。

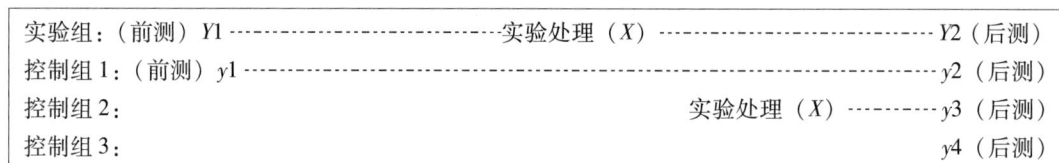

实验组：（前测）*Y*1 —————————实验处理（*X*）————————— *Y*2（后测）
控制组1：（前测）*y*1 —————————————————————————— *y*2（后测）
控制组2： 实验处理（*X*）————— *y*3（后测）
控制组3： *y*4（后测）

图 8 - 2  所罗门四组设计示意图

周贝（2020）为了测量社会性困境对儿童社会适应能力的直接影响和效果，实验将所罗门四组设计和小组活动相结合，将样本分为前测实验组、前测控制组、未前测实验组和未前测控制组，同时对这四个小组展开相同的小组活动，检测小组活动对目标群体的社会适应能力的实际刺激。在进行实地访问的过程中，发现前测社会适应能力量表成绩较差的儿童在被关注和访问时，其表现和平时行为相异，该现象是霍桑效应。儿童知道自己已经成了观察对象的时候，会有意识地去控制或改变自己的意识和行为，或是积极配合，或是消极抵触。由于霍桑效应的产生，研究者需要增加控制组，排除霍桑效应的干扰。但是当控制组的儿童得知与接受实验刺激的实验组儿童竞赛时，不可避免地出现约翰亨利效应，控制组儿童为了证明自我，其能力超常发挥。此时，采用所罗门四组设计，能够最接近实验目标。

### 三、实地实验设计

实地实验是一种在自然条件下或真实生活环境中进行的研究方法。与传统的实验室实验相比，实地实验更加注重在真实环境中观察和控制变量。它可以帮助研究者更好地理解和解释社会现象，提供具有现实意义的研究结果。在实地实验中，研究者通常通过在真实环境中设置特定情境或事件，观察参与者的行为和反应。尽管变量的控制程度可能不如实验室实验那样严格，但实地实验能够提供更真实、更贴近日常生活的数据和观察结果。

虽然实地实验的数据可能受到一些外界因素的影响，不完全受研究者控制，但它仍然是一种重要的研究方法。实地实验能够提供独特的见解和洞察力，使人们更好地理解社会行为，并为人们制定相关政策提供依据。通过结合实地实验和其他研究方法，人们可以更全面地认识社会现象，推动社会科学的发展。

### 四、双盲实验设计

双盲实验设计是一种常用的实验设计方法，旨在减少实验结果受研究者和参与者主观偏见的影响。在双盲实验中，实验刺激对实验对象和研究人员来说都是未知的，实验刺激是由第三方任意分派给定的。

在双盲实验中，研究者和参与者都被随机分配到不同的条件组，如实验组和对照组。

然而，他们对于自己所属的条件组一无所知。这意味着研究者在数据收集和分析过程中不会受到对特定条件组的偏好或期望的影响，而参与者也不会受到研究者的偏见和预期的影响。通过使用双盲实验设计，研究者可以更加客观地评估干预措施或处理方式对实验结果的影响，减少主观偏见的干扰，从而有效地推动科学研究的进展。

## 五、伪装实验设计

### （一）伪装实验设计概述

伪装实验设计是一种实验方法，旨在排除外部因素对实验结果的影响，以确保实验结果的准确性和可信度。在伪装实验设计中，研究者采取措施来模糊或掩盖参与者对实验目的的认识，以防止他们的预期或期望影响实验结果。这种设计有助于降低实验中的偏见和干扰，从而更准确地评估实验处理的效果。假设研究者想要测试一种新的学习方法对学生学习成绩的影响，但担心学生对实验目的的认识可能影响结果，为了避免这种干扰，研究者可以采用伪装实验设计。他们可以通过在实验过程中模糊实验条件、目的或处理的方式，使参与者无法准确地判断实验的真正目的。这可能涉及在实验中使用看似随机的掩盖手段，或者对参与者提供虚假的实验信息，以使他们不能准确推断实验的真正目的。

伪装实验设计的关键目标是排除参与者的预期或期望对结果的影响，并有效减少实验结果的干扰因素。通过这种设计，研究者可以更加可靠地评估实验处理的效果，确保实验结果的准确性和可信度。例如，研究者想要测试一种新的学习方法对学生学习成绩的影响，但担心学生对实验目的的认识可能影响结果。为了避免这种干扰，研究者可以采用伪装实验设计。

### （二）伪装实验设计与实地实验设计的异同

伪装实验设计和实地实验设计是两种不同的实验设计类型，它们在研究方法和实施方式上存在一些明显的区别。伪装实验设计是一种实验设计类型，研究对象并不知道自己正参与实验。在伪装实验中，研究者会掩盖实验的真实目的，以减少实验效应对实验结果的影响。这种设计常用于社会科学和市场研究领域，旨在观察人们在真实情境下的行为反应，而不受实验干预的影响。

因此，伪装实验设计侧重于掩盖实验目的以减少实验效应，而实地实验设计侧重于在真实环境中实验，以更好地模拟真实情境。这两种设计类型在研究问题和实施方式上有所不同，但都有助于深入理解人类行为和决策的特点。

# 第三节　准实验设计

## 一、准实验设计的概念

所谓准实验，是相对于真实验而言的，是指那种既不能直接操纵自变量又不能对研究中的额外变量做较严格控制的研究，即在无须随机安排被试时，运用原始群体，在较为自然的情况下进行实验处理的研究方法。它和真实验一样，一般要比较不同的组或条件，但这种设计采用不可操纵的变量来确定要比较的组或条件。不可操纵的变量通常是被试变量或时间变量。

## 二、准实验设计的特点

1. 减少控制程度，提高实用性

准实验设计是将真实验的方法用于解决实际问题的一种研究方法，它不能完全控制研究的条件，在某些方面降低了控制水平。即便如此，它却是在接近现实的条件下，尽可能地运用真实验设计的原则和要求，最大限度地控制因素并进行实验处理。因此准实验研究的实验结果较容易与现实情况联系起来，即现实性较强。

相对而言，真实验设计的控制水平很高，操纵和测定变量很精确，但是它对于实验者和被试的要求较高，在操作上带来很大的困难，现实性比较弱。

2. 在现实情境下研究

真实验设计强调在一个高度控制的"人工制作"下的环境里进行实验，其结果与现实生活往往差距较大。而准实验设计环境是自然的、现实的，其结果是可以推广至现实生活中的。

3. 内在效度较低，外在效度较高

准实验设计是在原始群体进行的研究，由于缺乏恰当的随机组合，无法确定该群体是否属于较大的随机样本群。同时，任何外来的因素都有可能对原始群体造成冲击，因此研究结果的广泛性可能受到影响，进而降低准实验研究的内在效度。真实验设计，从内在效度来看，显然是比准实验设计要好得多。但是，由于准实验所处的环境既自然又实际，在外部的效度上，准实验往往要优于真实验，因此，在评估准实验研究的有效性时，需要在逻辑上论证其可能具有的代表性和可推广性，深入了解其特点，确保实验组之间的同一性，以避免其不足之处。

4. 典型案例

为了考察阶层地位差异同身体健康的关系，研究者利用 CFPS（中国家庭追踪调查）多期数据，探讨不同阶层在饮酒、吸烟和体育锻炼方面的差异，发现管理人员的饮酒、吸烟倾向（风险健康行为）显著偏高；以反腐政策为准实验，考察饮酒的阶层差异变化。

首先，利用中国家庭追踪调查横截面数据考察不同阶层在健康生活方式方面的差异，对高阶层是否更倾向于饮酒、吸烟进行检验。其次，根据 2012 年 12 月开始施行的"中央八项规定"构造准实验，对追踪调查数据（CFPS2012、CFPS2014）进行倍差法（也称"双重差分法"，DID）分析，利用年份和阶层的交互项来考察阶层差异在两个时点间的变化是否显著，检验自选择机制能否完全解释高阶层饮酒更多这一现象[1]。

## 三、准实验设计的类型

从研究设计的思想和要求推论，可以认为准实验设计是一种降低控制标准的实验的研究方法，因此准实验研究设计的方法在许多方面与真实验是相同的。准实验设计方法包括不相等实验组控制组前后测准实验设计、不相等区组后测准实验设计、单组前测后测时间系列准实验设计、多组前测后测时间系列准实验设计、修补法准实验设计5种。

1. 不相等实验组控制组前后测准实验设计

这类准实验设计方法通常的应用场景是，需要将两组参与者分为实验组和控制组进行研究，但又不能根据随机化原则重新选择和分配被试样本。这种标准的准实验设计手法，主要是为了比较不同被试组在初始阶段的差异，进而对实验组与后续测量结果进行对比。具体见表8−1。

表8−1 不相等实验组控制组前后测准实验设计实验程序[2]

| 同时前测 | | 被试分组 | 实验处理 | 同时后测 |
|---|---|---|---|---|
| $R_1$ | $R_1 \approx R_2$ | 实验组 | 接受 | $R_3$ |
| $R_2$ | | 控制组 | 不接受 | $R_4$ |

不相等实验组控制组前后测准实验设计在进行过程中要注意两个问题：

（1）进行前测是用于检验在实验要考证的问题上实验组和控制组原有的近似程度，而不考虑其他因素。只有当两个组在考证问题上的原有水平相接近时，才能进行该种准实验研究。

（2）对结果进行分析时，要对 $R_3$ 和 $R_4$ 之间的差异进行统计检验，而非简单比较平均分、方差等，通过检验确定进行实验后两个组之间是否存在差异、差异程度如何。

2. 不相等区组后测准实验设计

当探讨来自不同群体的样本间的区别时，研究的核心目标是揭示各个样本的独特性和它们之间的显著差异。在这项研究中，自变量往往是研究者操作的，能够触发并展现样本各种特性的场景，而因变量则是参与者在面对这些场景时的行为响应。

在这类近似实验的设计过程中，所采用的设计手法和对变量的操作方式与真实的实验设计非常相似。与真实的实验相比，准实验的执行阶段中，参与者的反应是在特定的情境下自然产生的，并带有某种偶发性；在选择参与者的过程中，尽管进行了分组和选择对象，但并没有严格遵循随机抽样的原则，这导致了样本偏差、组间差异混淆以及内容效度受威胁等不足。不过，只要在研究中对结果进行适当的控制，其说服力依然存在。

---

① 洪岩璧，曾迪洋，沈纪. 自选择还是情境分层？：一项健康不平等的准实验研究 [J]. 社会学研究，2022，37（2）：92−113，228.

② 表8−1、8−2、8−3、8−4均来自：穆肃. 准实验研究及其设计方法 [J]. 中国电化教育，2001（12）：13−16.

3. 单组前测后测时间系列准实验设计

这种研究设计只安排一个被试组，其具体做法是：在一个时间段内，按固定的周期对被试组成员进行一系列的某种测试，然后让被试组接受实验处理（如某种与测试内容有关的训练或指导等），之后又按原来的周期安排同样的一系列测试，如表 8-2 所示。

表 8-2  单组前测后测时间系列准实验设计模式

| 前测 | 前测 | 前测 | 前测 | 处理 | 后测 | 后测 | 后测 | 后测 |
|------|------|------|------|------|------|------|------|------|
| $R_1$ | $R_2$ | $R_3$ | $R_4$ | 接受 | $R_5$ | $R_6$ | $R_7$ | $R_8$ |

在这一设计过程中，当比较前后测结果的差异时，研究者不能仅仅依赖实验处理前后最相似的 $R_5$ 和 $R_4$ 两次结果，也不能直接使用 $R_5$ 和 $R_4$ 进行统计分析。相反，研究者应该使用回归方程来确定一系列前后测数据之间的相互关系。具体实施方式为：首先，基于实验前的多次测试数据来推导出回归方程，无论是直线回归还是曲线拟合。接下来，使用外推法来估算在不进行实验处理的前提下，在后续测试时间上可能得到的结果。首先对之前的测试结果进行直线回归分析，然后进行外推以计算出 $R_5'$、$R_6'$、$R_7'$ 等数值，这些数值将作为与 $R_5$、$R_6$、$R_7$ 等数值进行比较的依据，并可用于后续的多次测试。鉴于是对单一组别的比较，因此必须采用相关样本的 $t$ 检验来进行 $R_5'$、$R_6'$、$R_7'$ 等与 $R_5$、$R_6$、$R_7$ 等样本之间的统计分析，以确认接受处理与未接受处理样本之间是否存在明显或显著的差异。

4. 多组前测后测时间系列准实验设计

这一设计方案是在单组前测后测时间系列准实验设计的基础上，额外增加了两个或更多的实验组。这些实验组可以进一步细分为实验组和控制组，或者完全作为实验组使用。通常，研究者会为实验组设置一个控制组，由于实验组有控制组作为参照，这有助于减少连续测量的次数。另外，为了更好地比较不同处理方法的效果，可以在时间序列中增加处理次数，这样控制组和实验组可以同时进行前期和后期的测试，从而更方便地将两组数据进行对比。在多组准实验设计中，小组间的相似度越高，从实验数据中得到的结论也就越具有可信度，详见表 8-3。

表 8-3  多组前测后测时间系列准实验设计模式

| | 前测 1 | 处理 1 | 后测 1 | 前测 2 | 处理 2 | 后测 2 |
|------|------|------|------|------|------|------|
| 实验组 | $R_1$ | 接受 | $R_3$ | $R_5$ | 接受 | $R_7$ |
| 控制组 | $R_2$ | 不接受 | $R_4$ | $R_6$ | 不接受 | $R_8$ |

5. 修补法准实验设计

在真实验和准实验的环境下，实验组和控制组的对比实验设计一般都让作为实验组的被试接受处理，然后将其后测结果和未接受处理的控制组后测结果进行比较。然而，在某些特定情况下，研究人员可能没有足够的时间来找到两组在整体上相似的参与者，或者很难安排两组被试同时进行实验。因此，组织者只能在没有进行预先测试的前提下，先对经过特定处理的参与者进行测试，以获取后续的测试结果。这种后测的结果并没有足够的证据来解释是由哪种处理方式产生的，因此无法明确后测和处理之间的具体关系。为了弥补这一不足，在获取另一组被试的时候，研究者会安排与之前进行的后测相同的前测，然后对这组被试进行相同的处理，并进行后测。通过比较第二组被试的前后测结果和第二组前测与第一组后测的情况，研究者可以确定实验处理和后测之间的关系。

表 8-4　修补法准实验设计模式

|  | 处理 | 后测 | 前测 | 处理 | 后测 |
|---|---|---|---|---|---|
| 被试组 1 | 接受 | $R_1$ |  |  |  |
| 被试组 2 |  |  | $R_2$ | 接受 | $R_3$ |

# 第四节　互联网实验设计

## 一、互联网实验设计的概念

互联网实验是一种在数字化互联网环境中进行随机控制实验的方法，目的是验证不同变量之间的因果关系。郝龙（2020）指出，作为实证主义的一种量化手段，该方法不仅遵从"假设—检验"的普遍逻辑，还符合"刺激—反应"和"操纵—控制"等实验手段的独特逻辑。

## 二、互联网实验设计的特点

郝龙（2020）认为，相较于传统的实验室实验手段，互联网实验设计不仅有能力突破参与者数量和时间空间的局限性，而且在最佳条件下还能有效地减少研究者或实验本身可能带来的干扰，从而具有更高的信度和效度；此外，它具有更强的适应性、稳定性以及更经济的成本。具体表现为：

1. 拥有庞大的、稳定的、多样的研究对象

受资金、人力等因素的制约，大部分实验室的实验都不能像问卷调查那样开展大范围的样品采集，往往依赖数量较少的方便样本，尤其是针对高校学生的实验。首先，高校学生的问题代表性有限，这使得研究结果难以推广到更大的范围。同时，样本的稳定性也是一个问题，比如，由于课程安排和节假日等因素的影响，周末或学期中可以参加实验的学生数量增加，在期末、工作日或寒暑假则急剧减少。相对于实验室中的实验，互联网实验可以在线进行，从而寻找更大范围的学生进行实验。互联网被试池具有三大优势：①数量规模巨大，特定网络应用平台的用户均有可能成为潜在的被试；②可用的潜在被试数量，能够在较长时间段内保持相对稳定；③被试具有多样性特征，互联网络的跨域性甚至全球性使得实验能够获得跨地域、跨国家、跨文化的多样被试群体。

2. 突破时间和空间限制的大规模样本

传统实验室的实验对便利样本的依赖，会引发样本的代表性不足和被试分组的均衡性差两大潜在问题。一方面，当被试来源于有限群体范围时，样本群体内部很可能存在高度的同质性，这会削弱样本的代表性和实验的外在效度，进而对结论的概化造成不利影响。另一方面，样本数量过少也容易给被试的分组造成障碍，毕竟随机化的效果与被试的数量直接相关。与实验室实验相比，程序化和网络化的互联网实验平台既无须将被试统一聚集到特定的空间范围内，也不强求被试参与时间的绝对一致，因而可以在实验中使用大规模的样本群体。这种大型样本集合的优点很显著：参加人数愈多，可以搜集到的资料也愈多，因此，对于实验资料的处理，内生性错误的影响也会比较少，有助于提高实验的内在效度；在此基础上，增强了抽样的代表性，进而提高了实验的外在效度。

3. 实验程序的自动操作化

在常规的实验室实验中，科研工作者通过人工方式进行基础实验，并对实验过程中的关键环节进行分析。当实验人员越来越多，实验过程越来越复杂时，需要的人员及时间也越来越多。此外，人工操纵也会造成研究者在被试中受到各种外部因素的影响，使实验的内在效度变差。网络实验的基本过程很大程度上依靠事先编写好的电脑程序使之自动化。通过改变传统的人工干预模式，使被试与电脑程序进行人机对话，不但可以大幅减少实验的工作量，还可以减少研究者对被试的外部影响，尤其是对于需要多次重复、同步或嵌套的群体实验。

4. 数据的即时记录

网络实验既包含了传统的预后检验，又可以将海量的、具体的、实时产生的进程信息存储起来。这些以往在实验室中常常被忽略或难以记录的数据，将为实验结果分析提供更为丰富的材料。考虑到实验数据的优异记录功能，实验设计者应该精心设计，以保证得到更多的数据来进行研究。

5. 高于微观个体层面的聚焦

虽然实验研究、问卷调查和田野调查是当代社会科学三种主要的经验研究方式，但是社会学家对于这种以小型实验为基础的研究方式却并不热衷。这些问题的产生，是因为经济学和社会学等社会研究的视角从个人的行动转向了整体和宏观的现实。由于仅有少量的个体进行了大量的实证研究，因此难以适用于大范围的研究。网络技术的发展带来了一个新的契机，可以弥补现有的一些实验研究的缺陷。在研究对象增多的情况下，研究者不再仅仅停留在微观水平上，而是从群体行动交互作用下所形成的群体行动等方面展开研究。网络实验不仅对个人的行为进行研究，还扩展到了宏观层次，作为联系宏观与微观的桥梁，其独有的优越性是常规实验无法比拟的。

## 三、互联网实验设计发展的动力

1. 社会维度：生活方式趋于数字化

随着互联网及其各种接入设备的不断普及，网络化与数字化已成为当下日常生活领域变迁的主要趋势。以往大量发生在线下的行为逐渐被线上活动所取代，人与人之间面对面的互动过程也开始让位于人与数字设备的交互。这种转变对社会研究的直接影响，便是为其创造出全新的研究对象——在线行为与互联网现象。

在前期对网络生活的研究中，网络空间被视为一个与真实世界并行的"虚拟空间"，网络中的各种网络行为也被视为一种个性化的、技术性的、工具化的个人行为。然而，随后更多的研究逐步挑战了这个想法。英国伦敦大学人类学家 Miler 和 Horst（2012）指出，网络与真实的社会并没有完全脱离，而是作为一个记录真实世界并与其沟通的平台，也构筑起一种崭新的社会场域。互联网时代，平台既是展示个性、寻找身份认同、开展有意义的社会交互、形成特有的在线社群亚文化的场所，也是互联网与现实社会的重要纽带。

杨善林和王佳佳等（2015）指出，在网络社交活动逐渐渗透到人们的日常生活中的同时，网络具有的匿名性、互联性、地域性和流动性等特征，使得人们在网络空间中的网络行为无论在结构、规则、交互模式和情景方面都与现实世界存在明显差异。以往关于线下活动的一些原因和对于原因的认识，未必就可以直接套用到线上活动中。因而，对网络用户的网络活动进行深度挖掘与证实，成为当前社会学中亟须解决的重要问题。

2. 研究方法层次：网络的研究方法扩展

在当代社会学中，实验方法被认为是一种重要的方法，其基本思想就是考察激励因素与被解释因素之间的联系，同时对其他因素进行严密的控制，以此来对已有的理论和因果命题进行检验。许多实验都是在人工"模拟"的实验室中进行的，以满足这样的"高度控制"。然而，"模拟"法由于自身的缺陷，常常要以外在的有效性来保证实验结果内在的有效性。由于社会的复杂性，实验条件受限，实验时间较短，实验过程难以完全重现。

为增强实验的外在有效性，一种被称为"田野实验"的方法正逐渐被人们所接受。该方法以"控制"的逻辑为前提，把实验情境由实验室的仿真情境迁移到现实的生活情境。首先，消除了"期望效应""霍桑效应""约翰亨利效应"对实验外部有效性的影响；其次，通过增大潜在被试池的规模和实验参与者的数量，打破实验室实验对少量便利样本的依赖，在直接优化被试招募随机性与分组均衡性的同时，更进一步改善样本数据的代表性；最后，Harison 和 List（2004）将实验过程与真实社交场景紧密结合，有效地保持了实验室中无法模拟的情景要素，提升了模拟效果。

3. 科技水平：互联网的发展

网络作为社会科学实验研究的重要组成部分，其所具有的可计量特征以及先进的信息技术手段为其应用奠定了良好的理论基础。

目前，我国信息化服务全面普及，根据中国互联网络信息中心（CNNIC）的报告，截至 2024 年 6 月，我国网民规模近 11 亿人（10.996 7 亿人），互联网普及率达 78.0%，使用手机上网的比例高达 99.7%，全国一体化政务服务平台注册用户超过 10 亿人；与此同时，人们上网的时间也越来越长，我国网民人均每周上网的时长达到了 29 个小时[①]。我国新一代信息基础设施正朝着高速泛在、天地一体、云网融合、智能便捷的方向加速演进，"互联网＋教育"、"互联网＋医疗"、数字政府、数字乡村建设等加快推进，我国已然形

---

① 中国互联网络信息中心（CNNIC）. 第 54 次《中国互联网络发展状况统计报告》［EB/OL］.（2024 – 08 – 29）. https：//www. cnnic. net. cn/n4/2024/0829/c88 – 11065. html.

成了全球最为庞大、生机勃勃的数字社会。

伴随着计算机与计算机网络的快速发展，这也为开展基于互联网的实验研究提供了必不可少的基础和工具支撑。在 Web1.0 的大环境中，呈现出的是"静态展示"与"单向传递"两大特点。当前，基于网络的测试平台还不够完善，这是制约该测试手段与网络相结合的主要瓶颈。21 世纪之交，Web 2.0 的问世，使互联网上的信息生产与分发方式发生了巨大的变化。基于网络博客、社会网络服务以及超文本系统，各种个性化的信息服务与交互平台逐渐崛起。与此同时，数据获取与处理技术的进步，推动着互联网实验工具的创新，尤其是流数据处理与分布式计算技术使大规模在线并行实验与嵌套实验成为可能。

## 四、典型案例

Bakshy 和他的研究小组利用网络社会学的方法，在某社交媒体上研究了社会化媒体对广告的作用[①]。本研究采用两套实验，考察社会提示与有无提示（有无朋友）对消费者行为的影响。这个实验对约 2 300 万人进行了调查，然后对他们的评论进行了评价，这些评价是基于他们是否经常使用这些广告而进行的。在这个广告里，朋友名字的数量（1～3）会被随意指派到一个人的身上。另一项实验采访了约 2 300 万名被试，并且按照他们在"喜欢"这个键上的点击次数，以及那些曾经单击过这个键的朋友的姓名（0～1），对他们进行评分。结果表明，社会资讯在不同程度上会对其沟通结果造成不同程度的影响。特别地，显示"朋友姓名"与"不包含社交信息"两组的反应程度有显著差别；社交提示越多（显示的朋友越多），得到的回馈就越强；如果受众和"好友"有很强的关联，那么社交因素的作用就特别明显。

# 第五节　实验研究的效度与信度

## 一、实验研究的效度

### （一）内部效度的逻辑

内部效度是指消除其他替代变量对因变量进行解释的能力。除了实验处理之外，还存在其他会对因变量产生影响的变量，它们会威胁到实验的内部效度。

这些变量使得研究者不能理直气壮地说造成因变量出现变化的真正原因是实验处理。因此，内部效度的逻辑是通过对实验情境的控制与实验设计，来排除实验处理以外的变量。

---

① 郝龙. 互联网社会科学实验：数字时代行为与社会研究的新方法 [J]. 吉首大学学报（社会科学版），2018，39（2）：26－34.

## （二）影响内在效度的因素

### 1. 选择偏差

选择偏差是被试未能形成相等组别所产生的威胁。这个问题之所以发生是因为设计时没有做好随机分配，也就是说实验组中的被试具有会影响因变量的特性。例如，在关于肢体攻击性的实验中，处理组不经意地包含了橄榄球员、美式足球员与曲棍球员，而控制组主要由音乐家、下棋好手以及画家组成。另一项研究是关于人们逃避交通拥堵能力的实验。所有被分配到同一组的被试全部来自乡村地区，而另一组的被试则都是在城市中长大的人。前测分值的检验可以帮助研究者查明这类威胁，因为期望见到的是组别间不存在任何差异。

### 2. 历史效应

这是实验当中出现了与处理无关的事件，因而影响到因变量的一种威胁。历史效应大都发生在持续较长时间的实验中，例如，评估被试对太空旅行所持态度的为期两周的实验，才进行到一半，太空船在发射台上爆炸，所有人员都亡故了。

### 3. 成熟效应

有别于实验处理，成熟效应由被试本身的生理、心理或情感随时间变化而改变所致。成熟效应经常出现在为期较长的实验中，例如，在进行理解力的实验期间，被试变得烦躁想睡觉，因此得到的分数就会比较低。具有前测与控制组的设计有助于研究者判断成熟度与历史效应是否存在，因为这时实验组与控制组都会随时间的变化而出现类似的变化。

### 4. 测验效应

实验研究的前测会对被试产生测验效应。这种测验效应会威胁到内部效度，因为这时影响因变量变化的不光是实验处理了。所罗门四组设计有助于研究者查明测验效应。例如，研究者在第一天上课时对学生做一次测验，这时上课是处理，然后他在上课的最后一天再以相同的试卷来检验学生的学习效果。如果被试因为记得前测的问题，而影响他们的学习（如集中精力），或是影响到他们在后测时回答问题的方式，就出现了测验效应。如果出现测验效应，研究者就不能断言因变量的变化仅仅是由处理因素单方面所导致的。

### 5. 工具效应

这项威胁与稳定性有关。当测量工具或者曲变量的量度标准发生了改变，工具效应就会发生。例如，减肥实验中，体重秤的弹簧在实验期间变松了，这就会造成后测时得到较小的数值。实验者要求被试告诉另外一个人他的智力测验结果，并且操作测验结果的分数使之不是高于平均值很多就是比平均值低很多。这时的因变量是被试要经过很久的时间才会把他智力测验的分数告诉别人。某些被试还被告知整个过程会被录像。实验中录像器材坏了，因此有一位被试的表现并没有被录到。如果因为这些器材损坏而没有录制到一个以上被试的行为，或者是它只录到整个实验过程中的一部分，这个实验就有工具效应的问题。

### 6. 参与者损耗

参与者损耗发生在某些被试不再继续参与实验的情形中。如果有一组被试半途离开，不继续参与实验，研究者就无法知道最后的结果与他们全程参与时相比是否会有所不同。

研究者应该留意并且记录每组中前测与后测时被试的人数，以便查明它对内部效度的影响。

7. 统计回归

统计回归涉及的是极端值的问题，或是随机误差具有使各组结果接近平均值的趋势，它会在两种情况下出现。

第一种情况发生在被试就因变量而言是不寻常的。由于被试从一开始就不寻常或者是个极端，他们的反应就不可能继续朝那个方向发展下去。第二种情况涉及测量工具的问题。如果许多被试在某个变量上的分数不是非常高（如高到最高限度），就是非常低（如低到最低限度），那么光是随机分配就会造成前测与后测结果的变化。

8. 处理扩散或污染

处理扩散是指因不同组的被试互相交流，获知其他被试受到的处理而带来的影响。例如，被试参与为期一天的关于记忆生字新方法的实验，在休息时间，处理组的被试告诉控制组的被试那些增进记忆生字的新方法，控制组的被试就使用这个方法。为了查明这种影响，研究者可以采取诸如实验后与被试访谈的方式来获取所需的局外的信息。研究者可以借由孤立各组的被试或要求被试承诺不向将成为被试的其他人透露关于实验的任何信息，从而避免这个问题。

9. 补偿性行为

某些实验提供有价值的东西给一组被试，而不给另一组被试，并且公开这种差别待遇。这种不平等可能会酝酿出减低差异的压力，让两组成为竞争对手或心怀不满打击士气，所有的这类奖励行为可能会成为影响因变量的因素。

10. 实验者期望

虽然实验者的行为并不会总被认为是影响内部效度的因素，但是实验者行为确实也会威胁到因果逻辑。实验者威胁到内部效度，并不是出于别有用心的不道德行为，而是间接地把实验者期望告诉了被试。

（三）外部效度的逻辑

实验的外部效度是指实验的结论能够被一般地推断到抽样的总体或类似的情况，也就是实验的结论具有一般的代表性和普适性。无论哪种实验研究，都想把它的研究成果加以概括，以便对类似的现象进行解释、预报和控制。

（四）影响外部效度的因素

1. 实验室中过度人工情境化

人工实验是在可控的条件下进行的，因此，有些实验成果难以用于对现实中的行为进行合理的解释。因此，不能把这些实验的结论和实验室以外的一些普通的行为联系起来。为了解决这一问题，应降低人为情景，尽量消除对被试的干扰，并将实验室以外的日常活动考虑到实验的变数中。

2. 研究对象中的抽样不具有代表性

在研究过程中，研究者需要从群体中随机选取典型、引领型的个体，才能做出对将来的期望推断或对类似的行为现象进行诠释。但是，真要做到这一点，就有些困难了。若能在实验中选取某些特殊的心理学特质，则会更利于实验过程的顺利进行。

3. 测量手段的限制

在实际应用中，实验变量（解释）与响应（解释）的操作界定是可行的。但是，目前对成功动机的量表表现出多样化的特点，且被测得的成绩与成功动机之间存在着一定的差异。在使用特定的成功动机测量工具时，不能推断出使用其他成功动机的情形。

## 二、实验研究的信度

实验研究的信度指的是实验的结论的可信度及前后一致的程度。即使实验研究达到了效度的要求，但如果两次考察的结果不尽相同，那么考察的可信度就非常低，得出的结论也就缺乏可信度。一项不可信的研究可以被比喻成一把可伸缩的尺子，即重复研究的结果都会落在这个尺子的不同刻度上，而保证社会实验研究科学性的重要前提是研究结果的稳定性和一致性。

## 思维导图

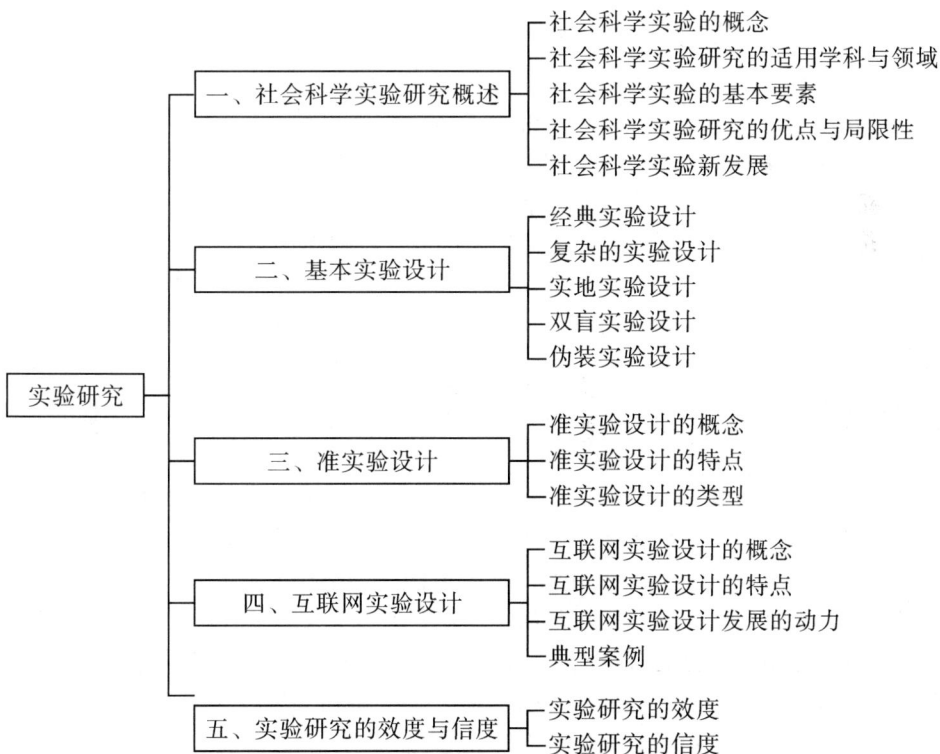

# 第九章 实地研究

实地研究是一种具有定性特征的研究方法，这种方法的哲学基础、资料呈现方式、搜集方式和处理方式都与定量研究迥然不同，其研究策略、研究流程等，也有着属于自己的独特之处。同时，它还是一种典型的理论生成的研究，实地研究者通常不会带着需要检验的假设去进行研究。相比于定量研究中标准化的对理论的假设检验流程，实地研究的研究过程更灵活，因此实地研究往往会深深地打上研究者的风格烙印，对研究者的综合能力要求也更高。

## 第一节 实地研究概述

### 一、概念阐述和发展历程

实地研究是社会研究中一种重要的研究方式，长久以来被广泛运用于各类社会研究，特别是人类学的研究中。不同于其他的社会研究方法，实地研究被认为是一种基于"自然主义"范式的研究方法。这决定了实地研究是在自然情景下开展的，它的研究场景在"田野"，而非人造的、有各种限定条件的实验室中。

学界对"实地研究"，存在各种各样的定义：巴比（2018）认为实地研究是"有时被称为参与观察、直接观察和个案研究的所有研究方式"，纽曼（2007）认为"实地研究者考察自然情景下的社会意义，捕捉多元的观点。他们先进入成员的意义体系，然后再回到局外人的或研究的视角"，风笑天（2022）则认为"实地研究就是将参与观察的方法运用在一个（或有限的几个）个案所进行的研究中"。以上定义从不同的角度界定了实地研究，有的强调所使用的资料收集方法，有的强调研究开展的范式。总的来说，实地研究是一种在社会研究中常用的研究方法，要求研究者深入实地，通过参与式或非参与式的手段收集研究所需的资料，以达到深入了解"田野"或建构理论的目的。

实地研究者必须深入实地才能真切地了解所研究对象的"性质"，这在今天几乎是学界的共识，以至于不少研究者认为实地研究等同于质性研究，但质性研究的旨趣并非一直都在实地研究。质性研究（qualitative research）是一种研究方法，它关注理解人类行为、经验、态度、意图、文化现象等方面的深层含义和复杂性。质性研究不依赖数值和统计分析，而是通过非结构化或半结构化的方式收集数据，如深度访谈、参与观察、文本分析等，以揭示研究对象的内在逻辑和意义构建。

真正开创长期性、参与性的实地研究的学者是英国著名人类学家马林诺夫斯基，他创立的人类学功能学派，也通过费孝通的传播而深深影响了中国的人类学。也正是从马林诺夫斯基开始，实地研究才成为人类学和社会研究中热门的研究方法，走出书斋深入实地成了质性研究者的重要工作。

## 二、实地研究的特点

实地研究的主要特点包括：

（1）研究者身临其境地进行研究，自身既是研究者，往往也成为研究对象的一部分。所谓实地研究，意味着研究者要深入"田野"，在真实的、自然的环境中，以自身作为研究工具，通过观察、感受、体验等方式来理解"田野"中成员的行为模式和背后的文化符号。在其他的研究方法中，部分调查研究和实验研究也要求研究者到实地去，但只是为了完成研究流程而建构的临时的"现场"，研究者不会和研究对象产生深入的关系，这种短暂而表面的接触在研究者收集到所需的资料那一刻便自动结束，甚至不会给受访者留下太深的记忆。实地研究中情况则截然不同，研究者进入实地后便会和研究对象建立关系，成为所研究对象的社会网络的一部分，研究者的行动不可避免地会影响到研究对象，有可能会影响研究的真实性。因此，研究者在进入实地时，不仅要和研究对象建立一定的信任关系，还要注意这种信任关系和自己的行动给研究结果带来的影响，要避免具有倾向性、诱导性的行为，尽量保持"田野"的自然性、无涉性。

（2）没有先入为主的理论和观点，而是依靠归纳的思维逻辑开展。与其他的研究方法不同的是，实地研究遵循着归纳的逻辑，研究者不需要带着预设的理论和观点进入现场，不需要收集数据来验证自己的假设。在实地研究中，研究者不会事先假定什么样的事情是重要的，不能让自己受到最初错误概念的禁锢，而要做到"去除焦点"：第一，正如纽曼（2007）所说，研究者应该"撒下一张大网，以便看到更广范围的情景、人物和背景"。研究者不应妄论何为重要的信息，在此之前应该收集尽可能翔实的资料，对整个"田野"的背景和概况有一定的了解。第二，研究者也不应该把焦点集中于自己研究者的角色上。研究者在实地研究时要跳出仅仅作为旁观者、研究者的角色桎梏，尝试在"田野"的背景下去思考，以研究对象的视角去体验"田野"中发生的事件，才能尽量做到真正地理解该环境下行动者的动机。

实地研究的目标是达成对研究对象的理解和解释，这一点和其他的研究方法是一样的。不同的是，在定量研究中，研究者往往从理论出发推论出假设和命题，再通过收集经验资料对其进行检验，以达成对理论的检验。而在实地研究中，则是从经验观察出发，通过对现象的编码，层层抽象出理论，遵循着归纳的逻辑推理方式。因此，在实地研究中需要的是收集大量经验性事实，以便后期达成全面的归纳。

（3）实地研究从本质上来说是解释性的。这一特征意味着，研究者要对收集到的资料和数据做出解释。既要对研究的个体和环境进行丰富的描述，还要对个体的或理论的意义做出解释或结论。要达成对某一"田野"或某一现象的解释性结论，就需要建立对"田野"全面而整体的认识。对研究者而言，就要明确收集信息的渠道，要明确那些能够深入洞察所关注中心现象的最佳研究场所。实地研究的场所是自然的，因此其现象的发生是难以预测的，需要研究者提前发掘可能的现象核心点，以尽可能全面地记录现象。

（4）实地研究提供系统的观点，对某一种社会现象的理解比较深入和周全。实地研究这种类型的研究，适合于对某一社会现象进行全面的直接研究和观察思考，特别是那些不宜进行定量研究的社会现象和研究议题。实地研究可以把握住许多在态度上和行为上的细微差异，并且适合对社会现象或某一"田野"进行跨越时间的纵贯研究，这是其他研究方法所不具备的特点。

## 三、实地研究者的素养

实地研究与其他研究方法的不同不仅在于资料搜集和分析方式的不同，更在于其不同的范式和取向。实地研究最大的特点是灵活性，它不拘泥于某种具体研究技术，而是强调研究者深入实地，以自身作为研究工具，其所见所闻所感都能作为实地研究所需的第一手资料。实地研究最大的特点在于"实地"，即要求研究者深入所研究的"田野"，花费大量时间，通过自身的观察、问询、感受、体验等，以达成对某一现象或某一"田野"的彻底理解。

实地研究的特殊性决定了研究者无法像在其他研究中那样置身事外，将研究和生活分得如此清晰。纽曼就曾提到，"同时过两种生活常令人筋疲力尽"，这种研究还要面临"高度的人情压力、不确定性、道德上的进退维谷和暧昧不明的状况"。① 研究者深入"田野"去了解他人的生活，既会带来一种新奇的体验感，也可能会影响到研究者的个人生活和精神状况。

在这样一种研究中，研究者可以使用民族志、访谈、观察等各种技术去收集资料，但最重要的研究技术取决于研究者的个人素养。实地研究中涉及的研究技术，并不具备像定量研究那样标准化的操作流程，这使得实地研究在一定程度上难以被复制，无法像流水线加工那般被生产。因此，研究者的个人能力在实地研究中被给予了更高期望，实地研究的灵活性使得研究者可以自由选择、更改研究的具体方式和流程，但也需要研究者有更强的应变能力和判断能力，有更丰富的临场经验去选择最佳的研究方式。以扎根理论的编码过程为例，虽然在编码过程中有具体的操作化流程指引，但编码概念的选择、聚焦，仍要依靠编码者自身的知识水平和经验来判断，如果编码者自身储备不足，即使按照流程去编码也很难达到效果。

一般来说，实地研究者需要具备如下能力素养：

（1）实地研究者要有敏锐的观察力，要对自然条件下"田野"中发生的现象进行整体性观察，要拥有广阔的、全景性的视野，并形成尽可能翔实的记录数据。

（2）实地研究者要真正做到理解"田野"环境下的成员，理解其行为或想法产生的动机和机制，而不能仅做简单的、看似客观的记录。

（3）实地研究者不仅要注意到"田野"中明显的文化因素，即那些被社会成员所意识到的、所讲述的部分；还要注意到那些被其成员内化的、默认的文化因素，这一层面往

① 纽曼. 社会研究方法：定性和定量的取向［M］. 5版. 郝大海，译. 北京：中国人民大学出版社，2007.

往难以被其成员注意到，需要研究者自己去发掘。

（4）实地研究者在研究过程中要用到复杂的推理。实地研究常常被认为是运用归纳推理法，通过对经验现象的聚焦，以达成理论的建构的过程。但演绎法在实地研究中同样是必须的，因为思考的过程是反复的，从数据的收集分析到理论的建构与检验，周而复始地循环往复，才能确保结果的可信度。

（5）实地研究者要厘清自身角色。研究者可以根据需要以不同的角色（涉入性或非涉入性的）进入"田野"，但分析时要保持局外人的立场。

（6）实地研究者可能会面临伦理上、道德上的压力和迷茫，需要事先做好这方面的准备和心态上的调整。

## 四、实地研究的优缺点

### （一）优点

实地研究的优点主要表现为：

（1）实地研究能够提供真实和准确的数据。通过亲自前往研究对象所在地，研究者能够直接观察和记录现象，获取真实和准确的数据。例如，对于社会研究来说，实地研究可以通过实地观察和访谈收集到真实的社会行为和态度数据，避免了受访者主观记忆和回忆失真的问题。材料的深入、全面与真实是实地研究成功的基础，也是实地研究构建理论最有说服力的论据，这正是实地研究的独特魅力所在。

（2）实地研究可以提供详细和丰富的信息。通过实地考察，研究者可以深入了解研究对象的环境、背景和特征，获得详细和全面的信息，在任何一门学科中都是如此。例如，对于地理研究来说，实地研究可以通过测量和采样获得详细的地理数据，帮助研究者更好地理解地理现象。

（3）实地研究可以提供直观和感性的理解。通过亲身经历和观察理解，研究者能更深入地分析和解释现象。例如，在针对文学艺术的社会研究中，研究者可以通过实地研究的方法，亲自参观艺术展览和观看演出，获得直接的艺术体验和感受，从而更好地理解艺术作品的内涵和风格。

（4）实地研究可以让理论与实际相结合。实地研究很大程度上可以避免社会研究呈现学术世界与现实世界的二分。实地研究在中国社会文化领域的用途及其在探究国家生活转变过程中的动态性优势，使之同时具有理论与现实意义。

实地研究法特别适合那些不便于或不可能利用简单问卷调查方式来看清社会现象和问题的课题，能够适应研究现象发展变化的过程及特征。在实地研究中，研究者能够确保所测量的正是他所希望测量的维度，因此效度较高。实地研究方式比较灵活、弹性较大，但它在应用中也有许多问题，需要研究者加以注意。

### （二）缺陷

实地研究的缺陷主要表现为：

（1）实地研究的结果具有一定程度上的局限性。由于实地研究往往只能对特定的研究对象进行观察和记录，所得结果可能只具有局部性和特异性。例如，在对经济状况的研究中，实地研究可能只能对特定地区或特定行业的经济现象进行观察和分析，结果不具有普遍适用性。

（2）实地研究所需时间较长。由于参与观察的需要，实地研究方式的周期一般都比较长。通常少则几个月，长则好几年。这种长时间的要求，不仅对于研究者来说是一种困难，有时对于研究对象来说也是一种困难。

（3）实地研究可能受到主观因素的影响。由于实地研究是通过研究者的观察和记录来获取数据，可能受到研究者个人主观因素的影响。研究者的观察和评价可能受到个人经验和偏见的影响，导致数据的主观性和偏差。此外，研究者的主观性引导还会影响研究对象对现象或事物的表述，研究对象可能会对某些部分夸大其词或略过某些重要部分。

## 五、实地研究中的信度与效度问题

在实地研究中，研究的信度和效度会受到很多因素的影响。研究者需要在研究的各个环节，对研究的各个部分都格外注意，才能有效保证研究的信度和效度。

### （一）研究者的因素

（1）研究者的存在一定会对研究对象和"田野"产生影响，因为研究对象会对研究者的行为做出反应，这也是实地研究在无涉性方面的缺陷。不管研究者如何注意，其他人的行为一定会因为他的在场和所采取的行动而受到影响，进而导致研究者可能无法了解该"田野"的自然状态。

故而在社会科学的研究中，研究者不得不面临这样一个问题：研究者自身往往也是研究对象的一部分。无论采取何种方法去收集资料，研究者的存在一定会对其所研究的对象造成影响。不论研究者如何努力融入研究对象，他都难以在短时间内摆脱自己局外人的身份，他的出现会在一定程度上打破研究对象的日常感，导致他们产生一些平时不会有的行为。例如，董海军（2008）在一个有关利益抗争的实地研究中就曾被当地研究向导告诫："你去问他们这事，是对他们很大的支持。有时甚至会激发他们的继续抗争……于是事情可能还会闹大，可能激发矛盾。"由此可以发现研究者对研究对象的影响，会进而影响到所研究事件的发展，可能导致研究者所搜集的资料真实性受到影响。研究者的出现有时候会给生活在这一"田野"中的人们带来疑虑和恐慌，特别是当他的一些行为与本地人的规范不相符时。

（2）研究者在"田野"中的角色会影响其收集的资料的种类和数量。研究者的角色决定了他能够在多大程度上与研究对象中的个体接触，也决定了他应该对研究对象采取什么样的互动方式。在进行研究时，正式的官方身份和非正式的私人身份可能会获得完全不一样的资料。

（3）研究者自身的见闻、知识、综合素质等因素也会影响资料的收集和分析。受研究者视野和相关知识的限制，可能导致他在资料选择时无法分清孰轻孰重，从而忽视了对研究真正重要的一手资料。一些研究者习以为常、认为是共识性的看法，实际上可能并不如研究者所想的那样，当地人的想法可能与研究者有极大的出入。研究者在实地收集资料时，要尽可能摆脱"常识性"的看法，抛开对观点的预设，以从零开始的态度去接受研究圈子中的文化、观念、知识。只有尽可能客观且平等地对待接触到的一手资料，才能尽量避免因研究者主观因素而导致的信度和效度差的问题。

### （二）研究对象的因素

实地研究的信度会受到研究对象所提供信息的真实度影响。而且，研究对象的利益立场也决定了他们看待事物的标准和角度是不一样的，同一个事件，由于研究对象的立场不同，他们向研究者提供的描述和评价可能会截然不同。有些情况下，当研究对象认为研究者的研究可能会为自己的生活工作场景带来不利影响时，可能会有倾向性地引导研究者向研究对象所期望的方向开展研究，或拒绝配合研究，从而影响研究的客观性和真实性。比如在某些单位里，领导可能认为研究者的研究会对其单位的名誉和发展不利，或者担心研究会搅乱单位的正常工作，耗费职员太多的时间和精力，就会拒绝配合研究或敷衍了事。需要注意的是，任何单位的领导层都对自己所在单位的形象十分在意，他们往往不愿意主动暴露他们工作中不好的一面，也不希望研究者去发掘这些不足之处。当然，这种情形在调查研究中也可能存在。

另外，同一个事件可能会由于立场不同导致各方的描述和评价变得完全不同，研究对象的利益立场影响其一言一行。作为研究对象，个人的立场会决定他们看待事物的角度和评判标准，每个人给出的观点和看待现象的角度都是不同的，故而研究者不应该轻易判断谁的观点更正确或更重要。而是要注意到调研对象的利益立场，认识到他们的观点可能存在的局限性，了解这些局限性可能的来源并真实地记录下来。

### （三）研究内容的因素

研究内容与研究对象的切身利益的关联程度会影响研究对象参与的积极性。同样的研究内容，对不同的研究对象而言，其重要程度可能也是不同的，因此他们的积极程度和提供的资料也可能是不一样的。特别是在高度敏感的问题上，研究者要想办法以一种适当的方式来让研究对象愿意配合研究并给出真实回答。这种情况下，研究者往往不能直接询问，而需要先努力得到研究对象的信任。

行红芳在进行一个有关农村养老状况的调查过程中发现[①]，研究对象对研究中的某些问题总是充满了防备心，或是避而不谈，或是含糊其词。经过了解才发现，前几日计划生育部门来此处开展过工作，研究对象认为行红芳的研究可能与计划生育部门的工作有关联，因此对研究者的许多问题都不愿正面回答，害怕因为自己的回答而导致自身的利益受损。在这种状况下，研究者要努力消除研究对象心理的防备，让他们相信研究与其他利益相关方无关，不会影响他们的日常生活。否则，即使研究对象因为其他因素（如物质上的诱惑或者权力强制）的作用而同意配合研究，得来的资料也可能虚假或信度不高。

实地研究中总会涉及研究对象的隐私问题，调查内容与研究对象的关涉度会影响到研究对象参与的积极性。处于调查内容中心与边缘的不同对象，其态度与热情是很不一样的。例如，当外来者与当地人一起分析当地人自身的生存状态时，前者会面临很多伦理道

---

① 行红芳. 老年人的社会支持系统与需求满足 [J]. 中州学刊，2006（3）：120 - 123.

德方面的问题。如果让当地人在发展项目中介入较多，他们会对自己提出的行动计划抱有过多的热情和期待。虽然从原则上讲，这对开展项目十分有利，但是如果捐助机构所承诺的资助无法兑现导致行动计划无法实施的话，当地人的积极性将会受到极大的打击。

此外，当研究者以专家身份参与到实地研究中时，当地人会期待研究内容能对当地发展提供某种帮助，为当地的发展提供方向指导，还可能期待研究者能长期为他们提供技术上的帮助。但如果研究者在收集了自己需要的资料后并未持续提供建议或帮助，那么当地人可能就会对这种合作方式感到非常失望，未来便不会再积极配合此类研究项目。

# 第二节　实地研究的进入程序

社会研究者只能在一定的时间内，就一定的研究场景来进行研究。研究的广度和深度往往难以兼有，当一项研究涉及的范围越窄，研究者就有更多的精力去透彻且深入地对相关"田野"中的文化背景、现象和群体进行研究。

## 一、实地研究场景的选择

实地研究必须深入实地。因此，"实地"的选择是实地研究的第一步。选择合适的研究场景，是首要也是最重要的一步。这对研究设计来说是至关重要的。

实地研究中"田野"的选择主要有两个标准，即研究地点的代表性和进入现场的可能性。在国外的早期研究中，实地研究者经常基于调研地点内资料的丰富性和适合性来进行"田野"的选择。

在研究者与研究场景熟悉便利程度的选择上，存在一个重要的问题，即研究者是否应该选择自己熟悉的地区。赞成的观点认为，研究者选择自己熟悉的"田野"会更利于他的研究。熟悉的地点对研究者而言，更易于获得进入的角色，也更能够理解所研究的现象。在自己熟悉的场景中进行研究，通过高强度互动来实现与人们和现象的亲近，这提供了可以大幅度提高质性数据质量的主观理解。周敏（1992）在谈到她选择纽约唐人街作为其研究地的原因时说到，最重要的原因之一就是纽约唐人街对她来说最便于研究。首先，她和研究对象都是华人，本身在文化认同上就有更多共同点，便于她融入这一文化圈。其次，她的许多亲戚朋友早已移居于此，他们之间密切的社会关系为其研究工作提供了方便。在唐人街进行实地研究期间，访谈对象都把她看作自己的女儿、姐妹或知心朋友，非常配合她的研究工作，因此她的研究往往都能如期进行。

而持相反观点的人则认为，选择研究者不熟悉的场景，有利于研究者对事物保持敏锐的感觉。在熟悉的地点，观察熟悉的事物时，往往会由于司空见惯和习以为常而失去敏锐的观察力，从而较难看出文化事件与社会关系。

## 二、实地研究的获准进入

选择好研究地点之后，研究者必须考虑如何获准进入"田野"的问题。进入现场是实地研究的关键一环，其成功与否决定着整个研究的成败。因此，在实地研究中研究地点的可进入性也是研究者所必须考虑的。在国内的研究地点中，"研究现场"类似有准入限制的特定区域，而"社会事实"并非以"价值中立"的形态对研究者公开，相反它们被"社会事实"参与者的利益、感情与忌讳所层层遮蔽与扭曲。

研究者的先赋特征（ascriptive characteristics）可能会对研究者的获准进入造成限制（纽曼，2007）。比如，非洲裔美国研究者难有机会去研究当地"三K党"党徒。实际进入某个地点也是一个问题，研究者可能会发现某个研究地点不欢迎他们或不允许他们进入，或是法律上或是政治上的障碍限制了他们进入的资格。

因此，研究者要通过一定的方法进入研究地点。这就需要研究者在合适的节点，通过合适的渠道进入地区，并被研究对象接纳或不排斥。在《街角社会：一个意大利贫民区的社会结构》中，怀特就通过地方福利委员会的社会工作者认识了街角帮派中的多克，并通过多克的关系，以多克的朋友的身份顺利进入了研究地；而在《岳村政治》中，于建嵘则是通过私人关系获得当地政府的支持，并在其协助下进入研究地。

相比较而言，由于我国众多地区的乡土社会的特点，许多研究不仅要考虑"田野"的合适性，还要更多地考虑现场的可进入性。国内实地研究对"田野"的选择更多地以熟悉和便利的程度作为主要标准，在研究地点的选择上常常是有关系取向的，研究者经常需要借助熟人的关系或自己在"田野"中的身份来选择调研地点。

费孝通在《江村经济》中就选择了自己的家乡作为调研地点，他的当地人身份和其姐姐在村中的威望，为他的调查提供了方便；曹锦清（2000）在写《黄河边的中国》时，在选择研究地点时依靠的是自己的人脉关系。

在实地研究中，研究者必须明确自己作为一个"他者"的身份。研究者进入研究地点需要考虑的问题有两点：第一，自己在研究地点中的角色。研究者的角色会影响研究对象对研究的重视和配合程度，同时也可能对研究对象的行为产生影响，从而使研究者无法观察到自然状态下的"田野"。第二，研究者在研究中与"田野"中对象的互动实践。研究者的想法、态度、行动都可能影响研究对象的行动，可能会影响事件的走向。因此，研究者应该明确自己在"田野"中要采取什么样的行动，是要尽力保持中立还是尽可能地帮助研究对象。

### （一）获准进入的身份

研究者在进入田野前首先要制订计划。研究地点通常有不同的层级或领域，不论进入的是哪个层级或领域，都会面临有待解决的问题。同时，研究者需要有退出的计划，或日后回来重新协商的准备。在进入"田野"时，研究者需要有特定的身份。

研究者的身份大致可分为两类：局内人（insider）和局外人（outsider）。其他各类关系均可视为这两种关系的具体表现形式或延伸。所谓局内人，是指研究者本身就是其所要研究的目标群体中的成员，对于所要考察的文化事项发生的语境和过程已经较为熟悉。而局外人，一方面是指与研究对象在研究活动开始以前没有任何直接或者间接的社会性关联的研究者，即研究者对研究地点既无提前的接触，也无任何既定的关系。另一方面，局外人也指那些虽然属于研究对象所在的群体，但对于所要研究的现象或事件缺乏必要认知的研究者。

有时，过于深入的涉入身份也会带来问题。人类学家帕特丽夏·安·阿德勒和彼特·阿德勒（1987）提出了"完全成员"角色，即研究者皈依"田野"并且"本土化"，作为一个完全的忠实的成员，研究者经历和其他人一样的情绪，而且必须离开"田野"才能重新回到研究者的角色。这样的"完全成员"角色被某些学者批评，认为过度的涉入导致研究者很难把控在分析研究时的距离感，从而失去了研究者的客观性。而另一部分学者则认为阿德勒的方法才是能够真正了解成员社会生活的唯一方法。

局外人角色有助于研究者置身事外、保持自我认同，但研究者会感觉到自己的边缘位置，虽然其中涉及"成为当地人"的风险较低，但研究者也因此减少了获悉局内人经验的可能性，而且解释文化习俗深层含义、群体互动微妙情感以及社会现象潜在逻辑等方面的错误也较多。局内人角色更能促进研究对象的情感认同和经验分享，使研究者获得更多隐蔽的资料信息。

### （二）"资讯人"的重要作用

在许多情况下，作为局外人的研究者会寻找将自身身份转变为局内人的机会，这往往需要与某些"关键人物"或"中间人"——"资讯人"进行互动实践。首先，"资讯人"必须是研究地点的局内人，他们生活在研究对象所在的社区内，或者与研究对象在同一单位工作，与研究对象有着直接的关系。其次，"资讯人"又对研究地点的风俗习惯、文化背景等了如指掌，他们能够快速地帮助研究者进入研究地点，让研究者自然地接触到研究对象。

在确定"资讯人"的时候，研究者应该了解研究对象所处环境中的权力结构。特别是在公开而正式地进入研究地点时，获得位高权重者的支持能让研究更加顺利。如果研究者想要对一所中学里任教的某些教师进行访谈，或观察他们日常开展的教学活动，从而了解该学校的教学情况，那么只获得这些教师本人的同意是不够的。如果研究者跳过了这些教师的上级，没有与他们的校长或学校其他的管理者商量，就有可能会产生影响研究正常进行的隐患。如果该学校的管理层对研究者的研究问题反感或觉得可能影响学校的名誉，又或者是觉得自己的权威没有得到尊重，那么他们就有可能阻挠研究的正常进行，让研究者无法开展研究资料的收集工作。相反，如果提前与学校的管理层沟通，获得了他们的理解和支持，那么他们就可能充当研究的"资讯人"，帮助研究者推进研究。

不过，在一些研究中，如果研究并非对一个地方进行长期的追踪研究，主要是对一些个人进行研究，且研究题目与他们所在的单位并无直接联系，那么研究者可以直接去询问研究对象的个人意愿，不必获得他们单位领导的同意。

除此之外，许多社会和社区都没有脱离传统的"熟人社会"的运行逻辑，在研究中能找到利于研究开展的"关系"往往能让研究事半功倍。在很多情况下，正式的制度和官方渠道无法快速且有效地给予研究者帮助，反而是非正式的关系能够帮助研究者进入"田野"。就如《街角社会：一个意大利贫民区的社会结构》中研究者对街角帮派进行研究时，如果靠官方、正式的手段进入这一场景，他就不可能得到帮派内成员的配合，只有依靠多克这一层关系，他才能够得到其他帮派成员的认可，将他也视为"自己人"。如果实地研究者能够找到对研究而言合适的"资讯人"，并得到他的帮助，这将有利于研究者快速与研究对象建立起信任关系。在进行实地研究时，研究者常常既需要正式的、官方的许可和支持，又需要寻找非正式关系的帮助，特别是研究敏感话题时，可能后者会更为重要。

### （三）由"进入式"到"浸入式"

研究者进入现场时，根据进入方式的不同，可以分为"进入式"和"浸入式"，这往往对应着研究者"局外人"和"局内人"的角色。

李牧（2018）在加拿大纽芬兰进行实地研究时，选择了在华人社区中颇具影响力的熊楚亮医生夫妇作为"资讯人"，他们之间的关系逐渐超越了单纯的研究合作关系，渐渐成了非常亲密的朋友。李牧提到："他们是我在纽芬兰的'父母'。情感的介入使得我可以进入资讯人的日常生活，一定程度上促成了我的身份由纽芬兰华人社区的'局外人'转变为'局内人'，客观上使我不断获得关于该社区的各类资讯。在随后的研究工作中，在熊医生的帮助下，我得以参与几乎所有与华人社区有关的活动，如庆祝新年、扫墓等。"

仅仅与"资讯人"保持研究上的合作关系是不利于研究的开展的。由于与"资讯人"的关系是一种非官方的、私人的关系，研究者必须尽可能与"资讯人"产生更多的生活与情感的互动，即被称为"浸入"（immersion）的状态，形成与"资讯人"之间平等友好的"浸入式"互动交流，这样才有可能真正接触到和理解研究对象的文化。在实地研究中，仅仅作为聆听者并不能帮助研究者建立与"资讯人"之间的良性互动，而会导致研究者和"资讯人"的关系止于表面，无法得到其诚心帮助。

而互惠是"浸入式"互动交换的重要实现模式。随着实地研究的逐渐深入，可以看到这样一个事实——研究者无法彻底摆脱他们所进入的那个场景，也终究不能完全成为被研究群体的一员。同时，这一过程充满了需要不断跨越边界的互惠实践。

朱文珊（2020）在突尼斯进行的实地研究中，曾遇到了许多种类型的礼物互惠行为，这些互惠的机会为她提供了进入场景和建立关系的途径。比如，她曾经加入过一个由当地年轻人组建的书社，并且为该书社担任摄影师。她频繁参加书社的活动，逐渐和书社内几名重要成员建立了朋友的关系，他们为她介绍了多条人脉。通过这些紧密联系且相互交错的关系，她结识了研究中的几名关键人物，并通过他们的帮助进入了突尼斯南部地区的村子里进行研究，这些村子仍在使用阿马齐格语，若非这些朋友的关系，研究者是难以与其沟通并进入研究地点的。研究者参加书社的活动和担任摄影师的过程，实际上是她和书社成员之间的礼物互惠。正是这些互惠活动让研究者能够逐渐建立与书社成员更深入的关系，从书社的局外人逐渐转变为局内人。同时，她也获得了来自书社的回赠，如人脉、照片、研究资料等。

在这一案例中，研究者为进入突尼斯人的家庭和生活，在与研究对象建立关系上付出了大量的时间、精力、金钱、知识和情感，这也为研究者带来了相应的"回礼"——研究对象的欢迎和人脉关系。在这种互惠互动过程中，研究者和研究对象间的各种形式的、物质或非物质的相互付出成了彼此交换的"礼物"。这种礼物并非马林诺夫斯基所讨论的礼物，它不具有那么强大的仪式性和象征性，而是实地研究者为了和研究地点中的成员建立良好关系而付出的东西，同时也是研究群体回赠给外来者的友好回礼。

人们常常认为人是社会关系的集合，人与人之间的纽带性联系正是因为像礼物一样的互惠形式而得以强化。梁漱溟在中西比较的基础上，认为中国社会既非个人本位的，也非社会本位的，而是关系本位的。即"交换作为社会纽带的具体表现，交换时间越长，交换范围越大，社会纽带关系就越强"。[①]

此外，研究者还要注意进入现场的方式。根据有无中间环节，进入现场的方式可以分为直接进入和间接进入；根据与研究对象的关系，则可以分为隐蔽式进入和暴露式进入。

直接进入即研究者不通过任何中间环节，直接进入研究现场，与研究对象接触。这种进入方式多发生在研究者对研究地点非常熟悉或者研究者在研究地点有"资讯人"的情况下。间接进入即自上而下通过行政系统的官方渠道进入研究现场。有些政府机构委托的课题，研究者往往利用上级行政机关对下级的行政指令进入现场。这种方式快捷、方便，缺点是有违"知情同意，自愿参与"的原则，有强迫被访者参与研究之嫌，因此研究结果的真实性与信度会大打折扣。

隐蔽式进入是指在某些情况下，研究者无法获得"资讯人"的帮助，难以通过直接建立关系而进入研究地点，因此他们只能采取隐蔽式进入的方式。隐蔽式研究使研究者避免了进入研究现场时的许多困难，同时也让研究者有更多的自由，不会受到研究对象的过分关注，还可以随时进出现场。但是，由于研究者缺乏便于开展研究的特殊身份，他很难在不公开研究目的的情况下广泛地接触研究对象，他只能在自己的角色范围内与人交往。

与隐蔽式进入相对的一种进入方式是暴露式进入。暴露式进入可以分为直接暴露式和逐步暴露式。通常在进行研究时，想要得到资讯人的帮助，就要向他坦白研究者的身份和来意，告知他研究的计划和目的等，也即直接将自己的研究完全暴露给资讯人或研究对象。研究者如果认为资讯人有可能对自己的研究有顾虑，则可以采取逐步暴露的办法。在研究开始的时候，研究者可以简单地向被研究者介绍自己的研究计划，然后随着被研究者对自己信任程度的增加而逐步告知研究的细节，通过循序渐进的方式向研究对象透露自己的研究。

# 第三节　实地研究中的关系

实地研究中的关系包括研究者与研究对象之间的相互角色以及双方在研究过程中的互动方式。这样的社会互动关系在实地研究中主要表现为双方之间的信任关系、尊重关系、合作关系等。

在实地研究中，对研究关系进行探讨也是至关重要的。研究者在进行实地调查时，必然会和各种各样的人接触，和研究对象存在着各种各样的关系。这些关系都会对实地研究的问题、方法、过程和结论产生重大影响。研究者在实地研究中承担什么角色？研究者与研究对象需要保持什么样的关系才有助于实地研究的开展？下文将展开讨论实地研究中的关系问题。

---

① 梁漱溟. 中国文化要义 [M]. 上海：上海人民出版社，2005.

# 一、研究者的角色

研究者在实地研究中扮演多重角色，这取决于研究目的和过程、研究者的个性及其个人特质。研究者常见的角色有：获益者、介入者/改革者、支持者和朋友。

## （一）获益者

许多研究者作为未被邀请的外来者进入一个新社区，采集完各种一手资料，然后退出，把资料整理成研究成果，这个成果让研究者获益，但对研究对象而言却并非如此。研究者"利用"了研究对象和参与者，他得到了自己需要的资料，却鲜有付出。这就形成了研究者对研究对象的"剥削"，可能引起研究对象的反感。

米特茨对无家可归的母亲就她们孩子的学校教育问题做访谈时，她深感难过："我能给这些参加访谈的无家可归的母亲们什么？这看上去非常不公平，这个中产阶级的有特权的人在'利用'这些贫困的人们……避难所里的某个人能告诉我他们没有时间吗？特权使我对他人的回应（没有时间）是可以的。对他们来说，这种回应则是可疑的。"

研究者在选择开展研究时就要考虑是否要避免仅仅成为获益者，还需要对如下问题进行反思：

（1）研究问题由谁界定的？

（2）这个研究对谁最有价值？和谁最相关？

（3）研究对象能从这个研究中获得什么益处？

（4）这个研究中可能有什么积极的产出？

（5）这个研究可能有什么负面的产出？

（6）研究者对谁负责？

如果答案很清楚显示是研究者本人做了所有的决定，并且收获最大，那么研究者就明显处于获益者的角色了。

## （二）介入者/改革者

有的研究者有意识地承担介入者或者改革者的角色，他们可能会去纠正自己认为是错误的情况、不公正的现象。

凡尼和桑德斯罗姆（2013）在他们的著作《了解孩子》中，讨论了青春期孩子"不仅表现出那种不知不觉有危险的行为，而且也故意有意识地做出那些承认的规定范围之外的行为"。随着研究者和孩子们的信任逐渐增加，孩子们的言行可能对研究者造成伦理困境。例如，一个孩子可能表现得像个小霸王或者做出性别歧视的评论。凡尼和桑德斯罗姆总结道："孩子应该被允许做出成人研究者认为是不妥的行为，或者说某些话，更进一步说，在一些案例中，研究者必须表现为默默地支持这些不妥的行为。"

社会学家在做实地研究时常常会考虑他们是否应该承担改变现状的义务，是要出于道德义务进行干预还是继续履行收集资料的研究者的义务。但作为介入者/改革者也会引发一系列问题，他们在研究的过程中进行干预必然会影响到研究的走向，破坏原来的生态。更合适的做法是，在实地研究的进行过程中研究者尽量保持在不破坏原有研究的基础上进行干预，而在离开现场后，再对该地的问题进行改革。

### （三）支持者

若研究者承担支持者的角色，那么他们是对研究过程中所了解的某些问题采取了一种立场，不像改革者试图在研究现场改变某些东西，支持者会趋向共同目标的达成。

芬奇（2013）在发表她对托儿所的研究中所收集的资料时经历了一个困惑，她发现，工人阶级妇女和中产阶级妇女对儿童保育的标准是不同的。芬奇是通过区分这些妇女所处的结构位置上的自身经验来解决这个困惑的。这使芬奇"看到了妇女成功地适应她们生活中不同的结构特点，一点儿也不改变她们置身于其中的社会结构和剥削特点"。她由此描述了工人阶级妇女的育儿实践，是如何在一个不公平和不平等的社会中给予她们支持的。

研究者在参与观察中很容易与当地人共情，于是会采取某种立场，支持某一共同目标的达成。这体现了一些研究者的动机，这种研究更倾向于一种合作性或参与性的研究。

### （四）朋友

研究者总是期望和研究参与者有着友好的关系，在与研究对象保持友谊的背景下，更容易获取研究资料和私密的信息。《街角社会：一个意大利贫民区的社会结构》（怀特，2009）的案例呈现的是研究者开始进入现场时，就有了"关键人物的朋友"这样的身份保障，既让研究者顺利进入现场，还使其受到一定程度的保护。多数实地研究者会在实地调查的过程中和当地人成为朋友，保持着友好关系。社会交往的常识也表明，保持和他人的良好互动关系有助于自身生活和事情的进展。进入一个场域内并进行观察，作为当地人的"朋友"是最受欢迎的角色选择。

## 二、研究者与研究对象的关系

在实地参与观察中，与研究对象保持良好的信任关系、尊重关系、合作关系，均有利于研究者开展研究。

### （一）信任关系

与当地居民建立信任关系是实地研究的必要环节，这不仅需要研究者在进入现场时获取当地居民的信任，还需要在调查过程中建立长期的信任关系。

在"地下性产业"相关主题的研究中，由于研究对象的敏感性，获取研究对象的信任就是一项艰巨的任务。研究者需要不断地表明和强调自己的"无危害证明"，如研究者在对"小姐"的研究中，强调自己是学生，不是记者和警察，以此消除对方的顾虑。

袁方（1997）在质性研究观察的讨论中提出了获取研究对象信任的一些策略：一是要表现出谦虚、谨慎的态度，使被观察者认为研究者不会危害他们的生活。二是可以借助上级机关和领导人的支持，显示出自己的重要地位，使当地人认识到此研究的重要性。三是取得当地关键人物的支持，使他们意识到此研究也与他们的某些利益一致。

## （二）尊重关系

观察者应当遵守当地的风俗习惯，学习他们的语言、参与他们的活动。

李安宅在对祖尼人宗教活动的研究中就充分体现了他与研究对象的尊重关系。"一天清晨，我无意中走到一个正在旷地上对初升的太阳进行祈祷的老头身边，马上意识到自己闯入'圣灵之地'，赶紧退避而去。"[①] 李安宅没有为了自己的研究而去打扰老人，而是选择了回避。郭一丹（2015）认为，他在与祖尼人的沟通中也体现了对其的尊重，"之所以了解别的民族的智慧，目的在于想以此来教导自己的民族"。告诉当地人愿意与不愿意提供信息或被观察完全取决于他们的意愿与方便，这样的做法不仅是对当地人的尊重，而且这样谦虚的态度可以进一步获取当地人的信任。

## （三）合作关系

研究者与研究对象建立合作关系开展研究是最为常见的互动关系。与研究对象建立合作关系，就更容易获取当地文化、环境和生活方式等方面的重要信息，可以使研究者更好地理解和把握当地情况，从而更全面地展示研究结果。

建立合作关系不仅可以提升研究的质量和增强可靠性，还可以增强研究在当地社区的影响力。获得研究对象的合作，可以让当地社区成员对研究更感兴趣，并更积极地参与进来。

研究者应努力与研究对象建立合作关系，比如：在研究开始之前，研究者与研究对象一起讨论研究的目标和方法，研究对象应该被视为合作伙伴，他们对研究过程和结果有权参与和发表意见；与研究对象保持定期的沟通，包括面对面会议、电话或电子邮件交流等，及时回复和回应研究对象的问题和关注；研究者还应尽量公平对待研究对象，确保研究对象的权益和隐私得到保护，给予他们足够的时间和机会参与研究，并尊重他们的个人意愿和选择。

# 第四节　实地研究的过程

这一部分概括性描述了实地研究设计和研究方法。有如下三个目的：一是提出一个拟开展研究的计划；二是表明研究者有能力开展这项研究；三是坚持研究设计灵活性。

研究设计要涉及以下几部分：

第一，准备工作。在准备阶段，研究者首先要大量阅读相关文献，了解研究的基本背景，确定研究的方向。但同时要坚持实地研究灵活性设计的特点，研究设计不宜过于固定。实地研究者很少遵循固定的路线，弹性是实地研究的一项关键优势，使研究者可以改变方向、随时跟进。其次是要不间断地阅读文献。和所有的社会研究一样，勤于阅读学术论文有助于研究者了解概念、潜在的陷阱、资料搜集的方法以及解决冲突的技术。最后是去除焦点，也就是说，研究者要先抛弃先入为主的观念走出舒适的社会环境，在遵守身为

① 郭一丹. 早期实地研究的典范：论李安宅对藏族社会和祖尼社会的考察 [J]. 中国藏学，2015（2）：31–36.

研究者的基本承诺下，尽可能多地到"田野"中去体验。

第二，研究地点的选择与获准进入（详见本章第二节）。

第三，研究现场的关系及伦理。进入研究场景后，研究者自身往往成为研究工具，研究者出现在研究对象的生活中，需关注研究过程中研究者面对的人与人之间的个人困境与伦理困境，以及如何取得信任建立良好的互动关系。

第四，观察与搜集资料（详见本章第六节）。实地研究收集信息有观察、访谈、文献法等，这些方法强调的重点有所不同，并构成了研究的核心。

第五，整理及分析资料。实地资料分析的过程是以归纳法为逻辑核心对资料分类、描述、综合、归纳的过程，其方法具有多样性特征，常见的有连续接近法、举例说明法、比较分析法、流程图法等。

第六，报告研究结果。内容包括：关于研究场所的自然特征和社会特征；研究时间；研究所采用的具体方法；对研究对象的详细描述和分析；研究者的意见和见解。在实地研究中，研究者一般应采取中立立场，在被参与团体中充当普通角色，不要卷入被参与团体内部的是非之事。

# 第五节　实地研究的类型

有关实地研究的类型，学术界众说纷纭，分类标准和维度比较多元。本节将介绍在实地研究中最常用的一些研究方法和取向，这些方法和取向体现了实地研究中不同的研究理念和路径，但都具有实地研究的基本特征。

## 一、民族志

### （一）内涵

民族志既是一种研究技术，也是一种写作文本，是展示文化发展脉络的过程与结果，在此之上，它还是一种研究取向。作为研究技术的民族志关注对某一群体的研究，努力理解群体如何共同形成并维持一种文化，即文化是民族志的核心。民族志的研究者需要通过长期投身于某一文化共同体中，运用多种资料收集方式，对该群体内的社会关系、制度或非制度的文化背景、各种社会运动等进行深入的研究。通过长时间的深入研究，最终整理出来的成果即作为一种写作文本的民族志。

而作为研究取向的民族志，强调以格尔兹（1999）所称的"深描"方法去收集、记录资料。这种所谓"深描"，是一种对解释的解释，即被格尔兹称为"第二层和第三层的阐释"。在这种研究中，研究者先获得本地人对于自己文化的解释，再进而得出对这种解释的阐释。这种民族志研究取向是建立在一种理念之上的：格尔兹认为人类的知识都是"地方性知识"，不能建立一个普遍而广为适用的理论解释。因此，研究者需要不断地深入"田野"中，从当地人的视角去看待事情，尽可能达到和当地人一样真实的理解。

民族志顺应着社会和技术的变化，如今发展出了多种多样的形式。例如，依托于互联网的发展和普及，研究者们发展出了"网络民族志"，这是一种将网络虚拟环境作为研究的背景和环境，通过互联网的社交表达平台与工具来收集资料，以此来探究和阐释某种网络社会文化现象的研究方法。在这种民族志研究中，研究者的在场方式转为了虚拟的在场，这种新型研究方式是一种物理空间上分离，研究者能依靠互联网进行资料收集和切身体验。在这种方式中，研究者对于研究场所的研究可以具有隐秘性，能减少对网络"田野"的干涉，让其更好地保持自然状态。但同时，由于网络的匿名性，研究者收集到的资料的可靠性需要认真斟酌。

### （二）研究问题的重要性

民族志研究始于对问题或感兴趣的主题的选择，这对于整个研究过程而言都具有指导性作用。不仅能够为研究设计的构建提供基本框架，其中包含预算规划、所需研究工具的确定，而且涉及研究结果的呈现方式。在民族志学者选择问题的过程中，他们的选题通常会塑造出研究的方向，并反映出基础研究和应用研究的定位。同时，研究问题的本质也可能决定最适合采用的研究方法，无论是民族志的深入调查、概括性的论述，还是实验性的研究手段，都是由研究问题决定的。因此，研究问题的选择不仅仅是启动研究的第一步，更是塑造整个研究过程的基石，决定了研究者在民族志领域中的研究方向和方法。

### （三）类型

根据民族志关注重点的不同，可以将民族志分为以下几类：

1. 整体民族志

整体民族志是民族志方法中的"正统"，是最经典的民族志类型，这种研究方式起源于两位著名人类学家马林诺夫斯基和博厄斯的实地研究传统。在这种民族志方式中，"文化"是关注的焦点。文化可以划分为"行为的模式"和"观念的模式"。前者是指处在文化中的人们所表现出来的行为方式、决策方式，从这些行为中能反映出外显的和内隐的各种文化特质。后者是该文化中的人的思维方式，反映了人们对于"人该做什么？事物应该是什么样的？"等问题的标准。在整体民族志研究中，既要观察当地人的行为模式，也要关注当地人看问题的方式，对其思维现象进行深入理解。

马林诺夫斯基（1922）的著作《西太平洋的航海者》是整体民族志中具有开创性的作品。在这部民族志中，马林诺夫斯基将自己在以特洛布里恩群岛为中心的区域进行的"田野"工作进行了细致的阐释。他对当地的"库拉文化圈"进行了深入而细致的研究，揭示出当地土著社会巫术、宗教、贸易、日常生活之间的关系，是当时对该民族最完备而科学的描述。同时，这部书奠定了民族志研究的基础，它在理论建构、田野工作方法、文本组织方式等方面，都成为后来研究者普遍奉行的具体操作规则的来源。马林诺夫斯基在书中提到了民族志的许多原则，包括：①民族志是一种科学的方法，基于对材料和信息内容的区分和把握；②民族志研究者需要深入当地同吃同住进行切身体会，这样才能把握生活的细节；③民族志研究者需要避免先入之见观念的僵化；④民族志的目的在于勾画一个社会的构造和规律。

马林诺夫斯基提出的这几条原则，很大程度上形成了整体民族志的研究与写作标准。整体民族志将一个文化群体作为研究的对象，对其中文化的各种表现形式进行重点考察。研究者使用描述和分析等方法，从研究对象的视角深入理解其文化模式。这类民族志的研究者认为"文化意义是由特定文化群体的所有成员所共有的，因此可以在任何一个成员、事件或物品上反映出来"。如果研究者不断地在该文化圈中，对其中的文化背景、风俗习惯或某一特定现象进行资料收集，达到一定程度后相关资料的丰富度就会足够饱和，此时这些资料就可以系统地反映出其共同的文化模式。

2. 交流民族志

交流民族志又被称为微观民族志，是来自语言学领域的一种研究方式。这种研究方式将关注点放在了成员的互动模式上。研究者最关注的是某一文化群体内的成员间，或者不同文化群体的成员间的互动模式，有学者认为，研究的核心是"微观层面的互动方式与宏观层面的社会文化结构间的关系"。交流民族志的研究思路是，特定群体的文化会通过身处其中的成员的交流互动模式表现出来，文化的结构正是在互动中产生的，是在人们面对面的交往中产生的。

这类研究将目光集中于重要的社会机构中的特定文化场景，如学校、家庭、公共场合等。通过观察在这些场景中发生的面对面的交流方式，交流民族志希望能呈现出特定文化群体中的重要社会规则、文化模式等，通过对微观互动的分析反映出宏观层面的群体文化和制度。

交流民族志还包含了一种源自女性主义研究的制度民族志。史密斯（1978）为了更好理解女性的日常经历，从而着力于揭示那些建构了这些经历的权力关系。这种研究方法通过对某一群体的互动模式的研究，去发现那些建构了这些现实的制度根源。这种方法将微观的个人层次的日常经历和宏观的社会层次的制度建构联结起来，是一种用个人经历来揭示其所处权力关系和制度环境的方法。

3. 批判民族志

批判民族志源自批判性的视角，以这样的理论假设为基础：社会不但被阶级和分工所结构化，也会被种族、性别、群体等要素结构化，进而产生并维持了对边缘群体的压迫。批判民族志研究者认为他们肩负着一种责任，应该揭露一个特定文化环境中的不公平和非正义的运作模式。批判民族志的特殊之处在于它运用了不同的视角，关注的也是与传统民族志研究不同的话题。批判民族志最早源于对教育实践的研究，并逐渐运用到性别、种族等不平等议题的研究中。这种研究用一种批判的、变革的视角去研究现存的政策、权力、制度等社会结构，其目的是呈现出现存结构中的问题，从而推动变革的力量产生。

如今，后批判民族志也逐渐发展成型。后批判民族志在批判民族志的基础上，结合了后现代的视角，实现了对批判民族志的超越。后批判民族志在形式上实现了进一步的创新，这种研究结果的呈现脱离了冗长的民族志文本，推行并发扬诗歌、表演、民族志小说、自我民族志等表达方式。

4. 网络民族志

随着互联网的快速发展，一种新兴的民族志方法逐渐进入研究者的视野。在互联网的场域中，如今诞生了一种全新的民族志研究的"田野"，即网络社区，在网络社区进行的民族志研究就被称为"网络民族志"。作为一种新型研究方法，网络民族志有着多种多样的名称，如"赛博民族志""虚拟民族志""数字民族志"等。

网络民族志与实地民族志的最大区别在于作为研究地点的"田野"。网络民族志是对网络社区的研究，这种"田野"仅限于网络虚拟的世界。然而，并非所有通过网络进行的研究都属于网络民族志。在如今的社会研究中，常常不可避免地会利用网络作为资料收集的途径，如通过网络对研究对象进行访谈。在这样的研究中，网络仅仅是一种调查工具而非研究对象，研究者关注的仍是现实社区中的文化和现象，这仍是现实民族志的实践而非网络民族志。相对地，有些研究即使对研究对象进行了线下访谈，但其研究内容是与网络社区相关的，就仍属于网络民族志的范畴。

网络民族志所关注的网络社区（或虚拟社区）是一种特殊的群体，它应该具有如下四个特点：①具有一定的规模。一般认为至少要有 20 人以上，以 150～200 人为最适宜的规模。②存在足够长的时间。该群体内成员间要有长时间且较为稳定的互动和讨论关系，据此才能将该群体界定为一个切实存在的网络社区。③社区内讨论方式的公开性。网络社区内的成员间要能够进行公开而扁平化的讨论。这种讨论必须具有开放性和公开性，所有的成员或潜在成员都可以自由地加入讨论。④形成一定的关系网络。在网络社区中，理论上每个成员间都可能产生关系，且大多是仅包含信息传递的"弱关系"。

在李晗和郭小安的一项研究中[①]，研究者通过参与网络游戏社区、招募陪玩等方式接触并访谈了许多 MOBA 类游戏陪练。不同于传统的民族志研究，在这样一次网络民族志研究中，研究者通过网络寻找研究对象，并在网络中进行观察和深度访谈等资料收集活动，研究所在的"田野"也是虚拟的网络世界。与传统民族志研究相比，网络民族志中，研究者与研究对象的交流与接触处于一种物理空间上的不在场状态，这对研究设计与开展的严密性有着更大的考验。

对于该类民族志而言，它的伦理准则就在于概述。当研究者处于网络环境中时，他们要进行的第一步就是阅读。这从某种意义上而言就是参与观察，即以一种线下民族志情境中无法实现的低调的方式观察。民族志伦理的最高基本原则之"知情同意"和"权力差异意识"在网络民族志中则体现为将内容发布在公开访问的网站上。基于此，"阅读"，实则就是与其他成员的互动形式，发布、提交、出版个人或社区的在线文本则成为对读者和观众的邀请。但具体到不同研究情境中，还是应根据自己的研究需要为自己所做的每一个网络民族志重塑规则，同时在研究中坚持专业和社会法律伦理之间的联系。

5. 多点民族志

多点民族志是民族志在全球化时代下的新发展。随着全球化进程加快，世界越来越成为一个密不可分的整体，人与人、地区与地区间的联系日益紧密。在这种背景下，传统人类学"田野"研究中那种封闭的、文化独立的完美社区已几乎不复存在，现在的"田野"

---

① 李晗，郭小安. 游戏陪练的情感劳动与情绪劳动：劳动实践、隐性控制与调适机制——一项对 MOBA 类游戏陪练师的网络民族志考察 [J]. 新闻界，2023（3）：51-66.

研究面对着文化更加多元且相互渗透的社区。全球化和技术的日新月异催生了新的"田野",如前文提到的网络社区,针对其形成的网络民族志研究也已得到学界的认可,这代表着民族志研究中"田野"的不断扩展。

由于文化的跨区域传播已经成为一种普遍现象,传统的民族志的研究方式常常不再能满足新的"田野"和议题,对此,马库斯提出了"多点民族志"的研究方法。[①] 所谓多点民族志,是一种民族志方法的新应用,其最大的特点包括"田野"的灵活性和动态性、能摆脱空间和时间的约束、研究者扮演多重角色、便于开展比较研究等。

(1)多点民族志中的"田野"具有灵活性和动态性。多点民族志,顾名思义,是一种将多个"田野"进行联合研究的民族志研究方法。因此,多点民族志的研究中的"田野"始终处于一种动态的状态,马库斯(2007)认为,多点民族志就是"在民族志各个调查点之间的活动和迁移——由于所谓的全球化带来的改变,人们从经验出发,对新的关系及变革进程进行集中深入研究"。需要注意的是,多点民族志中的多个"田野"的挑选并非随意的,而是根据研究设计进行的合理选择。

(2)多点民族志能摆脱空间和时间的约束。①多点民族志研究将多片"田野"相互联系,置于更加广阔的背景下,摆脱了传统民族志仅仅关注某一片"田野"的视角,打破了传统"田野"研究中对研究空间的限制;②多点民族志的时间维度不再局限于田野调查期间,而是将一条更广阔的时间轴贯穿于研究始末,通过对研究地点过去的材料的收集和了解,与其现实状况进行比较,进而更好地把握其未来的变化与发展。

(3)多点民族志中研究者的角色将更加复杂。由于在多点民族志研究中,研究者要穿梭于多个"田野"中,他在不同研究地点的角色又可能不同。研究者在多点民族志研究中必须做好角色的切换,熟悉不同"田野"中的角色期望,以更好地进行研究。

(4)多点民族志便于开展比较研究。多点民族志多"田野"的特性决定了研究者一定会将多个研究地点进行比较。过去在民族志研究中所运用的比较法,往往是在二手资料的基础上进行的,如被称为"摇椅上的人类学家"的弗雷泽所著的《金枝》。而在多点民族志研究中,比较研究所依靠的则是田野研究所收集的第一手资料,避免了仅仅通过二手资料进行"书斋型研究"。

### (四)研究设计:田野作业

田野作业是所有民族志研究设计最具特色的要素,一般而言,典型的民族志需要六个月到两年时间的田野作业。其实质就是深入到具体环境中探险。然而对于很多应用型研究而言,持续而长久的田野作业并非必需,有限的条件决定了研究者在进行研究设计时只能采用部分民族志技术而非采用完整的民族志方法。

实际上,田野研究最重要的因素就是"在那儿",观察、及时询问并记录下所见所闻。通过这种方式,研究者不仅能够在综合观察中积累更多的经验,还能够更全面地理解研究对象的复杂性。这一过程中,民族志学者的独创性思维和深刻的洞察力将推动研究的深入,为最终的理论建构提供坚实基础。学者们通常都是从学习有关当地的基本知识开始,

---

① MARCUS G E. Ethnography in/of the world system: the emergene of multi-sited ethnography [J]. Annual review of anthropology, 1995 (24).

包括语言、人口结构、历史资料等。甚至是当民族志学者通过田野调查验证其特定假设时，也是采用归纳法进行数据收集。而与其他研究不同的是，民族志学者的独特之处就在于提出比实际研究发现的更多的假设。在完成综合观察或熟悉期后，民族志学者开始勾勒出更为清晰的地理和概念边界。随着研究的深入，在对"田野"有了较为全面的了解并且掌握了一定量的资料后，民族志学者则会据此确定重要主题、问题，或者揭示该地区或项目基础理解上的差异。

离开"田野"的最佳时机是要确信资料已经收集充分，研究者能够根据这些已掌握的信息阐明自己的研究问题。最理想的情况是当概略的描绘一次次地得到证实、当类似的特定行为方式再三出现时，就说明是时候可以退出"田野"了。然而，由于经费限制导致一定时间后退出"田野"也是无奈之举，在此前提下则更要求研究者在进入"田野"前就做好研究计划的时间表，从而能够有计划地满足研究需求、完成调查工作。

## 二、生活史与口述史研究

生活史又称为传记性访问，它既是实地研究的一种研究方式，也是一种具体的资料收集方式，是一种特殊的访问技术。在生活史研究中，研究者对某一特定人物进行访问，搜集关于他的生活的文献资料，从而编写一部关于他个人生活的历史。这种研究方式关注个人的生活经历，但又并非仅关注客观的事实。研究对象在接受访问时，有可能重新构造自己的过去，或是在过去的事件中加上自己现在的解释，但这并不影响研究者对其口述历史的收集，因为生活史研究的主要目的是了解受访者如何看待、如何回忆过去的事件，而非仅仅呈现客观事实。

在进行具体的生活史访问时，往往通过开放性的提问来引导受访者重建其生活记忆。这种访问得到的资料有两个独特的优势：第一，访问得到的资料可以重现受访者的生命历程、个人发展以及如何经历某些重大事件，能通过个人的生活经历反映出社会的变化历程。第二，访问得到的资料是个人对历史的再加工，能反映出受访者对某一事件的态度，这是比客观的历史事件更宝贵的研究资料。

口述史的研究程序与生活史很相似，两者最大的区别就在于关注的点不同：生活史关注个人的生命历程，而口述史是以某一历史事件为核心，搜集与事件相关者对于事件的回忆与描述。口述史作为一种朴素、直观的研究方法，在过去几千年间都作为一种历史学的传承方式而被使用。从 20 世纪开始，这一方法被引入了人类学、社会学的研究领域，成了一种田野调查方法。

## 三、叙事研究

叙事研究所关注的是作为人类经验的各类叙事载体，这种研究方式最早发迹于文学领域。如今，叙事研究也被广泛应用于社会科学领域，例如：在心理学领域，叙事研究被用于身体语言哲学的研究，对心理治疗领域做出了重要贡献；在教育学领域，叙事研究注重考察个体某一时段的心理体验，通过儿童的故事讲述，应用于学前教育和学校教育；在社会学和人类学领域，叙事研究通过关注口述的历史，发掘某一群体的物质文化、艺术、习俗、重大历史事件和神话叙事，通过这样的方式，叙事研究致力于把叙事置于其发生的历史背景之中。

叙事研究在实地研究的应用中包括两个部分：一是广泛收集现场文本，二是将现场文本转化为研究文本。在现场文本收集阶段，叙事研究和其他实地研究方法一样，会进入实地收集现场文本。叙事研究关注一切叙事文本，既包括正式而官方的年鉴、编年史、影像资料、政府函件等，也包括非常私人的信件、日记、自传等，以及研究者通过访谈、体验、观察等方式收集的一手资料。而在完成现场文本收集后，更加关键的是将现场文本转化为研究文本。在叙事研究中，研究者的在场是不可忽视的。不同于其他研究方式，叙事研究不追求极致的客观性，研究者在现场与被研究者建立的关系，以及研究者对研究走向的引导，都是叙事研究文本中的重要内容，在转化为研究文本的过程中也要记录下来。在叙事研究中，Connelly（2003）认为，如果研究者没有真实的在场体验就去挖掘研究文本所表征的图式（schema），则会被认为是缺乏效度的。

王莹等人在一项研究中，通过对女性的叙事进行"理想'她'叙事""社会'她'叙事""现实'她'叙事"[①] 三个层面的建构，反映出女性对自我职业发展的向往、在社会中的职业形象以及在教育工作中所承受的多方面压力这三个维度的现实。通过叙事研究，微观个体层面的图景得到了更好的展示，能够获得对于参与者的生活经历和感受、信念和价值观的深入理解，为参与者提供了表达和反思自己经历的机会，也提供了揭示个体和群体需求与矛盾的宝贵资料。

## 四、常人方法学

常人方法学（Ethnomethodology）根植于现象学的哲学传统，是20世纪60年代在美国社会学领域形成并发展起来的一种理论流派，其核心思想是通过研究日常生活中的社会互动和行动来理解社会秩序与意义的构建。现象学的传统认为，所谓真实是由人和社会建构的，人们在以他们认为有意义的方式来描述世界。因此，常人方法学从根本上挑战了传统社会科学的实证研究方法。常人方法学在方法论上的贡献是突出的，它协助实现了方法论中最根本的问题——思维方式上的转变。[②] 正因如此，与传统社会科学的实证研究方法——把人们的社会活动还原为因果关系并使之成为人们的普遍行为准则不同，常人方法学坚持对规则和社会活动进行本土化的研究，不将研究对象与其所在的场景相剥离，拒绝为具体的社会活动提供一种终极性说明。

费孝通曾在相关报告中指出，"当今中国人文社会科学研究的一个显著特征是，当我们对某一社会现象进行研究时，往往会借用西方的社会理论。由此提出了一系列值得反思的问题，其中比较突出的是：我们是否把握了这些理论产生的历史背景，我们是否

---

① 王莹，王茹. 乡村振兴背景下女性体育教师形象的生命叙事研究 [J]. 教育理论与实践，2023，43（36）：44-48.
② 郑晓娴. 常人方法学实践行为特征分析：以食堂打饭为例 [J]. 青年研究，2007（2）：29-32.

明白了这些理论与中国实际到底有多少差距，以及我们是否恰当地运用了这些理论"[1]。源自西方的实证主义方法有其自身的形成缘由和文化根源，当下的社会科学家好像还没有找到合适的概念话语，也未更丰富、准确、深入地理解今日现实状况及其历史经验，而走出这一步则是中国社会学自立的一个前提（渠敬东，2016）。所以，从社会学研究方法 70 年的发展历程来看，总体上呈现三个特征，即知识系统化、实践规范化和取向本土化[2]。

在研究方法"本土化"取向的实践中，常人方法学给予了社会研究者重要的启发，该方法关注生活世界，关注普通人的生活世界，关注人们在日常生活中的互动，认为互动构成了人们的实践活动，而人的互动是具能动性的，因此日常生活的互动具有社会学意义。在研究日常生活互动时，常人方法学聚焦个人间的微观互动过程，重视对行为者主观意图的理解。[3] 例如，在日常社交场合中人们的交流互动、家庭成员间的相处模式等，均成为常人方法学研究的素材来源。常人方法学提出了日常生活实践活动的内在特点，即"权宜性""场景性""索引性""反身性"，并将社会主体活动看做是"情境性、确定性、局部性的实践"，这也成为其主要的理论主张。[4] 常人方法学研究社会主体日常生活中的对话和互动，探索话语规则和互动秩序的微观建构，常常用到会话分析，从具体的社会互动中提取出社会结构和意义的线索。

常人方法学和自然主义的实地研究（如民族志）最大的区别在于，自然主义的研究仅仅为了去理解研究对象所理解的社会生活，而常人方法学则在试图找到某一环境中行动者们达成理解的方法，即他们如何达成共识。

## 五、扎根理论

扎根理论意味着研究者采纳自下而上的研究路径。一方面，扎根理论是实地研究中的一种收集、分析资料，并将其抽象化为概念、理论的系统方法。另一方面，扎根理论也是一种方法论，帮助研究者从定性资料中建构理论。扎根理论的诞生源于反实证主义的立场。它不同于实证主义的自然范式所要求的那样，仅仅从事验证理论的经验研究，而是从收集和概括资料出发，通过一系列程序化操作建立起基于这些资料的抽象化的理论。可以说，扎根理论的出现补全了科学研究的完整链条，弥补了"科学环"中理论建构部分的空缺（详见本书第十章）。

扎根理论的核心是编码。关于编码的程序，经典的扎根理论将其分为开放编码、选择编码、理论编码三个步骤。在这三个步骤中，定性资料逐渐被聚拢于多个概念或关键词周围。研究者从数量巨大的定性资料中找出其共性，并将其整理于多个核心范畴之中，再通过建立各个范畴与概念间的关系，形成一个完整的理论。在此之上，扎根理论还发展出了程序化扎根理论、建构主义扎根理论等不同的流派，通过不同的扎根模式去建构理论，虽

① 费孝通．我们要对时代变化作出积极有效的反映［J］．社会，2000（7）：4–6.
② 赵联飞．中国社会学研究方法 70 年［J］．社会学研究．2019，34（6）：14–26.
③ 王坤．日常生活的教育研究［J］．徐州工程学院学报（社会科学版），2020，35（5）：93–100.
④ 蒋锐．场景参与与村民日常生活实践的政策嵌入：基于琼西南小岭村的经验考察［J］．中国农村观察，2021（2）：115–130.

然流派之间在理念和操作化上有所不同，但其目的都是进行理论的建构，都对扎根理论的发展做出了不同的贡献。

## 六、个案研究

个案研究（Case Study）是定性研究的方式之一。克里斯滕森（2018）等学者将个案界定为一个"有界限"的系统，或在一个"有界限"的范围内发生的某种现象；在社会研究中，最为常见的个案往往是特定的个人、某一群体（如家庭）、某一组织（如企业、学校、医院等）或者是某一社区（如乡镇、街道、村庄等）。个案研究法关注的是单一研究对象，对其实施深入的研究，对研究对象的典型特征开展全面、细致的考察与分析。"个案研究的对象是个案的特征，个案只是某特征的载体。通过对个案特征的分析，普遍性的理解才能上升为理论性概括"[①]；整个研究将完全"聚焦于一点"，这是个案研究最本质的特征，也是个案研究与其他研究方法的根本区别[②]。因此，个案研究的特点体现在：通过专注于具体的事例或个案来研究某一现象；对每个个案进行深入、详细的研究；在自然情境下研究某一现象；包含研究者视角（他位视角）和参与者视角（本位视角）的双重视角。

斯达克（Stake，2018）将个案研究分为三种基本类型：内在的个案研究、工具性的个案研究、集体的（或多个）个案研究。内在的个案研究，如同"解剖一只麻雀"，聚焦于某个特定个案，力图深入、全面、详细地掌握这一个案的资料和情况，以整体地理解这一特定个案的复杂性内涵；工具性的个案研究的目标是力图从对特定个案的详细了解和分析中，归纳、总结出某种内在的关系、原因或机理，形成特定的概念和命题，以便为理解这一特定类型的现象提供某种一般性的理论解释；多个案研究的目标则是通过对多个不同类型个案的深入了解和比较分析，力图能够反映出某一类现象的一般状况，选取的个案数量通常在2~10个，最多不超过30个，因为数量超过30个的个案研究，就改变了研究的性质，从定性研究变成了定量研究（风笑天，2022）。

在研究实践中，考虑到在个案中一定存在着一类现象所具有的共性要素，所以，最常见的就是选择具有较好代表性的经典个案，也有研究者根据研究问题的需求，选择极端个案、反常个案或者刻意选取拥有丰富信息的个案。个案选择与研究目标之间的适合性、是否便于研究者接近和接触的便利性或可行性，这是个案选择的依据。同时，个案研究的资料收集方法也是多样的，可以采用实地研究的方式，根据需要也可充分利用多种不同的资料来源。

---

① 张立昌，南纪稳."走出个案"：含义、逻辑和策略［J］.教育研究，2015（12）：99 – 104.
② 风笑天.个案的力量：论个案研究的方法论意义及其应用［J］.社会科学，2022（5）：140 – 149.

## 七、行动研究

每种社会理论都应包含"假设的行动者"这一暗含概念，只有这样的理论才能立足于一般化的、非经验的地位，把行动的概念与关于手段/目的关系的观点相互联系起来，否则便如舒茨所说，脱离了对行动范畴的公设就难以理解社会现象①，据此，舒茨采用现象学方法修正并发展了韦伯的行动理论，将行动视为行动者实现以将来完成时所设想的计划的过程。

行动研究（Action Research）发端于社会学以及心理学研究领域，由实验社会心理学的先驱勒温（Kurt Lewin）于 1946 年正式定名，是社会科学中一种非常独特的研究方法。勒温把行动研究应用于社会心理学的研究，在其著作《行动研究与少数民族问题》中提出"没有无行动的研究，也没有无研究的行动"②，并把行动研究定义为"将科学研究者与实际工作者之智慧与能力结合起来以解决某一实际问题的一种方法"。行动研究最独特之处在于，从根本上改变了研究者和行动者分离的现象，把"行动"和"研究"融为一体，突破了传统社会科学研究范式中"研究者"（主体）对"实践者"（客体）的固有结构，避免了某些"外行研究内行"的尴尬局面。在后续的发展中，行动研究逐渐分化为三种常见类型：一是专家（或研究者）与实际工作者一起合作，共同进行研究，也即合作模式；二是实际工作者自行提出问题和行动方案，专家协助形成理论假设，评价行动的过程和结果，也即支撑模式；三是实际工作者独立进行研究，也即独立模式。行动研究也衍生出诊断性研究、参与性研究与实验性研究三种方式，前者侧重于对行动本身的研究，以探索某项行动在实践中运用和可能收到的效果；后两者主要是解决问题式的研究工作③。

在社会研究实践中，越来越多研究者尝试和与问题有关的人员共同研究和实践，对问题情景进行全程干预，并在此实践活动中找寻有关理论依据及解决问题的方法，也就是开展行动研究。据此，行动研究的基本特点呈现为：①以提高行动质量、改进实际工作为"首要目标"。同时，强调知识和理论来源于实践，接受实践的检验、修正、补充甚至证伪，在实践中体现其有效性和真理性；②强调研究过程和行动过程相结合；③要求行动者参与研究积极反思，研究者深入参与实践，并在研究和工作中相互协作。④

行动研究作为一种独特的社会研究方法，有一套自己的研究技术和基本程序（或过程）。不同研究者曾提出不同模式，如勒温的螺旋式循环模式、埃伯特（Ebert Dave Ebbutt）的行动研究模式、麦柯南（McKernan James）的行动研究模式等。虽然它们在具体步骤上存在一些差异，但在操作过程方面却体现着基本相同的思想，即问题导向与迭代优化。勒温用"步子"（steps）、"圆环"（circle）、"螺旋循环"（spiral of cycles）等隐喻比较完整地设计行动研究的一般过程和实践路径，即"计划—实施—观察—反思的螺旋循

① 亚历山大. 社会学的理论逻辑：第 1 卷 [M]. 北京：商务印书馆，2008：92.
② LEWIN K. Action research and minority problems [J]. Journal of social issues，2010（4）：34 - 46.
③ 邓伟志. 社会学辞典 [M]. 上海：上海辞书出版社，2009：193.
④ 张民选. 对"行动研究"的研究 [J]. 华东师范大学学报（教育科学版），1992（1）：63 - 70.

环"，一次循环之后即对"计划"进行了一次"迭代"优化，这也成为行动研究经典的操作程序①。

在研究活动的初期，"计划"阶段至关重要。研究者需明确研究议题，并制订详尽的研究方案，包括整体解决策略以及各阶段的具体实施计划。同时，对研究问题的现状进行深入分析，明确其目标、性质、范围、特征以及影响因素等多维度的具体内容。此外，研究者应在计划中纳入针对实际问题的有效应对策略，确保研究的信度与效度。

进入"行动"阶段，研究者应基于先前的研究背景和已确定的行动信息，经过系统性思考后，执行有目的、有责任的行动步骤。在此过程中，研究者需要选择合适的研究方法和适当的角色参与到行动流程中，同时，研究者应将实践活动与数据搜集紧密结合，确保研究的连贯性与有效性。如遇到复杂或矛盾的现象，可运用三角测量法来提升数据的可靠性。

"观察"阶段要求研究者对行动的背景、过程及结果进行全面审视，不受特定程序或技术的束缚，运用多样化的方法和手段搜集详尽资料。观察方式可分为传统式观察（侧重观察与记录）、现代式观察（侧重音视频资料的记录）以及混合式观察，以适应不同研究场景的需求。

"反思"阶段是行动研究中极具实践意义的部分，也是推动研究不断迭代的核心步骤。在此阶段，研究者需对整个行动过程及其成果进行细致的描述、评估和反思；深入探讨导致特定现象的根本原因，并针对行动中持续进行或新发现的问题提出创新性的见解和思考，以促进研究的深化和实践的改进，并指导新的研究计划的制订，推进研究的迭代。详见图 9 - 1。

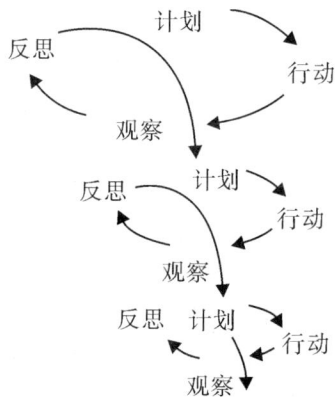

图 9 - 1　行动研究的过程

行动研究主要具有以下优点：实践者的参与、研究过程的民主化、研究发现可以对社会知识及社会变化做出贡献。首先，行动研究的特殊性在于研究者和研究对象的双重关系。在行动研究中，研究不再仅仅是对研究对象行为的记录，研究者本身也参与到行动实践中。研究者既是收集第一手资料的研究人员，也是参与行动的实践者，这种身份的双重性是行动研究中独有的。其次，行动研究注重研究迭代，其研究计划向研究对象公开，研究过程中也会根据研究对象的意见修改计划。行动研究不是由研究者指向研究对象的单向度研究，而是建立在研究者和研究对象的合作关系之上的研究。行动研究的过程被阐释为"计划—行动—观察—反思—计划"的循环，研究计划的迭代调整成为行动研究独有的特征。最后，行动研究是一种务实性特别强的研究，它深入社会研究领域的具体场景，进入基层的组织、社区，关注的都是十分真实的地区性问题，是一种问题导向性非常强的研究。因此，行动研究的结果能直接推动一定区域内知识的变化，并可能将结论推及更广阔的范围。

---

① LEWIN K. Group decision and social change［M］//SWANSON G E, NEWCOMB T M, HARTLEY E L. Readings in social psychology. New York：Holt, Rinehart and Winston, 1952：459 - 473.

行动研究方法应用于实践中，需要根据具体情况采用专门的数据获取和数据处理方法或工具，如问卷、访谈、参与式观察、数据统计、文本分析等，正如我国质性研究专家陈向明所说："行动研究以反思理性为基础，行动中的'知'很难用概念和语言来表达，只有在具体情境和问题解决中才能了解到行动者思维和情感的'真实'。原则上，行动研究可以使用任何方法（包括量的方法），只要'好用'（对改进现状有用）就行。"①

姚进忠在一项研究中通过行动研究的方式，深入探讨了农民工在城市化进程中面临的融入困境，特别是在服务体系碎片化方面的挑战，并提出了以社区为本的服务体系建设策略。② 在该项研究中，姚进忠通过行动研究的方式，深刻践行了作为"研究者"和"实践者"的双重身份。一方面，作为研究者，姚进忠通过福利多元理论框架，要求政府、市场、民间社会、社区四个方面共同参与和协作，构建多元服务体系。各服务主体应该明确各自的职责，以满足农民工的实际需求为导向，提供实质性的服务，如改善居住条件、提供教育资源、增强医疗保障等，以促进农民工的社会融合。同时，还应该关注农民工内在的成长和发展，增强其主体性和能动性，挖掘农民工的潜能和资源，通过教育和培训提升他们的技能和自信心。另外，通过鼓励农民工参与社区活动等方式，提升他们的社会参与意识和能力，使他们更好地适应城市生活。

另一方面，作为实践者，姚进忠深入参与农民工服务实务，通过与厦门市湖里区的社区合作，整合了政府、企业、社会组织、社区和家庭等多方资源，推动多方合作，为农民工提供多元服务，共同构建了一个旨在促进农民工城市融入的服务体系。在研究过程中，姚进忠通过观察、访谈和生活史等多种调查方法进行资料收集，并根据收集到的资料去分析研究的效力与进展。研究者通过不断的评估与自我反思，了解服务项目的实施效果，并根据评估结果调整服务策略，让行动计划真正满足农民工的实际需要。在研究初步结束后，姚进忠仍对服务项目进行持续的跟进和评估，通过收集数据、分析成效，以及与农民工的持续直接沟通，确保服务项目能够有效地解决他们面临的问题。

在这一行动研究的案例中，姚进忠通过理论建构与实践参与的双重作用，不仅分析了农民工城市融入服务体系的结构，为这一体系的良性运行模式建言献策，还通过实践的参与，通过一个合作项目切实增加了农民工的社会福祉，促进了农民工与城市社会的良性互动。通过这样一种理论与实践紧密结合的研究，为政策制定者提供了有关如何通过社区层面的服务项目来改善农民工生存环境、增强社会融合的宝贵见解，展示了行动研究在解决社会问题、推动社会进步中的实际应用和重要价值。

行动研究类似的应用还有张和清、尚静的一项研究③，其中通过行动研究的方法，深入探讨了中国乡村社区在面临生态、生计和生活可持续发展挑战时的社会工作干预策略。该研究基于广东绿耕社会工作发展中心在云南、四川和广东省农村的长期实践，采用马克思主义生态视野作为分析框架，旨在实现乡村社区的系统性恢复。在实践中，张和清、尚

---

① 陈向明. 质性研究的新发展及其对社会科学研究的意义［J］. 教育研究与实验，2008（2）：14–18.

② 姚进忠. 福利多元：农民工城市融入服务体系建构的社会工作行动研究［J］. 中国行政管理，2018（1）：30–38.

③ 张和清，尚静. 社会工作干预与中国乡村生态、生计和生活可持续发展的行动研究：以绿耕项目为例［J］. 社会学研究，2021，36（6）：68–89，227–228.

静及其团队运用行动研究的反思性循环，不断地在社区行动中收集数据、反思实践效果，并根据反思结果调整干预策略。他们注重社区参与，动员村民成立合作社，开展公平贸易，以及进行环保教育等活动，确保了研究与实践的紧密结合。通过这种方式，研究者不仅在理论上提出了对中国乡村社区衰落的解释，而且在实践中探索了解决问题的具体途径，展示了行动研究在促进社会变革和可持续发展中的实际应用和价值。

## 第六节　实地研究的资料收集

### 一、常用的资料收集方法

关于实地研究常用的资料收集方法，社会学家们有不同的见解。风笑天（1998）指出国内的实地研究主要采取访谈法收集资料，运用文献次之，而用得最少的为参与观察法，并且特别指出收集第二手的文献资料在国内实地研究中占有相当比例；陈向明提出实地研究收集资料的最主要方法有访谈、观察和实物分析[1]；袁方认为实地研究的资料收集方法有观察、深度访谈、结构式访问、问卷和文献收集[2]；巴比（2018）在《社会研究方法》中指出定性的实地研究需要特别注意定性访谈、专题小组访谈和观察的记录。各种实地研究资料收集方法的类型、特点、操作流程等见表9-1。

表9-1　实地研究常用的资料收集方法

| 资料收集方法 | 类型 | 特点 | 操作流程 |
| --- | --- | --- | --- |
| 观察法 | 参与观察 | 情境自然，能对当地文化现象产生比较具体的感性认识，可以深入被观察者文化的内部，了解他们对自己行为意义的解释。考量整体情境、关注参与者行为、尊重当地人传统 | ①确定观察的问题；②制订观察计划（观察的内容、对象、地点、时间、方式、伦理问题）；③设计观察提纲；④进行观察记录；⑤结束观察并反思 |
| | 非参与观察 | 研究者保持一定距离对研究对象进行更加客观的观察，操作更容易；被观察者知道自己在被观察，研究者遇到问题时不能立即向被观察者发问 | |

---

[1]　陈向明. 质的研究方法与社会科学研究［M］. 北京：教育科学出版社，2000.
[2]　袁方. 社会研究方法教程［M］. 北京：北京大学出版社，2013.

（续上表）

| 资料收集方法 | 类型 | 特点 | 操作流程 |
|---|---|---|---|
| 非结构/半结构式访谈法 | 非结构式访谈 | 所提问题边谈边形成。能获得与研究问题有关的丰富社会背景材料，获得对研究对象生活和活动环境的直观感受 | ①确定访谈的时间地点；②协商有关事宜（介绍研究课题、是否授权录音等）；③设计访谈提纲（非结构式访谈也要有粗略的提纲）；④进行访谈（提问、倾听、回应）；⑤结束访谈（收集整理资料、表达感谢） |
| | 半结构式访谈 | 研究者对访谈的结构具有一定的控制作用，同时允许受访者积极参与 | |
| 实物分析法 | 文字、图片、音像、物品 | 优点：可以了解所调查的社区的背景、历史和发展状况；提供新的概念、隐喻和联想。缺点：没有关于人们的态度、意愿、行为及其他特定项目的统计；可靠性、准确性难以判定 | ①确定需要收集的物品（是否有助于研究的目的和需求）；②获得当事人的同意后收集实物；③与当事人协商收集实物的方式（购买、借用、拍照、复印等） |

## （一）观察法

社会科学中的观察法并不仅仅是日常生活中那种粗浅而表面的观察，这是一种系统的带有问题导向的资料收集方法。观察法是一种通过直接感知和直接记录的方式，获得由研究目的和研究对象所决定的一切有关社会现象和社会行为的情报。观察法是社会研究的主要方法之一，其中参与观察通常被运用于实地研究中。

研究者在"田野"中所进行的最多的资料收集工作就是通过自己的眼睛和耳朵，仔细地去看去听。同时，实地研究中的观察法还要求研究者使用所有的感官，去体会、感受在这一处境中的人的感受，以了解并掌握氛围环境。

除了实地环境之外，研究者还要观察"田野"上的人及其行动，注意每个人身上的外形特征：年龄、性别、种族和身材。研究者还要留意人们在做什么，留意事件发生的情境，知晓场景的节奏，以及要会倾听、学习当地的俚语，记录"田野"笔记。

## （二）访谈法

表9－1介绍了三种访谈的方式，其中结构式访谈多为定量研究所用，而在实地研究的初期，研究者更多地使用非结构式访谈，这种方式能更全面地了解受访者真正关心的问题，同时能了解受访者思考问题的方式，以受访者的视角去看待问题，避免了研究者的诱导。随着研究的深入，研究者会形成关于研究的大致方向和问题，从而逐步转向半结构式

访谈，根据前面访谈中出现的重要问题以及尚存的疑问进行追问。

在实地研究中的访谈相较于其他的调查访谈也具备一些特殊性。它没有很明确的开始与结束，访谈可以在未来随时进行；问题的内容与顺序都配合特定的访问对象与情境而有所变动。实地访谈包括相互的经验分享。研究者可以和受访者述说自己的背景，以取得他们的信任，从而鼓励他们开口说话，但不是强迫回答或是使用引导性的问题。研究者需要鼓励和引发一个相互发掘的过程。

实地访谈中，受访者依照平时说话、思考和组织事实的方式，来表达他们自己的观点。研究者记下受访者说的故事的原始形式，不把它们重新包装成标准化的格式，焦点在于受访者的观点和经验。为了能更接近受访者的经验，研究者以具体的事件或实时情况来问问题。

访谈的场景也有特殊性，如果访问是在受访者家中进行，其会感到舒适自在，但这并不总是最好的方法。如果受访者无法专心或者有顾虑，研究者通常会转移到另一个场所进行访问。

### （三）实物分析法

任何实物都是一定文化的产物，都是在一定情境下对一定事物的看法的体现，这些实物可以被收集起来，作为特定文化中特定人群所持观念的物化形式而被人们分析。因此，实物分析法也是实地研究中一项重要的资料收集方法。这些资料可以是历史文献（如传记、史料），现时的记录（如信件、作息时间表），文字资料（如文件、教科书、学生成绩表、日记），影像资料（如照片、录像、录音、电影）等。

不同的实物资料承载着不同的功能和用途，例如：官方的统计资料可以提供可量化的社会现象，有助于研究者了解这些现象的整体情况；报纸杂志则反映着一定时间段内的社会热点事件，通常作为记录社会现象或社会问题的载体而被利用；历史文献资料为研究者提供了一个了解过去的窗口，比较适合历史研究；现有的研究文献有助于我们了解前人的研究和理论观点，从而选取一定的研究角度和观察角度；日记和信件等私人资料能帮助研究者从微观的角度去了解研究对象的行为和心理活动，日记能帮助研究者了解当事人的内心世界，信件则反映了当事人与他人间的关系；自传可以让研究者了解作者本人的生活史和他们所处的时代背景；照片可以提供非常直观而清晰的描述性信息。

实物分析法是在实地研究中非常有效的资料收集方式，通常作为访谈和观察的辅助手段。有效利用实物分析法，可以丰富研究中的物料证据，还可以通过这些物品去分析其相关人物的动机和意图，从中获得的资料既能作为访谈和观察的补充，又能获得很多从访谈和观察中所无法获得的信息。

### （四）其他资料收集方法

问卷调查法虽不作为实地调查研究的主要资料收集方法，但也有许多研究者在实地研究中使用。例如，潘飞和魏春燕（2021）指出，实地问卷研究也是常见的研究方法。"实地问卷研究优势在于样本量相对较大，可以主动生成企业历史数据之外的变量数据；劣势在于问卷受研究者和被调查者的主观因素影响，数据可靠性较差，且研究结论受问卷设计质量的影响。"

## 二、资料收集需要注意的问题

### （一）资料收集的方法契合

实地研究的数据资料收集方法既有定性的方法，也有定量的方法。评判一项实地研究好坏的标准不在于用了多少方法，而在于是否选择了最有效的方法。怎样为某一既定的问题选择合适的资料收集方法呢？

针对实地研究中的方法契合，Amy C. Edmondson 和 Stacy E. MeManus（2011）就前期理论或研究的状况将数据资料收集的类型和方法分为三个阶段：首先是初级阶段，这一阶段收集的数据类型主要是定性的原始数据。其次是中级阶段，它兼有定性和定量的数据。最后是成熟阶段，这一阶段通过收集定量数据，重点关注有意义的范围或总量内的数据度量。然而，并非所有的实地研究都会经历这三个阶段。实地研究中具体的资料收集类型应该以研究的目的为标尺，只有最契合研究主题的资料类型才是对研究最有用的。

### （二）实地研究的资料判别

实地研究在收集资料后还需要对资料的信度和效度进行判别。不同于定量研究的信度和效度检验，以定性为特征的实地研究资料的可行度有其特殊的判断方式。董海军（2008）认为研究者需要从方法意识、实施调研、资料收集、资料分析四个方面对数据资料进行判别：首先在方法意识上，研究者需要充分估计哪些因素可能会影响资料的可靠性，充分考虑利益立场问题，保持调研的反思性；其次在调研的过程中，要注意调研对象因调研者进入实地而被激发的特殊的反应，他们有可能因调研者是记者而将问题描述得更严重，这需要调研者保持清醒的认识；再次在资料收集实施方面，研究者需要在多重情境下横向纵向地印证资料的可靠性，经过多方求证筛选符合事实的情节；最后在资料分析方面，阅读原始资料时需要放弃自己原有的主观偏见，并且保持怀疑态度来审视收集到的资料。

# 第七节　适用于实地研究的议题与应用

## 一、适用于实地研究的议题

实地研究的哲学基础和研究逻辑不同于定量的社会研究方法，这决定了实地研究适合的议题具有独特性。实地研究特别适合涉及理解、描述某个群体中现象、文化的议题。

纽曼（2007）认为实地研究最适合处理的研究问题是，某一社区或社会中的人们是如何处理某件事的？或者，某一社区或社会是什么样的？风笑天（2001）认为相对于问卷调查中最大的问题——表面化、简单化现象，实地研究的深入观察，设身处地的感受、理解具有很高的效度——研究者测量的确是他所希望测量的概念或现象。研究的结果需要通过相关检验等方法进行证伪，其效度来自研究过程中各个部分之间的相互关系，特别适用于对少数有代表性的或独特的社会单位进行详细、深入的考察，对那些只有在现场才能很好理解的事件、过程和行为进行研究。

综合来看，社会学家们往往会认为实地研究是一种对某一"田野"的理解性研究，它所面临的研究场景是具体的人和现象。实地研究通过共情和体验的方式去尝试达成，以当地人的视角去看待其文化背景和对某一现象的理解。因此，实地研究所关注的议题经常是地方性的、独特性的，这既是由实地研究的特点所决定的，也是实地研究的概括性和推广性较差导致的无奈之举。

## 二、实地研究的应用——以美国民间外交"小城模式"的实地研究为例

爱荷华国际访客委员会（The Council for International Visitors to Iowa Cities，CIVIC）是美国国务院与爱荷华大学联办的民间外交机构，以非政府组织形式呈现。除了 CIVIC，爱荷华市的民间外交机构还包括爱荷华国际中心（International Center）和爱荷华国际服务资源（Iowa Resource for International Service）。到访爱荷华市的国际访客绝大多数对 CIVIC 的民间外交给予积极的评价，认为这一"小城"的民间外交效果优于芝加哥、纽约等大城市。

基于此，赵鸿燕、马粲（2021）赴 CIVIC 机构所在地———美国爱荷华大学亚太中心实地考察一年，参加 CIVIC 的各种活动，包括年会、新人培训会等，深度采访 CIVIC 的项目主任、理事会委员和志愿者，做了大量的田野观察笔记，搜集了国际访客的反馈资料。

赵鸿燕和马粲主要通过参与观察法进行研究。研究者在爱荷华大学交流访问期间亲身参与 CIVIC 的各项活动，以 CIVIC 作为实地研究的个案深入了解美国的民间外交。从参与程度来讲，研究者多次参与了 CIVIC 的年度总结会议、新人培训会等活动，每次都加以记录并留下观察日志，在征得会议组织同意的基础上还留下了会议录音资料和会议记录等。同时研究者在参与观察的过程中与 CIVIC 成员建立了联系，并应邀去 CIVIC 成员家里做客，从而为之后的深度访谈奠定了基础。

此外，研究者采用了深度访谈法。通过对 CIVIC 成员（项目执行主任、理事会成员、志愿者）的深度访谈，深入了解 CIVIC 的历史和现状、运行机制、效果，以及志愿者长期积极参与的原因所在。

深度访谈设计了一系列开放式的问题：

①介绍一下你所了解的 CIVIC 项目及其他美国民间外交项目如"曼德拉伙伴项目"的情况，以及这些项目有什么不同。

②你能介绍一下你在 CIVIC 的工作情况吗？你对其他成员或志愿者有何看法？

③你认为社区里的人们为什么愿意担任 CIVIC 的志愿者？

④你所了解的 CIVIC 的历史是什么？包括以前的项目负责人的情况。

⑤一个具体的 CIVIC 项目是如何运作的？

⑥爱荷华州除了 CIVIC 项目，还有哪些民间外交项目？

⑦民间外交项目面临哪些挑战和困难？比如政策问题、预算问题等。

⑧CIVIC 项目的效果如何？当前有什么变化？

⑨你认为民间外交与公共外交有什么不同？

⑩你如何跟踪民间外交的政策变化？你能从国际访客的角度说说他们的反馈意见吗？

值得注意的是，深度访谈法所能够做到的是尽可能深入地了解被访者对自身实践的解释，但它并不能保证这些解释能够客观真实地反映所研究的问题。因此，在对 CIVIC 成员深度访谈的基础上，研究者力求以实地的直接观察、追踪调查，以及从其他途径搜集国际访客评论等方式进行补充。

## 思维导图

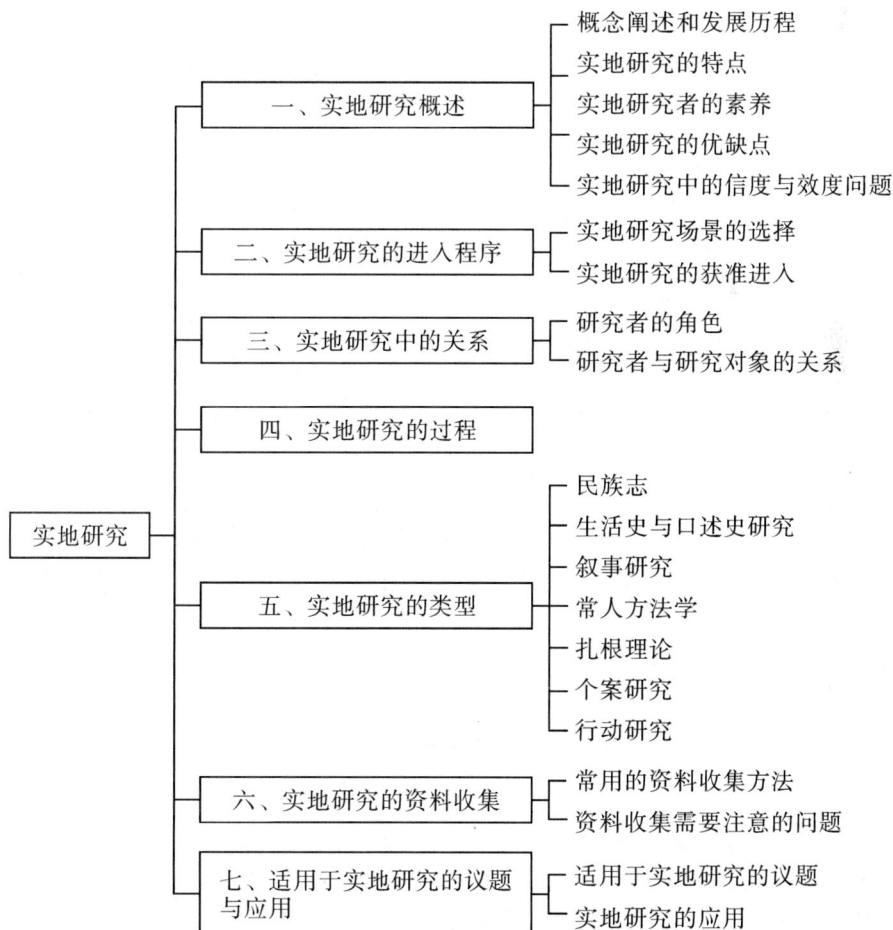

实地研究

- 一、实地研究概述
  - 概念阐述和发展历程
  - 实地研究的特点
  - 实地研究者的素养
  - 实地研究的优缺点
  - 实地研究中的信度与效度问题
- 二、实地研究的进入程序
  - 实地研究场景的选择
  - 实地研究的获准进入
- 三、实地研究中的关系
  - 研究者的角色
  - 研究者与研究对象的关系
- 四、实地研究的过程
- 五、实地研究的类型
  - 民族志
  - 生活史与口述史研究
  - 叙事研究
  - 常人方法学
  - 扎根理论
  - 个案研究
  - 行动研究
- 六、实地研究的资料收集
  - 常用的资料收集方法
  - 资料收集需要注意的问题
- 七、适用于实地研究的议题与应用
  - 适用于实地研究的议题
  - 实地研究的应用

# 第十章　扎根理论与应用

近 20 年中国社会科学界迎来了一场方法论风暴——扎根理论（grounded theory）的席卷，且仍在持续，知网显示仅 2023 年相关发文量就超过 2 000 篇，这一现象正是"扎根理论的传播紧随全球化步伐"的真实写照。扎根理论是旨在生成实质性概念理论的程序方法，在国内外被应用于护理学、心理学、教育学、社会学、管理学、图书情报学等众多研究领域[①]。

## 第一节　扎根理论概述

### 一、扎根理论的定义

对于扎根理论，不同的学者有不同的定义。结合学者们观点的共性，可以将扎根理论定义为一种社会研究方式，其宗旨是在经验材料的基础上以一套特有的、系统的研究程序来建立理论。这套研究程序包括以理论抽样为代表的系统的资料收集程序和以编码、理论饱和度检验为代表的资料分析和检验程序。研究者在研究开始之前一般没有理论假设，直接从实际观察入手，从原始资料中归纳出经验概括，然后上升到系统的理论。

扎根理论通常被归类为定性研究方法论。虽然格拉泽及其追随者认同的扎根理论（经典扎根理论）始终强调"一切皆是数据（有时译为'资料'）"，然而在国内外采用定性数据的研究案例占据主流，采用定量数据或混合数据（定量＋定性）的研究案例较少，包括《经典扎根理论：定性和定量数据的应用》《经典扎根理论实践》提供的案例在内仅有数篇。甚至早在扎根理论问世之时，格拉泽和施特劳斯就已阐明他们将定性数据的应用放在首位[②]。

### 二、扎根理论发展沿革

扎根理论的创立与 20 世纪美国社会研究的总体背景是紧密相关的。20 世纪 20 年代，芝加哥学派成为美国社会学舞台上的唯一主演，然而在 20 世纪 30 年代以后，随着社会学在美国的不断发展，芝加哥学派的一些先天问题开始显现。在 1935 年美国社会学协会年度大会上，一群年轻人正式发起挑战，严厉批判芝加哥学派的传统研究路径。正如后来的

---

① 毛燕玲，潘祖志. 经典扎根理论新视角：认识不足、应用原则与操作流程［J/OL］. 图书馆论坛，2024：1 – 12.
② 毛燕玲，潘祖志. 经典扎根理论新视角：认识不足、应用原则与操作流程［J/OL］. 图书馆论坛，2024：1 – 12.

学者吴肃然等（2020）所评价的，这场"叛乱"是"一伙站在实证主义根本立场、开展量化研究运动先头部队'少壮派'的行动"，其目的是在"科学客观的旗帜下来反对芝加哥学派的人文主义立场"，它意味着逐渐崛起的、以哥伦比亚学派为代表的"变量范式"对主导传统的、以芝加哥学派为代表的"情境范式"的挑战。

在变量范式逐渐占据主导地位的趋势下，其时的美国社会研究出现了一个普遍问题，即理论与经验的割裂。这意味着从事社会学经验研究的学者要做的只是验证理论，而待验证的理论则由专门的理论工作者提供，这势必造成理论研究与经验研究的二元对立。因此，不少学者从"质性研究""归纳逻辑""人文主义""历史—情境范式"的立场出发来对"量化研究""演绎逻辑""科学主义""自然—法则范式"做出了批评。

在这样的思想背景下，毕业于哥伦比亚大学的格拉泽和毕业于芝加哥大学的施特劳斯带着各自的知识传统，以弥合理论研究与经验研究之间的二元对立为初衷，以开辟新的研究模式为目的，提出了一种"生成的"而非"验证的"方法论，即"扎根理论"。对于其时主导美国社会学的实证主义范式，对于"系统的观察""可重复的实验""对概念的操作化定义""逻辑推导出的假设""验证理论的证据"等量化方法的金科玉律，"扎根理论"均提出了不太一样的主张。但扎根理论并没有止步于此，而是在其创立后的几十年里继续演变，逐渐发展出经典扎根理论、程序化扎根理论、建构主义扎根理论三大流派，并在近年来有了一些新进展。扎根理论的三大流派之间不仅在研究范式、认识论上有所不同，其编码模式亦显现出比较大的差别。

## 三、扎根理论的新进展

### （一）扎根理论的新融合

因为认识到了扎根理论的三个理论流派内部具有差异性，一些学者尽力对三个版本的扎根理论进行了融合。在这方面，最为系统化和最具代表性的要数拉罗萨（2005）和戴伊。拉罗萨提出的仍然是三级编码，形式上与施特劳斯相同，但是其融合了格拉泽和卡麦兹的部分观点，流程既明确又灵活，进一步加强了扎根理论的概念运用清晰度。拉罗萨提出了五个关键原则：①在社会生活中话语的中心地位；②作为指标的变量的重要性；③实证与概念化比较的重要性；④关于变量间联系思考的重要性；⑤制作故事线的机制和美学。拉罗萨致力于打造一种简化的但又不失综合性的扎根理论版本，以帮助研究者更好地开展研究，使公众更好地理解研究。而吴肃然等（2020）学者经过考究，认为是戴伊提出引入"理想原型""模糊逻辑"到扎根理论中，以使扎根理论打通与定性比较分析之间的壁垒，并赋予扎根理论以"确证"功能。

### （二）计算扎根

如果说扎根理论具备"确证"功能是受定量研究影响的话，那么计算扎根方法的出现表明定量研究也在一定程度上受到质性研究的影响。由于不满于学术圈逐渐将量化研究限定在以演绎为逻辑、以理论验证为目的、以统计推论为手段的单一面向，有学者提出，研究者应该从资料中发现理论，以打通经验研究到理论研究的生成路径。于是，一种借助机器学习的预测能力和归因算法的可解释性、能够挖掘潜在关系模式、捕捉线性与非线性关系的"计算扎根"方法诞生了。简单来说，就是先确定因变量 $Y$，没有特定的自变量，因而所有其他变量都是自变量，通过机器学习的相关算法能够分析出其他所有变量与因变量 $Y$ 之间的相关度，这就能够挖掘出那些还未被人认识到的变量间的关系，产生了新的理论模式；研究者也能够利用这种相关性进行社会面向的预测，因而具有更直观、更实用的现实价值。最重要的是，正如陈苗等（2023）所指出的，以计算扎根为代表的方法提供了一种基于资料的以算法模型来直接助产理论的思维能力，也许揭开了社会学学科的第二种想象力的序幕。如果计算扎根真的能发展到预测社会中的大部分事件并且还具备相当准确度，那么科幻作家阿西莫夫笔下的能通过计算机准确预测社会发展的"心灵史学学派"抑或是刘慈欣笔下的讨论未来所有可能性的"未来史学派"或许行将出现，其带来的影响超出了本书探讨的范畴，然而这一猜想昭示了计算扎根可能到达的高度。

# 第二节 扎根理论的流派

## 一、经典扎根理论

### （一）后实证主义范式和客观主义认识论

在扎根理论出现之前，对许多社会科学家而言，"发现"或创造"理论"不是自己的职业使命，"验证"理论才是。格拉泽与施特劳斯则不这么认为，因此他们创造了一种不同于假设检验又不同于民族志材料处理方法的研究方式，那就是扎根理论。扎根理论将经验材料与理论建立联系起来，强调理论不仅能够被"检验"，还能被"发现"出来。因此，最初的扎根理论遵从后实证主义范式。此外，吴毅等（2016）认为，这个时期的扎根理论强调理论是从现实中被"发现"而来的，因此其认识论是客观主义的。这样一种遵从后实证主义范式的、涉及客观主义认识论、批判实在本体论、在方法论上发现理论的扎根理论流派，被称为经典扎根理论流派。

### （二）编码模式

经典扎根理论中的所有编码都有助于概念化。有学者认为，有两种截然不同的编码类型：实质编码和理论编码。实质编码指的是对实证资料进行概念化的过程，包括开放编码和选择编码两个子步骤。理论编码指的是将涌现出的概念整合为解释核心类别和相关概念间关系的模型。因此，经典扎根理论的编码可分为开放编码、选择编码、理论编码三个部分。

经典扎根理论中的开放编码，是指对文字材料进行逐字逐句的检视，用关键词把每一个事件标记出来。根据概念划分，将关键词聚拢分类，尽可能多地建立起一些概念范畴。经过持续的收集、整理、比较和分析，概念范畴会变得厚重，不同范畴之间的关系逐渐变得清晰，此后一个核心范畴就会涌现出来。开放编码是研究初期使用的编码方法，其目的是挖掘资料中的各种行为、事件和现象，使其能够被识别和概念化。

经典扎根理论中的选择编码，是指研究者集中关注核心范畴和其他与其有意义联系的范畴。此时可以通过理论抽样来搜集证据，对访谈提纲作相应调整。当核心范畴变得足够充实，与其他范畴之间的关系变得足够清晰时，研究就达到了饱和状态。这时就可以开始进一步抽象，将不同范畴进行整合和压缩，以得到一些实质概念。选择编码的过程帮助研究者将资料中的各种元素组织起来，以便在理论编码阶段更好地理解它们之间的关系。选择编码不仅有助于确定哪些元素与研究问题最相关，还有助于确定哪些元素可以用来构建理论模型。

经典扎根理论中的理论编码是将核心类别和相关概念之间的关系建模成一个完整理论的过程。其扮演着将实际资料转化为有关核心类别和相关概念之间关系的模型的角色。它是编码过程的最后阶段，主要负责理论的整体"生成"。要求研究者将资料中的各个元素整合在一起，以构建一个完整的理论模型，这个模型能够解释现象的本质及其背后的机制。理论编码在实际操作中是一个复杂的过程，贯穿其中的是涌现理论（Emergence Theory），这是一种跨学科的理论，用于解释复杂系统中新的、出乎意料的性质和现象如何从简单的组成部分相互作用中崭露头角。涌现理论的核心思想是，系统的整体性质无法通过简单分析其组成部分来解释，而是产生于这些组成部分之间的相互作用。此外，还需开展理论抽样、理论饱和及理论编码等工作。

总的来说，经典扎根理论强调研究者在收集资料和分析资料的过程中尽可能保持中立。在经典扎根理论流派看来，扎根理论研究的问题不是研究者自己确定的，研究者在深入田野之前是没有具体研究问题的，所有的研究问题、概念及范畴都是随着研究进展而涌现的。基于这些观点，经典扎根理论能够立论数十年而基业常青，但也因此招致了其他扎根理论流派的批评。

表 10-1　经典扎根理论的编码步骤[①]

| 开放编码 | 对文字材料进行逐字逐句的检视，用关键词把每一个事态（incident）标记出来。根据概念划分，将关键词聚拢分类，尽可能多地建立起一些概念范畴（conceptual category）。经过持续的搜集、整理、比较和分析，概念范畴会变得厚重，不同范畴之间的关系逐渐变得清晰，此后一个核心范畴（core category）就会涌现（emerge）出来 |
|---|---|
| 选择编码 | 研究者集中关注核心范畴和其他与其有意义联系的范畴。此时可以通过理论抽样来搜集证据，对访谈提纲作相应调整。当核心范畴变得足够充实，与其他范畴之间的关系变得足够清晰时，研究就达到了饱和（saturation）状态。这时就可以开始进一步抽象，将不同范畴进行整合和压缩，以得到一些实质性概念（substantive concept） |
| 理论编码 | 进行最后一级的抽象，确定多个实质概念之间的关系，这种关系表明了研究所考察的社会行为过程背后的潜模式（latent pattern），这种潜模式就是研究所要发现的理论。在这个过程中，可以参考既有文献，同时借助访谈中所做的备忘来撰写论文 |

---

① 吴肃然，李名荟. 扎根理论的历史与逻辑 [J]. 社会学研究，2020，35（2）：75-98，243.

## 二、程序化扎根理论

### （一）实证主义范式和客观主义认识论

程序化扎根理论是由施特劳斯和科宾于 1990 年在其著作《质性研究的基础》中提出并发展起来的一种定性研究方法。它是在经典扎根理论的基础上，结合了程序化分析的思想而形成的。程序化分析是施特劳斯（1987）提出的一种分析社会现象、过程和结构变迁的方法，强调通过对资料的系统化、维度化和条件化的分析，来发现社会现象的内在逻辑和规律。程序化扎根理论继承了经典扎根理论的基本原则，即从资料中发现理论，而不是用理论来解释资料，同时也借鉴了程序化分析的技术和工具，使得扎根理论的研究过程更加清晰、规范和具可操作性。此外，经典扎根理论使研究者理解困难、不知道从何着手，因此施特劳斯和科宾（1990）提出了这套程序化扎根理论，使得扎根理论更具可操作性。由此，程序化扎根理论事实上又转向了实证主义范式，认识论仍以客观主义为主，但有向建构主义转变的趋势。

程序化扎根理论的研究目的是构建出能够反映社会现象本质的实质性理论，即能够解释、预测和指导行动的理论。程序化扎根理论认为，社会现象是由人们在特定情境中进行互动和行动所产生的，因此，要理解社会现象，就必须从人们的视角出发，探索所面临的问题、所采取的策略、所获得的结果以及所受到的影响。程序化扎根理论认为，这些问题、策略、结果和影响构成了社会现象的基本社会过程，即社会现象发生和变化的内在机制。程序化扎根理论的任务就是通过对资料的分析，发现并描述这些基本社会过程，并将它们组织成一个完整而有意义的理论模型。

### （二）编码模式

资料分析是程序化扎根理论的核心环节，强调从资料中发现概念、范畴和理论的过程。程序化扎根理论使用三级编码的方法对资料进行分析，即开放式编码、轴心式编码和选择式编码。这三种编码方法并不是依次进行的，而是相互交叉和循环往复的。在每种编码方法中，研究者都要运用比较分析的技术，即将不同来源、不同时间、不同情境的资料进行比较，以发现它们之间的相似性和差异性，并从中提取出概念、属性、维度、范畴、子范畴、关系等。下面分别介绍这三种编码方法的具体内容。

开放式编码是对资料进行初步分类和标记的过程，是发现概念和属性的基础。概念是指对资料中某一现象或特征的抽象表达，可以是一个词或一个短语。属性是指描述概念特征或状态的细节或维度。开放式编码要求研究者从资料中提取尽可能多的概念和属性，并用代码来表示这些概念与属性。代码可以是参与者自己使用的词语（原生代码），也可以是研究者自己创造或借用的词语（非原生代码）。代码要尽可能简洁而准确地反映概念或属性的含义，并要与资料保持一致性和适应性。

轴心式编码是对概念进行进一步的整合和细化的过程，是发现范畴和子范畴的关键。范畴是指对一组具有相似性或相关性的概念的高层次的抽象表达。子范畴是指对范畴的不同方面或层面的进一步划分。轴心式编码要求研究者使用"范畴—子范畴—属性"的结构来组织概念，并用"因果条件模型"来探索概念之间的关系。因果条件模型是指用以下几个元素来描述一个范畴的形成和变化的过程：因果条件、背景条件、干预条件、行动/互动策略和结果。

选择式编码是在确定了核心范畴后，对其他范畴进行系统的整合和验证的过程，是构建理论模型的最后一步。核心范畴是指能够最好地反映社会现象本质的那个范畴，它可以是一个词或一个短语。核心范畴要具有以下几个特征：能够涵盖所有其他范畴；能够与所有其他范畴形成逻辑上的联系；能够解释所有其他范畴的变化和发展；能够引起研究者和参与者的兴趣和关注。选择式编码要求研究者从资料中提取出尽可能多的核心范畴和其他范畴，并用代码来表示它们。代码可以是参与者自己使用的词语（原生代码），也可以是研究者自己创造或借用的词语（非原生代码）。代码要尽可能简洁而准确地反映范畴或子范畴的含义，并要与资料保持一致性和适应性。

理论是程序化扎根理论的最终产物，是对社会现象本质的系统性解释。程序化扎根理论要求研究者根据资料分析的结果，构建出能够解释现象、预测结果、指导行动的实质性理论，并与已有的文献进行比较和评价，检验理论的有效性和适用性。实质性理论是指针对某一特定领域或情境的理论，具有较高的适应性和操作性，但也有一定的局限性和可迁移性。

程序化扎根理论要求研究者在构建理论时，遵循以下几个原则：

（1）资料驱动。理论要基于资料，而不是基于假设或预设。

（2）互动对话。理论要反映参与者和同行的视角和声音，而不是反映研究者自己的主观意志。

（3）比较分析。理论要通过比较不同来源、不同时间、不同情境的资料来增加其复杂度和广泛性，而不是通过简单的归纳或演绎来形成其一致性和简洁性。

（4）逻辑一致。理论要保持其内部各个部分之间的逻辑一致性和相互支持性，而不是出现自相矛盾或相互排斥的情况。

（5）实用指导。理论要能够为实践提供有用的指导和建议，而不是仅仅为了理论本身而存在。

程序化扎根理论是一种灵活而系统的定性研究方法，可以帮助研究者从资料中发现新颖而有用的理论，并提供丰富而细致的描述。程序化扎根理论不仅适用于社会科学领域，也适用于其他领域，如教育、管理、医疗等。程序化扎根理论不仅可以作为一种独立的研究方法，也可以与其他研究方法结合使用，如个案研究、行动研究、叙事研究等。程序化扎根理论不仅可以作为一种生成性的研究方法，也可以作为一种验证性的研究方法，即它既可以用来发现新的理论，也可以用来检验已有的理论。程序化扎根理论不仅可以作为一种定性的研究方法，也可以与定量的研究方法相互补充，如使用统计分析、实验设计等来增强资料的可靠性和客观性。

表 10 - 2　程序化扎根理论的编码步骤①

| 开放式编码 | 与经典扎根理论的开放编码过程类似，要求从文字材料中抽象出一些范畴，进而寻找范畴的属性（property），并将其维度化（dimensionalized）。比如在研究慢性病人的生活时发现了"疼痛"这一重要概念，继而找到"头痛""胃痛""神经痛"等不同类别，再从不同维度来考察它们的频率、强度、持续时间等，确定变化范围。 |
|---|---|
| 轴心式编码 | 确立主范畴（overarching category）和次范畴（sub-category），按照典范模型（paradigm model），将次范畴围绕着主范畴组织起来。所谓典范模型，指主范畴的五个方面：因果条件（causal conditions）、环境（context）、干扰条件（intervening conditions）、行动/互动及其策略（action/ interaction, including-strategies）、后果（consequences）。确认若干比较稳固的主范畴。<br>在界定上述五方面因果元素的时候，还可以借助名为"条件矩阵"（conditional matrix）的工具，该工具把条件和后果等元素从微观到宏观划分为八个层次，研究者可以将手中的材料对号入座。它们分别是：①行动（action）；②互动（interaction）；③群体、个体、集体（group，individual，collective）；④次组织、次制度（sub-organization，sub-institution）；⑤组织和制度（organization and institution）；⑥社区（community）；⑦国家（nation）；⑧国际（the globe）。 |
| 选择式编码 | 在多个主范畴中确定一个核心范畴并围绕其组织理论。研究者可以按以下五个步骤（不一定按顺序）开展选择编码。①用几句话对所研究的现象进行总体描述，提供一条故事线（storyline）；此描述需要使用分析性的术语，体现出核心范畴所引导的理论线索。②继续使用典范模型，找到核心范畴的辅助范畴（subsidiary category），确定它们之间的关系，以此建立如下形式的理论：A（条件）→B（现象）→C（环境）→D（行动/互动及其策略）→E（后果）。③确定核心范畴的属性和维度，在维度层次上对辅助范畴进行分类与定位。④结合经验证据，考察通过上述过程得到的理论是否可靠。⑤通过理论抽样填补遗漏的细节，确保足够的范畴密度（category density）。 |

# 三、建构主义扎根理论

## （一）解释主义范式和建构主义认识论

鉴于客观主义认识论不仅会忽视资料产生的社会环境以及研究者的影响，而且也常常忽视扎根理论家和其研究对象之间的互动，以卡麦兹（2007）为代表的建构主义扎根理论应运而生。建构主义优先考虑的就是研究过程本身，把资料和分析都看作来自研究对象共享的经验和关系以及其他资料，具有深厚的解释学传统。建构主义扎根理论不仅把研究对象的解释理论化，还要承认最终的理论只是其中的一种解释。因此，建构主义扎根理论遵循解释主义范式，其认识论是社会建构主义的。建构主义扎根理论认为任何理论提供的都是对被研究世界的一种解释性图像，而不是真实面貌。

---

① 吴肃然，李名荟. 扎根理论的历史与逻辑 [J]. 社会学研究，2020，35（2）：75－98，243.

## （二）编码模式

值得注意的是，建构主义扎根理论认为，程序化扎根理论那种事无巨细的编码过程极大地压制了研究者的创造力，而研究者必须学会容忍模糊，质性研究需要一种流动的框架。因此建构主义扎根理论更强调灵活地运用扎根理论原则。在此基础上，卡麦兹（2007）提出了四种编码模式：初始编码、聚焦编码、轴心编码、理论编码。

建构主义扎根理论的初始编码是指对资料进行初次编码的过程，它用特征词语概括资料中的事件内容，并对在资料中能够识别的任何理论可能性保持开放。研究者通过对资料进行编码，在资料基础上进行全面抽象，研究者应围绕资料展开客观中性的提问，如"资料内容是什么""这些内容关于什么""资料指向什么范畴"等问题，也会围绕包含主观的场景提问展开，即"参与者是谁""观点是什么"等问题。初始编码应该紧贴资料，其是临时的、比较性的和扎根于资料的。

建构主义扎根理论的聚焦编码是指使用最重要的或出现最频繁的初始代码，用大量的资料来筛选代码的过程。聚焦编码的意义在于使初始阶段的编码更具指向性、概念性。通过编码间的对比挑出重要的和出现频次高的编码，成为重点关注的编码，再次返回资料看是否得到资料支持，验证重点编码的同时再次回顾资料。聚焦编码要求判断哪些初始编码最能敏锐而充分地分析研究者的资料。

建构主义扎根理论的轴心编码是指使范畴和亚范畴联系起来的过程。在聚焦编码阶段，范畴已经出现，重要范畴和高频范畴也包含在其中。重要范畴和高频范畴进一步上升为核心范畴与一般范畴。核心范畴受到一般范畴的支持，两者建立了主从关系，从而形成了核心范畴的维度和属性。轴心编码使得范畴的属性和维度具体化，重新排列了研究者在初始编码中分裂了的资料，赋予生成的分析一种连贯性。

建构主义扎根理论的理论编码指的是研究者在聚焦编码中形成了范畴，而理论编码让这些范畴之间可能的关系变得具体化。理论编码的目的是使核心范畴和一般范畴间的差异关系以具体的形式呈现出来，即将初始编码阶段打散的陈述性逻辑，以核心范畴和一般范畴的方式形成了新的、连贯的、理论化的表达。

# 第三节　扎根理论的应用场景

## 一、扎根理论的优点和缺点

扎根理论编码过程创造了一个资料清单，使研究人员能够有效地完成文本建构，即在提高研究者有效推进研究过程的能力方面起着关键作用。扎根理论使资料收集和资料分析结合起来同步进行，这就可以帮助研究者判断收集到的这些资料是否与其研究相关，研究者进行理论性抽样，从而避免资源浪费。程序化扎根理论强调信度和效度，丰富了实证研究的开展路径，增强了研究的说服力和推广度。此外，扎根理论的编码代表着研究资料的机械化操作减少，有助于节省时间、有效地建构理论。

扎根理论也有其局限性。在扎根理论的研究过程中，研究者必须处理大量的资料且因数百个初始代码的重叠而面临困难。对于富有经验的研究者来说，扎根理论的编码并不困难，但是对初学者来说，理解编码和使用编码都是难点，尤其当研究者持续进行比较代码、事件、类别和属性时，会感到很困难。

## 二、扎根理论的适用场景

魏瑞斌等（2023）利用文献计量和内容分析法对国内扎根理论论文相关信息做了分析，指出：第一，扎根理论在解决人文社会科学领域的相关研究问题中发挥了比较重要的作用；第二，我国扎根理论论文主要集中在管理学和图书情报学领域，但也涉及基础科学、人文科学、工程科技、医药卫生科技等领域；第三，从扎根理论论文中的关键词出现频数来看，影响因素、驱动因素、结构维度、商业模式创新、高校图书馆等词组的出现次数较多；第四，从资料搜集方法来看，近七成研究者采取了单一渠道获取资料，在此之中又有七成的研究者采用了访谈法，剩下的三成研究者采取多种渠道获取研究资料的扎根理论论文中，逾六成采用了一手资料与二手资料相结合的方法；第五，从访谈样本量来看，国内的扎根理论研究的访谈对象数量下限为 3 人，上限为 2 394 人，不同研究中访谈对象数量差别较大。可见，在国内，扎根理论的应用范围较广，社会科学类、人文学科类、理工农医类均有所涉及，但应用领域集于管理学和图书情报学；应用方式较为灵活，一手资料和二手资料均可服务于研究，访谈对象数量亦根据实际情况可灵活调整。

关于扎根理论的使用场景的论述，一般认为，当研究开展得特别大、涉及多个不同群体、研究对象数量极其多的时候，也许就不宜用较为传统的扎根理论。上文提到，扎根理论研究人员必须处理大量资料，如果研究对象数量极其多且异质性极高，那么初始编码数量可能会是成百上千个，资料分析过程对整个研究来说是一笔不小的时间和金钱负担，而且最核心的范畴往往淹没于程度极高的研究对象异质性中。简言之，开展一项庞大的研究，相当于把扎根理论的缺点放大了。这也显示出其与其他定性研究和定量研究的不同，其他研究方法也许希望样本越多越好，也往往能够接受一定程度的异质性，而扎根理论也许希望异质性能够少一点。因此，扎根理论适合研究对象数量适中、异质性保持在一定限度之内的研究场景。

当研究资料难以获取、研究群体难以进入的时候，也不适合用扎根理论。如果有关研究对象的资料难以获取，或资料较为零碎，此时进行统一标准的编码是比较困难的，很可能遭遇编码体系未完成，而样本使用完了的情况。如果研究群体难以进入，就难以获得一手材料，面临的问题也一样严峻。因此，利用数量丰富的公开文件、已公开的调查资料和访谈资料以及其他二手资料，也能够开展完善的扎根理论研究。当然，究竟是使用一手资料、二手资料还是混合资料（一手资料和二手资料都有）进行分析，需要视研究目标而定。

扎根理论的精神之一，就是注重灵活而有效。所有研究都要以最适合的方式开展，而不存在完美的研究。上文所提到的适用或不适用的场景，仅是相对意义上的，并不是绝对的限制或禁锢。扎根理论是一个研究工具，其用途完全取决于研究者怎么使用。

# 第四节 扎根理论的操作流程

总体而言，扎根理论的操作流程有文献回顾、资料收集、资料分析、理论检验四个步骤。

## 一、扎根理论的文献回顾

### （一）格拉泽的观点

关于扎根理论的文献回顾应该放在哪个阶段的问题，学界意见不一。格拉泽认为，扎根理论最核心的观点在于一切概念来自经验材料，因此做到不先入为主是必要的，文献回顾甚至可以不做，即便有对其他理论进行回应的需求，文献研究也只能放到所有资料都被收集完和分析完的阶段，而不能在分析过程完结之前就进行文献回顾。这是因为格拉泽认为研究者是被动的，理论只能被发现而无法被建构，任何具体的哲学前提都会限制扎根理论的无限可能性。

### （二）施特劳斯的观点

施特劳斯在文献回顾上持与格拉泽相反的观点。他和科宾都认为，需要借助文献回顾去识别研究问题，因而在研究正式开始之前就应该进行文献回顾。文献回顾可以锻炼研究者的理论敏感性，并修正对研究资料的编码。在施特劳斯这里，研究者是主动的，研究者也应该肩负起建立理论的任务。目前有越来越多的研究者相信，在资料收集之前禁止文献回顾是一种不恰当的措施，这会降低研究质量，而且会与扎根理论的一个初心相违背：扎根理论可以提高研究人员产出的能力和质量。

### （三）以最有利于研究开展为原则

是否进行文献回顾，以及在何种阶段进行文献回顾，这两个问题的标准在于何者对自己主持的研究是最适合的，以及何者是最有利于研究的开展的。例如，如果面对一个很多学者都研究过的领域，也许采用格拉泽式的有意忽视文献回顾的做法是比较有效的，因为这至少可以确保研究者不掉进前人的思维陷阱里面，而且有相当概率能产生一个新的理论；如果研究者是初学者，理论敏感性还不高，那么在面对选题时，可以先进行一下文献回顾，了解相关领域的概念以及扎根理论的精神，然后进行下一步的研究。当然，任何选择都有利有弊，以最有利于研究开展为原则，往往能起到事半功倍的效果。

## 二、扎根理论的资料收集

### （一）资料收集的对象

扎根理论最早诞生于医疗服务领域，其创始人格拉泽和施特劳斯是在共同询问访谈重症病人的过程中发展了这一方法。很快，扎根理论跳出医疗服务领域，开始被教育学、社会学、管理学等各种学科所接纳并应用。在格拉泽和施特劳斯的学生卡麦兹（2007）那里，扎根理论资料收集的对象就是被访者的话语，收集方法主要是深度访谈，但对环境的观察和记录也可以成为研究者分析的资料，即扎根理论资料收集主要展开形式为研究者对研究对象的访谈。这其实涉及扎根理论研究者是否一定需要融入研究对象，扎根理论是否收集并分析一手资料的问题。

然而，后续有研究者提到，扎根理论的资料其实可以由访谈手稿、参与观察笔记、精细化的文本、报纸期刊、文件、备忘录、照片、绘画、问卷及开放式问卷的回答、观点与日期、学术文献、艺术作品、音频、网站和邮件回复等组成。简言之，就是与研究相关的文献及资料，都可以作为扎根理论的资料来源。在一项由Santos等（2022）开展的扎根理论研究中，研究者以参与观察记录手稿、非实时通信文本（如邮件沟通、公司内部信息交流系统沟通等）、半结构访谈、企业内部大大小小的会议记录甚至研究过程中产生的备忘录作为扎根理论资料来源，最终建构起有关疫情防控下软件企业内部运行情况的理论。

通过以上阐述，虽然有不少学者认为扎根理论是实地调查的一个类别，做扎根理论一定要进行参与观察，融入研究对象，但事实是面对现代社会形式多样的文献，研究者不一定要实地参与观察并进行访谈，甚至以一种"旁观者"的态度对网页信息、政府文件、杂志内容等文献进行分析同样能够产生优秀的扎根理论成果。因此，近年来使用一手资料和二手资料混合开展扎根理论研究的方法备受学者重视，计算扎根的方法日益盛行。

值得注意的是，在资料收集对象上，内容分析法与扎根理论研究方法具备几乎一样的广度，二者都可以对一手资料、二手资料进行分析，因此二者需要进行一定的辨析。内容分析法是对各种信息传播形式的显性内容进行客观的、系统的、定量的描述与分析的一种研究技术，其基本目标通常是确定内容中某一项目的频数，或者确定某一类别在整个内容中所占的频率等。也就是说，与扎根理论一样，内容分析法也重视编码、抽象，同样是基于各种文献资料展开分析。不同之处在于，内容分析法更注重"频数"（定量），也就是编码在文献中出现的次数或其所占的比例对内容分析法研究具有决定性意义，因为内容分析法更重视编码的大小顺序问题。并且，内容分析法往往强调先获得研究资料，再进行资料分析，与扎根理论的收集与分析材料并举的做法有根本不同。即便如此，有学者提到，内容分析是一种方法，它不是一种方法论，也不是一种认识论，它并没有假定对这个世界及其社会现象和问题采取一种特殊的态度。因此，Kuckartz等（2019）认为将内容分析法应用于扎根理论研究或话语分析中是可行的。

### （二）开放性抽样与理论抽样

根据不同学者对扎根理论不同的定义，学者们对扎根理论的抽样阶段也产生了不同的看法。根据施特劳斯和科宾（1990）的经典定义，扎根理论抽样可以分为开放性抽样、关系性和差异性抽样以及区别性抽样三个阶段，而在卡麦兹（2007）那里，扎根理论最重要的抽样只有理论抽样。根据扎根理论在理论发展和实务过程中的实际状况，扎根理论的抽样至少要经过两个阶段的抽样：开放性抽样和理论抽样。

开放性抽样是指，根据研究的问题，选择那些能够为研究问题提供最大涵盖度的研究对象进行资料收集，从而覆盖研究现象的方方面面并从中发现建构理论所需的相关概念和范畴。这通常发生在资料收集的初始阶段，而且常与开放性编码相伴随。值得注意的是，虽然开放性抽样代表最初始的抽样，而且没那么多理论概念限制，但是并不代表其不是严格的抽样。有学者认为，要进行开放性抽样，同样需要有明确的抽样总体，有清晰的抽样框，选择具体而可操作的抽样方案，即使这些抽样方案往往都是非随机抽样方案。在Draucker（2007）有关男性和女性对性暴力的反应的研究中，研究者选择的开放性抽样方案中，抽样总体就是居住在俄亥俄州阿克伦地区、遭受过性暴力的成年男性和成年女性。而后，研究者对阿克伦地区人口最稠密和最贫困的社区进行了邮政编码的抽样，在被抽中的地区，研究者与当地居民、社区领导人、企业所有者建立了联系，并在人口聚集的地区（如车站、商店、社区公告栏）张贴了研究传单，招募电话访谈对象，一些社区领导人也被委托来帮助招募访谈对象。这一套系统的抽样过程为此项研究带来了丰富的初步访谈资料，研究者"平均每天接到3.5个电话，在招募被访谈者的第一个月就接到了110个电话"，这为后续研究打下了良好的基础。

　　理论抽样是指，寻找更多的相关资料来发展研究者的生成理论。理论抽样的主要目的是加工和完善构成研究者的理论的范畴。卡麦兹（2007）指出，通过抽样来发展范畴的属性直到没有新的属性出现，这就是理论抽样，即研究人员决定收集什么资料以开发新概念以及在哪里可以获取这些理论的过程。理论抽样是扎根理论中的一个核心概念，它在理论构建过程中起到了举足轻重的作用。理论抽样并非预先设计好的固定计划，而是一个动态、持续调整的过程。依赖于研究者对前期资料分析的理解和判断，根据研究目的和前期结果，有针对性地收集更多有助于丰富和完善理论构建的资料。与传统的随机抽样和便利抽样不同，理论抽样不仅仅是为了获取代表性或便利性强的样本，而是为了更加深入和全面地探讨研究主题。理论抽样的目的是发现、探索和验证新的理论元素和关系，以使理论更加丰富和完整。理论抽样可以提高理论的敏感性和适应性，使其能够更好地解释和预测现象。在理论抽样的过程中，研究者需要时刻保持对资料和理论的敏感性和开放性，当新的资料被收集和分析后，还需要根据新的发现和理解，重新评估和调整抽样策略。这种灵活性使得理论抽样能够持续引导研究者深入探索，不断发现新的理论元素和可能性。理论抽样的实施也需要研究者具备扎实的专业知识和敏锐的洞察力，需要能够准确判断哪些资料对理论构建更有价值，哪些资料能够为理论的发展提供新的视角和思考。此外，理论抽样也强调研究者与资料之间的互动和对话，需要根据资料的反馈不断修正和完善研究设计和抽样策略。理论抽样的过程可能会经历多轮迭代和调整，直至理论得到充分的验证和完善。在这个过程中，理论抽样可以帮助研究者更加明确研究的方向和重点，也可以使其避免研究在过程中陷入僵局或偏离主题。在操作实例上，卡麦兹（2007）引用了胡德的一项研究来具体说明理论抽样究竟是如何被使用的。胡德最开始是想研究女性的自我概念和朋友网络的变化，所以在第一轮访谈中只访谈了妻子们。但是她早期的分析表明，不仅要更加关注那些因为经济压力而回去工作的女性，还需要访谈她们的丈夫，因为她的原生代码表明丈夫对妻子工作的立场也有很鲜明的看法，这样胡德就形成了关于婚姻角色议价权力的理论框架。这一研究表明，研究者在第一轮资料收集的基础上，建立了一些原生代码，对还未能充分发展的原生代码进行思考，同时依据已建立起的理论或猜想再进行后续几轮有针对性的被访者抽样（如胡德从第一轮只访谈妻子到后续对丈夫的访谈进行抽样），以使理论框架最终建立起来。由此可知，理论检验以理论建构为最终目的，其未必要遵循严格的抽样程序，而一切以能够建构理论、发展生成性概念为准。

有趣的是，关于样本量的大小，美国学者 Thomson（2010）的研究显示样本量即便受研究问题的范围、现象的敏感性和研究者能力的影响，平均选取 25 个样本、计划进行 30 次访谈仍是充分发展给定现象的模式、概念、属性和维度的合适方法。

## 三、扎根理论的资料分析

### （一）利用备忘录进行资料分析

#### 1. 扎根理论的备忘录

科宾等（2015）指出，扎根理论的备忘录"是一种特殊类型的书面记录——那些装着本研究分析结果的记录"，卡麦兹（2007）认为撰写备忘录是"资料收集和论文草稿写作之间的关键中间步骤……备忘录撰写构成了扎根理论的一个关键方法，因为它鼓励研究者从分析研究过程早期就开始分析资料和代码"。简而言之，扎根理论的备忘录就是记录研究者自己在资料收集阶段、资料分析阶段、理论检验阶段的所思所想的一种文字记录，主要发挥着分析研究资料的功能。

不同的学者对扎根理论备忘录的理解不同。施特劳斯和科宾（1990）一开始划分出了三种基本的备忘录：访谈备忘录、编码备忘录和理论备忘录，各种不同的备忘录记载不同的内容。然而在科宾等（2015）后续的出版物中，又提到"在本书第 2 版中，本研究将备忘录分为好几种类型……在第 3 版中，本研究想摆脱以结构化的方式来思考备忘录……重要的不是备忘录的形式，重要的是真正去写备忘录"。学者普遍认为，备忘录没有固定的风格，不需要被公开，因其是私人的，所以没有必要检查备忘录的语法结构，也没有必要的规范结构。由此可知，虽然各家对备忘录的划分以及撰写备忘录的方法并非完全一致，但基本上都是求同存异的，都认为备忘录可长可短，没有规定的结构，主要记录研究者在研究过程中的思考，是一种分析概念的工具。虽然没有规范结构，但备忘录在一项完整的扎根理论研究中是必不可少的。

#### 2. 备忘录的应用

正如卡麦兹（2007）所说，一个有用的备忘录不能用单一的机械程序来定义，但对研究者拥有的资料应尽可能地进行处理，备忘录可以有各种形式。以下内容可以记录在备忘录里：①用分析性的属性来定义每个代码或范畴；②详细说明包含在代码或范畴中的过程；③比较研究资料与研究资料、研究资料与代码、代码与代码、代码与范畴、范畴与范畴；④把原始研究资料（如访谈文本）放到备忘录中；⑤提供充足的经验证据来支持研究者对范畴的定义以及对范畴的分析论述；⑥在被研究的环境中检验假设；⑦发现分析的漏洞；⑧通过提出相关问题来考察代码或范畴。有了记录的内容，该如何迅速帮助自己打开记录的思路呢？卡麦兹介绍了两种方法：自由书写以及聚焦图。自由书写，顾名思义，就是在一个比较短的时间内（10～20 分钟）在空白的纸上记录下自己的想法，而不必考虑自己写的内容到底有没有逻辑，部分与部分之间有没有关联，只要能够解放自己的想象力即可。聚焦图要求写出研究者心中的想法、范畴或过程，然后围绕它，从中心画辐射线，形成更小的圆圈来展示它的定义属性、它们的关系以及重要程度。

备忘录在扎根理论中的运用相当普遍。例如，卡麦兹（2007）在一次编码过程中，一些有关范畴的想法在她脑海中浮现，她马上就把这些想法记在了备忘录中。在备忘录里，她主要记录了自己的编码概念、该概念的定义、与该概念相联系的其他概念、借助该概念对访谈中出现的具体事件进行分析等看似松散实则逻辑连贯的内容。在撰写备忘录的过程中，有关苦难和道德地位（两者都是卡麦兹的编码内容）之间的关系愈发清晰，这致使她发展出了"作为道德地位的苦难"这一理论范畴。后来，她不断完善自己的这一备忘录，五周之后，她已形成了一套清晰的道德地位等级，既标志着研究涌现了新的成果，也说明了她可以以此为工具开展后续的深入研究。

### （二）扎根理论的编码

各种流派的扎根理论都借助编码完成资料分析过程。编码是一个对于深度访谈资料中的词句、段落等片段不断进行分析概括和归纳标识的过程，它为部分基于语言的资料提供了一个总结性的、突出的、捕捉本质的和唤起性的特征词语。在扎根理论的不同流派中，存在着不同的编码模式或者说阶段。经典扎根理论的编码分为开放编码、轴心编码、理论编码三种，程序化扎根理论的编码分为开放式编码、轴心式编码、选择式编码三种，建构主义扎根理论的编码分为初始编码、聚焦编码、轴心编码、理论编码四种。当前，以上三类扎根理论的编码方式在国外都得到了广泛应用，而在国内的扎根理论研究中，则更多地采用程序化扎根理论编码，即开放式编码、轴心式编码、选择式编码，详见图 10 - 1。

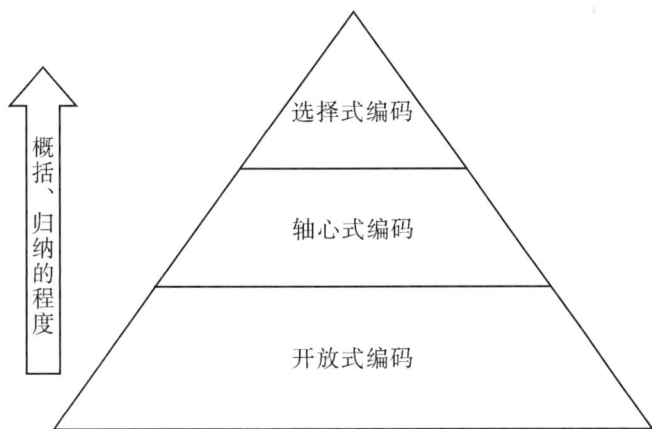

图 10 - 1　国内扎根理论三级理论编码

在扎根理论研究中，编码通常有以下几个功能：

（1）资料整理与分类。在社会研究中，通常会收集到大量的原始资料，如采访记录、文本、观察笔记等。这些资料可能非常复杂，包含各种信息和细节。编码的过程有助于对这些资料进行整理和分类，将其转化为更容易管理和分析的形式。通过给不同的资料片段分配编码，研究者可以将相似的信息归类在一起，从而更好地理解资料。

（2）模式识别。编码有助于研究者识别资料中的模式和主题。通过对资料进行编码，研究者可以标记出重要的观点、概念、事件或现象，然后对这些编码进行比较和分析。这有助于发现资料中的共性和差异，从而生成理论和模型。

（3）精确性和可复制性。编码过程可以增加研究的精确性和可复制性。通过使用系统性的编码方案，可以确保不同的研究者在不同时间点对相同资料进行分析时得出类似的结果。这增加了研究的科学性和可信度。

（4）理论构建。编码是扎根理论生成过程中的一部分。通过将资料分解成具体的编码，研究者可以更容易地将这些编码组合成理论。编码可以成为构建理论的基本材料，帮助研究者识别出相关的概念和关系。

在1965年，格拉泽和施特劳斯基于对住院病患死亡体验的研究，开发了扎根理论这一研究方法。他们出版的《死亡意识》中首次提出了意识情境理论，并因此引发了学术界的广泛关注和研究热潮。为了满足学界的期望，两人在1967年出版了《扎根理论的发现：质性研究策略》。这本书首次系统地阐述了一种研究方法，该方法的关注点是如何在研究领域的实际数据基础上构建理论，也就是说，研究对象与理论中的概念必须紧密相关，而不是关注如何验证某个理论的猜想。因此，这种方法被称为扎根理论方法。但是，随着时间的推移，扎根理论的具体方法被一些研究者误解和滥用。对于扎根理论的有效应用，以陈尹在其发表的《扎根理论：方法误用与正本清源》中的研究为例。[①]。

一位计生社工在谈到社区失独群体时提到这些老人在春节期间可以获得一笔补助金，组织规定必须由工作人员亲自上门发放这笔钱并表示慰问。但是，社区中有几位老人拒绝让工作人员上门，老人更愿意亲自来领取这笔钱。此外，当工作人员尝试了解这些老人是否有心理或物质上的需求时，大多数人都表示拒绝，他们不希望被打扰。因此，工作人员很难获得更多关于他们具体情况的信息。从上述采访中可以看出，受访者描述了他们与失独群体的互动。研究者对比这些数据中的不同实证指标，逐步形成一个临时代码，比如"试图与失独者构建服务关系""拒绝服务"和"尊重失独者的意愿"等。虽然还不够抽象，但借助不断与其他来源的更多指标进行比较，研究者将逐渐发展出更加抽象、复杂的概念和概念特征。

陈尹在此份社区工作者与失独老人互动交流的资料中指出，研究者通过比较现有的概念和新文献中的指标，逐渐得出一些不同的概念，如"评估恢复情况""建立关系试探""服务试探""活动试探""调整交往方式""避免情绪失控"和"迁就需求"等。通过比较"评估恢复情况""建立关系试探""服务试探"和"活动试探"这几种方法，发现它们代表着不同的探测策略，并被归类到一个更为抽象的"试探"概念中；在此基础上，进一步分析了这些试探类型与其他相关概念之间的区别。"调整交往方式""避免情绪失控""迁就需求"和"尊重失独者意愿"这些词汇并不在"试探"的定义之内，但可以形成与"试探"区分开来的另一个概念"顺从"。通过将"顺从"与"试探"做比较，可以获得一个更加抽象的概念，如"顺应"。因此，在这份资料里，所有的指示项都被整合进了

---

① 陈尹. 扎根理论：方法误用与正本清源［J］. 广西师范大学学报（哲学社会科学版），2022，58（6）：79-93.

"顺应"这一概念内，从而形成了一个相对完整且具有基础特质的编码分类。对于那些不在"顺应"范畴内的概念，如"拒绝服务"，在与其他来源或概念进行比较时，可以将其分为不同的概念类别，如表10-3所示。

表10-3 概念的抽象化

| 概念1 | 概念2 | 概念3 |
|---|---|---|
| 评估恢复情况 | 试探 | 顺应 |
| 建立关系试探 | | |
| 服务试探 | | |
| 活动试探 | | |
| 调整交往方式 | 顺从 | |
| 避免情绪失控 | | |
| 迁就需求 | | |
| 尊重失独者意愿 | | |

然而，这些概念以及它们的特性和维度都是暂时的，所采用的概念的"优"与"劣"也是相对的。随着研究的深入，研究者会不断地对这些概念进行修正和完善。在不断比较的过程中，新的事件可能被纳入现有的范畴，作为同一概念下"可相互转换的指标"，同时也可能产生新的概念。

综上所述，准确地编码需要仔细阅读数据、定义概念、选择合适的工具、进行初步编码、校验编码的准确性以及修订和完善编码等多个步骤。在进行扎根理论研究时，编码的准确性和可靠性对于后续的数据分析和理论构建至关重要。

## 四、扎根理论的理论检验

### （一）理论饱和

Holton 等（2016）指出，理论饱和指对资料中的概念性指标不断进行比较，直到指标不再进一步产生理论规划或细化，这是扎根理论的检验步骤，又称"理论饱和度检验"。格拉泽（2001）将理论饱和描述为"密集的属性发展"。这标志着研究进程的一个重要阶段。当达到理论饱和度时，意味着研究者已经通过持续的资料收集和分析，发现了足够丰富和深入的信息来支持和完善理论构建。此时，新的资料不再为理论的发展和完善提供新的见解或维度，理论的各个方面和分类也已经得到了充分的描绘和发展。在检验理论饱和度的过程中，研究者会不断地对新的资料和信息进行评估和反思，以判断是否还存在新的未被探索的主题或代码。这一过程需要研究者严谨的思维和细致的观察，确保每一个可能的维度和分类都得到了充分的考虑和分析。理论饱和度的达成并不意味着研究的终止，而是标志着研究进入了一个新的阶段。在这一阶段，研究者会进一步深入分析已有的资料，对理论进行整合和系统化的构建。同时，研究者也会对理论进行更严密的验证和检验，以确保其具有良好的解释力和预测力。理论饱和度的检验也是一个动态的过程，依赖于研究者对资料和理论的深入理解。在实际操作中，研究者可能会根据新的发现和理解，对理论饱和度的判断进行调整和修正。这有助于保证理论的完整性和一致性，也有助于增强理论的适应性和灵活性。值得注意的是，理论饱和度的检验不仅仅是一个技术性的过程，更是一个深入思考和反思的过程。研究者需要时刻保持对资料和理论的敏感，避免因为过早满足而忽略了潜在的新发现。通过不断地挑战和质疑，研究者可以更加全面且深入地理解研究现象，也可以使理论更加稳固和成熟。

### （二）有效性和适用性

注重检验的程序化扎根理论认为，理论并不是一成不变的，而是随着资料、情境和时间的变化而不断发展和完善的。因此，研究者在构建理论后，还要与已有的文献进行比较和评价，检验理论的有效性（validity）和适用性（applicability）。有效性是指理论能够真实地反映资料中所呈现出来的社会现象，而不是对资料进行歪曲或误解。适用性是指理论能够适用于其他类似或相关的领域或情境，而不是仅限于某一特定的领域或情境。程序化扎根理论提供了以下几种方法来提高和检验理论的有效性和适用性：

#### 1. 三角互证法

三角互证法是对同一结论采取不同的方法、角度、立场以及不同来源的材料进行观察、检验、解释的检验方法。此方法较早应用于军事和航海领域，后来埃利奥特（1976）运用此方法来完善福特教学计划，分别从教师、学生、参与观察者三个视角收集建议。此外，林刚和张诗亚（2014）在教育领域选取多种来源的材料为研究提供依据，通过文献、考古、人类学三种方法来对研究的结果相互印证。

何素艳和石岩在一项研究中①，采用了并行三角互证设计，能够说明如何恰当地开展三角互证：在量化研究部分，研究者通过采用统计软件 SPSS21.0 对不同层面（全国、省份和学校）的学生体质监测数据进行分析，建立线性回归模型；质性研究部分，对 13 名学生和 3 名老师进行深度访谈，并利用 Nvivo 软件对访谈资料进行编码处理，形成一定的扎根理论分析。最后，研究者将量化研究结果和质性研究结果相结合，比较分析了我国男生引体向上"零分"的原因，并针对性地提出了解决路径。该研究结果为改善我国男生引体向上表现提供了理论支持和实证依据。

#### 2. 反馈法

反馈法，也称人员校验法（member-checking），指的是研究者得出初步结论后，与身边人交流观点，听取他人的认可、批判、改进意见等，来自多方主体、不同视角的反馈既是改进现有研究的重要信息，也能为研究者开创新研究主题提供启发点。

伊朗学者 Zagheri 等在一项旨在探讨护士对影响用药错误的因素的看法的研究中使用了反馈法②。他们的具体做法是把访谈记录或病例摘要发给其他研究者进行编码，以确定

---

① 何素艳，石岩. 我国男生引体向上"零"分探因：基于三角互证的研究策略 ［J］. 武汉体育学院学报，2019，53（10）：81 - 87.

② PAZOKIAN M，ZAGHERI T M，RASSOULI M. Iranian nurses'perspectives on factors influencing medication errors ［J］. International nursing review，2014（61）：246 - 254.

被访者的类属，从而利于研究的后续开展。通过反馈法，研究者提高了自己研究的信度、增强了研究结论的说服力。

3. 证伪法

证伪法，即研究者构建一个假设后，以逆向思维尝试去证明该假设的不合理性，不断修改和完善原假设，甚至是推翻原有的假设重新构建新的假设。此方法意在应用逆向思维，站在怀疑、批驳的角度对自身的假设或命题发起"攻击"，有意识地去发掘不利于自身观点的资料从而增加研究结论的可信度。

李翔宇和游腾芳认为①，在霍桑实验中，研究者提出过五项假设来解释原来的工厂照明实验的失败，而后续的研究报告显示，有关泰罗的物质条件是决定工人生产率的决定因素论的四项假设都被证伪了，而最后一项"导致两个小组产量增加的不是工资制度，而是士气、监督和人际关系"的假设被证实了。这在李翔宇和游腾芳看来，就是霍桑实验研究团队尝试去证明泰罗科学管理效率逻辑的不合理性而开展的一系列"证实""证伪"研究，从而发现了学术意义上的新理论。

4. 原始资料收集法

原始资料收集法与三角互证法有相似之处，此方法在研究依据的资料上尽可能坚持完整、全面的原则，但这一方法主要是指研究者在进行了访谈、部分文献收集等获取到了时间间隔较长或是转述类的资料后，在此基础上深入挖掘原始的文献资料、深入实地进行田野调查等收集更为丰富全面的原始资料，补全资料以增加研究的可信程度。

## 思维导图

```
                               ┌─ 扎根理论的定义
              ┌─ 一、扎根理论概述 ─┼─ 扎根理论发展沿革
              │                └─ 扎根理论的新进展
              │
              │                ┌─ 经典扎根理论
              ├─ 二、扎根理论的流派 ─┼─ 程序化扎根理论
扎根理论与应用 ─┤                └─ 建构主义扎根理论
              │
              │                ┌─ 扎根理论的优点和缺点
              ├─ 三、扎根理论的应用场景 ─┤
              │                └─ 扎根理论的适用场景
              │
              │                ┌─ 扎根理论的文献回顾
              │                ├─ 扎根理论的资料收集
              └─ 四、扎根理论的操作流程 ─┤
                               ├─ 扎根理论的资料分析
                               └─ 扎根理论的理论检验
```

---

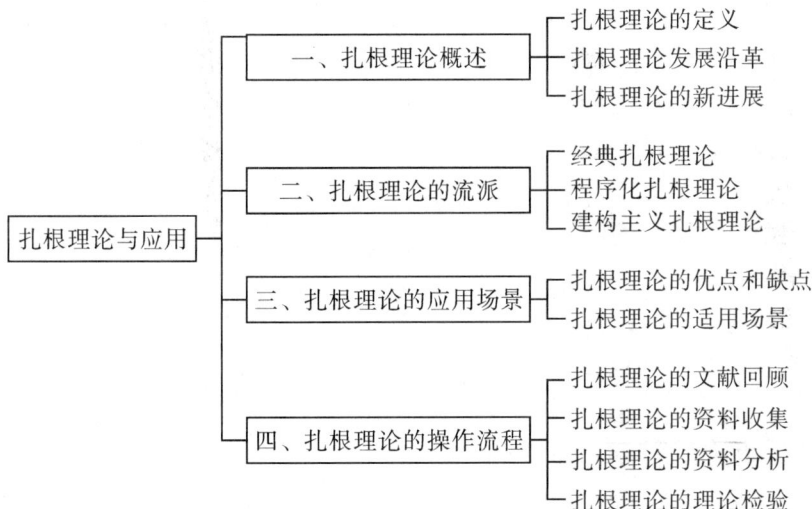

① 李翔宇，游腾芳."证实"与"证伪"方法在霍桑实验中的运用探析 [J]. 广西师范大学学报（哲学社会科学版），2012，48（6）：173－182.

# 第十一章　定量研究的类型、路径和方法

通过查阅有关资料和文献，可以得出定量研究概念中的不同表述。综合研究者的观点，本书将定量研究定义为：基于实证主义方法论的一种研究策略，其核心是通过严格的设计和使用定量测量工具，注重变量的操作与测量，收集大量的数据，并对这些数据进行统计分析。在定量研究中，研究者侧重于对事物的量的方面进行分析和研究，利用理性、逻辑分析和数学工具来揭示变量之间的关系和模式。定量研究的结果以数字呈现，通过统计分析来解释和验证研究假设。

从发展上来看，19世纪以前，由于科学研究水平普遍低下，长期以来在心理与教育科学研究中，研究者大多采用主观思辨、归纳推理的逻辑思维方法进行研究，该思维属于定性研究范畴。而19世纪以来，各门科学尤其是自然科学突飞猛进，取得了很大的成就，实证主义作为一个有着明确规定的哲学流派，起源于19世纪法国哲学家孔德提出的"实证哲学"，并逐渐发展成为社会科学领域中定量研究法的理论基础。在这一背景下，以经验为基础的自然科学研究范式应运而生，并逐渐发展起来。其最突出的特点表现在：以数量简化事实，用运算代替思辨，形成了强调数字化描述、重视使用统计方法的定量研究范式。20世纪30年代卡尔纳普的逻辑实证主义和美国的实用实证主义也为定量研究提供了理论来源。20世纪40年代是定量研究的发展时期。当时计算机技术开始应用于大规模数据的处理和信息的收集。经济学家们开始利用计算机分析经济数据，尝试预测未来趋势。这一时期，萨缪尔森和哈特的《经济动态：量化方法的研究》成为定量研究的里程碑之作。20世纪60年代是定量研究的黄金时期，在经济方面，学者们致力于发展新的经济学模型，并利用计算机技术处理大规模数据。随着数学、统计学等学科的进步，定量研究的方法也越来越精细，代表性的模型有莱恩—布拉斯模型（L – B模型）、卡尔曼滤波模型、ARMA模型等。

## 第一节　定量研究

### 一、定量研究的哲学基础

定量研究方法以实证主义的思想为基础，通过收集大量的数据并加以量化，利用统计分析和数学模型来验证研究假设或推断结论。这些方法强调客观性、可重复性和量化分析，追求普遍规律和一般性的结论。

定量研究方法通常采用问卷调查、实验设计、观察研究等手段，通过收集和处理大量

的数值数据来进行统计分析。研究者使用统计方法对数据进行描述、推理和判断，以验证研究假设并揭示变量之间的关系。例如，实验研究、调查研究、控制研究、大规模数据分析、统计分析、随机对照试验就是典型的定量研究。

社会研究应当效仿自然科学，对社会中的各种现象和它们之间的关系进行讨论，通过非常具体的、客观的观测和经验概括得出结果，并且这样的研究流程也应当是可重复的。在研究方法上，实证主义最为显著的特点就是定量研究。

## 二、与定性研究的比较

### （一）基础、逻辑与价值

定量研究以实证主义为哲学基础，具有准确性与严谨性，以数学逻辑语言为中心，强调客观事实；定性研究的哲学基础是人文主义，是通过发现社会研究的客观性低于自然科学，使用实证研究往往受到各种限制，同时根据实证研究本身具有的缺陷和局限性，发展出的更具人文主义色彩的研究策略。定性研究着重深入理解和描述现象、情境、主观经验，通过收集和分析非数值化的数据来探索背后的意义和模式。

就研究范式而言，从属于人文主义自然范式的定性研究，意味着研究过程应该发生在自然的背景下并以此为基础来解读结果与意义。风笑天认为该种方式强调对"整体"进行研究和解释自然场景。相较之下，源于实证主义的定量研究，其在理论框架上更为贴近科学范式。许加明和陈友华（2020）认为基于推断统计学的定量分析方法主要关注并大量使用了事物的测算与计算，而定性分析法则更注重及更多地运用对事物意义、特性、暗喻和象征性的解释与解读。

从逻辑过程的角度来看，定性分析是以描述性分析为基础，实质上是一个归纳过程，也就是在特定情境中提炼出一般的结论；而定量分析则更接近于演绎的步骤，也就是将一般原理扩展到特殊场景。

就价值观而言，定性研究更注重对现象及行为背后的情境，坚信特定的生活方式和社会环境对人的行为有着深远的影响。相较于定性研究，定量研究者却持完全不同的观点，他们主张在研究过程中必须坚持"价值中立""价值无涉"的原则并保持客观公正的态度。

### （二）研究过程

定量研究的主要目标是通过描绘总体分布、结构和趋势等相关特性来揭示变量间的联系，并验证已有的理论假设。这些问题具备整体性、宏观性和普遍性，并且重视客观事实，尤其是重视有关变量之间的关系。

定性研究的目标是深入个人、群体或社区的经历和观点，而非检验假设或对更大的人群进行概括。定量研究的目标是将数据定量表示，确定相关关系和因果联系，并将结果从样本推广到研究的总体。

就研究方式而言，定量研究者倾向于强调其研究过程的标准化、系统化和操作化；相比之下，定性研究者通常会更加关注研究过程中所采用的研究程序和方式的灵活性和独特性。一方面，实验法、调研法及内容分析法是最常用的定量研究方式；而在定量研究中，常用到的数据收集方法包括量表测验、问卷调查、结构访谈与结构观察等。另一方面，实地研究被视为定性研究的常用研究方式，其中包含了如参与观察、非结构性访谈、个人生活史等，这些也是定性研究中的主要的资料收集方法。

### （三）结果呈现与意义

艾尔·巴比（2022）在社会科学的研究过程中，认为定量和定性资料的主要差异体现在它们是否被数据化或者未被数字化，定量化可以更清晰地理解观察结果并且更容易对数据集进行汇总和概括，同时为进行统计分析提供了基础，包括简单均值、复杂公式的应用以及数学建模。就具体情况来说，没有谁会对事件、团体和人等元素的特殊性质疑，问题在于共同特征是否重要到可以忽视其本身的特殊性。乔尔·史密斯（1991）认为真正的问题是在于如何把它们分类，因为一旦有了类别划分，就能产生大量的子群，然后用定量的方法去计算。

相比之下，定性研究更偏向于采用个案分析的方式来阐述问题，而定量研究更容易形成普遍适用的解释。定量研究结果具有概括性和精确性的特点，定性研究凭借着丰富的数据来源、详尽的研究细节及深度理解力，对定量方法形成支持和互补作用。

## 三、定量研究的优点与局限

### （一）优点

1. 条件优势

（1）客观性强，范围广泛，受地域、时间、人员等限制小。定量研究是基于数字和统计数据的分析方法，通过量化测量和统计分析来得出结论。由于使用了客观的数据和方法，可以减少主观偏见的影响，研究结果相对较为客观可靠且可以涵盖较大的研究样本和数据集。由于可以进行大规模的数据收集和分析，定量研究能够涵盖更广泛的地域范围、时间范围、对象范围。这使得研究结果在一定程度上具有普遍适用性，可以为更广泛的群体或领域提供参考。

相对于定性研究，定量研究受到的地域、时间、人员等限制较小。定量研究通常采用标准化的调查问卷、实验设计等方法，可以在不同地域、不同时期、不同人员之间进行重复和比较，从而增强了研究的可靠性和可重复性。同时，定量研究可以通过抽样方法来代表整个群体，从而在一定程度上减少了人员限制。

（2）标准化和精确化，逻辑程度高，推理更为严谨，更具科学性。袁方和王汉生（2004）指出，定量研究在数据收集和分析过程中通常采用标准化的方法和工具，如调查问卷或实验设计。这种标准化的方法可以确保数据的一致性和可比性，使得研究结果更加精确和可靠。

定量研究通过严格的逻辑推理和统计分析，使研究者可以从大量的数据中得出准确的结论，并减少主观偏见的干扰，因此更加客观和科学。定量研究通常利用较大的样本数量进行数据收集和分析，因此能够提供更多的数据和信息，增强研究的可信度和代表性。

定量研究使用可靠和一致的程序进行数据收集、分析和解释。这种程序化的方法确保了研究的可靠性和可重复性，使其他研究者能够按照相同的步骤进行类似的研究并得出相似的结果。

（3）具有一定的成本优势，数据来源于封闭信息，因此变数少，精确度高。因为定量研究的数据收集和分析过程可以采用标准化的方法和工具，如调查问卷或统计软件等。这些工具和方法在成本上相对较低，并且可以通过批量处理大量数据来提高效率，在一定程度上降低了研究成本。

由于定量研究的数据来源通常是封闭信息，即通过结构化的问卷调查或实验设计进行收集，研究者能够更加精确地控制和测量变量。相对于定性研究中可能涉及许多未知的变数，定量研究中的变数通常较少，这使得研究结果更为精确和可靠。封闭信息的数据收集方式还可以确保研究者的数据来源单一，减少了数据的偏差和误差。同时，由于使用了统一的数据收集工具和方法，定量研究能够更好地保证数据的一致性和可比性，提高了研究的精确度。

2. 研究优势

（1）可重复性高。定量研究由于有标准化的数据收集协议和对抽象概念的具体定义，可以重复研究。纽曼（2007）提出定量研究在数据收集和分析过程中使用了标准化的方法和工具来探讨完整议题，如调查问卷或实验设计。这种标准化的方法使得研究过程可以被准确记录、描述和复制。因此，其他研究者可以按照相同的数据收集协议和分析步骤进行类似的研究。通过重复研究，可以验证原始研究的结果是否稳定和可靠，从而增强了研究的科学性和可信度。

（2）易于直接比较结果。研究可以在其他文化背景、时间或不同的参与者群体中重复，结果可以通过统计进行比较，以推进结论的深入或验证已有的假设。

定量研究侧重于使用数字和统计数据进行分析，这使得结果之间可以直接比较。由于使用了标准化的数据收集和分析方法，研究者能够在相同的测量尺度上比较不同样本或实验组之间的结果。这种直接比较的能力有助于揭示不同条件下的差异和趋势，为进一步深入研究提供了基础。

使用标准化的方法和工具，使得研究可以在其他文化背景、时间或不同的参与者群体中重复进行。通过在多个文化环境、多个时间点或涉及不同人群的研究中重复，可以验证研究结果的普遍性和可靠性。这种重复性有助于检验已有假设的有效性，并促进对结论的进一步理解和推进。

使用统计方法进行数据分析，可以通过对数据的比较和统计检验来验证假设和推导结论。统计分析提供了一种客观、可量化的方式，使得研究者能够从大量的数据中得出可靠的结论。通过统计比较，可以确定差异的显著性，并帮助研究者推断结果的普遍性和稳定性。

（3）便于假设检验。定量研究允许研究人员使用统计方法来分析数据，并对数据中的关系和模式进行推断。定量研究的结果通常以数值形式表示，并可用于检验理论和作出预测。通过收集大量的量化数据，并进行统计分析，可以评估变量之间的相关性、差异和影响。这种定量化的分析为研究者提供了一种有效的方式，来检验假设的成立与否。

研究人员可以利用统计学原理和技术，如回归分析、方差分析、相关分析等，来揭示数据中的模式、关系和趋势。通过统计方法的应用，研究者能够更加客观地解读数据，从而得出科学的结论。同时，研究人员可以推断变量之间的关系和模式，对数据中相关性和差异的分析，可以揭示出变量之间的相互作用和预测模式。这种推断有助于理解和解释研究现象，并为理论建设提供支持。

定量研究的结果通常以数值形式表示，如平均值、频率、标准差等。这些数值结果具有直观性和可比性，便于进行比较和分析。通过数值化的结果，研究人员能够更加清晰地展示数据的特征和趋势，进一步推导出结论。由于定量研究使用了统计方法对数据进行分析，研究人员可以检验已有理论的有效性，并利用得出的模型和关系进行预测。通过对数据的量化和分析，定量研究能够为实证研究提供理论基础，并为未来的行动和决策提供科学依据。

（4）促进理论的抽象化和概括性，进而有助于对现象之间普遍的因果关系的精确分析。定量研究使用数量化的数据和统计分析方法，能够对现象进行抽象化和概括，从而推进理论的发展。通过收集大量的数据，研究人员可以通过对数据的整合和归纳，从中提取出普遍适用的模式、规律和关系。这种抽象化和概括性的思维方式，有助于从具体案例中提炼出一般性的理论结构，为进一步的研究和理论建设奠定基础。同时，能够更加准确地分析现象之间的因果关系。通过能够排除偶然性和个别案例的影响，找到变量之间的真正关联和影响。这种精确的因果分析有助于揭示现象之间的普遍关系，并为理论的进一步研究提供了可靠的依据。

**（二）局限**

1. 条件局限

（1）需要大量样本才能进行准确分析，小规模定量研究结果具有局限性，信度与效度较低。小规模定量研究所使用的样本容量较小，可能导致结果的代表性和泛化性有限。由于样本容量较小，可能无法全面反映整个目标群体的特征和趋势。因此，小规模定量研究的结论在推广到整个人群或其他背景时需要谨慎。该局限性强调了增加样本容量的重要性，以提高研究结果的可靠性和泛化性。

定量研究中，信度表示测量工具的稳定性和一致性，效度则指测量工具能否准确地衡量研究对象所要考察的内容。小规模定量研究样本容量较小，可能导致测量工具的信度和效度较低。数据的采集和测量错误可能对结果产生不良影响，从而降低了研究的可靠性和准确性。因此，在设计定量研究时，需要注意选择合适的测量工具，并确保数据采集的准确性和一致性。

（2）相对于小规模定量研究而言，大规模定量研究通常需要较高的成本投入。大样本的数据收集、处理和分析需要更多的时间、人力和资源。此外，大规模定量研究可能涉及更广泛的调查对象和更复杂的数据收集方法，这也增加了研究的难度和成本。因此，大规模定量研究在实践中往往面临研究经费、时间和实施资源等方面的挑战。

2. 思维局限

（1）研究者可能会把个人对现实的看法强加给社会现象，从而曲解社会现实。在定量研究中，研究者的个人观点和偏见可能会影响研究的设计、数据收集和分析，导致对社会现象的理解存在主观性。如果研究者在研究过程中过度依赖主观判断或个人看法，可能会忽视其他可能存在的因素或关系，从而影响研究结果的客观性和准确性。

同时，定量研究通常将复杂的社会现实分解为可量化的变量和指标，这可能导致对现象的肤浅理解。通过将现实简化为可测量的部分，研究者可能会忽略了潜在的相互作用、背景信息和细微差异等方面。这种曲解现实的倾向可能会限制对复杂社会现象的全面理解。

（2）使用精确且有限的操作定义未必能充分代表复杂的概念。美国社会学家艾尔·巴比（2022）指出定量研究通常关注变量之间的关系和模式，而较少关注具体情境和背景。这种肤浅性可能导致对现象的深入理解不足。以数字和统计结果表示的定量研究成果缺乏细节和语境，无法提供对背后机制和过程的详细解释，因此有时难以获得全面的洞察力。

为了进行量化分析，研究者需要使用明确的操作定义来测量变量。然而，这些精确且有限的操作定义可能无法捕捉到复杂概念的全部含义。某些社会现象和概念往往具有多个维度、层次和解释，仅通过几个操作定义可能无法完全涵盖其复杂性。

（3）狭窄的焦点、预定的变量和测量程序可能意味着研究者忽略了其他相关的观察。定量研究通常通过确定特定的变量和关系来进行分析，这种狭窄的焦点可能会导致研究者只关注少数几个因素或维度，而忽略了其他与研究主题相关的观察。由于研究者在设计研究时已经预设了感兴趣的变量和关系，他们可能不会注意到其他可能的因素和关联，从而限制了对现象的全面理解。

在定量研究中，研究者需要明确规定要研究的变量，并使用特定的测量程序来获取数据。然而，这种预定的变量和测量程序可能无法完全捕捉到复杂概念和现象的全部维度和含义。某些重要的因素或关系可能未被纳入考虑，导致研究结果的片面性。

3. 过程局限

（1）与被访者直接接触少，较难探究解释其行为选择的原因。陈向明（2000）指出，定量研究通常依赖于问卷调查、实验室观察等方式收集数据，与被访者的直接接触较少。这种间接性可能会导致研究者无法全面了解被访者的真实想法、动机和情境。在与被访者少接触的情况下，某些重要的细节和背景信息可能被忽略，从而影响对现象的深入理解。

定量研究主要关注变量之间的关系和模式，相对较少涉及个体的内心思想和动机。因此，在定量研究中较难深入探究行为选择的原因和动因。定量研究提供了统计关联，但无法提供关于人们为什么做出特定选择的详细解释。

（2）结构性偏见。即使有标准化的程序，结构性偏见仍然可能影响定量研究。缺失的数据、不精确的测量或不适当的抽样方法都是可能导致错误结论的偏见。尽管定量研究使用标准化的程序来收集和分析数据，但由于研究设计和实施过程中可能存在结构性偏见，这些偏见仍然可能影响到研究结果。例如，研究者在样本选取、问卷设计和数据分析等方面可能存在系统性的倾向，导致对现象的理解受到偏差。

在定量研究中，缺失数据、不精确的测量或不适当的抽样方法可能导致错误的结论偏见。如果缺失数据较多，或者测量工具没有准确地衡量所要考察的内容，又或者采用了不恰当的抽样方法，都有可能影响研究结果的可靠性和准确性。

（3）缺乏背景。定量研究经常使用非自然的设置（如实验室），或者没有考虑可能影响数据收集和结果的历史和文化背景。定量研究通常在受控的环境中进行，如实验室或模拟情境。这种非自然的设置可能导致研究结果在真实世界中的适用性受到限制。研究对象在实验室环境下的行为和反应可能与其在日常生活中的行为不同，从而影响了研究结论的外部效度。

定量研究往往着重于变量之间的关系，但可能忽视了历史和文化背景对研究结果的影响。社会现象往往是在特定的历史和文化背景中产生和演变的，而定量研究往往缺乏对这些背景因素的深入考虑。因此，定量研究的结论可能无法完全解释社会现象的复杂性和多样性。

### （三）总结

关于定量研究和定性研究之间的对比，可见表 11 - 1。

表 11 - 1　定量研究与定性研究的对比

|  | 定量研究 | 定性研究 |
|---|---|---|
| 哲学基础 | 实证主义 | 人文主义 |
| 研究范式 | 科学范式 | 自然范式 |
| 学科基础 | 概率论、统计学 | 逻辑学 |
| 逻辑过程 | 演绎 | 归纳 |
| 研究对象与研究者的关系 | 独立于研究者之外的某种客观存在物 | 与研究人员紧密联系在一起，往往带有一定的主观性 |
| 研究目的 | 开发和使用与现象有关的数学模型 | 研究事物在质的方面的变化，以指导人们的实践活动 |
| 研究方式 | 实验、调查、内容分析 | 实地研究 |
| 研究方法 | 量表测量、问卷调查、结构式访问、结构式调查 | 访谈/观察、田野调查、文本分析、历史研究 |
| 资料依据 | 来源于现实资料数据 | 来源于大量历史事实和生活经验 |
| 资料特点 | 客观的（数字） | 主观的（文本） |
| 研究结论 | 可推广到总体，具有"代表性" | 独特的，"典型的" |
| 结论的表述形式 | 以数据、模式、图形为主 | 以文字描述为主 |

# 第二节　定量研究的类型

定量研究的常见类型：实验研究、调查研究、文献研究。

## 一、实验研究

1. 概念

在定量研究中，实验研究是指在控制条件下，通过操纵某些变量来研究变量之间的关系。它是一种科学研究方法，通过实验设计、数据收集、分析和解释来探究变量之间的因果关系。实验研究的目标是通过对实验数据的分析，得出科学结论，为科学研究提供可靠证据。

2. 实验研究的基本框架

实验研究的基本框架通常包括如下几个部分：实验设计、实验操作、数据分析以及结论与讨论。其中，实验设计是指明确实验的目的、假设和变量，选择合适的实验方法，并设计实验过程；实验操作是按照实验设计进行的操作，包括实验材料的准备、实验过程的实施、实验数据的收集；数据分析是对实验数据进行整理、分析、解释，以验证实验假设，并得出实验结果；结论与讨论就是根据实验结果得出结论，并对实验结果进行讨论和解释。

在实验研究过程中，还需要注意控制无关变量和误差，以确保实验结果的准确性和可靠性。同时，实验研究也需要遵循伦理原则，保护被试的权益和尊严。

3. 实验研究设计

详见本书第八章。

4. 具体案例

一个具体的定量研究下的实验研究是米尔格拉姆（Stanley Milgram）的"对权威命令的服从实验"[1]。这个实验是在 20 世纪 60 年代进行的，旨在研究人们在权威命令下的行为反应，特别是在极端情况下对权威的服从程度。

米尔格拉姆的实验设计了一个假设的学习任务，其中一名参与者（被称为"教师"）被告知需要对另一名参与者（被称为"学生"）进行电击，每次错误答案都会增加电击的电压。实际上，"学生"是由实验团队的成员扮演的，电击并不真实存在。实验的真正目的是观察"教师"在"学生"表现出痛苦和请求停止电击时，是否会继续服从实验指导者的命令。

实验开始时，参与者被随机分配为"教师"或"学生"，但实际上所有真正的参与者都被分配为"教师"。在实验过程中，"学生"被带到另一个房间，并在"教师"看不见的情况下绑上电极。每当"学生"给出错误答案，"教师"就会被告知给予电击，并且电压会随着错误次数的增加而提高。

实验结果显示，大多数"教师"在"学生"表现出痛苦和请求停止时，仍然继续执行电击命令，即使他们自己也感到不适和焦虑。这个结果揭示了人们在权威压力下可能会违背自己的道德和伦理标准，服从命令进行可能伤害他人的行为。

## 二、调查研究

1. 概念与原则

从概念上来说，调查（survey，inquiry，investigate，research）是通过多种渠道和手段，有计划有目的地去理解事情的本来面目。"研究"这个词语指的是通过处理并分析数据来揭示出事物的本质及其运行规则的过程。调查研究既包含了区分真实信息和虚假信息的步骤，

---

① MILGRAM, S. Behavioral study of obedience [J]. Journal of abnormal and social psychology, 1963, 67 (3): 371 – 378.

也包括从表面现象推导深层含义的能力。两者存在显著差异，但它们之间有着密切的联系：调查是研究的前提和基础，研究是调查的发展和深化。调查研究是指在观测到第一手资料的基础上，有目的且系统地收集研究对象资料，由此形成科学认识的一种研究方式。

调查研究主要有三个原则：一是客观性原则。在科学活动中，只有克服主观臆断，以事实为依据，忠实地反映客观现实，才有可能正确地认识客观事物的因果关系和必然联系。二是定量与定性相结合原则。在社会调查研究中，定量分析可以帮助研究者更好地进行定性的研究，而定性研究则可以弥补定量研究中对价值关注不够的问题。三是理论与实践相结合的原则。在社会研究过程中，研究者由于观点和认识问题的参考物的差异，得出的结果也会有所不同。因此，调查研究应该针对社会现实中急需解决的关键问题和客观现状提出政策建议，理论必须与中国的具体情况相匹配，才能发挥其应有的效用。

2. 一般步骤

（1）研究目的和问题的确定。调查研究的第一步是确定研究的目的和问题。研究目的应该明确、具体和具可操作性，研究问题应该针对实际问题和需求，尽可能详细地描述研究对象、范围和要求，以便确定调查的方向和内容。

（2）调查方案的设计和实施。调查方案是调查研究的核心，其设计需要考虑调查方法、调查样本、调查工具、调查流程和时间等方面的问题。调查方案应该具有可行性、实用性和科学性，以确保调查的有效性和可靠性。调查实施需要根据调查方案的设计，选择合适的调查方式和工具，并制定调查流程，以便对样本进行调查和数据收集。

（3）数据的收集。数据的收集是调查研究的重要环节，需要保证数据的真实性、准确性和完整性。数据的收集方法包括面对面的交谈、电话访谈、网络调查、问卷调查等，其中最常见的是问卷调查。在数据的收集过程中，需要确保调查工具的合理性和质量，以便获得可靠的数据。

（4）数据的分析。数据的分析是调查研究的关键步骤，需要根据研究问题和调查结果，选择合适的统计方法和技术进行分析。常见的数据分析手段有描述性统计、相关分析、回归分析、因子分析、聚类分析等。在进行数据分析时，需要确保数据的准确性和可信度，同时要保证所采用的分析方法的正确性和适用性。

（5）结论和建议的提出。调查研究的最终目的是为实际问题的解决和政策的制定提供科学依据和参考。因此，在调查研究中，需要根据数据的分析结果，对研究问题进行科学解释和推理，从而得出具有科学依据和实际指导意义的结论和建议。结论和建议应该具有可行性和可操作性，并且需要考虑实际问题的需求和政策的制定。

3. 适用条件及课题

调查研究的适用条件主要包括三点：一是调查对象易于接触和联系，以确保问卷能够顺利发放和回收。二是调查问题能够用简洁明了的语言表达，使被调查者易于理解。三是调查内容需要获取被调查者的主观意见和看法。

在具体实施过程中，调查研究还可以分为问卷调查和访谈调查两种方法。问卷调查适用于大范围的人群调查，可以收集大量的信息，并通过量化数据进行统计分析。访谈调查则是一种直接与被调查者进行对话的方法，可以深入了解待研究的问题，并获取详细和质性的数据。而进行访谈调查时，其适用条件包括：①需要深入了解被调查者主观意见和经验的情况；②被调查者数量有限时，可以进行详细访谈；③调查问题较为复杂时，需要进一步追问和引导。

4. 具体示例

风笑天提供了一个关于独生子女的调查研究案例，主要探讨了独生子女中是否有所谓的"小皇帝"问题。该案例展示了风笑天如何通过调查研究来探讨和解决社会关注的问题。

风笑天在20世纪80年代初进行了这项研究。他先将研究问题转化为可以通过实证调查来检验的形式，即将"独生子女是否为'小皇帝'"这一问题具体化为可操作的调查问题。然后，他选择了适当的调查对象和方法，通过问卷调查、访谈等手段收集数据。在调查过程中，风笑天不仅关注独生子女的行为特征，还考虑了家庭环境、教育方式等多种因素对独生子女性格形成的影响。他通过对比独生子女与非独生子女的行为差异，来分析"小皇帝"现象的真实性。[①]

## 三、文献研究

1. 概念

文献研究是通过定量的收集和分析现存的以文字、数字、图片、符号等信息形式存在的文献资料，来进一步探讨和分析社会关系与社会行为。这种方法不直接接触研究对象，也不直接从社会成员那里获取研究所需要的资料，而是利用已有的文献资料进行定量分析。

2. 文献研究的方法

（1）内容分析法。从概念上来说，内容分析法是一种社会研究方法，它是一种通过对文本内容进行编码、分类、语义判断及形成可供统计分析之用的量化分析方法。这是一种以系统、客观和量化的方式来研究与分析传播内容，以测量及解读内容的研究方法。在方法设计和执行方面，内容分析法强调系统的方法，须采用随机样本、系统的类目建构和编码程序；强调客观的程序，须遵守明确的标准与规则；强调量化的分析，须为所有的变量下操作性定义，确定测量标尺，进行统计分析。

步骤上，因为内容分析的主要目标是将非数量化的文献转换为数量化的信息，故而其结果通常以频率、百分比、交互分类表等统计方式呈现。在实际的操作步骤中，风笑天（2022）将内容分析划分为以下六个环节：①选定研究的分析单位；②界定目标总体的范围；③抽取样本；④确定编码体系；⑤阅读样本文献，并根据编码体系进行编码和登录，以构建数据库；⑥对数据进行统计分析并得出结果。

（2）现存统计资料分析法与二次分析法。从概念上来说，目前，统计资料分析法是一种利用已有的统计数据进行深入研究以获取更多信息的方式。这种方式既可以直接达到研究目标，也能为大规模研究提供必要的背景信息。二次分析也是资料分析的方法之一。具体来

---

① 风笑天. 社会研究方法［M］. 5版. 北京：中国人民大学出版社，2018.

讲，它依据已有的研究数据，运用更好的统计手段，对最初的研究数据进行再次分析，以解答最初研究所提出的问题或试图解答新的问题。这种方法通常用于对已有研究进行深入挖掘和解读，以获得更全面、更深入的理解。

现存统计资料分析法的步骤为如下五个：①选题，即选择要研究的对象和目的，明确研究范围和方向。②收集资料，即收集与研究对象相关的统计资料，包括已有的调查数据、官方发布的统计数据等。③整理资料，即对收集到的资料进行整理，包括数据的清洗、整理、分类等，确保数据的准确性和完整性。④分析资料，即运用适当的统计方法对整理好的资料进行分析，提取有用的信息，为研究目的提供支持。⑤撰写分析报告，即将分析结果以文字、图表等形式呈现，并给出结论和建议。

二次分析的步骤总共分为四步：①选择研究主题，并确保研究者能够专注于该主题。为了获取与之匹配的数据资料，研究者必须理解主题和资料之间的关系，同时调整研究主题以适应现有的数据资料。②研究者必须寻找适当的信息。由于二次分析依赖于原始调查或统计获取的数据，了解这些信息的来源非常关键。确定要收集的资料对于二次分析至关重要。③在获得必要的信息之后，研究者通常需要对这些信息进行一些处理以便更有效地进行研究。这可能涉及从信息中找出或重新定义待研究的变量，仔细探讨这些变量，并可能只选择样本中的某个部分作为分析对象。④二次分析最主要的工作是对资料进行分析。各种统计分析方法和技术都适用于这种重新分析。通过这些方法和技术的应用，研究者可以更深入地挖掘和分析数据资料，从而得出新的洞见和研究结果。

统计分析的资料质量主要取决于四个因素：①准确性，即资料是否准确反映了所需研究的对象或问题。②可靠性，即统计分析的资料是否具有一致性和可重复性。③完整性，即资料是否涵盖了所有需要研究的问题或变量，是否有缺失或偏颇。④一致性，即在多个数据来源或分析方法下，资料是否具有一致的特征或属性。

总体而言，在当前的统计数据分析中，可能会出现一些质量问题，如数据不精确、数据缺失、数据偏差以及分析方法的不同等。想要提高资料质量，就需要进行合理的统计分析方法的选择和实施，并对数据进行适当的清洗和处理。而想要确保当前的统计数据分析有效性，风笑天（2022）提出，逻辑推理和反复验证这两个科学原则起着至关重要的作用。

现存统计资料分析的优点在于五个方面：①节省时间和经济成本。由于现存统计资料分析和二次分析是利用已有的数据和资料，因此可以节省大量的时间和经济成本。②提高研究效率。通过二次分析，研究人员可以在已有的研究基础上，更快地了解研究领域的前沿和趋势，提高研究效率。③扩大研究范围。二次分析可以扩大研究范围，通过对不同来源的数据和资料进行分析，可以更全面地了解研究问题。④提高研究精度。通过对已有的数据和资料进行深入挖掘和分析，可以提高研究的精度和准确性。⑤增强研究可靠性。由于是利用已有的数据和资料，可以避免一些由于数据采集和调查方法不同而引起的偏误，增强研究的可靠性。

而其缺点则在于四个方面：①现存统计资料分析和二次分析受到已有数据和资料的限制，无法获得新的数据和资料，因此可能会影响研究的创新性和深度。②由于已有的数据和资料可能存在质量问题，如数据不准确、数据缺失、数据偏颇等，可能会影响现存统计资料分析和二次分析的准确性和可靠性。③二次分析通常是基于已有的研究设计进行的，因此可能会受到原有研究设计的限制，难以进行更为深入或创新的研究。④在进行现存统计资料分析或二次分析时，可能会涉及知识产权问题，需要对已有的数据和资料进行合理的使用。

3. 文献研究的优缺点

总体而言，文献研究的优点有五点：①系统性。通过对大量文献进行系统性的收集、筛选和分析，可以全面、客观地了解某个领域的知识和发展趋势。②客观性。文献研究避免了主观性和个人偏见的影响，使得研究结果更加客观、可信。③可重复性。文献研究基于已有的文献和数据，可以进行重复性的研究和分析，验证研究的可靠性和准确性。④深入挖掘。通过对文献中蕴含的大量信息进行深入的挖掘和分析，可以发现新的研究问题或领域，进一步拓展研究范围。⑤量化分析。文献研究可以利用统计分析方法和技术，对文献进行分类、量化、比较等处理，提高研究的精度和可靠性。

而其缺点大体体现在四个方面：①文献质量难以保证，因为不同的文献可能存在不同的误差和偏见，影响研究的准确性。②有些文献可能难以获得，特别是那些年代久远、语言不同、领域特殊的文献，给研究带来一定的困难。③文献的编码和分析可能存在主观性和误差，影响研究的精度和可靠性。④在样本选择和数据处理方法上，研究结果可能受到样本选择和数据处理方法的影响，可能存在信度和效度较低的问题。

4. 适用条件

①要存在大量可获取的文献，并且这些文献是系统、客观、可重复的；②文献中所包含的信息可以用于挖掘和分析，以发现新的研究问题或领域；③可以利用先进的统计分析方法和技术对文献进行分类、量化、比较等处理，以提高研究的精度和可靠性；④这些研究结果可以进行可重复性的检验和验证，以增强研究的可信度和科学性。

5. 具体示例

学者何星星、武夷山通过对 2010 年发表在 *PLoS Biology* 并被 SCI 收录的所有文章的相关数据进行分析[①]，计算了各篇文章的文献利用指数，并将其与 F1000 系统中专家对文章的评分进行比较，以此来验证所提出指标的有效性。研究结果显示，所提出的文献利用指数与 F1000 系统中的专家评分具有一定的相关性，表明这些基于文献利用数据的指标能够在一定程度上反映文章的学术质量。

# 第三节　定量研究的路径

定量研究广泛应用于社会研究，对其正确的理解与使用对于推动该领域的进步至关重要。部分研究人员对这种技术的认知并不准确或者滥用的情况并不少见。必须强调的是，定量研究仅仅是众多科学研究方法的一种，并且仅作为一种学术探索的形式和途径。没有所谓的"神奇力量"能让研究更加贴近事实真相。实际上，无论哪种方式都有其优点和缺点。因此，既要知道它的用途，也要明白其适用范围。

---

① 何星星，武夷山. 基于文献利用数据的期刊论文定量评价研究［J］. 情报杂志，2012，31（8）：98–102.

## 一、确定研究问题是否适用定量方法

需要再一次明确的是，定量分析法有其适用范围和特定的条件限制，并非所有重要的研究课题都适合用这种方式去探讨。很多重要的研究问题并不适宜采用此种方法。定量研究主要是用来解析那些有一定普遍性和规律性，在一定程度上反复出现的解释性研究。因此，若要深入探究某个具体事件或者针对某一特殊情况做出特殊解读时，就难以运用到定量研究了。

首先，要考虑到定量研究方法只能处理特定的研究问题。这些问题必须涉及具有一定抽象性和可度量性的概念间的关系。其次，量化研究需要确保概念的可测量性。在进行量化研究之前，一些难以量化的概念必须被转换为可度量的概念。最后，采用定量研究方法需要确保所探讨的概念间的关系具备明晰度、指向性、确定性。这些关联可能包括线性、非线性、独立关系，它们都应该清楚且确切。就线性的关系而言，应有明确的方向；就非线性的关系而言，应当具备变动的特性；而在条件关系中，需要明确条件是什么和条件的影响方向等。若发现概念间的关系过于繁杂，导致难以阐明由因至果的过程，那么这类研究并不适宜使用定量方法。

## 二、将理论形成待检验的假设

研究中的核心理论往往包括不止一环的因果链条。定量方法可以用于检验所有的因果环节，也可以只检验两端概念之间的关系。比如理论"概念导致概念是通过对概念和概念的顺序影响"，即因果链条为 $X \to Z_1 \to Z_2 \to Y$。使用定量方法进行假设检验时，本着证伪的原则，待检验的假设可以只为 $X \to Y$，中间环节可以不加检验。然而，如果需要证伪，理论的整个逻辑链就要将每一个链条形成一个假设，即待检验的假设有三个：$X \to Z_1$，$Z_1 \to Z_2$，$Z_2 \to Y$。定性研究注重整个因果过程研究（如过程追踪方法），但大部分定量研究只是对两个概念之间的关系进行检验，主要目的不是"证明"而是"证伪"。

确定了待检验的假设之后，定量方法的使用者需要将理论假设用统计假设的形式表达出来。虽然在论文写作中这一部分通常被省略，但是待检验的假设要求能够表达成以下数学形式：

$$E(Y) = f(X)$$

其中 $E(Y)$ 是待解释现象的期望值。定量研究一般只对现象的普遍特征 $E(Y)$ 进行解释，而不解释具体的一个现象（表示为观察到的 $y_1$），这也是为什么定量研究必须是有一定程度普遍性的研究——对一类现象的共有特征而非一个现象的特殊部分进行研究。公式中，$f(X)$ 是 $X$ 的函数，而方程的性状就是待解释的现象 $Y$ 和解释现象 $X$ 之间的关系。研究者的理论是对这种关系是什么 $[f(X)$ 的性状$]$ 以及为什么的研究，而待检验的假设就是用观察到的具体现象 $y_1, y_2, \cdots, y_n$ 及相应的 $x_1, x_2, \cdots, x_n$，来检验 $X$ 和 $Y$ 之间的关系是否为 $E(Y) = f(X)$。因此，函数 $f(X)$ 是待检验的假设。

这里又回到定量研究能够胜任的理论必须十分清晰并高度简化这一点上。待检验的假设是 $X$ 和 $Y$ 之间的关系 $f(X)$。要使用统计方法对这一假设进行检验，方程 $f(X)$ 的性状不能过于复杂，否则将无法进行统计上的假设检验。使用定量方法的研究通常情况是对 $X$ 的变化带来 $E(Y)$ 的增减进行理论、逻辑和实证研究，在数学上面表达为函数是增函数还是减函数，即其一阶导数是正还是负：

$$\frac{\mathrm{d}f(X)}{\mathrm{d}X} > 0 \text{ 或 } \frac{\mathrm{d}f(X)}{\mathrm{d}X} < 0$$

最简单的假设检验就是假设 $E(Y)$ 和 $X$ 之间具有线性关系 $E(Y) = f(X) = \beta X$，其中 $\beta$ 是未知参数。这样检验 $X$ 和是否对 $Y$ 有影响就是检验假设 $\beta = 0$，$X$ 是否对 $Y$ 有正面或负面的影响，即为检验假设 $\beta > 0$ 或 $\beta < 0$。当然定量方法可以检验一些比线性关系更为复杂而动态的理论假设，但是研究者必须控制概念的数量并尽量简化概念之间的关系。

### 三、变量测量、样本抽样和数据生成

数据（data）在英文中通常是信息的同义词，或指信息的载体。数据本身并不一定要采取数值（numeric）形式，而且以数值形式表现出来的数据不必然有数量意义。但在定量研究中数据专指数值数据，是变量的具体取值。也就是说，数据的背后是变量的概念。数据信息不在于数值本身，而在于通过可观察到的数据，研究者可以对感兴趣的变量或概念进行实证认识。因此，数据取样的质量在于它是否反映了变量的分布特征。由于变量的分布特征对研究者来说通常未知，比如待解释现象（因变量）的均值 $E(Y)$ 是变量分布的重大特征，但它是未知的，它的取值及变化原因正是研究的目的和任务。如果得到的数据 $y_1$，$y_2$，$\cdots$，$y_n$，能够反映出变量 $Y$ 的分布，那就能够从可知到未知进行推论。怎么才能知道一组具体的数据 $y_1$，$y_2$，$\cdots$，$y_n$，是否反映了变量 $Y$ 的分布特征？随机抽样和样本大小是核心，前者是保证数据对变量分布具有良好代表性的黄金法则，而样本越大这种代表性越准确。据此，庞珣（2014）认为随机样本和样本规模直接影响到样本数据质量及之后的假设检验。

测量误差是影响数据质量的重要因素。测量首先要基于概念的定义，概念化是测量的前提，概念化的优劣决定测量的质量。此外，测量过程中可能会出现偏差，因此，如何正确地识别、分析和解决这些问题成了一项复杂且重要的任务。研究人员要深入了解是否存在测量误差以及误差的类型，然后选择合适的统计方法来修正或者重新测量。

### 四、数据处理和统计分析

当收集到足够数量的数据之后，研究人员会对其进行整理和处理。庞珣（2014）提出，研究者必须认识到数据生成过程中可能会出现测量及编码准确度问题，这些可能是由编码者个人的失误导致的，也可能是因为系统的测量误差或数据编码习惯不适配研究者的统计软件。那些没有足够的数据处理经验的研究者，经常会把别人提供的数据直接应用于他们的定量分析和假设检验中，从而得出了错误的或者偏离实际的结果，而自己并未察觉。这一步的所有操作都需要一定程度的统计学知识和技术，此处再次介绍简要的步骤并且稍做解释。

（1）对信息进行编码以便电脑能够准确识别。数字呈现的信息分为两种：一种是具有

明确数量的定量数据；另一种则是包含等级和顺序关系的类别数据。如果不对这种分类加以考虑，许多时候电脑都会将其视为定量数据来对待，这可能导致后续分析产生较大的偏差。

（2）对数据编码的调整。例如，某些数据库会用"999""99""9"或者"0"来表示缺失数据，这种方式是为了让统计软件能够识别。然而，由于不同类型的统计软件处理缺失数据的方法有所差异，必须按照所用的软件去修改这些编码，以避免因"999"这个缺失数据标识符在某些软件里被解读为数字"999"的情况发生。例如，使用 R 软件的研究者，要把所有的缺失数据都替换为"NA"，这样才能使电脑明白它们代表的是缺失数据。此外，还存在许多其他的编码问题需要逐一核对并依据数据生成的手册进行认真检查。

（3）估计和补全缺失数据。为尽可能降低数据缺失处理不当而导致选择偏差的可能性，应采用如"多重填充（multiple imputation）"或"数据增扩（data augmentation）"等方法来弥补各类数据模结构下的缺失数据。

（4）分析单个变量的数据分布情况，以评估样本的质量与数据问题。基于实践经验及统计学知识，研究人员通常对要使用的变量有一个基本了解，比如大概理解它们的分布范围及其形态等。例如，对数据的分布检查发现取值范围只能是正实数的变量，如国内生产总值出现为负的数据，或者代表比例的变量获得了大于 1 的取值等，研究者必须对数据的测量和编码进行检查。

（5）变量间的相关性分析。在模型估计和统计检验之前，要先对变量之间的相关关系进行初步检验。理想情况下，所选择的自变量和因变量之间具有较强的相关关系，而因变量之间的相关性不强。因变量之间的高度相关实际上是两组数据所包含的信息雷同，对因变量的解释重合范围大，在统计上则会造成较严重的技术问题。

## 五、结果分析和解读

最后，研究者们要深入解析各类的统计结果。对于实证效果的分析和解释，在定量分析中非常重要。值得一提的是，此阶段所要运用的不仅仅是学者的统计知识和对测量方法法与数据掌握的信息，更重要的是研究者对自己研究领域的专长知识。在这个步骤里，研究者的主要任务则是深度剖析统计结果进行实质解读，以确定包含了控制变量影响后的检验结果是否在理论上或实际上讲得通。如遇到理论层面、逻辑层次或是常理无法解答的统计结果，学者应重新审视自身的统计方法和数据质量以及测量的可靠性，并对其做出合理的解释。

# 第四节　定量研究的方法

本章第二节介绍了定量研究的类型，本节将就定量研究各类型研究过程中所要用到的具体方法与技术进行介绍。定量研究的具体方法与技术是指研究者在研究过程中使用的各种资料收集方法、资料分析方法、特定操作程序和技术。在定量研究中，研究者可以依据实际的研究目标选择，如问卷、访谈、观察等方式以获得所需的信息及数据；利用诸如描述统计、推断统计、回归分析等不同类型的统计学方式去阐释数据变量的关系以及研究对象的特征，并对其进行描述、解释和预测。其中，涉及一些特定的操作程序与技术，如变量操作、量表制作技术、模型建立、评估技术等。定量研究方法和技术具有专业性、可操作性，是开展定量研究得出实质性结论的基础和核心。图 11-1 展示了定量研究方法体系框架。

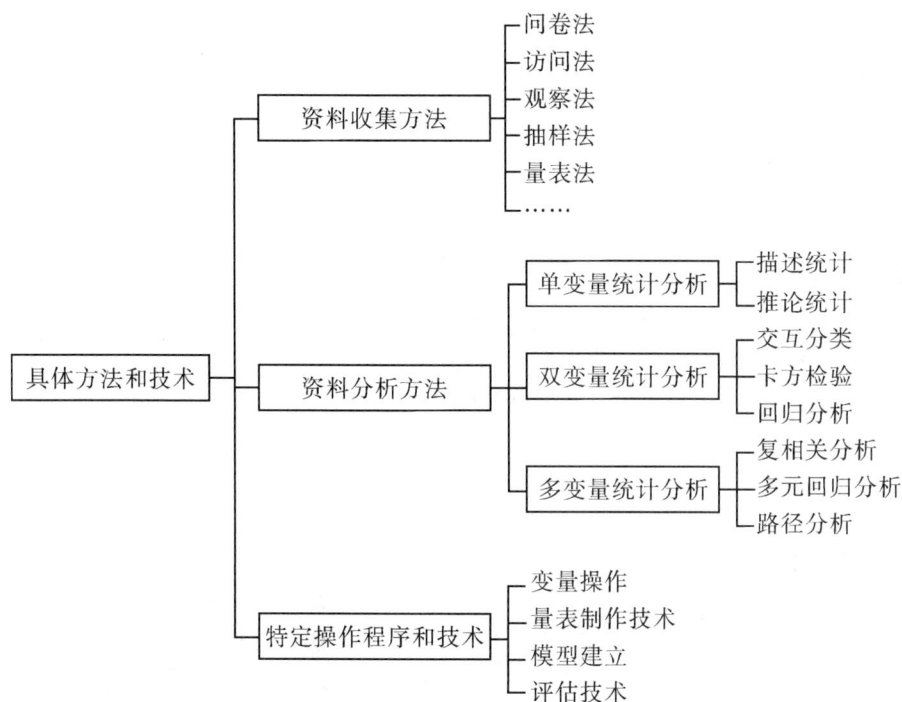

**图 11-1　定量研究方法体系框架**

## 一、资料收集方法

资料收集是开展定量研究过程中的第一步，它决定了研究所使用的数据来源和质量。正确选择和应用合适的资料收集方法对于确保研究结果的可靠性和有效性至关重要。本书前几章对定量研究过程中所采用的方法及其具体步骤进行了详尽而深入的阐述，本节旨在以此为基础，对传统方法进行较为系统的归纳整理，以便研究者更好地理解和掌握定量研究方法。

本节对常用的定量研究方法的研究焦点与应用领域进行介绍，并指出不同方法的优缺点，具体内容如表 11-2 所述。

表 11-2　定量研究具体方法

| 研究方法 | 研究焦点 | 应用领域（适用范围） | 优点 | 缺点 |
|---|---|---|---|---|
| 问卷法 | 利用统计方法来揭示不同变量之间的关系，从而推断出人群、社群或整个社会的特征和趋势 | 调查社会态度和价值观、研究社会行为和互动、探索社会问题和现象等。例如：调查受访者对于 A 产品的反馈评价 | 一是操作简单，资料统计分析方便；二是实施较为经济，耗费的人力、时间和经费有限；三是允许研究者对研究主题有较大的设计空间；四是匿名进行，有助于保护被调查者隐私，确保回答的真实性 | 一是只能获得书面信息，对生动、具体的社会现象了解不够；二是由于问题和答案的预设计不够灵活，深度调查和研究变得困难；三是发放问卷后回收率不高的问题较为棘手 |
| 结构式访谈法 | 有目的、有计划、有方向地与参与研究的个体或群体进行口头交流、收集资料 | 一般要访问受访者才能得出答案，研究者本身并不知道答案。例如：研究"人们如何在使用微信的过程中维持公与私的边界" | 一是灵活性强；二是能够使用比较复杂的访谈提纲；三是能够获得直接、可靠的信息和资料；四是不受书面语言文字的限制；五是容易进行深入调查 | 依靠研究者的主体提炼能力，其研究结果的外在效度不高 |
| 结构式观察法 | 运用系统性的观察和记录收集行为、环境、事件等方面的可量化数据 | 作为获取社会资讯的关键途径，它能够收集其他手段难以获得的信息，尤其在面对研究者和被研究者无法进行语言交流或者处于不同文化环境中的情况时。例如：观察学生在课堂上的参与程度 | 一是可以掌握第一手资料；二是对研究目标的干扰较小，特别适合于那些无法用语言文字交流的调查目标；三是可以弥补其他方法的缺陷 | 一是观察法难以进行数量分析和统计判断；二是观察的工作量大，需要耗费大量时间、经费和精力；三是对研究者的素质要求更高 |

在利用问卷法、结构式访谈法、结构式观察法等方法进行研究时，调查者往往会使用抽样和量表作为调查工具以提供具体的量化数据。本书调查研究章节对抽样设计和量表测量进行了详细阐述，此处不再赘述。本节从抽样法和量表法的基本分类框架入手进行介绍，并指出各自的优缺点，以便读者更加清晰。具体内容如表 11-3 和表 11-4 所述。

表 11 - 3 抽样法

| 适用范围 | 在定量研究中有广泛的适用范围。例如，抽样法可以用于人口普查、社会调查、民意调查等领域，通过从整体人群中选择代表性样本，可以获取关于人们特征、行为、态度、观点等方面的信息。 | | |
|---|---|---|---|
| 注意事项 | （1）要根据研究目的和资源限制，选择适当的抽样方法和样本大小。<br>（2）要考虑抽样误差、样本偏差和非响应率等因素，以确保抽样过程的可靠性和有效性 | | |
| | 抽样技术 | 优点 | 缺点 |
| 概率抽样 | 简单随机抽样 | 方便，易理解，好推广 | 抽样框难以建立，成本高，精确度低，不能保证代表性 |
| | 系统随机抽样 | 比简单随机抽样易操作，代表性高，不需要抽样框 | 样本的代表性不一定能保证，也可能降低代表性 |
| | 分层随机抽样 | 可包括所有重要的子群体，精度高 | 对许多变量来说不易分层，费用高 |
| | 整群随机抽样 | 易操作，样本集中，成本合理 | 样本分布不均匀，代表性差，误差较大 |
| | 多段随机抽样 | 精度较高，成本较低，抽样工作较简便易行 | 计算较复杂，误差机会多 |
| 非概率抽样 | 偶遇抽样 | 方便经济，节省时间 | 样本无代表性 |
| | 判断抽样 | 费用低，方便，省时间 | 主观性强，结论无推广性 |
| | 配额抽样 | 在某种程度上可对样本进行控制 | 有选择偏差，不能保证代表性 |
| | 滚雪球抽样 | 样本的代表性有保证 | 耗费时间 |

表 11 - 4 量表法

| 常用量表 | 适用场景 | 优点 | 缺点 |
|---|---|---|---|
| 总加量表 | 广泛用于市场调研、社会研究、人力资源管理等 | 设计简单，易于理解和应用，无需进行复杂的思考或计算 | 不能很好地表达答题者的意愿程度 |
| 李克特量表 | 适合深入挖掘一个特定主题，详细地找出人们对这一主题的看法 | 应用面较宽，可靠性较高 | 无法描述相同得分的人之间的态度结构差异 |
| 语义差异量表 | 广泛用于文化的比较研究，个人及群体间差异的比较研究等 | 可量化研究对象之间的语义差异，帮助研究人员准确捕捉内在特点和差异 | 存在主观解释差异 |

## 二、资料分析方法

王汉生（1993）指出，尽管从数据采集环节获得的第一手信息往往显得混乱且未经整理，这些信息仍然能够体现某一特定对象的特点，具备现实的社会属性。仅凭这些信息无法深入理解事物的核心或现象的实质，需要通过对信息的筛选与解析，找寻其中隐藏的规则性和深度内涵，从而洞察到事物的真实面貌。而这种数据解析的方式，包括两层含义：一是对获取的数据的审核，这涉及检查信息的真实度、精确度、完整性和质量等方面，然后通过编排、归类、划分等方式将其组织成体系化的形式；二是数据解析过程本身，这一环节的关键在于通过数据中涵盖的研究对象的所有组成部分、所有发展阶段和各种性质来探究，分辨出根本要素和次要元素，理解实体的核心特点、特性、作用、构造和规律性，以此为基础做出恰当的阐述和总结。

因此，资料分析不仅仅影响了研究者能否获取有用的信息，还能有效地测试其在开始时设定的理论框架，或是恰当回应其要解决的研究问题，并且可以用一种可接受且易于理解的方式来呈现研究结果。经过解析，研究者可以通过提升认知层次、由个体推及至普遍，以此作为制定策略或做决策的基础。

**（一）类别**

根据所涉及的变量数量，定量统计分析方法可以被划分为单变量统计分析、双变量统计分析、多变量统计分析三类。

1. 单变量统计分析

单变量统计分析可以主要划分为两个方面：一是描述统计，二是推论统计。

（1）描述统计。描述统计的主要目标是对调查总体的全部变量的数据进行统计性描述，以最基础的概括方式揭示大量数据信息所包含的基本信息。其基本方法主要包括数据的集中趋势分析、离散趋势分析和频率统计等。

（2）推论统计。推论统计是一种研究如何通过分析样本数据来推断整体特性的统计方法。例如，若想理解某一地区的居民特性，无法逐个对其进行详细评估；同样地，检测商品品质通常会造成损坏，因此也难以针对每件商品进行全面测试。此时，就需要从其中选取一部分代表性样本进行分析，并基于这些样本的数据去推测目标群体的总体属性。其基本方法主要包括区间估计、假设检验。

2. 双变量统计分析

双变量统计分析是指使用定量数据进行分析，探索两个变量之间的关系。它适用于研究两个变量之间的相关性、差异或影响关系。该方法包含了交互分类、卡方检验、回归分析等。

3. 多变量统计分析

多变量统计分析是一种统计方法，用于同时考虑和分析多个自变量对一个或多个因变量的影响。与单变量分析相比，多变量分析可以更全面地了解不同自变量之间的相互作用以及它们与因变量之间的关系。它运用了多种方法，如复相关分析、多元回归分析、路径分析等。

**（二）定量研究方法的新发展**

随着科技与方法学的不断发展，除了传统方法外，定量研究还衍生出了许多新的方法。

一方面，传统的定量社会科学的研究方法通常需要通过问卷和实验设计来获取数据，这种方式耗费大量的人力、物质资源和资金，所能得到的样本数量也相对有限。这些所得的信息主要是基于研究人员预先设定的结构性问题回答。因此，强大的前置假说被视为判断总体状况的基础。伴随着计算机信息系统的进步，电子化档案的出现，大大增加了社会研究所能获得的数据量，使得一些社会学分析方法不再受到抽样调查的限制。许多具有电子化标志的信息源于人类生活的即时记录，并且带有明显的"非结构性"特征，这通常是由各种活动的自然反应所造成的。此外，电子化信息的大量出现，也从某种程度上克服了传统量化研究中样本量不够的问题。

另一方面，图像型、文本型数据的出现为社会学的数据分析提供了多样化的选择。尽管传统的数量化社会研究并未过分重视图片类数据的研究，但随着电子技术的进步，图像已然成了记录实际社会活动的关键工具，并因此构成了计算社会研究的主要资源。同样地，虽然在过去的数量化社会科学中有大量的文本数据使用，但是内容分析方法所能处理的文本材料是受限的，且挖掘深度不足，或者可能有很大的主观成分。

故本节引进网络数据分析法、文本数据分析法、图像数据分析法三种新方法，作为定量社会研究新方法的补充。

1. 网络数据分析法

网络数据分析法是一种基于互联网和计算机技术的数据分析方法，旨在从网络中收集、整理和分析数据，以揭示其中的模式、趋势和洞察力。例如，通过分析谷歌搜索结果可以有效地预估美国的流行病状况，这是网络搜索轨迹研究领域的一个典型案例。

谷歌趋势是谷歌公司推出的一款基于搜索引擎日志挖掘的应用产品，英文版本发布于2006年5月11日，中文版本发布于2006年7月31日。谷歌趋势通过分析全球数以十亿计用户在谷歌网站输入的搜索查询，得出某一关键词被搜索的频率和相关统计数据。互联网用户每天在搜索引擎中输入数十亿次的搜索查询，这些查询词反映了用户关心和感兴趣的话题。

在谷歌流感趋势之前，已经有利用在线行为来监测流感的研究。研究发现，包含关键词"flu"或"influenza"的雅虎搜索数据集与过去几年的病毒性死亡监测数据具有关联性。基于早期的应用，2009年，谷歌开发了基于谷歌搜索日志自动发现流感相关查询来进行流感监测的方法——谷歌流感趋势（Google Flu Trend，GFT），利用美国居民使用网络来搜索关于特殊疾病或者药物信息的数据，即时预测疑似流感病例占比。通过处理数以千亿计的2003—2007年的个人搜索日志，生成用于流感监测的训练集构造模型，将模型运用于2007—2008年的测试数据集中。结果表明这段时间的预测结果与美国疾控中心的真实数据高度吻合，因而谷歌将监测范围推广到全球28个国家，并增加了登革热疫情监测。至此，大数据在谷歌流感趋势中的应用取得了成功。①

这种分析思路对后续研究产生了很大的启发。然而，必须认识到的是，网络数据并非

---

① 邝岩. 大数据挖掘技术在网络舆情监测中的应用研究［D］. 北京：北京理工大学，2016.

仅由搜索痕迹构建，人们也能在网络上通过其他途径表达自己的观点。鉴于网络的匿名特性，在网络环境下的匿名态度更能揭示出人们内心的真实情绪。因此，近些年来，社会学领域涌现出了大量以网络平台为基础的观念表达研究。以微博平台关于某一政策的讨论为例，研究人员利用自然语言处理技术，就用户对该政策发表的有关言论进行情感分析。通过识别文本中的情感倾向（如积极、消极、中立），了解用户对该政策的支持程度或反对态度。

2. 文本数据分析法

传统的定量研究方法大多依赖于内容分析法去研究文章的内涵，这必须由研究人员和其他人手动理解和编码文章，以发现其更深层的信息和规律性。而计算社会学的文字挖掘，尽管仍致力于从文字中抽离出一些最基本的思维模式，对文字的解读仍然可以由计算机来实现。通过探索不同词语的分布状态，学者们可以通过构造主题模型确定文本的主题。通过结构主题模型，可以进一步判断这个主题的关联因素，从而形成对文本的解释。另外，也可以用词向量化的方式来解析词汇在特定的语言环境下的意义或者运用情感分析工具来洞察文字所传达出的感情特性。文本数据分析已经成为社会学领域的热门研究趋势，国内外的专业杂志上也出现了大量的相关研究成果。

以下是文本数据分析法的一个案例：

发表于《科学》上的一篇论文中，古德与梅西（2011）研究了人们每天或者每个季度的心情变化。要研究人们心情的变化趋势，通过对传统数据的统计分析可能力有不逮，但通过大数据的应用与文本资料的量化分析很好地解决了这个问题。两位研究者通过数据挖掘技术从社交网站推特中获取了来自82个国家240万人多达5.09亿条英语推特文。然而，推特文是文本资料而非数据，计算机可以识别却无法进行分析。研究者使用"自动文本分析系统"（linguistic inquiry and word count，LIWC）对推特文进行内容分析。通过对文本的分析，它能够识别出包括焦虑、愤怒、抑郁等在内的60多种人类情绪，并进一步将其归纳为"积极情绪（PA）"与"消极情绪（NA）"。通过这样的内容分析，研究者们能够从每一条推特文中识别出该段文字发表时作者的积极或消极情绪。分析结果发现，人们在早上起床时的心情一般都很好，但在一天中会逐渐发生变化；人们在周末更加快乐，但是这种快乐峰值到达的时间要比工作日晚两个小时；人们的情绪会随着季节的变化而发生变化等。[①]

然而需要注意的是，许多文本解析的方法依赖于基本的信息处理步骤，其中最为初级的数据库构建就是基于语言学的各种数据资源。对于社会研究来说，掌握学者们在文字运用上的偏好及特性便可创建这样的数据库，能为之后的社会科学文献解读提供便利。相对于英文，汉语相关的数据库构建仍显不足，这是当前文本解析领域亟需攻克的一个难题。

3. 图像数据分析法

在社会学的研究过程中，图像始终是充满挑战的处理对象。虽然可以通过传统的文

---

① 罗玮，罗教讲. 新计算社会学：大数据时代的社会学研究［J］. 社会学研究，2015，30（3）：222－241，246.

本分析技术，交由专家或者其他的研究人员解读图片传递的信息，再利用代码探寻其中的隐藏规律，但是在计算机科学的时代背景下，人们有能力运用电脑设备阅读和解析图形信息。这正是人们依赖于电脑的原因所在：人类视觉受到生理限制，无法识别某些图像的细节。

以下是图像数据分析法的一个案例：

在自定义训练图像数据集的探索上，申乔木等人试图基于城市街景了解人对城市形态的感觉，为此设计了一个可与市民互动的视觉分析系统（street vizor）。一方面，该系统允许公众参与城市空间的评分（在系统后台可转化为对城市街景图的标签），收集了人们在城市中的感受。另一方面，从谷歌街景（Google street view, GSV）收集的街景图像被输入开源的图像语义分割深度网络（seg net），以判别其中六种特征（绿植、天空、建筑、道路、交通、其他）的大致轮廓。然后每种特征元素的像素面积被计算，对这些特征在图像中所占的比例进行统计分析后便可以了解城市中各街道的特点，如某些街道的绿化较多，某些则是建筑密度较高。街景图像的分析结果与人们的评价结果相结合，可以帮助研究人员发现广受好评的街道的特点。研究指出该系统在城市规划设计中还有更多的应用可能性，如指出潜在需改善的范围、比较各城市的规划（案例）、辅助设计步行体验更好的道路、检测城市环境问题等。[①]

虽然现在以图形作为社会研究对象的情况还不多见，但是计算机领域的图像处理技术已相当完善。未来如何更有效地把这些技术和社会科学研究结合在一起，将会是一个重要的发展方向。

# 第五节　定量研究类型的发展：计算社会学

## 一、概念

与以往依赖社会调查样本数据的定量研究不同，陈玉松（2020）认为计算社会学更倾向于利用复杂模型和社会计算工具来描绘、阐释、预测复杂的社会现象和过程。在大数据时代，新计算社会学由此被提出，罗玮（2015）将其定义为"利用大数据新方法来获取数据与分析数据，从而研究与解释社会的一种新的方式或思维方式"。目前，中国"计算社会学"基本范围定义为：区别于传统的基于抽样调查的量化研究方法和传统的模型回归分析，利用复杂模型和社会计算工具来描述、解释、预测复杂的社会现象和过程的定量社会学新领域。

---

① SHEN Q, ZENG W, YE Y, et al. Street vizor: visual exploration of human – scale urban forms based on street views [J]. IEEE transactions on visualization and computer graphics, 2018, 24（1）: 1004 – 1013.

## 二、研究范式

在知识探索的进程中，归纳和演绎被视为两大基本方法。然而，因为社会科学具有独特的性质，这二者无法有效结合在一起。其中，计算社会学的一个核心就是数据挖掘，这是一个包含了多步骤的知识发掘过程。例如，理解问题领域、数据的理解、数据预备、数据分析、新的知识评价及应用，等等。

在这类研究中，研究者通过为每一个行动者的行为设定规则，再将不同的行动者置于一个世界中进行互动，从而展现出宏观的社会现象。这种方法强调微观个体互动展现出的社会现象，并可以用来解释社会秩序不是被设定的，而是通过微观结构的改变展现出来的。另外，计算社会科学的归纳范式基于大数据。自 2010 年以来，随着大数据技术的发展，计算科学家和数据科学家开始收集大量数据并通过计算的方式研究社会现象。Pearl（2018）利用贝叶斯因果网络对三个变量的关系进行计算，从而将三个变量之间的 25 种可能关系缩减为 11 种。梁玉成（2016）认为这种方法强调利用大数据来发现和理解社会现象中的因果关系。

## 三、研究方法

面对人类社会这一特殊的复杂系统，实证研究方法最为突出的局限性有两个：一是关于社会事实的经验材料的获取；二是适合复杂系统研究的技术手段。计算社会科学正在这两个领域取得新的突破。目前，它已经创新性地开发出三种新的研究方法，即社会数据计算、社会模拟以及互联网社会科学实验，并且正在致力于为提高社会科学实证研究的能力开辟新的途径。

### （一）社会数据计算

传统信息数据的数据化是为了借助强大的大数据技术分析能力，方便社会科学学者有计划地向计算机输入传统信息数据。例如，利用具有自动翻页功能的扫描设备逐页扫描图书并生成图片的谷歌图书，就是将纸质图书数据化而产生的数据集；然后将图片通过字符转换技术（OCR）转换成文字，方便查询和分析。将传统的资讯素材数据化，既可以提升分析处理的效率，也奠定了资讯素材去中心化整合的基础。

新型数据和传统数据的主要区别在于与研究的契合度不同。传统的研究手段通常是首先构建理论假设和研究框架，然后利用问卷调查、个案访谈、实验室试验等方式获取数据，这些数据与研究框架高度一致，可以直接应用于研究。然而，新型数据，如互联网、移动互联网、物联网以及各种数字设备产生的数据，往往不是为了社会研究而收集的，因此与特定的研究框架的契合度较低。

### （二）社会模拟

复杂科学深刻地揭示了社会系统的本质和特征，以及复杂社会现象的产生机制，迫切需要寻找与之相匹配的研究途径。随着计算机科技的发展，罗俊（2020）发现有研究已将仿真技术应用到社会研究中，并由此催生出一种新的研究范式——社会模拟。社会仿真模拟方法是指基于研究目的，在既有认识的基础上，抽象出符合系统某一层次属性的数学/结构模型，然后利用计算机模拟技术对其进行测试，根据模拟输出的结果不断地修改模型的参数，最后达到了一个具有真实感的动态仿真过程。

所谓"社会仿真模拟法"，Gilbert（2005）认为是基于研究目的，利用对现有的关于社会研究对象的组成、功能和结构等特征的理解，构建出满足系统某个层面属性需求的数学或结构模型。接着，通过使用计算机仿真技术（如仿真算法和仿真编码），把这些数学或结构模型转化为适于电脑操作的方式，进而应用假设检测来进行实验，根据模拟输出的数据不断调整模型参数，从而完成对于系统的真实动态模拟的过程，详见图 11 – 2。

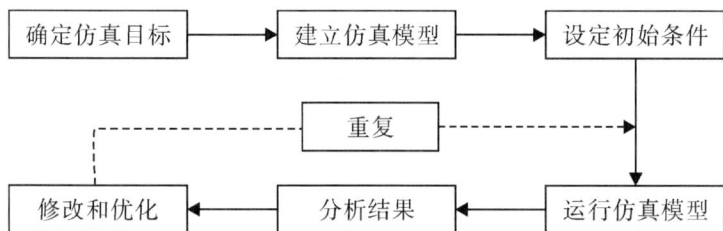

图 11 – 2　社会仿真模拟过程

早期的社会仿真模拟技术主要是通过构建概念模型来实现的，如模型设置与检验往往是抽象概念模型。然而，近年来开始注入实证数据，即采用数据驱动的自主行动者建模（data-driven agent-based modeling），这是一种基于实际数据和自主行动者的建模方法。这种方法能够更好地模拟真实社会系统的复杂性和动态性，为社会研究提供了更有效和准确的研究工具。

以谢林（1971）的研究为例，其种族隔离模型（也称为"谢林模型"）用于解释和模拟种族隔离现象。该模型通过简单的规则和假设，展示了即使在个体偏好温和的情况下，社会整体上也可能出现高度的种族隔离。

模型的基本假设：

1. 个体偏好

模型中的个体（代表居民）对与自己相同种族的邻居数量有一定的偏好。个体愿意与一定比例的同种族邻居生活在一起，但也能够容忍一定比例的异种族邻居。

2. 空间布局

个体分布在一个方格网格上，每个格子代表一个居住单元。每个个体都有一个种族属性，并占据一个格子。

3. 移动规则

个体根据其对邻居种族组成的满意度决定是否搬家。如果不满意，个体将寻找新的居住地，并在可能的空置格子中随机选择一个搬家。[①]

模型的关键要素包括：

1. 满意度阈值

个体对邻居种族组成的满意程度。如果同种族邻居的比例低于这个阈值，个体会感到不满足，并可能选择搬家。

2. 随机性

个体搬家时选择新居住地的随机性。这增加了模型的不确定性和复杂性。

3. 动态过程

模型通过多次迭代，模拟个体的搬家过程，直至达到一个稳定状态，即没有个体愿意再搬家。

谢林模型揭示了几个重要的事实：

第一，即使个体只有轻微的种族偏好，也可能导致高度的种族隔离。这是因为个体的搬家行为会相互影响，形成正反馈循环，最终导致种族的聚集。

第二，隔离的形成和维持并不需要强烈的种族主义或歧视。模型表明，即使是基于非常温和的偏好，也可能产生显著的隔离效果。

第三，模型提供了一个理解社会现象的框架。谢林模型不只适用于种族隔离，还可以扩展到其他类型的社会隔离现象，如经济收入、宗教信仰等。谢林模型可以通过编程语言如 Python 实现，并通过模拟实验来观察不同参数下模型的行为。例如，可以通过改变满意度阈值、个体的移动规则等，来研究这些因素对隔离程度的影响。

### （三）互联网社会科学实验

互联网社会科学实验利用互联网平台构建了"新型实验室"来进行随机实验。这种新颖的方法是对旧有实验技术的革新和改进，从而创造了一种全新的方法。与传统的实验室实验相比，互联网社会科学实验能够克服如参与者数量、空间和时间的限制，并且理论上可以有效地减少研究员和实验本身所带来的影响，因此其可靠性和效果都较高。此外，它还具有更大的灵活性、更强的可控制性以及更低的成本。

## 四、计算社会学优势方向：微观定量社会学到宏观定量社会学的转变

自古典社会学时代起，如涂尔干与韦伯等先驱就已关注到对于宏观社会现象的研究。尽管如此，受制于传统的数据收集方式及其"生态谬误"的理论难题，宏观定量的社会研究进程相对滞缓。而当大量数据变得易得时，研究人员便开始运用这些大范围的数据来做社会科学的计量分析，并将县级、市级、省级或国家级作为研究对象进行宏观层次的定量分析。陈云松（2020）认为，基于这些背景，大数据宏观量化的社会研究成了中国的计算社会学的一个显著特点，也为国内专家引导全球社会科学的前沿发展创造了机会。

---

① SCHELLING TC. Dynamic models of segregation [J]. The journal of mathematical sociology, 1971 (2)：143 – 186.

# 思维导图

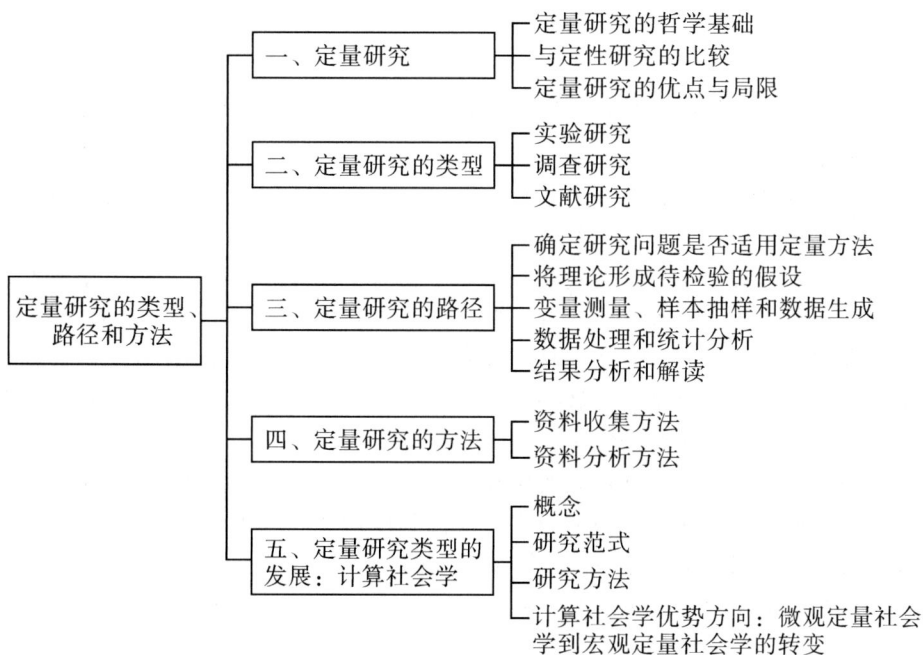

# 第十二章　定量研究的资料收集和数据处理

本章主要探索定量研究中较为重要的两个方面：资料收集和数据处理。通常，资料收集与数据处理分为以下四个步骤：

（1）明确定量研究中数据的特点和价值，这有助于确定研究需要的数据类型和内容，更好地理解与应用数据。

（2）定量研究是以数字形式收集资料，主要收集和分析的是量化资料。定量数据的获取和来源主要从传统的定量研究入手，如实验研究、调查研究、文献研究的定量方面。随着时代进步，现可以使用互联网进行在线调查来收集数据。但无论采取什么形式的数据收集方法，都要遵循一个基本原理：根据数据收集程序的优缺点、费用开支预算、数据的可利用性以及方便性等进行数据收集。

（3）收集数据完成后，应进行数据筛选，确保数据的有效性。因此，要对收集到的资料进行审核、转换（操作化）并进行录入、清洗和检查。

在得到有效数据后，要选择一种或多种数据分析方法以验证在定量研究中所做的假设。可选择的分析方法有很多种，如回归模型分析、集中趋势分析、假设检验、卡方检验等。根据所做研究的目的和研究内容，要选择不同的数据分析方法，且随着时代不断发展，技术不断进步，借助分析软件能更直观和清晰地对数据资料进行分析。本章将介绍三种主要的定量分析软件（既有共性又有差异），通过一定的对比介绍供研究者了解并进行应用。

（4）数据处理和分析完成后，要对数据的含义进行表述，即数据分析结果的应用。这同样是比较关键的一个环节，数据的应用是否合理，分析是否恰当，能否在研究中充分利用数据，资料是否能充分论证假设等，都是对数据应用的考验。

## 第一节　定量研究资料概述

### 一、定量研究资料的定义

定量研究主要是从研究对象入手得出总体的调查结果，通过数量的形式，呈现出问题与现象两者之间的关系，然后分析数据、推测结果，从而起到借鉴意义的过程。定量资料是指"可以描述或衡量的变量"，其中获取的数据是数量化的，或可被转换成数字，以便进行统计分析和研究。此外，这些数据通常涉及抽样、采样和收集被试者的行为信息，以及量表和其他重复可测量的变量。例如，学者可采用定量研究来定义一组指标，以衡量政府改革的成功程度，或者量化一组用以描述教育水平的指标。定量研究可提供基于特定事件的客观和可重复的结果。

定量研究的数据不仅包括实证数据，还包括可以经由量化分析研究的定性数据和可经由计算机分析的图形数据。一般的定量数据是以个体样本为主产生的调查数据，研究对象的变量和结果的获取，保证了定量研究的客观性和有效性。

## 二、定量研究资料的特点

定量数据可用于确定事件发生的比例、频率或其他基本特征，而无须在带有任何主观偏见的情况下进行总结和描述，可用于比较事件的结果及确定事件的原因或影响因素。

### （一）优点

（1）具有可重复性。定量研究的数据来源和分析方法比较规范和标准化，因此研究结果更加客观、可靠和可重复。其他研究者可使用相同的数据和分析方法进行验证和比较，从而增强研究结论的可信度。

（2）精度高。定量研究通过大量数据的收集和统计分析，可以获得更加精确和准确的结论。定量研究可以使用各种分析方法，如回归分析、因果分析等，揭示变量之间的关系和规律。

（3）客观性强。定量研究通过数据的量化和统计分析以规避主观性和偏见，使结论更加客观和可信。定量研究通过数据的量化和统计分析，可以得出实证性强的结论。定量研究的结论更加客观和可信，因此能为政策制定和实践提供有力的支持。

（4）范围广。定量研究通常需要收集大量的数据，数据规模大。定量研究适用于不同领域的研究对象和问题，如社会科学、医学、工程等领域。定量研究可以处理大规模数据和复杂变量之间的关系，从而提供更加全面和深入的结论。

### （二）局限性

（1）研究对象局限。定量研究通常使用问卷调查、实验研究、抽样调查等方式收集数据，因此研究对象有一定的局限性。例如，无法涉及那些不能被量化的复杂情况。

（2）数据收集困难。研究要收集大规模的数据样本，这个过程需花费大量的时间和精力。此外，数据收集过程中还可能面临样本失真、回收率低等问题。

（3）分析方法复杂。研究过程中要使用各种复杂的统计分析方法，须具备较多的统计学知识和技能。此外，分析方法的选择也要充分考虑研究问题和数据特点，否则可能得出错误的结论。

# 第二节　定量研究资料的收集

## 一、定量研究资料的来源

### （一）实验研究中的资料

实验研究指通过控制环境、变量因素，分析自变量和因变量之间的关系。大部分的实验中，研究者将被试者分为两个或两个以上的小组，然后对这些小组进行相似的处理，其中向一个小组施加研究者感兴趣的条件——"实验处理"（treatment），然后研究者精确地测量两个小组的反应。通过控制两个小组所面对的状况，并且只对其中一个实验进行处理，研究者从中可以得出结论——团体反应上所出现的差异是否由实验处理造成。

### （二）调查研究中的资料

调查研究可以概括为：为实现研究目的，全面地收集研究对象某一特征的材料和数据，对其加以分析和解释，最终得出调查结论。调查研究一般以问卷和访谈的形式出现，要进行研究对象的选取，即抽样；根据研究者的研究问题进行问卷或是量表的设计，这个过程中要考虑其信度和效度的问题。

调查研究主要采用标准化数据收集方式。通过使用标准化的调查问卷等方式，收集来自样本中的定量数据，这种标准化的数据收集方式可以减少主观因素的影响，确保数据的可靠性和可比性，其依据主要是调查得到的现实资料数据。调查研究中的资料主要是由样本、问卷内容、量表内容等组成。

### （三）文献研究中的资料

1. 内容分析法中的资料

通过对现有统计资料（政府工作报告等）内容进行计算，如某些词或者主题出现的次数，发现特征。例如，词云分析就是将一种非量化呈现的文献转换成能以数量表示的资料，内容分析的结果也经常是以频数、百分比、交互分类表等统计形式来表现的。内容分析要抽取有代表性的样本，同样需要利用某种工具、按照某种程序来测量和收集资料。这个过程中与编码相关的工作有两个：一是要选取合适的编码单位；二是要制定一份普遍适用的编码单。其中编码单是对文献材料进行观察和记录的工具，它需要选择合适的编码单位才能形成。

选定了编码单位（即具体的观察和点算单位），研究者就需要对它们进行分类或赋值。分类的基本要求与调查问卷中的答案编制要求一样，要遵循最基本的两条原则：一是互斥原则，即每一事实材料都必须是互斥的，划分的类别必须是互不相交的。例如，一个被归为"男性"这一类别的人，就不可能又被归为"女性"这一类别。二是穷尽原则，即这些种类必须是穷尽的，样本中出现的每一种情况都应该能够归到某一具体的类别中。

2. 二次分析研究中的资料

二次分析使用的资料是前人或其他研究者、研究机构通过实地调查所得到的原始数据。从 20 世纪 60 年代开始，利用第二手资料的研究在国际上得到大规模发展。许多研究中心和研究机构互相合作，构成一个庞大的数据网。这些海量的原始数据被存入一个具体的档案库中，可提供给研究者或者研究机构交流和使用。

3. 现存统计资料分析研究中的资料

现存统计资料分析一般是对各种统计数据进行多种角度、多种层次的比较。其主要利用频数、百分比等统计形式收集资料。例如，《中国统计年鉴》是使用最为广泛的一种资料，同时，像《中国社会统计资料》《中国城市统计年鉴》《中国教育统计年鉴》《中国人口统计年鉴》等分支统计资料，它们既包括各省和各主要城市的资料，也包括不同年代的资料。利用现存统计资料时，需要注意以下三个问题：

（1）要对统计资料包括的内容、描述对象、涵盖范围、具有的特点等具有清晰明确的认识，这同时是正确运用现存统计资料进行研究的一个前提。

（2）要对其中涵盖的各种统计指标、比率和数字的实际含义，以及它们的计算方法等十分清楚，不能含糊，否则会出现错用资料的情况。当研究者阅读或使用某个统计内容或者数字时，应明白这个数字所代表的实际内容。

（3）现存统计资料通常是集合性资料，这些资料所研究的对象通常是群体而不是个体，所以在使用现存统计资料时要注意避免层次谬误。

## 二、数据库

### （一）常用调查数据库

1. CGSS（中国综合社会调查）

中国综合社会调查（CGSS）是一项全国性的大型社会调查项目，旨在系统地收集有关中国社会、经济、政治、文化等各个方面的数据，为政策制定、学术研究、社会发展提供重要的参考依据。中国综合社会调查由中国社会科学院发起，自 2003 年开始实施，每年在全国范围内进行一次跟踪调查。该调查采用科学、规范的问卷调查方法，对全国城乡不同阶层、不同年龄、不同职业的人群进行随机抽样，以获得具有代表性的数据。中国综合社会调查的内容十分广泛，涵盖了社会结构、人口状况、就业状况、收入水平、消费结构、社会保障、城乡发展、社会认知等方面。通过该调查，研究者可以了解中国社会的现状、问题和发展趋势，为政策制定者提供客观、准确的数据支持。

中国综合社会调查的数据具有很高的科学性和可信度，其样本覆盖范围广泛，调查方法严谨，数据质量可靠。该调查结果已经成为众多学者进行学术研究的重要数据来源，同时被广泛应用于政府决策和社会管理中。王毅杰、白杨（2024）选取 2021 年中国综合社会调查问卷实验模块中关于"二孩生育意愿"和"三孩生育意愿"的样本数据，从物质条件和观念因素两个层面探究影响 18～49 岁的育龄群体生育多孩意愿的因素。

2. CFPS（中国家庭跟踪调查）

CFPS 主要涵盖的是关于个体、家庭、社区三个层次的数据，主要反映中国社会、经济、人口、教育、健康等方面的变化趋势。赵忠、刘雪颖、高程玉（2024）基于2014年、2016年、2018年CFPS数据，得到18 240个有效样本，从风险金融市场和正规信贷市场两方面进行分析，探究互联网使用对家庭金融市场参与的影响。

3. CLDS（中国劳动力动态调查）

CLDS主要关注中国劳动力的现状与变迁，数据涵盖教育、迁移、社会参与、经济活动、基层组织等关于劳动力领域的相关研究议题，是一项跨学科的大型追踪调查。吴园园、袁涛周旭（2023）应用2018年中国劳动力动态调查数据，从中选取初婚年龄在20～51岁且已育一孩的女性样本，探究全面二孩政策实施后，生育保险对已生育一孩女性的再生育意愿的影响。

4. CHARLS（中国健康与养老追踪调查）

CHARLS可用于分析我国人口老龄化问题，是推动老龄化问题跨学科研究的一项重要调查。党秀云、李霖（2024）主要使用2018年中国健康与养老追踪调查的公开数据中关于健康状况、医疗保险、医疗服务利用的数据，研究医保差异化补偿政策的实际效果。

**（二）其他类型的数据库**

1. 国家统计局网站

该网站是我国较为全面的免费数据网站，包含各类行业数据、宏观数据，如普查数据、GDP、人口、经济、就业等，可以按时间和按省份、城市等进行查看下载，是做行业分析报告很好的数据来源。

《中国统计年鉴》是由国家统计局编印的资料性年鉴，指标数据涵盖各行各业、全国各领域。《中国统计年鉴》的网站首页还附有各地方统计网站、政府机构网站和国外统计、组织网站可供探索。常明、李飞、刘静（2024）运用了《中国统计年鉴》和《中国农村统计年鉴》中2002—2020年中国各个省级行政区的数据，分析中国人口城镇化对农村居民收入的影响，并对比分析不同区域的影响差异。

2. 其他数据平台

WIND资讯，网址：https：//www. wind. com. cn/；中国国家调查数据库，网址：http：//www. cnsda. org/；复旦大学社会科学数据平台，网址：http：//dvn. fudan. edu. cn/dvn/，等等。

# 第三节　定量研究资料的分析

## 一、定量研究的资料整理

### （一）资料审核

实施资料审核的目的主要是保证资料的有效性。研究者对收集到的原始资料（主要是问卷），要进行初步审阅。审核工作主要包含两方面：一是检查问卷资料中的问题；二是重新向被调查者核实。具体包括校正错填、误填的答案，挑选出乱填、严重空缺和空白的废卷。这样做能使原始资料具有较高的准确性、完整性、真实性，为后续资料的整理录入与统计分析工作奠定一定的基础。

### （二）资料转换

资料转换主要指将收集到的资料转化成可量化、具有操作性以及可编码的数据。技术人员在实施资料转化过程中，重点在于把被调查者回答问卷中问题的答案转换成可被计算机系统识别和可以加以计算的数值。其中最重要的一个条件是必须进行编码，而编码必须使用编码手册。编码手册具有很重要的功能，必须重视其格式的统一，且指示一定要清楚。这虽然只是一般的规定，但是出于实用考虑，编码手册也必须做到易于掌握、方便运用。

### （三）数据录入和检查

进行数据录入时，要提前对数据进行检查。检查主要是为保证数据的有效性。研究者通常在设计问卷问题时，便在其中构建一定的内在逻辑联系。在得到数据后，研究者可以通过检查研究对象的回答是否符合这一逻辑联系，来检查前后数据之间的合理性。要注意的是，在检查中往往采用随机抽样的方法，从整个样本数据中抽取一部分个体，进行这种形式的校对工作，并用这一部分校对的结果，估计和评价收集到的全部数据的质量。问卷中的任何一个变量，都受到一定范围的制约，它的有效编码值都处在一定的范围之中，如果数据中的某个数字超出了这一范围，便可确定这个数字是错误的。

## 二、数据分析方法

### （一）回归模型分析法

在回归分析中，研究者的目的是基于自变量的一个简单函数尽可能准确地预测因变量的一系列观测值。鲍威斯（2018）指出，采用"回归类统计模型"这一表述，意味着对因变量的期望值或其他特征进行预测的模型是自变量的一个回归函数。此方法常用于连续因变量。

在面对大量的原始数据时，研究者会希望用一种既能反映基本信息而又不很失真的方法概括它。数据简化的范例包括频率表，组别均值与方差。像大多数统计学方法一样，回归也是一种数据简化方法。虽然回归模型预测的值不可能与观测值完全一样，但是能在一定程度上反映研究对象的现状及其未来趋势。一般来说，回归是将一个观测值分割成结构部分和随机部分两大内容。其中，观测值是因变量的实际值；结构部分是指因变量和自变量之间的关系；随机部分是指结构部分不能解释的随机项，一般被称为随机扰动项。

此外，随机部分通常被看作是忽略的结构因素、测量误差和"噪音"的综合。忽略的结构因素在社会研究中是不可避免的，因为在社会研究中几乎不可能理解和测量所有影响因变量的因果结构。测量误差是指数据记录、报告或测量的方法不准确。随机"噪音"反映的是人类行为或事件因不确定性而受影响的程度（即随机影响）。如何解释回归模型依赖于回归对数据做何处理的操作化概念？三类不同的操作方法，分别反映了三种不同的分析观点。

（1）因果性关系：观测部分 = 真实的机制 + 扰动项。这种方法最接近于经典计量经济学中什么是可能被感知的观点，即模型可以准确反映"真实的"产生数据的因果机制。研究者的目标是要找到一个揭示数据产生机制的模型，或"真实的"因果模型。这种方法可以被看作是在努力得到尽可能与决定性模型相近的模型。很多现代方法认为不存在"真实的"模型，但一些模型很有用、很新颖，或比其他方法更接近真实。

（2）预测性关系：观测部分 = 预测部分 + 误差项。这种方法更加直接地应用于诸如工程之类的领域。给定一个自变量和因变量关系，目标是做好响应预测，产生新的数据。

（3）描述性关系：观测部分 = 概括部分 + 残差项。这种方法反映了当代计量经济学和统计学观点，认为模型是为了概括数据的基本特征，而不是歪曲它们。

张争胜、祝志刚、杨高等人（2023）使用 OLS 回归方法，探究城市规模与基础设施、个体特征与流迁经历、迁出地耕地与宅基地三大因素中的 11 个自变量对流动人口市民化的影响，进而得出珠三角城市流动人口的市民化水平总体情况[①]。

**（二）单变量分析法**

1. 单变量描述分析

单变量描述分析是对单个变量的基本统计特征进行总结和描述的过程。这种分析主要关注一个变量，目的是了解该变量的分布、中心趋势和离散程度。常见的单变量描述统计量包括集中趋势分析和离散趋势分析。

集中趋势分析（central tendency analysis）是指用一个代表的值或者典型的值来反映这一组数据的一般水平，或者可以用来反映一组数据向这个典型的值集中的情况。

离散趋势分析（dispersion tendency analysis）是指用一个特别的数值来反映一组数据彼此之间的离散程度。它与集中趋势一起，可以分别从两种不同的侧面说明和揭示一组统计资料的分布状况，并共同表现出统计资料分布的全面特点。最常用的单变量描述统计量包括：平均值、中位数、众数以及标准差。其中，平均值（均值）通常被用来表示数据的中心趋势，是所有观测值的总和除以观测值的数量得出的数值；而中位数是通过将数据按照从小到大的顺序排列，取位于中间部位的数值，该类数据不受两端的极端数值的影响；众数是数据集中时出现频率最高的值；标准差通常表示数据分散程度的度量，标准差越大，数据越分散。

杜剑、张杰、郭晓冬（2024）对企业是否参与扶贫、扶贫投入资金总额、扶贫效果等度量指标分别计算平均值和标准差，分析样本企业精准扶贫参与情况，发现其在这三方面具有较大差异[②]。

2. 单变量推论统计

单变量推论统计涉及从样本数据中推断（推论）总体的性质。与单变量描述分析不同，单变量推论统计是基于样本数据，通过对样本进行分析做出关于整个总体的推断。主要目标

---

① 张争胜，祝志刚，杨高，等．珠三角城市群流动人口的市民化水平及影响因素［J］．华南师范大学学报（自然科学版），2023，55（6）：78－87.

② 杜剑，张杰，郭晓冬．企业扶贫行为传递对乡村振兴的启示：来自股东扶贫网络的证据［J］．贵州财经大学学报，2024（2）：101－110.

是通过样本数据得出总体参数的估计或对总体参数做出关于其性质的推断。鲜思东（2010）指出，常见的单变量推论统计方法包括三种，即区间估计、假设检验、参数估计。

区间估计（interval estimation）是在一定的置信度中用统计样本的统计值的某一个置信区间估计总体数据的参数值。这种估计的精确性通过范围的大小来反映，而估计的可靠性及把握性问题通常通过可信度高低进行反映。吕欣、刘楚楚、蔡梦思等人（2023）使用置信区间估计中的 bootstrap 方法构造中心网络抽样估计值并进行检验，从而开发在保护个体隐私的前提下基于社交网络间接报告的数据采集方法，全面准确地了解管理对象。

假设检验（hypothesis test）是指给总体的一个参数先做一个假设，然后再用样本的统计量对假设进行检验证明，以确认假设是否被总体接受。假设检验依据的原则是小概率原理，即小概率的事件只在一次的观察中不可能出现。汪华、唐晓琦、杨宏星（2022）为探究灵活就业人员的弹性劳动对焦虑感产生的影响，从劳动关系、劳动过程、劳动回报三个方面提出 9 个假设并进行检验，研究发现"无稳定雇佣关系""工作时间更自由""月均净收入对数"这三方面对劳动者的焦虑感有显著性影响。

参数估计（parameter estimation）是用样本数据来估计总体参数，如总体均值、方差等。它是统计推断的一种基本形式，是数理统计学的一个重要分支，分为点估计和区间估计两部分。史新杰、李实、陈天之等人（2022）探究机会的缺失对低收入群体收入跃升的影响，使用参数估计测算机会不平等系数并与机器学习测量出的机会不平等系数进行比较，发现中国低收入状态发生的差异中 33.6% 是由非个体控制的机会因素决定的。

### （三）双变量统计分析

双变量统计分析的类型主要包括交互分类、卡方检验等。

交互分类（cross-tabulation）是一种专门用来分析一个定类变量和一个定序变量（或两个定类变量）之间关系的统计分析方法。它将经过研究得到的一组数据依照两个相异的变量进行综合分类，其结果通常以交互分类表（列联表）表示。研究者通过对交互分类表的观察得出两变量是否相关的结论。交互分类所得到的结论通常只是在所调查的样本范围内成立，为了保证样本中所体现的相关关系能够推论到总体中，还需要进行卡方检验。林闽钢、祝建华（2011）为探究城市低保家庭的特征和影响其发展的因素，通过对家庭类型与调查对象职业、经济收入主要来源、教育支出、孩子教育状况、家长与子女互动情况、面对最大困难等分别进行交互分类，发现城市低保家庭收入以救济金为主，教育投入不足，子女营养不足，家庭成员失业、子女教育负担重和收入低是其面对的主要困难。

卡方检验（Chi-squared test）聚焦于统计样本的理论推断值与实际观测值之间的偏离程度。卡方值的大小由理论推断值与实际观测值之间的偏离程度来决定，卡方值越小，二者偏差程度也就越小；反之，卡方值越大，二者偏差程度也就越大。姜法芹（2017）通过使用卡方检验探究城市化进程中不同出生地的调查者户籍的构成差异、职业构成的差异，不同学历、不同出生年代调查者的思念家乡构成情况的差异，研究发现在城市出生的人成为白领和管理者多于农村出生的人，不同年龄和收入的被调查者对家乡的思念构成情况不存在差别。

### （四）多变量统计分析

多变量统计分析（multivariate analysis）中的"多变量"涉及三个或更多变量。这种分析可用于检测变量之间的相互关系、控制变量之间的影响，或同时预测多个结果变量。常用的多变量技术包括多元回归分析、主成分分析、因子分析。

多元回归分析（multiple regression analysis）是一种统计分析方法，其核心概念是将一个变量定义为因变量，而将一个或多个其他变量定义为自变量，从而建立多个变量之间的线性或非线性数学模型。该方法通过利用样本数据进行分析，旨在揭示这些变量之间的数量关系式。张丹、曹原（2022）研究被纳入延迟退休政策范围内的高校处级/高级职称女教师群体的延迟退休意愿的影响因素，通过建立多元线性回归模型，预测该群体选择55周岁退休的可能性。发现赡养老人的压力、抚养第三代的压力与选择55周岁退休的可能性呈正相关，对工作的满意度与选择55周岁退休的可能性则呈负相关。

主成分分析（principal components analysis），又称为主分量分析，旨在通过降维的思想将多个指标转化为少数几个综合指标。这一方法常用于减少数据集的维数，同时确保保留数据集中对方差贡献最大的特征。唐娟、王华秦放鸣（2024）采用主成分分析法，应用SPSS软件对创新驱动的基本指标分析并测算各省份创新驱动水平，发现第一主成分对于原始数据信息综合能力最强，从而选择第一主成分确定权重，最终得到中国创新驱动水平指数值并发现全国和地区的创新驱动水平差异。

因子分析（factor analysis）是一项研究如何从变量集中提取共性因子的统计技术。其主要目的在于描述一组测量到的变量中隐藏的一些更基本但无法直接测量到的隐性变量。周永康、李泓桥、丁雅文等人（2023）为探究疫情期间社区工作者的社会支持与工作压力情况，对社会支持与工作压力进行降维处理，使用因子分析方法分析工作挑战性压力、工作阻碍性压力、社会支持三方面的各因子，并分别提取公因子。在研究中，其对工作挑战性压力方面的12个题目进行了降维处理，从中提取出工作任务难度、工作环境危险性、工作责任三大因子，为后续研究建立回归模型奠定基础。

### （五）时间序列分析

时间序列分析（time series analysis）主要分析随时间变化而变化的数据点。研究者使用这种分析方法揭示趋势、季节性和周期性等模式。常用的时间序列模型包括自回归模型（AR）、移动平均模型（MA）、自回归移动平均模型（ARMA）。

在金融、经济学、气象学等领域，时间序列分析对于预测未来趋势和制定相应策略非常重要。张桂芳、王增孝、蒋微（2017）运用时间序列分析中的 ARMA 模式方法，建立对应我国出口贸易的预测模型，并采用实证分析的方法验证这一模型的准确度。

### （六）社会网络分析

社会网络（social network）是指交往过程中人们形成的人与人之间、人与空间之间通过空间使用和文化联络形成的联系网络。有学者指出，该种方法常常能用一张图表达，这张图包含一系列的节点和各个节点的连接线，用以刻画和考察各要素之间的相互关系和作用。

社会网络分析（SNA）是对社会网络的关系属性及结构进行分析的一种方法。因为它主要是对不同的个体、群体或社会所构成的社会关系的结构进行分析，因此也被称为结构分析法（structural analysis）。解明镜、向卉文（2023）研究聚落建筑空间网络结构，采用社会网络分析法对选取的 4 个传统村落的样本进行分析，通过网络密度、K－核、度数中心势等指标发现聚落建筑空间网络结构节点特征。

### （七）计算仿真分析

计算仿真分析（computational simulation analysis）是一种利用计算机仿真技术进行数据分析的方法。它通过构建数学模型，将实际数据或问题转化为可以计算和分析的形式，以揭示研究对象的基本规律和特征。计算仿真分析的基本步骤包括：定义问题、建立模型、运行模拟、结果分析。

计算仿真分析的优点在于：一是可以模拟复杂系统和现象，揭示其内在规律和动态变化过程；二是可以处理大量数据和信息，提高分析效率和准确性；三是可以对不同假设进行检验，比较不同方案的效果和优劣。罗连发、叶初升（2015）为研究不同的社会资本结构对于主体发展及社区总体发展的影响，采用计算仿真分析方法，通过设定初始经济环境、添加收入冲击，模拟社会网络的动态变化对主体的技术选择行为的影响，以及不同的扶贫政策对其的干预效果，进而得出相关研究结论，提供政策建议。

## 第四节　数据分析工具软件与常见问题

### 一、数据分析工具软件

#### （一）主要分析软件的比较

数据分析处理常用的三大软件分别是 SAS、STATA、SPSS。三者之间的比较详情可见表 12－1。

SAS 被誉为国际上的标准统计软件和最权威的组合式统计软件。它是为专业的统计分析人员设计的，具有功能强大、应用灵活等特点。由于它是面向专业人士的，对于非专业人士而言，其中涵盖的人机对话的界面不太友好，学习起来也较为困难。

STATA 的统计分析能力较强，绘图形状很美观，但其不提供对话框界面，且使用命令的方式进行操作，因此使用并不广泛。

SPSS 最突出的优势在于使用 Windows 的窗口方式展示各种管理和分析功能，使用对话框展示各种功能选择项，可以直接读取 Excel 和 DBF 数据文件。其操作界面十分友好，输出的结果清晰、直观，整个系统易学易用，只要对统计分析原理有基本的了解，就可以操作使用。目前，它已成为非专业统计人员的首选统计软件。

表 12 - 1　三大数据分析软件比较

| 软件 | SAS | STATA | SPSS |
|---|---|---|---|
| 操作难度 | 最难 | 中等 | 容易 |
| 适用范围 | 医学，政府行政管理，科研、教育，生产和金融等 | 学术领域，政府行政管理，企业机构 | 物流管理，学术领域（经济学、管理学） |
| 主要功能 | 模块化、集成化的大型分析，功能丰富多样 | 数据管理，统计分析，绘图 | 数据收集与挖掘，统计分析，结果发布 |
| 主要优势 | 混合模型分析强，绘图工具能力强 | logistic 回归强 | 方差分析强，操作简单 |
| 不足之处 | 学习时间久、难度大 | 多变量分析较弱 | 过于模块化，计算速度相对较慢 |
| 成本 | 租金十分高昂 | 价格最低，购买后可终生使用 | 价格中等 |

### （二）数据分析结果的呈现

通过收集得到的数据，可以借助相关的统计工具建立数学模型，然后用数学模型计算出分析对象的各项指标及其指数，或将抽象概念与经验数据进行匹配。最终，通过以上操作得出的结果具有概括性、普适性、不受具体情境约束的特点。

在定量研究报告中，数据经常以数字、图表的形式呈现，研究者通过这些数字进行表达并赋予一定的意义，说明数字与假设之间的关系。其中，数据表格通常被用以呈现定量分析的结果，其包含各种变量和对应的数值，以及根据这些数值计算得出的各种指标和统计量。这种形式能清晰地展示各变量之间的关系，帮助分析者更好地理解数据背后的含义。

统计图形是定量分析结果的一种直观表现形式。通过绘制统计图形，统计工具可以更清晰地展示数据分布情况、变量之间的关系及趋势等。常用的统计图形包括柱状图、折线图、散点图、饼图等。

## 二、数据分析中常见的问题

### （一）仅限于数据本身做分析会有很大局限性

这种局限性主要体现在三个方面：

（1）数据质量。这类问题主要包括数据不准确、不完整、不一致、缺失或重复等，它们可能会影响数据分析的结果和决策的准确性。

（2）数据隐私。在数据应用中，涉及个人隐私的问题，如未经授权的数据收集、数据泄露等，这些问题可能会侵犯个人隐私权，甚至造成不良后果。

（3）数据安全。数据应用过程中可能会遇到数据安全问题，如黑客攻击、病毒感染、数据泄露等，这些问题可能会造成财务损失。

## （二）存在片面观察、忽略具体情境、研究主体未起作用等问题

数据是冷冰冰的。定量研究中的数据往往忽视了社会生活中的具体情境和作为实施研究的研究主体本身的特性，对于社会问题仅进行表面的观察和统计，忽视其深层次的原因和本质。

## （三）数据来源的不确定性

在数据工作中，数据来源是一个非常关键的问题。如果数据来源不可控，那么数据质量就无法保证。因此，在收集数据之前，先要进行有针对性的调查和研究，找到可靠的数据源。

## （四）数据格式不一致

在收集数据的过程中，不同数据源往往采用不同的数据格式。这给数据对接和整合带来了一定的困难。

## （五）数据缺失或重复

在数据收集过程中，有时会出现数据缺失或重复的情况，这给数据分析和挖掘带来了麻烦。

## （六）数据挖掘的困难

在数据收集的基础上，数据挖掘和分析是数据工作的核心。然而，由于数据规模的增大和复杂性的增加，数据收集经常会遇到如下难题：一方面，复杂的数据结构使得数据分析和挖掘的困难增大；另一方面，半结构化和非结构化数据较多，其自身的复杂性和多样性往往会增大数据挖掘的困难。

为了规避数据分析中的问题，需要从以下几个方面入手：

（1）建立数据采集系统，对数据来源进行全面审查，并进行分析和比较，确保数据的可靠性和准确性。同时，建立数据归档和备份机制，以备不时之需。

（2）注意数据格式规范，对于每一种数据格式，明确相关的字段和元素，确保数据格式的一致性。同时，建立数据清洗机制，对不符合格式要求的数据进行清理和转换，确保数据的完整性和一致性。

（3）建立完整的数据监控机制，及时发现和排除数据缺失和重复的情况。同时，建立数据质量评估机制，对每一批数据进行质量评估，确保数据的准确性和可靠性。

（4）采用专业的数据处理软件和算法，对数据结构进行快速分析和处理。同时，建立数据索引和分组机制，对大规模数据进行有效的分类和分组。

（5）采用先进的自然语言处理技术，对文本和语音等非结构化数据进行处理和分析。

同时，在数据分析与结果呈现方面，为了使研究结果更有说服力和可信度，还应当注重以下几个方面：

（1）合适的数据可视化，即使用图表、表格和图像来展示数据。合适的数据可视化能更直观地表达研究结果，并使数据更易于理解。常见的数据可视化方法包括折线图、柱状图、散点图、热力图等。

（2）避免过度绘图。虽然数据可视化很重要，但是也要避免过度使用图表。确保研究

使用的图表不是为了绘图而绘图，不是为了增加篇幅而插入，而是真正有助于阐述研究论点。

（3）统计分析的透明性。描述所用的统计分析方法，并提供足够的细节，以便他人能够理解研究的数据处理过程。此外，确保研究使用的统计方法是合适的，以支持研究结论。

（4）结果的客观陈述。确保在结果部分以客观的方式陈述研究发现，不夸大也不贬低结果。如果数据并不支持原有的假设或期望，也要诚实地进行陈述。

（5）结果的重要性和意义。在结果讨论中，详细解释该研究结果对领域的意义和贡献。将研究成果与现有文献进行比较，并说明该研究如何推动领域的进展。

（6）解释潜在的限制。诚实地讨论该研究可能存在的局限性。这样做并不会削弱研究结果，反而表明研究者对研究的客观评估和对可能影响的认识。

（7）数据开放性和可复现性。在现实条件允许的情况下，将数据公开，并提供完整的研究材料和代码，以便其他研究者可以验证和复现研究结果。这有助于增加研究的可信度。

# 第五节　定量研究中大数据的应用

## 一、大数据在定量研究中的应用

### （一）数据收集

大数据运用分布式存储技术和云计算等技术存储大量数据，将应用程序产生的数据和日志等同步到大数据系统中，可方便查询。

### （二）数据分析

原始数据通过层层过滤、拼接、转换再进行应用，一般有两种类型的数据处理方式：一是离线的批量处理，二是实时在线分析。研究者通过从相关的数据源中选取所需的数据并整合成用于数据分析的数据集合，利用各种数据挖掘、机器学习、深度学习等技术，进行数据分析，从而发现数据规律。

### （三）数据应用

经过处理的数据可以对外提供服务，生成可视化的报表，作为分析材料等。

例如，黄登桔、覃玉（2023）基于当代大数据技术的发展，收集教师通过聚类法得到的学院学生的德育数据，利用算法对数据进行研究，最终将所得数据与学生行为、成绩等内容进行关联分析，实现数据的可视化后得出相关结论。首先，研究者借助校园一卡通这一数据源，浏览一周内学生的活动数据，并从中抽取覆盖校园各个活动区域的部分数据，确保数据的丰富性。其次，研究者在进行大学本科生德育情况分析中，借助聚类算法和Apriori算法对收集到的数据进行分析。最后，通过分析大学本科生德育数据生成可视化的报表，更直观地表现出学生德育水平与行为、成绩之间的关系。

## 二、大数据在定量研究应用中的优势与风险

### （一）优势

（1）数据量大。大数据的产生为研究者提供了海量的数据来源，研究者可以从更多的角度和维度对数据进行处理和分析，更全面地了解研究对象的特征和规律。

（2）数据的多样性。大数据涵盖了很多种数据类型，包括结构化数据、非结构化数据、半结构化数据等。这种多样性使得研究者可以从多个角度和层面来分析和研究数据，从而更深入地揭示研究对象的内在规律。

（3）数据的可靠性。大数据分析所采用的数据来源和数据处理方法相对较为客观，减少了人为干预和研究人员的主观影响，使得分析结果更具有客观性和可靠性。

（4）数据实时性。大数据可以实时更新和处理数据，使得研究者可以及时获取最新的数据信息，从而更好地了解和掌握研究对象的变化趋势。

（5）数据的深度分析。大数据分析可以采用先进的算法和模型，对数据进行深度挖掘和分析，从而发现隐藏在数据中的深层信息和规律。这有助于研究者更深入地了解研究对象的本质和特征。

（6）数据可视化。大数据分析可以将数据以图表、图像等形式呈现出来，使读者能更直观地了解数据的变化趋势和分布情况，从而更好地发现和分析数据中的规律和特征。

（7）预测性分析和提供决策支持。大数据技术可以通过数据挖掘、机器学习等方法，对海量数据进行预测性分析，得出预测性决策，从而为决策者提供数据支持和决策建议，帮助决策者做出更明智的决策。

（8）智能推荐。大数据技术可以通过对用户行为和偏好的分析，为用户提供智能推荐服务，提供更适合使用者的数据类型以及处理方式，来提高用户的体验感和满意度。

综上所述，大数据在定量研究中的优点包括数据量大、多样性、可靠性、实时性、深度分析、可视化、预测性分析、智能推荐等。这些优点可以帮助研究者更全面、深入地了解研究对象的特征和规律，为数据获取和处理提供更为科学的技术支持。

### （二）可能产生的风险

（1）数据质量和错误发现的风险。大数据的多样性和复杂性可能会导致数据的质量下降，出现错误的数据和结果。同时，由于数据量的不断增加，一些错误的数据可能会进入数据库，导致出现"错误发现"的风险增加。

（2）数据处理能力的风险。分布式缓存、基于MPP的分布式数据库、分布式文件系统、各种分布式存储方案等新技术的普及基本上可以解决大数据计算能力的问题，但这只是数据处理的基础，运用这些技术进行数据处理本身存在一定的风险。

（3）数据安全和隐私的风险。大数据的集中存储增加了数据泄露的风险。内部人员的使用不当，或者是外部黑客的攻击，都可能造成数据泄露。同时，大数据可以收集到大量的用户信息，如果这些信息被非法使用或泄露，会对用户的隐私造成严重威胁。

（4）过度依赖预测结果的风险。大数据的预测结果可能存在误差，如果过分依赖大数据而做出决策，可能会引发风险。

因此，在定量研究中应用大数据时，要谨慎处理这些风险，确保数据的准确性和安全性，同时避免过度依赖预测结果而做出决策。

龚为纲、朱萌、陈浩（2023）为探究重大疫情下社会恐慌、焦虑和抑郁等社会情绪的演变机制，通过使用 Twitter 和 GDELT 等互联网大数据，得到大约 4 亿条推文数据和谷歌的全球流动性监测数据，借助谷歌云平台 Google Bigquery 对数据进行处理和分析，对有关疫情和抗疫主题的数据的数量进行测量，分析发现疫情背景下负面情绪演变的一般特征，以及不同抗疫模式下情绪演变的相似性和差异性。

## 思维导图

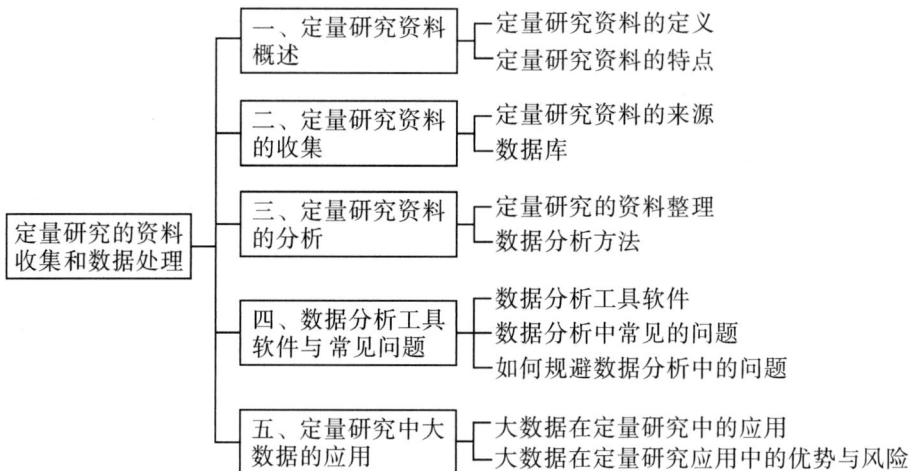

# 第十三章　定性研究的路径和方法

定性研究的出现是对传统科学研究方法的反思和批判，同时为了满足深入理解人类行为、观点和文化等主观经验的需求。人们逐渐认识到定量研究的局限性，而定性研究方法能更好地理解和解释人类行为背后的意义、动机以及社会文化的影响。从目的性看，定性研究更注重描述和解释，而非验证假设、提出政策性建议和预测。万倩雯和卫田（2024）指出，在中国，定性研究方法的发展主要受北美影响，直到21世纪，国内学者才逐渐认识到其在理论创新中的价值，并提倡采用多元的定性方法来构建适应本土复杂管理实践的中国特色管理学理论。

本章通过综合当前学界对定性研究的认识和实践现状，明确其定义与特点，对相关概念进行辨析，依据不同标准对定性研究进行分类，并探讨其在各个领域应用的路径与方法。

## 第一节　定性研究的界定与特点

### 一、概念界定

《中国大百科全书·社会学卷》（1993）将定性研究定义为根据社会现象或事物所具有的属性和在运动中的矛盾变化，从事物的内在规定性来研究事物的一种方法或角度。简单来说，定性研究是以事物的本质属性和内在矛盾变化为基础，通过分析社会现象或事物的发展规律，运用演绎逻辑和历史事实来揭示其所研究事物的本质和内在联系的方法。

然而，学界关于定性研究的定义并未达成一致。王嘉毅（1995）认为定性研究是"一种在自然情景中以收集定性资料为主，通过诠释和移情的途径来揭示和理解教育、教学现象（社会现象）及其内部意义的研究方法"。康斯特斯和张莉莉（1997）则将定性研究定义为"由哲学立场、方法论导向、收集数据的方法、技术程序、分析框架、报告方式这六个要素构成的动态过程"。同时，在学术界，部分研究者持有如下观点：定性研究的定义应当与定量研究相结合，以形成一个更为全面的研究方法论。比如陈向明（2000）采取"文化主位"的方式将定性研究定义为"对定性研究者从事研究的具体实践进行描述和总结，而不是按照一种外在的衡量标准对其概念上的抽象和概括"。此外，随着研究的深入和方法的丰富，国外学者对定性研究的界定也值得国内学者参考。Wayneababchuk（2019）认为定性研究可以被定义为对一系列强调归纳推理、在天然的社会环境中收集数据并理解参与者观点的方法的总称。此外，有学者对定性研究下了新的定义，如Aspers和

Corte（2019）认为应该将其视为"一个迭代过程，在这个过程中，通过更接近所研究的现象而产生新的显著区别，从而提高对科学界的理解"。

本节结合以上学者对定性研究的界定，将定性研究定义为一种基于研究者的研究方向，在自然情境下通过收集资料和分析资料以获得对研究对象的描述和理解，以此来解释社会现象的方法。它的主要特点如下：使用系统性的、非量化的研究方法；强调从资料中挖掘研究对象的态度和认识；一般采用归纳法进行推理和结论；研究过程属于具有灵活性的动态演变。定性研究作为比定量研究发展得晚的研究方法，仍处于一个不断发展更新的状态，只有通过思考定义的演变和多样化，研究者才可以更好地认识到不同方法之间的共同点和差异，并避免固定或进行狭隘的定义。

## 二、特征

关于定性研究的特征，大部分学者常用概念来描述。各个学科领域对定性研究的特征有各自的观点，但它们之间存在一定的共性。风笑天（2022）认为定性研究的特征包括"到现场""到实地""重情景""重关联""重意义""重主观"。石岩（2023）指出，定性研究以解释主义为立场，其最显著的特点是对研究现象进行深入详尽的描述，并通过自下而上的方式归纳出相关概念和理论。学者们对定性研究特征的描述不尽相同，这源于他们关注的视角各异，导致具体观点和理解存在差异。此外，由于定性研究方法多种多样，其在特征表现上也不尽相同。总的来说，定性研究的特征如下：

1. 重视实地考察

定性研究具有"自然主义"的特征，强调研究者到"田野"中去，重视实地考察的经历。风笑天（2022）认为某种意义上如果"不到现场，不去实地，就无法进行定性研究"，但重视实地并不意味着一定要进入"田野"。比如，许小玲（2023）围绕中央及地方层面老年友好型社区政策，通过扎根理论进行编码，构建出在政策动力、政策主体、政策工具、政策目标四重作用下的老年友好型社区政策的核心驱动逻辑模型，这种基于政策文本做扎根理论的研究就是一种不用到实地的研究方式。

2. 重视情景关联

定性研究注重研究者与研究对象之间的互动关系，以及外在环境对研究对象的特殊影响。也就是说，定性研究强调对研究对象所处的社会、历史、文化背景及其相互关系的理解。它关注研究对象如何看待他们的行为和所处的环境，以及这些因素如何共同塑造他们的行为和观念。同时，研究者还需要关注外在环境对研究对象的影响，以及这些因素如何与研究对象的行为和观念相互作用。既然定性研究的目的是了解特定人群或个体在特定社会、历史、人文环境中行为的意义，那就必须将主体的行为放到情景中去，发现情景与主体行为的关联。

3. 看重行为意义

一方面，定性研究的核心依然是解释主义。以解释主义为哲学基础的定性研究与以实证主义为哲学基础的定量研究截然不同，它强调独特性和个体性，主张主观的诠释和构建，以理解为认识论的原则，强调在特定情境和事件中解读被研究者的个人经验和意义。

另一方面，正如阎琨（2010）所强调的，定性研究着眼于个体特性而不是群体共性，真正意义上的定性研究并不关心群体共性，并且对定量研究从研究对象选择推广到整个人群，从而得出人群共性的过程持怀疑态度。因此，定性研究更加注重理解社会建构中被研究对象个体的独特性和个体行为的意义。

4. 应用多元方法

定性研究强调采用多元方法且注重运用语言文字对研究对象进行"深描"。多元方法的应用意味着研究者可以采用多种不同的方法来收集和分析数据。需要注意的是，定性研究的原始数据必须以文字或图像的形式呈现，且很少有学者采用复杂的统计方法来报告。多元方法包括但不限于参与观察、深度访谈、文本分析等，每种方法都有其独特的优点和适用范围。通过采用多元方法，研究者可以从多个视角来收集和分析资料，从而更全面地了解研究问题。此外，使用多元方法还可以帮助研究者相互验证和补充彼此的结果，提高研究的可信度。

5. 重视归纳演绎

定性研究通常不是基于事先设定的假设或框架，而是基于对研究对象的深入了解和观察，以及与他们的交流和互动来发现一些新的因素。这种非预设性使得定性研究能够更灵活地适应研究过程中的变化和意外情况，从而更全面地了解研究对象的行为、观点和感受。相比之下，定量研究通常基于预设的假设和框架，通过统计和分析数据来验证或推翻假设。虽然定量研究也有其优点和适用范围，但是定性研究的非预设性使得它更适合于探索性和描述性的研究目的。此外，定性研究在得出假设之后并未结束，研究者还需要将这个假设作为引导，重新回到田野调查中进一步验证这个假设是否正确。阎琨（2010）强调，定性研究需要形成一个完整的科学闭环，从提出假设到验证假设，最终形成一个完整的科学研究过程。

# 第二节　定性研究的分类

从教育到社会工作，从人类学到管理科学，研究人员、学生和从业人员都在进行定性研究。因此，不同的学科和领域提出不同的问题，并演变出不同的策略和程序。由于定性研究方法种类颇多，学界对其分类的划分标准也不尽相同。本节将从四个角度对定性研究进行分类，分别是文化与社会研究导向、经验与意识探究导向、实践与行动研究导向、文本与数据分析导向。每种导向都有相应的研究方法，这些方法既可以单独运用，也可以结合使用以更全面、深入地理解研究对象。

## 一、文化与社会研究导向

在文化与社会研究导向的领域内，民族志和扎根理论这两种定性研究方法各自拥有独特的魅力和应用价值。它们不仅帮助研究者深入了解特定文化背景下的社会现象，还为揭示这些现象背后的深层逻辑提供了有力的工具。

1. 民族志

民族志起源于人类学领域，但经过学科交叉发展，如今有许多领域的研究者都在从事民族志研究。民族志研究者基于实地考察，在直接观察和参与的基础上对文化进行描述，目的是更好地理解和阐释社会现象，并提供理论上的见解。民族志是"志""论""文"有机结合的文化文本，是理论与实践相结合的写作文体。在研究实践中，民族志还分为生活史研究、批判民族志、自我民族志、女权主义民族志等（详见本书第九章第五节）。例如，陈力丹、王晶（2010）在研究仪式传播中的文化共享与信仰塑造过程中，通过对2009年广西罗城仫佬族"依饭节"进行民族志调查，详细记录和解析了"依饭节"的仪式活动，以此分析仪式传播过程中的生态传承方式、发展困境以及可能的生态修复机制，强调了仪式传播对维系仫佬族社群的意义。

2. 扎根理论

扎根理论的研究者在研究之初，往往不预先设定理论假设，而是直接从实地观察着手，对原始资料进行归纳和整理，进而提炼出经验性的概括。在此基础上，逐步上升至理论层面，这种自下而上的方法强调在系统收集和分析资料的基础上，深入挖掘反映社会现象本质的核心概念，并通过概念间的逻辑联系，构建出具有解释力的社会理论。这种实证性研究方法，旨在通过实践观察发现社会现象的内在规律和运行机制，为社会科学的发展提供有力的理论支撑（详见本书第十章）。例如，王建明、王俊豪（2011）为探究影响社会公众在日常消费过程中实行低碳消费模式的深层次因素，通过深度访谈，形成约12万字的访谈记录，进而对其中三分之二的访谈记录进行了开放式编码、主轴编码、选择性编码三个阶段的分析，以挖掘和构建低碳消费模式及其影响因素的理论框架。

## 二、经验与意识探究导向

经验与意识探究导向领域涵盖现象学研究和话语分析两种研究方法，着重在深入理解人类经验和意识的本质。这一领域的研究涵盖了认知科学、心理学、哲学等多个学科，旨在揭示人类如何感知、思考、学习、决策。

1. 现象学研究

叶晓玲等人（2018）指出，目前学界关于现象学的研究认为，现象学既可以作为一种哲学理论概念来理解，也可以被视为一种关于研究者如何依靠一定可行的程序和步骤来把握某种现象的意义和本质的方法，作为一种研究方法的现象学凭借其固有的特性，被广泛应用于教育学、社会学、文学、美学、临床医学等多个学科，以解决实际工作中的问题。此外，现象学是一门深入剖析和阐明特定现象本质与体验的学科，它提供了一种深入理解和研究事物内在意义的方法论。尽管其主观性较强且具有一定的局限性，但通过现象学的方法，研究者能够更加准确地把握事物的本质，从而更好地理解世界。如姚晓鸥（2020）在分析面容媒介、道德意识与人际交往关系的研究中，将现象学对身体经验中面容的分析引入人际传播的探讨，以面容在人际关系中的作用为切入点反思媒介技术导致的身体经验模式变迁，以及身体经验模式变迁中人际交往结构的变化。

2. 话语分析

会话分析（Conversation Analysis，CA）是一种独特的社会学研究方法，起源于20世纪 60 年代的美国。哈维·萨克斯（Harvey Sacks）是会话分析的创始人，他与埃曼纽尔·谢格洛夫（Emanuel Schegloff）和盖尔·杰弗逊（Gail Jefferson）在继承欧文·戈夫曼（Erving Goffman）的社会学分析方法的基础上广泛地吸收了语言学、人类学等社会科学领域的知识，进而提出和发展了会话分析这一研究方法。人们日常中的随意性对话、聊天和一般性叙述是信息交流和保持社会关系的主要形式。会话分析的基本假设是基于人们的互动交往具有内在的秩序性。这种秩序并非预先设定，而是在具体的互动过程中由参与者共同构建。即便是最普通、最不引人注目的对话，也蕴含着丰富的社会规范和组织结构。这些规范和结构在对话中以非常具体的方式表现出来，如对话的开始与结束方式、提问与回答的模式、打断与让步的策略等。社会研究者们一般认为：会话分析的基本目标是要弄明白发话者想要表达什么，而受话者又是怎样理解其内涵并做出反应；会话分析主要关注会话结构、会话策略（语境化暗示）、会话风格、会话秩序等要素，关注会话结构中的话轮转换（turn‑taking）和相邻语对（adjacency pairs）等会话规律为会话双方所提供的认知框架和预期模式，进而展现社会规范。因此，会话分析通过揭示谈话的结构化的社会组织特征，说明交际者如何依赖这些资源执行和协同完成各种行为[1]，关注谈话互动中所展示出来的社会规范，明晰人们在社会生活中所共建的秩序[2]。

序列组织是会话分析的核心议题，会话分析的核心原则就是会话是有序列组织的。[3]对序列组织的关注将会话分析与社会科学中其他研究语言和互动的研究区分开来。[4] 会话分析有两个关于序列组织的重要观点：一方面，会话分析以相邻语对作为会话序列的基本结构单元[5]，它指的是对话中成对出现的话语，如提问与回答、邀请与接受或拒绝等。这种成对出现的话语序列揭示了对话的基本组织单位，以及参与者如何通过这些基本单位来构建更复杂的对话结构。另一方面，会话分析关注对话中的"优先结构"（preference structure），即在对话中，某些回应方式被认为是"优先"的，因为它们有助于维护对话的流畅性和参与者之间的和谐关系。例如，肯定的回答通常被视为优先回应，而否定的回答则通常需要更多的解释和辩解。

此外，会话分析的另一个关键特点是其对"语境（context）"的重视与理解。会话分析研究的创始人萨克斯、施格洛夫、杰弗逊明确指出：人类的言谈应对通常都是发生在具体的语境下，是交际者在具体的语境下进行交流的产物。[6] 与许多其他社会科学研究不同，会话分析不将语境视为固定不变的背景，而是将其视为在对话过程中不断构建和变化的动态实体。语境因素，如参与者的社会身份、所处的物理环境，以及对话的历史背景等，都

① DREW P. Conversation analysis［C］// MESTHRIER. Concise encyclopedia of sociolinguistics. Amsterdam：Elsevier/Pergamon，2001：111.

② 吴亚欣，于国栋. 会话分析的本质与特征：一种社会学视角［J］. 科学技术哲学研究，2022，39（5）：102 – 107.

③ 吴亚欣，于国栋. 为会话分析正名［J］. 山西大学学报（哲学社会科学版），2017，40（1）：87.

④ STIVERS T. Sequence organization［C］//SIDNELL J, STIVERS T. The handbook of conversation analysis. Chichester：Blackwell Publishing Ltd.，2013.

⑤ 杨述超. 基于会话分析的广义论证研究［J］. 科学技术哲学研究，2024，41（4）：79 – 86.

⑥ Sacks H, Schegloff E A, Jefferson G A. Simplest systematics for the Organization of Turn Taking for Conversation［G］// Schenkein J H. Studies in the Organization of Conversational Interaction. New York：Academic Press，1978：7 – 55.

在对话的进行中发挥作用，影响着对话的内容和形式。

会话分析的应用范围非常广泛。它既被用于语言学、心理学、人类学、传播学等学科的研究，也被应用于医疗、法律、教育等实践领域，帮助专业人士更好地理解和改善人际交流。总之，会话分析是一种以参与者为中心的研究方法，它通过细致观察和分析自然对话，揭示了人们在交流互动中所遵循的规则和秩序，为我们理解社会互动提供了深刻的洞见。

### 三、实践与行动研究导向

实践与行动研究导向涵盖田野研究、个案研究、行动研究三种研究方法，着重于解决实际问题，将理论知识与实际操作相结合，通过实践来验证和完善理论。这种研究方法强调实证性、应用性、创新性，是现代社会研究的重要方向之一。

1. 田野研究

田野研究需要研究者亲自进入其研究对象的实际环境，通过参与观察和详细访谈，收集一手资料。通过对这些资料进行定性分析，研究者能够理解并解释其研究对象。田野研究的核心特征包括参与观察和编写民族志（详见本书第三章第三节）。例如，谢小芹（2017）追踪了广西圆村自2012年以来两任第一书记的具体工作情况，对比分析了第一书记与村支书在村庄扶贫工作中各自的角色定位、功能发挥及两者间的关系特点，揭示了"双轨治理"结构中存在的潜在问题，如造假、形式主义、权力博弈、农民边缘化以及基层自治能力的削弱等。

2. 个案研究

个案研究专注于对单一案例进行详尽分析，该案例可以是个体、组织或是特定事件等，旨在揭示复杂现象的核心本质及其内在规律性。然而，此种研究方法的普遍适用性受限，其结果易于受到主观性的影响，且研究过程本身较为烦琐复杂。例如，为了探讨政策性归侨安置社区在饮食经济的影响下成为文化社区的建构过程和建构机制，童莹、王晓（2024）选取福建华塑小区这一"地点"的空间为个案进行研究。

3. 行动研究

行动研究是一种由社会情境的参与者为提高对所从事的社会或教育实践的理性认识，为加深对实践活动及其依赖的背景的理解所进行的反思研究。行动研究相信研究即实践，研究者即行动者，行动本身既是研究的对象，也是反思的依据，行动与研究合二为一，在行动中做研究，将研究结果指导行动，形成行动—研究的反思性循环（详见本书第九章第五节）。例如，张和清、尚静（2021）以广东绿耕社会工作发展中心在云南、四川、广东农村近20年的实践经验为基础，以马克思主义生态观的视野，分析部分乡村社区衰落的表现及其社会根源，并探寻生态新发展的出路。

### 四、文本与数据分析导向

文本与数据分析导向涵盖了叙事研究、历史比较分析、文本分析三种研究方法。这些方法都是通过对文本或数据进行深入分析，从而提取出有价值的信息和规律，为定性研究提供重要支持。

1. 叙事研究

Todorov（1969）在其 *Grammar of Decameron*（《〈十日谈〉语法》）中第一次使用了"叙事学"这个术语。他借助于语言学术语和语法分析模式建立起来的叙事句法，清楚地展示出了作品最基本的叙述结构。随着学科的融合发展，叙事学展现其正外部性，逐渐被引入到其他社会科学并发展成为叙事研究法。叙事分析是一种通过分析叙事文本来理解和解释社会现象的研究方法。叙事文本可以是个人或群体的生活故事、历史记载、文学作品等。叙事分析法关注文本的结构、情节、人物、象征等要素，探索这些要素如何共同构成叙事的意义。通过分析叙事文本，研究者可以揭示其中隐藏的社会文化、心理和行为模式，以及人们的价值观、信仰和意识形态。如张陆园、许宝丹（2024）以"她文化"为切入点，对女性综艺节目的性别叙事进行深入分析，旨在揭示女性综艺节目中女性形象的建构路径，提高综艺节目对于女性权益的保护意识，从而促进性别平等。

2. 历史比较分析

历史比较分析用于分析社会的历史变迁以及不同社会之间的对比，比如社会变迁、经济制度、社会与宗教的比较等，从而揭示它们之间的差异、相似之处以及背后的原因。这种研究依据"可比性原则"，强调在比较过程中，选取的比较对象应具有相似性，并且在应用统一标准进行分析时，其处理方法也要保持一致。历史比较分析法可以帮助研究者更深入地理解历史现象和发展过程，发现历史规律，为现实问题的解决提供历史经验和教训。宋洪远、江帆（2023）运用政治经济学的基本原理和历史比较分析法，系统梳理了两百多年来美英等主要资本主义国家反贫困理论的演变过程及其减贫政策实践，回顾总结了一百多年来中国特色社会主义反贫困理论的形成过程及其减贫政策实践。

3. 文本分析

文本分析法是指社会科学研究中重要的定性数据分析方法，该方法指的是探索、调查、检验文本中出现的态度、思想、模式、观点的分析方法的集合[1]。文本分析的理论基础源自阐释学与人文主义，涵盖了新批评法、符号学分析、叙述学分析、互文性、对话理论分析、德里达的解构主义、文本社会学研究方法、英国文化研究等多种方法。这些方法主要适用于文学和叙事领域的研究，通过修辞和叙事等角度深入探讨文本，从而揭示文本的深层含义。此外，文本分析法通常与内容分析法相对应。梵·迪克认为：该方法一般用来描述和解释媒介讯息，侧重于描述文本的内容和结构，解释文本深层的潜在意义。[2] 朱水萍则认为：文本分析法主要通过对文本内容的编码来实现对文本内容所隐含的概念进行分析，分析文本所包含的符号表情、词组、句子、分享文章、评论与回复等分析单元，并从中抽象和提炼文本的高频词汇、关键要素及内在逻辑，就这些共同要素与访谈得到的结

---

① ANDERSONTHC. From unstructured text to valuable insight：leveraging text analytics to meet competitive intelligence needs［J］. Competitive intelligence magazine，2008，11（1）：11 – 15.

② VAN DIJK T A. Discourse as interaction in society［J］. Discourse as social interaction，1997，2（1）：1 – 37.

论相结合得出相对正确的结论。① 因此，运用文本分析法能够更深入地将文本内容与社会结构相融合，进而弥补量化研究在关联意义洞察方面的不足，这通常应用于个案研究的方法选择。②

此外，对定性资料进行文本分析，关键在于对文本的深入解读，这不只是对文本表面内容的描述，而是通过分析文本中的语言、语境和隐含意义来理解作者的意图和社会文化背景。在这一过程中，研究者使用一系列的技术和策略来识别文本中的关键概念、主题和模式。构建类目与编码是定性资料文本分析的常规操作。类目是定性文本分析中的基本模块，帮助研究者组织和理解数据，是分析和解释文本的基础。它们是对文本中出现的主题、概念或现象的分类，可以是预先定义的，也可以是从数据中归纳得出的。而编码是将文本数据分配到特定类目的过程。此过程可具备开放性特征，即容许新类别的产生；亦可展现轴向性特质，即探寻类目间的相互联系；或者采取选择性策略，即专注于核心类目。另外，备忘录是研究者在分析过程中记录观察、问题和理论笔记的方法。这些备忘录有助于跟踪分析过程，促进对数据的深入理解，并为最终的研究报告提供支持。最后，案例总结是对单个案例或文本的详细描述和分析。它们通常基于对文本的深入阅读和理解，旨在捕捉案例的独特性和复杂性。

实际上，"编码"并非是扎根理论所独有的操作，同时是话语分析、叙事研究等其他方法的惯常操作。从类目建构的方式来说，存在归纳式和推论式两种方式，二者可以混合使用。推论式指代"自上而下的逻辑"。因此，推论式类目来自于收集数据之前就存在的类目系统，常来自于知识框架、理论或假设。归纳式建构类目则直接基于数据分析形成类目，指代"自下而上的逻辑"。这些类目不是来自理论或假设，也不是来自某领域的主题总体架构，而是在通过多层面的分析在数据基础上直接建构类目。如一项对各省在疫情期间针对青年的就业政策的研究（徐明、陈斯洁，2022），通过对疫情前后22个省级层面青年就业政策的文本分析，总结归纳得到引领动员型、能力提升型、保障支持型、监督评价型4类政策工具类目，并进一步细化得到14个政策工具条目，在此基础上，探究不同阶段、不同施策对象政策工具的结构特点及其组合应用。

文本分析和扎根理论都需要"编码"，其逻辑却不同。文本分析是从主类目建构开始，再细化到子类目，并把数据"分配"到特定类目下。扎根理论则是从最初的概念发展到"类目"。在扎根理论中，开放式编码是分析数据的第一步，它的核心在于识别或命名概念，概念是现象的标签或标记，是生成理论的基础。而扎根理论中的"类目"则是更为抽象的概念或更高抽象的总结性概念。③

综上所述，所述十种定性研究方法均能从其独特视角及层面对各类社会现象进行详尽探究。每种方法均有其独到之处与潜在局限，研究者应依据其研究目标及研究对象的具体状况，灵活选择并综合运用这些方法。

---

① 朱水萍. 教师伦理的关系维度与价值范畴：基于89个访谈文本的质性分析 [J]. 教育科学，2014，30（5）：36-40.

② 曹晋. 媒介与社会性别研究：理论与实例 [M]. 上海：上海三联书店，2008：97-103.

③ STRAUSS, A. L., & CORBIN, J. M. Grounded theory：grundlagen qualitativer sozialforschung [M]. Weinheim：Psychologie Verlag Union, 1996.

# 第三节　定性研究的基本路径

## 一、明确研究的目的和意义

### （一）目的

在开始研究之前，研究者应清晰阐述研究的初衷、目的及预期成效。同时，他们还要深入理解研究的社会与历史价值，并提出具有针对性的政策建议。在此基础上，还要明确该项目研究的范围和目标，这些目标可能因研究者的生活经历、所隶属的社会组织以及研究对象的不同而存在差异。在具体阐述时，则可根据研究者的实际情况而定。本书主要参照马克斯威尔（Joseph A. Maxwell）的分类准则，并从个人目的、实用目的、科学目的的三个维度进行了深入探讨。

1. 个人目的

个人目的是指激发研究者进行研究的内在动力，包括个人动机、兴趣和信念。研究者在选择研究课题时，往往会受到个人经历、兴趣和信念的影响。当研究主要出于个人目的时，其质量可能会受到研究者个人偏好的显著影响。这是因为研究的驱动力主要源自研究者个体，从而使得研究设计及其结果解释可能带有明显的主观倾向。在传统研究中，研究者一般不会公开表达个人目的，并通常在研究报告中保持一种客观和中立的态度。相反，在定性研究领域，个人关注并不被视为障碍，反而被看作是进行研究的宝贵资源。这种关注能够激发研究灵感，促进理论发展、材料收集。因此，研究者不应该舍弃或否定个人动机，而应考虑如何有效地利用这些动机。

2. 实用目的

实用目的指的是研究活动要致力于达成具有实际效用的任务。这些任务可能涉及改进现有不良状况、深入探索社会各界广泛关注的议题、针对性解决特定难题、有效执行特定职责、充分满足特定人群或机构的需求，或者为相关人员提供科学决策和行动指南。在研究工作以"实用性"为主导目标时，政治与经济因素可能对研究者产生较为显著的影响。研究项目若与实际应用紧密相关，往往更易获得政府或商业集团的资助。然而，这种支持可能会使得研究受到资助方的影响，挑战研究者保持必要的中立和公正性。尽管如此，如果研究者能在一定程度上摆脱这些束缚，并专注于帮助真正需要帮助的人，他们的贡献仍然是非常宝贵的。实际上，实用性的追求不必然与科学研究的目标或大众需求相冲突。研究者必须展现出他们的协调技巧，平衡政策方向（包括特定利益集团的需求和政府部门的短期行政目标）、公众的需求与科学的目标之间的关系，以找到一个理想的平衡点。

3. 科学目的

科学目的与"纯粹的"科学研究紧密相关，其核心目标是在人类为了理解世界而探求真理的过程中提供有价值的知识和创新的思考模式。此外，进行此类研究的根本目的在于深入剖析事件的起承转合，增进对相关议题的认识深度，为人类知识的宝库添砖加瓦。同时，这有利于推动学术领域的研究进步，贡献新的数据资料、理论架构、研究方法论。

在专注于纯粹科学研究的场景中，研究者常常深受领域内顶尖学者的影响，并对各种理论持有强烈偏好。这种倾向导致他们把这些理论当作先验假设，在研究中寻求支持或反驳这些理论。这种专注于纯科学的研究态度虽然体现出了高度的严谨性，但是亦可能遮蔽研究的政治内涵及研究者的个人动机。同时，它未能充分考量研究对研究者本身及受研究影响者在思维、情感与生活层面可能产生的深远影响。

为了阐明前述三大目标的差异，以陈向明（2000）的"假设"为例做说明。假设有一位来自美国的女性研究者，其身材较为高大且偏胖，这给她的日常生活带来了一定的不便，同时在求职及社交场合中也时常遭遇不公正的待遇。如果她计划研究其他在美国体重超标的女性，探究她们如何面对自我形象和自信心的挑战，以获得见解，那么她的研究初衷主要是出于"个人目的"。相反，如果她的研究主要是应肥胖人群俱乐部的邀请，旨在制订一个培训计划帮助肥胖人群应对社会偏见，那么她的研究目的则是"实用目的"。如果她的研究仅限于肥胖者的日常生活和心理状况，目的是增进人们对肥胖者的了解，那么该项目可以被视为是以"科学目的"为主导的研究。

此外，虽然上述内容已经分别讨论了研究的三大目标，但是在实际的研究过程中，这些目标往往相互交错，共同影响研究决策。在多数情况下，这三种目的可能会同时促使研究者开展一项研究，尽管它们各自的侧重点可能有所差异。

### （二）意义

研究的意义指的是研究成果对于关系人员、事件或社会机构的影响和作用。"研究"是指为了解决某个问题或实现某个目标而进行的系统性、科学性的探索活动。这样的探索既能帮助研究者更深入地理解问题的性质和原因，也能更准确地制订出解决方案，从而有效应对问题。此外，研究还促进知识的创新与发展。在这个过程中，研究者需要不断地探索和尝试，从而发现新的知识和技术。因此，通过促进知识创新和扩展，研究者能够为社会的进步与发展作出重要贡献。

## 二、确定研究问题

### （一）确定研究主题

在确定研究问题之前，首要任务是明确研究主题。定性研究的主题往往源于社会实践，主要通过观察或询问得来。在教育、管理、社会工作和卫生等实践应用领域，大部分研究主题与研究者的兴趣和其所处的工作环境密切相关。同时，定性研究主题也可能源自当前社会政治问题、文献或理论。例如，为课程作业撰写的论文，甚至休闲阅读都有可能成为研究问题的起点。此外，已完成研究中对未来研究的建议也是一个重要来源。

经研究，无论是基于日常生活、特定领域、社会政治议题、文献资料还是理论框架，研究主题的选择常常呈现出跨领域交叉的特点。例如，在个人的工作环境中，社会和政治问题往往不可避免地被嵌入其中。因此，在确定研究主题时，研究者的好奇心、兴趣或激情是至关重要的，这些因素往往比任何其他单一因素更重要，它们能够支持研究者完成其研究工作。此外，还要考虑所选研究主题在当前条件下的可行性。当这些因素都考虑周全后，就应该及时将所选研究主题转化为一个具体的研究问题。

#### （二）寻找研究问题

定性研究对研究问题的涉及是一个不断演化、发展的过程，其中的问题应该是学术界或者实践界尚有疑问，且研究者本人确实希望探讨的有意义的问题。考虑到研究目标是对研究对象进行解释性的理解，挑选这些有意义的议题进行研究显得尤为重要。所谓"有意义的问题"，指的是那些研究者真心想要探究的、与研究现场实际状况相符合的问题，同时在探索不同观点的过程中，还要考虑这些问题与研究的其他方面是否相互关联。定性研究的问题与研究的其他部分（研究的目的、方法、情境，研究对象的大小，时间、财政资助等）之间存在不可分割的关系。

#### （三）确定定性研究的问题类型

定性研究领域，经常使用的问题类型包括"特殊性问题""过程性问题""意义类问题""情境类问题"等。"特殊性问题"指的是某一独特个案所表现出的具体问题，研究将仅限于对这一个案进行深入分析。例如，在教育领域，特殊性问题可能涉及某个学生的学习困难、行为问题或社交障碍。教育心理学家或特殊教育教师可能会对该学生进行个别评估，以了解其特殊需求和学习风格。基于这些评估结果，他们可以制订个性化的教育计划，以帮助学生克服障碍、提高学习效果。而"过程性问题"致力于深入剖析事物发生与发展的内在逻辑，着重关注其动态演变过程，以全面理解事物的本质与发展规律。例如，"一个新兴技术在学校中被采纳和实施的过程是怎样的"这类问题能够帮助人们理解复杂社会现象的发展脉络和影响因素。此外，"意义类问题"与"情境类问题"均属于"过程性问题"的范畴，其中前者主要关注个体对特定事件或现象所赋予的内在意义，而后者则侧重于分析在特定情境下所出现的社会现象及其背后的原因。

#### （四）限定研究问题的范围

在定性研究中，确定了一个有意义的问题类型后，接下来对研究问题进行阐述。而研究问题范围过于宽泛可能导致研究内容过于庞杂，难以深入。相反，研究问题范围过于狭窄则可能限制研究的普遍性和适用性。然而，具体如何界定"广泛"与"过于广泛"、"狭窄"与"过于狭窄"，并非一成不变，而是受到多种因素的综合影响。因此，在确定研究问题范围时，应充分考虑实际情况，确保研究问题既具有针对性又不失普遍性。这些因素包括研究的时间和地点、参与研究的人员数量、受研究对象的数量、事件的复杂性以及所采用的研究方法。在确定定性研究的问题边界之后，对其进行语言阐述是必要的。限定研究问题后，还要对表述中的核心概念进行明确定义，确保这些概念在定性研究中的可操作性。

## 三、界定研究的背景知识

#### （一）现有研究成果

"现有研究成果"指的是在研究者所关注的研究现象与问题领域内，学术界目前已有的相关研究与发现。在开始新的研究之前和进行研究的过程中，研究者需要对这些成果进行详细的文献检索。最常见的方法是进行文献回顾，帮助研究者理解和建立新研究与以往研究之间的联系。

1. 将研究问题置于已有知识体系之中

在文献回顾的过程中，研究者能够在现有的知识框架中确定自己的研究问题和计划。这个过程的核心价值在于，它突显了研究应以现有知识为起点并在此基础上展开。此外，文献回顾还展示了该研究是如何作为现有知识的补充而进行的。研究的重要性在于深刻洞察知识领域中的缺失、以往研究中存在的问题、数据收集过程的不足或对研究成果的不恰当解释等内容。因此，综述研究变得至关重要，它阐释了当前研究问题如何有效地弥补知识体系中的空白，并如何作为前人研究成果的延续进行深入研究。

2. 帮助研究者熟悉和了解本领域中已有的研究成果

深入掌握和理解历史上的研究成果是奠定研究创新的基础。通过系统地回顾和综述相关文献，研究者能够更为全面地了解该领域的研究动态，特别是在已有成果方面。这种全面的了解对于选择和确定新的研究主题具有至关重要的作用。它使得个人的研究能够在现有研究的基础上进行定位，从而有助于明确研究在专业领域内的坐标，以及认识到研究工作对于扩展人类知识、推动学科理论进步或解决实际问题所具有的重要性和潜在贡献。

3. 为研究者提供一些可供参考的研究思路和研究方法

通过系统性地回顾相关学术文献，能使研究者得以深入理解前人在特定研究议题上所采纳的多元研究视角、多样化的研究策略及丰富的研究方法。该过程揭示了学者们在研究探索过程中的发展历程，其成败得失均为后续研究的设计、数据收集与分析提供了宝贵的参考架构。此外，文献综述还能引导研究者在与先前研究略有差异的框架下，规划和设计新的研究项目，并在此基础上深入挖掘问题的未知层面。同时，此过程亦有助于识别并借鉴现有研究中关键变量的操作定义及其测量技术。

4. 为解释研究结果提供背景资料

文献回顾的另一关键功能是客观地提供了与研究领域相关的背景信息。这些信息不仅作为研究者选择研究问题的参考依据，也是解释其研究成果和研究发现时所依据的参考框架。在进行社会研究时，经常出现一些研究者没有预见到的结果，或者与预期相反的结果。为了对这些结果进行准确理解和合理解释，文献综述提供的背景资料是不可或缺的。

**（二）研究者的经验性知识**

"研究者的经验性知识"指的是研究者在研究问题领域内的个人实践经历及其对该问题所形成的独到见解与认知。相较于其他研究方法，定性研究着重于反思研究者的个人背景。定性研究认为，研究者的个人生活与工作是不能完全分开的，个人的经历和观念不仅影响了他们的研究方式，而且对研究本身来说也是宝贵的经验性知识。

**（三）概念框架**

在获得对研究现象、目标及相关问题的明确理解和相应的背景知识后，研究者便开始建立研究的概念框架。概念框架是对研究者最初理论假设的展示，通常涉及：构成研究问题的关键概念及其相互关系；研究问题的界定、内容的维度和层次；研究者已形成的初步假设。

概念框架可以用文字或图表的形式直观表达，其主要目的是帮助研究者在研究开始前，以一种简明直观的方式展示研究问题的重要元素。此外，概念框架的作用主要体现在两个方面：一是使研究者心中隐含的理论假设变得清晰可见；二是帮助研究者深化对问题的认识，并在此基础上拓展现有理论。这种方式能够揭露出研究者此前未曾意识到的各种意义之间的联系，以及现有理论体系中存在的缺陷或矛盾，从而协助研究者寻找克服这些问题的策略。

## 四、确定研究对象

与定量研究不同的是，定性研究通常不需要进行随机选择，因为定性研究的目的就是对某一研究问题进行比较深入的探讨。但在一定的情景中，针对不同的研究对象，定性研究也可以采取相应的选择方法进行研究。

定性研究中常采用非概率选择方法去选择研究对象。非概率选择方法是由理论或由目的决定的选择。一方面，需要根据研究目的决定对象选择的边界，即在有限的时间和方法范围内，选择哪些个案作为研究对象。另一方面，为确保研究的系统性和逻辑性，需要构建一个概念框架的结构图，以从理论层面确保研究对象的代表性。因此，非概率选择方法可能涉及具有不同特征的研究对象，以便进行深入探讨。这种方法遵循"目的性选择"的原则，旨在选取那些能为研究问题提供最大信息量的个体或事件。

目的性选择涉及研究者有意和有目的地选择他们认为对回答研究问题最有成效的研究对象。这一选择过程可以通过考虑潜在参与者的变量或特质来展开，这些变量可以是简单的人口统计数据，如年龄、性别和社会经济地位，也可以是更微妙的方面，如具体的态度或信仰。根据所选择方法的理论基础和研究具体目标的指导，研究者可以按如下方法选择研究对象：

1. 极端或偏差型个案选择

在某些研究中，研究者倾向专注于那些极端且通常被视为"异常"的情况。研究者对极端案例的洞察能够为更普遍的情况提供服务。尽管这些情况可能不具有普遍性或代表性，但对于研究目标来说，探索这些独特的情况可能比研究典型的案例更具说服力。比如Browne（1987）在其关于家庭虐待的研究中，选择的是一群因受到丈夫毒打而产生杀人念头乃至付诸行动的妇女。尽管这些个案呈现出极端性特点，但在揭示特定群体所关注的社会问题方面，相较于概率性选择研究所呈现的平均情况，更具深度和说服力。

2. 强度选择

强度选择是指挑选信息密集度和强度较高的个案进行研究。这种方法在逻辑上与前述的极端型选择相似，但并不过分强调案例的极端性。其主要目的是找到能够提供丰富、密集信息的案例，以便更好地研究特定问题。例如，在一项涉及中国义务教育的学术研究中，陈向明（2000）关注的焦点是"中国城市中小学生目前的学习压力"。为了深入探究这一现象，她选择了一所课业压力大且能提供丰富案例的学校作为研究对象。这样，不仅能更全面地理解中国城市中小学生学习负担的情况，而且该学校提供的详细信息还能帮助研究者深入分析和揭示这一问题的复杂性。

3. 最大差异选择

最大差异选择指的是在选择研究对象时，尽量挖掘不同类型的个案，以最大限度地覆盖研究现象中各种不同的情况。假设当前研究现象内部差异性较强，如果仅选择部分个案可能无法完整反映该现象的全貌。因此，在此情形下，应首先识别出该现象中最为独特且差异性最大的特征。随后，以这一特征为基准，进行科学、系统的抽样，以精准地筛选出目标对象。陈向明（2000）在《质的研究方法与社会科学研究》一书中，举例某地建立了一个全新的医疗保健系统，系统布局于该地各种不同的地理环境，如高原、平原、丘陵和沙漠地带等。为了深入了解医疗系统在不同地理环境中的运行方式，可以选取高原、平原、丘陵和沙漠等不同地形作为研究对象。这样的选取策略不仅揭示了在这些地区实施医疗系统的具体细节，还能对比不同地区执行同一医疗系统时的共性和差异性。

4. 同质型选择

同质型选择指的是选择一组内部组成元素相对一致（即同质性较高）的个案来进行研究。此种方法允许研究者对研究现象中特定类别的相似个案进行深入分析和探讨，进而集中关注这些个案内部的特定现象。例如，陈向明（2000）指出，在探讨中国小学生家长如何在课外辅导孩子的过程中，单亲家庭构成了一个特别值得关注的研究群体。相较于双亲家庭，单亲家庭的家长往往面临更为严峻的挑战，这些挑战及其所带来的困境常常不为外界所充分了解。因此，对单亲家庭进行深入研究，将有助于揭示那些不为公众所知的真实情况。此外，不论是仅由母亲或父亲单方面抚养孩子的家庭，还是父母共同参与抚养的单亲家庭，对这些家庭的研究不仅能够带来新的视角和洞见，同时也为家长提供一个交流情感、分享经验的平台，使其感受到更深层次的理解和支持。在定性研究的领域内，焦点团体访谈作为一种常见的研究方法，其核心特点在于采用同质群体的选择策略。这种方法通过精心挑选 4 ~ 8 名背景相似的参与者，围绕他们共同关心的议题展开深入的讨论，从而获得更为丰富和细致的数据。

5. 典型个案选择

典型个案选择主要是挑选那些在研究现象中具有某种"代表性"的个案。其目的在于深入了解这些现象的普遍特征。在定性研究中，对这些典型个案的研究并不是为了把其结果推广到从中挑选的人群，而是为了解释在这类现象中一个典型个案的特点。这样的研究活动目的在于呈现和说明，而非为了证明或做出推测。例如，陈向明（2000）指出，如果要全面了解国有企业员工的薪酬状况，应综合考虑专家见解及相关的数据统计，从而发现某市在此方面极具代表性，其国有企业员工的收入水平基本与全国平均水准持平。因此，对该市的国有企业员工进行的研究是有效的。这项研究的目标不是要展示全国各地的情况相同，而是旨在揭示一种典型的国有企业员工的薪酬状态。

6. 关键个案选择

关键个案选择策略专注于那些对事件产生显著影响的特定案例。这种研究方法的目标是通过对这些关键案例的分析，将观察到的结果和结论合理地应用到其他案例上。其核心逻辑是，如果某个现象在这些特定情境中未发生，则很可能在其他情境下也不会发生。这种个案通常并非典型或代表性的，而是代表了一种"理想"的情况。这种策略与极端个案选择相似，都旨在研究现象中的非典型或特殊情况，以便更全面地理解该现象的普遍性。它们之间的区别体现在：极端个案选择侧重于挑选研究现象中的"极端"或"异常"案例。相比之下，关键个案选择则是选择那些在"理想"情况下可能对研究现象产生"关键性"影响的个案。

## 五、明确研究者的角色

### （一）研究者个人因素对研究的影响

1. 研究者的个人身份

在定性研究领域，研究者不仅是推动研究进程的关键力量，而且其个人属性，包括性别、年龄、文化与种族背景、教育水平以及个人经历等，均对研究主题的选择、分析视角的构建、理解与阐释方式的采用产生深远影响，进而对研究结论的形成发挥重要作用。这些个人特征的影响并非孤立存在，而是在研究过程中与其他诸多因素相互作用，共同塑造研究的结果。因此，为了全面理解个人因素对定性研究的影响，必须综合考虑各种相关因素，以确保对研究结果的深刻洞察。

2. 研究者的个人倾向

（1）角色意识。定性研究者作为社会行动者，与其他社会成员共同参与社会活动，扮演着参与者的角色；同时，又扮演着研究者的角色，需要运用专业的研究角度和研究方法，与其他社会成员形成相对独立的关系，并对他们进行深入的研究分析。这种角色意识的体现，是社会研究不可或缺的一部分。定性研究者的角色意识是研究者将自己视作研究工具的一种主体意识。同时，齐学红等（2020）指出，社会研究在社会研究中扮演着双重角色。研究者在融入研究对象及其日常活动时，也会带着分析的目光，将人们的行为概念化，对人类活动作出解释。之后，研究者会远离这一材料收集的观察场所，回到办公桌前进行资料的梳理整合和概念的阐明分析，双重角色的合并和分离需要被灵活调整。此外，角色意识也要求研究者坚守职责和品格，以道德与法律作为研究的准绳。

（2）类型化意识。类型化意识是指定性研究者对人类活动的多方面表现进行联系与区分，将相关经历划分为特定类型的概念的意识。Schutz（1962）常以现象学方法指导研究。于海（2010）指出，通过这个世界的大量复杂性来观察这个世界，探索和概括它的基本特色，并且勾勒出它的多方面联系，研究者不仅需要将人类活动中的意识、动机、行为、意义等概念化，即总结日常活动中的一般原则，还需要将多种存在相关性的经历联系起来，即将人类的日常活动进行类型化的过程。张志慧等（2021）认为"研究者的类型化意识，以及他寻求连贯性和系统化的理性，构建了事件的意义"，这有利于发现具有相关性的事件之间的意义关系，进而将其归纳到一个主题之中。

（3）整体性意识。整体性意识是在类型化意识的基础上进一步发展的研究意识，它体现在实际研究过程中定性研究者在"类型化"之后选择何种研究视角上，要求研究者关注研究对象的多个方面以形成具有整体性和关联性的认知，并且在具体的写作过程中，以"深描"的手法呈现研究对象的多方面细节。格尔茨（2014）认为要理解某种文化或行为需要置身于对方的文化系统之中，如"眨眼睛"的动作在不同的背景下会有不同的解释，不能孤立、割裂地看待这一动作。在民族志的写作中，格尔茨主张通过对微观现象的深入描述来折射整体的社会面貌。总之，整体性的意识既体现在研究者对研究对象观察的全面性、细致性程度上，也体现在研究者在分析过程中是否能够以小见大、从细微现象思考到整体的文化系统，以达到"深描"的目的。

### （二）研究者与被研究者之间的关系

#### 1. 平等与不平等关系

一般而言，定性研究中研究者往往需要与被研究者进行接触，如对话访谈、参与观察。从理论上来看，双方应当是建立在相互信任、相互平等的关系上进行互动的，被研究者拥有主体意识和权力能够对研究者的请求提出拒绝，研究者也应当尊重对方意愿并保护他人隐私等。

齐学红（2020）认为在实际的研究过程中，研究者与被研究者存在一种"不平等的对话关系"，研究对象往往在不完全知情的情况下进入被设计好的问题情境中。有学者指出，另一种较为微观的不平等关系则来自被研究者对研究者的角色期待和审视，使得研究者需要做一定的"伪装"以融入当地人群，或者是研究者的特定身份被研究对象的"消费"，这在一定程度上说明了研究者与研究对象之间不平等或不平衡的关系，研究者为了顺利完成研究任务需要满足他人的角色期待而作出相应的自我表现。

#### 2. 亲疏关系

研究者的角色意识通常体现为其与研究对象之间的亲密程度。这种关系并非一成不变，而是需要根据研究目标和研究领域的不同特点进行适当的调整。因此，研究者与研究对象之间的互动关系并非简单的线性模式，而是一种动态的、可调整的非线性关系。不论是作为研究领域的内部成员还是外部观察者，研究者的立场和角色都会对研究结果产生显著影响。

## 六、选择研究方法

定性研究通常采用一系列具体的非量化手段，其研究方法涉及资料收集和数据处理的具体方法（详见本书第十四章第二、三节）。

## 七、确定研究结果的检测手段

### （一）检测标准

（1）研究的中立性。社会科学与自然科学不同，自然科学所研究的对象一般是与人类价值观念、伦理道德无关的纯粹的物质，社会科学的研究对象却是与研究者本身一样的人类及其活动、观念、文化等，研究的客观理性受到许多质疑。

马克斯·韦伯提出的价值中立或价值无涉观念，是指研究者在研究中必须摒弃任何主观的价值观念，严格以客观且中立的态度进行观察、分析。这要求研究者在确定研究对象后以研究资料的指引而非受自己和他人的价值干涉开展下去，特别是在社会学的参与观察、人类学的田野调查过程中，研究员需要经历"融进去"之后再"跳出来"的过程。判断研究中立性则可以从研究者是否故意摒弃部分真实资料、其结论得出所依据资料是否全面有力、研究者是否客观评价已有研究的优缺等方面进行。

（2）研究步骤的一致性。研究者在定性研究中往往会经历较长的研究周期，这就尤为需要保证研究步骤中的一致性，如获取资料方式、资料整理标准、研究范围限制、演绎推理或是归纳总结的路径等方面的一致性。

（3）研究结论的真实性。研究结论是研究者对资料整理和分析之后作出的明确说明，结论的真实性首先依据于资料来源是否可靠、资料是否真实有效，同时结论是否正确表述出了研究资料反映的事物关系、性质等。

（4）研究结论的可推广性。研究的价值往往在于开拓了一个新的研究视角，意味着其他学者有机会在此研究的基础上更进一步地探索新研究，应用此研究方法研究另一事物，或是用另一种研究方法研究此对象，这就是研究结论的可推广性。而检验结论是否具有可推广性，首先能从此研究者的自我总结与思考部分体现，此研究开拓了什么、遗留了什么问题仍未探索等，然后第三方去考察此研究与当下的研究趋势是否较为一致，与已有的权威研究是否相悖等。

（5）研究结论的应用性。研究应具备对现实社会的指导意义，尤其对于那些以政策为导向的研究，其结论要能够满足现实需求并在社会中得到实际应用。此类研究的实用性主要体现在以下几个方面：研究议题紧密跟随时事动态，研究资料具有较高的时效性，研究过程中提出明确且具体的建议，以及识别并解决现实世界中的问题等。

**（二）检测手段**

对定性研究过程和结果的检测常用到的手段有三角互证法、反馈法、证伪法（详见本书第十章第四节）。

## 思维导图

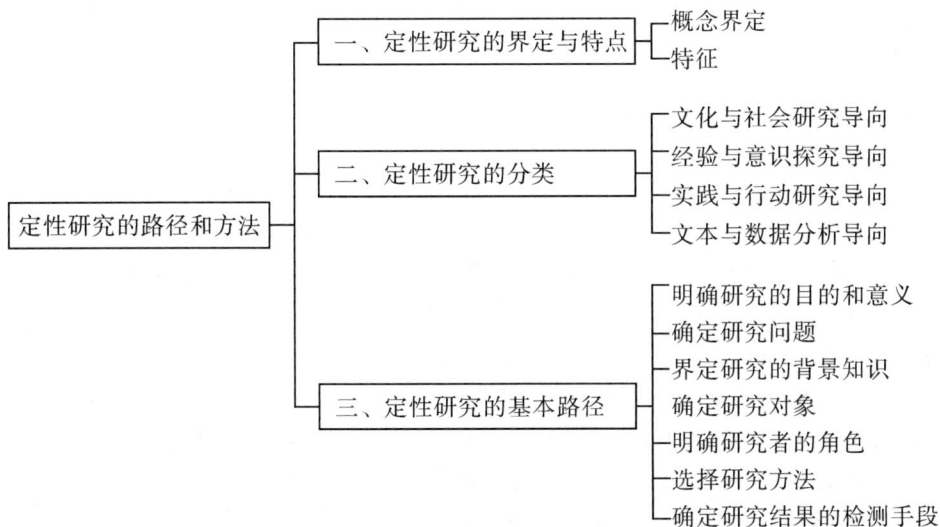

# 第十四章　定性研究的资料收集与数据分析

徐敬宏与张如坤（2022）认为，从数据收集特点来看，定性研究的数据收集具有内在的主体间性，其途径包括非结构问卷、深度访谈、参与观察、文献分析法等，数据形式多为视频、录音带、访谈指南、田野笔记、文字转录稿等。从数据分析方式来看，定性数据分析的方法有连续接近、比较分析、举例说明、流程图方法等。在结果撰写方面，根据定性研究的特殊性，其在撰写上也存在与定量研究不同的特点。据此，本章对定性研究的资料收集、数据处理、结果撰写进行详细的介绍。

## 第一节　定性研究资料的界定

### 一、定性研究资料的概念

研究者从实地研究中得到各种以文字、符号表示的观察记录、访谈笔记，以及其他类似的记录材料。实地研究者长时间深入实地，在各种生活环境中进行参与观察，与人交谈，以及进行各种访问。他们所得的基本材料主要是各种观察记录、访谈记录、时间描述，这些材料来自研究者在生活中所看到的、听到的、问到的一切。定性资料是非数量化的信息，它们或者没有量化，或者是无法量化，如行为、态度、意见以及某些人口特征等。

### 二、定性研究资料的特点

1. 来源的多样性

既有观察得到的资料，也有访谈得到的记录，还有其他一些随笔式的、日记式的、感想式的笔记和在现场得到的其他相关材料。来源的多样性特征使得定性资料在形式上和构成上都显得更加复杂。

2. 形式的无规范性

定量研究资料往往具有结构统一、形式规范的特点。定性研究中的资料无论是观察记录，还是访谈记录，或是其他各种笔记，从内容到形式往往处于一种零散的、杂乱的、无固定结构的状态中。

3. 不同阶段的变异性

整个定性资料的分析过程包括对各个不同阶段的资料的分析，既包括考察、排列、分类、评价、比较、综合那些原始的访谈记录、观察笔记，也包括经过思考和分析那些已整理和编码后的资料。

# 第二节 定性研究资料的收集

## 一、定性研究资料收集的概念

定性资料收集数据并不按标准化方式进行结构化录入，而是通过文本、音频、录像等手段录入信息，力求保持数据信息的重复性、多样性、关系性、原始性，但不排除那些模糊和晦涩难懂的数据。

## 二、定性研究资料收集的特点

定性资料收集的特点主要体现在与定量资料收集的区别。

（1）定性资料收集方式是通过研究者的感悟、调查和分析来获得结论，并且将结论用文字的方式表现出来。而定量数据收集利用数学工具，通过测量、统计分析等手段来获得对事物的认识，用数学的方式呈现结果。

（2）定性数据资料收集主要采用观察法、访谈法、焦点小组法、文献分析法等方法。定量数据主要来自实验研究、调查研究、文献研究等方法。前者注重的是理解，后者注重的是捕捉变量之间的关系。

## 三、定性研究资料收集的方法

定性资料收集方法为资料收集设定边界，通过非结构问卷、深度访谈、参与观察等方式来收集信息。定性数据收集是社会研究中应用广泛的一种数据收集方法，关注的是人们的态度、观点、感受、行为。

### （一）非结构型问卷

非结构型问卷的题目大多是由调查对象自由作答，不固定问卷答案的选项。此类问卷，大多是填空式和问答式的，如：你最喜欢的老师是_____。

非结构型问卷适用于以下情况：

（1）层次较深的问题研究。非结构型问卷能够让被试者按照自己对问题的理解进行作答，不受题目答案选择范围已定的限制和研究者的影响，能够最真实地反映被调查者的观点、对相关情况的了解程度以及所持看法的依据。

（2）在研究的初始阶段，研究者对研究问题和研究对象并没有一个清晰的认识，此时采用开放型问卷能够帮助研究者获得更多有用的信息。研究人员先在小范围内进行开放型问卷调查，通过对得到的问卷进行分析、归纳、总结，掌握一定程度的资料，再设计出结构型问卷。在一定程度上，开放型问卷正是封闭型问卷的基础。

非结构型问卷有一定的局限性。采用非结构型问卷进行调查时，收集到的资料往往十分丰富和具体，能得到许多意想不到的有价值的研究资料。由于调查对象的回答比较零散、不够集中，研究者难以对答案进行横向比较和整理，也不易进行统计处理。

### （二）深度访谈

访谈是定性研究资料收集的重要方式之一。通过访谈，研究者可以高效了解研究对象的观念和行为，同时获取更多更加丰富和生动的一手材料。然而，每一次实地的调查收集都有其各自的特殊性，而如何针对特殊的调查对象采取合理的资料收集方法，如何对特殊对象进行访谈，就成为提高资料可靠性和研究效度的关键点。

深度访谈可以分为主位视角的访谈和客位视角的访谈。主位视角的访谈是指主题化的或有引导的访谈，研究者探讨一些总体性的主题来帮助揭示研究对象的观点，但同时尊重研究对象脱离主题框架和结构进行回答。这种方法事实上是以定性研究的基本假设为基础的：研究对象关于所研究现象的视角，可以揭示出研究对象如何看待这种现象，而不是研究者如何看待这种现象。在多研究地点的个案研究中，或者要访谈许多研究对象时，或者在分析和解释阶段，当研究者在更聚焦且更结构化的询问中对发现进行验证时，都需要注意提问的系统化。客位视角的访谈以被访者为中心，这种视角的访谈坚持研究对象的观点是有价值的和有用的。访谈的创造力有赖于被访者及他们对深度参与讨论研究主题的意愿。

深度访谈有一些特定的优势。一次访谈可以很快地产生大量的数据。当多于一个被访者时（如后面讨论的焦点小组访谈），与较少被访者相比，这一过程带来了更多样的信息，这是在广度和深度之间的交换，即刻的追问和澄清也是可能的。与观察（看、听、闻、触）结合在一起，访谈使研究者得以理解日常活动对人们的意义。当对一个听力有障碍的研究者进行访谈时，可以借助一位手语翻译或者把"问题—回答"写下来，这都使即刻且直接地追问成为可能。

然而，深度访谈也有局限性。访谈通常是亲密会面，而这种会面要依靠信任；虽然研究的时间有限，但是仍要花时间建立起研究者和被访者之间的信任。在进行个案访谈时，被访者可能会由于对研究者提出的问题感到不舒服或者由于心理防备，不愿意与研究者分享那些研究者希望探讨的问题，或者被访者可能对他们生活中重复出现的模式并无意识。此外，因为访谈员不能流利使用当地语言或者不熟悉当地语言，或者因为被访者缺乏表达的能力，访谈员的问题就可能不会激发被访者的大段叙述。同样的原因，研究者也可能无法敏锐地理解和解释被访者对问题的回答，也无法理解和解释谈话中的多种元素。此外，有时候，被访者也有别的理由不实话实说。

在一般的深度访谈之外，有几种更专门化的访谈形式，包括民族志访谈、现象学访谈和焦点小组，以及生活史、叙事研究和数字化的故事讲述。

#### 1. 民族志访谈

民族志访谈以认知人类学为基础，关注那些指导研究对象世界观的认知结构。民族志访谈是由一系列访谈组成的复杂而精细的体系，这一系列访谈组织在一起可以展示研究对象的文化知识。Spradley（1979）指出了三种主要的问题类型：描述性问题、结构性问题、对比性问题。描述性问题通常相当宽泛，研究者可以了解研究对象对"他们的经历、他们的日常活动、他们生活中的事物和人"的看法。结构性问题揭示了一些基本方式，研究对象通过这些方式将它们的文化知识组织成对他们来说重要的范畴。对比性问题让民族志学者了解到不同术语的意义，这些术语是以有些东西像什么、不像什么这种方式来进行详细阐述的。

王志清等（2023）利用口述民族志的方式对凉山州居民进行访谈，开展凉山州蒙古族历史记忆与身份认同的系统性专题研究，真实呈现凉山州蒙古族老人王文芝于2022年8月阐述的当地蒙古族各类族谱的演变过程，剖析作为当地文化持有者的王文芝老人如何以族谱为载体，展现历史记忆的当代表述和当地蒙古族社会性身份的构建过程。

民族志访谈的价值在于它关注文化（宽泛意义上的文化），从研究对象的视角并通过直接的接触来关注文化。这种研究取向尤其有助于解释研究对象赋予事件和行为的意义，有助于提出意义范畴的类型学，有助于凸显文化的微妙之处。民族志访谈在提出工作假设上很灵活，避免了描述和分析的过分简单化，因为民族志访谈有丰富的叙事描述。

然而，民族志访谈也有不足之处。与使用其他方法一样，民族志学者可以通过重述问题或者解释资料，将自己的价值强加进来。如果参与这项研究的文化群体成员并不能很好地代表那一文化，随后的分析就可能很贫乏。这种方法的有效性，与所有的访谈一样，高度依赖于研究者的人际交往能力。

2. 现象学访谈

现象学访谈是以现象学哲学传统为基础的一种特殊类型的深度访谈。现象学所研究的是生活经验以及人们理解这些生活经验并建立起世界图景的方法。现象学访谈是以这样一个假设为基础的：在那些共享的、可以讲述的经验中，存在着结构和本质。这种类型访谈的目的是要描述由几个个体共享的某个概念或现象的意义。

Seidman（2006）认为，现象学研究中有三种类型的深度访谈。第一种关注的是与所研究现象有关的过去的经历；第二种关注的是现在的经历；第三种结合了前两种叙述来描绘个体在这一现象上的基本经历。

Helfrick（2019）以教师的教学理念及专业发展理念为核心，将研究聚焦于一个具有丰富的语言环境且文化多样性的地区，探究当地基础教育工作者如何理解文化和语言的多样性。研究者利用现象学访谈的方式共收集了6份小学教师的访谈资料，详细说明了教育工作者在文化回应性方面的经历和感受。

现象学访谈包括四个阶段：第一个阶段称为"悬隔"。在访谈前，采用现象学访谈的研究者可能已经把他自己的经历完整地写下来了，以此将他自己的经历放在括号里悬隔起来，以免影响对访谈对象经历的研究。这种自我检查的目的是使研究者从他自己的经历中获得清晰的认识，这是"进行中的过程"的一部分，而不是"一个孤立的固定事件"。第二个阶段制定一系列引导访谈过程的问题或话题并实施访谈。对于现象学访谈而言，问题要有助于提示研究参与者的体验，例如：对你而言，有哪些显著的事件和人物与你的体验紧密相关？第三个阶段被称为现象学还原。在这一阶段，研究者确认了现象的本质。研究者接下来按照论题把资料汇集在一起，这些论题描述的是"经验的纹理结构"。第四个阶段是结构综合，包括对"所有可能的意义和多样视角"的、有想象力的探讨，还包括最终达到对现象的本质及其深层结构的描述。

现象学访谈最主要的优势是这种方法允许了对研究者个人经历的直接关注，并将研究者的经历与访谈对象的经历放在一起。现象学访谈关注的是深层的生活意义，这些意义是事件给予个人的，现象学访谈假定这些意义指导了人们的行动和互动。然而，现象学访谈的工作强度相当大，还要求对研究者的经历持一种反思的立场。

3. 焦点小组

作为定性研究方法，焦点小组起初主要运用于市场研究，现阶段已经广泛应用于社会学的研究中。小组通常是由 7～10 个人组成，成员相互之间不熟悉，被选中是因为成员都具有与要研究的问题有关的一些特征。在访谈时，研究者需要创造出支持性的环境，提出有焦点的问题，让焦点小组成员能够积极主动地表达自己的真实观点和看法。这种访谈可以多次组织不同的人进行。研究者通过细致、系统地分析，可以在研究对象的回答中发现一些规律和趋势。

孔伟艳、曾红颖（2022）基于老年人基本层次假说，采用焦点小组访谈法，分析老年知识分子的基本需要。首先，研究者锁定高收入、高文化、高能力的"三高"老人，对 H 事业单位离退休干部处推荐的 10 名 60～90 岁老人进行焦点小组访谈。10 名退休干部组成两个焦点小组，每组由 5 人构成，在内容相同的一份讨论大纲指引下，分两次就问题进行讨论，每次三小时左右。

焦点小组访谈的优势在于这种方法是社会取向的。与实验环境相比，研究者在更自然的气氛中对被访者进行研究。而与一对一的访谈相比，这种方法也要更放松。与参与观察结合在一起，焦点小组访谈对田野进入、地点的选择和抽样，甚至检验尝试性结论方面都相当有帮助。

研究实践中，焦点小组也会面临特定的挑战。首先是焦点小组情境中的权力动力机制。小组成员通常有一种从众心理，团体内部的动力会创造出一种集体思维，对成员之间的交谈方式和内容产生导向作用。研究者需要对权力的动力机制有明确的意识，才能够很好地推动焦点小组访谈——这是至关重要的技术。此外，与对一个人的访谈相比，焦点小组的访谈员通常对小组访谈的控制更弱。当讨论不相关问题的时候，就会浪费时间；小组的资料也更难以分析，因为要理解小组成员的评论，上下文是非常重要的；小组访谈还要对访谈地点进行特殊的安排（或者是专门的讨论地点），还需要训练有素的讨论推动者；有时，小组成员相互之间可能差异很大，也就很难进行分类汇聚。

4. 生活史、叙事研究、数字化的故事讲述

生活史和叙事研究是通过深度访谈方法来收集、分析和解释人们讲述的关于他们生活的故事。生活史和叙事研究认为，人们生活在"被故事化"的生活中，讲述和重述一个人的故事可以帮助他理解并创造其自我意识。故事很重要，故事如何被讲述也很重要。一个相关的研究取向是数字化的故事讲述，个人（也可能是一群人）使用数字形式（如图像、声音，可能还有录像）来讲述故事。数字化的故事讲述中也许有访谈，也许没有；对数字化的故事讲述不做修饰，因为这种方式与生活史及叙事研究对讲故事

的关注是一致的。

（1）生活史。生活史研究的介绍详见第九章第五节，这种方法存在的主要问题是难以普遍化，样本容量相当小，指导分析的概念也比较少。然而，一旦研究者承认了生活史方法的可能局限，他就可以处理这些局限，可以采用深度访谈即"讲故事"作为补充。比如官方记录可以提供印证信息，或者阐明一些在个人叙述中缺位的文化维度。此外，研究者也可以通过在对他人的访谈中讨论一个研究对象的生活来证实这个研究对象生活史所表达出来的意义。黄盈盈等人（2022）认为，生活史强调的是个人的经历，这个人是如何应对社会，而不是社会如何应对这些个人。

（2）叙事研究。叙事研究与生活史有密切的联系。叙事研究是一种综合了文学理论、口述历史、戏剧、心理学、民俗、电影哲学等传统的研究方法，有着跨学科的优势（详见第九章第五节）。叙事研究方法认为，人们在讲述自身故事的过程中也在真实地构建自己周围的世界。研究者对研究对象讲述的故事进行探讨，并把那个故事记录下来。叙事研究可以基于任何言说的或写下来的叙述，比如一次深度访谈。

（3）数字化的故事讲述。数字化故事讲述是故事讲述的一种新方法，即借助数字化图像的力量来支持故事的内容。这种方法在 20 世纪 80 年代中期出现，现在已经发展到可以让普通人来讲他们的故事。这样，数字化的故事讲述就具有了赋权和解放的意识形态，努力鼓励人们发出他们自己的声音（以及图像和声音）来讲述他们的生活经历。

故事讲述者得到了视频剪辑电脑程序的支持，比如适用于苹果电脑的 iMovie 或者适用于其他电脑的 Movie Maker。故事讲述者首先通过写出草稿或大纲来建构一个叙事（故事），然后运用静止的图像、录像片段、声音片段等来强化这一叙事。这些数字化元素可以来自故事讲述者自己的个人档案，也可以是从互联网上公开获得的。将故事线与这些元素混合在一起，是数字化故事讲述的技艺和艺术。

互联网时代短视频作为数字化故事讲述方式具有重要作用（程秀花、邢金钥、李翔等，2023），短视频既为大家提供投放生活缩影的平台，也是一个大众造梦空间，满足用户充满幻想性、戏剧性演绎个人人生的需求。

**（三）观察法**

观察法是社会研究的一种主要的研究方法，它通过直接观察研究对象的言行、神情等外部表现来获取研究所需资料。通过区别研究者在研究中的角色，即是否直接介入被观察者的活动，可分为参与观察和非参与观察两种模式。

参与观察既是一种整体的研究取向，也是一种资料收集方法。在一定程度上，这是所有定性研究的根本要素。正如它的名字所显示，参与观察要求研究者参与到被研究的社会世界——研究者既是不同程度的参与者，也是不同程度的观察者。沉浸在研究场景中使得研究者可以像参与者那样听到、看到，并开始经历现实。如果对研究者而言，任何一种感官都可能有所不足，那么研究者就可以依靠其他感官来描绘诸如教室中的杂音、人们通过目光接触从上级那里寻求同意的微妙方式等类似的东西。按照理想的方式，研究者要在研究场所中花费足够长的时间，熟悉这个区域的生活习惯。这种资料收集方法让研究者能直接通过自己的个人经历对研究的问题进行总结和反思。个人反思是对一个文化群体的分析中不可缺少的一部分。这些反思为研究者提供了新的全面的看法，还提供了熟悉那些陌生的东西的机会，以及将熟悉的东西陌生化的机会。

它可以通过研究者亲身参与目标受访者的日常生活和工作来进行。在设计和实施参与观察时，需要确定研究目标、观察时间和地点，并选择适当的参与方式和工具。在观察过程中，需要对观察内容进行记录和分析。经过长时间的观察与互动，研究者对研究对象的生活习惯、兴趣爱好以及信仰观念等有了一个基本的认识。参与观察一般适用于涉及体验、理解或描述某个互动中的人群的情况。当其他方法（像调查研究、实验）不适用时，如研究街头帮派，就是实地研究的适当时机。例如，一个社会学家可以参与到某个部落的日常生活中，观察他们的生活方式、文化习俗、社交关系。

非参与观察法又可以称为"局外观察法"，指的是观察者远离观察对象的生活，观察者不介入观察对象的生活环境，完全以旁观者的身份开展研究，尽可能地不对群体或环境产生影响。其基本假设是：观察对象受到观察者的影响，可能会做出非自然状态下的虚假反应，这违背了研究者的研究目的，因此观察者选择远离研究对象的现实生活。非参与观察的根本目的在于通过控制某些可以影响观察对象反应倾向的因素来揭示人的心理活动的内容。

在非参与观察法中，由于观察者不介入观察对象的真实生活，与观察对象保持距离，从不同的角度进行观察，观察者更容易站在比较公平、客观的立场上对观察者进行观察，但同时不利于了解被研究者的思想和行为，也不易获得一些相对隐蔽、私密的资料。在教育研究中经常运用的课堂旁听就是一种非参与观察。

### （四）文献分析法

文献分析法是指通过阅读、分析、整理与研究问题相关的文献资料，从而全面、准确地掌握所要研究的问题的资料收集方法。本节定义的文献是指个人或团体在社会生活过程中记录可用信息的一切载体。文献包括档案资料以及其他以实物形式存在的各种资料，如人造物。

人造物是由个人、组织、家庭、机构、社群或者更大的社会群体制造的，包括多种形式：有些是文件，有些是物体——图片、衣物、陶瓷、垃圾。其中，文件尤其被经常用于质性研究。不同类型的文件可以提供背景信息，这有助于建立起选择一个特定研究地点、项目或群体的解释说明；文件的另一种用途是将它们作为研究中深度资料收集的一部分。此外，研究者可以建议研究对象写作一些文件：日志或写作范例。文件的两种用途都很有价值。

这些文件是在日常生活的过程中产生的，或者是为了这项研究而特别建构出来的。因此，在分析文件中研究对象所展现的价值观念等内容会非常有效，因为其中蕴含了极其丰富的语料资源。政府的政策文件、会议记录、书籍或信件等内容在进行组织、场景或群体的研究时，都具有很高的价值。

档案资料通常是记录官方事件的文件，它们是一个社会、社区和组织要收集的常规记录。这些可以进一步补充其他的质性研究方法。此外，对档案的分析和解释应当谨慎进行，因为推论范围可以很广，文件的意义从来就不是透明的。如果要提出对文件进行收集和分析，研究者就需要说明：他将如何通过其他方法来确证这些文件的意义。

对其他不是以文字形式出现的人造物进行分析，对一项质性研究也可以是成果丰富的。事实上，经典的民族志研究关注了许多这样的人造物，如宗教图标、衣物、住房结构、食物等。关注研究场景中的一些人造物将增加所收集资料集合的丰富程度。

使用文件和其他人造物的最大优势是：它不会打扰进行中的事件。这些材料可以在不扰乱研究场景的情况下进行收集。研究者在资料已经收集好之后，再确定重点在哪些地方。然而，如前面提到的，这种方法有一个可能的不足是推论的范围。举例来说，对书面材料、照片和衣物的分析需要研究者进行解释，跟那些以互动方式收集到的资料一样，因为会议记录和耐克球鞋自己不会说话。因此，在陈述那些用于推论人造物意义的解释逻辑时需要特别小心。

## 四、定性研究数据记录

在进入实地研究前，定性研究者先要设计记录数据的方法。方案中必须明确研究者将记录何种数据和记录数据的步骤。

用观察草案记录观察数据。在定性研究过程中，研究者经常运用多种观察法并采用某种草案或形式记录信息。这种观察草案可能是在一张纸的中间画一条分界线将描述性记录（包括参与者的特征、对话的结构、场所的描述、特殊事件或行为活动的记述）和反思性记录（研究者个人的思考，如"思索、感觉、疑问、观点、预感、印象、见解"）区分开来。对人口统计信息的时间、地点及实地观察的日期等，可以同样的形式撰写。

在定性访谈中，要用访谈草案记录信息。该草案包括以下组成部分：标题、访谈导语（开场白）、研究的关键问题、关键问题之后的探究、传达给访谈者的信息、访谈者写评论的空间，以及研究者记录反思性注释的空间。

研究者通过手写、录音带、录像记录访谈信息。访谈中，如果记录仪器失效，研究者应做好事件记录。在计划中提出是否需要一位根据录音打字的打字员也很重要。

文本和可视材料的记录应基于研究者的记录结构。一般而言，记录反映出的文本或其他材料的中心思想应与文本是一样的。文本有助于标明信息表现的是第一手材料（如直接从民众或研究中得来的信息）还是第二手材料（如其他人撰写的关于民众或研究情形的二手说明）。

## 五、定性研究数据收集的优势与局限

### （一）定性研究数据收集的优势

（1）成本较低。相对于定量研究，定性研究的成本较低，因为可以采取小样本调查，不需要像定量研究那样在大规模样本上进行数据收集和分析。

（2）深入了解研究对象。定性研究能够更好地了解研究对象的内心深处的态度、动机和感受，从而更好地理解研究对象的需求和行为。

（3）帮助概念化抽象概念。定性研究可以帮助将抽象概念具体化，从而更好地理解这些概念的含义和应用。

（4）提高定量研究的效率。定性研究可以作为定量研究的准备和补充，从而提高定量研究的效率。

**（二）定性研究数据收集的局限**

（1）缺乏概括性。定性研究是基于小样本的调查，其结果不能代表广泛受众或公众的基础。

（2）需要行业相关的专业知识。定性研究需要研究者具备一定的行业相关知识和经验，否则可能会导致收集的数据不准确。

（3）耗时。定性研究需要进行的资料收集、分析和解释工作相对较多，需要花费更多的时间和精力。

（4）难以量化。定性研究的结果是基于受访者的回答和行为表现，难以创建关于受访者数量的可靠统计数据。

（5）研究对象的有限性。实地研究人员在收集资料的过程中倾向于选择社会上没有权势的人（如街头游民、穷人、儿童、科层制度下的下层劳工）。这类人群接近途径便捷且得到的资料真实性较高。而高层次和有权势的精英分子的接近途径十分有限，精英分子本身也会寻找有效的守门员来截断普通人员接近他们的路径，获取这类人群的资料是十分困难的。但在实地研究中，研究人员经常被指责忽略社会上有权势的人及偏袒无权势的人。

（6）伦理困境。主要体现在以下方面：首先是知情同意权，在定性资料收集过程中的伦理议题主要集中于对人的尊重。其次是保密原则，研究人员在田野中所获取的私人性的秘密资料，一般是对私人开放的。研究人员在道德上也有义务为资料保密。然而对从事非法活动的越轨者进行实地调查的研究人员，面临着更多的两难问题。最后是真实性，研究者在收集定性数据资料时涉及的隐私资料，形成了隐私权和真实性之间两难的局面。研究者不能公然宣传成员的隐私、侵犯隐私权或者进行损害他人声誉的事。然而，如果关键细节均被删除，则研究者所发表的内容，就必然很难取信于人。

# 第三节　定性研究资料的分析

## 一、定性研究资料分析的概念

定性研究资料分析是一种非数字化的方法，它通过对观察、内容分析、深度访谈等多种方式收集、整理、总结、分析、比较数据，来探索客观事实的本质特征。它的基本原则是从具体的、实际的、经验的事件中抽取出有价值的信息，并将其组织、归类，最终提取出有用的信息。

## 二、定性研究资料分析的特点

定性研究资料分析的特点主要体现在与定量资料分析的差异性与相似性。

1. 差异性

（1）定量资料分析通过采取特殊的、高效的数据处理流程，以及严格的数据处理规范，可以大大提高数据处理的精确性，而无论采取何种数据处理流程，其所采取的数据处理规范都保持稳定，从而更好地满足各类社会研究的需求。而定性研究资料分析缺乏统一的规范，但它仍然可以提供多元的信息，并且可以帮助人们更好地理解数据的结构、趋势、可变性等。然而，这些信息的收集、处理、传播、反馈，都需要经历多次的迭代，以便人们更好地把握数据的本质，并且可以更好地满足人们的需求。因此，在进行分析时，各位研究者的方法和步骤可能各有差异。

（2）定量数据分析主要体现在研究前期收集大量的数据，然后将其转换为可用的形式输入计算机。定性数据分析则从数据收集开始就一直在进行，并且从头到尾都在发挥作用。早期的数据分析结果可以为接下来的数据收集提供指导。因此，定性数据的分析不只是实地调查的一个部分，更是整个调查过程中不可或缺的一环，贯穿始终。

（3）定量资料分析以数据为基础，以实际情况为依据，对抽象假设进行检验。相比之下，定性研究资料分析更加依赖于实践，因为它不涉及任何变量或概念。研究者需要从实际情况出发，结合经验材料，将其与抽象概念结合起来，以构建出新的观点和理论。在本书第一章中可以看到，定性研究资料分析被广泛应用于构建理论框架。

（4）在定量资料分析中，研究者利用统计学原理，从大量数据中提取出变量之间的关联性及其变化规律；而在定性研究资料分析中，研究者则需要依靠文字记录材料，这些材料往往不够准确、杂乱无章。因此，他们需要运用主观、感性、直觉的方法进行分析。他们在描述社会生活事件时，往往会根据上下文的关联构建出多种不同的解释，从而更加深入地表达出社会生活的内涵。

（5）对社会生活细节的抽象程度或与之距离不同。在所有的资料分析中，研究者都要把原始资料分配到一些他们用以进行操作的类别之中，以便据此辨识出其中的模式。在定量分析方面，研究者通过统计、假设与变量来实现对社会生活的测量；而在定性分析方面，研究者更多地依赖对语境的理解和深度描述强调接近社会生活的真实状态，通过文本解读、主题提炼和案例分析来揭示社会现象背后的意义和机制，获取细致而丰富的洞察，但在抽象和概括方面可能面临更多的挑战。

2. 相似性

（1）在定量和定性研究中，对资料所采取的分析形式都涉及推论。研究者通常从社会生活的经验细节中进行推论。推论是指通过判断，运用推理，以及根据证据得到结论的过程。这两种资料分析形式中，研究者都仔细检查经验信息以获得结论，这个结论是通过推理与简化复杂的资料而得到的。它和资料相比有一些抽象，或与资料之间有一定距离，但会随着研究风格的不同而变化。这两种资料分析的形式对社会世界所做的陈述均是建立在充分探究（亦即忠实地反映资料）的基础之上。在定性研究中，充分性是指所收集的资料数量，而不像定量研究是指研究对象的数目。

（2）两种类型的分析都涉及一种公开的方法或程序。研究者系统地记录或收集资料，据此可以方便他人了解他们所执行的程序。这两类研究者都会收集大量的资料，他们描述这些资料并记载他们是如何收集与检验这些资料的。

（3）比较对于所有的资料分析来说，都是个核心程序，不论是定性还是定量研究。所有社会研究者不是针对证据本身，就是运用相关的证据，对他们收集到的证据的特征进行比较。研究者辨识证据中的多种过程、原因、属性或机制，然后找出模式——相似性与差异性，即相似与不相似的层面。

（4）研究者都竭尽所能地避免误差、错误的结论及误导性推论。对于可能出现的谬误或错觉，也都提高警觉。他们从各种不同的解释讨论与描述中进行筛选，评价对立观点的优劣，从中寻找出最为可靠、有效、真实或有价值的解释。

## 三、定性研究资料分析的性质与目标

定性研究资料分析涉及如下问题：

1. 概括性问题

即个别或少数几个样本是否能够反映出整个社会的情况。虽然研究者获得的信息很少，但是这并不意味着他们的研究结果就不可靠。相反，他们可以通过观察和比较不同的群体或社区来探究这些样本的共同特征。

2. 测量与比较的问题

通过大规模的调查、考察、分析等，可以更好地理解一个复杂的社会现状，从而更好地掌握其中的规律性。

3. 推断因果关系的问题

定性资料由于"特征"和"性质"较为有限，无法提供足够的证据来支撑事物之间的因果关系，这就使得推断因果关系变得极具挑战性。

4. 总结和表达问题

定性资料的总结和表达可以采用以下方式：

（1）类似定量统计的技术。这实际上是一种表达更多资料的方法。为了给予读者更多有关支持其结论的资料的信息，有些定性研究者使用了一种对其实地记录中某种现象发生率进行统计总结的方法。如在全部观察中有多少次出现甲现象、多少次出现乙现象等。研究者用这种类似于百分比的数字，来作为支持自己研究结论的一种证据。

（2）描述分析过程。定性研究者可以通过详细描述自己的经历，向读者展示他们在进行分析时的独到见解。此外，他们还可以提供一种衡量自己概括能力的指标，用来评估自己的概括是如何形成的，以及他们为了获得支持或反驳的证据付出了怎样的努力，并且在不同的方面进行了深入的分析与思考。

（3）列举例证。通过提供各种案例，可以使读者获得一定的认知，尤其是在实地考察中，对细节的深入描述更是令人着迷。

通过定性数据的分析，可以更好地了解并深入探索个体的行为特征，以及它们背后潜在的社会机制。这些信息可以帮助研究者更好地了解个体的情况，并有助于他们更好地预测未来的趋势。

定性研究资料分析旨在将复杂的信息以一种简洁的形式表达出来，以便更好地把握其中的规律和联系。它不只是为了找到一个普遍适用的规律，也会尝试探索一种新的理论模型，以及更深入地探究这些规律背后的原因。通过定性研究资料分析，研究者对事件的发展顺序有了一个更加清晰的认知。这种暂时的顺序不仅能够揭示变量之间的关联，而且能够为探究因果关系提供重要的参考。

## 四、定性研究资料分析的解释模式

巴比（2018）指出解释模式指的是定性分析中研究和理论的联结，旨在发现内在的意义和关系模式。

（1）发现模式。在分析数据时，需要寻找一种能够适用于多个不同的研究个案的解释方法。Huberman 和 Matthew（1994）提出了两种跨个案分析方法：变量导向分析和个案导向分析。变量导向分析旨在描述和解释特定的变量，以便更好地理解它们之间的关系。个案导向分析旨在深入挖掘每一个个案的特征，以便更加全面地洞察其中的规律性和趋势。

（2）草根理论。在这种方法中，理论只来源于资料而不是演绎。除了在资料的基础上进行归纳的原则外，草根理论还使用了持续比较法。持续比较法是草根理论的构成部分，指的是观察之间相互比较，并将观察与建构中的归纳理论进行比较。草根理论包含四个阶段：将适用的事件和每个范畴进行比较；合并分类及其特性；划定理论的界限；组织理论。

（3）符号学模式。符号学是一门研究符号和它们所代表的含义的学科，它通常被用来进行内容分析。任何表达了一定意义的东西都是符号。符号包括商标、动物、人和消费品。Goffman（1979）的《性别广告》将注意力集中在杂志和报纸上的广告图片，他提出了自己的疑问：广告除了产品之外，还宣传了什么？尤其是男性和女性方面，广告说了什么？通过分析发现，男性往往比女性高大。最常见的解释是：一般情况下男性往往比女性高也比女性重。但是戈夫曼的解释却有着更深层的含义：尺寸和位置意味着地位。戈夫曼认为广告所传达的意思是男性比女性重要。

（4）谈话分析模式。对谈话细节仔细分析，这种方法建立在详尽记录——包括休止符、感叹词、支吾声等的基础上，试图通过认真审查被访者的谈话方式来揭示社会生活中隐含的假设和结构。

## 五、定性研究资料的整理

定性研究资料的整理包括如下步骤：整理笔记与建立档案、定性研究资料的编码、形成概念、撰写分析型备忘录。

### （一）整理笔记与建立档案

传统的整理笔记和建立档案以手工操作为主，将材料分门别类写在卡片上，分别标以不同的代码，按不同的类别归类放置。现在可以利用计算机进行分类工作。通常的方式是先将实地记录或现场笔记全部输入计算机，存在磁盘上，变成可以随时寻找、修改和利用的电子文字资料。需要特别提醒的是，输入计算机时应做到完全按照实地记录本上的内容和文字录入，不要做任何的修改，使得输入计算机后所形成的文本与原始记录在内容、文字、时间、前后顺序、各种记号等方面都完全一致，就像是实地记录的照片或复印件一样。这份与实地记录完全相同的"原始"文本一定要保留好，不要做任何处理。而将其复制出的多个备份用来进行各种删改、编排、摘录。计算机对定性研究资料分析的帮助作用不只体现在文字处理功能上，国外已经出现了许多专门处理定性资料的分析软件，如 Ethnograph、Nudist 等，使得研究者分析定性资料的能力大大加强。

在资料整理的过程中，研究者要着手建立各种资料档案。巴比（2018）就曾建议研究者建立下列几种类型的资料档案：①背景档案。特别是对一些研究社会运动或重大社会事件的定性研究，这种背景档案十分重要。②传记档案。这种传记档案的对象是实地研究中的各种人物。将所有有关某个人物的档案放在一起，可以帮助研究者更加全面地认识这个人，也可以帮助研究者从中发现不同事物之间的联系。③参考书目档案。将资料分析过程中，甚至整个研究过程中所查阅、记录下来的各种书目、文献资料都系统地整理和归档。④分析档案。风笑天（2018）指出应该根据分析的主题将各种资料分别集中，这是资料分析过程中最主要的档案类型。

### （二）定性研究资料的编码

在定性研究中，编码是资料分析中的一个完整过程。研究者将原始资料组织成概念类别，创造出主题或概念，然后用这些主题和概念来分析资料。这种编码是在研究问题的指导下进行的，其结果又会提出新的问题。它使得研究者摆脱了原始资料的细节，而在一个更高层次上思考这些资料，并引导研究者走向概括和理论。编码是两种同时发生的活动：资料的机械减少与类别化分析。

### （三）形成概念

定量研究者在收集和分析资料前，就将变量的概念化以及概念的提炼作为变量测量过程的一部分。定性研究者则是根据资料来形成新的概念或提炼概念。

### （四）撰写分析型备忘录

备忘录是指在定性研究中做的记录，是分析资料的一部分。备忘录可以描述、界定概念，涉及方法论问题，或者提供初始的理论陈述。备忘录的撰写贯穿于整个资料收集与分析的过程中。备忘录主要分为：编码记录、理论记录、操作记录。编码记录将编码标签及其意义对应起来。理论记录覆盖多种主题：维度和概念的深层含义的反映，概念之间的关系，理论假设等。操作记录所关注的主要是方法论问题。按阶段性来分，备忘录可以分为基础性备忘录、分类备忘录、综合备忘录。基础性备忘录是某相对具体的时间的详尽分析透视图。分类备忘录是建立在几个基础性备忘录基础之上，并代表了分析中的核心主题。综合备忘录是将几个分类备忘录串联起来，并由此凸显整个研究的内在逻辑。

分析型备忘录是实地笔记的典型类型之一。分析型备忘录主要记载了研究者对于编码的想法和观点，主要是研究者进行思维方式的整理与辩驳。每一种编码主题或者概念都是形成一个单独的备忘录的基础。这种备忘录中包含着对这一概念或主题的相关讨论。而粗略的理论笔记就形成了这种分析型备忘录的开端。

## 六、定性研究资料分析的方法

### （一）连续接近法

研究者需要将研究分析的步骤不断循环重复，在反复的操作中将杂乱无章、含混不清的概念抽象出来，发现其中的特点，将其进行概括。

研究者首先确定研究问题与研究框架，通过查阅大量的相关文献，进行比较分析，寻找研究问题与研究资料之间的相关性。除此以外，此方法也可以用作概念的修改。研究者通过对资料的梳理与抽象，发现现有概念的不足，对原有概念进行修正与补充。之后，研究者可以继续在资料中寻找新的证据，重复过程，研究尚未解决的问题。

每一阶段的证据往往是暂时的和不完全的，而概念是抽象的，它们根植于具体的证据中并且反映着事物的背景。在从经验证据到抽象概括的过程中，可能会受到某些条件和偶然事件的影响，研究者必须持续调整概括性内容，以优化其与证据之间的联系，确保概括能更精确地反映证据所蕴含的信息。

### （二）举例说明法

举例说明法是用经验证据来说明某种理论。举例说明法在具体应用过程中有两种思路：一种主要表明理论模型是如何说明或解释特定个案或特定现象的。研究者所列举的主要是一个个案或一种现象的证据。另一种则是研究者通过多个案例，来说明这个理论模型的普遍适用性。

Paige（1975）在对乡村冲突进行研究时，先设计出了一套造成阶级冲突条件的模型，然后利用秘鲁、越南等国的实际案例进行例证。

### （三）比较分析法

比较是各种资料分析的中心过程。定性研究资料分析中的比较分析法与前述的举例说明法不同，即研究者并不是从一个总的理论模型的"空盒子"开始，然后用资料中的证据去填满盒子，而是从先前已有的理论或从归纳中发展出相关的规律或关系模型的思想开始，然后主要关注少数规律，用其他解释与之进行比较。在此基础上，研究者考察那些不限于特定背景条件的规律，如时间限制、地点限制、研究对象群体限制等。根据具体的比较方式的不同，有两种类型的比较方法。

（1）一致性比较法。研究者主要关注不同案例所具有的共性，然后利用排除的方法进行比较分析。其具体做法是：研究者先找到比较案例中的共性，然后再分析可能造成共性的共同原因。如果某个原因不被视作共同的原因，研究者就会将这个原因剔除。

（2）差异性比较法。它比一致性比较法更为有力，可以说是一致性比较法的"双倍应用"。差异性比较法的具体研究思路如下：研究者先找到大量符合研究要求的个案，这些个案在大多数情况下十分相同，但是在少数方面存在差异；然后找到导致这些个案存在相同方面的特征，同时找出另一组在这种结果上与此不同的个案，即找出那些不出现第一组个案中的结果的另一组个案。这样，研究者就可以比较两组个案，查找那些在不出现结果特性的个案中也没有出现的原因特性。这种没有出现的特性就是结果的原因。

### （四）叙述法

在定性研究中，叙述法被称为自然历史或现实主义叙事方法。叙述法是一种理论描述。研究者以时间顺序展示研究的具体细节，好像它们是一系列独一无二的"自然展开的"事件的产物。他仅仅是"讲述一个故事"，一个已经发生的故事。

研究者用叙述的方法，把资料汇集成一个描述性的画面或对曾发生过的事件的说明，但是尽可能让资料"自己说话"。研究者很少插入新的系统概念、外部理论或抽象模型等形式。解释不是基于抽象的社会科学概念和理论，而是基于具体细节的结合。研究者以田野情境中的成员经历这件事的方式来展示或揭示社会事实，或是一个特定时间点上具体的历史扮演者的世界观。通过较少使用评论，研究者试图表达特定人群在特定环境中对其所经历的复杂生活的真正感受，而不去获取抽象的原则或界定可归纳的分析性模型。

使用叙述法的研究者，通过用所研究的人们的言语和概念来"分析"或"解释"资料，而不是引进新的术语。分析表现在研究者如何组织资料展示和讲述故事，表现在作者更多地注意特殊的人、事件或事实。叙事分析依赖于文学上的技巧——创造性地选取特定词语来讲述故事、描述背景、展示人物发展，并展现其中突出的重点、复杂的剧情和悬念。

研究者在叙述法策略的有效性上展开了争论。叙述法提供了丰富的具体细节并清楚地说明了过程或特定事件发生的时间顺序。它也能够把握较高程度的复杂性，并表达在对特殊事件或因素如何相互影响的理解上的细微差异。叙述法的长处是：它允许研究者收集非常具体的细节（如人名、行动、特定人物的话，在特定时代对特定事件的细节描述），这些细节可能是具有特殊性的，却是整体性解释的一部分。许多研究者批评叙述法太复杂、太特殊，并且具有个体特殊性，难以推论到整体。叙述法展示了大量的具体细节，但是研究者发现，很难从中发展出一个能够应用于其他人、其他情境或时期的普遍解释。

赵丙祥（2019）指出，林耀华的著作《金翼》，将社会学、人类学、历史学传统发展而来的各种叙事方法糅杂起来，既有在西方知识社会学思路下与中国传统史学的结合，又有社会结构论与人生史的结合。其作品既有社会科学性也兼具文学性。

### （五）会话分析

Ten Have 认为可以把会话分析的工作模式概括为 7 个步骤[①]：

（1）用录音或者录像设备去录制人们日常的会话。会话分析学派强调录什么并没有多大关系，重要的是自然会话。即使采录的会话最终要转录写成书面材料，原始的录音或录

---

① Paul T H. Methodological Issues In Conversation Analysis ［EB/OL］. http：//www. pscw. uva. nl/ emca/ mica. htm （1990/2000 - 4）.

像才是最根本的语料。

（2）从录音或录像转写。会话分析所使用的转写方法最初是由杰弗逊设计的。当然任何形式的转写都不可能是百分之百的复制，而是有选择的。会话分析所关注的问题主要是话轮之间的位置关系。有的时候还要考虑研究目的、阅读和印刷方便等现实因素。研究者最好自己来转写要研究的材料。如果使用别人转写的材料应该与原始的语音、录像材料核对。研究者在转写时当然会利用自己作为该社会成员所具有的百科知识来理解和确定会话中的意义。有时候可以请别人来检查以增加可信度。

（3）选择要分析的会话片断。研究者可以根据以往的研究和观察，也可以依靠直觉来选择有兴趣的题目。例如，在会话的开始和结束，交际者如何纠正对方的错误。所选择的片断可以是单独一个，也可以是多个，但至少要包括发话者和听话者一来一往的交谈。

（4）研究者利用自己的常识来理解所要分析的会话片断。研究者需要确定会话参与者所说的话的意义以及它们之间的联系。要做到这一点，研究者所采用的方法和会话参与者所使用的方法是一致的。

（5）研究者把在第4步得到的理解明晰化。研究者需要根据所分析的会话片断的具体情况，特别是会话参与者所利用的常识和方法，来说明如何能够得出第4步那样的理解。

（6）研究者可以利用其他手段来支持上述分析。其中的一个手段是会话参与者自己在会话中展示出来的对对方话语及整个会话的理解。研究者可以用它来支持自己的理解和分析。

（7）另一个支持性手段是比较。把对单个片断所做的分析用于其他相似或者相反的例子的分析，以检验研究者所做分析的可信度。

例如，在计算机支持的科学协作中，凯莉和克劳福德（1996）认为，真实参与科学共同体的学生需要学会运用科学语言，他们研究了三四十位十二年级学生组成的多个小组，在学生分析示波图时转录他们的会话。凯莉和克劳福德从三个方面分析了每个时长45分钟的小组会话片段：一是把会话情节分解成会话轮；二是确定将小的会话片段组合形成较大的参与结构的方式；三是运用这些更大的参与结构单元来确定交互形式。凯莉和克劳福德通过运用计算机显示的运动表征方式关注这些学生会话如何产生。

**（六）文本分析**

马歇尔·罗兹曼（1995）指出，文本分析法是一种对文本内容进行由浅入深的比较、分析、综合、提炼的研究方法，它能够使无结构的原始文本转化为可被识别、处理和统计的数据信息，将大量文本数据进行结构化处理并赋予其意义。质性文本分析存在三种类型，即文本主题分析、质性文本评估分析、文本类型建构分析。文本主题分析侧重识别、组织、分析主话题和次话题以及这些话题之间的关联性。文本评估分析则是对内容进行考察、分类、评估。类型建构分析通常建构在前期主题或评估编码的基础上，其真正核心是寻找多维模式和模型，帮助研究者理解复杂的主题或相关领域。

文本分析的具体操作步骤如下：

（1）数据搜集：文本分析的第一步需要进行数据搜集，获取文本数据的方式一般包括网络平台、媒体平台、新闻、知网、论坛等。

（2）分词：计算机会将我们导入的字符串进行分词划分，便于后续的分析。

（3）数据清洗：在文本分析的过程中，首先需要对文本进行预处理。预处理是非常重要的一步，它直接影响后续分析的准确性和可靠性。标点符号和停用词的去除是预处理的常见操作，可以有效地去除文本中的无关信息，提高分析效率。同时，对文本进行分词、去除停用词等操作，也有助于提取出更准确的关键词和主题。除此之外，会通过关键词词频、分布等剖析文本的主题，有些研究者还会通过分析情感词去了解文本的情感倾向。

（4）特征提取：数据清洗后进行特征提取，比如可以使用可视化板块里的 TF – IDF。它是常用的特征提取方法，考虑了词汇在文本中的重要性和在语料库中的普遍性。TF – IDF 值越高，表示该词汇在文本中的重要性越高。此外，还有其他方法。

（5）后续分析：利用文本数据进行后续分析，如可视化图形展示、主题分析、聚类等，下个模块会有说明。

一个相关的案例是马立超、蒋帆（2021），以2000—2019年20份教育部"工作要点"中有关义务教育均衡发展的政策语句作为研究对象，遵循"潜入文本"与"走出文本"的思路，对义务教育均衡发展的政策语句进行归类赋值，将无结构的文本进行解构、剔除、编码、重构、统计与分析，以此厘清义务教育优质均衡发展的政策注意力分配格局。

### （七）主题分析法

民族志学者斯普拉德利发展出主题分析法，这是一种创新的、整体性的分析定性资料的方法。本节将叙述这个系统的关键部分——进行定性研究资料分析的组织化结构。

纽曼（2007）指出，斯普拉德利把文化情境中的基本单位界定为一个主题，即一个用于组织资料的观念或概念。他的体系建立在对主题的分析上，在以后的分析中再把若干个主题组成类别与范围更为广阔的论题，以便对文化场景或社会情境做出整体性的解释。主题有三个部分：一个主概念或短语，几个从属概念语意关系。主概念是简单的主题名称；从属概念是主题之下的次级类型或部分；语意关系说明从属概念在逻辑上如何与主题相符。

Spradley（1979）确认出三种类型的主题：民俗性主题、混合性主题、分析性主题。民俗性主题包括来自某个社会情境下成员惯用语中的用词。要使用这些词语，研究者需要非常留意语言及其使用。这类主题使用从亚文化惯用语或是历史行动者的语言之中得到的词汇之间的关系，来辨识文化的意义。混合性主题包括民俗用语，但是研究者加入了他自己的概念。举例来说，赛跑者的种类是以赛跑者的术语（如长跑者、竞赛选手）来命名的，但是研究者观察到其他类型的跑者，对于这些在惯用语中并没有特定用语的存在，研究者就给予他们一些标签（如客串、新手、业余跑者）。分析性主题包括了来自研究者与社会理论的用语。当情境中的意义是心照不宣的、内含的，或是没有被参与者辨认出来的时候，这些用语最为有用。研究者通过深入观察以及对人为事物的剖析，推论出有意义的类别、辨识出模式，然后再赋予它们不同的名称。

## 七、定性研究资料分析的步骤

### （一）初步浏览

先对整个实地观察记录和访谈笔记等各种形式的资料大致浏览一遍，有一个初步的印象。这种浏览起到提供知识背景的作用，它使得研究者对于原始资料有一个更加清晰和深入的把握。

**（二）编码**

编码就是将文本（非文本类转录为文本）的各个片段进行简单直接的描述，通过这个描述来直观地区分每组的不同定义。这个描述的词就可以称为代码。这种代码的获取方式可分为自上而下和自下而上。

自上而下的方式是指编码项是在编码之前就有的，这个代码库是指研究预期，研究者预期从此次访谈中获取哪些内容。自下而上的方式是指编码的时候所有的代码是从原始材料中提取出来的。在实际研究中，可以采用自上而下和自下而上相结合的编码方式。原因是研究员在做研究时，会先提出假设，根据这个假设可以预估可能会收集到的某些信息，然后可以根据这些假设获取预先进行编码项的编制，即自上而下，从而使研究过程更加结构化，也有利于信息的整理。而对于定性研究来说，它和定量研究相比最大的优点是其在研究中可以发现大量原本不知道的信息，获得丰富的信息项，这个时候可以增加新的编码项，即自下而上。

**（三）亲和图分析**

编码完成以后就需要对这些描述进行亲和图分析以重新组织材料了。亲和图分析就是把数据做成小卡片，进行归类，使得数据可视化，从而更好地找出数据之间的逻辑关系，即先后关系、因果关系、时间关系、空间关系、相关关系等。

**（四）形成模型**

对编码的数据进行亲和图归纳分类，就可以得出相关的模式/框架/模型。常见的一些模型有：

（1）线性流程图。使用场景：概念之间存在因果关系和时间关系，并且在重要决策点上有多个选择，如找货流程。

（2）循环流程图。使用场景：概念之间存在因果关系和时间关系，并且前后反复影响，如产品体验流程。

（3）网状图。使用场景：一个核心概念引发的多个不同层次的概念，并且概念之间的关系比较复杂，如概念图。

（4）韦恩图。使用场景：所有的核心概念两两都相关，互相影响，如常见的三边关系。

（5）2×2矩阵图。使用场景：数据间可以通过一些核心的维度进行分类，可通过这种分类展示其中的可能的因果关系，如业务梳理。

（6）空间地图。使用场景：概念之间存在空间关系的，如服务的触点盘点。

（7）分类系统图。使用场景：当概念的关系存在并列和包含的关系的时候，如网站的架构图。

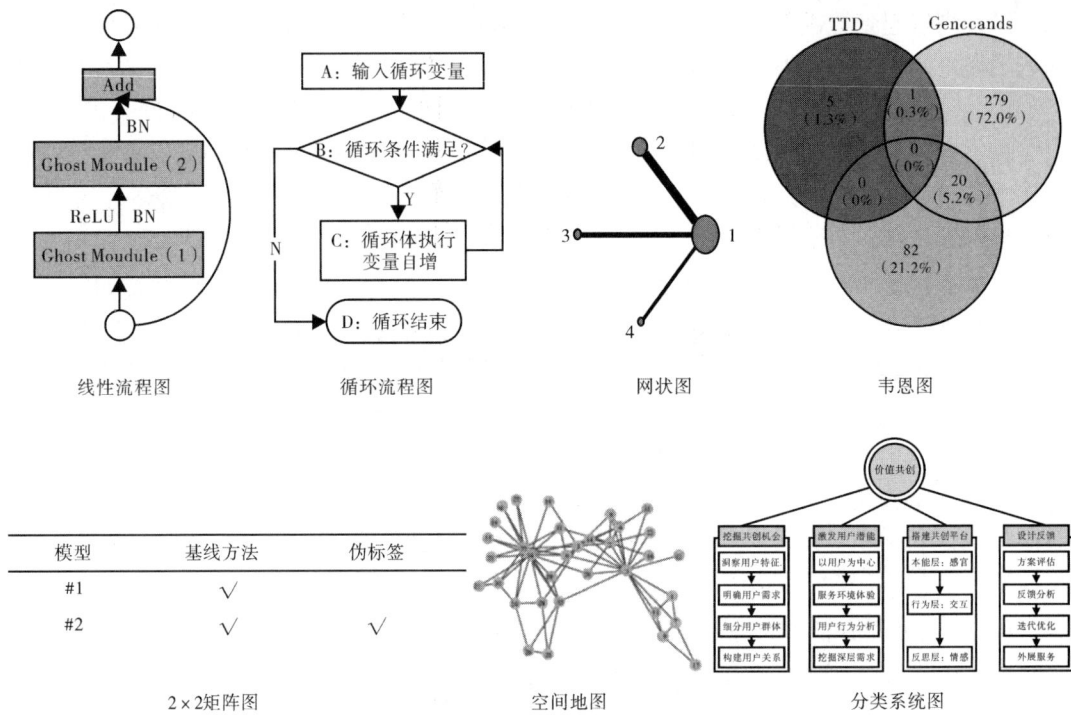

图 14 - 1　7 种模型图

## （五）填充引用

核心的数据形成模型以后，定性数据分析最核心的部分就完成了，接下来要的就是将这个模型填充，使模型更加具有说服力。常见的一些填充引用的方法有用户画像、故事版等。

# 八、定性研究资料分析的局限性

## （一）定性研究资料的特征引起的局限性

（1）来源多。音频、文字信息都可以作为数据，这很容易导致数据杂乱无章，让人难以处理。

（2）形式杂。访谈中常见的记录方式有纸笔、录音等，数据有文字和音频等，使收集到的数据处于一种杂乱零散的状态。

（3）逻辑乱。获取的数据是一些零星、非结构化的行为、观点、态度，中间的逻辑关系混乱。

## （二）负面证据的缺失引起的局限性

许多研究者强调正面资料，而忽略资料中没有明确显现的事物，但是对未发生事物的警觉实际上也是很重要的。例如，定性研究者注意到某些类型的人在某个情境中从来不曾出现（如老人、男性），或是某些预期的活动并没有发生（如没有人在酒店里抽烟）。历史比较研究者会问为什么证据中从来不曾出现某些事情（如没有看到虐待儿童的报道）。

再次阅读笔记与进行资料编码时，人们很容易忘记没有出现过的事物，也很难学会如何去思考那些资料中并不明显却很重要的东西。一种方法是进行思维实验。例如，如果美国的南北战争是南方获胜，那么今天的情况会有何不同？另一个方法是分析资料时考虑未曾发生的事情。例如，为什么四下无人时，某人没有捡起地上的五元钞票？另外，进行比较也会有所帮助。例如，许多处于较低社会阶层的年轻人常因某种罪行而遭到逮捕，这是否意味着中产阶级的年轻人不会犯这种罪呢？如果不是，那么又是为什么呢？

# 第四节　定性研究处理的软件

## 一、Nvivo

Nvivo 是由澳大利亚 QSR 公司以编码为理论建构基础的软件。这套软件原本是澳大利亚 La Trobe 大学电脑科学系 Tom Richards 教授从 1981 年开始发展的一套辅助质性研究软件，原名叫 Nudist（Non-numerical Unstructured Data by Techniques of Indexing Searching and Theorizing）（非数值、无结构性资料的索引、搜寻和理论化技术），取关键字的第一个字母组合而成。Nudist 是早出现的一套整合性电脑辅助质性研究的软件之一。它结合了有效管理非数字、无结构、搜查、理论化与索引的强大功能。它被设计来增进研究者进行有效的数据编码、解释和反思。它也是创造管理和允许研究者发现新概念、探求想法和范畴的平台。此外，它有分类数据的功能，即将全部有关联的数据置于同一个地方，并提供更多友好用户的界面和更简单的数据汇入程序、节点创造、搜索，经常性的活动的自动化、分析和报告。它的命令文件暨输入程序帮助快速地建立以连接质化和量化的数据。如果某研究者想进行深度分析，它可以节省研究者数周的工作量。可同时处理 1 000 个案例的文本资料，可供成员 300 人以上的研究团队合作分析。该软件目前正在全球推广中。它可使质的研究结果更科学化及效率化。目前，QSR 公司已经将 Nvivo 升级到 15.0 版本，同时支持英文、中文、法文等多种语言。

Nvivo 的优点在于，它可以提供一个组织、存储和分析数据的地方；帮助研究者更高效地工作，从更多来源进行更深入的分析；几乎可以从任何来源导入数据；使用高级管理、查询和可视化工具分析数据；在更短的时间内获得更可靠的研究结果。

## 二、ATLAS. ti.

ATLAS. ti. 是一款适用于多种形式数据的定性分析软件，可以同时分析和处理多个文本文档（如 word 或 PDF 文件）、图片、音频、视频以及基于 google 地球的地理方位数据等。这还是一款简单易学、界面友好直观的软件。通常操作 ATLAS. ti. 不需要使用者有很多前设的相关软件知识技能，大部分人根据教程自学就能学会该软件的基本操作技能。此外，ATLAS. ti. 有很强的数据分析和结果呈现功能，对提高定性研究的科学性和规范性有很大的帮助。

## 三、MAXQDA

MAXQDA 是一款适用于 Windows 和 Mac 的定性、定量和混合方法数据分析的专业软件，已被全球数千人使用。研究人员可使用其来分析访谈、报告、表格、在线调查、焦点小组、视频、音频文件、文献、图像等。该软件轻松地对任何类型的非结构化数据进行组织和分类，搜索和检索信息，测试理论并创建令人印象深刻的插图和报告。MAXQDA 具有板载转录工具和多媒体功能，可直接分析各种媒体文件。其出色的混合方法功能允许将标准化的定量数据与定性信息相结合。

## 四、webQDA

webQDA（Web 定性数据分析）是一个在协作、分布式环境（www. webqda. net）中的定性数据分析软件。它是由阿威罗大学、António Pedro Costa、António Moreira 和 Francislê Neri de Souza 的研究人员与 Esfera Critica 公司合作的成果，可以支持完全在线的多功能研究，适用于各种类型和研究设计。

### 思维导图

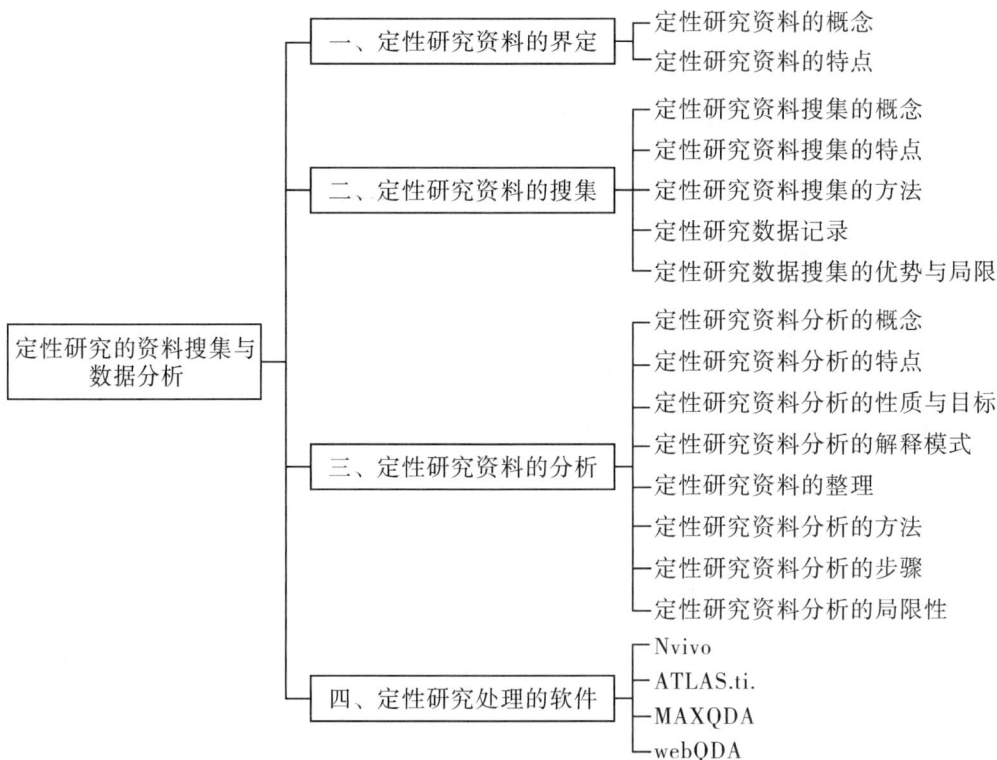

# 第十五章 混合研究的类型、路径与方法

随着定性研究和定量研究在社会科学方面的不断发展，有学者开始探索将这两种研究范式结合起来的混合研究。克雷斯威尔（2015）认为，混合研究是定性研究以及定量研究的天然补充，是"第三种研究范式"。不过由于混合研究自身所具有的复杂性，学界对其了解远不如定量研究和定性研究，并且混合研究的应用尚未达到广泛的程度，社会研究者在认识和运用混合研究方面还存在一些迷惑与偏差，影响混合研究的实践效果。因此，本章旨在介绍混合研究的起源现状、理论基础、概念、本质特征、适用条件、类型等，以加深读者对混合研究的了解。

## 第一节 混合研究的起源与现状

### 一、混合研究的历史进程

#### （一）萌芽时期

在萌芽时期，学界还没有旗帜鲜明地提出"混合研究"这一术语，但在社会研究的历史上已经出现过利用多种方法进行综合研究的典范。

1. 1924—1932 年的"霍桑实验"

霍桑实验是由美国哈佛大学教授梅奥与一批学者于 1924—1932 年在美国芝加哥西方电器公司部下的霍桑工厂所进行的一系列实验。实验发现工人不仅是受金钱刺激的"经济人"，更是"社会人"，人的态度、情感和心理等社会性因素影响其劳动积极性。

霍桑实验包含照明实验、福利实验和访谈实验三个阶段。就其方法而言，研究者不仅用到了前后测实验、控制组实验等定量方法来研究工厂照明度、工人福利待遇的变换与工人生产效率的关系，同时利用访谈、观察等定性方法来记录工人对工厂的意见，并观察他们的行为。每种方法得到的结论相互补充，共同推动霍桑实验持续推进，以此寻求影响工人生产效率的真正原因。

2. 1930—1935 年的美国扬基城研究

扬基城研究是由人类学家、社会学家 W. L. 沃纳组织，于 1930—1935 年在美国新英格兰州的一个小镇——扬基城开展的实地调查。研究采用了观察、访谈及历史文献法等访问和调查方法，也运用各种图表对阶级结构和家庭组织等进行模型化表征，构造了派系图（社网图），同时使用了位置分析等社会网络分析方法。

3. 1933 年的奥地利马林塔尔失业研究

马林塔尔失业研究由社会学家拉扎斯菲尔德带领研究团队于 1933 年在奥地利维也纳的马林塔尔村中展开。1931 年，经济大萧条已波及全球，因此拉扎斯菲尔德关注到失业对工人阶级文化生活的影响，彼时马林塔尔村正处于失业危机之中，人口规模也相对适中，有助于研究的进一步推进。

在研究过程中，拉扎斯菲尔德将量化统计与质性方法有机结合，根据实际的研究情况选用数据统计、内容分析、参与观察、访谈、自述等多种研究方法。研究表明，在失业危机期间，工人阶级未能如预期般转变为先进的无产者，而是在经济生活和文化生活方面均受到削弱。

### （二）初步形成时期（20 世纪 50—80 年代）

孙进（2006）指出，20 世纪 50 年代，实用主义者提出了混合研究方法，他们认为定性研究和定量研究相互并不排斥，而是可以在研究中结合起来使用。

1959 年，出现了第一种明确的混合研究方法——三角互证法。坎贝尔和费思科首次提出了科学术语 triangulation（也译为三角测量），指在社会科学研究中使用不同的方法收集材料，以此来描述一个概念或结构。在《用多元特质—多元方法矩阵来做趋同性和区别性效度检验》一文中，坎贝尔和费思科系统地阐述了三角测量法作为效度检测方法的思想，即用多种不同的方法来分别测量研究对象多种不同的特质，然后在得到的测量结果间建立起相关系数，并通过相关性来判断测量的效度。

嘎日达（2004）指出，20 世纪 70 年代，美国科学家丹增将"三元法"应用于四个维度：研究理论、研究材料、研究方法和研究者。其中，研究理论三元法，指使用多种视角来解释研究结果；研究材料三元法，指使用多个方面的数据；研究方法三元法，指使用多种技术手段来研究一个问题；研究者三元法，指需要多个研究人员来参与研究活动。

### （三）范式争议时期（20 世纪 70—80 年代）

20 世纪 70—80 年代，学术界关于定性研究范式和定量研究范式的斗争进入白热化阶段。

从 19 世纪到 20 世纪 60 年代，在社会科学领域中一直是定量研究方法占据主流地位，但邓猛、潘剑芳（2002）指出，随着人类学、民族志等研究方法逐渐在社会科学领域得到应用，20 世纪 60 年代之后，定性研究范式开始显山露水，从而公开与定量研究范式相抗衡，定性—定量之争也更加激烈。因此，有的研究者（单一方法论者）认为定量与定性的方法是泾渭分明、不可相容的，而另一部分学者（多元方法论者）则认为定量与定性的方法可以和谐共处，在同一研究中能够同时使用定性方法与定量方法。

### （四）程序发展时期（20 世纪 80—90 年代）

蒋逸民（2009）指出，20 世纪 80 年代左右，研究人员逐渐将目光投射到关于混合研究设计的相关领域。有研究者分析了多份混合研究评价报告，并据此指出几种不同类型的混合研究设计。部分研究者开始将方法与研究进程联系起来，例如布鲁尔和亨特提出了一套关于混合研究的具体步骤，并认为可以使用调查、实验、田野调查和测量等多种方法来描述研究问题、选择样本、收集数据、测量分析和解释社会现象。其他研究人员还提出了不同类型的混合研究模式。

### （五）快速发展时期（2000 年以后）

21 世纪以来，随着世界走向多元化和对话，人们对混合研究的兴趣与日俱增，吸引了来自不同国家及不同学科的研究人员，并历经了一个快速发展的时期。当前，混合研究的发展有两大特点。其一，定量研究与定性研究之间的交流不断加强、混合研究与定性研究或定量研究之间的交流也在不断加强，使得研究方法在交流中互学互鉴，碰撞思想，日趋成熟。其二，对混合方法的理论研究和实际应用研究也在日趋增多。一方面，有关混合研究的文献愈加丰富，另一方面，混合研究在更多的领域得到了应用。这表明，混合研究将不断成长发展，一步步走向科学化、专业化。

## 二、混合研究的发展现状

### （一）21 世纪以来国外混合研究的状况

近年来，混合研究在社会科学领域日益流行。经由混合研究者的不断提倡，关于混合研究的著作大量出现，多个研究项目运用了混合研究设计，同时召开了专门的混合研究学术会议。

徐治立、徐舸（2021）认为，塔沙克里等人是最早开始关注、研究混合方法的学者，他们不但使"混合研究"这一概念得到创立，也开辟了混合方法研究的先河，为混合研究的进一步发展创造了条件。

2004 年 12 月，美国华盛顿地区举办了有关"混合研究"在教育领域应用的研讨会，美国教育协会、心理协会等诸多领域的研究人员参与会议，并公开讨论了混合研究在理论层面与实际操作层面如何开展的问题。

SAGE 出版公司于 2005 年创办了《混合研究杂志》（*Journal of Mixed Methods Research*），杂志由克雷斯威尔和塔沙克里两位混合研究专家来担任主编，并且专门刊载有关混合研究方法的学术论文。杂志于 2007 年 1 月出版了第一期，这意味着混合研究的概念正式确立，同时标志着混合研究迈入了全新的发展阶段。

2013 年，国际混合研究方法协会成立，象征着混合研究作为一种专门的研究范式开始被加以推广。此外，克雷斯威尔（2015）的《混合方法研究导论》等相关专著相继出版，进一步深化了混合研究的方法路径。

### （二）21 世纪以来国内混合研究的状况

在国内，通过 CNKI 知网进行检索，发现截至 2023 年 10 月，在人文社科领域关注"混合研究"的主要为教育学、图书馆学等专业的学者，最早的一篇文献可能是邓猛和潘剑芳（2002）所发表的《论教育研究中的混合方法设计》一文。从 2010 年开始，国内学者渐渐关注到混合研究这一路径，到了 2020 年，相关文献数量达到峰值 63 篇。

从理论层面来讲，有部分学者对混合研究方法进行了简要的介绍，其中较为经典的文献有：田虎伟（2006）发表的《混合方法研究：美国教育研究中的新范式》一文，此文简要介绍了混合研究的历史渊源、哲学基础和适用条件；蒋逸民（2009）的《作为"第三次方法论运动"的混合方法研究》一文，论述了混合研究的发展历程、设计类型，并认为混合研究会是未来社会科学研究的主要方法论工具；尤莉（2010）在《第三次方法论运动：混合方法研究 60 年演变历程探析》一文中，描述了混合研究的演变历程，尤其是对混合研究的哲学基础与研究策略进行了详细解释；张绘（2012）发表的《混合研究方法的形成、研究设计与应用价值：对"第三种教育研究范式"的探析》一文，剖析了混合研究的类型和具体的研究设计，并通过研究实例来深入说明；徐治立、徐舸（2021）的《社会科学"混合方法研究"范式争论与方法论探讨》一文，介绍并分析了混合研究的产生背景及其典型方法论特征。

2007 年和 2015 年，国内相继出版了克雷斯威尔撰写的两本著作——《研究设计和写作指导：定性、定量和混合研究的路径》和《混合方法研究导论》，这为国内混合研究初学者提供了简明读本。

综合来看，国内关于专门介绍混合研究方法的文献相对较少，现有文献一般局限于背景、主要内容和设计类型等方面，论述不够全面。本章参考国内外混合研究的相关成果，力图对混合研究进行较为全面、系统的介绍说明，使读者能够更好地理解此种研究方法，为今后的实践提供理论基础。

# 第二节　混合研究的知识观

知识观具体指如何认识知识，以什么样的态度看待知识。研究者从事一项研究时，对于研究目的及研究方法的假设，也可以称为范式或哲学假设。

## 一、在范式斗争中诞生的"混合方法论"

从理论发展的历史脉络来看，混合研究是一种由定量研究和定性研究演变而来的方法论。在定性研究中，研究者倾向于用解释主义或现象学来归纳和理解具体情形下以人类经验为特征的定性方法，定量研究则侧重于使用实证主义来总结以假设检验和演绎为特征的定量方法。

定量研究范式与定性研究范式由于哲学基础的不同，其研究方法、程序、客观事实的性质和研究逻辑都有所不同，进一步促使定量研究范式与定性研究范式斗争愈加激烈，并逐步演变出"纯粹派""情景派""实用派"三种观点阵营。

### （一）"纯粹派"观点

"纯粹派"也被称为"单一方法论"者，他们的讨论主要集中在范式层面。"纯粹派"学者认为实证主义与解释主义、建构主义以及它们相应的定量和定性方法无法兼容。由于两种范式的认识论、本体论和价值观存在显著差异，选择一种范式必然会排斥另一种范式，因此为了保证研究的统一性，在一项研究中应当使用单一的研究范式。

#### （二）"情景派"观点

"情景派"主要将研究问题和情境作为探讨的核心，在他们看来，定量方法与定性方法各有千秋，是否要结合或如何将两者结合应取决于具体情境。在实际应用方面，方法不一定离不开范式，研究者可以综合运用各种方法，以服务于自己的研究。

#### （三）"实用派"观点

"实用派"坚持"实用主义"哲学，主要关注实用性——什么有效——以及问题的解决方案，他们认为，定量研究方法和定性研究方法可用于单一研究；研究问题往往比方法论和哲学基础更重要；应该放弃在后实证主义与建构主义之间进行强制选择的二分法；应该放弃使用"真理"和"现实"等形而上学概念；方法论的选择应该以一种实用的、应用的研究哲学为指导。

混合研究成为定量和定性两大传统范式之间秩序和方法学上的中间路线，实用主义比后实证主义、建构主义更注重研究的实用性，强调行为效用，认为不应该在理论上谈论某种范式的利弊，研究不是对某种理论的检验和创造，而是对现实世界的实践。应聚焦于研究问题，而不是根据范式来选择方法，因此实用主义是混合研究的最佳哲学搭档。

### 二、混合研究的哲学基础

一般而言，实用主义被认为是混合研究的理论基础、哲学假设和知识观。在混合研究阵营内部存在着侧重点的不同（一项研究侧重于定量还是定性方法），但混合研究方法的实践者一致认为，社会研究不能以其与定量或定性范式的契合程度来判断，选择混合研究的关键在于方法是否对解决问题具有实际的效用。对于选用混合方法作为研究工具的学者来讲，一项研究是否适合于某种特定的研究哲学并不是最重要的，重要的是研究工具的有效性。

除了实用主义以外，折中主义也为定量与定性研究的结合（混合研究）提供了一定的理论支撑。折中主义既接受客观事实，又强调主观认识的重要性，是存在于客观主义与主观主义中间的一种哲学观点。一方面，研究者觉得自然现象与社会现象存在根本区别，社会现象是由人的实践活动所造就的，具有人的主观倾向性。另一方面，社会现象存在某些"确定"的规律，研究者可以利用一些工具、手段来揭示这种规律。所以，社会科学研究可以遵循这种折中主义的态度，既客观地、尽量价值中立地去观察社会现象及背后行动者的行为，又需要依据研究者的"主观"思考，对社会行为进行投入、体验和设身处地式的理解。

## 第三节　混合研究的要义

### 一、混合研究的概念及其辨析

关于"混合研究"有多个不同的名称，在混合研究运用的初期，因为各个研究者的侧重点不同,"混合方法"这个概念的名称也有所不同,例如混合方法研究(mixed method research)、混合方法论(mixed methodology)、联合研究(combined research)、混合研究(mixed research)等。本章为了体现混合研究是继定量研究与定性研究之后产生的"第三种研究范式"这一特性,便选择以"混合研究"这一名称来介绍说明。

**(一)混合研究的概念**

对于混合研究的概念,学者们因其研究侧重点的不同而有着不同的界定。以下是几位学者给出的定义:Tashakkori 和 Teddlie(2003)将混合研究定义为一种将定量和定性方法应用于所提问题的类型、研究方法、数据收集和分析过程或推导结论的研究设计。Burke Johnson(2004)认为混合研究是指使用两种或两种以上研究方法或不同研究计策的研究。研究者在同一研究中综合调配或整合了定量和定性研究的方法、概念、技术或手段的研究类型。Tashakkori 和 Creswell(2007)指出,在《混合方法研究杂志》的创刊号上,混合研究被定义为研究人员在一项独立的研究项目或科学调查中对定量数据和定性数据进行收集、分析、整合和推导的研究。克雷斯威尔(2015)认为,混合研究是社会科学、行为科学和健康科学领域的一种研究取向,持有这种取向的研究者同时收集定量(封闭的)数据和定性(开放的)数据,并对两种数据进行整合,然后在整合两种数据强项的基础之上进行诠释,更好地理解研究问题。

邓猛、潘剑芳(2002)认为,混合研究是运用了一种以上的研究方法或混合了不同研究计策的研究,其区别于定量、定性研究方法的关键在于,它是以实用主义为基础的采用一种以上的定量和定性的研究方法。蒋逸民(2009)认为,混合研究是一种基于哲学基础之上的,同时使用定量和定性方法的研究设计。就其具体方法来讲,混合研究关注数据的收集和整合,侧重于在单个或多个研究中综合运用定量和定性方法。徐治立、徐舸(2021)认为,所谓混合研究是指在超越社会科学领域原有的定量、定性研究两大研究范式的基础上,主张在研究过程中有机结合定量、定性两种研究方法,而不是采纳单一研究方法,将有效解决研究问题作为主要目的的一种社会科学研究范式或方法。

剖析上述混合研究的概念界定,可以看到混合研究的内涵具有三个核心要点:第一,在一项混合研究中,需要看到对定性方法和定量方法这两种不同类型方法使用的身影;第二,在一项混合研究中,定量元素和定性元素的整合在研究的任何一个阶段中都有可能产生;第三,混合研究的最突出价值在于能够将定性方法和定量方法各自所具有的优势结合起来,从而以综合、明晰、深刻的角度去看待研究问题,使研究结果愈加逼近事物真相。

通过上文中的探讨,本章将"混合研究"界定为一种将定量研究方法和定性研究方法的要素综合起来运用的研究方法,包括运用定量研究和定性研究的观点、数据资料采集方法、分析整合方法和推导论证方法,以此来全面、客观地剖析研究问题。

**(二)混合研究的概念辨析**

基于上述定义,混合研究的概念需要注意如下三点:第一,混合研究并非简单地收集定量数据和定性数据,混合研究涉及收集、分析和整合定量数据和定性数据,强调定量数据和定性数据强强联合所带来的效果;第二,混合研究并非只是定量研究加上定性研究,可以是两种数据类型的叠加，也可以是把一种研究嵌套进另一种研究中，但不管采取何种形式，都需要理论依据来证明何以可能；第三，不要将混合研究与定量研究中的混合模型相混淆，混合模型是指在独立的定量研究中，研究者在数据统计分析阶段计算出的固定效应和随机效应。

## 二、混合研究的本质特征

混合研究作为一种独立、独特的研究方法，存在与其他研究方法相区分开来的本质特征，主要有定量和定性相结合、重视三角互证、强调问题的解决三个。

### （一）定量和定性相结合

混合研究中不但要有定量研究的内容，也需要有定性研究的内容，涉及使用定量和定性方法收集不同类型的数据。

### （二）重视三角互证

"三角互证"的"三"只是一个约数，既指多个不同的研究方法，也包含了不同的数据来源、参加研究的不同人员、研究理论的不同方面等。利用"三角互证法"来研究同一问题，通过数据之间的相互佐证使研究结论更具说服力、可靠性和信度。它既是资料收集的方法，也是保证和检验研究效度的方法。

混合研究强调定量与定性两种方法联合的互补优势，因此在研究设计中，选用三角互证法就显得十分重要。三角互证法是结合定性研究和定量研究的一种综合性研究模式，目前学术界所提出几种方法结合的形式，实际上都可以被看作是三角互证法在结合定性研究和定量研究方面的不同衍生模式。

### （三）强调问题的解决

问题在混合研究中占有中心地位。混合研究的倡导者将研究问题作为决定使用哪种方法的关键因素，这表明无论使用哪种方法，只要该方法对解决问题产生效果即可。混合研究认为"条条大路通罗马"，为了最大限度地实现研究目标，试图结合定量和定性这两种研究范式或路径，以便有效解决研究问题。

## 三、混合研究的适用条件

通常来讲，在面对以下几种情况时可以考虑选择混合方法进行研究：一是当研究者同时拥有定量和定性数据，并且这两类数据的结合使用比单用一种类型的数据更能解决研究问题时，就应该在研究中考虑选择混合方法进行研究。二是当一种类型的研究（定量或定性研究）不能充分描述、解释或说明研究问题，必须收集更多数据以扩展原始数据集时，可以考虑采用混合研究。三是当研究者想把定性的研究成分合并到另一个定量的研究中时，可以考虑采用混合研究，如干预设计[①]。在干预设计中，实验方法可以发现研究中的有用信息，同

---

① 干预设计的详细介绍可参看本章第五节。

时在实验的前中后三个时间段增添定性数据，有助于研究者更深入地理解研究结果。

## 四、混合研究的优势与局限性

### （一）混合研究的优势

混合研究能够结合定量研究与定性研究的优点，克服由单一方法所带来的一些问题。[①]具体来看，混合研究的优势如下：①研究中提及的文字、图片和表格可以赋予研究中使用的数字以意义；②利用数据去论证相关的文字、表格和图片，可使研究更具说服力；③由于混合研究需要收集大量的原始数据，因此在研究过程中可能会生成或证实一个扎根理论；④由于研究并不仅限于运用一种方法或途径，所以研究能够解决更为广泛的社会问题；⑤在一个研究项目中运用两种方法，可使研究人员利用一种方法的长处，克服另一种方法的短处，优势互补，从而增加研究价值；⑥在研究中需要对结果进行集中整合和验证，从而为研究结论提供更有力的支撑；⑦能够增加如果只使用一种方法可能会遗漏的细节和信息；⑧提高研究结果的整体实用性。

### （二）混合研究的局限性

按混合研究的界定，如果研究者要进入混合研究领域，那么就需要其同时掌握定性方法和定量方法。但从现实情况来看，大多数人并没有对两者进行综合掌握，此时就需要建立一个混合研究方法团队。研究者特别是研究的主要领导者，需要拥有丰富的定量研究、定性研究或混合研究的经验，能够建构各个专业领域和方法论互动、对话沟通的桥梁，凝聚团队成员共同的愿景与价值观。由于混合研究本身广度和深度的需要，研究不可避免地需要更多的资金、时间和精力。因此，混合研究并不比单一方法论研究高人一等，研究者不应盲目追求混合研究，而应考虑研究问题、研究者这两种要素与混合方法的适切性。

## 五、混合研究的方法论意义

随着学界对混合研究方法的讨论与应用不断深入，混合研究在社会科学领域的价值作用和方法论意义也在不断彰显。

### （一）社会科学"混合研究"具有突出的科学价值

通过混合研究，可以达到几个特定目的：第一，可以获得一个综合性的视角。作为一种综合了定量和定性两种研究范式的方法，混合研究可以从不同的角度得到结果，并对不同或相同（类似）的结果进行探讨、判辨、协调和整顿。第二，赋予工具性数据（定量数据）更多关于背景知识、场域和个人经验的演变（定性资料）等具体的描述，即在量化数据的基础之上增添质性资料，从而得到更加丰富的认知和理解。第三，混合研究中采取的第一种方法所得出的结论会对接下来采取的另一种方法产生指导和助益。例如，通过

---

① 乜勇，魏久利. 教育研究的第三范式：混合方法研究［J］. 现代教育技术，2009，19（9）.

对个人的初步研究（定性研究），来确认研究后续所选用的问卷、工具等（定量研究）是否真正适合研究对象和研究场域。第四，利用混合研究可以帮助研究者将定性的数据加入实验预测的数据中（定量研究）。

### （二）社会科学"混合研究"具有深远的方法论意义

混合研究在社会科学的深远意义体现在以下几个方面：①对研究问题的解释更加全面，研究范围也更加宽广；②不同研究方法之间相互补充，使得推导、论证出的研究结果更加科学，具有说服力；③混合研究以问题为中心，是为了解决研究问题，在研究过程中会运用到多种具体的研究技术和手段，促使研究的整体水平不断提升。

由于混合研究综合了定性与定量的范式，因此在研究实际开展的过程中也采用了分析与整合、归纳与演绎等不同的研究手段，显示出方法论的丰富性和深远意义。

从研究设计的角度来看，混合研究设计相比单纯采用定性或定量研究方法的设计有着一定的优势，比如：可以解答一些仅靠定性或定量研究设计难以解答的问题；可以得出更有质量和更可靠的结论；提供了从不同角度去解释一个研究问题的机会。

在混合研究中，如果定量研究部分和定性研究部分所推导出的结论、取向一致，则表明这个研究是有效的。而产生自相矛盾的结论时，可能是与研究设计或研究对象存在差异有关，但这种矛盾的结果会促进一种全新的、理解研究对象的思路的生成。

# 第四节　混合研究的基础类型

目前，根据不同的分类标准，混合研究可以被划分为不同的类型。尽管这些分类之间存在差异，但它们都存在一个共同点，即质性方法和量化方法在混合研究设计中的结合方式。虽然混合研究中质性方法和量化方法的结合形式多种多样，但大多数学者在研究混合研究设计分类时主要关注两个方面：一是质性方法和量化方法的应用顺序，二是研究者对质性方法或量化方法的重视程度。

本节也将基于上述两个核心点来对混合研究的基本类型进行分类，特别关注在混合研究中，质性研究和量化研究是同步整合还是存在先后顺序，以及研究者是更偏向于使用量化方法、质性方法，还是平等对待两者。因此，根据质性方法和量化方法在研究中使用的先后顺序（质性先，还是量化先，抑或是二者同时进行）以及它们的主导程度（哪种方法主导，哪种方法辅助，抑或是二者并重），将混合研究设计划分为两种主要类型：顺序设计和并行设计。顺序设计又可以进一步分为顺序性解释设计和顺序性探究设计，而并行设计则包括并行三角互证设计和并行嵌套设计。

## 一、顺序设计

### （一）顺序性解释设计

1. 定义

顺序性解释设计，又名"解释性顺序设计"，这种设计通常先进行量化数据的收集和分析，再进行质性数据的收集和分析。该设计的总体目标是研究者使用质性数据来协助解释初步的量化研究结果。

2. 特点

在顺序性解释设计中，质性数据的收集和分析一般在量化数据的收集和分析之后，量化研究部分处于优先位置，具有主导性，量化数据和质性数据的分析结果在研究最后的分析解释环节进行整合。因为该设计从量化研究开始，所以研究者一般会更为重视量化方法的应用。

3. 流程描述

从图 15-1 中可以清楚地看到，顺序性解释设计以量化环节为起点，首先进行量化数据的收集和分析，接着进行质性数据的收集和分析。在完成质性环节后，研究者会将量化数据和质性数据结合起来，对研究问题进行整体的分析和解释。

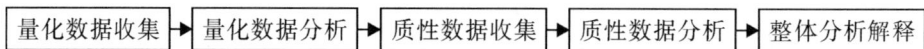

量化数据收集 → 量化数据分析 → 质性数据收集 → 质性数据分析 → 整体分析解释

**图 15-1　顺序性解释设计流程图**

4. 适用性与局限性

顺序性解释设计对于研究者具有很高的适用性，其研究步骤清晰明了，方便研究者操作。特别是当面对特殊或极端的量化数据时，该设计通常能够发挥出很好的解释效果，因为研究者可以使用质性数据来解释量化数据中出现的显著性统计数据、异常数据。该设计通常从量化研究开始，因此对于偏好量化的研究者来说更具吸引力。

顺序性解释设计的局限性在于研究者在两个相对独立的量化和质性环节中需要耗费较长时间开展数据收集，当这两个环节在研究中都很重要时，这一局限性将会更为显著，研究者可能会难以把握这两个环节。

5. 案例分析

案例采用易文燕（2015）的相关研究，以营销非道德行为成因为研究主题，按照顺序性解释设计的流程进行详细阐述。首先，在量化环节中，研究者根据相关理论、模型和文献，结合实际形成研究的基本假设，明确研究变量，并借鉴量表和相关文献构建初始调查问卷。经过小范围的前测，通过信度和效度分析验证问卷的可靠性和有效性后，研究者对问卷进行修订并形成最终的问卷量表。随后，采用随机抽样方法进行量化数据的收集。在数据分析阶段，研究者对问卷调查数据进行编码、录入，并利用 SPSS 16.0 进行统计分析。主要目标是探讨营销者对不同非道德行为的态度、营销者非道德行为的形成因素，以及各研究变量之间的关系。接着，在质性环节中，研究者根据量化分析的结果，选取具有代表性的受访者进行深度访谈以收集质性数据。受访者采用"顺序抽样法"进行选择，并设计科学的访谈方案。在质性数据收集完成后，研究者使用 Nvivo 9.0 分析软件，将访谈转录成文本质性数据。经过编码、分类、合并和分层等步骤，构建理论模型。此阶段的研究重点为探究营销者非道德行为的深层动机、可能的辩护理由以及个体间的微妙差异。最后，研究者将量化数据和质性数据的分析结果进行对比、验证和整合。综合两种数据的结果，对营销非道德行为成因问题进行全面解释。

| 研究阶段 | 研究方法和软件 | 研究产出 |
|---|---|---|
| 定量数据收集阶段 | ●问卷调查法<br>　随机抽样调查 | 数值型数据 |
| 定量数据分析阶段 | ●数据缩减：<br>　频数统计<br>　相关分析<br>●软件：SPSS 16.0 | 描述性统计结果<br>相关系数 |
| 定量数据、质性数据整合 | ●根据定量研究结果<br>　选择质性研究的对象<br>　设计质性研究方案 | 有代表性的个体<br>深度访谈问卷提纲、访谈方案 |
| 质性数据收集阶段 | ●扎根理论：<br>　深度访谈 | 文本型数据 |
| 质性数据分析阶段 | ●编码：<br>　自由编码、主轴编码、选择性编码<br>●主题分析<br>●软件: Nvivo 9.0 | 维度和水平<br>类别和主题<br>主题矩阵 |
| 定量数据、质性数据整合 | ●综合解释和讨论：<br>　定量和质性研究的结果 | 结论与观点 |

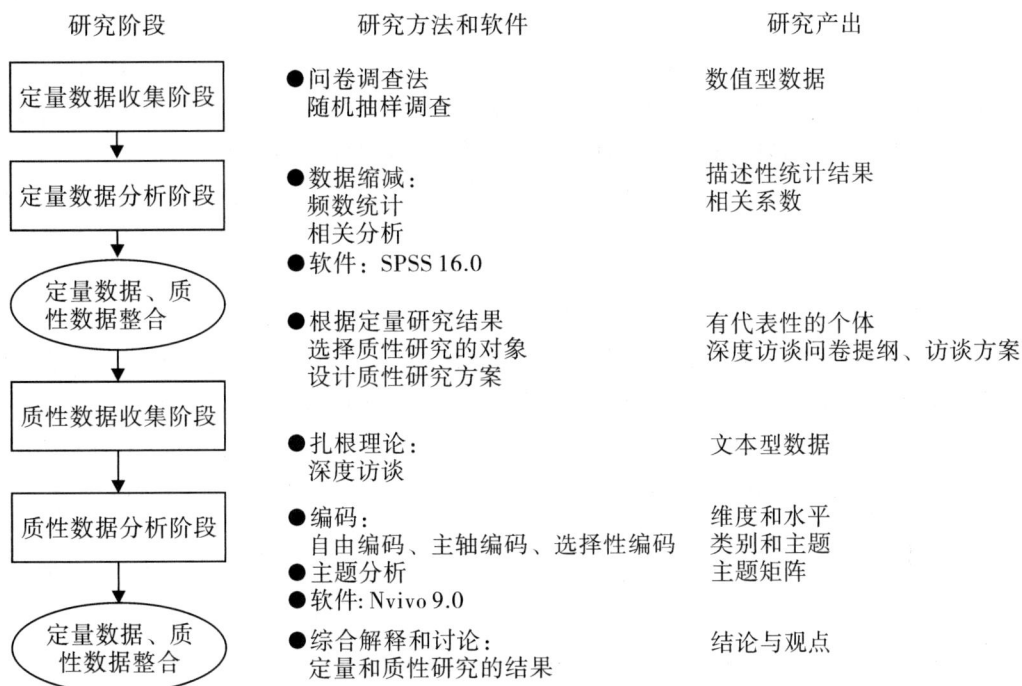

图 15 - 2　案例流程图

## （二）顺序性探究设计

1. 定义

顺序性探究设计是一种包含两个阶段的方法，也被称为"探索性顺序设计"。其总体目标是利用质性方法拓展并深化量化方法。高潇怡、刘俊娉（2009）指出，在顺序性探究设计的研究中，研究者首先收集质性数据以描述某一现象，随后应用量化研究进行辅助说明。

2. 特点

在顺序性探究设计中，量化数据的收集和分析在质性数据的收集和分析之后，因此，研究中的质性方面具有优先性、关键性，质性阶段和量化阶段的结果在最终解释阶段加以整合分析。

3. 流程描述

从图 15 - 3 中可以看出，顺序性探究设计的流程从质性环节开始，研究者首先进行质性数据的收集和分析，其次进行量化数据的收集和分析，质性结果和量化结果在研究的最后阶段由研究者来进行整体的分析和解释。

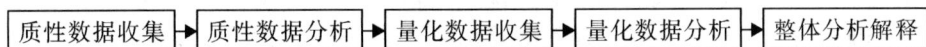

质性数据收集 ➡ 质性数据分析 ➡ 量化数据收集 ➡ 量化数据分析 ➡ 整体分析解释

图 15 - 3　顺序性探究设计流程图

4. 适用性与局限性

顺序性探究设计适用于检验研究中质性阶段形成的理论，同时可用于将质性研究结果推广至各类样本的研究。当研究者在进行量化研究时，若缺乏现成的科学问卷、变量或概念框架，顺序性探究设计可借助质性方法来深化和拓展量化方法。此设计特别适合在探索某种社会现象时使用，如将结果推广到其他人群、检验分类是否恰当、测量某个现象的流行情况等。

与顺序性解释设计相似，顺序性探究设计也需要充足的时间来完成质性阶段和量化阶段的数据收集和分析，这对于某些研究或研究者来说是一种局限。此外，研究者在研究过程中可能会发现，基于质性分析，再进行下一步的量化数据收集可能会面临困难。

5. 案例分析

吴铭和杨剑（2023）的相关研究采用了顺序性探究设计，以青少年静坐行为的前因及其作用机制为研究对象。首先，质性研究阶段，研究者利用访谈法、开放式问卷法对青少年的静坐行为展开调查，收集质性资料，并利用 Nvivo 9.0 分析软件对资料进行编码分析，确定了青少年静坐行为的影响因素范畴，建立了作用机制模型；其次，研究向不同地区的 2 100 名青少年发放调查问卷，并对收集到的量化数据进行实证分析，验证了上一阶段所提出的模型；最后，研究者将两阶段的研究内容相结合，对青少年静坐行为的影响因素模型进行了整体讨论、分析。

**（三）两种顺序法的辨析**

两种顺序设计的差异体现在收集数据顺序与适用性上，详见表 15 – 1。

表 15 – 1　两种顺序设计的辨析

| 对比类型 | | 顺序性解释设计 | 顺序性探究设计 |
|---|---|---|---|
| 差异 | 收集数据顺序 | 先收集量化数据 | 先收集质性数据 |
| | 适用性 | 适用范围是个体研究者，在面对特殊和极端的量化数据时尤为适用 | 适用于向各种样本推广其定性研究结果 |
| 共同点 | | 需要充裕的时间来完成两个阶段的数据收集和分析 | |

# 二、并行设计

## （一）并行三角互证设计

1. 定义

蒋逸民（2009）认为，三角互证设计是"为了更好地理解所要研究的问题而获得关于同一个主题下不同的、但相辅相成的数据"，旨在将量化统计结果与质性发现进行直接比较，并借助质性数据验证或推广量化结果。

在并行三角互证设计中，研究者对量化数据与质性资料一视同仁，同时独立地收集、分析这两类数据。之后，研究者对这两类数据的分析结果进行比较，确认二者是相似的、矛盾的抑或是互补的，并给予一定的解释说明。

2. 特点

并行三角互证设计在研究中的同一个阶段收集量化和质性两种数据，因此可以说它是一种高效的设计。在该设计中，量化和质性的数据收集同步进行，独立的量化研究和质性研究之间相互补充，扬长避短。

3. 流程描述

从图 15 - 4 中可以看出，并行三角互证设计的流程是在研究的一个阶段同步进行量化数据和质性数据的收集，独立地分析两种数据，并在最终解释说明阶段将量化研究和质性研究所得出的结果进行比较，最后加以整合分析。

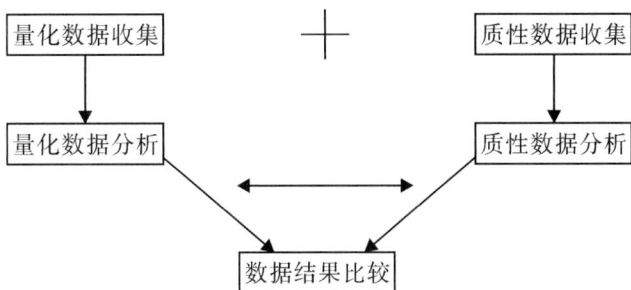

**图 15 - 4　并行三角互证设计流程图**

4. 适用性与局限性

并行三角互证设计适用于需要直接比较与对照量化统计结果与质性结果的研究，或者研究者想利用不同的方式方法对结果进行验证、交叉效度分析时，可考虑选择并行三角互证设计。

在并行三角互证设计中，要使用两种独立的方式来充分研究某种现象，就需要研究者具备良好的专业素养并付出加倍的努力。研究者在分析量化和质性两种数据类型的分析结果时也是比较困难的，甚至可能会出现处理两种数据结果不一致的棘手问题。

5. 案例分析

何素艳和石岩（2019）的相关研究采用并行三角互证设计，对我国男生引体向上"零分"的原因进行了深入分析。在量化研究部分，研究者通过采用统计软件 SPSS 21.0 对不同层面（全国、省份和学校）的学生体质监测数据进行分析，建立线性回归模型；质性研究部分，对 13 名学生和 3 名教师进行深度访谈，并利用 Nvivo 9.0 分析软件对访谈资料进行编码处理，形成一定的扎根理论分析。最后，研究者将量化研究结果和质性研究结果相结合，比较分析了我国男生引体向上"零分"的原因，并针对性地提出了解决路径。该研究结果为改善我国男生引体向上表现提供了理论支持和实证依据。

**（二）并行嵌套设计**

1. 定义

在并行嵌套设计中，研究者会在一种研究范式的指导下，适时地将另一种研究范式嵌套进来。研究者可以选择将质性数据嵌套到量化数据中，或者将量化数据嵌套到质性框架中。

2. 特点

并行嵌套设计是以一种数据为主、另一种数据为辅的混合研究设计。这种设计允许研究者同时收集大量的量化或质性数据，不需要耗费过多的时间和资源。

3. 流程描述

从图 15 - 5 中可以看出，并行嵌套设计的流程是把质性研究嵌套到量化研究中进行最终的结果分析，或者将量化研究嵌套到质性研究中进行最终的结果分析。

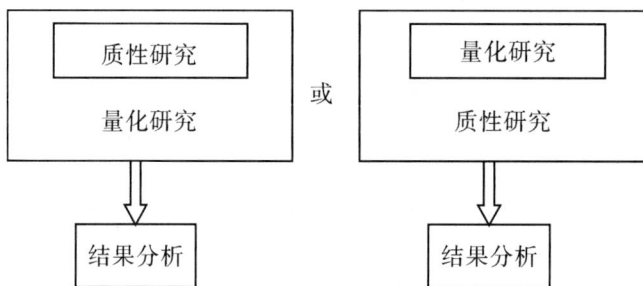

**图 15 - 5　并行嵌套设计流程图**①

4. 适用性与局限性

当研究者需要开展大型量化或质性研究，并且需要质性资料或量化数据来回答研究问题的不同方面时，可以采用并行嵌套设计。这种设计方法能够有效地整合不同类型的数据，从而全面地探究研究问题。

在并行嵌套设计中，质性和量化数据需要进行相应的转换才能在研究的分析阶段加以整合。然而，目前能够指导研究者完成这一过程的材料较少，这给研究带来了一定的困难。另外，由于这两种研究方式在优先性上是同等的，不利于对最终研究结果的解释。因此，研究者需要在研究过程中充分考虑这些因素，以确保研究的准确性和可靠性。

5. 案例分析

在高行珍（2023）等人的相关研究中，研究者采用了并行嵌套设计对高校英语教师听力性质认知进行研究分析。研究者在明确研究问题后，参考现有科学问卷，围绕研究目的和研究问题先进行了问卷设计，再对问卷进行测试并修改完善。研究者结合使用在线问卷收集了来自我国不同类型高校的 160 名英语教师的问卷调查数据，并在具有参与访谈意愿的 36 名英语教师中邀请了 5 名代表性的研究对象开展一对一半结构深度访谈。问卷收集完成后，研究者将数据输入 SPSS 23.0 进行探索性因子分析及相关性分析。此外，研究者也对深度访谈的资料进行了编码、分类与分析工作。最后，研究者将质性数据嵌套到量化数据中，对高校英语教师听力性质认知进行综合的研究分析。

---

① 图 15 - 1、图 15 - 3、图 15 - 4、图 15 - 5 均来源于张绘 . 混合研究方法的形成、研究设计与应用价值：对"第三种教育研究范式"的探析 [J]. 复旦教育论坛，2012, 10 (5): 51 - 57.

### （三）两种并行法的辨析

并行三角互证设计与并行嵌套设计在数据收集和数据处理方面存在着差异和共同点，见表 15 – 2。

表 15 – 2　两种并行设计的辨析

| 对比类型 | | 并行三角互证设计 | 并行嵌套设计 |
|---|---|---|---|
| 差异 | | 独立分析量化和质性两种数据并进行比较 | 用质性或量化数据来回答不同层面的研究问题 |
| 共同点 | 收集数据 | 同时进行质性和量化数据的收集 | |
| | 局限性 | 研究者需要具备丰富的经验并付出加倍的努力；在综合分析两种数据类型的分析结果时可能会面临困难 | |

## 三、顺序设计与并行设计的比较分析

顺序设计与并行设计在收集数据的顺序、所需时间方面存在着差异（见表 15 – 3）。

表 15 – 3　顺序设计与并行设计的比较

| 对比内容 | 顺序设计与并行设计 |
|---|---|
| 收集数据的顺序 | 在顺序设计中，通过两个阶段完成数据收集和分析，根据需要选择优先收集质性数据或优先收集量化数据。<br>在并行设计中，可以通过一个数据收集阶段来得以完成模型，同时收集量化和质性数据。 |
| 收集数据所需时间 | 与并行设计相比，顺序设计需要在两个相对独立的量化和质性环节中耗费较长时间开展数据收集，当这两个环节在研究中都很重要时，这一局限性将会更为显著。<br>与顺序设计相比，并行设计的数据收集部分需要的时间相对较短。但数据需要经过相应的转换才能在研究的分析阶段加以整合，现阶段能指导研究者完成这一过程的资料很少。另外，关于研究者如何解决出现在两种数据类型中差异的相关指导也较为少见。 |
| 数据整合 | 顺序设计和并行设计都是在研究最终的解释阶段对量化数据和质性数据进行整合分析。 |

## 第五节　混合研究的高阶类型

研究者可以根据研究问题、自身方法素养等客观因素与研究进程的具体情境选择更为复杂的设计，抑或在研究进程中综合运用定性与定量研究进行新的设计。以下三种设计（干预设计、社会正义设计、多阶段评估设计）是混合研究中较为普遍运用到的高阶设计方法，实际上每一个高阶设计中都隐藏着基础设计方法。

## 一、干预设计

### （一）定义

干预设计是指在实验研究或者干预试验的研究过程中添加定性数据的混合研究方法。

### （二）特点

干预设计旨在实验研究或干预试验的基础上添加定性数据。实验的前中后三个时间段都可以添加定性数据，研究者可以在实验研究之前、研究过程中和研究之后收集定性数据，这些定性数据可以服务于多种目的，这取决于实验研究与干预试验的资源和研究目的所在。

### （三）流程描述

若研究者在实验研究之前就收集定性数据，其目的可以是通过访谈等方式招募试验的被试，或帮助设计合适的干预方案，这些流程可能会影响试验的被试。在这种情况下，研究者使用的是在干预设计框架下的顺序性探究设计的基础设计方案，定性研究先于后续的实验研究。

研究者还可以在实验研究的过程中添加定性数据，以便研究被试在干预试验中的体验并及时调整干预试验。在这种情况下，研究者使用的是并行设计方案，因为研究者同时收集定性数据和实验性的定量数据。研究者也可以在实验和干预试验后添加定性数据，以此对研究结果进行后续分析，或通过质性分析更好地印证定量分析的结果。

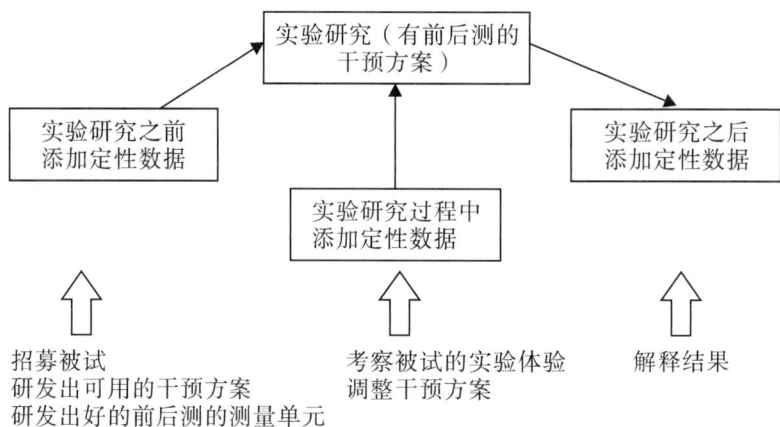

图 15 - 6　干预设计流程图

### （四）适用性与局限性

干预设计适用于操控严格的实验研究和干预试验。实验在自然科学的研究中是不可或缺的，实验方法是最具基础性的研究方法。然而，实验方法在社会科学领域的应用较少，其原因在于研究对象的特殊性使得实验方法的进行颇为困难。最初社会科学领域实验方法的运用如"霍桑实验"等，这些研究主要使用实验方法与访谈和观察等方法相结合的混合研究方法。后续也有诸多学者尝试在经济学、政治学、心理学、教育学等领域引入干预设计的实验方法。

研究者需要掌握如何严格操控实验，包括随机分配实验组和控制组，控制可能影响实验的风险因素。同时，研究者还需要决定在研究过程的哪个时间点收集定性数据，以及是否在多个时间点收集定性数据。

## 二、社会正义设计

### （一）定义

社会正义设计是指通过一个或多个社会正义理论框架来研究问题，并将社会正义理论框架贯穿于研究全过程的混合研究设计，以图 15 - 7 为例：

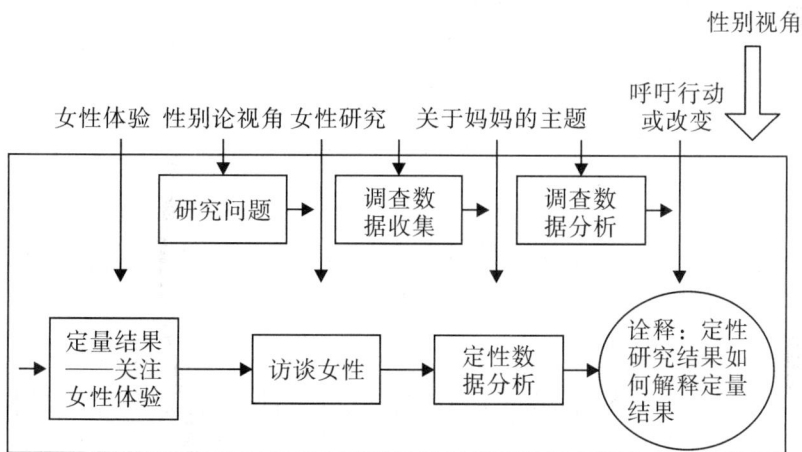

**图 15 - 7　社会正义设计流程图**

### （二）特点

在此类混合研究项目中，几个可能的理论框架包括社会性别视角（女性主义或男权主义）、种族或民族的视角、社会阶级理论视角、社会资本理论视角，或者是上述视角的整合。此类混合研究的核心都是基础设计方案，但是研究者会在研究全过程贯穿社会正义理论视角。

### （三）流程描述

首先要确定使用何种基础设计方案，即考虑在何时使用定性数据或是定量数据；继而纳入核心理论框架并贯彻在研究的多个阶段；执行研究；最终讨论社会正义理论框架如何有助于解释研究。

### （四）适用性与局限性

此类设计方案旨在在社会正义研究领域使用混合研究方法。研究者在选择合适的社会正义理论后，要使这种理论视角在研究的多个阶段得到体现，并在使用此理论视角时运用恰当的方式以防止研究对象被进一步边缘化。

### （五）案例分析

冈本健佑（2022）在社会资本理论、社会支持理论、马斯洛理论和赠与理论的社会正义理论框架下，对疫情时期老年人自我隔离现象进行研究。研究者首先收集定量数据，利用问卷调查法，采用涵盖基本信息、心理量表和社会资本量表等内容的问卷，对日本千叶县千叶市的 108 名老年人进行了问卷调查，并对 8 名有自我隔离特征的老年人与其他被试老年人进行比较考察。而后通过访谈收集定性数据，研究者与一名自我隔离的老年人共同生活，并对包括护工、家人、民生委员等相关人群进行了半结构化采访，然后使用 KJ 分析法对访谈数据进行定性分析。最后整合上述定性与定量研究结果，分析老年人自我隔离现象的定义及其原因和后果。本案例在顺序性解释设计的基础上，将社会资本理论、社会支持理论、马斯洛理论和赠与理论贯彻在研究的全过程中，是社会正义设计的体现。

## 三、多阶段评估设计

### （一）定义

多阶段评估设计是指通过历时性逻辑来研究、评估某种背景下实施某个项目或者活动成效的混合研究设计。

### （二）特点

此类设计方案中每一个组成部分本身就是一个独立的研究。当研究的总体目的在于评价某种优势、价值、项目或系列活动收益，那么研究就变得具有评估性质。这些独立的研究组合成为一个总体的评估设计方案，而这种设计方案便是混合研究。与其他高阶设计方案一样，多阶段评估设计方案其中的组成部分都反映了某种顺序性解释设计或者顺序性探索设计的方案。

### （三）流程描述

首先应选择基础设计方案。以图 15－8 为例，评估设计一般始于需求评估，此时可以采用顺序性探索设计设计方案。其次确定评估的若干阶段。这些阶段可能包括需求评价，理论的操作化处理，厘清测量单元和研究工具，检验项目评估中使用的测量单元和评估工具以及跟进研究，以便解释项目实施的评估结果。确定每一个研究阶段需要收集和分析的是定量数据还是定性数据，抑或是综合运用。最后执行评估方案，在必要情况下可以调整项目和研究工具。

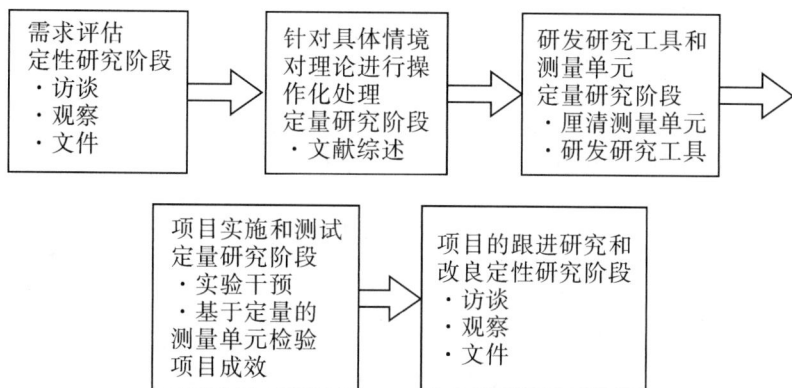

**图 15 – 8　多阶段评估设计流程图①**

### （四）适用性与局限性

多阶段评估设计系统记录了项目成功的全过程，研究团队囊括多方面人才，这些成员擅长定量、定性或是混合研究。同时，此类设计方案具有复杂性、历时性，可作为严格、多层次的研究项目获得资助机构的支持。

这种设计方案需要一个团队来执行，有时也需要充足的资助，因而不适用于研究经费和研究时间不充裕的个人研究者。此外，研究的各个阶段环环相扣，研究团队的成员需要有效协商以确保对项目的总体评估目标有清晰的理解，各阶段之间要相互支持，全过程需要强有力的领导。

### （五）案例分析

在美国南加州大学博士 Dmitri Williams 等人（2006）的《从树屋到兵营：魔兽世界中公会的社会生活》一文中，研究团队采用混合研究方法对大型多人在线游戏《魔兽世界》玩家的社会资本进行调查分析，旨在提出新型社会媒体可以积极影响个体的社会资本。

从具体的研究设计来看，阶段一，研究团队在 3 个月内基于参与式观察的方法进入游戏世界，从而深入了解游戏机制和游戏公会的相关内容，并收集了关于组成公会的个体玩家数据；阶段二，研究团队运用一款调查程序来收集不同公会、服务器等类型的玩家行为数据。之后，团队利用社会网络分析法对数据进行剖析，并依据上述数据标准建立分层抽样框架；阶段三，研究团队在抽样框架内随机选择玩家，通过在线聊天系统，开展了为期六周，共 48 次的半结构式访谈，访谈内容涵盖了 13 个基本问题和其他延伸问题。案例中的三个阶段以历时性逻辑推进，分别采用了定性—定量—定性的方法，体现了混合研究的多阶段评估设计。

---

① 图 15 – 6、图 15 – 7、图 15 – 8 均来源于克雷斯威尔. 混合方法研究导论［M］. 李敏谊，译. 上海：上海人民出版社，2015.

### 四、高阶类型的比较分析

三者在研究实践中有着各自的特点，也具有共性，具体如表 15 – 4 所示。

表 15 – 4　高阶类型的比较

| 对比类型 | 干预设计 | 社会正义设计 | 多阶段评估设计 |
|---|---|---|---|
| 共同点 | 都是基于基础设计方案，是在单个或多个基础设计方案上进行添加和建构 | | |
| 特点 | 运用实验研究或干预设计 | 以一个统领性的社会正义理论框架 | 存在历时较长的多个阶段 |
| 定性研究和定量研究的运用 | 在实验研究或干预试验的具体时间点上添加定性数据 | 在研究过程中考虑添加定性研究 | 确定每一阶段是定性研究还是定量研究，或是综合应用 |

# 第六节　混合研究在实际应用中的问题

混合研究虽然融合了质性研究和量化研究的方法，但并非方法坦途。它仍然无法完全解决质性研究和量化研究的局限性，混合方法运用者在实践中也遇到了较多问题，这些问题主要可归纳为四个方面：资料收集与分析困境、资料转译困境、结论整合困境和推论质量困境。此外，混合方法运用者也应在研究过程中注意一定事项，以保证研究的合理性。

## 一、混合研究在实际应用中的困境

### （一）资料收集与分析困境

在混合研究中，无论采用顺序设计还是并行设计，研究人员都需要收集和分析质性资料和量化数据。一方面，与单一的质性研究或量化研究相比，应用混合研究对研究者的要求更高，研究人员需要同时掌握两大研究方法——量化研究与质性研究，并在这两种不同的研究环境中投入大量的时间、精力与成本。另一方面，顺序设计也在实际应用中给研究人员带来了一些挑战，因为他们在进行第二阶段的研究时，仍须回到第一阶段的样本中，并在研究需要时对其进行二次调查分析，使得研究可能会遭遇数据收集难的困境。

目前，在混合研究的实际应用中，研究者使用量化或质性方法不规范的现象比较普遍。例如，在进行量化研究阶段时，可能会出现抽样环节未按标准进行，调查问卷本身的设计不当，发放、填写及回收问卷的过程不科学，统计数据的可靠性（信度）与切实性（效度）较低等问题；而在进行质性研究阶段时，可能也会存在访谈内容不够深入、较为肤浅，经观察、访谈后得到的资料没有及时进行整理、编码，以及带有主观性的思考（过于强调研究问题）进入田野，从而遗漏某些重要的细节等问题。另外，在对这两类数据进行综合分析时，也会出现生搬硬套的问题。因此，运用混合研究并不意味着一劳永逸，定量研究与定性研究本身所存在的局限性无法通过混合研究的使用而彻底根除，混合研究者只能尽力去克服这些局限性，并不断发挥定量研究和定性研究强强联合的优势。

### （二）资料转译困境

在混合研究中，将量化和质性数据整合转译成为同一类型的数据是一个复杂的问题。这两种数据类型各有其独特的分析和处理方法，如何将它们融合在一个研究框架中，既保持各自的优点，又能提供全面、深入的研究结果，是研究者面临的一个重要挑战。对于量化数据的降维，研究者通常使用因素分析等方法，将大量的量化数据归纳为几个主要的维度，以便与质性数据中通过类属分析得出的维度进行比较。这种降维的过程确实可能会导致一些信息的损失，但这是为了在更宏观的层面上理解和解释数据。质性数据的处理同样面临挑战。通过对质性数据进行编码，研究者可以将它们转化为分类变量或二分变量，从而使其能够与量化数据进行对话。但这个过程也可能导致某些细微的、在原始数据中可能很重要的信息被忽视或丢失。

关于量化数据和质性数据在分析过程中的地位，也是一个值得深入探讨的问题。有些研究者认为两者应该是平等的，每种数据类型都为研究提供了独特的视角和洞见。但也有研究者认为，在某些情况下，一种数据类型可能比另一种更适合解答特定的问题，因此可能需要在分析中给予更多的权重。另外，由于量化研究和质性研究在抽样方法和样本大小上往往存在差异，这也给数据的整合带来了复杂性。如何确保转译后的数据在新的数据集中能够和谐共存，也是一个需要研究者仔细考虑的问题。

综上，混合研究中的数据转译是一个复杂的挑战，但也是一个富有成果的研究领域。通过不断地探索和实践，研究者们正在发展出越来越多的方法和策略，以便有效地整合量化和质性数据，从而提供更深入的研究结果。

### （三）结论整合困境

在研究过程中，研究者可能会过于注重混合方法的运用，而忽略了在结论部分进行有效的整合。有多个原因造成了这一困境，具体来看，首先，研究人员自身对方法的主观倾向性，使得其无法以同样的态度、方式来平等看待定量研究方法和定性研究方法所产生的结论，而是更倾向于使用其中某一方法的结论来"佐证"自己所倾向的方法。其次，混合研究作为近些年来才开始逐步发展的新兴方法，相比于传统的两大范式研究，大众对其的接受度仍然较低，"市场"相对较小，导致研究人员对整合结论的积极性不高。另外，对结论进行整合可能需要研究者将量化数据与质性资料进行多次梳理、分析，甚至会出现需要重新采集数据的情况，这会耗费研究者更多的时间与精力，一些研究者可能不会愿意尝试。

为了解决这一困境，研究者应当在研究过程中实现真正的混合，并在结论部分进行有效的整合。研究者需要克服方法偏好，平等对待量化研究和质性研究的结论，并尝试将它们进行有机结合。同时，期刊和读者应该更加支持和鼓励发展混合研究，提高其在学术界的地位和影响力。此外，研究者也应该不断学习和尝试新的方法和技术，以便更好地整合两类资料，从而提供更完好的研究结果。

### （四）推论质量困境

混合研究的效度称为推论质量（inference quality），在衡量推论质量时，研究者可能会面临以下困境：

（1）如何将量化数据和质性数据进行有效整合，以便为研究提供全面、深入的解释。如果研究者将量化数据和质性数据分开处理，并分别进行归因，那么整合的部分又该如何衡量和评价呢？

（2）目前研究者对于混合研究推论质量的评价框架还相对缺乏，也缺乏具体实际操作的案例，这使得研究者在进行推论质量评价时缺乏明确的指导和参考。

## 二、混合方法运用者应注意的事项

徐建平等（2019）指出，作为一名混合方法应用者，应注意以下几个方面，以确保在研究问题的过程中更好地使用混合研究方法，保证研究的有效性和伦理性。①选择混合研究方法的合理性。尽管混合研究具有很多优势，但它并不是适用于所有情况的万能方法。在选择使用混合研究之前，研究者应该充分考虑研究的目的、问题、资源和方法论背景等因素，并确保有足够的经费、时间和团队支持来开展此类研究。②对质与量方法的优缺点有深刻了解。混合研究需要研究者对质性和量化研究方法都有深入的了解。研究者应该清楚地认识到每种方法的优点和局限性，并根据研究问题和自己的方法论素养来选择适合的方法组合。③揭示论证推理的逻辑过程与多种角度的解释。混合研究中有时会存在量化研究阶段与质性研究阶段所推导出的结论相互矛盾的情况，此时，研究者应将这些冲突、矛盾的结论真实地表达出来，而不是将其生搬硬凑，试图给出一种具有唯一性的答案。另外，研究者应该详细阐述推论的逻辑过程，并提供多种可能的解释，以便读者能够全面理解研究的发现。④遵循一般伦理标准。混合研究需要遵循社会科学研究的一般伦理标准，如保护研究参与者的隐私和知情同意权。⑤在研究设计阶段考虑伦理问题。在研究设计阶段，研究者需要考虑到不同阶段可能涉及的伦理问题，并采取相应的措施来加以解决。例如，在顺序性解释设计和顺序性探索设计中，研究者需要确保第一阶段的研究结论不会对第二阶段的参与者造成不利影响。⑥在参与者选取阶段保护隐私。在参与者选取阶段，研究者需要特别注意保护参与者的隐私和个人信息。例如，当使用第一阶段的量化数据来选取第二阶段访谈的子样本时，研究者需要确保参与者的信息不会泄露，并在量化研究阶段就让参与者选择是否自愿参与第二阶段。

通过遵循以上注意事项，混合方法运用者可以更好地发挥混合研究的优势，提高研究的质量和可靠性，同时确保研究的伦理性。

## 思维导图

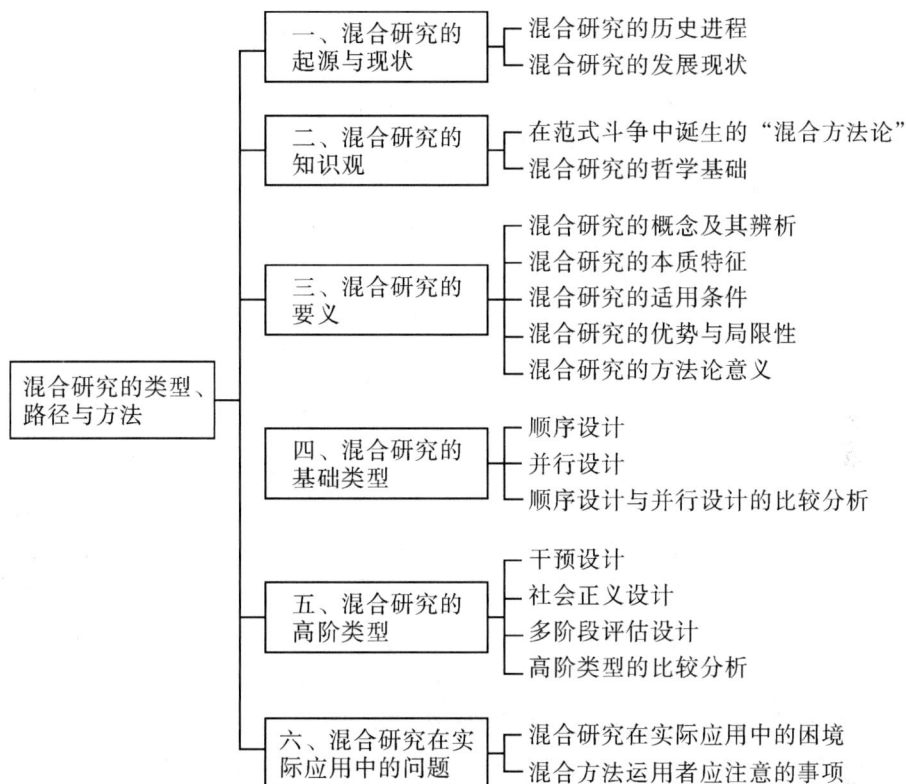

# 第十六章  混合研究方法设计、步骤与案例

前一章介绍了混合研究的基础性内容，包括它的类型、路径与方法等。本章将深入讨论如何开展一项混合研究设计。首先要明晰其理念与标准，解决开展混合研究设计需要遵循什么理念，好的混合研究设计有什么标准等问题，这是进行混合研究设计的指明灯。其次介绍混合研究的基本步骤，特别是如何撰写研究设计，以期为读者展现混合研究设计的全貌。

## 第一节  混合研究设计的理念和标准

### 一、混合研究设计的理念

研究设计是研究中收集、分析、解释和报告数据的具体过程。而混合研究设计则是一种具有哲学假设和探究方法的研究设计。它是指在一个研究或者一系列研究中，研究者以一定的世界观和研究逻辑思维为基础，设计研究方案的收集、分析并有效混合定量研究数据和定性研究数据的研究方法。混合研究设计的理念为研究者的研究提供引导，指引研究者去思索自己的研究问题、研究目的、研究方法、研究设计等问题。混合研究在设计中遵循实事求是、研究问题是开展研究设计的关键、明确选择混合方法设计的原因、灵活选择混合方法的理念。

#### （一）实事求是

无论是在定性、定量研究还是混合研究中，研究设计都是极具挑战性与重要性的一个步骤。若将混合方法作为研究方法，其组合设计的多样性以及复杂性会增加研究设计过程中的难度。因此在开展混合研究设计的时候，需要遵循一个重要的理念：实事求是。实事求是是指研究者应该根据自身研究的需要，明确研究问题和研究目的，在此基础上选择合适的混合方法，灵活进行研究设计的原则。实事求是的理念更像做混合研究设计的基调，唯有切实才能持续进行。有一点需要明确，即做研究应该是使研究方法、框架、理论或者整体的研究设计贴合自身的研究，并非使研究适应现有的框架或理论，这样容易导致研究成果"失真"，缺乏科学性与合理性。

学术研究是一个循环往复、不断螺旋上升的过程，研究者们在原有的研究框架或者理论基础上，基于实际提出自身的研究问题假设，通过数据收集分析等步骤得出研究结论，继而验证原有研究框架或者理论基础的适切性与科学性，进行批判性回应，从而修改完善

原有的理论以及研究框架，从实践中来，到实践中去，形成完善的"科学环"。

### （二）研究问题是开展研究设计的关键

引发研究者兴趣的研究困惑和研究问题来源有许多，比如源于文献、研究者的经验和价值观、复杂的限制条件、无法解释的结果、利益相关人员的预期。现今学者们一致认为，无论进行哪种混合研究设计，研究者感兴趣的研究问题才是设计过程的核心与关键。有了感兴趣的研究问题，才能引导研究者开展后续的思考与选择，如"我的研究目的是什么？""我该做怎么样的研究设计？""我主要运用的研究方法是什么？""这些研究方法该怎么样搭配使用效果会更好？"……从而指引研究者选择最"有用"的方法开展研究。

开展一项研究也面临许多壁垒，总结概括为如下两点：①数据来源不充分。只有一个数据来源不足以支撑自身研究的论证，容易导致研究结果具有较强的主观性，缺乏一定科学性，需要进行进一步的检验。②部分研究问题较复杂，需要开展多方法、多阶段的研究。使用一种研究方法可能难以解决复杂的研究问题，并且随着时间的推移，研究问题本身会发生变化，单阶段研究的局限性就会逐渐显现。这些壁垒不仅要求研究者使用混合研究方法，也要求研究者根据实际针对性地选择相应的研究设计。因此，研究者在开展一项研究之前，务必思索清楚并说明研究面临的困境以及自己的研究问题，经过权衡之后再选择可以解决研究困境或者缓解研究困境、与研究问题相匹配的研究设计。

### （三）明确选择混合研究设计的原因

在一项研究中，需要明确混合定性和定量方法的原因。现有文献有许多关于应用混合研究设计的原因都具备一定说服力，可以协助推进研究者的研究工作。

需要说明的一点是，列举出使用混合研究设计的原因应该具备说服力，因此需要衡量各种选择，仔细思考列举的原因是否具备科学性以及说服性，并做好为自己运用混合研究设计辩护的准备。但也可能在研究过程中会出现新的原因，因此需要对新的见解作出相应回应，如果无法做到创新性回应，研究者至少要有一个具备说服力且清晰的原因阐述为什么要选用混合研究设计。

### （四）灵活选择混合方法

在实事求是的基调上，研究者还需要灵活选择混合方法，使混合方法即定量与定性方法相结合的效果大于独立使用定量或者定性方法的效果。选择合适的混合方法的时候，需要思考三个方面，分别是：①定性和定量部分的交互关系；②定性和定量部分间相对的优先次序；③定性和定量部分的开展先后顺序。

确定定性和定量部分的交互关系是指定性和定量部分保持相互独立或是相互作用的关系。定性和定量部分间的关系包括独立和交互两种。当定性和定量部分间是独立关系的时候，意味着定性和定量两部分是相互间隔的，即研究问题、数据收集、数据分析部分都是相互分离的，只有在数据阐述研究结果的时候混合两部分。当定性和定量部分间是交互关系，意味着两者相互作用，在数据阐述研究结果之前就产生了混合，在混合过程中形式、发生时间各异，可以灵活变通。可能是开展一个研究设计时需要先得到另一部分研究的结果；也可能是利用一个研究部分得出的框架，在框架的基础下进行后续研究。抑或是其他情况，研究者需要根据研究需要进行设计。

确定定性和定量部分的优先次序。在进行研究设计时，定性或者定量部分会有侧重点，就需要考虑到两者的优先次序。优先次序是指，在回答研究问题上，定量和定性方法的相对重要性，或相对价值。若定性优先，则说明研究侧重定性方法，定量方法处于次要地位；若定量优先，则说明研究侧重定量方法，定性方法处于次要地位；若定性和定量方法同样重要，则说明研究中两者处于相同位置，发挥相同作用。

确定定性和定量部分开展的先后顺序。开展定性和定量部分的先后顺序也会影响混合研究设计的选择，依据时序分类的混合研究设计包括并行式、顺序式、多阶段组合式混合研究设计。

## 二、混合研究设计的标准

混合方法研究作为定性与定量方法外的"第三条道路"正逐渐发展成熟，许多学者开始探讨评估混合方法研究的标准，对于"是否需要制定标准"以及"制定什么样的标准"，学者们持有不同意见与观点，至今没有形成一致的共识。积极的声音认为制定混合方法评估标准不仅有利于期刊评审人进行评审相关的研究项目，而且有利于初入学界的研究者依据"指南"开展研究，明晰如何科学地进行研究，并从评审人的角度出发评估自己的研究，增加其研究经验。消极的声音认为制定混合方法评估标准在一定程度上会限制研究者的自我发挥，如做定性研究，太多条条框框可能难以深度挖掘内容，形成丰富的研究成果。其次，标准是由人制定的，可能存在一定的利己性，产生不平等甚至冲突的情况。

混合研究设计作为混合研究的核心部分同样缺乏特定的评估标准，到底什么是好的混合研究设计？其具备什么特征或因素？目前学界没有给出明确的答案。本书试图定义科学的混合研究设计标准，期望能给予读者启发。

### （一）体现混合研究设计的科学性

从科学性角度去评估定量研究主要从研究设计的类型、数据收集与数据分析三方面进行。研究设计的类型是否匹配研究问题？收集的数据是否有效且可信？数据分析的方式是否正确？做统计检验的时候流程、方法是否运用恰当？可以从以上三方面判断定量研究是否具有科学性。总而言之，定量研究需要做到精准测量，可归纳、可信、有效且可重复。

从科学性的角度去评估定性研究会更具主观性，评估标准多样化。效度检验是传统量化研究的一个判定标准，定性研究的思维范式是社会事实的建构过程和人们在特定社会文化情境中的经验和解释，其难以用"效度"去评估。克雷斯维尔（2017）从哲学标准、参与性或简易性标准以及程序性与方法论标准进行评估，其存在一定局限性，难以较全面地评估定性研究是否具备科学性，但可以在研究设计阶段通过自检提升研究的信效度使其具备科学性。例如，在研究设计阶段自问：我的研究结果是否将会是真实的？我如何知道其真实性？研究过程中在真实性方面会犯什么错误？如何规避？自己的研究结果如何使他人信服？是否有资料支撑？等等。

混合研究设计的科学性表面上是定性与定量研究设计科学性的结合，实质上还包括两种方法的内在联系。混合研究设计的评估不仅需要评估定量部分的科学性，也需要评估定性部分的科学性。与此同时，研究者需要把握定量部分和定性部分的关系。即在进行混合研究设计的时候，研究者需明晰几个问题：第一，质化和量化在混合中是否处于平等地位？若赋一方以主导地位，原因何在？第二，混合发生在研究过程中的哪个阶段？第三，质化和量化类型的数据是否有先后顺序？从混合方法的设计要素出发探讨混合研究设计的科学性更具有依据性。明晰以上几点后，需要在研究设计中进行说明，突出研究设计的科学性。

在进行混合研究设计时，定性和定量研究方法的结合可能会导致新的有效性问题，定性研究需要考虑描述型效度、解释型效度、理论型效度以及评价型效度等；定量研究需要考虑内部效度、外部效度、统计结论效度和构念效度。而混合研究则需要进一步考虑顺序效度、转换效度和劣势最小化效度。根据贺旭妍等的最新研究，已出现混合方法的评价工具，即 MMSR 文献质量评价工具，其能够展示对文献评价的结果，也可以计算总体质量分数，在一定程度上能为混合研究设计的科学性提供参考。

### （二）体现混合研究设计的适切性

撰写混合研究设计的时候需要基于现实情况进行，切勿理想化。研究设计存在的意义就是使研究者对于整个研究进程有个整体层面的把握，若研究设计部分都是天方夜谭，那么整个研究的可信度以及成果的效度就无从考量。在进行定量和定性部分设计时，需要分别考虑一些因素，如在定量部分需要根据实际情况以及自身能力考虑，像数据如何获取、选取的研究对象及人数、运用什么数据分析工具等部分都是在可操作、可获得的基础上进行；定性部分则需要考虑如何获得一手或二手数据、如何选取研究对象及调研地点、如何开展访谈等资料收集活动、如何进行资料分析等。两部分都需要站在现实高地上考虑其可行性，研究者需要在研究设计部分中体现其可行性。

### （三）体现混合研究设计与写作结构的贴合性

整体的写作结构需要与混合研究设计相匹配，混合研究设计的类型多样，分为 3 种基础设计方案和 3 种高级设计方案，选用不同的设计方案，意味着在研究设计中的定性研究、定量研究和数据整合阶段的顺序也会有所不同，因此在整体写作结构的布局中也需要做出相应调整以贴合混合研究设计。通过大量运用混合方法的学位论文、期刊提炼出写作结构贴合混合研究设计的关键要点。

# 第二节　混合研究设计的步骤

## 一、混合研究设计的基本步骤

### （一）明确研究问题以确定研究方法

研究问题是一项研究的起点，确定了研究的问题才能开展研究。研究问题可通过自身已有的理论知识和实践经验同文献研究相结合的方法形成。研究者在明确研究问题后，应当回顾与该研究问题相关的文献。检索相关文献进行文献综述，有助于研究者了解该问题的研究现状和相关的方法论问题，了解其被验证和使用过的研究方法，从而确定本项研究是否采用混合研究方法。

### （二）明确和陈述研究目的

明确研究目的有助于回答或者解决研究者所要研究的问题，从而明晰相应的研究设计，为研究者收集和分析数据提供方向指引，指导整体研究的进行。一旦确定了研究适合采用混合研究设计方法，应当对使用该方法的目的进行具体阐述，这不仅能够体现研究的可信度，还便于读者从整体上了解整项研究。

### （三）选择合适的混合研究设计类型

杨立华（2019）等认为，研究者在确定使用混合研究方法后，应当根据研究内容、研究目的和研究条件来选择适合本项研究的混合研究设计类型，以达到想要的研究效果。研究目的和内容方面可考虑定量和定性问题的探索顺序，研究条件方面可考虑研究的可用资源和时间的限制等，综合考虑这些因素，在混合设计的基础类型和高阶类型中进行恰当选择。

### （四）收集数据

收集数据是混合研究方法中的重要环节。通过收集数据资料，研究者可以获得分析和解释研究问题的信息，进而推动整个研究的进行。在混合研究设计的数据收集环节中，通常要采取不同的数据获取方法来收集定性、定量两方面的数据。如定性方法习惯采用访谈、日记、期刊、观察和开放式问卷来获取，定量方法则倾向于使用测试和封闭问卷。除此之外，数据收集环节所要遵循的一般准则和程序也是研究者需要注意的部分。

### （五）分析数据

分析收集到的数据是帮助研究者提取有效信息的必要步骤，可从分析方法和数据类型两个方面来进行该步骤。分析方法为定性、定量分析法以及定性、定量二者结合的混合方法。数据类型则分为定性数据和定量数据。即运用定量方法分析定量数据，运用定性方法分析定性数据，运用混合方法来分析定性和定量两类信息。当然，在分析的过程中也需要同收据收集步骤一般遵循一定的原则和程序。

### （六）解释和检验数据

分析数据得出结果后，研究者应当对定量、定性数据的结果和两种数据的对比结果作出解释，将其与原先的研究问题进行比较，在比较中阐释最终的研究结果，便于读者理解混合研究的过程和成果。除此之外，研究者应当对数据的质量提供保证，这就需要对数据结果进行检验，在验证中增强研究的信度和效度。

### （七）得出结论并撰写研究报告

结论是研究者经数据分析、解释和检验等步骤得出的最终结果，一项混合方法研究的结论应当包括定性方法得出的结论、定量方法得出的结论以及这两种结论的比较或者补充，对结果的论述权重应当根据所选择的混合设计类型来决定。在得出研究结果后，研究者应当撰写研究报告，囊括研究问题、研究过程和研究结果等方面，将整项研究系统化地呈现在读者面前。

## 二、撰写研究计划

### （一）撰写研究目的

研究目的是论文开篇的重要内容。研究的目的主要是指为什么要研究这个方向或者选择这个题目，要得出什么结论或者需要解决什么问题等，换句话说，就是研究该课题所预期想要达到的结果。撰写研究目的大致可以从以下几个方面考虑：对相关文献成果进行梳理和总结，对研究对象的现状进行总结和分析，研究和探索问题的解决方案。研究的目的是深入探究某个问题或主题，增加对现有知识的理解和认识，发现新的知识、现象、规律或解决实际问题。

### （二）撰写研究对象

研究对象指的是研究者为回答所要研究的问题或者假设而进行探究的对象，可以是个人、特定群体或者各种组织、机构等。在不同的领域中，具体的研究对象是不同的，可以是人类、物品或者某个理论。虽然研究对象在不同的领域存在着差异，但是研究者在撰写研究对象上都可以从以下几方面着手：明确研究对象的定义和范围，描述研究对象的特征、背景、参与方式。

### （三）时间维度的安排

1. 时间维度的设置与控制

在研究计划的撰写中，时间维度的设置与控制是一个重要的方面。在撰写研究计划时，需要对时间维度的安排进行陈述，应注意时间维度的长期性和持续性、可行性和可操作性、周期性和阶段性、时效性和实用性。

2. 时间规划的细致性

通过制定详细的时间表、考虑研究的复杂性和不确定性、分解任务和设置里程碑、合理安排时间缓冲以及灵活调整时间安排等方法，可以提高研究的效率和质量，确保研究顺利进行。

## 三、数据收集

### （一）数据收集方法

混合研究数据收集方法可以将质化研究与量化研究方法结合使用，根据研究实际的需要进行研究设计和数据收集。在以定性研究方法为主的混合方法研究中，多是采取案例定性阐释在先、数据辅助验证在后的模式；而以定量研究方法为主的混合研究方法中，更为强调数据采集分析的主导地位，而辅之以定性方法的进一步解读。随着混合研究的兴起，数据收集方法已经不仅仅是在一个独立研究中同时使用了量化和质性两种以上方法、手段或概念进行数据搜集，而是衍生出一些专属于混合研究范畴的方法，比如"漏斗式"访谈

（funnel interview），在这种访谈中，研究者以十分宽泛的问题开头，然后逐渐缩小问题的范围到某些具体、焦点议题上。还有邮寄问卷是混合方法研究中最常用的形式。收集数据时使用问卷与访谈结合的方式，将这两种类型的数据视为不同的数据库。先收集定量数据，再通过访谈等收集定性数据，在第一列中报告定量结果，第二列报告用于解释定量结果的定性结果。此外，第三列则用于展现整合对研究的影响。再比如数学模型与文献分析相结合，定量分析中使用数学模型进行回归分析，发现与田野研究、经验现实产生了矛盾，这时就需要定性分析来解释其中原因。

**（二）数据收集原则**

（1）遵循综合考虑原则。根据研究目的、问题、对象等综合选择数据收集方法，收集可以解答研究问题的信息，要致力于体现整体研究的准确性、科学性。

（2）与实际情况结合，考虑时间、人力、财力等资源成本来控制数据收集的时间、空间、周期、人群等。例如，经费问题会限制数据收集的地点，导致样本量具有局限性；时间、人力资源限制数据收集的样本量；民族志的研究需要较长周期，对时间、财力等有一定要求。

（3）明确"混合的目的"，即为什么要在数据收集中使用混合方法。从根本上来说，数据收集方法的选择取决于研究问题。有些问题需要量化数据，有些问题需要质性数据，还有一些问题需要量化与质性这两种数据才能更具体明晰，采用混合方法研究更有助于达成研究目的。明确了混合的目的，才能有针对性地收集数据，减少时间和资源的浪费。

（4）把握"混合的时机"或"混合的顺序"，即在什么时间或在研究的哪个阶段混合。这涉及的是研究中量化与质性之间的时间关系、研究中使用资料的顺序。每项研究从研究问题的提出、文献查阅、研究方案设计、研究数据搜集与分析到研究结果讨论，被划分为若干个研究阶段，开展混合方法研究就必须思考，究竟在研究进程中的哪个阶段进行这种混合最为合适。根据混合的时机，混合研究设计被分为同时混合和连续混合两类。前者指研究者在研究同一阶段实施量化与质性两种方法搜集、分析与解释资料；后者指研究者分别在两个阶段实施量化与质性方法，一种类型资料的搜集与分析先于另外一种类型资料的搜集与分析。

（5）分配"混合的权重"，指衡量定量与定性两种方法在回答研究问题时的相对重要性。两种方法混合时，各自的权重有相等权重和不等权重两类。前者是定性与定量在研究中同等重要，后者是其中一种方法比另一种方法更为重要。研究问题、研究条件、研究者对研究方法的熟练掌握程度、研究经验等，很多因素都会对混合方法研究中定性与定量方法混合的权重选择产生影响。确定混合权重，应依据定量或定性哪种资料收集方法最有助于达到研究目的而定。

（6）考虑"混合的内容"和"混合的方向"。混合的内容指混合方法研究中需要混合什么，是研究范式内部各种方法的混合，如一种定性研究方法再加另一种定性研究方法；还是研究范式之间各种方法的混合，譬如定性研究方法再加定量研究方法。混合的方向需考虑是自下而上，由研究问题驱动采用需要混合的研究方法；还是与此相反，自上而下由研究结果驱动采用需要混合的研究方法。

（7）在收集数据之前，要先了解自己需要的是哪个类型的数据。从时间维度上看，研究者接触到的绝大多数数据都是横向研究（cross-sectional research）数据，也就是在一个时间节点下收集到的数据。比如要发问卷，通常都是一个问卷用一次就好了，很少有机会和资源在两年后让同一批人再做一次同样的问卷，因此这样搜集到的数据就是横截面数据。另一种数据类型叫作纵向研究（longitudinal research）数据或者时间序列数据，就是对同一个个体在不同时间节点收集到的数据，比如近 20 年内我国每年统计的 GDP 数据。

还有一种比较复杂的面板数据（panel data），综合了截面数据和时间序列数据两个维度。比如如果有条件进行追踪研究，那么收集到的就属于面板数据，因为这是针对不同个体，在不同时间上面的数据。面板数据可以被进行定量研究提供更为丰富的信息，但通常获取成本比较高。

### （三）数据收集一般性程序

1. 制订收集方案

①确定取样地点、时间、参与者、被试者、抽样策略；②确定数据收集的方式（开放式访谈、开放式观察、结构性问卷、网络调查等）；③讨论收集数据的类型（文档、录音、田野笔记、视听材料等）；④讨论所需的测量工具、工具所获结果的信度与效度、观测值。

2. 获取调查权限

①讨论研究计划地点的权限，获得相关审查机构的批准；②获得参与者和被试者对权限的同意，明确告知调查需求，尤其是涉及隐私的部分。

3. 进行数据收集

①可量化的记录；②确定数据收集的范围。

4. 进行数据整理

将收集到的数据归类，若数量不足或质量不高，还需进行二次收集。

### （四）数据收集建议

（1）注意数据保密和伦理问题。在收集和使用数据的过程中，要注意保护受访者的隐私和数据的安全。遵守相关的伦理规范和法律法规，确保研究过程的合法性和道德性。

（2）注意研究者与被研究者的互动关系对数据的影响。研究者的主观因素和研究者与被研究者之间的互动关系可能会影响到研究结果的可靠性和有效性。因此，在研究过程中需要注意研究者的角色和影响因素的控制。

（3）注意有些收集的数据难以明确区分类型，不能一概而论。指出研究方案中将要收集的数据类型，并使之具体化——定量的和定性的。但需要注意的是，有些类型的数据，比如访谈和观察所得出的数据，既可以是定量的，也可以是定性的。

（4）认识到定量数据经常涉及随机抽样，因此任意一个个体都有被选取的相同概率。

（5）将程序与可视模型具体联系起来。

（6）混合研究收集的数据包括定性与定量数据，研究者需要对定性与定量数据收集的方法、工具、步骤以及具体的组合方法非常熟悉。

## 四、数据分析与阐释

研究者们在进行定量或定性数据分析时，有一套类似的步骤：准备用于分析的数据—整理数据—分析数据—呈现分析结果—阐释结果—验证假设。

**（一）基本原理**

（1）选择合适的数据分析方法。根据研究问题与数据类型，选出合适的数据分析方法。常用且常见的数据分析方法包括描述统计分析、回归分析、因子分析等（详见本书第十二章与第十四章）。

（2）合理地进行数据处理。包括对数据进行标准化分类统计、缺失值处理、异常值处理、数据平滑等操作。

（3）以可视化的模型、图文等展示数据分析结果。

（4）对分析结果进行阐释。在进行数据分析之后，需要合理解释和说明数据分析结果，同时注意要将分析结果与研究问题、目标、意义等相结合，不能空泛而谈，要具体探寻数据背后的规律与现实意义。

（5）对应数据分析结果来验证假设，检验数据是否支持原假设，若否，则是否支持备择假设。

值得注意的是，一项研究不一定只使用一种数据分析方法，如孙永朋等（2023）在其关于农民收入的研究中采用了县域数据的实证分析，使用了浙江省2005—2021年83个涉农县中66个县级行政区的调研数据进行空间总体分析、区域差异分析，并构建计量模型，进行主要因素分析，同时通过统计性描述和计量模型构建，对浙江省县域水平上农民收入的动态趋势、结构变化、影响因素等进行系统分析。

**（二）混合研究设计中的数据分析和阐释**

混合研究设计中的数据分析通常包括以下步骤：

（1）数据简化。对定量数据进行统计分析，对定性数据编写、概括、归类汇总，便于对数据进行分析。

（2）数据可视化。多用图表的形式展示数据，如定量数据可以转化为条形图、折线图、表格等，定性数据可以转化为量表、图云等形式。

（3）数据转换。量化定性数据或质化定量数据。

（4）数据关联。找出两种数据之间的共通之处，找出数据之间的联系。

（5）数据合并。合并两种数据来生成新的变量，提出新的概念，将数据整合。

（6）数据对比。比较定量与定性数据之间的差异、突出点等。

（7）数据整合。将所有收集的数据整合到一起，以宏观、整体、综合的视角来分析数据，阐释背后的原理、揭示的现象。

对数据的阐释阶段也就是根据数据"得出结论"或"得出推论"。在定性与定量数据分析过程中可能都会得出推论，但最终结论或推论如何需要综合各个部分的推论做出一个更广泛、更普适的阐释。

## 五、撰写研究报告

在进行混合研究时，撰写报告陈述是非常重要的环节。通过明确研究的目的、问题和方法，总结研究的结果和结论，并提出对未来研究的展望，研究者可以编写出准确、简洁而专业的研究报告，将研究的价值和意义传达给读者。下面将介绍一些关键的要素和技巧，帮助研究者撰写出精炼而专业的报告陈述。

### （一）报告陈述的要素

（1）研究者应该明确表明研究的目的。目的陈述应该简明扼要，能够清晰地传达研究的目标和意义。例如，可以使用"本研究旨在探究……"来概括研究目的，强调研究所涉及的问题和意义。

（2）研究者需要明确阐述研究的问题和假设。在报告陈述中，应该精确而简洁地陈述研究问题，并提出研究假设。

（3）报告陈述应该总结研究所采用的方法和研究设计。研究者可以简要介绍研究采用的定量和定性混合的方法，并解释为什么选择了该方法。同时，可以提及研究对象的选择、数据收集的方法和数据分析的过程，以及所采取的措施来确保研究的效度和信度。

（4）在撰写报告陈述的同时，研究者还需要提供关于研究结果和发现的简要描述。这部分内容应该包括研究所得到的主要结果、发现和趋势，可以使用数字、图表或描述性词语来呈现。同时，应该提供对这些结果和发现的解释和阐释，以便读者能够理解研究的意义和贡献。

（5）报告陈述应该包含研究结论和研究展望。研究者应该对研究的主要结果和发现进行总结，并提出对该领域未来研究的可能方向和建议。这有助于回顾研究的价值和意义，并为相关研究提供指导和启示。

### （二）报告陈述的注意事项

在撰写报告陈述时，研究者应该保持言简意赅且精炼明了的风格，使用简洁的语言表达研究的要点，避免使用冗长的句子和复杂的结构。同时，注意文档结构的合理安排，使得报告陈述具有清晰的逻辑结构和良好的阅读体验。

# 第三节　混合研究的案例分析

本节将对混合研究的案例进行分析与讨论。这些案例旨在展示混合研究在不同领域的应用，并探讨其对研究问题的解决和理论的发展所带来的启示。

## 一、混合研究在不同领域的应用

在对相关研究的文献进行初步的分析和了解之后，研究者可以尝试在一些较为简单的领域进行混合研究的设计尝试，与前文的分析相照应。以下是混合研究在不同领域的应用案例。

例1：教育领域中的混合研究

在一项关于学生学习成绩提高的研究中，张弛和汪雅霜（2023）采用了混合研究方法进行研究。首先，研究人员进行了一项定量问卷调查，以了解学生学习动机和学习策略的情况。其次，研究者选择了几个学生进行定性访谈，以深入了解其在学习过程中遇到的困难和成功因素。最后，研究者结合定量和定性数据进行分析，探究学生学习成绩提升的原因及途径。通过混合研究设计，研究者能够综合考虑定量和定性数据，充分揭示学生学习成绩提高的多个因素，为教育实践提供了有力的依据和指导。

例2：医疗领域中的混合研究

在一项关于慢性疾病管理的研究中，袁淑蕾等（2023）采用了混合研究方法。首先，研究者对大量病例的医疗记录进行了定量分析，以了解患者病情的变化和治疗效果。其次，研究者选择了几位患者进行了定性访谈，以了解其在疾病管理过程中的体验和意见。最后，研究者将定量和定性数据进行整合分析，揭示了慢性疾病管理的成功因素和挑战，并提出了改进措施。通过混合研究设计，研究者能够综合定量和定性数据，深入了解患者疾病管理的多个方面，为医疗实践提供了新的思路和策略。

上述简单的示例展现了混合研究最基本的研究设计。前文有提及，混合研究一般以顺序性解释设计、顺序性探究设计、并行设计、干预设计、社会正义设计、多阶段评估设计等主要形式出现。不同的混合研究设计体现在了定量和定性研究的存在形式和时序。

## 二、混合研究的案例

接下来举个例子，为读者呈现并行嵌套设计的设计步骤和实施过程（徐家良、成丽姣，2023）（见表16-1、表16-2、表16-3、表16-4、表16-5）。

并行嵌套是一种混合研究设计，结合了定量和定性的研究方法。在这种设计中，一种方法（如定性研究）被视为主要的或"核心"方法，而另一种方法（如定量研究）被"嵌套"到研究设计中以支持或补充主要方法。

以"互联网公益技术支持机构赋能社会组织"为例：

（1）确定研究目标。基于TOE（Technology-Organization-Environment）框架，选取J机构作为案例，分析互联网公益技术支持机构在赋能社会组织过程中自身模式变迁过程及其背后呈现的演化逻辑。

（2）主要方法（定性研究方法）。深度访谈和其他二手数据借鉴。

作者于 2022 年 8 月到 10 月先后对 J 机构的创始人、传播咨询部门负责人及员工进行了深度访谈。

表 16－1  一手资料

| 数据来源 | 资料类型 | 获取时间 |
|---|---|---|
| 一手数据 | 深度访谈（J 机构创始人和传播咨询部门负责人） | 2022 年 8—10 月 |

在研究其变迁模式中的定制化模式也是通过定性分析方法，分析定制化赋能模式的影响因素。

表 16－2  第一阶段 J 机构实施定制化赋能模式的影响因素

| 阶段一<br>技术产品定制化阶段<br>2012—2014 年 | 基于 TOE 维度分析机构技术采纳的影响因素 | |
|---|---|---|
| | 环境维度 | 识别公益需求 |
| | 技术维度 | 组建技术团队 |
| | 组织维度 | 维持机构生存 |

在研究其变迁模式中的可持续化模式也是通过定性分析方法，分析实施可持续技术策略的影响因素。

表 16－3  第二阶段 J 机构实施标准化技术策略的影响因素

| 阶段二<br>技术产品标准化阶段<br>2014—2019 年 | 基于 TOE 维度分析机构技术采纳的影响因素 | |
|---|---|---|
| | 环境维度 | 发现公益行业需求共性 |
| | 技术维度 | 压低技术成本 |
| | 组织维度 | 组织架构重组 |

表 16－4  第三阶段 J 机构实施可持续技术策略的影响因素

| 阶段三<br>技术产品多功能化阶段<br>2019 年至今 | 基于 TOE 维度分析机构技术采纳的影响因素 | |
|---|---|---|
| | 环境维度 | 深入中国公益连接难题 |
| | 技术维度 | 技术研发策略不断优化 |
| | 组织维度 | 增加咨询部门 |

（3）辅助方法（定量研究方法）。本研究通过挖掘网站、媒体报道等二手资料，为深描 J 机构的技术转型案例提供了经验支撑。

表 16-5　二手资料

| 数据来源 | 资料模型 | 获取时间 |
|---|---|---|
| 二手资料 | 公开媒体报道 | 2022 年 9 月 |
| | 公开发言讲话 | 2022 年 9 月 |
| | J 机构内部资料 | 2022 年 10 月 |
| | 公益行业 J 机构月捐报告 | 2022 年 8 月 |

然后，研究人员将两种方法的结果整合起来。定性研究的结果提供了丰富的个人经验，并揭示了 J 机构在环境维度、技术维度、组织维度赋能社会组织和公益行业的底层价值逻辑；而定量研究的结果可以验证这些发现是否具有普遍性，并提供了更广泛的背景信息。

通过上述案例的分析，可以看出混合研究的优势所在，它能够充分利用定量和定性方法的特点，弥补各自的不足，提供全面且深入的研究结果。混合研究为相关领域的实践和理论发展做出了贡献。然而，在实际应用中，混合研究的设计和数据分析也面临一些挑战，需要研究人员在方法选择、数据整合和结果解释等方面加以注意和处理。未来，混合研究仍将在不同领域得到应用和发展，并为相关研究提供更加可靠和全面的证据支持。

## 思维导图

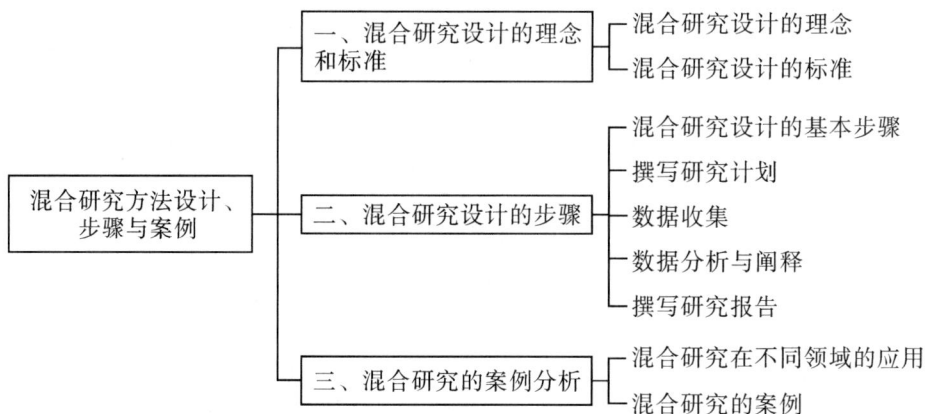

# 第十七章　研究论文的撰写

研究者做某项具体的研究，其过程往往比较艰辛，除了处理繁杂的文献资料、收集和分析研究所需的数据以及从中建构意义，还需要研究者将自己所做的这项研究用文字传达给读者，这存在一定的难度。因为这不仅是考验研究者的研究能力，而且要求研究者具备优秀的写作能力。

陈向明（2000）认为，写作之前进入状态也是十分重要的。当研究者处于一个好的写作状态时，灵感便会不断地涌现出来，自然也会"下笔如有神"。每个研究者进入写作状态的方式各有不同，建议研究者按自己的习惯进入写作状态。

在研究论文写作的过程中，研究者并不能强迫读者接受自己的观点，而是通过论证，让读者在自己研究论文的字里行间感受到观点的合理性和科学性，这就需要研究者在研究论文写作的过程中坚持"实事求是"的写作原则，把写作当成面向读者陈述清楚自己的研究思路、研究设计、分析过程以及研究结论等内容的过程。在这一过程中，研究者会不断"替读者向自己提问"，从而不断地对自己的写作构思进行调整与优化。

因此，当读一篇研究论文的时候，如果觉得这篇研究论文晦涩难懂，一方面可能是作者未达到一定的科研水平，另一方面也有可能是该作者并不擅长利用文字表达他/她的研究成果。正如巴比（2007）所言，有意义的科学研究不可避免地要和交流联姻，但是这种结合却并不总是轻松或者让人感到舒适的，不是所有的研究者都擅长和他人交流他们的方法和发现。所以，研究者应当站在读者的角度去思考如何撰写自己的研究论文，才能够达到有效的交流效果。

## 第一节　研究论文的写作

### 一、研究论文写作概述

#### （一）研究论文写作的定义及其分类

研究论文的写作是研究过程的最后一个阶段，对于研究结果的总结、表达、交流和传播以及对于相关知识的积累都具有十分重要的作用。根据受众群体、发表场合等的不同，研究论文的写作类型可分为研究论文、学位论文和会议论文三种。

1. 研究论文

研究论文是作者以学术界中的专业读者为受众群体，在某一领域公开发表的学术成果。研究论文的篇幅大多在 5 000 ~ 15 000 字，篇幅不长，内容较为精简，重点是提出研究的结论和创新点，以促进学术界相关研究的交流、进步。

2. 学位论文

学位论文是以高等院校中的学位论文评审和答辩评委作为受众群体，以毕业为目的的学术成果。学位论文的篇幅较长，大多在 30 000 字以上，论文内容较为详细完整。

3. 会议论文

会议论文是指作者在学术会议中向外界进行分析、阐述的契合会议主题的研究论文或研究报告。会议论文的主要目的是促进学术界相关领域知识内容的交流和学习。

### （二）研究论文写作的特点

不同类型研究论文的写作各有其特点，其共同点为：

（1）内容的科学性。科学性是研究论文的灵魂，要求依据在实践过程中所积累的系统化的知识和理论，实施系统性的研究来撰写研究论文。研究论文的科学性要求论文观点明确、资料翔实、论证严密，且立论必须客观，不以主观的"常识"去思考问题，论证方法要具有说服力。

（2）论证的逻辑性。由于研究对象和社会现象的复杂性，社会科学的研究论文必须运用科学的方法、概念及相关理论对研究数据进行客观分析，表达研究论文的研究成果。因此，要求作者发挥自身良好的科学素养和理论水平，进行严谨而富有逻辑性的论证。

（3）研究结果的创新性。有价值的研究论文往往是探索某一学科领域中前人未曾提出过或者没有解决的问题，如果仅仅是"换汤不换药"式地重复前人的研究，则研究论文失去了本身的价值和意义。研究论文要求作者有自己独到的见解，继承原有的成果、探索未知的问题，研究结果具有创造性。

（4）表达的简明性。观点清晰明确是体现研究内容的科学性、严密性的关键，而简练清楚的语言表达则是研究论文写作中所应具备的基本条件。研究论文的重要任务是要让读者能够理解研究内容，因此表达需要简洁明了，语言精练，化繁为简。

## 二、研究论文写作的规范格式

依据《科学技术报告、学位论文和学术论文的编写格式》阐明的国家标准GB/T 7713—1987，研究论文由前置部分、主体部分和附录部分组成。前置部分包括标题、作者信息、摘要、关键词等，主体部分则由引言、正文、参考文献、致谢等组成。

### （一）前置部分

1. 标题

标题用于指出研究论文的中心思想，吸引读者注意。因此标题作为论文的总纲，题名应反映研究论文中重要特定内容的恰当、简明的词语的逻辑组合。题名中的词语应有助于选定关键词和编制题录、索引等二次文献所需的实用信息，应使用标准术语、学名全称、药物和化学品通用名称，不应使用广义术语、夸张词语等。

标题具有自明性，且一般不宜超过 25 个字。为利于对外交流，论文宜有外文（多用英文）题名。标题在研究论文中不同地方出现时应保持一致。

下列情况允许有副标题：一是标题语义未尽，用副标题补充说明论文中的特定内容；二是研究成果分几篇报道，或是分阶段的研究结果各用不同副标题以区别其特定内容；三是其他有必要用副标题作为引申或说明的情况。

2. 作者信息

研究论文开头部分应有作者信息，位于标题之下。作者信息具有以下意义：拥有著作权的声明、文责自负的承诺、联系作者的渠道。作者信息的内容，一般包括作者姓名、工作单位及通信方式等。为利于对外交流，论文宜有与中文对应的外文（多用英文）作者信息。

对该研究论文有实际贡献的研究者应列为作者，包括参与选定研究课题和制订研究方案、直接参加全部或主要部分研究工作并作出相应贡献，以及参加论文撰写并能对内容负责的个人或单位。若该篇研究论文属于个人的研究成果，则标注个人作者信息；若是属于集体的研究成果，则需要标注集体作者信息，即列出全部作者的姓名，不宜只列出课题组名称。标注集体作者信息时，应按对研究工作贡献的大小排列名次。若该研究论文属于某个项目的研究成果，此项目应标注在文末。

如需标注中国作者的汉语拼音姓名，应执行国家标准 GB/T 28039—2011《中国人名汉语拼音字母拼写规则》的规定，即姓在前，名在后，双名连写，其间不加短横线，名不准许缩写。国外作者的姓名，应尊重其各自的姓名拼写规则。

3. 摘要

摘要是对论文的内容不加注释和评论的简短陈述，应具有独立性和自明性，即不阅读全文就可以获得必要的信息。摘要置于作者信息之后。为利于对外交流，宜有外文（多用英文）摘要。外文摘要可置于中文摘要之后，或正文部分之后。摘要的撰写应符合国家标准 GB/T 6447—1986《文摘编写规则》的规定。

摘要的内容通常包括研究目的、研究方法、研究结果和结论。可采用报道型摘要，也可采用指示型摘要，其中报道型摘要可采用顺序结构式，按顺序阐述在特定背景下，针对研究问题，采用什么研究方法，在具体理论的支持下得到怎样的研究结果，通过对结果进行阐释，最终得到什么研究结论。摘要中不应含有数学算式、化学反应式、插图、表格、参考文献等内容，不宜采用非公知公用的符号和术语。对摘要中首次出现的简称、外文缩略语和缩写词，应给出全称、中文翻译或解释。

中文摘要的字数，原则上应与论文中的成果多少相适应，在一般情况下，报道型摘要以 400 字左右为宜，指示型摘要以 300 字左右为宜。中文摘要与外文摘要内容对应，为利于对外交流，外文摘要可以比中文摘要包含更多信息。

4. 关键词

关键词是为便于文献检索从题名、摘要或正文部分选取出来用以表征论文主题内容的词或词组。关键词要有检索意义，不应使用太泛指的词，如"方法""理论""分析"等通常不适合作为关键词。关键词的撰写应符合中国新闻出版行业标准 CY/T173—2019《学术出版规范　关键词编写规则》的规定，置于摘要之后，一般研究论文以选取 3~8 个关键词为宜。

关键词宜从《汉语主题词表》或专业词表中选取，未被词表收录的新学科、新技术中的重要术语以及地区、人物、产品等，也可选作关键词。为利于对外交流，宜标注与中文对应的外文（多用英文）关键词。

5. 其他项目

论文前置部分要求、建议或允许标注的其他项目有：①基金资助项目产出的论文，应标注该基金名称及项目编号；②宜标注收稿日期，可同时标注修回日期，此项也可标注在文末；③可标注引用本论文的参考文献格式；④可标注论文增强出版的元素以及相关声明，如二维码、网址链接、作者声明等。此类元素也可标注在论文其他部分的适当处。

**（二）主体部分**

主体部分通常包括引言、正文、参考文献、致谢等。主体部分的表述应科学合理、客观真实、准确完整、层次清晰、逻辑严密、文字顺畅。

1. 引言

学术论文的写作应包含引言。引言内容通常包括研究的背景、目的、缘由，预期结果及其意义和价值。引言的编写宜做到：切合主题，言简意赅，突出重点和创新点，客观评价他人的研究。

2. 正文

该部分内容是研究论文写作的核心，占研究论文写作的主要篇幅，研究论文的论点、论据和论证均在此部分阐述或展示。毕业论文通常由具有逻辑关系的多章构成，如文献回顾、研究设计、数据分析、结论与讨论等内容均宜独立成章。正文部分应完整描述研究工作的理论、方法、假设、分析、结果等，清晰说明研究工作的过程、步骤和结果，其中包括涉及的研究对象和所使用的关键研究工具等，提供必要的插图、表格、计算公式、数据资料等信息，以便于本专业领域的读者可依据这些描述理解研究过程。

3. 参考文献

参考文献大致分为专著、连续出版物、析出文献、专利文献和电子文献五类。无论是哪种类型的研究论文，写作过程中都应引用与研究主题密切相关的参考文献。引文应以原始文献和第一手资料为原则。凡引用他人观点、方案、资料、数据等，无论曾否发表，无论是纸质或电子版，均应详加注释。凡转引文献资料，应如实说明。学术论著应合理使用引文。对已有学术成果的介绍、评论、引用和注释，应力求客观、公允、准确。伪注，伪造、篡改文献和数据等，均属学术不端行为。所引用的参考文献应包含这样几个方面的文献：①引出自己问题的文献（研究现状分析时引用）；②告诉读者相关问题或知识出处的文献；③自己使用了其观点、方法、思路和数据等资料的文献（即用于研究时使用的文献）；④用于比较、对比或支持自己的结果或结论的文献。相应地，引用参考文献时，其具体格式和标注方法也根据类别的不同而存在一定差别。常见的参考文献引用表达方式应符合国家标准 GB/ T7714—2015《信息与文献 参考文献著录规则》。

（1）专著。著录格式：［序号］主要责任者.题名：其他题名信息［文献类型标识/文献载体标识］.其他责任者.版本项.出版地：出版者，出版年：引文页码［引用日期］.获取和访问路径.数字对象唯一标识符.

①普通图书。著录格式：［序号］主要责任者.普通图书名：其他书名信息［M］.其他责任者.版本项.出版地：出版者，出版年：引文页码［引用日期］.获取和访问路

径．数字对象唯一标识符．

例如：［1］罗杰斯．西方文明史：问题与源头［M］．潘惠霞，等译．大连：东北财经大学出版社，2011：15 − 16.

②学位论文．著录格式：［序号］主要责任者．学位论文名［D］．大学所在城市：大学名称，保存单位，出版年［引用日期］．获取和访问路径．数字对象唯一标识符．

例如：［1］赵天书．诺西肽分阶段补料分批发酵过程优化研究［D］．沈阳：东北大学，2013.

③会议文集．著录格式：［序号］主要责任者．会议文集名：会议文集其他信息［C］．出版地：出版者，出版年：引文页码［引用日期］．获取和访问路径．数字对象唯一标识符．

例如：［1］牛志明，Lan R. Swingland，雷光春．综合湿地管理：综合湿地管理国际研讨会论文集［C］．北京：海洋出版社，2012.

④报告．著录格式：［序号］主要责任者．报告名［R］．出版者，出版年：引文页码［引用日期］．获取和访问路径．数字对象唯一标识符．

例如：［1］马玲，李超群．因材施教探究新型教学模式：以机械制图课程教改为例［N］．中国教育报，2019 − 03 − 19（11）.

⑤标准．著录格式：［序号］主要责任者．标准名称：标准编号［S］．出版地：出版者，出版年：引文页码［引用日期］．获取和访问路径．数字对象唯一标识符．

例如：［1］中华人民共和国国家质量监督检查检疫总局，中国国家标准化管理委员会．信息与文献　参考文献著录规则：GB/T 7714—2015［S］．北京：中国标准出版社，2015：1 − 4.

⑥汇编．著录格式：［序号］主要责任者．题名：其他题名信息［文献类型标志/文献载体标志］．出版地：出版者，出版年：引文页码［引用日期］．获取和访问路径．数字对象唯一标识符．

例如：［1］ABERER K. P − grid：a self − organizing access structure for P2P information systems［G］// LNCS 2172：Proc of the 6th Int Conf on Cooperative Information Systems. Berlin：Springer，2001：179 − 194.

（2）连续出版物．著录格式：［序号］主要责任者．题名：其他题名信息［文献类型标识/文献载体标识］．年，卷（期）− 年，卷（期）．出版地：出版者，出版年［引用日期］．获取和访问路径．数字对象唯一标识符．

①期刊．著录格式：［序号］主要责任者．题名［J］．刊名，出版年，卷（期）：引文页码［引用日期］．获取和访问路径．数字对象唯一标识符．

例如：［1］龚艺华．四种不同类型父母教养方式对个体成就动机水平的影响［J］．中国临床康复，2006（46）：50 − 52.

②报纸．著录格式：［序号］主要责任者．题名［N］．报纸名，出版日期（版面数）［引用日期］．获取和访问路径．数字对象唯一标识符．

例如：［1］马玲，李超群．因材施教探究新型教学模式：以机械制图课程教改为例［N］．中国教育报，2019 − 03 − 19（11）.

（3）析出文献。著录格式：［序号］析出文献主要责任者．析出文献题名［文献类型标识/文献载体标识］．析出文献其他责任者//专著主要责任者．专著题名：其他题名信息．版本项．出版地：出版者，出版年：析出文献的页码［引用日期］．获取和访问路径．数字对象唯一标识符．

①会议文集中析出的文献。［序号］主要责任者．题名：其他题名信息［C］//文集名称．出版地：出版者，出版年：引文页码［引用日期］．获取和访问路径．数字对象唯一标识符．

例如：［1］SINGH G, SERRA L, PING W, et al. BrickNet：Sharing object behaviors on the net［C］//Proc. of IEEE VRAIS'95. Piscataway, NJ：IEEE，1995：19-25.

②连续出版物中析出的文献。［序号］析出文献题名［文献类型标识/文献载体标识］．连续出版物题名：其他题名信息，年，卷（期）：页码［引用日期］．获取和访问路径．数字对象唯一标识符．

（4）专利文献。著录格式：［序号］专利申请者或所有者．专利题名：专利号［文献类型标识/文献载体标识］．公告日期或公开日期［引用日期］．获取和访问路径．数字对象唯一标识符．

例如：［1］张凯军．轨道火车及高速轨道火车紧急安全制动辅助装置：201220158825.2［P］．2012-04-05.2.

（5）电子资源。著录格式：［序号］主要责任者．题名：其他题名信息［文献类型标识/文献载体标识］．出版地：出版者，出版年：引文页码（更新或修改日期）［引用日期］．获取和访问路径．数字对象唯一标识符．

例如：［1］万锦．中国大学学报文摘（1983—1993）．英文版［DB/CD］．北京：中国大百科全书出版社，1996.

参考文献的著录项目、著录符号、著录格式以及参考文献在正文中的标注法，应符合GB/T 7714—2015 的规定。参考文献表既可采用顺序编码制，也可采用著者-出版年制，但全文应统一。采用顺序编码制组织的参考文献表应置于文末，也可用脚注方式将参考文献置于当页地脚处。

4. 致谢

致谢是作者对论文的生成作过贡献的组织或个人予以感谢的文字记录，内容应客观、真实，语言宜诚恳、真挚、恰当。致谢内容可用与正文部分相区别的字体，排在参考文献之后，一般不编章、编号。

**（三）附录部分**

附录是用来承接和安置不便在正文中表述的内容，它是对正文的补充或附加。因此，附录不是孤立存在的，是和标准正文紧密联系的，标准中每一个附录都应在正文相关条款中明确提出。当在研究论文写作过程中需要使用以下三种材料时，便需要将其作为附录：一是比正文更为详尽的理论根据、研究方法和技术要点、建议可以阅读的参考文献的题录、对了解正文内容有用的补充信息等；二是由于篇幅过长或取材于复制品而不宜写入正文的材料；三是某些重要的原始数据、公式推导、软件源程序、框图、结构图、统计表、计算机打印输出件、照片、电路图等。

附录没有标准的页数或字数，但不应冗长或不必要地长。确保附录中所有包含的信息都与文本相关，删除与文本无关的任何信息。附录的标题应在页的顶部清楚地标明。如果有一个以上的附录，记录它们的字母或数字，并保持一致顺序。

**（四）格式编排**

1. 一般要求

论文应遵守《中华人民共和国国家通用语言文字法》，采用国务院发布的《通用规范汉字表》的规范汉字编写，遣词造句应符合汉语语法，标点符号使用应符合国家标准 GB/T 15834—2011《标点符号用法》的规定，文字表达做到题文相符、结构严谨、符合逻辑、用词准确、语言通顺。

论文涉及的编号、量和单位、插图、表格、数字、数学式、注释、科学技术名词等的表达，均应符合规范性引用文件的规定。论文中各部分文字的字号和字体如表 17-1 所示。

**表 17-1 论文中各部分文字的字号和字体**

| 组成部分 | 文字内容 | 字号和字体 |
|---|---|---|
| 前置部分 | 中文题名 | 小 2 号黑体 |
| | 作者姓名 | 小 4 号楷体 |
| | 工作单位及通信方式 | 小 5 号宋体 |
| | 中文摘要、关键词 | 引题小 5 号黑体，内容小 5 号仿宋 |
| | 英文题名 | 4 号黑体 |
| | 英文作者姓名 | 5 号宋体 |
| | 英文工作单位及通信方式 | 小 5 号宋体 |
| | 英文摘要、关键词 | 引题小 5 号黑体，内容小 5 号宋体 |
| | 其他项目 | 小 5 号宋体 |
| 主体部分 | 引言、正文、结论的章编号和标题 | 小 4 号黑体 |
| | 引言、正文、结论的节编号和标题 | 5 号黑体 |
| | 引言、正文、结论的正文内容 | 5 号宋体 |
| | 插图、表格编号和标题 | 小 5 号黑体 |
| | 表格内容、表注和图注 | 小 5 号宋体 |
| | 致谢 | 引题 5 号黑体，内容 5 号楷体 |
| | 参考文献 | 引题（及章编号）小 4 号黑体，内容小 5 号宋体 |
| 附录部分 | 附录 | 编号、标题小 4 号黑体，内容 5 号宋体 |

2. 编号

为使论文条理清晰，增强可读性，章、节、条、项、段以及插图、表格、数学式等的编号方法应符合中国新闻出版行业标准 CY/T 35—2001《科技文献的章节编号方法》的规定。论文如有需要，也可采用传统的编号方法。

（1）章节编号。正文部分应根据需要划分章节，一般不宜超过 4 级标题。章有标题，节也有标题，但在某一章或节中，同一层次的节，有无标题应统一。章节标题一般不宜超过 15

个字。章节的编号宜采用阿拉伯数字。不同层次章节数字之间用下圆点相隔，末位数字后不加点号，如引言编号"0"；章编号"1""2"……；节编号"2.1""2.2"……，"3.2.1""3.2.2"……。各层次章节编号全部顶格排，其后空1个汉字的间隙接排标题，标题末尾不加标点，正文另起新行。章节的编号如选择传统方法，可混合使用汉字数字和阿拉伯数字。如果引言部分不用"引言"二字，则不编章编号"0"。

（2）列项说明编号。列项说明指论文的某些内容需要分条或分款来说明的一类表述形式。列项说明时，宜在各项前添加采用阿拉伯数字或小写拉丁字母的编号，如："1）""2）"，"（1）""（2）"，"a）""b）"，"（a）""（b）"。如果论文中已经把形式为"（1）""（2）"的编号作为数学式的序号，则不宜将其用于列项说明。列项说明的各项前，也可采用符号，如"– – –""."等。

（3）插图、表格、数学式编号。插图、表格、数学式等一律用阿拉伯数字分别依序连续编号。一般按出现先后顺序全文统一编号，如"图1""图2""表1""表2""式（1）""式（2）"等。只有1幅插图、1个表格时，也须编为"图1""表1"。

（4）附录编号。研究论文如有附录，采用大写拉丁字母依序连续编号，如附录A，附录B等。若使用的是数字，要确保附录标题为"附录1""附录2"等。

3. 注释

除图注、表注及参考文献的脚注外，论文中的字、词、句需要加以解释和注明来源出处，又不适于作正文来叙述时，可采用注释。一是补充说明，通过注释可以对文章中的某些内容进行更详细的解释说明，方便读者理解文章的内容；二是可以提供相应的参考资料，读者在阅读这一部分时，若想继续深入了解，可以追溯注释的来源更深入地了解相关话题。注释的标注应符合中国新闻出版行业标准CY/T 121—2015《学术出版规范　注释》的规定。宜用文中编号加脚注的方式，置于所注释正文所在页的底部。注释编号应与参考文献脚注的圈码相区别。

注释的格式有以下四种：

（1）脚注（置于当前页底部）。脚注多见于出版的书刊，置于当前页底部是最便于阅读的。典型做法是，在页面底部标注数字编号，与正文中相应的引用处数字对应，可在整篇文章中使用连续编号或每一页重新编号。

（2）尾注（置于文章的结尾或者是章节结束后，用数字编号与引用处对应）。正文内统一编号，文末集中注释。尾注有避免编排问题的优点，可以避免一些编排错误，也可以简化页面布局，但是同样地，读者需要翻到文末才能查看注释，造成了一定程度的不便。这种注释方法比较规范，常见于学位论文之中。尾注将所引用参考文献的编号置于所引内容最末句的右上角，用比正文小1~2号的字体标示。所引文献编号用阿拉伯数字置于方括号中。

（3）夹注。夹注也叫"文中注""段中句"或"行中句"，就是在要注释的字、词、句后加括号，在括号中写明注文（如作者、出版年份、出版事项、页码等）。

（4）图注与表注。图注可以排在图上、图下、图左或图右。注文的行文不宜超过图本身。若有多张图，可使用图1、图2、图3；或是图1–1、图2–1等来区分，具体根据研究论文的需求设置。表注可以排在表上或者表下或者表左或表右。若有多张表可以使用表1、表2、表3来区分；或是表1–1、表2–1等来区分，具体根据研究论文的需求设置。

### 三、研究论文写作的结构

结构是研究论文内部构造的外在体现。研究论文的结构，既包括标题、署名、摘要、关键词、引言、正文、致谢、参考文献和附录等格式方面的结构，也包括研究论文主要内容的结构安排与布局。结构安排得当，能使研究论文观点突出、层次分明、逻辑严密，研究论文就会显得完整、严谨、顺畅、匀称，所以，多数研究者在行文之前都会安排一个总体构思。

从"知网"等文献数据库中查阅研究论文时会发现，研究论文的结构形态可谓千姿百态，但所有的变化都是在它的基本程序上展开的，即一般都遵循"提出问题—分析问题—解决问题"的顺序展开，这一思路外化为研究论文的结构，就主要表现为以下三种基本结构模式：

（1）"总分总"结构。按照"提出问题—分析问题—解决问题"的思路安排文章层次段落。一般在引言部分提出问题，明确全文的中心论点；在资料分析或实证分析部分设置若干分论点，从不同角度进行具体阐述；结论部分在以上分析的基础上，进行归纳，得出结论。这种模式，结构严谨，层次清晰。引言中提出的问题，经过正文部分的充分论证，水到渠成得出结论。这是研究论文写作中最常见的一种结构形式。其中也包含分总式，即先就某个研究问题从几个方面比较分析，再归纳总结出中心论点，也有总分式，即开头先提出中心论点，统领全文，然后再分别从几个方面去论证，阐明中心论点；或开头引出错误论点，然后摆事实、讲道理，批驳错误论点。例如，王佳玉（2020）针对青少年社交媒体的使用现状，提出青少年社交媒体依赖的问题，并且运用使用与满足理论、大众传播的"麻醉"理论、自我同一性理论，结合调查范围内青少年群体的社交媒体使用行为表现，对此分析出这一表现中蕴藏复杂的心理动机、问题成因及问题状况，从而提出相应的对策解决问题。

（2）递进式结构。在该结构中，论据不是并列的，而是层层递进的。研究论文一开始就提出研究问题，然后以论证、分析或解决研究问题为中心进行层层推进，将全文引向结论。根据各层次之间的关系层层深入、步步发展，从而呈现出该研究论文是由现象到本质、从因到果、从一般到特殊或部分到整体的逻辑效果。例如，吴松诺等在《民俗体育塑造乡民"家国一体"认同的地方实践及个案启思——基于边城龙舟赛的田野考察》一文中，基于边城龙舟赛的实地考察，逐步从探讨"家"文化在乡村社会民俗体育中的表征意义去深入剖析"家"文化对民俗体育活动组织与运行过程发挥的深层作用和影响，最后升华至对"家国一体"认同的过程和机制进行深入分析，呈现出论文由现象到本质、层层深入的递进式结构。

（3）并列式结构。对某一研究问题的中心观点进行分支对比，形成分论点，每个分论点都会给出相应的事实或理论进行论证。但运用此结构是需要注意以下几点：一是并列的各个部分必须是平行的，要防止各个方面交叉或从属；二是分论点要准确、恰当，要合情合理；三是几个分论点要保持一致，即能共同支撑一个中心论点；四是几个分论点要按一定的逻辑顺序排列。虽是并列关系，但也存在着轻重先后的顺序，应使之符合人们的思维习惯；五是注意多个材料的排列顺序，什么材料在前，什么材料在后，要合理安排。一般顺序为先古后今，先中后外。也可按其他顺序，但必须有条理。

关于论文结构三大部分的特点和写法，存在各式各样的说法，如"凤头、猪肚、豹尾"六字诀，本意是研究论文写作"起要美丽，中要浩荡，结要响亮"。

# 第二节　标题的写作

作为论文写作的第一个步骤，标题的写作对于整篇文章起到画龙点睛的作用。无论是撰写学术期刊论文，还是撰写学位论文，都应当对标题的写作结构、要求等有明确的认识。

研究论文的标题是一篇论文中最先进入读者眼帘的文字，是表明论文主题和概括论文主要内容的简明文字。标题是文章的标签，是对论文内容的精准概括，由标题即可见研究主题，因此，标题需要最大程度上贴合主题、新颖、激发读者的阅读兴趣。

## 一、论文标题的分类

### （一）按标题格式分为单一标题和双标题

标题格式多种多样，一般分为"单一标题式"和"双标题式"两大类。

"单一标题式"标题即用一句话陈述论文主要内容。这种标题格式往往直接切入主题，简明扼要地概括了研究论文的主题、核心问题、内容等。比如"政府条块差异与纵向创新扩散""马克思主义基本原理与中华优秀传统文化相结合的缘由、本质及路径""三孩生育政策与新型生育文化建设"。该类标题基本句式为陈述句，能够帮助读者迅速了解论文研究主题，也使得文章脉络更加清晰。

"双标题式"标题即由主标题和副标题组成，主标题与副标题之间常常用冒号或者破折号连接。风笑天（2014）指出在内容上，主标题往往用来表明研究的主题、焦点、核心概念或结论；而副标题则用来表明研究的对象、内容、方法等。在形式上，主标题往往采取概念式、命题式、结论式、疑问式等几种形式，而副标题则基本上都是采用直接陈述式。比如"政府补贴对高新技术企业绿色创新的影响研究——基于企业生命周期和产业集聚视角""女性创业者性别刻板印象研究热点分析与演化路径：基于知识图谱的研究"，这两个标题都由主标题与副标题组成，前者的标题主标题与副标题中间用破折号隔开，后者的标题主标题与副标题用冒号隔开，主标题直接表达研究论文的研究主题，副标题则表明研究的视角或方法等。

### （二）按标题类型分为总标题、副标题、分标题

1. 总标题

总标题是研究论文总体内容的体现，需要高度概括全文内容，往往就是研究论文的核心观点或主要内容。常见的写法有直接陈述式标题、疑问式标题、形象化标题。

（1）直接陈述式标题。这种形式的标题往往采用陈述句的方式直接点明研究主题、研究对象、研究方向等，具有极强的主题明确性，简单直接，便于读者迅速把握全文核心内容。比如"中国农业社会化服务体系构建的政策演化与发展趋势"，该标题简明扼要，概括性极强，直接点明了研究的主题是"中国农业社会化服务体系"，研究的方向是"政策

演化与发展趋势"，语言无赘余，清晰地向读者传递了相关信息，即本研究的研究领域、研究的主题和方向，便于读者把握文章主要内容。

（2）疑问式标题。这种形式的标题一般并不直接表明研究论文的主要内容，而是采用反问句对读者进行提问，语意更为婉转，更能激起读者对文章的兴趣和思考。比如"流动人口真的融入了社会吗——基于结构方程模型的流动人口社会融入研究"，在该标题中，主标题"流动人口真的融入了社会吗"利用疑问的句式，引发了读者的思考，让读者带着这个问题去看文章，问题意识更强。同时，没有直接表达作者对这一问题的态度，给读者留有一定思考空间，使得文章的可读性更强。

（3）形象化标题。这种形式的标题常使用修辞手法，使得标题的表达更为形象化、生动化，更易让读者接受和理解。同时，运用形象化的表达手法也能使标题更具有新意，吸引读者的兴趣。比如"良缘之外：中国的教育婚姻匹配与社会不平等"，"良缘之外"一词利用中国人较为熟悉的语言表达方式，更易于让读者理解，且具有新意，形象地点明了本文所探讨的主题是婚姻，并且研究的是良好的婚姻关系以外的、相关的制度匹配问题。

2. 副标题

副标题一般是在总标题之后，用冒号、破折号等符号隔开，点明研究论文的研究对象、研究方向、研究目的，或是对总标题加以补充、说明。比如"反性别刻板印象代言人性别气质和产品信号对广告效果的影响——基于男明星代言女性产品的情境""联结、驯化与社会应许：农村老人短视频使用与社会融入研究"，前者利用破折号将总标题和副标题隔开，副标题点明了研究论文的研究情境，即"男明星代言女性产品的情境"；后者利用冒号将总标题和副标题隔开，副标题点明了研究论文的研究对象是农村老人，研究的内容是农村老人短视频使用，研究的方向是农村老人的社会融入问题。

3. 分标题

分标题一般是对文章某一部分内容的概括，能够更清楚地展现文章的结构层次，使研究论文更具结构性和层次性。比如在文章《运动式治理为何"用而不废"》中的部分内容分标题为："压力型体制与地方政府的注意力""压力传导与注意力转变""压力的'落地'与转化"。在第一个分标题中，首先说明了在压力型体制下，地方政府对于各类工作任务的注意力是不同的，如在创文创卫工作中和收集各社区疫苗接种情况工作中，地方政府所分配的注意力是不同的；第二个分标题则详细地阐明了地方政府对于各类工作任务压力的传导和注意力转移的理论机制；第三个分标题则通过举例具体说明了压力"落地"与"转化"的结果。三个分标题从现象、运动机制、结果三个层面进行具体分析，使得文章部分内容更具结构性与层次性。

## 二、标题写作中的常见问题

在标题写作的过程中，部分研究者会出现以下常见问题：一是范围过大，指向模糊；二是以偏概全，无中生有；三是表达啰唆，赘述过多。

### （一）范围过大，指向模糊

部分作者在撰写标题时会容易出现标题范围过大、指向不清的情况，如"关于中国教育发展的几点思考"这类标题，虽说点名了文章主要内容是中国教育发展，但范围过于宽泛，并未说明是针对中国教育哪方面的内容提出自身的思考和见解，如教育方式、教育环境等，不易于让读者厘清文章的主要研究内容，缺乏针对性。

### （二）以偏概全，无中生有

研究论文的标题需要凸显出整篇文章的主要研究内容，但部分作者在撰写标题时可能会偏向于只概括论文中某一部分内容，而忽视了论文整体的研究方向和内容，如"流动摊贩生存困境的解决对策的分析"，该标题则只将重点放在了对策分析上，却忽视了体现"生存困境"这一重要内容，忽视了论文的整体研究内容。

同时，存在标题内容"无中生有"的问题即在论文分析框架中看不到标题内容的意义，标题与文章内容不够匹配，如"疫情时代下社区居民疫苗接种意愿的分析"，标题中凸显了"疫情时代"，但文中的分析并没有体现出"疫情时代"与"后疫情时代"的具体区别。

### （三）表达啰唆，赘述过多

许多标题会存在表达过于啰唆的情况，如"新时代下女性结婚意愿与生育意愿的分析"关键词过多，读者很可能会抓不住阅读重点，到底重点是落在"新时代"，对不同时代下的女性结婚意愿和生育意愿进行分析，还是落在"结婚意愿"或"生育意愿"？导致读者对论文研究内容引起误解。一般情况下，研究论文的标题不宜超过 25 个字，不然很可能会导致标题不够精准凝练，不能让读者迅速明晰论文主要的研究内容。

## 三、标题写作的要点

在标题写作的过程中，需要对标题写作常见问题开方子进行治疗，因此提出以下三点标题写作的要点：一是题目要有一个思维聚焦，围绕核心；二是精准凝练，表达专业；三是化繁为简，表达简洁。

### （一）思维聚焦，围绕核心

思维聚焦到一个点（可称为"思维焦点"），即研究论文的核心命题，研究论文中所有内容都是围绕这个思维焦点展开、收束的，体现了作者自己的创见和发现。在标题中应当体现全文的思维焦点，即文章的主题词，作者需要选取文章的中心概念作为主题词，避免文章标题过于混散，难以厘清研究论文的主要研究内容。如"公共服务均等化：理论、问题与对策"这一标题中，文章的思维焦点和主题词就是"公共服务均等化"，直接点明研究论文的核心研究内容，向读者传递了清晰的信息，针对性强。

### （二）精准凝练，表达专业

标题是整篇文章的精准凝练，不能过于口语化，应当体现出研究论文的研究层次以及研究专业领域等内容，因此，在标题的写作中应当多运用专业术语进行表达。比如，可以将"发挥学科功能，提高素质教育水平"改为"搭建'空中课堂'的平台——谈网络环境下学科教学平台的设计"，专业术语的丰富使得标题体现的研究层次更加清晰，能让读者迅速把握研究论文的研究方向与研究领域。

## （三）化繁为简，表达简洁

在不影响内容表达的前提下，标题最好越简洁越好，过于复杂冗余的标题可能会让读者难以迅速理解文章的研究方向，标题用一句话表达清楚研究论文的核心研究内容即可。如"在权力和财富之间：政商关系及其分析视角"一标题则简洁且清晰地表达了文章的核心研究内容，观点明确且表意清晰。

# 第三节　摘要及关键词的写作

撰写摘要之前首先要明白为何撰写，才能在之后的写作中抓住要点。其次要牢记摘要的原则，贯彻于摘要的书写之中，并且要注意摘要的写作规范，才能在撰写摘要的过程中避免常见错误的发生。为了更好地展开摘要的写作，本节阐述摘要的定义及其写作目的、摘要写作的原则、摘要写作的具体内容以及摘要写作的常见问题。

## 一、摘要的定义及其写作目的

摘要又称"概要"，意思是摘录要点，即以摘录或缩编的方式复述文章的主要内容。在对研究论文进行总结的基础上，用简洁的语言对全文的内容进行精简式提取并进行简短式陈述。风笑天（2022）认为摘要是研究论文的核心内容，研究结构的概括表述，或者说是对研究论文核心内容和研究发现的简明提示，在研究论文的整体结构中，摘要往往位于第二部分，即在研究论文标题之后，导言之前。

摘要的写作目的通常为：

（1）提供内容梗概。通过摘要的编写，可以对整篇文章的研究目的、方法、观点、结果、结论具有初步的了解。摘要一般能够且应该确切反映研究论文的主要观点，提炼文章的核心部分。

（2）让读者快速获得文章的要点或精髓以便决定是否阅读全文。由于摘要具有简洁清晰地概括出文章主要观点的特点，读者可以通过浏览摘要，快速获取文章的主要研究内容以及研究方向，以确定是否符合自己研究的需要，从而确定该文章是否有阅读下去的价值。

（3）阐明文章正文部分的框架。巴比（2007）指出，摘要可能会激发有关方法或者结论的疑问，从而为进一步的阅读提供一个"工作表"（借助框架更好地理解文章的研究焦点和价值，增强阅读体验）。

（4）便于检索系统的搜索。由于研究论文数量的不断增加，单凭搜寻标题这一方法难以更精准地定位所需要的文献。由于摘要具有提炼文章主要观点的作用，通过检索摘要的关键字，可以更加精准地定位所需的文献，提高搜寻文献的效率以及准确度。

（5）起到文章之"华丽的外衣"的作用。好的摘要就像是一篇研究论文的华丽外衣，摘要最先被读者所阅读，无论是一般阅读者还是期刊审稿者，初步筛选文献均使用的是摘要，对于一般的阅读者来说，一篇好的摘要就像是橱窗里华丽的商品，会吸引顾客驻足。

同样地，一篇好的文献摘要，也在很大程度上决定了文章是否会被阅读甚至被引用。

（6）突出研究的亮点和贡献。摘要的撰写可以突出研究的重点与亮点，其不仅可以简要提炼研究论文的主要内容，还可以突出文章的亮点和创新点，可以强调与前面研究的不同点或者在本领域所做出的突破，强调研究的创新性以及实际应用价值等，一篇好的摘要可以成为评判该研究论文质量高低的重要指标之一。

（7）为后续研究提供参考。摘要还可以为后续研究提供参考与借鉴。其概括出了研究的基本介绍以及研究目的、方法、观点、结果、结论，可以为后续自己的其他研究以及其他学者的相关研究提供一定的借鉴与参考。

## 二、摘要写作的原则

摘要的撰写应遵循简洁精练、亮点突出、逻辑清晰、客观真实的基本原则：

### （一）简洁精练

一段好的摘要需要用简洁的语言表达出整篇文章的研究目的、方法、观点、结果、结论，要用精练的语言总结出全文的核心观点。一般来说，学术期刊的研究论文摘要篇幅较小，通常在 150～300 字，硕士研究生学位论文的摘要篇幅一般在 800～1 000 字，而博士研究生学位论文的摘要篇幅通常在 1 500～2 000 字。摘要不宜太长，应在合适的篇幅中表达出文章的核心内容。在摘要写作过程中应先理清论文主旨，不要匆忙下笔，写一些与中心无关的话，要注意锤炼词句，使语言简洁有力，将一些可有可无的字、句、段删去。

### （二）亮点突出

摘要是最先被读者所阅读的部分，一篇好的摘要应该能够快速抓住读者的眼球，显现出研究论文的价值。作者可以在摘要中突出研究的亮点和重点，比如对比先前研究的独特性和创新性，这些亮点可以是重要的发现、独特的视角、创新的方法，或者是该研究论文的实际价值或者社会应用等。

### （三）逻辑清晰

一篇好的摘要要根据研究论文的正文内容进行撰写，故而虽摘要是最先被读者所看到的，但写作顺序一般靠后，摘要的逻辑要根据论文的行文逻辑来撰写，让读者清晰明白地读懂研究论文之间观点的因果联系以及先后顺序。另外，由于摘要也作为研究论文中独立的一部分，自身也应该在文段上做到逻辑自洽、观点清晰、层层递进、前后呼应等基本的行文要求。通常可采用经典的逻辑结构进行组织，依次阐述研究背景、研究问题、研究目的、研究方法以及研究结果和理论与实践启示等部分。无论采取哪种结构撰写摘要，本质上要展示的信息是类似的，目的也是一致的，并且都要保证结构严谨与合理。

### （四）客观真实

论文摘要不仅有着介绍论文研究内容的作用，也担负着吸引读者阅读全文的使命。但是论文摘要还是需要保持最基本的原则即客观真实性，若是为了吸引读者，而夸大研究成果，这是万万不可取的。正确的做法应该是对论文研究内容，即论文的目的、方法、结果以及结论进行客观描述。宜采用第三人称写法，不使用"本文/本研究/作者/笔者"等作为主语，只作陈述性的描述，不作评述等主观性叙述和补充解释，不可代入过多价值观类的语言倾向，影响论文摘要的客观性以及读者的客观判断。

### （五）表述规范

摘要的文字表述应该规范，不应过于口语化；文字简练，内容需要精准提取文章重点，篇幅大小一般不超过研究论文字数的百分之五；不使用过多的数字或者成语堆砌，通过客观事实描述；摘要所使用的名词术语、缩略语都应该是广泛认可而不可是自我编造的，符号代号的使用应符合相应的规范，若是出现了相关专业的读者对其不能正确理解的词语就应当避免使用，并且每当在摘要中要使用缩略语、略称、代号的时候，都应该从读者检索文献的角度考虑，这些词是否会被当作检索词进行使用，若实在需要使用，也需要加以说明。

以《中国学生发展核心素养》（2016）论文中的摘要为例：

摘要：中国学生发展核心素养研究以科学性、时代性和民族性为基本原则，以培养"全面发展的人"为核心，充分反映新时期经济社会发展对人才培养的新要求，高度重视中华优秀传统文化的传承与发展，系统落实社会主义核心价值观。核心素养分为文化基础、自主发展、社会参与三个方面，综合表现为人文底蕴、科学精神、学会学习、健康生活、责任担当、实践创新六大素养，具体细化为国家认同等十八个基本要点。各素养之间相互联系、互相补充、相互促进，在不同情境中整体发挥作用。

上述示例中的摘要基本符合摘要写作的目的和原则，突出了核心素养的具体包含和基本要点，阐明了其基本关系。既做到了突出重点也做到了逻辑清晰。

## 三、摘要写作的具体内容

### （一）摘要应包含的具体内容

摘要撰写过程中要展示出研究的主体内容，使读者能够通过摘要的阅读获取文章的信息，并且要在摘要的写作中突出现有的研究成果以及对未来研究趋势的展望。故摘要写作的具体内容包含以下几个方面：

一是研究背景。研究背景一般包括该研究论文所研究领域的学术背景和社会背景，学术背景一般包括先前研究已做出的成果、先前研究的缺陷或者未突破的方面，以及当前该相关领域研究是否受到国内外学者以及政府主体或其他社会主体的重视等。社会背景一般包括该项研究实际的使用价值、可运用的具体社会领域，或是关于这项研究的社会环境良好与否等。

二是研究问题。摘要之中呈现出研究的主要问题，这是研究论文的核心问题，也是摘要的核心问题。用简洁的语言表达出研究论文主要解决的是什么问题或者是主要围绕哪个中心展开。

三是研究过程。在摘要撰写过程中要体现研究论文的选题以及围绕着选题回顾了哪些相关的理论和研究；提出了哪些理论假设或研究的具体问题；研究的方法；研究论文的框架结构这几个部分。这一部分应该为研究论文的重点，同时为摘要的重点。

四是研究结果。在摘要的撰写中，要突出该研究论文做出的具体成果。包括基础理论成果和应用技术成果，理论成果包括自己的研究论文取得的现阶段理论突破或是理论创新；应用技术成果则是在实际应用上的成果或是未来的使用潜质等。

五是研究的意义与未来展望。在摘要的撰写中，该部分可以从理论与实践方面阐述研究的价值与意义。理论上，可以突出理论方面的创新性和独特性，所提出的论点是前人没有研究过的或者是前人研究过但具有阐述不充分和不全面的地方。实践上可以从具体的该研究有什么价值或者从应用方面着手，如使某相关机构重视了这个问题或是改善了实际问题的现状；另外，也可以从对未来的展望方面入手，主要阐明研究对发展具有推动作用，要展现出该研究论文独特的理论价值和应用价值，并探讨未来的发展趋势和研究方向，为未来相关研究提供相应的基础与支持。

摘要举例如下：

摘要：政府绩效管理兴起二十多年来，已由西方国家应对财政和信任危机、提高行政效率的工具拓展为各国政府改革和创新的重要内容，新公共管理的实践价值和理论优势在其中都得到了充分体现。但其理论缺陷和实践中的困惑，特别是在公共价值方面的冲突使学术界的探索从未停止过。文章通过对中国、美国、日本等国的实践案例考察，从制度变迁和公共行政学术史两个层面的质性研究，提出了以公共价值为基础的政府绩效治理理论体系框架。首先，从"公共性""合作生产"和"可持续"三个方面对新公共管理背景下的政府绩效管理进行了反思，认为公共价值对政府绩效合法性具有本质的规定性。其次，初步论证了以公共价值为基础的政府绩效治理的两个基本命题——政府绩效是一种社会建构、产出即绩效；认为只有来源于社会的政府绩效才能获得合法性基础，也只有根植于社会的政府绩效才能产生其可持续提升的需要，这是政府绩效管理的根本动力；而在政府绩效价值建构基础上的科学管理，才能保证政府产出与社会需求的高度一致，充分体现科学管理的价值。再次，从这两个基本命题出发，以价值管理和管理科学理论为基础，构建起了以公共价值为基础的政府绩效治理模型，并对模型中政府绩效的价值建构、组织管理和协同领导系统等主要内容进行了阐述。最后，从模型如何"落地"、政府绩效管理的价值分析和研究拓展等方面提出了未来的研究方向。①

上述案例明确展示了研究的主体内容、研究的成果以及研究的价值和未来展望，可作为参考和指引。

## （二）不同论文类型的摘要内容区别

一般来说，摘要的撰写都应包含上述五点基本内容，即研究背景、研究问题、研究过程、研究结果、研究的价值意义与未来展望。但是不同类型的研究论文的摘要有些许差

---

① 包国宪，王学军. 以公共价值为基础的政府绩效治理：源起、架构与研究问题［J］. 公共管理学报，2012，9（2）：89－97，126－127.

别，主要分为定性研究、定量研究、混合研究三种主要类型的摘要，具体如下：

1. 定性研究论文的摘要写作

定性研究是对观察资料进行归纳、分类、比较，进而揭示某个或某类现象的性质和特征，主要采取的方法是实地研究，通过深入访问访谈来获得丰富的资料，凭借分析者的直觉经验来对分析对象的性质、特点等作出判断。故而在定性研究中要侧重于讨论观点并形成一种理论或者假说。因此，在摘要的撰写中更多通过总结、分类和解释来呈现文章的核心内容，表明该研究在社会情境下是如何进行的，也更注重研究的深度和总结性。

2. 定量研究论文的摘要写作

定量研究采用的主要方法有调查研究法、实验研究法、内容分析法，用数据来表征研究的结果。定量研究摘要的撰写应突出使用了什么数据的收集和分析方法，阐述相应的分析工具，如 SPSS、SAS 等统计学分析软件，并阐述定量计算得到的核心数据以及据此得到的研究结果与结论。

3. 混合研究论文的摘要写作

混合研究即融合了定量和定性两种方法，具体为结合了深入调研和数据测量。比如研究者可以先用定性的方法如深度访谈法来获得一些研究问题，再通过扩大研究广度，在数据库中寻找数据，做定量回归寻找总体趋势，得到一个更具有普遍性的结论。这类研究的摘要融合了上述两种摘要的特点，既重视研究问题的深度，又重视研究问题的广度。具体体现为在摘要的撰写中既要注重该问题在社会情境的探索，也要注重科学数据的采纳与呈现。

## 四、摘要写作的常见问题

在摘要的撰写中，有几类常见的问题或错误：①信息不完全，缺乏完整性；②主题不明确，缺乏概括性；③行文不科学，缺乏客观性；④泛泛而谈，缺乏重点性；⑤格式混乱，文体不规范。

### （一）信息不完全，缺乏完整性

摘要具有独立自明性，属于文章中独立的一部分，不属于任何一部分的补充或者延展，故而要保持其完整性，要保证读者在阅读完摘要后能够获取文章的主要信息。在摘要撰写中常出现的错误是有结论没结果或者结果不全，又或是有结果而没结论，要不就是研究目的或方法的不明确。一篇合格的摘要需要包含上述摘要具体内容中研究主体、研究成果及研究展望这几方面的内容。许多人在撰写过程中只是简单地截取前言或者结论等部分的片段，无法给读者提供完整的信息，不便于读者通过摘要获取研究论文的主要信息与主题思想，也影响研究论文的检索与引用。

### （二）主题不明确，缺乏概括性

在摘要的撰写中，主题不明确是一个很大的问题，摘要作为最先被读到的论文组成部分之一，是整篇论文的"眼睛"，主题的不明确无疑让这双眼睛失了"光芒"。许多人在撰写研究论文的摘要过程中没有在总结研究论文的基础上提炼研究论文的核心内容，导致在写作中出现一些语言不精炼、着墨于大量的研究背景，造成了摘要冗长，关键信息淡化，甚至出现无论文研究的实质性内容，不符合摘要的概括性。同时由于摘要冗长，也加剧了读者难以捕捉到摘要想要突出的主体如论文的核心观点的问题。

### （三）行文不科学，缺乏客观性

在摘要的撰写中，常出现一些评论性、总结性的文字，诸如"达到国际先进水平""实现飞跃式的重大理论突破""填补了某领域的空白"这些自吹自擂的评价式话语万万不可出现，且不说其真实性，这样的带有主观色彩的评价是不符合摘要的写作规范的。其本意可能是希望升华价值和意义等，却降低了论文摘要的客观性，也不符合摘要撰写的科学性原则。正确的摘要写作只需陈述研究论文的基本情况即可，不必使用"本文、作者"作为主语，尽量选择第三人称，以保证摘要的客观性和科学性。

### （四）泛泛而谈，缺乏重点性

摘要虽然需要保持完整性，但不可每一方面都比例相当，强调每一部分就等于忽视每一部分。正确的做法应该是详略得当，重点突出，突出论文所要表达的核心内容，比如着重强调研究主体内容，在研究主体内容中再突出研究的创新性、新发现或者研究对学术领域、社会领域等作出的其他贡献，让读者对研究产生兴趣与好奇心。同时要避免使用泛泛而谈的词语或无意义的叙述，分散读者注意力。

### （五）格式混乱，文体不规范

摘要和任何一部分的撰写都需要遵循研究论文的格式要求，包括研究论文的语言使用规范、标点使用规范、文体使用规范。例如，使用过多的华丽辞藻而偏离了文章本意、使用一些易造成误解的或自创的成语或短语、混用一些标点符号，或是用错误文体来行文都是常见的不规范问题。在摘要撰写时要尽量避免这些常见问题。在撰写摘要之前，除了遵循常见的格式要求，具体还应查阅相关期刊的投稿指南或者相应论文的撰写格式要求。

## 五、关键词的选取

### （一）关键词的定义及其写作意义

关键词是反映论文主题概念的词或词组，通常以与正文不同的字体字号编排在摘要下方。一般每篇可选 3~8 个关键词，多个关键词之间用分号分隔，按词条的概念范围从大到小排列。关键词的意义在于其能够直观表达出文献想要论述的问题或想要表达的主题，让读者能够尽快知道这篇论文要论述的主题及方法，以便确定要不要再读下去；并且在如今图书馆和论文数据库的海量信息面前，关键词是检索的基本手段。

### （二）关键词的选取及其基本原则

对关键词进行选取，首先要对关键词的分类有一定的了解。关键词的选取有三种类型，一是根据研究主题提取主题性关键词，代表论文研究主题和研究问题的关键词；二是根据研究框架提取过程性关键词，代表论文研究过程（理论、方法等）的关键词；三是根据研究结论提取结果性关键词，代表论文研究结果，研究结论的关键词。

其次研究者需要遵循以下选择关键词的基本原则：一是全面性。关键词应该尽可能地覆盖文章的各个主要方面，以便读者可以全面地了解研究论文的内容和贡献，获得更全面的信息。二是准确性。关键词的选取要准确反映论文的主题和内容，关键词的意思要与研究论文表达的主旨相符合。三是特异性。关键词应该具有一定的特异性，即本论文不同于其他论文的特性。特异性要求读者可以通过关键词区分出不同的文献，能够通过关键词获取本研究论文的特点与不同点。四是学科性。在选择关键词时，除了前面的几项基本原则，还应该考虑文章的类型和所处的学科特点。例如，对于科学类的文章，应该选择与研究方法、数据、结果和结论相关的关键词；对于社会科学类的文章，则应该选择与社会问题、研究方法、理论等相关的关键词。

### （三）关键词的一般选取方法

关键词的选取方法可分为以下四步：

（1）审读论文。要重点审读论文的标题、摘要、段落标题、结论，并且还要通读全文和重点章节。

（2）分析主题。明确研究论文的核心主题，从核心主题因素中做必要因素的标引。再从非核心因素挑选出与核心主题密切相关的研究目的、研究方法、研究结论和发展趋势等进行标引；此外，使用的新方法作为创新点也应该标引。

（3）选取词汇。在确定了主题后，应遵循以下几个原则进行选词：一是能够明确表达主题概念的词或词组；二是学科领域内公认的规范术语；三是标引特定含义的词语要加上相应的标点符号。

（4）编排关键词。在关键词的排序上，首先根据反映主题的重要性进行排序，最重要的关键词放最前面。其次是表达核心主题因素的关键词靠前放置，表达非核心主题因素的关键词靠后放置。在关键词编排格式上，关键词应该置于摘要之后；在关键词前面应该加上"关键词"字样；关键词之间用分号隔开，最后一个关键词后面不加标点符号。

例如，张瑞林等（2023）根据研究主题选择了"乡镇教师""体育教师""培训质量""自我效能感""教师职业认同"五个关键词，其中乡镇体育教师是该研究的主体对象，培训质量、自我效能感和教师职业认同是该研究模型的核心要素，从而该论文关键词部分是以"关键词：乡镇教师；体育教师；培训质量；自我效能感；教师职业认同"的排序和格式呈现。

### （四）关键词选取的常见错误

在关键词选取的过程中，常见的三种错误如下：

（1）用词不规范，随意性强。在选取关键词的时候选用的不是实词，不具备实质性意义，或是选取一些简单且泛泛的词语，不仅会导致无法反映论文主题和内容，使其偏离了关键词的基本作用，即让读者快速获取文章核心信息，也会导致检索不当或者难以快速、方便地检索。

（2）标引词的数目随意，漏标和过度标引。关键词的数目规定在 3~8 个为宜，一般在 3~5 个最为恰当。

（3）组配随意，组配不当。标引关键词时，应当阅读研究论文的各级标题、摘要、引言、结论等内容，还要浏览全文，挑选出最能反映论文核心的内容，归纳出具有较强检索意义的词或词组。

# 第四节　引言的写作

引言（introduction），又称前言或绪论，位于研究论文的第一部分，其自身的作用，无论对于研究论文的作者，还是阅读该研究论文的读者而言，都是非常重要的，进行引言的写作是为了发挥其作用。从研究论文的撰写开头写好引言部分，便可顺利进入研究写作的状态，否则容易带来难以激发读者兴趣和不利于导向研究问题等不良影响。因此掌握引言写作的思路和步骤，是成功迈出研究论文撰写第一步的"助力法宝"。

## 一、引言的定义及写作目的

引言作为研究论文撰写的引导部分，用于交代研究者撰写研究论文的写作目的、写作过程、写作资料来源等相关背景知识，并扼要阐述论文的观点和结论，使读者对该研究建立一个大致的框架，帮助读者理解该研究本身以及该研究与其他研究的关系。引言的字数不宜过多，太多易致读者乏味，太短则易交代不清，字数数量需合适，不宜超过论文总字数的20%，避免给读者造成"头重脚轻""虎头蛇尾"等印象。

引言属于研究论文写作中的开场白，对于引言的写作目的而言，一是在撰写引言的过程中，有助于作者清晰地确定所需研究的问题，梳理研究思路，建立导向研究的观点或认识，为后续的研究说明做好铺垫和搭建平台；二是有助于提高作者投稿命中率，尤其面向国际的研究论文，好的引言有助于审稿人对该研究论文建立良好的初步印象，同时能通过字里行间体现该作者科研素质成熟等优良品质。克雷斯威尔（2007）认为，对于阅读该研究论文的读者而言，引言的重要性不言而喻：①便于读者了解该研究论文的整体框架和思路，在开头找到该研究的"兴奋点"，激发其阅读兴趣；②促使读者进一步拓宽阅读范围，并关注该论题的研究价值，有助于将该研究纵向和横向发展。

引言写作的目的是要发挥引言自身对作者和读者的作用，但是这些都是要在有限的篇幅中完成信息的明确传达，做到"一针见血"，因此会增加引言的复杂程度和写作难度，对研究者的写作水平有一定的挑战，需要研究者在撰写引言的过程中更倾注心力，精准提炼研究问题的相关信息。

## 二、引言写作的基本内容

不同的研究，引言写作的内容也有所不同，但总体内容基本包括三个方面：研究背景、研究问题、研究意义。

（1）研究背景，即说明研究问题的产生缘由。不管研究的是一个社会现实问题，还是一个人类行为经验问题，无论如何，该问题一定具有某种背景，在社会中大部分人都会出现该问题的某种共性现象，可以考虑采用数字化信息来证明这不是由研究者在一时冲动下随机选择的。因此，研究者在引言写作的过程中，应该在介绍中告知读者该研究论文研究问题的大背景，以此说明该问题所处的社会现实背景或学科理论背景是怎么样的，便于读者了解该研究问题的现实重要性在何处。

（2）研究问题，即介绍该研究论文所研究的问题是什么。这是引言的基本内容里最重要的部分。在此部分的具体表述方式上，可以由一个大的核心问题以及围绕这个核心问题的若干个小的具体问题构成。因此不能讨论研究内容分析的具体细节，而是介绍该研究论文的基本框架是什么，比如该研究论文所研究问题或准备检验的假设是什么，主要的自变量和因变量有哪些。不同的研究问题可能会采取定性、定量或混合的研究方法，若想为衔接后面研究方法写作部分提供一个非常自然平滑的过渡，在这种情况下，研究者可以用方法论取向、内容取向或混合型取向进行研究问题的说明。

（3）研究意义，即从现实意义和理论意义两方面说明该研究论文所研究的内容价值何在，向读者表明这篇研究论文的研究问题为何值得深入探索和分析讨论。研究的现实意义大部分来源于该研究问题的社会现实大背景，而理论意义更多来源于该研究问题的学科理论背景，这少不了仔细地阅读每一篇与这个领域有关的文章，寻找那些与自己的研究紧密相关的部分，考虑在这特定领域先前已经做了哪些工作？对于这一特定的现象是否存在有关的理论，以及有哪些理论。然后依据这些材料和考虑，对该领域中已有的相关研究文献进行总结和评论。

在引言的写作过程中，当该作者将上述三方面基本内容清晰阐述出来，便有助于读者对该研究论文建立一个初步的思路框架，大致了解该研究是在什么样的背景下产生的、该研究者在此基础上提出的研究问题和研究思路是什么以及做这项研究的意义和价值有哪些。若能在此部分激发读者的阅读兴趣，那么在后续的写作中，想做到引导读者跟随作者的思路去探明研究是如何进行以及研究结果是什么，就顺其自然了。

## 三、引言写作的模式

撰写引言的基本内容，离不开研究者对于文献资料的收集和整理，这些资料难免会过多过杂，想不到处理的办法。Wolcott（1990）提出，撰写引言就像旅行者收拾自己的旅行箱一样，一是重新安排箱子里的东西，二是挑出不必要的东西，三是找一个容量更大的箱子。但这些解决办法的前提，是要先了解引言写作的模式，对引言的结构有一个清晰的认知，才有可能知道哪些收集回来的资料是写作过程中需要的，又或者是充分利用资料，对引言的写作思路与结构进行及时的调整，这无不有利于提高研究者研究论文写作的专业水准。

不同的学者，对引言写作的模式提出了不同的见解。克雷斯威尔认为不同的研究课题需要用到对应定性、定量、混合这三种不同的研究方式，引言提出的课题类型会因此有所不同，但基本上都遵循一个大致相同的模式——缺陷型模式，这是一种被称为"普遍适用的模式"，这一模式包括以下五个部分：①研究的课题；②与该研究课题相关的已有研究；③已有研究中的不足；④该课题对于读者的重要性；⑤研究目的的陈述。

对此，有学者认为，由于该模式相当于文献回顾的内容融入在内，因此该模式的使用是有条件的，只适用于前人相关文献内容相对集中、研究领域相对成熟、按照一条理论线索来陈述并导向研究问题的、文献回顾篇幅相对较小的情况，相反则不合适使用此模式。

另一种引言写作的模式是"沙漏型模式"。正如其名，研究者会先从研究问题的大背景入手，向读者说明该研究问题形成的背景及其意义，此处为"沙漏"较为宽阔的顶端。在对所研究的课题来源作一般性介绍的过程中，将焦点缩小到该研究论文所要报告的相对狭窄、相对具体的研究问题，这是"沙漏"最狭窄的地方。如该模式的提出者袁方（2013）所说，上述就并不是一个完整的"沙漏"，而只属于"沙漏"的上半部分。因此，研究者在引言里的研究问题写作过程中，需要针对该研究问题，大致介绍其研究方法、结果和研究意义，为研究问题的可行性和重要性作出回答，构成"沙漏"较为宽阔的底部，从而成为一个完整的"沙漏"，在此意义上才算是完全的"沙漏型模式"。

不同的引言写作模式有不同的写作思路与步骤，但也存在一些需要研究者共同遵守的写作要求，如避免使用太专业的术语，尽量用常用语言写作、开篇句要尽量避免引用较长的文章、不能急于提前提出研究问题和理论等。"合适的才是最好的"，无论是"缺陷型模式"还是"沙漏型模式"，都各有其优缺点，研究者需要根据自己具体的研究问题选择适合当前研究的引言写作模式，同时多多练习，提高写作水平，才能娴熟地进行引言写作，甚至在此基础上进行创新，获得属于自己的一套科学且专业的引言写作思路。

引言写作举例如下：

改革开放40多年来，市场经济转型等因素综合作用，导致我国乡镇体育教师人才外溢至其他行业的现象较为严重，体育教师尤为明显。职业认同缺失是造成乡镇体育教师流失的重要原因。党和国家高度关注乡镇教师队伍建设，相继出台《乡村教师支持计划（2015—2020）》等政策，试图通过多种途径加强乡镇体育教师职业认同、扭转人才流失局面，对于乡村振兴意义重大。在人力资源管理领域，培训对于组织目标达成贡献巨大，尤其对知识型员工专业能力提升、职业认同加强具有积极作用。体育教师需要专业知识支撑，是知识型员工的特殊类型。乡镇体育教师所处环境恶劣，知识基础薄弱导致职业认同薄弱，迫切需要师资培训。2010年、2019年国家先后启动"国培计划"和"体育浸润行动计划"，试图通过高质量职后培训提升乡镇体育教师的专业知识能力，改善体育教师职业认同，缓解人才流失。长期以来，党和国家针对乡镇体育教师制定的相关职后培训政策能否达到理论预期、现行乡镇体育教师培训项目存在哪些局限与不足等问题都值得探究。鉴于此，本研究在广东省组织实施"体育浸润行动计划"背景下展开前期调研，验证体育教师"职后培训质量—自我效能感—职业认同"中介模型，探究乡镇体育教师"知识—能力—经验—信念"转化机制与实现条件，比较不同教师细分群体的培训效果差异，既是国际相关成熟理论的中国本土化探索，也能够揭示我国现行乡镇体育教师培训工作的总体效果与不足，具有较高的理论价值与实践意义。[①]

---

① 张瑞林，梁枢，汪昀骏. 我国乡镇体育教师职后培训质量、自我效能感与职业认同关系的实证研究［J］. 沈阳体育学院学报，2023，42（6）：22－29.

# 第五节 文献综述的写作

文献综述是一篇文章重要的组成部分，撰写文献综述之前，首先要明晰其定义及写作目的，才能在写作中抓住重点与核心。其次要在文献综述的撰写中遵循相应的原则，注重写作规范，避免一些常见的问题出现。想要撰写好文献综述，如何做好先前的准备工作很大程度上决定了文献综述的质量。所以，接下来将会介绍文献综述的定义、写作目的、写作原则、写作规范、错误写作示例，以及如何准备文献综述工作和具体的文献综述内容。

## 一、文献综述的定义与写作目的

文献综述又称"文献回顾""文献分析"，即通过对与自己研究论文相关领域的大量资料进行搜寻，通过分析整理，结合独到的理解与自身研究论文的相关性等因素，最终形成一段内富逻辑并且能够引出自己观点的综述，其要求总结前人的研究成果且分析其中的不足，指出自己研究的必要性以及下一步的研究方向和计划。

一般而言，文献综述的写作目的为：①对前人研究的系统梳理，使研究超越时空就相关问题进行对话，总结现有研究，突出自身研究的独特性。②明确研究者的研究领域与视角。通过对文献综述的阅读，可以得出研究者对于各种理论的立场，以及本研究论文的研究主题与研究倾向，能够帮助读者理解该研究论文的理论范畴与理论视角。③为确定研究的重要性提供了一个框架，也为其他相关研究成果进行比较提供了一个基准。④通过总结前人研究的不足，引出自身研究的必要性和价值。文献综述可以通过对先前研究的总结，改进不足，推出另类研究，发掘新的研究方法和途径，引出研究论文的价值与意义。⑤剖析该领域的相关文献，探寻现在以及未来学术研究的方向。通过文献研究的撰写，可以思考现有研究的倾向与不足，进行探索性研究，提供给后续研究者一些思考，探寻未来相关领域研究的可能性与研究趋势。

## 二、文献综述写作的原则及规范

### （一）文献综述写作的原则

文献综述的撰写需要遵循如下基本原则：

（1）经典性原则。文献综述即对相关领域的文献进行搜集、分析与整理，文献的选取需要是所处研究领域的经典论著，具有一定的代表性和权威性。

（2）时效性原则。文献综述既要追求文献的经典性，也要追求文献的时效性，由于时代的不断进步，学术界也不断在进行革新。20 年前的学术结论放到如今是否适用还需考证，故而应注重文献的时效性。

（3）全面性原则。文献综述要求对相关领域的文献进行最大限度的搜集，对于国内和国外的文献，具有标志性里程碑的过往文献等都需要进行检索，争取全面地把握和理解相关研究。

（4）逻辑性原则。文献综述的撰写不应仅仅是将文献简单地堆砌，而是需要遵循逻辑，仔细处理文献观点之间的顺序，明确不同观点之间相应的逻辑依据，层层递进、不断深入。

（5）主题性原则。文献综述的撰写不可偏离主题，任何一篇文献的引用都是服务于研究论文的核心观点，即通过对先前文献的成果总结与不足分析，引出自己的研究问题和研究观点。

（6）述评结合原则。文献综述的撰写中要注意陈述精炼，评价深入，文献研究切忌只是简单堆砌前人的研究成果，这仅仅是"述"，进行"评"乃是文献综述的点睛之笔，通过"赞"前人成就，"探"先前不足，"绽"未来展望，以达到文献综述的目的。

**（二）文献综述写作的规范**

当研究者引用别人的作品时，一定要清楚地注明是谁的作品。注意一定要注明出处，避免抄袭——不论是蓄意或无意引用了别人的话或观点，并让读者以为是研究者自己的话或观点。具体如下，首先不能在不使用引号及给出完整出处的情况下，一字不漏地截取他人论文中的原文。完整地标明出处可以指示引号中原文的来源，读者可以由此找到引号中文字的原始出处。原则上，使用他人作品中一个段落的 8 个字或超过 8 个字却没有注明出处时，就违反了我国《著作权法》中第二十二条第（二）项"为了介绍、评论某一作品或者说明某一问题，在作品中适当引用他人已经发表的作品"对"适当引用"的规定。其次，重新编辑或重新叙述别人著作中的原文，并将修改过的原文以自己的作品方式呈现，若未注明出处也是抄袭。最后，即使是化用别人的观点，也应注明出处。

## 三、文献综述写作的准备工作

文献综述的质量如何，很大程度上取决于研究者对本领域相关的文献的掌握程度。如果没有做好文献检索和阅读准备工作，盲目地撰写综述，是难以达到较高水准的。故而，为了更好地开展文献综述的撰写工作，要提前做好搜寻文献、阅读文献和整理文献这三项工作。

**（一）搜寻文献**

文献搜寻的质量决定了文献综述的写作水平，搜寻文献时需要注意文献的研究主题是否与研究领域相吻合；文献的年限是否合理；以及刊物和作者的质量是否达标，并且要综合考虑文献的全面性。

（1）研究主题。研究主题是研究的路标，是方案执行中，能保持反复思考和不断改进的指示器。文献综述要围绕着研究主题进行文献的搜寻、整理。所以在展开具体的文献综述工作之前，要明确自己所研究的主题，通过对研究主题的搜寻，精准定位相应的文献，提高文献的搜寻效率与相关度。

（2）文献相似性。文献中所研究的变量、所涉及的主要内容、所使用的样本类型、所依据的理论框架，与自己的研究越相似越好，相似的方面越多越好。

（3）文献年限。搜寻到的文献需要具有经典性、代表性，但年限过于久远的文献参考价值还需考证，故而在做文献综述时一般都会在近十年的文献中选取具有代表性的权威性的文章。

（4）刊物。许多高质量刊物上的文章是经过层层筛选的，通过对刊物的筛选也能找到所需的高质量文献。刊物的筛选需要遵循以下几个步骤：首先选取认可度高的文献搜集网站，其次了解该领域的核心期刊，再次搜寻主要课题的文献，最后结合引用次数综合判断文献质量的高低。

（5）作者。选择有代表性的权威作者，可以最大限度地提高文献的有效性与科学性，这些相关领域的知名学者同样代表了学术发展的基本趋势。

（6）中外结合。通过对国内文献的研究仅可了解国内的研究现状，故而要结合国外的文献，综合分析学术界的现有成果和未来趋势。可结合自己研究论文的领域去搜寻相关的外文文献网站，提取相关的高质量文献。

### （二）阅读文献

带着目的去阅读一篇文献，要着重关注四个问题：①文章在解决什么问题？②该研究运用了什么方法？③效果如何，得出了什么结论？④还有什么问题没有解决或者新问题有哪些？在理论上还有什么可以深入挖掘的地方？带着目的去阅读，可以大大提高阅读文献的效率，也可以从文献中得到更多有效的信息。只有有收获才能激励自己不断阅读，而盲目地前进、低效率的面面俱到反而得不偿失。

### （三）整理文献

文献的整理对于文献综述的写作有不可或缺的作用，文献整理工作做得好，对文献综述撰写的逻辑性、全面性、便捷性等多方面都有很大帮助。主要的文献整理有两个步骤：一是先对文献进行分类，二是对已初步阅读的文献进行相应的标记，为之后的文献综述撰写提供便捷查询。

首先将搜集的文献分类，可以使用时间分类法，即将时间相近的划分在一块，也可使用主题相关法，即将主题观点相似的文献归为一类，还可使用相关性分类法，将与研究主题相关度高的归为一类，将相关度较低但有关的文献归为一类。

将文献归类过后，需要开始处理文献，主要包括：①对文献关键词的提取以及中心主旨的提炼；②总结该文献与自身研究相关的观点；③记录该文献所做出的学术成果或者学术创新。通过对搜寻到的文献进行分类，研读这些文章。找到有用的文献，作出相应的文献标记，整理成一张研究文献的表格。为文献综述的具体写作打好基础。

## 四、文献综述写作的具体内容

文献综述需要阐明现阶段与自己研究相关的学术背景以及研究现状，总结前人的研究成果和不足。在此基础上，对文献进行述评并引出自己的研究论文观点，内容包括：

（1）撰写研究背景。研究背景主要撰写的是本综述的原因、目的、意义、学术背景和现状，使得读者初步了解如今学术界关于该领域的现状，该部分要求简明扼要，重点突出，字数一般在200~300字。以下是这部分的写作模板，供参考：

在当前的背景下，随着……的发展，……现在还存有什么的问题，国际上关于……国内主要集中于……，只有通过深入研究……才能够揭示……，故而……是一个值得深入探讨的课题，具有一定的理论和现实意义。

（2）撰写研究现状。研究现状是对某一研究领域的已有文献进行梳理与总结，以揭示该领域的科研进展、问题和趋势。其中研究现状的撰写有两种思路：一种是纵横古今，纵向对比又称为历史发展纵观，即围绕着研究主体，将时间先后顺序与主题发展顺序作为撰写的遵循，勾勒出该研究领域的来龙去脉与发展轨迹。另一种是结合国内外，通过阅读国内外文献，可以更加全面地了解如今学术界的趋势、现有成果与现存矛盾和不足，以及未来需要改进的地方。以下是关于结合国内外文献做文献综述的写作模板，供参考：

近年来，国外学者在……方面取得了丰硕的成果，例如，……提出，……现象出现是……原因引起的，……学者将这一观点深入研究，从多个角度对……进行了分析，这一观点为我们提供了一个全新的视角，有助于更好地理解……的本质。

在国内方面，……领域也取得了长足的进步，……学者提出了……，……学者在这方面也有相同/不同的看法，提出了……观点，表明了……的现象是由于……的原因引致，这一观点与国外学者相呼应，揭示了……，然而我国在……领域中还存在不足，需我们进一步探索。

（3）整理相关研究内容。这一部分主要具体阐释现有相关领域研究的主要研究内容，通过逻辑的连接、时间的顺序等将其他学者的主要观点表述出来。

（4）撰写对以上文献综述的述评。文献综述不能只述不评，最后要对文献做一个精炼的总结，提出当前研究的成果和研究的不足或是预测未来的研究方向，并在最后自然过渡到自己研究论文的观点。

文献综述写作举例如下：

（一）研究背景

虚拟现实技术应用于教育领域可以追溯到 20 世纪 80 年代，自 2000 年以后得以迅猛发展。这项技术能够让学生在虚拟的环境中与教学内容互动，解决传统课堂中互动性、情境性、沉浸性不强的问题，在教学的实践中具有广阔的应用前景。[①]

（二）研究现状

国际上关于虚拟现实教育应用的研究方向主要集中在基于虚拟现实技术的课堂教学法、虚拟现实学习环境等具体学科应用领域。国内主要集中于虚拟学习资源建设、虚拟现实理论探索和虚拟仿真校园环境的建设等方面，吴长帅、赵沁平、李敏等学者从不同角度对虚拟现实的教育应用研究和发展做了综述。[②]

① BURDEA G, COIFFET P. Virtual reality technology, second edition ［M］. New York：John Wiley & Sons, 2003：3 – 4.

② 王聪. 增强现实与虚拟现实技术的区别和联系［J］. 信息技术与标准化, 2013（5）：57 – 61.

（三）研究内容

Burdea G 和 Philippe Coiffet 在 1994 年提出了想象性、交互性和沉浸性虚拟现实的三个基本特征，即虚拟现实的特征。其中，想象性是指虚拟现实技术使得理性与感性相结合，可以创建人为想象出来的场景或事物，促使人们深化概念，创造想法；交互性是指使用者不用借助鼠标、键盘等工具，以自然方式与虚拟环境进行互动。同时，虚拟环境可以通过多重感官给予使用者反馈；沉浸性则强调了使用者从观察者到参与者身份的转变，使用者能够身临其境，感受到自己是虚拟世界中的一部分，在使用过程中更具有主动性。王聪系统分析了增强现实（AR）与虚拟现实这两种技术的区别和联系，认为增强现实是在虚拟现实基础上发展起来的，这两种技术具有同源性，其在信息生成、设备以及技术交互方面有重叠。王同聚将虚拟现实的主攻领域定位在"虚拟世界"，即人们通过虚拟现实设备来探索人为因素所构建的虚拟世界，并且在纯虚拟数字画面中追求沉浸感，而将增强现实的主战场定位在"现实世界"，即人们使用增强现实设备产生的虚拟信息来提升探索现实世界的能力，是虚拟数字画面加上裸眼现实例。张枝实从技术和应用两个维度对以上学者的观点做了详尽的说明。[①]

（四）述评

综上所述，虚拟现实技术已经成为教育教学应用中不容小觑的技术之一，它与教育教学的深度融合将会进一步推进教学改革的发展，对于提高教育技术水平、改善教学环境、丰富教学资源、优化教学过程，培养个性化、创新型的人才具有重要作用。未来，随着虚拟现实教育应用水平的逐步提升，希望虚实融合教学环境中所面临的挑战能够逐步得到有效解决。[②]

## 五、文献综述写作的常见问题

在文献综述的写作过程中，常常出现如下问题：

### （一）文献综述与研究问题不匹配

文献综述应该紧紧围绕所要研究的问题进行综述，若是寻找的文献符合其他规范但与研究论文的主题不相符合，即便再具有代表性和权威性的文章，对于研究论文也是没有价值的。常见的问题有：①文献的范围与所研究的问题不匹配，这往往由于理解偏差主题导致；②文献综述的范围大于所要研究的问题；③文献综述的范围小于所要研究的问题。

### （二）文献搜集不全，缺乏应有文献

文献搜集需要兼顾近几年的代表性文献、国内外的代表性文献。但若在实际搜集资料中常常出现根据自己的喜好或者为了方便省事只搜取几篇文献，将缺乏客观性且未把有代表性的文献完全纳入综述范围的情况。

---

① 王同聚. 虚拟和增强现实（VR/AR）技术在教学中的应用与前景展望［J］. 数字教育，2017（1）：1-10.
② 张枝实. 虚拟现实和增强现实的教育应用及融合现实展望［J］. 现代教育技术，2017（1）：21-27.

### （三）文献质量不高，不具有权威性

文献综述最基础且最重要的就是文献的搜集工作，文献的搜集需要考虑期刊的质量、作者的学术声望。需要搜寻在该研究领域具有权威性和经典性的文献，若不综述该领域著名学者或是具有代表性的文章，则会让读者认为作者根本不熟悉所研究领域的理论背景，对于该研究论文的价值也就会大打折扣。

### （四）简单罗列文献，综而不述

简单罗列文献，未通过合理的逻辑将其分类、整合、归纳和提炼，这是在文献综述中最容易出现的问题。单纯的罗列文献无法厘清观点间的联系，无法认清问题研究的发展脉络、深入程度、存在的问题等，也就无法根据文献综述推出当前的研究问题。这样的文献综述只是简单陈述他人的观点，没有在此基础上总结，提出现有研究的优点、存在的不足等。

### （五）文献结构不合理

文献综述需要遵循基本的结构，经典的结构是"研究背景—研究现状—评述"，或是"前言—研究现状及主要观点—目前研究的矛盾与不足"。还有一种是"理论的渊源及演进过程—国外研究现状—国内研究现状—述评"。

## 第六节　研究设计的写作

风笑天（2014）认为研究设计是研究者确定好研究目标后如何达到该目标的过程说明，是社会研究的核心和关键所在。因此，在研究论文中，研究设计的写作是一个非常重要的部分，从该部分的写作内容向读者说明该研究的逻辑思路及研究路线。故研究者应该充分了解研究设计写作的过程，掌握各种研究方法的表达方式，提高研究者的写作能力与水平。

### 一、研究设计的定义及写作目的

不同的学者对研究设计有着不同的理解。Zina O'Leary（2004）提出，研究设计既代表从研究问题走向研究答案的各种路径，也代表处于研究问题和问题答案之间的桥梁。因此研究者进行研究设计的撰写，是在向读者确认其是在考虑到现实中的各种困难和障碍的前提下进行研究设计，从各种不同的路径中，选择了一条最为适合该研究的路径。巴比（2020）认为，研究设计是在进行科学研究之前的计划，必须尽量明确要发现的东西，以及必须采用最好的方法进行研究。因此研究设计的写作内容应该包括研究者需要观察什么、分析什么、为什么以及如何进行。在此基础上，风笑天（2014）对此给出了一个更为具体的说法，把艾尔·巴比的研究设计写作思路具化成相应的写作部分。他认为研究设计是研究者为了回答研究问题而对所采取的研究方式、论证模式、探寻思路、逻辑框架以及具体操作方案的思考和计划的总称，即在研究设计中，既包含研究思路、研究框架等宏观、指导性内容，起到对整个研究工作进行指导规划的作用，也包含数据收集方法、数据处理方法等具体内容，确定研究的最佳途径、最好的方法。由于研究的不同，其研究的

"最佳途径""最好的方法"都会有所不同，研究设计的写作内容和重点也不一样，因此袁方（2013）强调研究设计中的研究思路和研究方法，认为研究设计写作需要对所采取的研究思路、研究方法进行详细的说明，以帮助读者了解和检查其在方法使用中的一些具体细节。

简言之，在社会研究中，研究设计是研究者为达成研究目标而设定的"路径"，阐述了研究者达成研究目标过程中的一系列选择，包含研究思路和研究方法等内容，以便恰当地、正确地、最快地达成研究目标。在研究设计的写作过程中，研究者要明确研究理论、研究方法等的内逻辑性，每一部分环环相扣，进而使得研究论文的写作具有极强的逻辑性和科学性。同时，要对研究过程进行详细具体的描述，一是能使读者深入了解一项社会研究拟定的研究过程和预期结果，明了各种具体操作步骤，具有极强的可读性，更易于读者评价这项社会研究的科学性和价值；二是能够及时使作者反思研究中的误差、缺陷和限制，从而对该研究设计进行调整；三是能用文字向读者清晰传达这方面的信息，有利于读者在从事相关研究时有效规避此类问题，启发读者采取进一步的研究来弥补不足，对该领域的深入探索研究有非常重要的意义。

## 二、研究设计写作的原则

### 1. 实事求是

研究者依据其具体的研究问题和研究对象，以最恰当地呈现该研究为标准撰写研究设计。例如，当研究者的研究需要进行混合研究设计时，生搬硬套地把定性和定量的研究写作对半划分，那是不恰当的做法，而是应该根据实际情况选择恰当的定性和定量研究的比重。不同的研究布局和研究方法，研究设计写作的侧重点也会有所不同，比如当研究者应用到扎根方法，则应当适时调整，侧重表达编码的具体过程是如何进行的、使用了什么工具进行编码、编码结果和成效如何。

### 2. 全面细致

相对于研究论文的其他部分的写作，研究设计部分要求研究者更加全面和细致地把整个研究过程表述出来，包括选题依据、方案设计与实施、调查发现及结论等研究过程的每一个步骤，要前后连贯，逻辑清晰。比如，调查某地就业率要确定研究对象，并选择具有代表性的地区，分析研究价值，接着设计调查的方案，实施并得出相应结论，要一步接着一步，全面细致且不能省略，更不能不符合常理。

### 3. 循序渐进

研究设计部分的写作还要遵循循序渐进的原则，即将研究设计呈现出如阶梯般的层次感。例如，刘怡《教师隐喻视角下初中教师角色认知研究》一文中，作者先写出其针对"教师隐喻"这一重要概念进行资料收集，然后对"教师隐喻"和教师角色认知进行分类和划分，最后对初中教师角色认知现状进行调查后，在这一步步循序渐进的研究设计下，做最终的研究结论与反思，读者跟随其研究思路对该研究也有一个深刻的了解。作者还将研究思路绘制成图并放到研究设计写作中（见图 17 - 1），不仅有利于作者在研究论文写作过程中紧扣主题，对数据资料分析层层深入，还有利于读者对该研究的过程一目了然，便于阅读和理解，发挥该研究最大的知识传播价值。

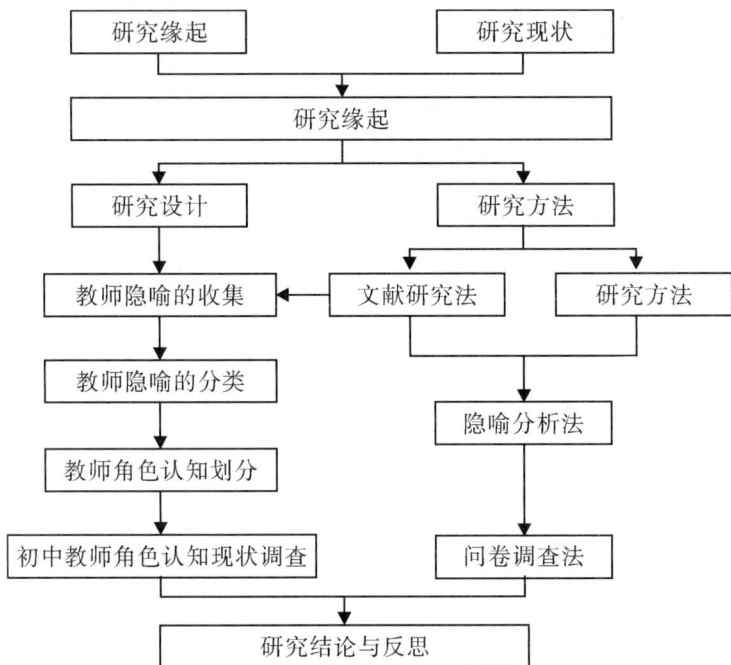

```
┌─────────┐              ┌─────────┐
│ 研究缘起 │              │ 研究现状 │
└────┬────┘              └────┬────┘
     └──────────┬────────────┘
          ┌─────▼─────┐
          │  研究缘起  │
          └─────┬─────┘
      ┌─────────┴─────────┐
┌─────▼─────┐       ┌──────▼──────┐
│  研究设计  │       │   研究方法   │
└─────┬─────┘       └──────┬──────┘
      │              ┌──────┴──────┐
┌─────▼──────┐  ┌────▼─────┐  ┌────▼─────┐
│ 教师隐喻的收集│◄─│ 文献研究法 │  │  研究方法 │
└─────┬──────┘  └──────────┘  └──────────┘
┌─────▼──────┐
│ 教师隐喻的分类│
└─────┬──────┘
┌─────▼──────┐       ┌──────────┐
│教师角色认知划分│       │  隐喻分析法 │
└─────┬──────┘       └──────────┘
┌─────▼────────┐     ┌──────────┐
│初中教师角色认知现状调查│  │  问卷调查法 │
└─────┬────────┘     └──────────┘
      └──────────┬────────────┘
          ┌──────▼──────┐
          │  研究结论与反思 │
          └─────────────┘
```

**图 17 - 1 《教师隐喻视角下初中教师角色认知研究》研究思路图**

## 三、研究设计写作的步骤

目前，大多研究者会直接按研究对象和研究方法这两大部分进行研究设计的写作，未能向读者清晰地传达出该研究完整的思路和过程。因此风笑天（2014）指出，论文的研究设计部分应该主要包括研究思路和研究方法这两部分内容。而研究对象属于研究思路的构成要素之一，因此研究设计写作的步骤应该包括研究思路的确定与表述和研究方法的选择与说明。研究设计写作按照以上步骤顺利进行，一方面有利于提高该研究设计的可行性，为读者开展相关领域的研究提供实践参考，另一方面有利于提醒和督促该研究者的研究进度，使研究能在一定时间内及时循序渐进地开展。

### （一）研究思路的确定与表述

研究思路的确定，离不开研究问题和研究对象的确定。首先是研究问题的确定，需要限定在一定的范围内，研究问题的范围不宜太宽或太窄，这宽窄的界定取决于其他方面因素的影响，如研究的时空、研究者和被研究的人数、研究事件的数量、研究方法类型等。研究问题确定后，研究者需要用文字表述出来传达给读者，有的研究问题会在研究论文的标题中体现出来，由于标题的字数有限，因而可能会导致研究问题表述得比较简洁，研究者则需要在该部分将研究问题的具体细节明确指出和说明。其次是研究对象的确定，需要根据具体研究问题所涉及的对象，选择最具有代表性的作为研究对象。研究对象的详细介绍在实验研究和调查研究中非常必要。在实验研究中，研究对象是作为实验对象进行介绍，研究者需要在该部分介绍实验对象的群体所属、挑选条件、分组条件和差异等。而在调查研究中，被调查的研究对象属于调查样本，研究者需要为此介绍其数量规模、抽取方法和过程等。

虽然研究思路的确定更多是属于研究设计写作的思考阶段，但也需要研究者充分表达出来，让读者充分了解该研究的逻辑思路以及研究者是怎么做该研究的。研究者可以使用研究技术路线图来进行研究思路的表述。

研究技术路线图将在具体研究部署上落实分析框架图和研究设计图里面的假说检验及相关筹划工作，它体现的是具体准备和行动。研究者在该图中体现出所有工作环节都要指向目标以及整个研究工作的重点，从而实现该图的以下三个作用：一是划分出研究工作的关键节点，二是明确在各节点具体研究方法的应用，三是明确研究过程的逻辑框架和实施路线。如丁海蓉《小学班主任角色冲突研究》一文中的研究路线，如图 17 - 2 所示。

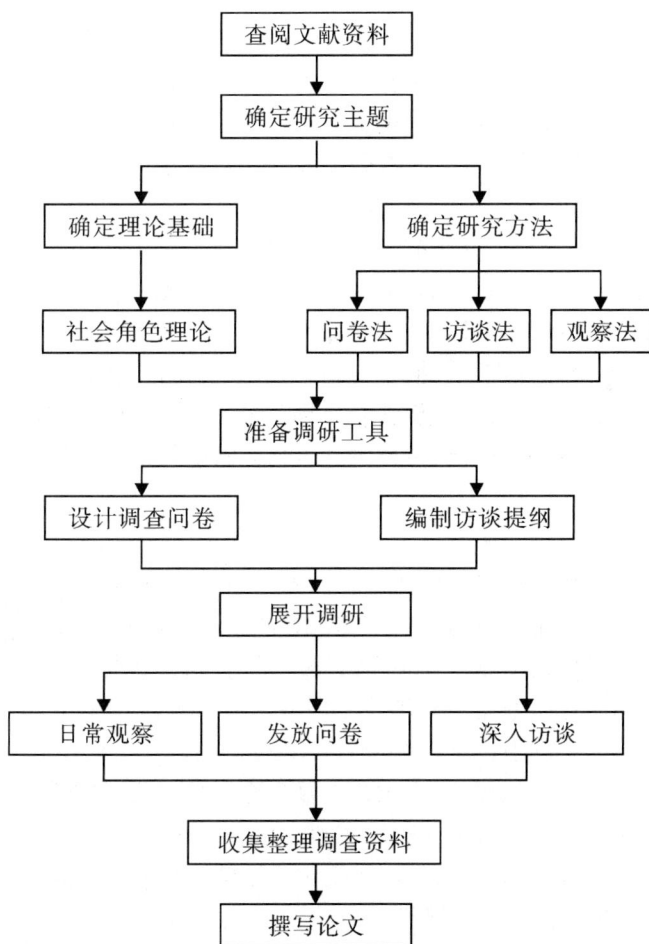

图 17 - 2 《小学班主任角色冲突研究》研究技术路线图

以上研究技术路线图的搭建有利于研究者选出一个更合适的理论或理论视角，在梳理图中的箭头方向和逻辑含义的过程中理清研究思路、查漏补缺，也有利于读者直观地了解研究者的研究思路。但是有时候需要研究者确定后续的研究方法，特别是资料收集方法和资料分析方法，再继续对该图的某个部分进行完善和说明。

### （二）研究方法的选择与说明

研究思路的确定相当于为该研究勾勒出蓝图，接下来需要研究者按照研究思路进行研究实践，而研究方法则是研究者在研究实践过程中必不可少的工具。研究方法是研究设计的重头戏。不同的研究方法就像工具袋中各种不同的工具，并没有哪种工具更好之说，而是对于某个具体的研究问题，哪种工具对于解决问题更为合适和有效。研究方法的理论叙述已在前面的章节进行了介绍，故在本章节中，将依据研究方法的三种基本分类——定性、定量、混合研究方法，分别着重介绍研究方法在研究设计写作中的具体表达。

1. 定性研究方法的选择与说明

定性研究方法主要是对非数字化的数据进行分析，若研究者所收集的资料主要是文献、案例、采访材料等，则可以考虑选择定性研究方法。运用访谈法、文本资料分析法和案例分析法等方法对资料进行归纳、分类、比较，进而对某个或某类社会现象的性质和特征做出概括。使用访谈法，需要研究者在研究设计写作部分详细描述访谈的实施过程和具体细节，包括被访谈者选取标准、抽样方法；问卷设计、构成和顺序安排；访谈的时间和地点、访谈流程和注意事项等。访谈的相关数据也需要用图表或表格等直观的形式展示出来，如被访谈者的编号、年龄和性别等相关信息，特别是被访谈者的编号，便于读者明白研究论文分析部分所引用的资料来源，增加资料的可信度和分析的有效性。袁方（2013）认为文本资料分析也要介绍这些文本摘录人员、编码人员的专业经历、培训情况，以及相互间评审、判断的一致性程度等。案例分析法则需要研究者把所研究的案例的相关背景介绍、来龙去脉叙述出来，同时要从该案例的代表性、典型性、科学性等方面说明选取该案例的理由。

2. 定量研究方法的选择与说明

定量研究方法指对数字化的数据进行处理和分析，通过数学建模、统计分析等手段得出结论，多用于探究大量数据等规律和趋势，可以提供客观的数据和信息。在研究设计中，最常应用的定量研究方法为问卷调查法。问卷调查法是指研究者通过编制问卷，向受访者提出一系列问题，收集他们的意见和看法。研究过程中可详细地描述问卷的编制过程、受访者的选择、问卷的分发和回收、数据的处理和分析等流程。这种研究方法适用于需要调查大量受访者的情况，可以较为快速、准确地了解受访者的态度和看法，相比起其他研究方法，较为省时省力。问卷调查法的写作大多遵循着通用的样式，这在很多的调查研究论文中可以看到。论文中有关问卷调查法的写作步骤有八个：

（1）介绍研究中的相关变量有哪些。

（2）介绍研究者是如何寻找切合的量表并将其转换为适合自身研究的量表。

（3）介绍研究者在没有权威量表的前提下设置问卷的过程是怎样的。

（4）介绍变量指标如何操作化。

（5）介绍问卷指标进行综合评分的程序和方式是怎样的。

（6）介绍抽样调查的详细过程和方式。

（7）介绍抽样调查问卷的回收情况和未回收的缘由。

（8）介绍使用问卷数据处理与分析的工具及过程。

定量研究方法的优点在于主要依靠量化的数据，其可靠性和精确化程度较高，逻辑性较强，因此更加客观、科学。相对于定性研究方法，研究者在研究设计写作的部分要添加"研究假设"这一内容，接着处理收集回来的数据进行研究假设的验证。但同时存在一定缺陷，定量研究方法仅仅对数据进行分析，并不明晰数据的产生背景，在处理较为复杂的社会问题时，影响因素众多且难以控制，具有一定的局限性。研究的过程只有研究者本人最清楚，哪些地方存在误差，哪些方面存在缺陷，哪些方面存在限制，都应毫无保留地向读者报告。

3. 混合研究方法的选择与说明

定性研究方法和定量研究方法各有优劣，研究者尝试在社会研究中把二者综合起来，结合深入调研和数据测量，在研究中尽可能发挥定性研究方法和定量研究方法的优势，摒弃二者在研究过程中的缺陷，即混合研究方法。具体而言，混合研究方法是社会科学、行为科学和健康科学领域的一种研究取向，持有这种取向的研究者同时收集定量（封闭的）数据和定性（开放的）数据，对两种数据进行整合，然后在整合两种数据强项的基础上进行诠释，更好地理解研究问题。

依据研究设计方案的不同，克雷斯威尔（2015）认为可以把混合研究方法的论文写作结构大致分为四类：①并行设计写作，即定性和定量数据收集和分析孰先孰后没有关系，只是把它们分开写；②解释性序列设计写作，即研究要先从定量研究阶段开始写，再是定性研究阶段帮助解释定量的结果；③探索性序列设计写作，即研究从定性探索阶段开始写，然后才是定量阶段，如根据相关模型编制访谈提纲，对研究进行扎根访谈，从访谈资料中提炼出相关概念成为变量，再进行变量关系的检验；④干预设计写作，即研究者把定性数据嵌套入实验研究的不同时间节点，这种设计写作被看作是混合研究方法的高阶设计写作方案。

综合上述，虽然各种研究方法的呈现方式都不同，并且研究者做的每一项研究都并不是像写"八股文"一样必须要介绍上述各项内容，需要遵循一个"实事求是"的原则，根据具体研究把握定性和定量的比例多少，从而使研究更好地完成和呈现，但是研究者对该部分的写作的目的是一致的，就是要让读者知道研究者选择了哪些研究方法，用了哪些工具，研究过程具体是如何的，研究者都需要对其资料收集过程和分析过程进行详细说明。

# 第七节 研究结论与讨论部分的写作

在研究论文的写作中，研究结论与讨论是最后一个环节，同时是研究论文的精华所在。要回顾主要的研究内容，总结每项研究的成果，再次点明其重要性，并留有一定的思考空间，提出未来可能的发展方向。

## 一、研究论文结论部分的写作

### （一）结论部分的定义及其写作目的

研究论文的结论，即全文的总结部分，对研究结果进行阐释和理论分析来反映论文核心内容的学术观点。也就是说，研究论文的总结应该是整篇论文的结论，而不是局部问题或分支问题的结论，也不是对论文中每一段摘要的简单重复。在结论这一部分中，应该反映出作者对研究问题的更深层次的理解，并从整篇论文的全部材料出发，通过推理、判断、归纳等逻辑分析过程，总结出本文的核心结论。定量研究一般是借助计算机和统计软件，采用统计分析方法来分析所得到的量化资料，因此，对于定量研究的研究结论，需要很好地组织和表达这些统计结果，也要给出对这些统计结果的分析和解释；而定性研究论文在写作形式上更为多样化，风笑天（2014）认为不同研究者的写作风格也有较大的差别，一般来说，比较多的研究者在定性研究论文中遵循着"典型现象描述——原因或机制分析"的写作模式来对研究的结果进行表达和分析。

### （二）结论部分写作的基本内容

结论写作的基本内容大致包含研究论文的核心研究内容、对前人相关理论的修正补充以及本研究遗留问题和未来发展方向三个内容。

（1）需要说明本文的研究结果反映了什么社会问题、想表达什么内容。一般而言，研究论文的撰写是基于某类社会问题的出现，从某个视角提出新的问题或是新的看法，而整篇文章正以解答或者论证这一问题为主要任务。由于研究论文内容较多，观点较为丰富，为了使读者更好地把握全文核心研究内容，因此，在结论部分，首先应当先回顾本文的研究反映了什么社会问题，以及通过对这类问题的分析，得出了什么结论、提出了怎样的解决方案。

（2）要说明在研究过程中提出的相关结论中，对他人有关的理论或看法作了哪些修正、补充、发展、证实或否定。在研究社会问题时，必须参考前人在相关领域内的观点，梳理出目前学术界对这类问题的观点与看法。研究结论部分在阐明本文研究主要内容的同时，需要点明本研究论文的创新之处，即在前人的观点上，做出了哪些修正、补充的地方，抑或是直接否定了他人的观点等，正是通过这种不断的修正、进步，使得研究结果的意义得到进一步提升。

（3）需要说明本文研究的不足之处或遗留未予解决的问题，以及对解决这些问题的可能的关键点和方向。由于社会研究对象的特殊性以及社会研究面临的各种客观困难，任何一项具体的经验研究都会或多或少存在某种局限性。作为研究者，既要承认这种局限性，又要正确认识这种局限性，同时还要实事求是地向读者报告和说明研究中的局限性。因此，在结论部分，应当点明本文研究的不足之处，或者是未考虑到的角度，以及作者对于这些遗留问题未来能够更好解决的看法与思考，或是如何避免部分局限性问题的自身见解等。

### （三）结论部分写作的常见问题

在结论部分写作的过程中，常见的问题有：

（1）把结论写成余论。结论最重要的是总结研究论文的主要研究内容，让读者更清楚、明晰文章的研究问题、研究过程等内容。但是有些作者在撰写研究结论时会陷入一个误区，更多将写作重心放在余留问题给读者思考，即余论，希望研究内容得到更多的思考和交流，却忽视了对自身研究内容的总结归纳。

（2）把结论写成展望。一篇研究论文的主要任务是把本身需要解决的问题解决好，交代清楚自己的核心研究内容即可，一般不需要进行展望。如果一定要展望，则可以在结论之后写 100 字左右的文字表达自己对于某一领域问题或研究的看法、希冀等。

（3）把结论写成感想。由于结论是论文写作的最后一个环节，部分作者在结论的写作中，心理上可能会产生一系列触动或感想，并且在结论的写作中抒发出来，经常触景生情、浮想联翩，把许多与结论没有关联的东西写进来。例如，在结论的写作中，部分作者可能会大篇幅感慨研究论文写作过程中遇到的客观困难、写作不易等，不符合研究论文写作的整体逻辑和风格，在论文结论的写作中，这一点是一定要避免的。

（4）混淆相关，主要有以下三种情况：

第一，摘要中的"结论"代替了正文中的"结论"。由于部分作者不了解研究论文文章摘要的作用及撰写方式，为与正文区别，避免内容重复，则将在摘要中提到的"结论"在正文中一律删去，导致论文缺少重要"结论"。

第二，"结果与分析"代替了"结论"中的内容。这种情况常出现在实验研究类论文中，"结论"中仅将"结果与分析"中的内容简单列项，未将"结论"应需体现的内容表述清楚，读者仅从这些标题的简单排列中难以提炼出研究论文的核心观点和内容，并未起到归纳、总结文章核心研究内容的作用。

第三，"结论"与"结语"两个概念不清。结论是"从前提推论出来的判断"，是需要在经过严谨的论证、推导、调查或实验之后才能够得出的具有创新性、客观性的论断，是对研究成果的进一步认识、升华，内容是明确的，内容可长可短；而结语是指文章或正式讲话末了带有总结性的一句话，可表达简单的推导结果，也可对存在的问题提出进一步深入研究、对未来应用前景的展望等，表述宽泛，内容简短。

## 二、研究论文讨论部分的写作

### （一）讨论部分的定义及其写作目的

讨论是指对研究问题进行深入分析和思考的过程，重点在于对研究结果的解释和推断，并说明作者的结果是否支持或反对某种观点、是否提出了新的问题或观点等，以及为后续的研究提供建议。在撰写讨论的过程中，需要避免委婉、含蓄的写法，尽量做到直接、明确。

### （二）讨论部分写作的基本内容

研究论文的讨论部分大致包含回顾、内容概述、讨论、局限性分析、结果意义五项内容。

1. 回顾

在讨论部分首先需要回顾本研究的主要目的或假设，并探讨研究所得到的最终结果或结论是否符合原来的期望；如果没有，还需要解释会出现这种情况的原因，分析结果产生偏差的内在因素。

2. 内容概述

讨论部分需要概括论述最重要的结果，并指出其能否支持先前的假设，以及是否与其他学者的研究结果相互一致；如果不是，还需要解释会出现这种情况的原因。

3. 讨论

得出实验结果后，需要对结果提出说明、解释或猜测。同时，进行进一步的思考：根据这些结果，能得出何种结论或推论？

4. 局限性分析

前文也有提到，一项研究不可能是完美的，及时回顾和反思研究过程中的不足之处是非常重要的一点，能够帮助研究者在接下来的研究中较好地避免一些不必要的问题。在讨论环节，需要指出研究过程中的局限或问题，以及这些局限或问题对研究结果的影响，并结合实际情况，提出进一步研究主题或方向的建议。

5. 结果意义

最后，需要指出研究结果的理论意义，包括支持或反驳相关领域中现有的理论、对现有理论的修正，和在实际应用中起到的作用和意义。

### （三）讨论部分写作的要点

在讨论写作的过程中，研究者若能掌握讨论写作的要点，有利于研究者对该研究论文画上"完美的句号"，同时有利于留予读者思考的余地。

（1）对研究结论的解释要重点突出、简洁、清楚。在讨论的写作中需要让读者迅速了解研究论文的重点内容，清楚明了对于研究结果的解释。同时，在写作过程中应当杜绝赘余、重复，应简洁、清楚，快速直接地将核心观点表达清楚。

（2）推论要符合逻辑，避免发表实验数据不足以支撑的观点和结论。推论的推理必须有极强的逻辑性和合理性，不能是研究者主观层面认为某一推论成立就成立，必须有足够且合理的实验数据来支撑其推理过程和推理结果，否则没有足够的数据和逻辑关系可证明推论成立，整篇论文的真实性和合理性也会受到质疑。

（3）观点或结论的表述要清楚、明确。同时，在讨论的最后，需要写研究论文的核心结论所具有的科学意义和实际应用效果。例如，在文章《精准扶贫何以深陷'表海'——组织分析视角下基层政策执行多重逻辑探析》中，研究者着重探究了基层执行政策时深陷"表海"这一现象，在研究论文的讨论部分，则应当提出其中的作用机制对基层工作人员带来的行政压力，以及如何在未来的执政过程中更好地达到政策效果的同时，减轻基层工作人员不必要的压力。在表达过程中要实事求是，适当留有思考和讨论的余地。

## 思维导图

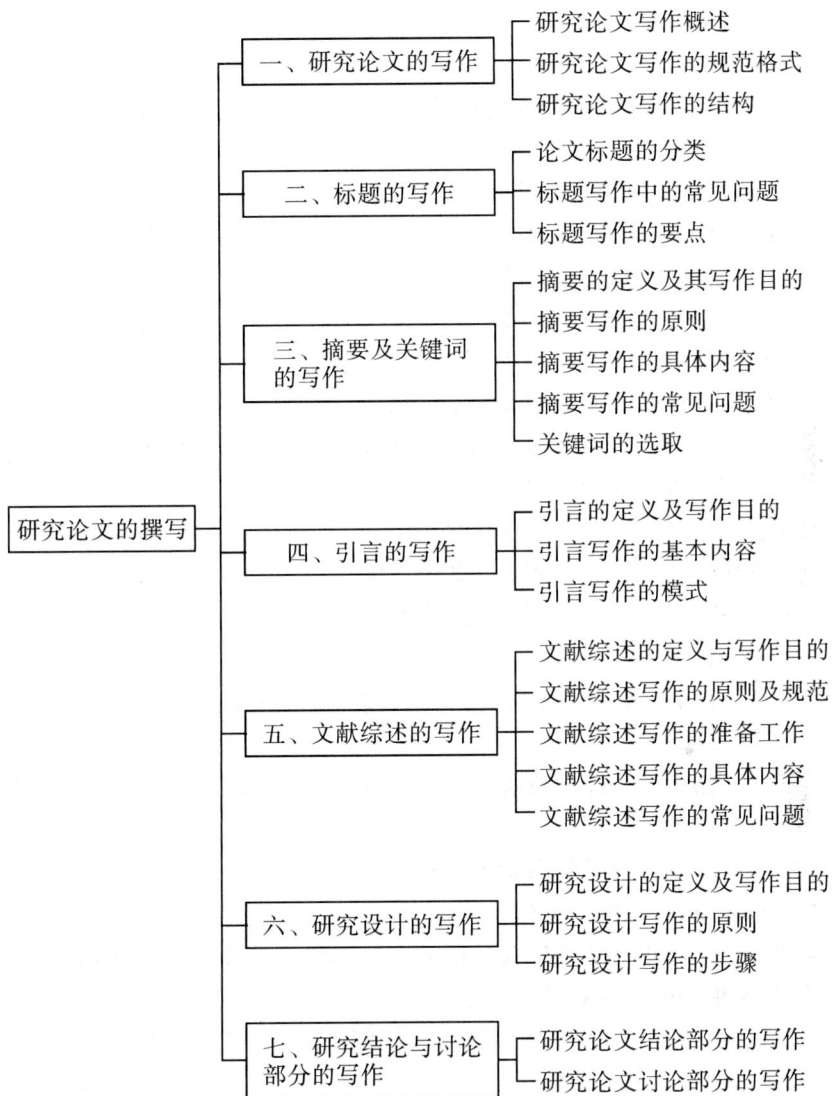

研究论文的撰写

一、研究论文的写作
- 研究论文写作概述
- 研究论文写作的规范格式
- 研究论文写作的结构

二、标题的写作
- 论文标题的分类
- 标题写作中的常见问题
- 标题写作的要点

三、摘要及关键词的写作
- 摘要的定义及其写作目的
- 摘要写作的原则
- 摘要写作的具体内容
- 摘要写作的常见问题
- 关键词的选取

四、引言的写作
- 引言的定义及写作目的
- 引言写作的基本内容
- 引言写作的模式

五、文献综述的写作
- 文献综述的定义与写作目的
- 文献综述写作的原则及规范
- 文献综述写作的准备工作
- 文献综述写作的具体内容
- 文献综述写作的常见问题

六、研究设计的写作
- 研究设计的定义及写作目的
- 研究设计写作的原则
- 研究设计写作的步骤

七、研究结论与讨论部分的写作
- 研究论文结论部分的写作
- 研究论文讨论部分的写作

# 参考文献

［1］纽曼．社会研究方法：定性和定量的取向［M］．5 版．郝大海，译．北京：中国人民大学出版社，2007.

［2］袁方．社会研究方法教程［M］．北京：北京大学出版社，1997.

［3］风笑天．社会研究方法［M］．5 版．北京：中国人民大学出版社，2018.

［4］迪尔凯姆．社会学方法的准则［M］．北京：商务印书馆，2009.

［5］巴比．社会研究方法［M］．11 版．邱泽奇，译．北京：华夏出版社，2018.

［6］邢朝国，西科拉，曾黎．中国社会工作者遭受服务对象暴力状况：一项探索性研究［J］．华东理工大学学报（社会科学版），2023，38（2）.

［7］周扬，於嘉，谢宇．择偶偏好中的性别差异和社会阶层异质性：基于选择实验法的探索［J］．社会学研究，2023，38（6）.

［8］李忠路，邱泽奇．家庭背景如何影响儿童学业成就？：义务教育阶段家庭社会经济地位影响差异分析［J］．社会学研究，2016，31（4）.

［9］姚东旻，崔琳，张鹏远，等．中国政府治理模式的选择与转换：一个正式模型［J］．社会，2021，41（6）.

［10］许丹红，桂勇．如何助子成龙？：家庭教养方式对优质高等教育获得的作用［J］．社会学研究，2023，38（5）.

［11］陈满琪．相貌价值观对婚姻质量的影响：基于 2017 年中国社会心态数据的分析［J］．社会学研究，2022，37（6）.

［12］SIMONS R L, BURT C H. Learning to be bad: Adverse social conditions, social schemas, and crime［J］. Criminology, 2011, 49（2）.

［13］郝明松．父母外出模式与农村留守儿童的学习成绩：基于两期 CEPS 数据的再探究［J］．人口学刊，2022，44（5）.

［14］刘汶蓉．转型期的家庭代际情感与团结：基于上海两类"啃老"家庭的比较［J］．社会学研究，2016，31（4）.

［15］郑广怀，张政．社会工作机构何以向劳务公司转变：基于国家—社会关系的视角［J］．广东社会科学，2021（4）.

［16］李强．新清河实验及其社会学意义［J］．社会学评论，2021，9（5）.

［17］李林容，李茜茜．"大妈"媒介形象的嬗变（2007—2017）：以《人民日报》《南方都市报》和《中国妇女报》相关报道为例［J］．编辑之友，2018（11）.

［18］谢宇．社会学方法与定量研究［M］．2 版．北京：社会科学文献出版社，2012.

［19］WALLACE W. The logic of science in sociology［M］. London: Routledge, 2017.

［20］POPPER K. Logik der Forschung［M］. Berlin: Akademie Verlag, 2013.

［21］冯军旗．中县干部［D］．北京：北京大学，2010．

［22］HUMPHREYS L. Tearoom trade，enlarged edition：Impersonal sex in public places［M］．Somerset：Transaction Publishers，1975．

［23］HANEY C，ZIMBARDO P G. The socialization into criminality：On becoming a prisoner and a guard［M］．California：Stanford University，Department of Psychology，1974．

［24］米尔斯．社会学的想象力［M］．李康，译．北京：北京师范大学出版社，2017．

［25］KUHN T S. The structure of scientific revolutions［M］．3rd ed. Chicago：University of Chicago Press，1996．

［26］RITZER G. Sociological theory［M］．New York：McGraw-Hill，1996．

［27］克雷斯威尔．研究设计与写作指导：定性、定量与混合研究的路径［M］．崔延强，译．重庆：重庆大学出版社，2007．

［28］巴比．社会研究方法基础［M］．8 版．邱泽奇，译．北京：华夏出版社，2002．

［29］江怡．走向新世纪的西方哲学［M］．北京：中国社会科学出版社，1998．

［30］文军．西方社会学理论：当代转向［M］．北京：北京大学出版社，2017．

［31］张英英，赵定东．论一种融合的社会研究方法论视野［J］．探索与争鸣，2018（5）．

［32］赖欣巴哈．科学哲学的兴起［M］．伯尼，译．北京：商务印书馆，1966．

［33］周晓虹．社会学理论的基本范式及整合的可能性［J］．社会学研究，2002（5）．

［34］张明波．社会学范式研究述评［J］．湖北民族学院学报（哲学社会科学版），2013，31（6）．

［35］沃特斯．现代社会学理论［M］．2 版．北京：华夏出版社，2000．

［36］蒋建忠．共通与融合：社会科学中的质性分析和定量研究［J］．社科纵横，2017，32（1）．

［37］特纳．社会学理论的结构［M］．7 版．邱泽奇，张茂源，译．北京：华夏出版社，2006．

［38］吴小英．社会学危机的涵义［J］．社会学研究，1999（1）．

［39］费孝通．试谈扩展社会学的传统界限［J］．北京大学学报（哲学社会科学版），2003（3）．

［40］聂伟，风笑天．996 在职青年的超时工作及社会心理后果研究：基于 CLDS 数据的实证分析［J］．中国青年研究，2020（5）．

［41］李亚，宋宇．后实证主义政策评估主要模式评析［J］．天津社会科学，2017（1）．

［42］张庆熊．现象学社会研究方法论：以舒茨为中心的探究［J］．浙江社会科学，2022（8）．

［43］邓林园，王婧怡，唐逸文，等．中小学家长教育焦虑的解释现象学分析［J］．北京师范大学学报（社会科学版），2023（6）．

［44］陈昀．城市老年人对机构养老模式的拒斥问题分析：基于建构主义的老龄视角

研究［J］. 湖北社会科学，2014（7）.

［45］陈伟，黄洪. 批判视域下的老年社会工作：对社区居家养老服务的反思［J］. 南京社会科学，2012（1）.

［46］刘军. 女性主义方法研究［J］. 妇女研究论丛，2002（1）.

［47］李洪涛. 社会性别视角的解析：单亲母亲现状研究［J］. 妇女研究论丛，2000（2）.

［48］张广利. 后现代主义与社会学研究方法［J］. 社会科学研究，2001（4）.

［49］张世平. 现代、后现代与九十年代的社会学［J］. 社会学研究，1995（5）.

［50］童敏. 后现代语境下的社会工作辅导模式探索［J］. 厦门大学学报（哲学社会科学版），2003（6）.

［51］吴清军，李贞. 分享经济下的劳动控制与工作自主性：关于网约车司机工作的混合研究［J］. 社会学研究，2018，33（4）.

［52］朱迪. 混合研究方法的方法论、研究策略及应用：以消费模式研究为例［J］. 社会学研究，2012，27（4）.

［53］马喜芳，钟根元，颜世富. 组织激励与领导风格协同对组织创造力影响机制研究［J］. 管理评论，2018，30（8）.

［54］汪斌，朱涛. 数字转型背景下互联网使用与青年性别观念变迁：基于 CGSS 2012—2021 年数据的实证分析［J］. 中国青年研究，2024（3）.

［55］纽曼. 社会研究方法［M］. 7 版. 郝大海，译. 北京：中国人民大学出版社，2021.

［56］周宝砚，曹宽. 全面深化改革进程中腐败机会产生及其作用机理的宏观视角［J］. 广西社会科学，2016（6）.

［57］默顿. 社会理论和社会结构［M］. 唐少杰，齐心，译. 南京：译林出版社，2015.

［58］周望，阳姗姗. 来自顶层的设计：中央深改领导小组和中央深改委会议的政策试点（2013—2022）［J］. 新视野，2023（3）.

［59］陈启斐，张为付. 中国离岸外包和在岸外包的核算研究［J］. 数量经济技术经济研究，2017，34（7）.

［60］素罗金. 当代社会学学说［M］. 黄文山，译. 上海：上海社会科学院出版社，2017.

［61］谢立中. 论西方社会学理论的逻辑［J］. 社会学评论，2022，10（5）.

［62］亚历山大. 社会学的理论逻辑：第一卷［M］. 于晓，唐少杰，蒋和明，译. 北京：商务印书馆，2008.

［63］齐美尔. 社会是如何可能的［M］. 林荣远，译. 桂林：广西师范大学出版社，2002.

［64］韦伯. 社会学的基本概念［M］. 胡景北，译. 上海：上海人民出版社，2020.

［65］米德. 心灵、自我与社会［M］. 赵月瑟，译. 上海：上海译文出版社，2018.

［66］舒茨. 社会世界的意义构成［M］. 游淙祺，译. 北京：商务印书馆，2012.

［67］吉登斯．社会的构成［M］．李康，李猛，译．北京：生活·读书·新知三联书店，1998.

［68］涂尔干．社会分工论［M］．渠东，译．北京：生活·读书·新知三联书店，2000.

［69］帕森斯．社会行动的结构［M］．张明德，夏翼南，彭刚，译．南京：译林出版社，2003

［70］帕累托．普通社会学纲要［M］．田时纲，译，北京：生活·读书·新知三联书店，2001.

［71］特纳．社会学理论的结构：上［M］．6版．邱泽奇，等，译．北京：华夏出版社，2001.

［72］齐艳红．英美分析的马克思主义若干议题反思［J］．马克思主义理论教学与研究，2023，3（1）．

［73］王文轩．"无主体"的悖论：阿尔都塞结构主义马克思主义观的一个审视［J］．中南大学学报（社会科学版），2019，25（06）．

［74］穆勒－多姆．于尔根·哈贝马斯传：知识分子与公共生活［M］．刘风，译．北京：社会科学文献出版社，2019.

［75］瑞泽尔．现代社会学理论［M］．7版．任敏，邓锁，张茂元，译．北京：北京联合出版公司，2018.

［76］哈贝马斯．作为"意识形态"的技术与科学［M］．李黎，郭官义，译．上海：学林出版社，1999.

［77］风笑天．社会学研究方法［M］．3版．北京：中国人民大学出版社，2009.

［78］王学旺，边燕杰．法治的社会力量：民众法律知识积累的社会资本机制［J］．人文杂志，2022（7）．

［79］格罗夫斯，福勒，库珀，等．调查方法［M］．邱泽奇，译．重庆：重庆大学出版社，2017.

［80］王艳玲．教育公平与教师责任：《科尔曼报告》的启示：美国宾夕法尼亚州立大学庞雪玲教授访谈［J］．全球教育展望，2013，42（4）．

［81］王琳，李云婧，施茜．大学生社交网络用户健康焦虑自我披露意愿的影响因素研究［J］．情报科学，42（3）．

［82］马歇尔，罗斯曼．设计质性研究：有效研究计划的全程指导［M］．5版．何江穗，译．重庆：重庆大学出版社，2015.

［83］张高评．论文选题与治学方法（一）：论选题来源与文献评鉴（上）［J］．古典文学知识，2010（2）．

［84］吴银涛．城市新移民家庭教育影响因素探索：以成都市部分流动家庭的亲子关系为例［J］．成都大学学报（社会科学版），2007（1）．

［85］叶毓琪，朱爱勇，王欣国，等．虚拟现实技术在轻中度认知障碍老年人群中的应用进展［J］．护士进修杂志，2023，38（16）．

［86］樊宇航．社交媒体信息超载对某高校大学生心理健康的影响：社交媒体倦怠的

中介作用 [J]. 中国校医, 2022, 36 (10).

[87] CROTTY M. The foundations of social research: Meaning and perspective in the research Process [M]. London: Sage, 1998.

[88] 李思萦. "全面二孩"政策下人口老龄化对中国养老保险支出的影响研究 [D]. 乌鲁木齐: 新疆大学, 2019.

[89] 郑莹, 马皓苓. 亲子关系对青少年偏差行为的影响: 基于 CEPS 数据的潜在类别分析 [J]. 教育科学探索, 2023, 41 (4).

[90] 袁方. 社会研究方法教程 [M]. 重排本. 北京: 北京大学出版社, 2013.

[91] 姚荣. 浅议学术论文文献综述的写作 [J]. 写作, 2011 (Z1).

[92] 陈立宏, 李旭, 吴永康, 等. 关于研究生文献综述撰写的几点建议 [J]. 教育教学论坛, 2022 (31).

[93] 张丽华. 定性与定量研究在教育研究过程中的整合 [J]. 教育科学, 2008, 24 (6).

[94] 邵亦文, 徐江. 城市韧性: 基于国际文献综述的概念解析 [J]. 国际城市规划, 2015, 30 (2).

[95] 朱亮, 孟宪学. 文献计量法与内容分析法比较研究 [J]. 图书馆工作与研究, 2013 (6).

[96] 邱均平, 段宇锋, 陈敬全, 等. 我国文献计量学发展的回顾与展望 [J]. 科学学研究, 2003 (2).

[97] 陈悦, 刘则渊. 悄然兴起的科学知识图谱 [J]. 科学学研究, 2005 (2).

[98] 陈悦, 刘则渊, 陈劲, 等. 科学知识图谱的发展历程 [J]. 科学学研究, 2008 (3).

[99] 梁秀娟. 科学知识图谱研究综述 [J]. 图书馆杂志, 2009, 28 (6).

[100] 邱均平. 信息计量学 (四) 第四讲 文献信息离散分布规律: 布拉德福定律 [J]. 情报理论与实践, 2000 (4).

[101] 邱均平. 信息计量学 (五) 第五讲 文献信息离散分布规律: 齐普夫定律 [J]. 情报理论与实践, 2000 (5).

[102] 邱均平. 信息计量学 (六) 第六讲 文献信息作者分布规律: 洛特卡定律 [J]. 情报理论与实践, 2000 (6).

[103] Bradford S C. Sources of information on specific subjects [J]. Journal of information science, 1985, 10 (4).

[104] 侯剑华, 胡志刚. CiteSpace 软件应用研究的回顾与展望 [J]. 现代情报, 2013, 33 (4).

[105] 赵丹群. 基于 CiteSpace 的科学知识图谱绘制若干问题探讨 [J]. 情报理论与实践, 2012, 35 (10).

[106] 陈悦, 陈超美, 刘则渊, 等. CiteSpace 知识图谱的方法论功能 [J]. 科学学研究, 2015, 33 (2).

[107] 陈贵, 范巧红, 苏凯, 等. 我国农业现代化研究热点与趋势分析 [J]. 中国生

态农业学报（中英文），2024，32（5）.

［108］杨芳芳，宋雪雁，张伟民. 国内信息茧房研究热点与演进趋势：兼论静态和动态双重视角［J］. 情报科学，2024，42（5）.

［109］董克，刘德洪，江洪，等. 基于主路径分析的 HistCite 结果改进研究［J］. 情报理论与实践，2011，34（3）.

［110］李运景，侯汉清，裴新涌. 引文编年可视化软件 HistCite 介绍与评价［J］. 图书情报工作，2006（12）.

［111］王颖，戎文慧. 可视化文本分析和数据挖掘工具 RefViz［J］. 中华医学图书情报杂志，2006（6）.

［112］秦晓楠，卢小丽，武春友. 国内生态安全研究知识图谱：基于 CiteSpace 的计量分析［J］. 生态学报，2014，34（13）.

［113］SHEBLE L A. Diffusion of meta-analysis, systematic review, and related research synthesis methods：Patterns, contexts, and impact［D］. Chapel Hill：University of North Carolina Chapel Hill，2014.

［114］姚计海. "文献法"是研究方法吗：兼谈研究整合法［J］. 国家教育行政学院学报，2017（7）：89-94.

［115］崔智敏，宁泽逵. 定量化文献综述方法与元分析［J］. 统计与决策，2010（19）.

［116］夏凌翔. 元分析及其在社会科学研究中的应用［J］. 西北师大学报（社会科学版），2005（5）.

［117］GENOVESE J E C. Cognitive skills valued by educators：Historical content analysis of testing in Ohio［J］. The journal of educational research，2002，96（2）.

［118］邱均平，邹菲. 关于内容分析法的研究［J］. 中国图书馆学报，2004（2）.

［119］仝冲，赵宇翔. 基于内容分析法的弹幕视频网站用户使用动机和行为研究［J］. 图书馆论坛，2019，39（6）.

［120］付业勤，王新建，郑向敏. 基于网络文本分析的旅游形象研究：以鼓浪屿为例［J］. 旅游论坛，2012，5（4）.

［121］郭云娇，陈斐，罗秋菊. 网络聚合与集体欢腾：国庆阅兵仪式如何影响青年群体集体记忆建构［J］. 旅游学刊，2021，36（8）.

［122］叶成城. 比较历史分析方法的特征、演进和设计规则［J］. 国外社会科学前沿，2022（12）.

［123］黄杰. 当政治遇上历史：比较历史分析方法（CHA）介绍［J］. 政治学研究，2020（1）.

［124］赵鼎新. 在西方比较历史方法的阴影下：评许田波《古代中国和近现代欧洲的战争及国家形成》［J］. 社会学研究，2006（5）.

［125］孙砚菲. 零和扩张思维与前现代帝国的宗教政策：一个以政教关系为中心的分析框架［J］. 社会学研究，2019，34（2）.

［126］GRANEHEIM U H，LINDGREN B M，LUNDMAN B. Methodological challenges in qualitative content analysis：A discussion paper［J］. Nurse education today, 2017（56）.

［127］GRANEHEIM U H, LUNDMAN B. Experiences of loneliness among the very old：The Umeå 85＋project［J］. Aging & mental health, 2010, 14（4）.

［128］彭小兵，彭洋. 乡村振兴中地方政府的注意力配置差异与治理逻辑研究：基于410份政策文本的扎根分析［J］. 中国行政管理, 2022（9）.

［129］刘林平，郑广怀，孙中伟. 劳动权益与精神健康：基于对长三角和珠三角外来工的问卷调查［J］. 社会学研究, 2011, 26（4）.

［130］马广海. 论社会心态：概念辨析及其操作化［J］. 社会科学, 2008（10）.

［131］吕小康，黄妍. 如何测量"获得感"?：以中国社会状况综合调查（CSS）数据为例［J］. 西北师大学报（社会科学版）, 2018, 55（5）.

［132］COLEMAN J S. Social capital in the creation of human capital［J］. American journal of sociology, 1988（94）.

［133］林南，俞弘强. 社会网络与地位获得［J］. 马克思主义与现实, 2003（2）.

［134］边燕杰. 城市居民社会资本的来源及作用：网络观点与调查发现［J］. 中国社会科学, 2004（3）.

［135］ZHOU M. Chinatown：The socioeconomic potential of an urban enclave［M］. Philadelphia：Temple University Press, 1992.

［136］ADLER P A, ADLER P. Membership roles in field research［M］. Thousand Oaks：Sage, 1987.

［137］MALINOWSKI B. Argonauts of the Western Pacific［M］. London：G. Routledge & Sons, 1922.

［138］SMITH D. The everyday world as problematic［M］. Boston：Northeastern University Press, 1978.

［139］MARCUS G E. Ethnography two decades after writing culture：From the experimental to the baroque［J］. Anthropological quarterly, 2007.

［140］康纳利，克莱丁宁，丁钢. 叙事探究［J］. 全球教育展望, 2003, 32（4）.

［141］克里斯滕森，等. 研究方法、设计与分析［M］. 北京：商务印书馆, 2018.

［142］潘飞，魏春燕. 管理会计实地研究述评：比较与借鉴［J］. 会计研究, 2021（1）.

［143］风笑天. 社会研究方法［M］. 北京：中国人民大学出版社, 2001.

［144］LAROSSA R. Grounded theory methods and qualitative family research［J］. Journal of marriage and Family, 2005, 67（4）.

［145］STRAUSS A. Qualitative analysis for social scientists［J］. Cambridge：Cambridge University Press, 1987.

［146］STRAUSS A, CORBIN J. Basics of qualitative research［M］. Thousand Oaks：Sage, 1990.

［147］朱丽叶·M. 科宾，安塞尔姆·L. 斯特劳斯. 质性研究的基础：形成扎根理论的程序与方法［M］. 朱光明，译. 重庆：重庆大学出版社, 2015.

［148］GLASER B G. The grounded theory perspective：Conceptualization contrasted with description ［J］.（No Title），2001.

［149］ELLIOTT J. Classroom action research. Educational action research，1976，1 （1）.

［150］林刚，张诗亚. 应用"三角互证法"提升教育技术研究的品质 ［J］. 中国电化教育，2014（10）.

［151］胡桂华，迟璐婕. 人口普查微观记录样本代表性研究 ［J］. 工程数学学报，2021，38（5）.

［152］薛君，魏雷东. 随机实验法在社会科学因果分析中的应用：以女性生育行为的选择效应为例 ［J］. 河南师范大学学报（自然科学版），2023，51（6）.

［153］俞鼎，李正风. 论"社会实验"的特征及其伦理建构路径 ［J］. 自然辩证法通讯，2022，44（11）.

［154］刘海明，吴氏垂心. 卫生紧急状态下社会伦理心态的功利实验 ［J］. 阴山学刊，2023，36（1）.

［155］臧雷振. 社会科学研究中实验方法的应用与反思：以政治学科为例 ［J］. 中国人民大学学报，2016，30（5）.

［156］C. 亚茨克维奇，杨振福. 社会科学实验的特点 ［J］. 世界经济与政治论坛，1987（12）.

［157］穆肃. 准实验研究及其设计方法 ［J］. 中国电化教育，2001（12）.

［158］郝龙. 互联网社会科学实验：方法创新与价值评价 ［J］. 中南大学学报（社会科学版），2020，26（6）.

［159］杨文山. 不同球干预对篮球普修课教学效果影响的实验研究 ［D］. 桂林：广西师范大学，2019.

［160］周贝. 认知行为疗法对社会性困境儿童社会适应能力提升研究 ［D］. 武汉：中南财经政法大学，2020.

［161］罗俊. 计算·模拟·实验：计算社会科学的三大研究方法 ［J］. 学术论坛，2020，43（1）.

［162］郝龙. 互联网社会科学实验：数字时代行为与社会研究的新方法 ［J］. 吉首大学学报（社会科学版），2018，39（2）.

［163］李强. 实验社会科学：以实验政治学的应用为例 ［J］. 清华大学学报（哲学社会科学版），2016，31（4）.

［164］FALK A，HECKMAN J J. Lab experiments are a major source of knowledge in the social sciences ［J］. Science，2009，326（5952）.

［165］LIST J A. An introduction to field experiments in economics ［J］. Journal of economic behavior & organization，2009，70（3）.

［166］郝龙. "计算"的边界：互联网大数据与社会研究 ［J］. 中南大学学报（社会科学版），2018（2）.

［167］HORST H A，MILLER D. The digital and the human：A prospectus for digital anthropology［M］//Digital anthropology. London：Berg，2012.

［168］杨善林，王佳佳，等．在线社交网络用户行为研究现状与展望［J］．中国科学院院刊，2015，30（2）．

［169］CARPENTER J P，HARISON G W，LIST J A. Field experiments in economics：An introduction［J］. Artefactual field experiments，2005，70（4）．

［170］HARISON G W，LIST J A. Field experiments［J］. Journal of economic literature，2004，42（4）．

［171］洪岩璧，曾迪洋，沈纪．自选择还是情境分层？：一项健康不平等的准实验研究［J］．社会学研究，2022，37（2）．

［172］EDMONDSON A C，MCMANUS S E，李文静，等．管理学实地研究的方法契合［J］．李文静，王晓莉，译．管理世界，2011（5）．

［173］DENZIN N K，LINCOLN Y S. The SAGE handbook of qualitative research［M］. 4th ed. Thousand Oaks：Sage，2011.

［174］曹锦清．黄河边的中国［M］．上海：上海文艺出版社，2000.

［175］董海军．论实地研究中的资料判别［J］．华中师范大学学报（人文社会科学版），2008，47（2）．

［176］风笑天，田凯．近十年我国社会学实地研究评析［J］．社会学研究，1998（2）．

［177］风笑天．社会研究设计与写作［M］．北京：中国人民大学出版社，2014.

［178］郭一丹．早期实地研究的典范：论李安宅对藏族社会和祖尼社会的考察［J］．中国藏学，2015（2）．

［179］李晗，郭小安．游戏陪练的情感劳动与情绪劳动：劳动实践、隐性控制与调适机制：一项对 MOBA 类游戏陪练师的网络民族志考察［J］．新闻界，2023（3）．

［180］李牧．进入与浸入：加拿大纽芬兰田野作业反思［J］．民族艺术，2018（6）．

［181］梁漱溟．中国文化要义［M］．上海：上海人民出版社，2005.

［182］王莹，王茹．乡村振兴背景下女性体育教师形象的生命叙事研究［J］．教育理论与实践，2023，43（36）．

［183］行红芳．老年人的社会支持系统与需求满足［J］．中州学刊，2006（3）．

［184］姚进忠．福利多元：农民工城市融入服务体系建构的社会工作行动研究［J］．中国行政管理，2018（1）．

［185］张和清，尚静．社会工作干预与中国乡村生态、生计和生活可持续发展的行动研究：以绿耕项目为例［J］．社会学研究，2021，36（6）．

［186］赵鸿燕，马粲．美国民间外交的"小城模式"：基于 CIVIC 案例的实地研究［J］．世界政治研究，2021，4（2）．

［187］朱文珊．进入田野时的礼物互惠：以突尼斯为个案［J］．广西民族大学学报（哲学社会科学版），2020，42（2）．

［188］威廉·富特·怀特．街角社会：一个意大利贫民区的社会结构［M］．黄育馥，译．北京：商务印书馆，2009.

［189］DUNNE C. The place of the literature review in grounded theory research ［J］. International journal of social research methodology，2011，14（2）.

［190］卡麦兹. 建构扎根理论：质性研究实践指南［M］. 边国英，译. 重庆：重庆大学出版社，2007.

［191］吴肃然，李名荟. 扎根理论的历史与逻辑［J］. 社会学研究，2020，35（2）.

［192］DRAUCKER C B，MARTSOLF D S，ROSS R，et al. Theoretical sampling and category development in grounded theory［J］. Qualitative health research，2007，17（8）.

［193］THOMSON S B. Sample size and grounded theory［J］. Journal of administration and governance，2010，5（1）.

［194］吴毅，吴刚，马颂歌. 扎根理论的起源、流派与应用方法述评：基于工作场所学习的案例分析［J］. 远程教育杂志，2016，35（3）.

［195］SUN C. Product innovation and value network formation of internet firms based on grounded theory：Experience of the largest firm in China［J］. Journal of the knowledge economy，2023，15（3）.

［196］DE SOUZA SANTOS R E，RALPH P. A grounded theory of coordination in remote – first and hybrid software teams［C］//Proceedings of the 44th International Conference on Software Engineering. New York：Association for Computing Machinery，2022.

［197］陈苗，陈云松. 计算扎根：定量研究的理论生产方法［J］. 社会学研究，2023，38（4）.

［198］KUCKARTZ U. Qualitative content analysis：From Kracauer's beginnings to today's challenges［J］//Forum：Qualitative social research，2019，20（3）.

［199］HOLTON J A，WALSH I. Classic grounded theory：Applications with qualitative and quantitative data［M］. Thousand Oaks：Sage，2016.

［200］魏瑞斌，李博文，田大芳. 扎根理论在国内人文社会科学应用现状分析［J］. 科技情报研究，2023，5（2）.

［201］许加明，陈友华. 数据质量、前提假设与因果模型：社会科学定量研究之反思［J］. 社会科学研究，2020（2）.

［202］SMITH J. Notes on the past and future of graduate training in sociology at Duke University［J］. Teaching sociology，1991，19（3）.

［203］陈云松. 中国计算社会学的发展：特征、优势与展望［J］. 湖南师范大学社会科学学报，2020（5）.

［204］罗玮，罗教讲. 新计算社会学：大数据时代的社会学研究［J］. 社会学研究，2015，30（3）.

［205］梁玉成，贾小双. 数据驱动下的自主行动者建模［J］. 贵州师范大学学报（社会科学版），2016（6）.

［206］GILBERT N，TROITZSCH K G. Simulation for the social scientist［M］. Berkshire：Open University Press，2005.

［207］王汉生. 整理和统计分析定量数据［J］. 青年研究，1993（7）.

［208］袁方．王汉生．社会研究方法教程［M］．北京：北京大学出版社，2004．

［209］秦磊，谢邦昌．谷歌流感趋势的成功与失误［J］．统计研究，2016，33（2）．

［210］SHEN Q，ZENG W，YE Y，et al. Street Vizor：Visual exploration of human-scale urban forms based on street views［J］. IEEE transactions on visualization and computer graphics，2018，24（1）．

［211］MILGRAM S. Behavioral study of obedience［J］. Journal of abnormal and social psychology，1963，67（3）．

［212］何星星，武夷山．基于文献利用数据的期刊论文定量评价研究［J］．情报杂志，2012，31（8）．

［213］SCHELLING T C. Dynamic models of segregation［J］. The journal of mathematical sociology，1971（2）．

［214］黄登桔，覃玉．大数据背景下职业本科学生德育数据可视化研究［J］．公关世界，2023（9）．

［215］林洁，孙志明．SAS、PASS、STATA 三种常用软件样本量计算方法及结果差异的比较［J］．中国医药导报，2015，12（18）．

［216］张双喜．浅谈 STATA 在统计数据汇总中的应用［J］．中国统计，2016（5）．

［217］鲍威斯，谢宇．分类数据分析的统计方法［M］.2 版．北京：社会科学文献出版社，2018．

［218］鲜思东．概率论与数理统计［M］．北京：科学出版社，2010．

［219］王毅杰，白杨．物质—观念视域下育龄群体的多孩生育意愿：基于 CGSS2021 问卷实验的分析［J］．社会科学，2024（1）．

［220］赵忠，刘雪颖，高程玉．互联网使用是否助推了家庭金融市场参与？：基于 CFPS 数据的经验研究［J］．厦门大学学报（哲学社会科学版），2024，74（1）．

［221］吴园园，袁涛，周旭．生育保险对女性再生育意愿的影响：基于 2018 年 CLDS 数据的分析［J］．华中农业大学学报（社会科学版），2023（6）．

［222］党秀云，李霖．医保差异化补偿政策能否推动社会就医格局秩序化？：基于中国健康与养老追踪调查（CHARLS）的实证分析［J］．公共管理与政策评论，2024，13（2）．

［223］常明，李飞，刘静．人口城镇化对农民收入结构的影响效应：基于中国省级面板的实证分析［J］．中国农业大学学报，2024，29（1）．

［224］张争胜，祝志刚，杨高，等．珠三角城市群流动人口的市民化水平及影响因素［J］．华南师范大学学报（自然科学版），2023，55（6）．

［225］杜剑，张杰，郭晓冬．企业扶贫行为传递对乡村振兴的启示：来自股东扶贫网络的证据［J］．贵州财经大学学报，2024（2）．

［226］吕欣，刘楚楚，蔡梦思，等．隐私规避的网络调查与间接估计方法［J］．管理科学学报，2023，26（5）．

［227］汪华，唐晓琦，杨宏星．焦虑的自由：灵活就业人员的弹性劳动、工作焦虑与生计理性：基于 2020 年长三角流动人口调查数据［J］．华南师范大学学报（社会科学版），2022（6）．

［228］史新杰，李实，陈天之，等．机会公平视角的共同富裕：来自低收入群体的实证研究［J］．经济研究，2022，57（9）.

［229］林闽钢，祝建华．我国城市低保家庭脆弱性的比较分析［J］．社会保障研究，2011（6）.

［230］姜法芹．幸福经济学视角下的乡土情结［J］．农业经济，2017（2）.

［231］张丹，曹原．高校处级/高级女教师延迟退休意愿影响因素［J］．东华大学学报（自然科学版），2022，48（2）.

［232］唐娟，王华，秦放鸣．中国创新驱动水平测度、地区差异与动态演进［J］．统计与决策，2024，40（4）.

［233］周永康，李泓桥，丁雅文，等．新冠疫情期间社区工作者社会支持、工作压力与情感耗竭的交互机制研究：基于全国6省市383个社区1263名工作者的调查［J］．西南大学学报（社会科学版），2023，49（3）.

［234］张桂芳，王增孝，蒋微．中国出口贸易的时间序列分析［J］．商业经济研究，2017（4）.

［235］解明镜，向卉文．基于社会网络分析的湘西南传统苗侗聚落空间文脉传承策略研究［J］．湖南大学学报（社会科学版），2023，37（5）.

［236］罗连发，叶初升．社会资本、技术采用与扶贫政策质量：基于计算经济学的仿真分析［J］．财经科学，2015（2）.

［237］龚为纲，朱萌，陈浩．重大疫情下社会情绪的演变机制：基于 Twitter 和 GDELT 等大数据的分析［J］．社会学研究，2023，38（3）.

［238］BROWNE A. When battered women kill［M］. New York：Free press，1987.

［239］GLASER B G. The grounded theory perspective：Its origin and growth［M］. Mill Valley：The Sociology Press，2016.

［240］MAXWELL J. Qualitative research design：An interactive approach［M］. Thousand Oaks：Sage，1996.

［241］SCHUTZ A. The problem of social reality：Collected papers I［M］. The Hague：Martinus Nijhoff，1962.

［242］TODOROV T. Grammaire du Décaméron［M］//SEBEOK T，HAYES A S，BATESON M C. Approaches to semiotics：Vol. 3. The Hague：Mouton & Co.，1969.

［243］格尔茨．文化的解释［M］．韩莉，译．南京：译林出版社，2014.

［244］《中国大百科词典》编委会．中国大百科全书·社会学［M］．北京：中国大百科全书出版社，1993.

［245］陈尹．扎根理论：方法误用与正本清源［J］．广西师范大学学报（哲学社会科学版），2022，58（6）.

［246］风笑天．社会科学研究方法［M］.6版．北京：中国人民大学出版社，2022.

［247］于海．西方社会思想史［M］.3版．上海：复旦大学出版社，2010.

［248］ASPERS P，CORTE U. What is qualitative in qualitative research［J］. Qualitative sociolology，2019（42）.

［249］BERELSON B. Population policy：Personal notes［J］. Population studies，1971，25（2）．

［250］BROWN-SARACINO J. Unsettling definitions of qualitative research［J］. Qualitative sociology，2021，44（4）．

［251］STEMLER S. An overview of content analysis［J］. Practical assessment，research，and evaluation，2001，7（1）．

［252］BABCHUK W A，马兰，汪洋，等．家庭医学定性研究的基本原理［J］. 中国全科医学，2019，22（26）．

［253］陈力丹，王晶．节日仪式传播：并非一个共享神话：基于广西仫佬族依饭节的民族志研究［J］. 中国地质大学学报（社会科学版），2010，10（4）．

［254］黄盈盈，王沫．生成中的方法学：定性研究方法十年评述（2011—2021）［J］.学习与探索，2022（5）．

［255］李桂华，黄琳．政府路径的公共图书馆社会认知建构：对省级政府新闻办微博的话语分析［J］. 图书馆论坛，2023，43（2）．

［256］刘伟．内容分析法在公共管理学研究中的应用［J］. 中国行政管理，2014（6）．

［257］康斯特斯，张莉莉．教育定性研究的概念和方法探讨［J］. 外国教育资料，1997（3）．

［258］齐学红．质的研究中研究者的角色意识及其意义建构：一个局内人的视角［J］. 教育发展研究，2020，40（18）．

［259］石岩．质性研究和量化研究的差异：以体育学研究为例［J］. 成都体育学院报，2023，49（1）．

［260］宋洪远，江帆．中国与世界反贫困实践经验和理论的历史比较研究［J］. 经济评论，2023（3）．

［261］童莹，王晓．成为"网红"：饮食经济与归侨文化社区构建：福州华塑小区的个案研究［J］. 华侨华人历史研究，2024（1）．

［262］万倩雯，卫田．定性研究可信度释疑：从历史沿革与哲学基础谈起［J］. 外国经济与管理，2024，46（2）．

［263］王嘉毅．定性研究及其在教育研究中的应用［J］. 西北师大学报（社会科学版），1995（2）．

［264］王建明，王俊豪．公众低碳消费模式的影响因素模型与政府管制政策：基于扎根理论的一个探索性研究［J］. 管理世界，2011（4）．

［265］谢小芹．"双轨治理"："第一书记"扶贫制度的一种分析框架：基于广西圆村的田野调查［J］. 南京农业大学学报（社会科学版），2017，17（3）．

［266］许小玲．老年友好型社区政策的核心驱动逻辑及政策启示研究：基于扎根理论的政策文本分析［J］. 兰州学刊，2023（10）．

［267］阎琨．教育学定性研究特点与研究范式深析［J］. 清华大学教育研究，2010，31（5）．

［268］晏青，刘钰．社交媒体平台抑郁群体的社会支持寻求研究：基于对微博"抑郁症超话"的考察［J］．新闻界，2022（6）．

［269］姚晓鸥．面容媒介、道德意识与人际交往关系：基于现象学的交互主体性分析［J］．新闻与传播研究，2020，27（1）．

［270］叶晓玲，李艺．"方法"还是"方法论"？：现象学与质性研究的关系辨析［J］．教育研究与实验，2018（4）．

［271］张和清，尚静．社会工作干预与中国乡村生态、生计和生活可持续发展的行动研究：以绿耕项目为例［J］．社会学研究，2021，36（6）．

［272］张陆园，许宝丹．"她文化"视角下女性综艺节目的性别叙事研究［J］．当代电视，2024（3）．

［273］张志慧，于伟．试论赫德加德的儿童发展观及其现代价值［J］．中国教育科学（中英文），2021，4（5）．

［274］徐敬宏，张如坤．未来已来：开放科学与定性研究：对30位中国传播学者的深度访谈［J］．现代传播，2022（4）．

［275］解振明，娄彬彬．定性资料的搜集与应用：介绍典型组专题讨论的调查方法［J］．中国人口科学，1994（4）．

［276］王志清．王文芝．展演凉山州蒙古族族谱的口述民族志［J］．内蒙古民族大学学报（社会科学版），2023（2）．

［277］SEIDMAN I E. Interviewing as qualitative research：A guide for researchers in education and the social sciences［M］. 3rd ed. New York：Teachers College Press，2006.

［278］HELFRICKR L. Implementing culturally responsive pedagogy：Urban teachers' journey of understanding an interpretative phenomenological analysis［D］. Boston：Northeastern University，2019.

［279］孔伟艳，曾红颖．关注老年知识分子需求，撬动银发消费市场：基于焦点小组访谈的老年知识分子需求层次分析［J］．宏观经济管理，2022（7）．

［280］程秀花，邢金钥，李翔，等．民宿类短视频中的"自我呈现"：基于戈夫曼拟剧理论分析［J］．产业经济，2023．

［281］渠敬东．迈向社会全体的个案研究［J］．社会，2019（1）．

［282］列堡．泰利的街角［M］．李文茂，邹小艳，译．重庆：重庆大学出版社，2010．

［283］MILES M B，HUBERMAN A M. Qualitative data analysis：An expanded sourcebook［M］. Thousand Oaks：Sage，1994.

［284］GOFFMAN E. Gender advertisements［M］. New York：Haper & Row，1979.

［285］PAIGE J M. Agrarian revolution［M］. New York：Free Press，1975.

［286］赵丙祥．将生命还给社会：传记法作为一种总体叙事方式［J］．社会，2019（1）．

［287］ROY W G. Socializing capital：The rise of the large industrial corporation in America［M］. New Jersey：Princeton University Press，1997.

［288］SPRADLEY J P. The ethnographic interview［M］. New York：Holt，Rinehart and Winston，1979.

［289］孙进. 作为质的研究与量的研究相结合的"三角测量法"：国际研究回顾与综述［J］. 南京社会科学，2006（10）.

［290］嘎日达. 论科学研究中质与量的两种取向和方法［J］. 北京大学学报（哲学社会科学版），2004（1）.

［291］邓猛，潘剑芳. 论教育研究中的混合方法设计［J］. 教育研究与实验，2002（3）.

［292］尤莉. 第三次方法论运动：混合方法研究60年演变历程探析［J］. 教育学报，2010，6（3）.

［293］蒋逸民. 作为"第三次方法论运动"的混合方法研究［J］. 浙江社会科学，2009（10）.

［294］徐治立，徐舸. 社会科学"混合方法研究"范式争论与方法论探讨［J］. 中国人民大学学报，2021，35（5）.

［295］乜勇，魏久利. 教育研究的第三范式：混合方法研究［J］. 现代教育技术，2009，19（9）.

［296］张绘. 混合研究方法的形成、研究设计与应用价值：对"第三种教育研究范式"的探析［J］. 复旦教育论坛，2012，10（5）.

［297］易文燕. 混合方法在营销非道德行为成因研究中的应用：以顺序性解释设计为例［J］. 学术论坛，2015，38（6）.

［298］吴铭，杨剑. 青少年静坐行为前因机制建构与检验：基于探索性序列设计的混合研究［J］. 上海体育学院学报，2023，47（11）.

［299］高潇怡，刘俊娉. 论混合方法在高等教育研究中的具体应用：以顺序性设计为例［J］. 比较教育研究，2009，31（3）.

［300］何素艳，石岩. 我国男生引体向上"零"分探因：基于三角互证的研究策略［J］. 武汉体育学院学报，2019，53（10）.

［301］高行珍，LAWRENCEJunZhang，秦利民. 探寻听力教学的内涵：高校英语教师听力性质认知探究［J］. 外语界，2023（5）.

［302］冈本健佑. 自我隔离老年人问题及其解决策略的考察［D］. 浙江大学，2022.

［303］WILLIAMS D，DUCHENEAUT N，XIONG L，et al. From tree house to barracks：The social life of guilds in World of Warcraft［J］. Games and culture，2006，1（4）.

［304］徐建平，张雪岩，胡潼. 量化和质性研究的超越：混合方法研究类型及应用［J］. 苏州大学学报（教育科学版），2019，7（1）.

［305］田虎伟. 混和方法研究：美国教育研究中的新范式［J］. 高等教育研究，2006（11）.

［306］JOHNSON B R. Mixed methods research：A research paradigm whose time has come［J］. Educational researcher，2004，33（7）.

［307］TASHAKKORI A，CRESWELL J W. Editorial：The new era of mixed methods［J］.

Journal of mixed methods research，2007，1（1）．

［308］TASHAKKORI A，TEDDLIE C. Handbook of mixed methods in social and behavioural research［M］. Thousand Oaks：Sage，2003．

［309］杨立华，李凯林．公共管理混合研究方法的基本路径［J］．甘肃行政学院学报，2019（6）．

［310］贺旭妍，徐榕璟，贾守梅．混合方法系统评价的资料整合方法简介［J］．护士进修杂志，2024（11）．

［311］JCRESWELL J W，MARIKO HIROSE，汪洋，等．家庭医学和社区卫生中的混合方法和调查研究［J］．中国全科医学，2019，22（23）．

［312］袁淑蕾，熊莉娟，王玉梅，等．规范化培训护士临床归属感及影响因素的混合研究［J］．护理学杂志，2023，38（18）．

［313］张弛，汪雅霜．教师专业发展活动对初中教师教学方式的影响：基于混合研究方法的实证分析［J］．教学研究，2023，46（4）．

［314］徐家良，成丽姣．互联网公益技术支持机构赋能社会组织的变迁模式与驱动因素：以J机构为例［J］．吉林大学社会科学学报，2023，63（5）．

［315］O'LEARY Z. The essential guide to doing research［M］. London：Sage，2004．

［316］核心素养研究课题组．中国学生发展核心素养［J］．中国教育学刊，2016（10）．

［317］包国宪，王学军．以公共价值为基础的政府绩效治理：源起、架构与研究问题［J］．公共管理学报，2012，9（2）．

［318］王聪．增强现实与虚拟现实技术的区别和联系．信息技术与标准化，2013（5）．

［319］王同聚．虚拟和增强现实（VR/AR）技术在教学中的应用与前景展望．数字教育，2017（1）．

［320］张枝实．虚拟现实和增强现实的教育应用及融合现实展望［J］．现代教育技术，2017（1）．

［321］刘怡．教师隐喻视角下初中教师角色认知研究［D］．西安：陕西师范大学，2021．

［322］王佳玉．青少年社交媒体依赖、问题及对策研究：基于东北四市的调查［D］．长春：吉林大学，2020．

［323］BURDEA G，COIFFET P. Virtual reality technology［M］. 2nd ed. NewYork：John Wiley & Sons，2003．

［324］GLESNE C，PESHIKIN A. Becoming qualitative researchers. New York：Longman，1992．

［325］MARSHALL C，ROSSMAN G B. Designing qualitative research. Thousand Oaks：Sage，1999．

［326］张瑞林，梁枢，汪昀骏．我国乡镇体育教师职后培训质量、自我效能感与职业认同关系的实证研究［J］．沈阳体育学院学报，2023，42（6）．

［327］WOLCOTT H F. Writing up qualitative research. Thousand Oaks：Sage，1990．